清史人物系列

李治亭 柳海松 柳逢霖 吴 枫 著

BIOGRAPHY OF
SHANGKEXI

人民出版社

尚可喜便服影像

康熙帝御赐功德碑　　　　尚王陵神道碑

源远流长的海城尚氏宗谱

前　言

　　17 世纪初，以明万历四十四年（1616），努尔哈赤创建金国（史称后金）为开端，拉开了明清之际的历史序幕，由此明清（后金）双方展开了激烈争夺。不久，李自成、张献忠各率一支农民起义军，也参与搏战，在明亡后，相继以失败告终。最后，南明五个政权为延续明朝的统治所做的一切武力抗争，转瞬间化为灰烬。当最末一个永历小朝廷于清顺治十八年（1661）被消灭，永历帝朱由榔被俘虏，宣告明清之际的历史到此结束，清朝全胜，独得天下，正式开启了清朝历史的新纪元。

　　明清之际的历史，几近半个世纪，明清易代构成了它的基本历史内容，由此引发中国社会的大动荡、大变动。包括中国社会各阶层，乃至边疆各民族，几无例外，都成为这场大变动的参与者和亲历者。所说社会大变动，不过是千百万人实践活动的结果，明清之际是一个广阔的历史大舞台，无数个形形色色的人，小人物、大人物，精英、奸雄，纷纷登上这个大舞台，演出一幕幕现实的活剧……

　　在这千千万万的人群中，尚可喜不愧为这个时代的杰出人物！他，就是本书的主人公。

　　这就提出一个问题：我们应该怎样认识他？又是怎样记述他个人的非凡历史呢？当然，也包括评价，不可回避，必以事实为据，实事求是，精准地揭示他的人性本质！

　　不妨先从尚可喜的身世说起。

— 1 —

尚可喜于明万历三十二年（1604）出生于海州，即今辽宁省海城市，用现在的话说，他是个地地道道的"东北人"。若论祖籍，其先世为山西洪洞人，再迁至河北真定衡水。其祖父携其父闯关东，在海州定居，尚可喜的人生之路，就从这里起步，走向未来的辉煌。这不是他的人生选择，只能说是命运使然。

海州地处辽东腹地，明朝在此设置军镇海州卫，是辽东二十五个卫之一。辽东为汉人聚居地区，邻接女真、蒙古族居地，故民族武装冲突不断。为自身安全计，本地汉人男性无不习武，连女孩也习骑射。① 尚可喜在这种环境下长大，"甫成童，善弓马"②。

当努尔哈赤兴起，建后金政权，发动大规模战争，辽东烽烟四起，连海州也被后金占领。已长成青年的尚可喜再也不能像以前那样生活了！他的母亲死于战乱，兄嫂弟侄皆已失散。他随父流落到松山（今辽宁凌海市松山乡）暂居。后金继续向辽西进军，把战火烧到了广宁（今辽宁北镇）。父子迫于生计，相继投军。父先投明将毛文龙部，随入东江防守。天启三年（1623），尚可喜投明水师当兵，至此踏上军旅，与战争结下不解之缘，生死荣辱，与战争息息相关。

尚可喜投身行伍，是他人生的第一次关键性选择。处于战争环境之中，生存条件发生重大变化，迫使尚可喜父子弃农从军。当然，他们也可以选择其他生存之道，或许就如千千万万的人一样，消失在历史的长河中，不留痕迹。正如我们所看到的，尚可喜从军后，不断建功立业。不能不说，尚可喜当初的选择，实在是人生的一个幸运！

尚可喜从军一年后，转赴皮岛，有幸找到了父亲。是时，其父被毛文龙任命为营将（游击），尚可喜也被重用，"拔置"父亲左右，"日益倚重"。③ 不久，其父在楼子山战斗中，中后金兵埋伏，不幸牺牲，毛文龙就将其父所部交由尚可喜统领。这是他带兵之始，时年只有21岁。在对后金的作战中，他表现勇敢，善谋善断，尽显才干。毛文龙死后，黄龙接任东江总兵官，很快提拔尚可喜为游击，将后军。

---

① （清）王一元：《辽左见闻录》。
② （明）释今释撰定：《元功垂范》卷上。
③ （明）释今释撰定：《元功垂范》卷上。

明崇祯六年（1633），他又被提升为广鹿岛副将，至此，离军职最高级别的总兵官仅差一步之遥。

投军十余年，无论遇到什么困难与险阻，尚可喜忠于明帝的心不动摇，更不可改变！

然而，人生无法预料的事发生了，竟然改变了尚可喜的命运。

就在提拔尚可喜为副将的同一年，总兵官黄龙守旅顺，被后金攻破，"巷战死之"，尚可喜在海上，未及救，他的两位夫人及家口、侍婢等百余人投水死。这的确是尚可喜的大不幸！很快，不幸又要降临到他本人的身上。新继任的总兵官沈世奎，是已死黄龙的仇敌，凡为黄龙所信任、重用的将官都受到他的打压。他与部分将领合谋，欲置尚可喜于死地。幸好尚可喜得知其密计，逃过死劫。有关此事之前因后果，本书都做了详细记述，这里，无须重复，只是说明这一事件对尚可喜命运影响至重，是他人生的又一大关键！

当尚可喜得知沈世奎欲加害于己，心情极度悲愤，他追忆自己在海上立功，血战十余年，父母兄弟妻子先后丧亡，为的是保朝廷，不惜付出重大牺牲，却换得"诸臣肆意营私"，加害于己，可以想见，此时尚可喜悲伤、愤怒的情绪达到了极点！他能甘心受死吗？如他所言："大丈夫将扫除天下，宁肯以七尺之躯俯首就戮乎！"①

此言一出，真是一鸣惊人！尚可喜胸怀"扫除天下"之志，誓做一番大事业，绝不会俯首就戮，任人宰割！但他也不甘心委曲求全于这个腐败的政权！沈世奎欲加害尚可喜的图谋，促成他在感情上同明朝的最后决裂。

尚可喜又面临一次人生更艰难的选择！

尚可喜脱离沈世奎，如虎口逃生，个人的性命得以保全，但是，他与所部将士如何生存下去呢？他既不能坐守孤岛——广鹿岛，也不能漂泊海上，更不能举弹丸之兵反明。摆在他面前的只有一条路，投向正在崛起的后金政权！尚可喜"时闻满洲太宗皇帝豁达神武，延揽英雄，视汉人如同体，遂决策输诚"②。明崇祯七年、后金天聪八年

---

① 《先王实迹》，见尚之隆、尚之瑶主修《尚氏宗谱》（二修）卷之二，第1页。
② （明）释今释撰定：《元功垂范》卷上。

（1634）三月中，尚可喜率所部将吏兵民万余人航海归附后金。

尚可喜圆满地完成了人生的又一次选择。清太宗高度评价尚可喜："达变通权"，"知明运之倾危，识时势之向背"。尚可喜归附之日，太宗即提升他为总兵官，给敕印，承诺他"功名富贵……带砺山河，永无遗弃之义！"①

尚可喜弃明归后金，我们姑置不论其对错，就尚可喜个人的命运选择，在当时的历史条件下，他是被逼上梁山的。他已为明朝付出了惨重的代价，却险遭暗害，为自身生存计，更为"扫除天下"计，只有选择归附后金这条路可走！以后的事实证明，他的这次选择是完全正确的！

尚可喜归后金，果不负清太宗之望，亦未失胸怀之大志，横刀跃马，驰骋于万里疆场，先是在东北，然后进关，入内蒙古，闯西北，渡江下江南，最后落脚于广州。时人概括尚可喜的功绩："北定燕都，西平三楚，南开百粤，廓清千里。"② 他的官职累累上升，崇德元年（1636），敕封"智顺王"；顺治六年（1649），改封"平南王"，进兵广东，在消除南明的势力后，即留镇广州。到这时，他才成了真正的一方诸侯，举家共享高官厚禄之福。

顺治十八年（1661），南明最后一个政权永历小朝廷被消灭，长期处于战乱的中国社会也日趋安定下来。

尚可喜入清以来，南北征战 30 余年，出生入死，立下多少汗马功劳！从太宗到世祖二帝，无不信任与倚重，还把尚可喜的第七子尚之隆招为皇室额驸。尚可喜与皇室结为亲家，显见双方关系密切的程度！进入康熙朝，天下太平无事，尚可喜坐镇广州，除了维系地方治安，也勤于当地及所辖广东省的政务，至此再无征战之苦，可以尽享安逸的生活，以终天年。

至康熙十二年（1673），尚可喜忽然又提出"归老辽东"海城的想法。没有客观形势所迫，也无朝中权贵的挤压，恰恰相反，他本人声望正隆，皇帝频频恩宠有加，何以想引退回故乡，海城养老？其实，

① 《清太宗实录》卷一八，天聪八年四月，中华书局 1985 年版，第 238 页。
② （明）释今释撰定：《元功垂范》尹源进序。

他的这个想法非始于此时，早在顺治十年（1653），他率部消灭南明在广东的势力，"四境渐安"时，就向朝廷申请解除他的兵权，回北京调养，表明功成引退之意。世祖以广东初定，地方多事，仍需要他主持全局，予以慰留。十二年十月，他再次请求朝廷赐予安置地，理由是，一则他年老多病，一则子女众多，可否将故明鲁王在山东兖州的"虚悬地亩"拨给，或者在辽东旧地筑房安插。尚可喜之意甚明，意在向皇帝表白，他在政治上已无进取之念，只是为子女将来的生计着想，力图消除皇帝的疑心。廷议认为，"王图安根本，情理允协"，表示理解，但广东未获安定，待天下承平一并考虑。① 康熙十二年他再次恳求撤藩交权，回归故乡养老。

尚可喜一再申请引退，究竟是为什么？有何动机？放弃晚年的安逸而奢华的生活，甘愿重返近似荒凉而寒冷的东北，究竟为哪般？

当时，此举也引起人们的种种猜测，一说尚可喜长子之信"暴横日甚"，所行皆为不法，尚可喜唯恐祸及自身，才"引老乞骸骨"。还有一说尚可喜这个人"身在名位权势之中，心常出于名位权势之外"。这是说，尚可喜既不贪权，又不恋名位，淡泊名利，所以，人变老，更无贪欲之念，"归耕之念时切"②。

其实，这些说法，都没说到尚可喜的思想深处。原来，尚可喜坐镇广州，眼见天下太平，但他的内心并非太平，他不时思考，也与身边的一些幕僚、谋士纵论古今兴亡事。其中，有一位叫金光的谋士明言："王已位极人臣，恩宠无以复加，树大招风，朝廷对王很不放心，历来异姓封王没有一个能长久的，莫如交出兵权，回辽东养老，子孙也安。"本来，尚可喜久有放权归耕之念，只是还未考虑得如此深刻，如此现实，经金光一点拨，才看到历朝历代凡封异姓王的人，很少有好下场！如不重蹈覆辙，赶快交权，撤离广州，重返故乡，消除皇帝猜忌，他的这个老命及子孙才永获平安！尚可喜毫不犹豫地起草奏疏，向圣祖皇帝提出撤藩的申请。为此，他连上了九道奏章，表达了他去意已决的信念。

① （明）释今释撰定：《元功垂范》卷下。
② （明）释今释撰定：《元功垂范》卷下。

金光的话，尚可喜的撤藩申请，却是道破了圣祖的心事，圣祖幼年即位，亲政后，他把漕运、治河与三藩定为他必须解决的"三大事"，并刻写在宫中的柱子上，用以时刻提醒自己，不可疏忽。他用明确的语言表达他的政治凤愿："三藩俱握兵柄，恐日久滋蔓"，久有撤藩之意。尚可喜封平南王据广东，靖南王耿继茂据福建（不久，继茂逝世，其子精忠继承王爵），平西王吴三桂势力最强，据云南、贵州，时称"三藩"。他们各自掌握着强大的军队，各据一方，发展下去，后果不堪设想。这就是自古封异姓王不能长久的缘故。圣祖深忧三藩势力坐大，必危及清朝的政权！但是，又找不出正当理由裁撤三藩，而三藩也无明显劣迹，更无叛逆的迹象。如贸然撤藩，遭到抵制，后果不堪设想！这使圣祖进退两难，只能以警惕的目光注视着三藩的一举一动，内心不时充满恐惧感。

三藩如同世袭小王国，它的存在，与现行的中央集权、君主专制是不相容的。他们选将用吏或自专，或实操任用之权；他们自主军事，自收地方财赋，所用经费却是中央给提供，故《圣武纪》称："天下财赋半耗于三藩。"凡此种种，可证圣祖撤藩自有道理，符合国家政治大一统的需要，无可指责。

尚可喜主动撤藩，这在他一生中，大概是最后一次选择，与圣祖的主观想法不谋而合，当尚可喜提出自己的申请，又与圣祖一拍即合！不管尚可喜出于何种动机，他的想法或叫选择完全符合国家利益的需要，也符合民众希望安居乐业的需要，还给圣祖提供了一次和平解决三藩问题的千载难逢的大好时机。为此，圣祖见到尚可喜撤藩申请的奏章，其喜悦之情，溢于言表："王自航海归城，克尽忠荩……功绩茂著……"在大力赞扬一番之后，话锋一转，王"年已七十，欲归辽东耕种，情词恳切，具见恭谨，能识大体，朕心深为嘉悦……"[①] 圣祖赞不绝口，没有丝毫犹豫，当即批准。于此可见尚可喜选择之正确！

尚可喜这一藩顺利解决，吴、耿二藩怎么办？圣祖已掌握主动权，他只需把尚可喜的撤藩奏章与他的批示发到各省，包括发到吴、耿二

---

① 《平定三逆方略》卷一。

藩，问题就不难解决了。

果然不出所料，吴、耿二藩已明白圣祖的意图，乖乖地写出奏章，仿尚可喜例，自请撤藩。这个十分棘手的撤藩问题一朝解决。这要归功于尚可喜主动采取行动，才给这个难解的问题找到了解决的办法！所以圣祖如同处理尚可喜自请撤藩例，对吴、耿二藩撤藩的请求予以批准。

始料不及的是，吴三桂并非真心撤藩，他是迫于形势，不得不上奏章请求撤藩。他的本意，以为圣祖一定会"慰留"他。结果，弄假成真，当圣祖批准撤藩的旨意下达，他先是极度失望，转而仇恨，遂于康熙十二年十一月在云南昆明宣布起兵反清，由此引发了8年武装叛乱。

在这场突发的大事变面前，尚可喜再次面临人生的选择：吴三桂发动叛乱时，很快遣使给尚可喜送去一封信，动员他一起参加。同时，也给靖南王耿精忠发去一封信，邀他在福建起兵。耿精忠很痛快地接受，举起了反清的旗帜。

尚可喜怎么办？他没有动摇，也没有犹豫，当机立断，逮捕吴的使者，将其与三桂的信件一并送到北京，并上奏疏，表明他坚定地站在清朝一方。同时，采取实际行动，派遣其次子之孝统兵进剿投靠吴三桂的叛将刘进忠。这一切，深深地感动了圣祖，即于康熙十四年（1675）正月特晋封尚可喜为"平南亲王"。此前，唯吴三桂受封为"平西亲王"，自发动叛乱起，圣祖将吴三桂的"亲王"爵位及其他一切荣誉统统削除干净，尚可喜就成了唯一的汉人异姓王的亲王，达到了臣属中爵位的极限，独获此殊荣，满汉将吏中，无人可比！圣祖也不禁动情地说："朕与王情同父子，谊犹手足。"①

尚可喜深处叛乱包围之中，力撑广东危局达三年之久。至病危之时，处昏迷中，还在奋力强呼："吾受三朝（太宗、顺治、康熙）隆恩，时势至此，不能杀贼，死有余辜！"命诸子给他穿上太宗赏赐的衣服，扶他起身，向北叩头，说："吾死之后，必返殡海城，魂魄有知，

---

① 《清圣祖实录》卷五九，康熙十五年二月一日，中华书局1985年版，第769页。

仍事先帝。"说完，安然长逝。其时，康熙十五年十月二十九日。尚可喜的一生，至此终结。第二年五月，圣祖始闻可喜死讯，深为痛悼，赐谥曰"敬"，给予"祭葬立碑"。

如尚可喜生前所愿，至康熙十八年（1679），当平吴叛乱已近尾声，圣祖批准将尚可喜灵柩归葬其故乡海城。尚可喜如愿以偿，当死而无憾。

纵观尚可喜的一生，可用"智顺"两字来概括。太宗首次给尚可喜封王，号曰"智顺王"，其智、顺就是他一生的真实写照。尚可喜一生四次关键选择，充分体现他用智慧进行理性思考，没有感情冲动，没有意气用事，审时度势，待作出正确判断，然后付诸行动，必达目的，此谓之"智"。每当面临选择时，必顺应形势的发展，顺应人心所向，是谓之"顺"。因此，总结尚可喜的一生，就是实践"智"与"顺"，始终如一，获得人生的圆满成功！

我们依据"智顺"之意，结合尚可喜的一生实践，可用以下两句话来概括：

通古今之变，献智献勇，爵封亲王；

顺人心所向，善始善终，堪称完人。

尚可喜的非凡人生，如同一部人生教科书，给后世人提供诸多的人生教益和启示，其中，最关乎人生命运的，就是要学会在关键时刻作出正确的选择。尚可喜人生四次选择，正确无误，故其一生顺畅，心想事成，实现预期目标。与他同时的吴三桂，先前如何选择，姑置不论，在撤藩的关键时刻，他根本不想撤藩，却选择假意撤藩，他的谋士们反对他这样做，警告：王上疏，朝辞夕准！如果信谋士的话，装聋作哑，对尚可喜的事不表态，朝廷包括圣祖也无可奈何之。谁料他弄假成真！此时，如果他将错就错，迫不得已接受既成事实，服从圣祖的撤藩决定，那么，天下就会太平无事，包括其家族也会得以保全，他本人也如尚可喜一样得以善终。结果又作出致命的选择："反叛"！八年后，吴三桂身败名裂，家破人亡。这一结局与尚可喜荣归故里，家族兴旺，与清相终始，子孙繁衍不绝，成一鲜明对比，天地悬差。

人生选择之重要，尚可喜与吴三桂恰好是正反两个方面的典型代表人物，他们的经验与教训，足资人们深省与思考。

本书遵循马克思主义唯物史观，实事求是，秉笔直书，翔实记述尚可喜一生的历史，真实地再现他的人生面面观。同时也勾勒出他生活的那个风云变幻、社会动荡的时代风貌。尚可喜在那个时代与社会中所言所行，功过是非，我们不予设定，也不展开评论，仁者见仁，智者见智，读者自行评判而已。

本书涉及一个重大的学术问题，不得不予以澄清。明清之际，明朝的许多将吏纷纷投降或归附清（后金）政权，诸如李永芳、范文程、张存仁、洪承畴、祖大寿、尚可喜、孔有德、耿仲明等，直至入关时吴三桂降清，这只是其中具有代表性的人物，其他降清的人何止成百上千！还有，清入关后，渡江南下，又有大批南明将吏降清，这已不是个别人的个别现象，而是当时一个普遍的社会问题。

学术界有一种意见，社会部分舆论也认为，这些降清人物背叛国家，背叛民族，背叛亲人，就是叛徒、汉奸、卖国贼！

学术百花齐放，提出任何观点，也是学术界的正常现象，提出另一说，予以反驳，也是正常现象，不足为奇。这里就"汉奸"说法，略为辨析。因为涉及本书主人公尚可喜，不能不说几句。

首先应辨识明清之际社会矛盾的性质。如前已说明，这个时期，先是清（后金），与明争夺东北，进而争天下，表现为满洲为主体与汉民族王朝的民族矛盾。接着，以李自成、张献忠为领袖的农民大起义反抗明王朝的统治，表现为阶级矛盾与斗争，南明是明朝的残余势力，代表着明朝的利益。这些矛盾和斗争都属于一国之内即中国国内的矛盾与斗争，也是中华民族内部的矛盾与斗争，按照马克思主义的历史唯物主义观点，我们认为，国内的不同政治军事势力，不同的民族，都有权力争夺或建立自己的政权，即不站在一个王朝的立场去反对或否定另一个王朝，而应持客观立场，以是否顺应历史发展方向、是否顺应民心的要求来评判是非。

同样，我们不应站在一个民族的立场，去反对或否定其他民族，而应站在中华民族的立场，一视同仁，平等地看待国内各民族。

同样，我们也不能站在"忠君"的道德立场，以是否"忠君"判别忠奸，应坚持以"实践是检验真理的唯一标准"为原则，以实践的后果来定是非。

一国之内，每当王朝更迭之时，包括少数民族如鲜卑、契丹、女真、蒙古等先后进入中原建政权，很多人各投入自己选定的政权，如不中意，又投向其他政权，即使前为仇敌，亦可化为一家，如魏、蜀、吴三国。这本来就是中国历史上常见的现象，司空见惯。从来没有人给这些所谓的"叛离"者带上"汉奸"之类的帽子！现在，说到明清之际，明朝大量文武吏员投入清（后金）政权，这与历史上一再出现的上述情况一模一样，毫无二致！奇怪的是，学界从未给投入如北魏、辽、金、元等诸少数民族政权为官的汉人戴上"汉奸"之类的帽子，偏偏将投入清（后金）政权的汉人将吏统统视为"汉奸""卖国贼""叛徒"。究其原因，就是把创建清朝的满洲（族）定为"异民族"，其国为"异国"，质言之，已把满洲开除出中华民族，如西方学界称满洲为"外来民族"，故清军入关，"征服"汉族，"征服"中国。受此影响，我国学界许多学者也畅言满洲——清军"征服"论，将清朝对中国的重新统一定为"征服"。

必须指出，以上观点或议论是完全错误的！他们把国内民族与阶级矛盾及斗争与国与国的矛盾斗争混为一谈。这是性质完全不同的两种矛盾和斗争，前者为国内不同集团、不同民族的矛盾斗争，是谁统一谁、谁统治谁的问题，后者是国与国的矛盾斗争，是指一国对另一国的侵略、扩张、征服，关系国家与民族的存亡，此系大是大非，不可等闲视之。如投降侵略者，是为汉奸、叛徒、卖国贼，如汪精卫之流，投降日本侵略者，"汉奸"当之无愧！问题的性质不同，其结论、定性、定位都不同。

基于以上认识和分析，我们不赞成将投入清政权的汉人都戴上"汉奸"的帽子，包括尚可喜在内，应该把他们各自投降清朝的原因与降清的过程写清楚，无须加那些不必要的种种称号。按照马克思主义的观点，具体人具体分析，他们降清或归清的原因各有不同，亦即主观动机各不同。如，范文程于努尔哈赤首战抚顺时，主动投入后金；

如李永芳、祖大寿等，于被围困中放弃抵抗，向清（后金）投降；如洪承畴，被俘后经思想斗争始降；如吴三桂，受李自成农民军政策之害，投入清军，转而降清。本书主人公尚可喜如前已指出，他是在受到顶头上司与部分同僚的加害，才被逼上梁山的。这种情况，还发生在与他几乎同时归清的孔有德、耿仲明等人的身上，他们也受到明朝内部人身迫害而弃明投清。他们降清或归清各有大小不同的原因，不能皆指为正确，也不能指为全错，应当具体人物具体分析。一句话，要从他们个人的出身、经历、思想素养及品质等方面去探索原因，分辨是非。如一律斥为"汉奸"云云，不仅将问题简单化，也混淆了问题的性质，就会离真理更遥远。这是不可取的。

有清一代，总共只封了五位汉族异姓王，即太宗初封孔有德、耿仲明、尚可喜等三顺王，世祖加封吴三桂为"平西王"，后封降清的孙可望为"义王"。"三藩"后，再无汉人封王之例。尚可喜之重要，无须在投清的汉官中对比，只需在五王中做一番比较，也就不言自明了。应当承认，在清军入关前后一段时期，他的地位、作用尚不显著，但自南下始，平定广东，击溃南明在广东的势力，尚可喜的地位才日益提升，与吴三桂在云贵取得的战绩可并驾齐驱。

至于尚可喜成朝野瞩目的人物，那就是因其主动申请撤藩。三藩去留，是当时国家最重要也是最敏感的政治话题，尚可喜首议又是首次提请撤藩，直至剿灭吴三桂之乱，他都是三藩事件中的一个主角，因圣祖苦于无计可施之时，他主动申请撤藩，为圣祖提供了一个可供选择的解决方案，岂不是一鸣惊人！岂料由此引发吴三桂率先起兵反清，责任不在尚可喜，却是吴三桂一手造成的。这也说明三藩与中央朝廷的矛盾不可调和，早爆发总比迟爆发更好！可见，尚可喜主动撤藩，实在是顺应了历史的发展趋势，顺应了广大百姓希望社会安定的愿望。虽然不可避免地发生了吴三桂之乱，但乱而后治，清朝付出的代价也是难免的。

这里，又涉及一个问题，即"三藩之乱"的提法。本来这是由吴三桂一手制造的一场政治和军事大动乱，只有靖南王耿精忠起兵响应，而尚可喜自始至终反对吴三桂发动的叛乱，坚定地站在清朝的一边，

极力维护国家统一。三藩中只有两藩反叛，何来"三藩之乱"？众所周知，尚可喜长子之信参与吴三桂发动的叛乱，即成"三藩之乱"，也是名副其实。如清官方撰《平定三逆方略》，之信无疑是"三逆"之一，道光时，魏源著《圣武纪》，内有上下两篇《康熙勘定三藩记》，明确地把尚之信列为"三藩"之一，"三藩之乱"的说法由此而来。

问题的关键就在于尚之信到底叛没叛？这本来是一桩大疑案，却始终很少有人予以辨析。本书对此已做了详细的解读，这里是点到为止，不便重复。所谓尚之信从叛，是在其父病危之时，广东十郡已失其四，而广州已处于叛乱包围之中，广东的形势岌岌可危。代尚可喜主持大计的尚之信，为自身安全计，被迫向吴三桂投靠。事先，他已向圣祖先后发了几道奏章，如实报告，得到圣祖的谅解，他才宣布投降吴三桂，获得安全保障。"从叛"不过年余，至十六年春即"反正"，迎清兵入广。这算是"三藩之乱"中的一段小插曲吧！且看事后处置：在讨论耿精忠与尚之信判刑时，明珠等大学士明确说明：尚之信罪在酗酒行凶，属刑事犯罪，而耿精忠大逆不道，叛君叛国，故予以凌迟处死，尚之信仅以"赐死"的形式，自我了断性命。犯罪性质与处死的方式不同，已将两人严格区别开来。从康熙，经雍正、乾隆直至嘉庆、道光，他们从未把尚之信定为叛国的"叛贼"，只提三桂或精忠，却不提尚之信。如官方因为政治需要，才以"三逆"并提，却从未提过"三藩之乱"。至晚清曹廷杰《东北边防纪要》，始为"三藩之变"的提法，而其后又进而说成"三藩之乱"。

对"三藩之乱"的定论，也应恢复历史的真相，本着实事求是的态度，应将此论改为"吴三桂之乱"或称"吴耿之乱"，才符合历史事实。

长期以来，包括改革开放 40 余年以来，有关尚可喜的研究很少，已发表的研究成果也是屈指可数！也只能在研究三藩问题中，才涉及他，仅此而已。究其原因，学界对降清人物并不热心，总有轻视之意。因为他们的能力都不过为"异民族"满洲打天下，治天下，不愿为其张扬，当然也无须肯定他们为满汉民族融合做了哪些有益之事。除洪承畴、吴三桂等个别降清人物曾一度成为热门人物，其他有此经历的人物，又有哪个学者去问津？故对其研究久呈冷清状态。可见，对尚可喜研究至少，并非个别现象。

我们还应当承认，我们对大批汉官降清，缺乏理性思维，仅仅停留在个人降清而已，把问题简单化，未予深入探究，因而长期徘徊在固有的观念而不思变，明清之际的这些人物不被重视，未予展开研究，难免留下学术缺憾，影响学术研究取得新进展！

实在说，我们对尚可喜的关注非止一日。早在20世纪八九十年代，我们曾两度赴海城考察，一则检视尚可喜陵园中的历史遗迹；二则与尚可喜的后裔子孙们深入接触，听到了更多尚可喜的人生故事，他们还把尚可喜在世时修的《尚氏宗谱》以及康熙、乾隆等几朝续修的《尚氏宗谱》送给我们阅读。这使我们对尚可喜产生了浓厚的兴趣，开始撰写研究性论文。当我们深入研究三藩问题时，进一步发现尚可喜非同一般人物，他处事计虑长远，有始有终，可以说，始终如一，尤其在吴三桂掀起大乱时，他能沉静不惊，坚定信念，独善其身，为自己也为后世子孙赢得永生，世世不息，以至无穷！从人生看尚可喜，他堪称是一代典范。

于是，我们就在研究尚可喜，出版《尚可喜及其家族研究》的基础上，决定为尚可喜写一部传记，用以弥补清史研究的一个空缺；同时，记述尚可喜的人生经历，为我们提供人生借鉴，他的一生就是一部人生教科书，相信对我们每个正常人都有教益作用！

我们的想法，立即得到尚氏家族的热烈欢迎和坚决支持！多方鼓励，多方帮助，尽量提供家族收藏的有关尚可喜的历史资料，尤其尚世阳、尚德刚、马彩萍、尚秋平……给我们帮助更多更大！他们成为我们与尚氏家族的联络人。就是在他们的期待与帮助下，我们如同肩负一项使命，历经三年奋斗，终于完成这部传记的撰写，至此，可以告慰尚可喜在天之灵，可以告慰尚氏族人，我们完成了他们的嘱托！

当书稿完成之时，我们满怀真情，向尚氏族人深致谢意！

当我们完成这部书稿时，人民出版社慷慨接纳，予以出版，让我们表达由衷感谢！特别是编辑邵永忠先生为出版本书，竭尽全力协调、沟通、联络，又细致审读书稿，使本书得以顺利出版。借此机会，真

诚感谢邵永忠先生为我们所做的一切！

　　本《前言》所说，就算作是为读者做的"导读"吧！正确与否，有待广大读者检视吧！谢谢你们！

李治亭　柳海松

2023 年 8 月 12 日

目　录

第一章　乱世奋起 ……………………………………………… 1

　一、家世源流 ……………………………………………… 1

　二、迁居海州 ……………………………………………… 12

　三、辽东大乱 ……………………………………………… 17

　四、寻父从军 ……………………………………………… 23

第二章　海上军旅 ……………………………………………… 33

　一、归依毛文龙 …………………………………………… 33

　二、平定内乱 ……………………………………………… 38

　三、海上鏖兵 ……………………………………………… 48

　四、旅顺罹祸 ……………………………………………… 59

第三章　弃明归后金 …………………………………………… 66

　一、被迫弃明 ……………………………………………… 66

　二、后金迎归 ……………………………………………… 74

　三、皇恩浩荡 ……………………………………………… 83

　四、初建功勋 ……………………………………………… 91

第四章　晋封智顺王 ………………………………… 99

一、太宗赐封 …………………………………… 99

二、从征朝鲜 …………………………………… 106

三、攻取皮岛 …………………………………… 114

四、君臣之间 …………………………………… 124

第五章　征战辽西 ………………………………… 130

一、继续"砍大树" ……………………………… 130

二、决战松锦 …………………………………… 139

三、攻取辽西 …………………………………… 148

第六章　从龙入关 ………………………………… 156

一、关门血战 …………………………………… 156

二、追战庆都 …………………………………… 165

三、再战晋鲁 …………………………………… 172

四、出征陕西 …………………………………… 179

第七章　渡江南征 ………………………………… 189

一、覆灭大顺 …………………………………… 189

二、平定湖南 …………………………………… 198

三、荣归海州 …………………………………… 207

第八章　改封平南王 ……………………………… 211

一、王号改封 …………………………………… 211

二、奉旨征粤 …………………………………… 219

三、血战广州 …………………………………… 230

第九章　威震南国 ………………………………… 244

一、统一广东 …………………………………… 244

二、两粤苦战 ·················· 252

三、与南明斗智勇 ·············· 263

四、独镇广东 ·················· 278

第十章　兴建王府 ·············· 292

一、兴建王府 ·················· 292

二、以民为重 ·················· 303

三、为民请命 ·················· 309

第十一章　思归故乡 ·············· 322

一、功成求退 ·················· 322

二、自动撤藩 ·················· 331

三、三藩同撤 ·················· 341

第十二章　初心不改 ·············· 351

一、乱起吴三桂 ················ 351

二、忠贞不二 ·················· 362

三、晋爵亲王 ·················· 371

第十三章　危难之际 ·············· 385

一、力撑危局 ·················· 385

二、守节善终 ·················· 392

三、之信之"顺逆" ·············· 399

四、之信获罪赐死 ·············· 408

第十四章　叶落归根 ·············· 420

一、荣宠归葬 ·················· 420

二、赐建王陵 ·················· 433

三、优厚待遇 ·················· 438

四、家族受益 ⋯⋯⋯⋯⋯⋯⋯⋯⋯⋯⋯⋯⋯ 443

第十五章　名门望族 ⋯⋯⋯⋯⋯⋯⋯⋯⋯⋯ 450
　　一、妻妾众多 ⋯⋯⋯⋯⋯⋯⋯⋯⋯⋯⋯⋯⋯ 450
　　二、满门皆官 ⋯⋯⋯⋯⋯⋯⋯⋯⋯⋯⋯⋯⋯ 458
　　三、子招额驸 ⋯⋯⋯⋯⋯⋯⋯⋯⋯⋯⋯⋯⋯ 466
　　四、富甲天下 ⋯⋯⋯⋯⋯⋯⋯⋯⋯⋯⋯⋯⋯ 475

第十六章　修身持家 ⋯⋯⋯⋯⋯⋯⋯⋯⋯⋯ 483
　　一、持家有道 ⋯⋯⋯⋯⋯⋯⋯⋯⋯⋯⋯⋯⋯ 483
　　二、多方联姻 ⋯⋯⋯⋯⋯⋯⋯⋯⋯⋯⋯⋯⋯ 490
　　三、崇佛好施 ⋯⋯⋯⋯⋯⋯⋯⋯⋯⋯⋯⋯⋯ 501
　　四、立传修谱 ⋯⋯⋯⋯⋯⋯⋯⋯⋯⋯⋯⋯⋯ 525

附录一　尚可喜大事简谱 ⋯⋯⋯⋯⋯⋯⋯⋯ 531

附录二　尚之信史事 ⋯⋯⋯⋯⋯⋯⋯⋯⋯⋯ 581
　　尚之信降吴史事辨正 ⋯⋯⋯⋯⋯⋯⋯⋯⋯⋯ 581
　　尚之信死因考 ⋯⋯⋯⋯⋯⋯⋯⋯⋯⋯⋯⋯⋯ 596

参考文献 ⋯⋯⋯⋯⋯⋯⋯⋯⋯⋯⋯⋯⋯⋯⋯ 612
后　　记 ⋯⋯⋯⋯⋯⋯⋯⋯⋯⋯⋯⋯⋯⋯⋯ 617

第 一 章

乱世奋起

一、家世源流

　　康熙二十一年（1682）四月二十二日，刚从冬眠中醒来不久的关东大地，生机盎然，满山遍野都披上了绿装，花儿绽开了笑脸，香气吸引着蜂蝶，翩翩起舞；鸟儿啼鸣，时不时地飞来飞去，穿梭于林间田野。春风吹来，树木随风摇曳，树叶沙沙作响，田野中的庄稼幼苗沐浴在阳光之中，不断地随风弯腰，时起时伏，接受大自然的检阅。农夫们，三三两两，手持农具，劳作于田间地头，期待着秋天能有个好收成。

　　这时，一大队人马，浩浩荡荡，从几荒屯出来，向牛庄方向进发。远远望去，这支队伍，仪仗华丽高雅，颇有皇家气派，队伍中的人身穿官服，头戴官帽，有的乘轿，有的骑马，还有的步行，时而还有骑马者穿梭于队伍前后，似乎在传递着消息。当中的一顶大轿格外显眼，一看便知，当中坐的必是一位重要人物。的确如此，轿中人物不是别人，正是年轻的清圣祖。

　　这是清圣祖第二次东巡盛京结束、回转京城时的景象。此番东巡，一是因为经过八年的战争，终于平定了吴三桂发动的叛乱，理所应当

地要前来东北祭告列祖列宗；二是巡视边防，准备抗击沙俄的侵略。再就是利用这次东巡，祭奠那些为大清的建立作出突出贡献的文臣武将。这不，返京的队伍刚进入海城地界，圣祖皇帝就传令下去，让内大臣、封公爵的坡尔喷带人前往海城凤翔山，给埋葬在那里的尚可喜墓奠酒，以示皇恩浩荡，不忘功臣。坡尔喷得令，立即率一干人等向海城凤翔山赶去。而扈从圣祖皇帝东巡的大队人马则继续缓缓前行，赶往牛庄，准备在那里驻跸歇息。

尚可喜何许人也？清圣祖为什么要如此厚待于他？这还要从尚可喜的生平谈起。

尚可喜，字元吉，号震阳，辽东海城人。自天聪八年（1634）归附后金后，一直为清朝东征西杀，南北驰驱，建立了不朽的功勋，是清朝初年唯一一位善终的汉族异姓亲王——平南亲王。尚可喜爵封亲王，固然与他后天的努力有关，但是其家族的遗传基因也是不可忽视的，正所谓虎门无犬子。尚可喜的命运与他的祖上有很大的关系。那么，他的祖上又是哪位名人呢？

尚可喜的近祖虽然不显贵，但如果追溯其远祖，那可是赫赫有名的。尚久蕴先生在他所作的《尚氏祭祖歌》中写道：

> 尚氏家族源流长，炎帝苗裔薪火旺。
> 太公儿女千重浪，近古之祖平南王。
> 混沌初开明失鹿，追随赤日造四方。
> 扫荡残秽净乾坤，朕与王情父子长。
> 昆仑万丈迎风雪，珠江千里古渡航。
> 王宫花草萦乡梦，百叠楼台系耕桑。
> 云贵天高逆飙狂，孤臣独撑金瓯壮。
> 韬钤白发筹帷幄，凌烟阁上姓字香。

这首尚氏家族的祭祖歌，在多年前，每当春、秋举行纪念尚可喜的重大活动时，尚氏家族都要唱，以缅怀他们的先祖。这首歌的歌词除了歌颂了可喜的生平业绩，还道出了尚可喜那不平凡的家世。

从歌词里我们可以知道，尚可喜的远祖可以追溯到炎帝，再近一些就是商末周初的姜太公。

姜太公，姓姜，名望，字尚父、子牙，号飞熊，东海上人。又因他的祖先曾封于吕地，故又称吕尚、吕望等。他足智多谋，工于奇计，长于用兵，可是，满腹经纶的他，却生不逢时，一直穷困潦倒，直到他晚年才云散雾开，拨云见日，个人的命运出现了转机。

这一转机，源自他与西伯侯姬昌的一次偶然相遇。商朝末年，商朝的统治摇摇欲坠。这时，在渭水流域兴起了一个叫周的部落，这个部落在首领的精心治理下，不断地强大起来。这位首领就是商朝的臣子西伯侯姬昌。

随着周部落势力的壮大，西伯侯姬昌痛感缺少一位文武兼备，能够统率全局、辅佐自己筹划灭商大计的人才，所以他平常对访求贤才特别留心。这一天，西伯侯姬昌要外出打猎，临行前他占卜了一卦，卦辞上说："所获非龙非螭，非虎非罴；所获霸王之辅。"① 意思是说：这次打猎所俘获的既不是龙，也不是虎，而是一位能辅佐自己成就霸业的贤者。西伯侯不由得心花怒放，他暗想：如果真是这样，那可真是太好了，实现自己的雄心壮志不就有希望了吗？可又一想，自己求贤这么多年都没有招到出类拔萃的贤德之人，难道这一卦就这么灵？思绪纷乱的他来不及细想，便将信将疑地带着随从上路了。

还真别说，有些事还就那么巧合。当西伯侯姬昌在打猎途经渭水的时候，就发现了一个奇怪的现象。只见不远处，一位老者专心致志地在渭水边钓鱼，不过，他的钓鱼方式却与常人大相径庭。但见，他的鱼钩离水面足有三尺高，鱼钩还不是弯的，是一个直钩，鱼钩的上面也没有什么鱼饵。如此荒诞的钓鱼法，西伯侯姬昌还是头一次见到。他百思不得其解，感到很纳闷，心想：天下怎么会有这种钓鱼法，能钓上鱼来吗？真是大千世界，无奇不有。于是，心里直犯嘀咕的他快步走向前去，在老者身旁坐了下来，并与他攀谈起来，想探个究竟。

谈话中，西伯侯姬昌便有了一个重大发现。他发现这位自称姜子

---

① （汉）司马迁：《史记》卷三二《齐太公世家第二》，中华书局 1959 年版，第 1477—1478 页。

牙的老者满腹经纶，上知天文，下知地理，凡政治、军事等无所不通，无所不晓。顿时，西伯侯姬昌如获至宝，高兴万分，大有相见恨晚之意。他心中盘算：我西周如果能得到此人的辅佐，那自己的兴周大业焉能不成，莫非自己临行前的卦辞正应在这件事上？想到这里，他不无感慨地对姜子牙说："自吾先君太公曰：'当有圣人适周，周以兴。'子真是邪？吾太公望子久矣。"[1] 意思是说：我祖父在世时曾经对我说过，将来会有个了不起的圣人来到我西周，西周会在他的帮助下兴盛起来。你正是这样的人，我的祖父盼望你已经很久了。说完就请姜子牙和他一起回宫。姜子牙见西伯侯盛情相邀，也不推辞，即刻与西伯侯一同上了车，打道回宫。回宫后，西伯侯姬昌就下了一道指令，封姜子牙为太师。

姜太公做了太师后，全力辅佐西伯侯姬昌。一方面劝姬昌内修政治，争取民心，积聚力量；另一方面对商朝示弱，屈事商纣王，消除纣王对周的戒备之心，同时拉拢、瓦解商朝的盟邦。在怀柔示弱的同时，周又主动出击，先后以武力征服了西戎（今陕西岐山、邻县一带）、密须等国，再降黎国，灭邘国（今河南沁阳一带）、崇国，并将国都由歧邑迁到丰，使周的势力东达江淮之间，南及江汉流域，成为足以与商王朝相抗衡的奴隶制国家。对此，司马迁评价说："天下三分，其二归周者，太公之谋计居多。"[2] 意思是说：天下如果分为三份，那么西周已经占据了两份，这些成绩大都是依靠姜子牙的谋略获得的。可是天不遂人愿，西伯侯姬昌在得到姜子牙辅佐后没多久，就带着无限的遗憾，丢下了他为之奋斗的兴周大业而离开了人世。

西伯侯姬昌死后，他的儿子姬发继承了王位，是为周武王。姜太公又全力辅佐周武王，帮助他完成其父亲的未竟事业。经过几年的生聚，周的力量更加壮大了。与此相反，商王朝的统治却江河日下，众叛亲离，几乎到了崩溃的边缘。鉴于这种情况，姜太公认为伐纣的时机已经成熟了，于是他极力劝说武王伐纣。可是，就在武王准备伐纣的时候，发生了一件很意外的事情。

---

① （汉）司马迁：《史记》卷三二《齐太公世家第二》，中华书局 1959 年版，第 1478 页。
② （汉）司马迁：《史记》卷三二《齐太公世家第二》，中华书局 1959 年版，第 1479 页。

在中国古代，由于科技不发达，人们对许多事情解释不了，所以就特别迷信，非常重视占卜。每当举行重大活动的时候，都要占上一卦，以定吉凶，周武王也不例外。事有凑巧，就在周武王的军队行进到泛水牛头山时，突然天空中刮起了大风，接着电闪雷鸣，"鼓旗毁折"，武王的马也"惶震而死"。出师折旗、主帅马死，这是很不吉利的，对周军士气影响很大，所以，一种不祥的预感笼罩着周军上下，大家都担心这次出征的命运。见此情景，姜太公劝告武王说：

> 顺天之道未必吉，逆之不必凶。若失人事，则三军败亡。且天道鬼神，视之不见，听之不闻。智将不法，而愚将拘之。若乃好贤而能用，举事而得时，此则不看时日而事利，不假卜筮而事吉，不祷祀而福从。①

说完，便命令继续进军。武王将信将疑，下令占卜，以定进退。占卜的结果显示："时逆太岁，龟灼告凶，卜筮不吉，星变为灾。"周公根据这一结果，建议武王退兵。对此，姜太公持反对意见，认为军国大事不应该过度地相信占卜，他劝周武王坚定起兵伐纣的决心，不要被占卜的凶兆所左右。他说：

> 今纣刳比干，囚箕子，以飞廉为政，伐之有何不可？枯草朽骨，安所知乎？②

周武王接受了他的建议，按照其提出的计划，继续进兵，讨伐商纣。不久，他率领的"戎车三百乘，虎贲三千人，甲士四万五千人"③，便到达了商朝的都城朝歌。武王牧誓之后，商、周间的大决战便开始了。

这一战在朝歌南面的牧野（今河南淇县南）展开。战前，面对都

---

① （唐）杜佑：《通典》卷一六二《推人事破灾异》，文渊阁《四库全书》本。
② （唐）杜佑：《通典》卷一六二《推人事破灾异》，文渊阁《四库全书》本。
③ （汉）司马迁：《史记》卷四《周本纪第四》，中华书局 1959 年版，第 121 页。

城外的周军，纣王急忙进行战前部署，临时组织起一支由奴隶和东夷俘虏组成的大军，想依靠他们与周军决战，侥幸躲过劫难。没想到，纣王的如意算盘落空了，刚一开仗，周军就发起了猛烈的攻击。俗话说，堡垒最容易从内部攻破，纣王这支临时组织起来的军队，早就恨透了纣王，都不想为纣王卖命，于是纷纷阵前倒戈，投靠了周军，并调转矛头，攻打纣王的军队。在周军的打击下，商朝军队顿时土崩瓦解。纣王见大势已去，仓皇逃进朝歌，登上鹿台，自焚身亡，商朝就此灭亡。

姜太公在"兴周灭商"中功勋卓著，正所谓"维师尚父，时维鹰扬。凉彼武王，肆伐大商，会朝清明！"① 由此，周朝建立后，周武王封他为元侯，封地在齐的营丘（今山东淄博市临淄区）。他也因此成为齐国的缔造者。据说姜太公死后，他的子孙后代有的仍姓姜，有的姓吕，有的则因他在周朝时为太师，称太师尚父，简称师尚父或尚父，而以尚为姓。

斗转星移，日月如梭，转眼之间过去了一千多年。这期间，王朝更迭，频繁上演，华夏百姓的家庭也因治乱的不同而不断地有所改变，或者死于天灾人祸，或者处于不断的迁徙中，或者繁衍成为一个大家族而枝繁叶茂，等等。姜太公的后代正是后者，待其枝繁叶茂后，便渐渐地散居于神州大地的四面八方。据传说，其中有一支移居到了山西的洪洞县，并在那里繁衍生息了几十代。这当中就有一位居住在洪洞县（一说是老鸹村②，又一说是大律村）的尚老翁。不过，到了尚老翁的这代，其家境并不富裕，主要靠打造铁器农具养活一家老少。

尚老翁夫妇膝下有四个儿子，平常尚老翁带领四个儿子在外打造铁器农具，妻子则在家料理家务，一家人过着日出而作、日落而息的生活。日子过得虽不富裕，但全家人和和睦睦，其乐融融，除了小儿

---

① 周振甫译注：《诗经译注》，中华书局2020年版，第373页。
② 老鸹村当为老鹳窝，是由于当地居民错把鹳当成老鸹所致。老鹳窝不是村庄，是指老鹳在树上垒的窝，秋季树叶谢了以后，远远看去，老鹳窝很是壮观，移民离开洪洞以后，大槐树逐渐模糊了，但大槐树上的老鹳窝却依稀可见，成为移民看到的家乡的最后标志。而且据考证大槐树周围从来没有叫老鹳窝、老鸹村的村庄。

子外，其他三个儿子还陆续成了家。可就在这时发生了一件出乎尚老翁一家意外的事情，那就是明朝决定从山西洪洞县向外移民。

由山西洪洞县向外移民由来已久，以至于形成了"问我家乡在何处？山西洪洞大槐树"的谚语。据史料记载，由山西洪洞县向外移民远可以追溯到宋、金、元三代，《续文献通考》卷一二记载，金天辅六年（1122）"既定山西诸州，以上京为内地，移其民实之"[1]。山西《解县志·氏族略》说："解县南营村张氏，元至正年间由洪洞大槐树处迁居南营村，现该村有二百余户。"如果说金、元两朝开了从山西洪洞移民的先河，那么明初的移民则使山西洪洞移民达到了高潮。无论是在移民次数上，还是在移民数量上，明初的移民都是首屈一指的。洪武六年（1373）、九年、十三年、二十一年、二十二年、二十五年、二十八年，建文四年（1402），永乐元年（1403）、二年、三年、四年、五年、十二年、十四年、十五年，明朝政府都从山西洪洞县向外移过民。移民的数量有据可查的多者52144户，少者116户。移民的去向主要集中在山东、河北、北平三地。因为这些地方自元朝末年以来一直战乱不断，前有元末农民大起义，后有靖难之役，社会生产力遭到了严重破坏，人口奇缺，急需从外地向这里移民，以填补那里的人口空白，恢复当地的农业生产。永乐以后，明朝政府从山西洪洞县向外移民虽然不像洪武年间那样集中，但是移民活动从来也没有停止过。

听到明朝政府又要从山西洪洞县向外移民的消息，尚老翁立刻回家和老伴商量起让哪个儿子出去闯荡闯荡一事。他们仔细掂量了一阵后，认为小儿子年龄小，还没有成家，应该留在父母身边，至于三个大儿子已经成家立业，不应该总是让他们守在父母身边，应该出去闯荡一番，何况家乡这边土地贫瘠，人烟稠密，根本没有发展的机会。就这样，尚老翁夫妇决定让三个年龄大的儿子加入移民队伍，移居他乡。

俗话说"儿行千里母担忧"，尚老翁夫妇同天下父母一样也关心着自己儿子未来的命运。这一天，尚老翁把四个儿子叫到打铁的铺子里，生起了炉子，又把打铁的砧子拿到炉子上烧烤，四个儿子见状都感到

纳闷，就问："父亲，我们打造铁器农具，这个砧子是不可缺少的工具，您为什么要烧烤它呢?"

"朝廷要从我们这里向外移民，我和你娘合计了一下，决定让老大、老二和老三参加移民队伍，老四留在我们身边。你们这一走，不知何年何月我们才能见面，所以我今天要把这打铁的砧子分成四块，你们兄弟每人拿一块，以便以后你们的后代相见时有个见证，离开父母以后你们见了这个铁砧，就如同见到了父母。"尚老翁意味深长地说。听完父亲的话，四个儿子一阵心酸，心如刀绞，眼泪止不住地往下淌，一齐抱着父亲痛哭起来。哭罢，兄弟四人各自拿起自己分得的那块铁砧回家去了。

就这样，洪武十三年①，尚家三兄弟告别了父母，各自带着妻子来到洪洞县广济寺旁的大槐树底下，只见那里人头攒动，车拉的、肩挑的行李摆得到处都是，等待移民的百姓三五成群地议论着热门话题，有的移民正在被朝廷官员登记造册，有的正在领取迁移勘合，有的正朝大槐树这边赶来。待主管移民的官员给所有参加移民的人编里以后，参加这次移民的百姓便在明朝政府所派遣兵士的护送下上路了。尚家三兄弟虽然到达的目的地不同，但也随着这次移民的百姓踏上了迁徙的征程。不过，故土难离的情结，让他们不时地回头望一望那已经越来越模糊的家乡山水，直到消失在地平线以下。而移民的百姓也扶老携幼，风餐露宿，艰难地前行，时刻盼望着早一些到达目的地。

按照明朝政府的移民规定，尚家三兄弟被迁徙到了三个不同的地

---

① 《尚氏宗谱》（六修）记载是尚生从山西洪洞迁到了衡水。据考证，尚生生活的时代是在明朝嘉靖到万历年间，因此他不可能参加明朝初年的移民。因为如果他参加明初洪武或永乐年间移民，那么即使到嘉靖元年（1522），他最少也有一百多岁，何况经考证，尚生是在万历二十三年之前的几年间去世的，从人的寿命来看，这是根本不可能发生的事情。这就是说尚氏从山西洪洞移民到衡水必然另有其人。又据衡水东庄《尚氏族谱》记载其一世祖尚三在洪武十三年（1380）从洪洞迁到了衡水，这与明代史料记载的移民时间完全一致，由此，我们可以得出结论：一是洪武年间从山西洪洞移民到衡水的不是尚生，而是另有其人；二是尚生从洪洞移民衡水的时间不是明朝洪武十三年，《尚氏宗谱》（六修）关于尚生从洪洞移民的时间记载有误，很可能是在口口相传中将时间和人物搞错了，因为在《尚氏宗谱》（六修）以前撰修的各个版本的《尚氏宗谱》中并没有关于这个故事的记载。尚生如果从山西洪洞移民，那也应该是在后来的嘉靖年间移民到衡水的。

方。老大夫妻被安置到山东郓城县，老二夫妻被迁徙到河南孟津县，落户于井口铺水泉村，老三夫妻被移民到直隶真定府衡水县。

尚家老三夫妻来到衡水后，便在县城边上的一个村庄定居下来。这个最初居住的村庄，究竟是现在的哪个村庄，现有两个说法：一说是现在的衡水县安夏寨村；一说是今天河北冀县的东庄村。不过，可以肯定尚家老三绝不是尚生，但尚生却可能与尚家老三存在着某种特殊关系。

又过了许多年，大明王朝的皇帝换了一个又一个，百姓的生活却日复一日，没有多大的改变，甚至由于天灾人祸，还有今非昔比的感觉。到了明朝嘉靖三十年左右①，衡水尚家的后代中有个叫尚生的，带着妻子从衡水的一个地方迁到了安夏寨②。夫妇定居下来后，就在那里过起了日出而作、日入而息的生活。尚生给当地的财主赵千顷家当长工，他面朝黄土背朝天，早出晚归，年复一年地耕作；他的妻子则在赵千顷家做佣人。不久，他们的长子尚继芳出生了，嘉靖三十四年，

---

① 据《尚氏宗谱》记载，尚生的第二个儿子尚继官生于明朝嘉靖三十四年（1555）六月，万历六年（1578）他留下长子尚学书，带着次子尚学礼移民辽东。据说万历二十三年（1595），尚继官曾接到父亲尚生去世的噩耗，回到衡水。如果此事属实的话，那么就说明尚生是在万历二十三年之前去世的。由此推算，尚生应当出生在嘉靖初年，当然，其迁居安夏寨的时间也就可能在嘉靖三十年他二十岁左右了。

② 尚生参加的既不是明初的官方移民，也不是嘉靖年间的官方移民。这一点是可以肯定的。那么，他是从哪里迁居衡水安夏寨的呢？我们认为他很可能是从衡水的某个村庄迁到安夏寨。这个村庄有可能就是东庄村。其原因有六：一是东庄新修的《尚氏族谱》中明确记载尚生是洪武十三年移民的尚老三的七世孙，而且也有尚可喜曾来认祖归宗一说；二是据传说，以前东庄还有从山西洪洞县带来的铁砧子为凭，这与尚可喜家族的传说极为吻合，可以说是同一个传说，只是年代前后差了近200年，很可能《尚氏宗谱》（六修）把尚生与尚家老三或东庄的尚老三混为一个人了；三是现在安夏寨村有一个石碾子，据传说是尚生当时带来的，如果情况属实，那么就可以证明尚生很可能是从当地不远处迁来的，因为如此沉重的石碾子不可能从远处带来，他也没有经济实力雇人帮他运来；四是据传说，清初尚可喜曾到东庄认祖归宗，由于当时明清战争谁胜谁败，难以预料，东庄族人担心受连累，没有表态；五是据东庄的王缄之老人回忆，他自小在东庄长大，曾在他姥爷家见过东庄的族谱，那上面有尚可喜的名字；六是赵家庄村离东庄比较近，在东庄的东北方向，相距不远，东庄位于衡水市西南，赵家庄村位于衡水的南边，其北边不远处即是尚生的祖坟，按常理，祖坟离居住地一般不远。所以，从东庄迁到赵家庄村做长工也属于正常，带石碾子也解释得通。不过，东庄说是根据现有资料的推测，不一定是最终的结论。至于尚生与东庄尚老三的血脉传承关系还有待于更多的文献资料来加以印证。

次子尚继官也来到了世上。随着时间的推移，两个儿子继芳、继官渐渐地长大了，并成为父母的好帮手。

据传说，这期间发生了一件关乎尚氏家族命运的大事。有一天，财主赵千顷请来了一位风水先生，让他在附近给自己选一处阴宅。

中国历来就有看风水的习俗，无论是当官的，还是有钱的人家，都舍得在这方面进行投资，在世时，不仅希望自己的府邸建在风水宝地上，而且死后还要为自己选一处洞天福地作为阴宅，其目的也很明确，就是保佑自己和子孙后代官运亨通、财源滚滚、福祚绵长，由此还出现了一门学问——堪舆学，并形成了"两山夹一杠，辈辈出皇上""前有照，后有靠"等看阴宅风水的谚语。

一番长谈后，善于察言观色的风水先生很快就领会了赵千顷的用意，接着，他便拿着罗盘，在村庄周围的山川河谷、丘陵平原转了起来，一连转悠了好几天，可以说踏遍了当地的山山水水。功夫不负有心人，终于让他找到了一块风水宝地，这块宝地就在滏阳河边赵千顷家的地里。

原来，在衡水县境内有一条滏阳河，古称滏水，是漳河的支流。这条河发源于太行山脉，由西南向东北流经衡水，像一条巨龙趴在衡水境内。风水先生看到的所谓宝地，据说就在这条龙的龙头位置。他如获至宝，立即赶到赵家，兴奋地对赵千顷说："我终于在滏阳河边找到了一块风水宝地，为了万无一失，我离开那块风水宝地之前，特意在那里插上了一根柳树条，如果过了明天中午柳树条活了，就证明那块地是一块风水宝地，如果柳树条没有成活，那么这块地就是一块废地，不适合做阴宅。"当时，尚继官正跟随母亲在赵家做工，一个小孩子，由于没人管，他便四处闲逛。这风水先生和赵千顷的谈话，不小心被他听到了。说者无心，听者有意，于是淘气的他立刻有了主意，暗想：天下还有这么好玩的事，我不妨到那块地里看一看，如果这件事是真的，就想办法捉弄一下风水先生。想到这里，他转身就跑出了赵家，朝那块地跑去。到地里一看，还真有风水先生插的柳树条，于是他像揠苗助长中描写的那个农夫一样，恶作剧地将地上的柳树条轻轻地向上拔了一拔，然后就逃离了现场，跑回家去了。

到了第二天中午，算命先生和赵千顷按时来到了那块"宝地"。当他们走近柳树条、定睛一看时，不禁大吃一惊，算命先生更是脸色大变，真有点不敢相信自己的眼睛。他揉了揉自己的眼睛，近前仔细察看，但见他插的柳树条的脑袋都向下耷拉着，柳树叶也被太阳晒焦了，根本没有成活的迹象。对这一结果，算命先生心存疑虑，心想：这怎么可能呢？这么多年的经验告诉我不可能是这种结果呀！可残酷的现实就摆在自己的面前，任你不相信都不行。他绝对没有想到有人对柳树条动了手脚，而且这事还是东家家里仆人的孩子尚继官干的。于是，他心情焦虑地看着赵千顷的脸色，对他说："东家，这块地看来是不适合您，我再给您找一块宝地吧。"其实，赵千顷也打心眼里没有相中这块地方。他是嫌弃这里的地块小、不开阔，所以，当他看到风水先生难看的样子时，也就没说什么，默默地同意了风水先生的提议。接着，他便和风水先生悻悻地离开，转身向别处去了。

　　有付出就有收获。尚生一家人早出晚归地辛勤劳作，渐渐有了回报，家道也渐渐地宽裕起来。富裕起来的尚生夫妇牢记"忠孝、仁爱、修身、勤学"的祖训，对于穷困之人常常慷慨相助，关爱有加，在当地赢得了较高的声誉，受到乡人、邻里的好评。对此，清朝《诰赠平南王尚公神道碑铭并序》记载说："王（尚生）……值明运将衰，岁凶屡告，王辄散家资补周不给，里邻称为长者。"[①] 继芳、继官在父母的主持下还相继娶了媳妇。不久，继官的妻子焦氏为他生下了长子，取名学书。万历三年（1575）继官的第二个儿子又来到了这个世上，继官给二儿子取名叫学礼。"学礼"一名是有深刻的含义的，它源于《论语》季氏第十六中孔子与其儿子孔鲤的对话，"鲤趋而过庭，曰：'学《礼》乎？'对曰：'未也。''不学《礼》，无以立。'鲤退而学《礼》。"名字中寄托了尚继官的希望，就是希望儿子懂礼，以礼传家。

　　兔走乌飞，一晃数年过去，尚生夫妇儿孙满堂，在衡水县过着丰衣足食的生活。可是，到了万历六年（1578），这种平静的生活又再次被打破了。

---

① 尚久蕴、尚世海主编：《尚氏宗谱》（六修），1994 年内部印刷，第 172 页。

二、迁居海州

朱元璋推翻元朝建立明朝后，随着元朝辽阳行省平章刘益等的归降，洪武四年（1371），明朝相继在辽东设置了辽东卫、定辽都卫，对辽东开始进行统治。洪武八年，又改定辽都卫为辽东都指挥使司，简称"辽东都司"。洪武二十年，元朝丞相纳哈出归降明朝后，东北地区正式归于明朝的统治之下。

为了加强对东北地区的管理，明朝政府便在那里相继设置了一些军事行政机构，实行军政合一的统治。以辽东为例，上有辽东都司，下有二十五个卫，卫下设所，永乐六年（1408），又相继设了自在州、安乐州两个州。

明朝政府虽然在辽东设官分职，进行治理，但是，辽东地区地广人稀，除了军屯的士兵、流放的朝廷"罪人"，就是当地的居民，其中也包括一些从关内迁移来的汉民。不过，从总体来讲，当时辽东地区的人口并不多，可以说，那里还是一块有待开发的沃土。

随着关内人口的增加，人均土地占有量的减少和天灾人祸的袭击，关外肥沃的土地、丰富的资源和人烟稀少的现实，像天堂一样吸引着关内的人。许多失去土地、生活没有着落，或者不堪关内赋税压迫的农民，不远千里，涌向关外，正所谓：天下熙熙，皆为利来；天下攘攘，皆为利往。他们携儿带女，涌向关外，试图在那里寻找一方沃土，创出一番事业，从而改变自己的命运，过上丰衣足食的生活。

来到关外，他们便择地而居，开荒耕种，过起了自给自足的田园生活。万历初年，张居正当国，用李成梁镇守辽东，防御蒙古和女真诸部的侵掠。李成梁采取了镇压和分化瓦解的政策，获得了很大的成功，"边帅武功之盛，二百年来未有也。其始锐意封拜，师出必捷，威震绝域"①，使辽东相对安宁，俨然一片乐土。有诗为证：

---

① （清）张廷玉等：《明史》卷二三八《李成梁传》，中华书局 1974 年版，第 6190 页。

日照千门物色新，雪消山郭静风尘。

间阎处处闻箫鼓，辽海城头也有春。①

如此好的自然条件和社会环境，像磁石一样吸引了关内的百姓，促使他们大量涌向关外。当然，巨大的利益诱惑，也引起了尚生一家的兴趣，在他们家激起了一阵波澜。尚家有的人坐不住了，不再"安分"了。权衡利弊、做事果敢、富有冒险精神的尚生第二个儿子尚继官，毅然决定带着妻子和孩子，前往关东地区闯荡世界，建立自己的家业。

万历六年（1578），考虑到父母上了年纪，自己又不能在父母面前尽孝，哥哥尚继芳又没有子嗣，尚继官决定将长子学书留在父母身旁，替自己尽孝，照顾父母。安排妥当后，尚继官便告别父母，带着妻子田氏、年仅四岁还年幼的次子尚学礼，依依不舍地离开了故乡真定衡水，踏上了闯关东的征程。

从衡水到关外，今天看来并不遥远，然而在明朝那个时代，完全可以说是一次相当艰难的远行。从距离上来看，这两地可是隔着千山万水，路途遥远，而且面临着种种困难，如交通工具、食宿、天气情况等，尤其是他们夫妻二人还带着一个年仅四岁的幼儿，无形中又加大了远行的难度。好在临行前尚继官做了充分的准备，准备了一辆独轮车。路上，他推着独轮车，车上载着行李和妻儿，边走边向人打听道路，一步一步地朝东北方向前进。

可以说，一路之上，他们一家三口跋山涉水，风餐露宿，几乎没有休闲的时间。他们沿着当时的驿道，朝着他们心仪的那方乐土，起早贪黑地前行。沧州、静海、唐山，等等，一个个村庄，一座座城镇，都落在了他们的身后，越来越模糊，直到消失在他们的视线之外。沿途美景，美不胜收，但初次出远门的尚继官夫妇无心观赏美景，只是一门心思地赶路，直奔山海关而去，以便早日在关外寻找到一个理想的落脚地。

渐渐地，山海关的雄姿就映入了他们的眼帘，由小变大，越来越

---

① 王树楠、吴廷燮、金毓黻等纂：《奉天通志》卷二四七，沈阳古旧书店1983年发行，第5369页。

清晰。不一会儿，雄伟的关城便矗立在他们面前。

山海关位于万里长城的最东端，是著名的"天下第一关"。长城、关隘、大海三者紧密相连，浑然一体，构成了一座极其坚固而又不可逾越的险关。此关在长城诸关隘中那可是首屈一指的，有人曾赞叹它的雄姿，说：

两京锁钥无双地，万里长城第一关。

山海关始建于明朝洪武十四年（1381），它的主体建筑是关城，呈四方形，周长八里一百三十七步四尺。城外环有护城河，宽五尺，深二丈五尺，明朝人葛守社有诗称赞曰：

云出山含雨，潮来水溅城。

关城东西南北各有关门一座，东门叫"镇东"，西门叫"迎恩"，南门叫"望洋"，北门叫"威远"。

这座雄关控扼着华北进入东北的咽喉，位居要津，有一夫当关万夫莫开之势。它依山襟海，横亘在山海之间。南面与老龙头长城相接，伸向波涛汹涌、云水苍茫的大海，枕着波涛，倾听大海的吟唱；北面与蜿蜒曲折的万里长城相连，"好像金凤展翅，恰似虎踞龙盘"。海、关、山，膀挨着膀，肩靠着肩，勾勒出一幅雄伟壮观的图画。

在山海关，尚继官夫妇既惊诧于关城的雄伟，又被周围的美景所吸引。从来没有见过如此景致的尚继官夫妇，在这里大开眼界，所以，他们很想在此多住几日，一方面，这是关内的最后一站，出了关就完全离别了故土，"西出阳关无故人"的感受马上就能体会到，另一方面，可以仔细地欣赏一下这里的风景，体会这里的风土人情，并做一下出关的准备。可是一想起自己的落脚地还没有确定下来，而且天气越来越凉了，他们又犹豫了。思前想后，他们打定主意，决定第二天出山海关，继续他们闯关东的征程。

第二天一早，他们便带着孩子，穿过城门，又继续向着那个心中的目标前进了。

一出山海关，走了一段路程，他们越发地感到关外的确是另一番天地：这里人烟稀少，村庄与村庄之间相隔的距离比较远，路上的行人更是寥寥无几，有时走很远的路，也见不到一个人影，根本不像关内那样人烟稠密，村庄与村庄鳞次栉比，人们来来往往，熙熙攘攘，热闹非凡。而且这里白天和晚上的温差比较大，沟壑纵横。不过，这里土地肥沃，森林茂密，很有开发的潜力。当然，由于这里人烟稀少，森林茂密，所以，虎、狼、鹿、野猪、狐狸等动物时常出没，即使山海关周围也不安全，经常有老虎出没。据载，顺治五年（1648）流放盛京的函可曾作诗一首，云："何须今日方怜若，一度边关即鬼门。身死不烦蝇作吊，年凶惟见虎加飧。只愁老叟重遭斥，但免饥寒亦感恩。白雪一杯魂来远，料应笑我骨犹存。"① 在诗中他记载了途中难民为老虎所食一事，此时仅晚于尚继官闯关东七十多年。到尚继官下关东一百多年后的康熙二十一年（1682），清圣祖东巡祭祖时，路过山海关，二月二十三日，他出山海关行围，还在那里射杀了两只老虎。由此可以想象，尚继官闯关东时山海关外的危险程度。鉴于虎、狼等动物时常出没，有时还伤及路人，所以，尚继官夫妇出关以后并没有单独上路，而是随着过往的路人三五成群地结伴而行，以期在路上有个照应，并且大都是白天上路，晚上即宿，尽量不贪黑走夜路。

出了山海关，他们又经高岭驿、东关驿、曹庄驿、连山驿、杏山驿、广宁驿、盘山驿、高平驿、沙岭驿，一路之上，顶风沐雨，风餐露宿，可谓是历尽了千辛万苦。

这一天，他们到达了牛庄。在这里他们稍做停留，就来到了海州城。这海州城地处辽东腹地，北依明朝辽东都司，南与复州、盖州相望，西有辽河，汇浑河、太子河入海，还有南、北通江，亦合于辽河，东有大片岭关，四通八达，物产丰富。自明朝洪武九年（1376），靖海侯督同本卫指挥刘成用砖包砌城墙以来，它一直是辽东半岛北端的一个军事重镇，素有"辽左重地，渤海奥区"之称。有诗称之曰"南来

① （清）函可著，杨辉校注：《千山诗集校注》卷一一"闻同难民为虎所食"，辽海出版社 2007 年版，第 277—278 页。

通绝域，西去拱神京"①。

眼见海州城内店铺林立，人来人往，虽然不及关内繁华，但也别有一番景致。穿过海州城，他们就向海州城东南方向走去。行走之间，尚继官夫妇便格外留心周围的环境，不断地寻找落脚之地。走不多远，他们便发现了一个好去处——今天的大新屯，那里处于山水之间，地肥水美，很适宜耕种，而且已经有人在那里定居，不过人家并不多。于是夫妇二人决定在此落脚，没想到这一落脚，就世代在这里定居了下来。

时光飞驰，转眼之间，便过去了二十多年。这期间，尚继官夫妇继续发扬他们那淳朴勤劳的精神，早出晚归，勤勤恳恳地在土地上劳作。只要勤劳，就会有收获，滴滴汗水换来了庄稼的丰收，尚继官夫妇的家境也逐渐地富裕了起来。看着命运的改变，他们夫妇的心里甜滋滋的，甭提有多高兴了，对未来生活又充满了新的期待。

这种期待，又让他们产生了新的想法。当初，他们给长子起名学书，给次子起名学礼，目的就是要他们知书识礼，将来可以像孔子后代那样"诗礼传家"。所以，为了将儿子学礼培养成为一个知书识礼的有用之才，他们夫妇便将学礼送进了私塾，去接受儒家传统文化教育。经过几年的私塾熏陶，学礼渐渐地成长为一个懂经书、有韬略的青年。万历二十三年（1595），尚继官夫妇为儿子学礼娶了亲，妻子姓刘。万历二十四年，刘氏为学礼生下了长子尚可进；万历二十五年，次子尚可爱出生；万历二十九年，刘氏又生三子尚可和；万历三十二年八月初一日，刘氏为学礼生下了第四子尚可喜；万历三十四年，又有了第五子尚可位；万历三十七年，第六子尚可福出生。为使后代兴旺，尚继官夫妇在给学礼娶刘氏为妻后，还给他娶了两位夫人王氏、马氏。

四子尚可喜，少年时就表现出非比寻常的才能。他有胆有识，善于骑射，又好结交朋友。对这一点，《元功垂范》作了形象的概括，说他"生而权奇骁果，有识量，甫成童，善弓马，结纳豪俊，以侠烈见称"②。

---

① 王树楠、吴廷燮、金毓黻等纂：《奉天通志》卷二四七，沈阳古旧书店 1983 年发行，第 5373 页。

② （明）释今释撰定：《元功垂范》卷上。

少年时代的尚可喜是幸运的，上有父母和祖父母的关爱，下有兄长们的呵护，然而他的青少年时代，又是一个山雨欲来风满楼的年代。那时，正是万历末年和天启初年，大明王朝已经今非昔比，可以说危机四伏，处于风雨飘摇之中了。

我们知道，尚继官夫妇在衡水家道虽不宽裕，但生活还比较过得去。他们离开衡水，迁往关外，不全是因为生活所迫，而是认为辽东是一方沃土，只要肯付出辛苦，就会苦尽甘来，不仅可以安居乐业，而且说不定还能寻求到更大的发展空间，从此改变命运也不是不可能的事。可是，到辽东后，他们渐渐地感受到辽东并不像他们想象得那么完美，并不太平，强凌弱、众暴寡的现象司空见惯。尤其是万历中后期以后，由于明朝政府在辽东的失策及所用非人，辽东地区的形势格外严峻，逐渐地陷入了混乱状态，面临着严重的社会统治危机。

三、辽东大乱

辽东，作为明代的一个重要区域，约相当于今日的辽宁省。《大明一统志》说它"东至鸭绿江五百六十里，西至山海关一千一十五里，南至旅顺口七百三十里，北至开原三百四十里，自都司（辽东都指挥使司）至京师一千七百里，至南京三千四百里"。对如此广阔的疆域，明朝政府特别看重，嘉靖年间，辽东巡按御史王之诰曾就辽东的战略地位评价说："辽，北拒诸胡，南扼朝鲜，东控夫余、真番之境，负山阻海，地险而要。中国得之，则足以制胡；胡得之，亦足以抗中国，故其离合实关乎中国之盛衰焉。"① 就是说辽东是一个汉人和少数民族杂居的地方，中原王朝得到它，就可以控制周围的少数民族，如果少数民族得到它就可以与中原王朝相抗衡，即它关系着中原王朝的盛衰。后来的清军入关，问鼎中原；奉军入关，张作霖当上安国军总司令；中国人民解放军继辽沈战役之后进行的解放战争，这一切都是从东北开始的，当然这是后话。正是由于辽东地位的重要，所以，明朝从开

---

① （明）王之诰：《全辽志叙》，见《辽海丛书》（一），辽沈书社1985年版，第496页。

国之初，就对辽东实行不同于内地的政策，即以军屯方式进行统治。

由于明朝在辽东实行特殊的管理方式，所以，经过一百多年的开发，辽东的经济形势有了很大的改善，如辽东原额屯田 12386 顷，到嘉靖年间，增至 29185 顷 66 亩，《全辽志·赋役志》卷二描述辽东的盛况时说："家给人足，都鄙廪庾皆满，货贿羡斥，每岁终辇至京师，物价为之减半。"万历初年，内阁首辅张居正秉政，他实行了一系列的社会改革政策，诸如"一条鞭法"、清丈全国的土地等，又任用戚继光镇守蓟门、李成梁镇守辽东，使明朝上下出现了一派喜人的景象，《明史》上说："居正为政，以尊主权、课吏治、信赏罚、一号令为主，虽万里外，朝下而夕奉行。"即使边境也为之"晏然"。辽东地区更是由于李成梁的"威震绝域"，呈现出一派安静祥和的景象。万历十年（1582），明朝内阁首辅张居正去世，万历皇帝朱翊钧开始亲政。

万历皇帝朱翊钧在位 48 年，是明代皇帝中在位时间最长的一个，也是一个不干实事的皇帝。虽说亲政了，但他却不理朝政，常常沉湎于纸醉金迷的生活，据说他："每晚必饮，每饮必醉，每醉必杀人。"这虽然有点夸张，却也反映了万历皇帝生活的一个侧面。中国有句俗话叫作"上梁不正下梁歪"，在万历皇帝的影响下，大小官吏贪污索贿，政治日益黑暗，所以《明史》的作者说："论者谓明之亡，实亡于神宗，岂不谅欤。"① 这一说法不无道理，因为万历年间尤其是朱翊钧亲政后，明朝的内忧外患就接踵而至，这在辽东表现得尤其突出。

内忧主要来自朝廷。朱翊钧贪财好货，"孳孳所谈，利之所萌耳"②。再加上当时朝廷财政困难，"至（万历）二十年，宁夏用兵，费帑金二百余万。其冬，朝鲜用兵，首尾八年，费帑金七百余万。二十七年，播州用兵，又费帑金二三百万。三大征接踵，国用大匮。而二十四年，乾清、坤宁两宫灾。二十五年，皇极、建极、中极三殿灾。营建乏资，计臣束手"③。在这种情况下，朱翊钧为了满足自己的贪欲

① （清）张廷玉等：《明史》卷二一《神宗纪二》，中华书局 1974 年版，第 295 页。
② （清）谷应泰：《明史纪事本末》卷六五《矿税之弊》，中华书局 1977 年版，第 1023 页。
③ （清）张廷玉等：《明史》卷三五〇《陈增传》，中华书局 1974 年版，第 7805 页。

和享乐需要，便向全国各地派出了大批的宦官，充当矿监税使，进行掠夺。高淮就是被朱翊钧派到辽东的矿税监。

高淮是京师人，本来是一个市井无赖，后入宫做了宦官，为尚膳监左监丞。尚膳监是一个管理皇帝膳食及宫内食用并筵宴诸事的内府机构，与司礼监、内官监、御用监、司设监、御马监、神宫监、尚宝监、印绶监、直殿监、尚衣监、都知监并称十二监，左监丞是尚膳监的重要职位，位居太监、少监之下，正五品。这个机构接触皇帝的机会比较多，高淮正是利用这一特殊身份，获得了万历皇帝的信任。万历二十七年（1599）三月，他被朱翊钧以矿税监的身份派往辽东。高淮到辽东后，就打着朱翊钧的旗号，开始四处敲诈勒索。在他搜刮的对象中，平民首当其冲。据记载，他曾带领家丁数百人，自前屯起，凡辽阳、镇江、金州、复州、海州、盖州一带大小城堡无不迂回遍历，但有百金上下之家，无不尽行搜刮，得银不下十余万，间阎为之一空。除了搜刮平民外，高淮还把搜刮的矛头指向了边境军士，甚至各少数民族和邻国朝鲜。与高淮同时在辽东的明朝巡按御史何尔健对高淮的所作所为进行了较为详细的描述，他说："淮自诬陷总兵马林后，自副参游守以下，指以协镇勒行属礼，奴隶视之，囚鲁（虏）驱之，颐指气使，阳骗阴索，欲千则千，欲百则百，参貂黄白，任意攫取，稍不如意，动差心腹夷丁，不论内外男女，揪采凌辱，有臧获下贱所不能甘者，一概加之。故宁前副总兵刘绐国以需索不遂，参；韩宗功以被辱不过，去；马九皋等以夫马不齐，被捶几死；指挥尚商质以包税不起，逼令自缢；游击傅元勋以差人箠辱，持刀自刎未死，引病告去。将领如此，军民可知。"[①] 又说高淮"将罪废内臣私带出关，肆行诈骗，以骚地方……本年（万历三十一年）正月二十五日，淮由山海关来，又带姚安、李官二内相，各带挂搭无赖百人，违禁私渡边关，与淮各乘八人大轿，由前屯、宁远、广宁、海州、盖州、复州、金州、镇江、宽甸、清河、瑷阳、沈阳、辽阳等处，无一城堡不到，无一村屯不被骚扰，即在广宁一处，除高淮打劫不计外，二内相外诈董产银

---

① （明）何尔健：《按辽御珰疏稿》卷下，题为税使横剥愈甚小民水火益深时势不支人心大变恳乞圣明渊虑急赐裁处以全孤镇以安国家左臂事。

一百两；余有庆银一百两；徐继美银一百两，貂皮三副；苟朝阳银一百五十两，鞍辔一副；高铨银三百两；姜显谟人参四斤，貂皮四副，银钟盘四副，马二匹；傅元勋人参十斤，貂皮十副，金钟盘二副；佟鹤年人参十斤，银一百两；杨晖人参四斤，银二百两。其余三五十两、六七十两者，难以数计。旬日之间，二人所得已不下三四千金矣……近辽人为之谣曰：'内相出巡，如虎捕人，上天无路，钻地无门。'又曰：'皇天不争眼，内相抹了脸，辽东人遭殃，不久要逼反。'飞言偶语，匿名揭贴，遍满冲衢。"①

高淮的所作所为，进一步激化了辽东的阶级矛盾和民族矛盾。在他乱辽的十年中，十次民变、一次军变都与他有关。面对高淮的种种不法行为，朝廷的许多官员表示不满，他们纷纷上疏弹劾高淮。万历三十六年，协理京营戎政尚书李化龙还曾发出了"辽左危在旦夕""淮去则辽安，淮在则辽亡"②的慨叹，但是万历皇帝充耳不闻，一任高淮横行辽左，打击报复弹劾他的官员。直到辽东民变四起，高淮"窘急"，再也无法在辽东横行的时候，朱翊钧才不得已在万历三十六年六月命令高淮撤回北京，交司礼监，听候处分。

高淮虽然回京听候处分，可是他给辽东造成的社会危害已经昭然于世，使明朝在辽东地区统治的社会基础濒临崩溃的边缘。这不能不说是明朝在辽东的一个失策。

与高淮乱辽的同时，明朝又再次起用李成梁为总兵官，镇守辽东。这一决定又使辽东大乱雪上加霜。万历二十九年，李成梁复出，这时的他已经七十六岁了，过去他镇守辽东时的锐气在他身上再也看不到了。而且他上任后，不仅没有任何建树，反而自毁长城。万历三十四年（1606），李成梁以宽甸六堡"孤悬难守"为由，强行将那里的居民迁往内地，"焚其庐舍，毁其器用"，"居民恋家室，则以大军驱迫之，死者狼藉"③，致使当地居民中的强壮者"大半逃入建州"，仅得到老

① （明）何尔健：《按辽御珰疏稿》卷下，题为税使横剥愈甚小民水火益深时势不支人心大变悬乞圣明渊然独虑急赐裁处以全孤镇以安国家左臂事。

② （明）董其昌：《神庙留中奏疏汇要》兵部卷一。

③ （清）张廷玉等：《明史》卷二三八《李成梁传》，中华书局1974年版，第6191页。

幼孤贫六七万人。弃地失民，无疑增加了辽东的社会不稳定因素，使辽东乱上添乱。作为镇守辽东的总兵官，李成梁还与高淮相互勾结，时任兵科给事中的宋一韩说："高淮之横，实藉总兵李成梁之势"，"微高淮之力，马林必不得去，成梁必不得再来登坛"[1]，他们二人同流合污，贻害辽东，使明朝在辽东的统治江河日下，社会经济也濒临崩溃。万历末年，山海关、锦州、义州、北镇一带土地荒芜而无人耕种，粮食匮乏而没人纳粮，即使一向富庶的辽南地区，像金州、复州、永宁等处，也"所在萧条，村里为墟"[2]。

汉族居住的辽东地区由于高淮、李成梁等的危害和处置不当，变乱四起，当时少数民族居住的辽东地区也不太平。这种不太平主要来自建州女真。

女真，古称肃慎、挹娄、勿吉，是生活在中国东北的一个古老民族。明朝统一东北后，采取了一系列的怀柔政策，笼络女真各部落。对女真三大部之一的建州女真，先后设置了建州卫、建州左卫、建州右卫，以其首领为卫指挥使，恩威并用，进行统治。一方面，开设马市，并允许女真部落首领入京朝贡，领取封赏；另一方面，采取分化、瓦解政策，甚至用武力征服等手段，抑制女真各部的发展。

万历十一年（1583），建州苏克素护河部图伦城主尼堪外兰，唆使明朝辽东总兵官李成梁攻打古勒城城主阿台。当时努尔哈赤的祖父建州左卫都指挥觉昌安、父亲建州左卫指挥塔克世也随军前往，为明军做向导。可是攻克古勒城后，觉昌安和塔克世父子二人就再也没有回来。他们被攻城的明军给误杀了。惊闻噩耗，塔克世的儿子努尔哈赤悲痛欲绝，认为这一后果完全是由尼堪外兰造成的，发誓要找尼堪外兰报仇。

万历十一年，努尔哈赤以祖、父遗甲十三副起兵，攻打尼堪外兰居住的图伦城，迫使尼堪外兰弃城外逃。以此为开端，努尔哈赤开始了统一女真各部的斗争。他以赫图阿拉为中心，采取远交近攻、由近

---

① 《明经世文编》卷四六七《直陈〈辽左受病之原疏〉》，中华书局1962年版，第5131页。

② （明）何尔健：《按辽御珰疏稿》卷上，题为巡历已完目击已真直陈地方困疲之极与将来收撮之难恳乞圣明留心永念亟普尧仁以保子遗速解汤纲以慰倒悬事。

及远的策略，运用招降和征伐等手段，四处出击。万历十一年至万历十二年，他连克苏克素护河部的图伦城、嘉班城、萨尔浒城及安图瓜尔佳寨。万历十二年，又对浑河部用兵，先后攻占了兆嘉城、贝欢寨。同年还乘栋鄂部内乱，出兵征伐。万历十三年，转而用兵于哲陈部，三年间，连克其阿尔泰山城、巴尔达城、洞城等。万历十六年，完颜城也被努尔哈赤攻克。至此，"环满洲而居者皆为削平"。

努尔哈赤的崛起引起了扈伦四部的不满，双方的斗争不断升级，由小规模的冲突渐渐发展成大规模的战争。万历二十一年（1593），叶赫、哈达、乌拉、辉发、科尔沁、锡伯、卦勒察、朱舍里、讷殷九部组成联军三万人，共同讨伐努尔哈赤。努尔哈赤毫不畏惧，亲自率兵迎战，与九部联军大战于古勒山。战斗中，他采取擒贼先擒王的战术，大获全胜。

古勒山一战，使努尔哈赤"威名大震"。以此为契机，努尔哈赤又把兵锋指向了扈伦四部的叶赫、哈达、乌拉、辉发。从万历二十七年（1599）开始，他依次发动了对哈达、辉发、乌拉、叶赫的战争，到万历四十一年（1613），先后灭掉了哈达、辉发、乌拉三部，万历四十七年，又灭掉了剩下的叶赫部。

与此同时，努尔哈赤还把征服的对象扩大到了东海诸部。从万历三十五年（1607）开始，经过十余年的努力，终于大功告成，使建州女真迅速强大起来。

从高淮乱辽、李成梁弃地迁民和努尔哈赤统一女真各部的战争中，不难看出一个不争的事实，这就是万历十年以后明朝统治下的辽东已经开始大乱了。

尚可喜的家庭以及他的童年，就是在这样的社会大背景下度过的。到万历四十六年（1618），随着尚继官的去世，三世同堂的尚学礼一家只剩下了父子两代人了。而辽东形势的恶化，又使这两代人面临着生与死的考验。新的形势下，他们又将何去何从呢？

四、寻父从军

万历四十六年（1618）四月，羽翼渐渐丰满的后金可汗努尔哈赤终于发动了对明朝的进攻，智取抚顺。七月，又进行了清河之战，接连挑起了与大明王朝的战争。为了消灭努尔哈赤的后金政权，明朝以杨镐为帅，在万历四十七年，率四路大军十万人，分进合击，与后金军在萨尔浒等地展开决战，结果努尔哈赤采取"任你几路来，我自一路去"，即集中优势兵力各个歼灭的战术，使明朝三路丧师，仅李如柏一路幸免被歼。从此以后，明朝在辽东由战略进攻转为战略防御，以至于不断地丧师失地。后金燃起的战火离海城越来越近，这不能不引起尚学礼一家的重视。

辽东既然已经燃起了战火，变乱不断，再也不是一方净土了，那么，新的选择就自然而然地摆在了尚家人的面前。他们审时度势，认为继续平安地躬耕陇亩，已经是不可能的事了，必须再次进行人生的选择，那么路又在哪里呢？

万历后期，辽东军丁的逃亡越来越严重，成为明朝十分头痛的一个问题。万历二十八年（1600），辽东军丁"堪战者止四万"，十年后，即万历三十七年，辽东的军队状况更为惨烈，"除见在老弱，精壮不过二万有奇"。军丁的逃亡，给辽东的防守带来了严重的后果，何尔健在其《按辽御珰疏稿》中说：

> 由辽沈历泛懿、开、铁等处，所过蓁莽极目，烟火不属，人迹罕少，即有墩堡屯台，什无二三完固，而其中军马器械大都多老弱瘦损朽钝，不堪之甚，且其中有台无军者，与无台同；有军无器者，与无军同；有器而不利于用，与无器同。无怪乎鲁（虏）之大入则大利，小入则小利，损兵折将，无岁无之，而竟不能堂堂正正收一战之捷，以雪百年之耻也。[1]

---

[1] （明）何尔健：《按辽御珰疏稿》卷上，题为巡历已完目击已真直陈地方困疲之极与将来收撮之难恳乞圣明留心永念亟普尧仁以保子遗速解汤纲以慰倒悬事。

如此令人担忧的防守现状，渐渐地引起了明朝有识之士的注意。他们开始为朝廷出谋划策，试图采取一定的措施，改变这种状况，如有的人便提出了"以辽人守辽土"的观点。这一观点，受到明朝许多官员的赞同，并经朝廷同意在辽东地区实施起来，因此"以辽人守辽土"在辽东地区逐渐流传开来，而且成为一个不争的事实。辽东岌岌可危的局势，国家的危难，家族的安危，唤起了尚学礼心中那压抑已久的报效朝廷的雄心壮志。他思前想后，最后，毅然选择了到明军从军这条道路。

萨尔浒之战后不久，尚学礼就辞别妻儿，只身离开了今天的海城大新屯老家，辗转来到辽西广宁，投效了明军。在明军中站稳脚跟后，尚学礼又让长子尚可进、二子尚可爱、三子尚可和参加了明军。尚可进参加明军后，后来做了明军的将官，率兵镇守獐子岛。后来四子尚可喜也来到河西，随父亲尚学礼住在了广宁。

经过抚顺、清河战役和萨尔浒大战，努尔哈赤彻底看清了大明王朝的腐朽与没落，表面上是一个庞然大物，其实外强中干，俨然一个纸老虎，而对明朝战争带来的巨大利益，又进一步刺激了他对明朝发动战争的兴趣，所以，努尔哈赤经过一年多的休整，在尚学礼父子随明军镇守辽西的时候，又接连向明朝发动了一系列的进攻。

天启元年（1621）三月，努尔哈赤乘萨尔浒之战的余威，率领八旗劲旅兵临沈阳，连败明朝的守军和援军，一举将沈阳城攻克。接着，他马不停蹄，又把进攻的矛头指向了明朝在辽东的统治中心——辽阳，三月十九日，后金军进军辽阳，到达辽阳城下，随即歼灭明军数万。二十一日，经略袁应泰自缢身亡，当天晚上，辽阳城被努尔哈赤的后金军攻陷。

崛起于新宾、由努尔哈赤率领的女真族，其本身资源十分匮乏，所以，无论是在努尔哈赤统一女真各部的斗争中，还是在对明朝的战争中，都有一个共同的特点，这就是掳掠所征服地区的人口和财物。随着努尔哈赤对明朝战争的扩大，这种掳掠在他们的社会生活中占据着越来越重要的地位，可以说这是支撑他们对明朝发动战争的精神支柱和动力。

天启元年三月，后金军攻克辽阳后，努尔哈赤为了扩大战果，掳掠更多的财物和人口，又立即向辽阳的附近地区派出了军队。当时，努尔哈赤的第十子德格类和其侄儿债桑弧正在辽阳军中。于是，努尔哈赤给他们分配了新的任务，让他们二人率领部分后金军前往辽南地区，"安抚人民"。领命后，德格类、债桑弧二人便率领将官八人、后金军1000人马上南下，很快，他们就到达了辽阳南面的海州。

在海州，德格类、债桑弧除了接受明朝部分官兵的投降外，后金兵还对海州城的周围地区进行了掳掠，位于海州城城边的大新屯自然没有幸免，成为后金军掳掠的目标。三月二十五日，一队后金兵来到了尚学礼的家乡。在那里，由于当地的明军早已逃亡，所以，他们几乎没有遇到任何抵抗，如入无人之境，结果自然是他们为所欲为，掳掠起来肆无忌惮，赚了个金钵满满，满载而归。当时，尚学礼的妻子王氏正带着长子尚可进的妻子、二子尚可爱的妻子、三子尚可和之妻、五子尚可位之妻及孙子、孙女和奴婢等十余人在家里平静地生活着，绝对没想到会祸从天降。当得知后金兵来袭的消息后，为时已晚，猝不及防的他们，还没来得及躲避，就遭到后金军的袭击，或者被杀，或者逃亡，余下的则被后金军掳走了，家里的财物也理所当然地被洗劫一空。对家族史上的这一悲剧性事件，有清一代，自尚可喜以下的尚氏家族后人一直忍气吞声，讳莫如深，始终不敢提及当时的具体细节，生怕提及此事后，给自己带来不必要的麻烦。不过，对这件事只字不提似乎又说不过去，于是就采取了一种较为隐晦的办法，只在《尚氏宗谱》里用"卒于天启元年二月十五日辰时"① 而一笔带过，算

---

① 从时间上看，尚学礼的家属被掳当在天启元年三月。因为《尚氏宗谱》（二修）中的《先王实迹》记载说："三月辽阳陷，太夫人没，兄弟皆散失"；《元功垂范》也记载说："三月辽阳陷，太夫人及王兄嫂弟侄并婢仆等皆散失"。这就是说尚学礼的家属被掳是发生在辽阳之战以后，即天启元年三月三十一日以后。另外，从当时的实际情况来看，后金军是从北向南打，先打沈阳，后攻辽阳，在二月并没有派兵到海州周围，只是在攻克辽阳后才派出军队前往海州。再者尚家在初修宗谱，即康熙十四年（1675）《三韩尚氏族谱》时，在此谱中对于天启元年海州故里家人被掳的具体时间并没有提及，直到康熙五十三年尚之隆、尚之瑶修的二修谱中才将这一内容写进宗谱里，所以，后来宗谱里的"卒于天启元年二月十五日辰时"，很可能是后来靠当时人的记忆而写进去的。据《先王实迹》所载尚学礼是天启四年二月二十五日战死在楼子山的，而《尚氏宗谱》却写作"甲子年三月二十五日战楼子山，殁于阵"，据此可以推断，很可能是后来修宗谱时尚家人把尚学礼与其夫人王氏的忌日记颠倒后又弄错了。

是对家族史上的这一重大事件有个交代。不过，这也使得此事因缺乏史料记载而无法考定，难以还原真相，而变得更加扑朔迷离了。

就在后金军与明军血战辽东的时候，身在辽西的尚学礼、尚可喜父子时刻关注着辽东局势的发展，惦念着居住在河东的亲人。他们曾想过将住在海州的家人迁到相对安全的辽西，毕竟辽东已经不安全了，随时都会遭到后金军的袭击，可是，正在他们犹豫不定的时候，辽沈大战爆发了，而且明朝军队一败涂地，失败得那么迅速，那么惨烈，远远出乎他们的意料。面对如此战局，他们对家人已经无力提供帮助，只能希望他们能够侥幸地躲过这次战乱，平安无事地活下来。可是，事情往往朝着人们愿望的相反方向发展。随着大批的军民扶老携幼，像潮水般地从河东地区涌向河西地区，尚家父子似乎预感到了什么。果然不久，他们就得到了家里亲人被后金兵掳走十余口、生死未卜的消息。

惊闻噩耗，尚学礼父子悲痛欲绝，还不满18岁的尚可喜更是"哀毁骨立，几不欲生"，父子二人陷入万分悲痛之中。痛定思痛，尚家父子越发地感到亲情的宝贵，但是，失去的可能永远也找不回来了，唯一能做的就是珍惜当下还存在的亲情，遂商定以后他们父子二人要相依为命，再也不分离。可是亲人被掳、故里变成废墟，又激起了尚家父子对后金军的仇恨。他们不甘心就此罢休，他们要报仇，想救人，可是眼下自己的力量又十分有限，很难成功，必须找一个大的靠山，借助其力量，来实现自己的复仇计划，于是"先赠王（尚学礼）以故里丘墟，慨然欲乘长风，破万里浪，仗剑谒王抚军化贞"①。就是说尚学礼毅然决定带着儿子尚可喜前往松山，拜见当时在辽东"众望所归"的明朝辽东巡抚王化贞。

王化贞（？—1632），山东诸城人，万历四十一年（1613）进士。尝任户部主事，后来官宁前道右参议，分守广宁。在职期间，他对西边的蒙古族采取安抚政策，取得了一定的成效，因而受到明朝派出巡查地方的官员朱童蒙的称赞，说他"得西人心"，建议朝廷不要轻易地

---

① （明）释今释撰定：《元功垂范》卷上。

从辽东调走他。天启元年（1621）四月，明朝根据御史方震孺的建议，升王化贞为都察院右佥都御史，巡抚广宁事务。当时正值沈阳、辽阳相继陷落，远近震惊，朝廷上下笼罩着一种悲观的情绪，许多人都认为辽西很难抵挡努尔哈赤的铁骑劲旅，一定守不住辽西防线。然而，出人意料的是，王化贞却在这种艰难的情况下力撑危局。他召集散亡，激励士民，又联络西部蒙古，使本已人心惶惶的辽西逐渐地安定下来，"化贞提弱卒，守孤城，气不慑，时望赫然"。这无疑给明朝在辽西的统治带来了新的希望，王化贞也因此而声名大噪，成了明朝赫赫有名的人才，"中朝亦为其才足倚，悉以河西事付之"①。不过，王化贞也有其致命的缺点，那就是"为人骁而愎，素不识兵，轻视大敌，好谩语。文武将吏进谏悉不入"②，就是说他刚愎自用，不懂军事，轻敌，好说大话。他的这些缺点，最终还是酿成了其个人乃至大明王朝的人间悲剧。

尚学礼带着四儿子尚可喜见到王化贞后，立即受到了王化贞的礼遇，"抚军器之"③，并介绍他与自己的部下——标下游击毛文龙相识。

毛文龙（1576—1629），又名毛伯龙，字振南，浙江仁和（今浙江省杭州市）人，祖籍山西平阳府太平县（今山西省临汾市襄汾县）。少时"耻学举子业，好孙吴兵法"。万历三十三年（1605）过继给伯父毛得春为嗣，同年北上，经舅父沈光祚推荐，入李成梁军中。九月，参加辽东的武举考试，名列第六，授安山百户，后升千总，万历三十六年，升碳阳守备。曾经以都司职从军援助朝鲜。天启元年（1621），辽东失守后，毛文龙自海道回到辽东。在这种不利的形势下，他率兵偷袭后金占领的镇江，获得成功，开镇东江，驻皮岛，明朝授其为总兵官，升左都督，佩将军印，赐尚方剑。当然，这些都是后话。

由于王化贞特别看重尚学礼，认为他是一个人才，可以依靠，所以，尚学礼父子自然而然地就留在了松山。当时，王化贞巡抚广宁后，曾制定了一套恢复计划，这就是西边联络蒙古，东边依靠辽沈百姓为内应，继续征调官兵在辽河岸边布防。于是他从这一总的方略出发，

① （清）张廷玉等：《明史》卷二五九《王化贞传》，中华书局1974年版，第6696页。
② （清）张廷玉等：《明史》卷二五九《王化贞传》，中华书局1974年版，第6698页。
③ （明）释今释撰定：《元功垂范》卷上。

作出决定，让尚学礼跟随毛文龙前往辽河以东地区，"招致遗民，恢复疆土"，而把尚可喜留在了松山。令人没有想到的是，王化贞的这个决定让尚氏父子失散了许多年。

天启元年（1621）五月，尚学礼跟随毛文龙及他率领的200多人离开辽西，前往辽东。父亲尚学礼走后，尚可喜孑然一身，感到特别孤单，眼前没有一个亲人，没人关心他、照顾他，也没有人为他分忧，更没有人给他指点人生的迷津。他心中的苦乐也无处诉说，只能闷在心里。当然，失之东隅，收之桑榆，尚可喜与父亲的分离，客观地讲，也锻炼了他独立生活的能力，使他的意志更加坚强。这就像孟子说得那样，"天将降大任于是人也，必先苦其心志，劳其筋骨，饿其体肤，空乏其身，行拂乱其所为，所以动心忍性，曾益其所不能"①。不过，没成年的尚可喜还是想念父亲，时时刻刻都在盼望着父亲能够早日归来，和自己团聚，可是日复一日，父亲音信全无，这不免又让他担心起来，生怕父亲有个三长两短，毕竟在这个世界上父亲是他坚实的靠山，也是他生命中少有的亲人了。

而这时，辽东的形势正发生着翻天覆地的变化。沈阳、辽阳的陷落，不仅使明朝在辽河东岸的统治土崩瓦解，而且也使辽西的军事重镇广宁暴露在后金军的铁蹄之下，眼看就成为它下一个攻击的目标。

广宁，地处辽河西岸，"城在山隈，登山可俯瞰城内，恃三岔河为阻"②，还与辽东重镇辽阳隔水相望，清代地理学家顾祖禹对它的重要地位作了形象的描述："西卫榆关，东翼辽镇，凭依山海，隔绝戎奚，地大物繁，屹然要会。用之得其道，易高丽之舞，革朱蒙之音，不难也。昔之议边事者每曰：备镇静，则寇不能北来；驻三岔，则寇不能东渡。"③ 对如此重要的军事重镇，明朝有着足够的认识，然而明朝的官员却陷入了无谓的争吵之中。他们围绕着辽西的战守、经略熊廷弼与巡抚王化贞的矛盾等问题争来争去，莫衷一是。可就在这个时候，

---

① （宋）朱熹集注：《四书集注》，《孟子·告子章句下》，岳麓书社1987年版，第497页。

② （清）张廷玉等：《明史》卷二五九《王化贞传》，中华书局1974年版，第6695页。

③ （清）顾祖禹：《读史方舆纪要》卷三七，商务印书馆1937年版，第1588页。

经过近一年休整的努尔哈赤已经做好了进攻辽西的准备。

　　天启二年正月，天寒地冻，滴水成冰，三岔河上厚厚的冰层，使明朝彻底失去了防御后金的天险。此时，春节刚过，人们还沉浸在节日的气氛当中，虽不是出兵的最佳时节，但是天公作美，天赐的良机岂能错过，目光敏锐的努尔哈赤当即抓住战机，亲自率领后金兵急行军，云集三岔河。他们顺利过河后，就向明朝的广宁前哨阵地西平堡发起了进攻。驻守西平堡的明军，还沉浸在节日的气氛中，根本没有料到后金军会在这个节骨眼上发动进攻，再加上王化贞的无能，致使明军一败涂地，先是丢了西平堡，继而又惨败于沙岭，接着被迫放弃了广宁。这样一来，后金不费吹灰之力便得到了这座辽西重镇。放弃广宁后，整个辽西人心惶惶，人们大包小裹，争先恐后地向西逃亡，无人不希望自己尽快逃离广宁这块是非之地。官逃、兵逃，百姓也逃，通往山海关的路上，逃亡的人络绎不绝，所过之处，一片狼藉。就在王化贞逃往山海关的时候，明朝辽东经略熊廷弼率领 5000 兵马前来救援，两人在大凌河城附近相遇。这时，熊廷弼又作出一个错误的决定，即彻底放弃广宁，护送百姓入关。这一决定，使广宁周围各堡也相继落入了后金的手中。后人有诗叹曰：

> 明季政多舛，谋国议屡更。
>
> 既任熊廷弼，复信王化贞。
>
> 轻愎倚张叶，妄请六万兵。
>
> 一战遂奔走，单骑遽弃城。
>
> 微哂不援救，闭关风鹤惊。
>
> 伏法实自取，谁怜走狗烹。
>
> 门户害最甚，谬悠相辨争。
>
> 圣人懔殷鉴，长言警后生。
>
> 小子敬探讨，敬业惕捧盈。
>
> 盈事垂法戒，奕载安皇清。①

---

　　① 王树楠、吴廷燮、金毓黻等纂：《奉天通志》卷二四九，沈阳古旧书店 1983 年发行，第 5409 页。

后金军取广宁之后，稍作休整，又挥师向西，先后洗劫了大凌河、小凌河、杏山、塔山等地。当时尚可喜居住的松山也没有幸免。目睹明朝的溃败，后金军的掳掠，尚可喜颇有感触，为国担忧，更思念杳无音信的父亲，为父亲的安全担心。当时，广宁等城堡的许多明军已经随熊廷弼、王化贞入关，孤苦无依的尚可喜以为他的父亲尚学礼会到松山来找他，可是左等右等，就是不见父亲的影子，一直等了一年多，还是没有任何消息。

长时间的等待，让尚可喜心情焦虑，备受煎熬，时而有不祥的预感，时而又满怀着希望。岁月的流逝，让他对父亲归来的期望，在希望与失望中不断地徘徊。在多方打听无果的情况下，尚可喜再也待不下去了。他想：与其坐等不成，还不如主动地去寻找父亲尚学礼。鉴于当时明军大都撤往关内，他没多加考虑，就猜想他的父亲可能已经随明军入关，于是毅然决定离开松山，前往山海关，入关寻父。

天启三年四月，思父心切的尚可喜打点好行装，离开了松山，大步流星地朝山海关方向走去，踏上了寻父之路。不几日，他便来到了山海关外。这是他第一次来到山海关，只见雄关当道，刀枪林立，真有一夫当关万夫莫开的架势。把守关门的明兵面对蜂拥而至的关外百姓如临大敌，逐个检查着入关的行人。望着关门前守卫的明兵，尚可喜满怀希望地走上前去，诉说自己的不幸遭遇，请求守关的明兵行个方便，放他进关，以实现其寻找自己父亲尚学礼的愿望。可是他的请求遭到了守关明兵的断然拒绝，原因是后金在对明朝的战争中经常使用间谍，有的负责刺探明朝的军事情报，有的事先潜入明军把守的城池中潜伏下来，待机而动，充作内应，等等。广宁等辽西城、堡的陷落更增加了这种猜测的可能性，所以，为了山海关的安全，明朝守军断然采取措施，规定：凡是关外来的人都不能排除是后金间谍的可能性，一律严格盘查，不准放任何可疑之人进入关内。

守关明兵的话，犹如一瓢冷水，浇到了尚可喜的头上，使他进关寻父的愿望彻底破灭了。前有雄关阻隔，后面是残破的城池和后金军的掳掠，举目无亲的尚可喜深感委屈。他大哭一场后，只好硬着头皮往回走。

路上，他思前想后，觉得自己既然不能入关，那也不能再回松山，因为此时的松山，已经今非昔比，非常危险了。为了自己的生存，为了能尽快找到父亲，此时此刻，尚可喜想起了大哥尚可进。据说大哥投身明军后在辽南驻军，说不定他和父亲有联系，自己何不去投奔大哥，一来自己有了落脚安身之地，有了依靠，衣食无忧，二来即便大哥不知道父亲的消息，也可以通过明军慢慢打听，总比自己一个人去寻找父亲好得多，这样一家团聚的日子就不会太远了。想到这里，他便作出了一个新的决定，毅然决然地沿着海边，一边问路，一边朝辽南慢慢地前行。

这一天，正行之间，尚可喜忽然听到了明朝水师招兵的消息，为此，他欣喜万分，当即报名参加，成了明朝水师中的一名士兵。有了栖身之地，尚可喜便在操练之余，通过关系，私下里继续打探父亲尚学礼和大哥尚可进的消息。

功夫不负有心人，也许尚可喜的真诚真的感动了上苍。这一天，他得到准确消息，说：东江毛文龙手下有一位游击名叫尚学礼。听了这个消息，尚可喜喜出望外，他为自己快见到父亲而高兴，多年的愿望终于要实现了。

天启四年初春，思父心切的尚可喜辗转离开了军营，驻足前往皮岛的码头，举目远望，但见：

> 几家篱落枕江边，树外秋明水底天。
> 日暮沙禽忽惊起，一痕冲破浪花圆。①

面前美好的景色，尚可喜已无心欣赏，心里想的都是与父亲早日团聚，于是他急不可待地乘船向皮岛（今朝鲜椵岛）而去。

皮岛，又称椵岛、稷岛、南海岛、云从岛，位居西朝鲜湾北部，紧靠铁山半岛，北部离鸭绿江入海口又很近。岛东西长十五里，南北宽十里。朝鲜人描写该岛"回抱东、西、南三面，只开一面。北向中有一峰特立，西向，都督开营于其下，村家罗络，谷中峰头大约三千

---

① 王树楠、吴廷燮、金毓黻等纂：《奉天通志》卷二四六，沈阳古旧书店 1983 年发行，第 5356 页。

余户"①。正因为该岛四面环海，易守难攻，海上运输十分方便，后金对其构成的威胁比较少，所以，毛文龙升任署都督金事平辽总兵官不到半年的时间，就把总兵官府邸设在了皮岛，明朝称之为"东江镇"。

茫茫大海，一路颠簸，尚可喜乘的小船终于靠近了皮岛。登上皮岛，只见岛上人来人往，商船云集，犹如都会一般。尚可喜无心欣赏岛上的景致，只想尽快见到父亲。在当地人的指引下，尚可喜终于见到了阔别已久的父亲尚学礼。只见父亲一身戎装，面目虽然有些苍老，但仍然精神头十足。当然，这次重逢，也是尚学礼万万没有想到的，看着从天而降的儿子，尚学礼真有点不敢相信自己的眼睛，犹如梦中一样，不过，他很快又意识到这就是现实。父子二人突然相聚，悲喜交集，互诉别后衷肠。尚学礼看着长大的儿子，心情就甭提有多高兴了。

原来，尚学礼自接受王化贞的命令后，一直就跟随着毛文龙。天启元年五月，他们从三岔河口登船，沿着辽东半岛的西海岸南行，水陆兼程，遇敌即战，互有胜负。在绕过辽东半岛后，又沿着辽东半岛的东海岸往东北行，收复了沿途的许多岛屿，像石城岛、鹿岛、长山岛、小长山岛、色利岛、獐子留岛，等等，都留下了他们的足迹，最后从朝鲜的弥串堡登岸。毛文龙摆脱后金军的追捕，在皮岛逐渐站稳了脚跟。他广招汉人，组织军队，以皮岛为依托，在后金的后方频繁地发动袭击，骚扰后金，从背后牵制后金的力量。他曾赋诗一首，曰：

> 孤臣白发映寒旌，一上秋风海上城。
> 霜拂铁衣银浪动，电开金匣玉龙惊。
> 三更月冷将军幕，万灶烟沉壮士营。
> 塞曲数声人尽泪，萧萧边马皆悲鸣。

诗中表达了他抗击后金斗争的艰难与困苦。尚学礼追随毛文龙，与他建立了良好的私人关系，史书记载是"义兼兄弟"，并受到他的赏识，被授为游击。

---

① 《潜谷先生遗稿》"朝京日录"卷一四，第115页。

第 二 章

海上军旅

一、归依毛文龙

毛文龙一见尚可喜就非常喜欢他，将他安置在身边，"日益倚重"。由于他良好的素质，"性复谨厚爱人，能持重"，所以，尽管他年龄小，但是，在毛文龙的军队中却逐渐树立起威望，"英气冠一军"，成为众多将士"属目"[1] 的对象，毛文龙也有意磨炼他，经常派他去做一些事情。

毛文龙能在皮岛立足，除了明朝登州官军的接济外，一个重要的原因，就是有朝鲜的支持，长期以来，他一直把朝鲜作为他依托的后方。一旦与后金作战失利，他就会逃到朝鲜，寻求朝鲜的庇护。朝鲜俨然成了他的避难所，这也令后金不胜烦恼。由于这个原因，毛文龙一直很看重与朝鲜的关系，经常派人到朝鲜去。尚可喜到皮岛不长时间，毛文龙就把他叫到了跟前，让他到朝鲜去办一件很重要的事情。尚可喜领命，即刻动身，欣然前往。不过，他万万没有料到，他的这一次出行，竟然是和父亲尚学礼的永别。

---

① （明）释今释撰定：《元功垂范》卷上。

— 33 —

前已说过，毛文龙驻军皮岛后，经常派出军队，袭扰后金的后方，虽不能重创后金，但一直牵制着后金军，使其有后顾之忧，时刻怀有戒备之心。继沈阳、辽阳之战后，努尔哈赤为巩固其在辽东的统治，不断地派兵攻打辽东、辽南等明朝军队控制地区，如天启二年（1622）攻打旅顺，等等。为此，明朝军队或凭城守御，或予以回击。驻守皮岛的毛文龙则以小股明军不断地袭击后金的后方，天启三年，他曾表示"断不忍袖手穷岛，坐视山海之怆惶，神京之震动，令天下万世笑臣之无长识也"①，并付诸行动。天启四年，尚学礼奉毛文龙之命出征，他带领周世龙、周世虎、周世豹三兄弟及手下军卒自皮岛出发，救援鹿岛②（今丹东大鹿岛）。一路之上，势如破竹。二月二十四日，抵达石藻桥，不巧，在这里遇到了后金的前哨骑兵，于是他们便与后金军展开了激战。尚学礼一马当先，首战即大获全胜。第二天，尚学礼率兵攻至楼子山下。此山山顶如层楼，高耸入云，故名楼子山。那么，这楼子山究竟在何处呢？对此，史书和今人的著作记载不一，尚德斌先生曾总结为三说：一说是在辽阳，一说是在本溪，一说是在丹东地区。

关于辽阳说，主要来自《元功垂范》，此书在对楼子山进行注释时，说道："在辽阳东南七十里"。滕绍箴先生在其《三藩史略》中也采纳了这一说法。事实上，辽阳正东方向的确有一座楼子山，无论是其离辽阳的距离，还是山的地貌特征都与《元功垂范》记载的很相似，只是在方向上与《元功垂范》的记载有出入，不完全相符，并且离东江根据地较远。

至于本溪说，主要来自尚久蕴、尚世坦合著的《平南亲王尚可喜》，此书中记载："这关门山古名楼子山，在辽阳东南，属本溪界，两峰耸立，中间有南北孔道，为辽沈通向东南海口的要冲。"③此说中

---

① （清）谷应泰：《明史纪事本末》补遗卷四《毛帅东江》，中华书局 1977 年版，第1455 页。

② 《兵部题（监视宁锦太监高起潜等会题）残稿》载尚学礼是在救援鹿岛的过程中，与宣城明军孤军深入而阵亡的。《元功垂范》载"先赠王提兵趋旋城（宣城），有警"。宣城位于鹿岛的正北偏东，镇江的西南方向；鹿岛即今天的大鹿岛，两地相距不远，只是前者在陆上，后者是海中小岛，都在今丹东一带。今从前者。

③ 尚久蕴、尚世坦：《平南亲王尚可喜》，辽海出版社 1997 年版，第 16 页。

的关门山确实在辽阳的东南方向，地貌特征也较为相似，只是离辽阳的距离远远超出了《元功垂范》的记载，而且离开皮岛根据地，长途奔袭，以毛文龙的势力和作战习惯，似又不可能如此冒险出战。

关于丹东地区说，似乎比较切近实际。在《兵部题（监视宁锦太监高起潜等会题）残稿》中，尚可喜曾回忆说："（天启）二年（当为四年）四月内，奉前镇发援鹿岛，与达贼鏖战，与宣城孤军深入，以致阵亡。"这里提到了一个信息就是"宣城"，这与《元功垂范》中提到的"旋城，有警"中的旋城虽然文字有别，但读音相同，应该是一个地方，即宣城。那么宣城又在什么地方呢？据尚德斌先生考证，这里的旋城当指明朝的宣城，在今东港市新城管理区新沟乡宣城村北一带。原因是这里离毛文龙的根据地近，来去方便，可进可退，而且符合毛文龙所部一贯的作战特点。

为了确定楼子山的位置，2022 年 10 月 2 日笔者和尚德斌、尚世阳、周侠驱车对宣城及其周围的棋盘山、滑石山、长山、半拉山等进行了实地考察。考察结果显示，这里的山体都比较矮，属于丘陵，也不见有较宽水面、无桥不能通过的大河，就是说没有见到与《元功垂范》描述比较接近的地貌。不过，也可能是经过近 400 年的时代变迁，原来的地貌发生了较大变化，面目全非了。但是，可以肯定，楼子山应该在宣城周围的某个地方。

到了二十五日，在尚学礼与后金军接仗后，后金军也做好了充分的准备。他们吸取了前一天作战的教训，进行了新的部署。这就是在尚学礼进兵的途中预先设下了两道伏兵。布置完后，后金军便增兵来战，于是双方又展开了一场激战。战斗中，后金军假装节节败退，引诱明军追杀。尚学礼见后金军溃败，勇气倍增，指挥明军紧追不舍，根本没想到这是后金军的诱敌之计。只见他身先士卒，"策马渡桥，所向披靡"。就在这关键的时刻，形势陡变，道路两旁，箭如雨下。随后，后金军伏兵四起，冲向明军，将尚学礼率领的明军包围起来。尚学礼见状，大吃一惊，马上意识到中了后金军的埋伏，于是他急忙调转马头，带领明军后撤，快速地朝石藻桥方向奔去。可是，刚到桥边，他就发现石藻桥已经被后金军破坏了，无法通过。这时，追兵越来越

近，在这种形势下，尚学礼当机立断，率兵回身与后金军展开了激战，试图杀开一条血路，突围而出。无奈后金军越来越多，明军寡不敌众，渐渐地处于下风。战斗到最后，尚学礼与周世龙、周世虎、周世豹兄弟等都在这次战斗中阵亡了。

很快，楼子山战败、尚学礼等战死的消息就传到了皮岛。毛文龙急忙派人把这一消息告知尚可喜。尚可喜闻听这一噩耗，顿时如五雷轰顶，泪如泉涌，急忙回皮岛奔丧，料理父亲的后事。当时，毛文龙已经下令军中搭起了灵堂，祭奠这位随他征战多年的游击将军及与他共赴死难的将士。尚可喜一赶回皮岛就直奔灵堂，跪倒在父亲的灵位前，痛苦不已，后悔自己没有跟随在父亲身边，以尽孝道。父亲的死是后金军一手造成的，联想到天启元年（1621）后金军对自己家庭所带来的伤害，新仇旧恨一起涌向他的心头。他暗下决心，一定要亲自为父亲和家人报仇雪恨。

丧礼过后，毛文龙见尚可喜很有才干，于是就召见尚可喜，提拔时年才21岁的尚可喜为"列将"，统辖尚学礼的旧部。从此以后，尚可喜便在毛文龙的直接指挥下，开始了他与后金军的战斗生涯。他的威名也在毛文龙军中渐露头角，同时也结识了毛文龙的部下，如孔有德、耿仲明、沈世奎等人。

然而，身居皮岛的毛文龙由于自身原因，并没有善始善终。随着以魏忠贤为首的阉党的垮台，厄运也降临到他的头上。崇祯二年（1629）六月，他被明朝辽东巡抚袁崇焕杀于双岛，成为明朝党争的一个牺牲品。

袁崇焕，字元素，广东东莞人。万历四十七年（1619）进士，授邵武知县。他为人慷慨，有胆略，好谈兵。天启二年（1622）广宁失守后，他单骑出京城，前往山海关，察看关内外形势，说："予我军马钱谷，我一人足守此。"[1] 回京城后，由兵部职方主事超授佥事，再任宁前兵备佥事。及孙承宗督师蓟辽，他又全力支持孙承宗的部署，"内抚军民，外饬边备，劳绩大著"[2]。针对祖大寿修筑的宁远城不合乎要

---

① （清）张廷玉等：《明史》卷二五九《袁崇焕传》，中华书局1974年版，第6707页。
② （清）张廷玉等：《明史》卷二五九《袁崇焕传》，中华书局1974年版，第6708页。

求，他又确定筑宁远城的规制，使其成为明朝的"关外重镇"。天启五年，他与孙承宗议定派兵前往锦州、松山、杏山、右屯及大小凌河诸城，修城据守，使宁远"且为内地，开疆复二百里"①。

天启五年（1625）十月，明朝以高第代替孙承宗。高第一上任，就一反孙承宗的做法，认为关外必不可守，因而尽撤锦州、右屯诸城防守设施，将其驻守将士全部撤向关内，只剩下因袁崇焕坚持而没有放弃的一座孤城——宁远。天启六年正月十四日，密切注视辽西形势的努尔哈赤见有机可乘，便向明朝的辽西地区发动了新的攻势。正月十六日，努尔哈赤率领八旗劲旅到达东昌堡，十七日，开始渡辽河，然后经右屯卫、锦州、松山、大小凌河、杏山、连山、塔山等城，直奔宁远。二十三日，抵宁远城下，迅即向宁远城发动了进攻。面对后金军的强大攻势，当时身为宁前道的袁崇焕积极组织防守，"凭坚城用大炮"，挫败了后金军一次又一次的进攻，连努尔哈赤也被宁远守军的大炮所伤，大败而回。明朝取得了宁远之战的胜利。

这次战役的胜利，打破了后金军不可战胜的神话，给明朝上下注入了一针强心剂，使他们看到了收复失地的希望，并把这个希望寄托在袁崇焕身上。天启六年（1626）三月，明熹宗在二月初提升袁崇焕为右佥都御史的基础上，加其为辽东巡抚，四月，又加升一级，为兵部右侍郎，并赏银赐贮丝，给他以很高的荣誉。

天启六年八月，努尔哈赤去世，其子皇太极继位。在解决了后金的内部问题后，天启七年，他又发动了对明朝的战争，再次出兵辽西。面对后金军新的进攻，袁崇焕和赵率教等组织力量，拼力据守，使后金军再次受挫，取得了宁锦大捷。宁锦大捷的取得，袁崇焕功不可没，然而由于他不依附阉党，终被排挤而去。不久，朱由检即位，清除阉党，起用东林党人。十一月，朱由检接受廷臣建议，任命袁崇焕为右都御史，视事兵部。崇祯元年（1628）四月，又任命他为兵部尚书兼右副都御史督师蓟辽，兼督登、莱、天津军务。七月，他进京面见崇祯皇帝，开始了他新的使命。

① （清）张廷玉等：《明史》卷二五九《袁崇焕传》，中华书局1974年版，第6708页。

袁崇焕受命伊始，即决计杀毛文龙。崇祯二年五月底，袁崇焕以犒军为名，前往双岛，约毛文龙前来会面。六月初五日，他邀毛文龙一起"观兵较射"，观完之后，袁崇焕就带着毛文龙及其随从官兵一同前往设在山上的营帐。按照袁崇焕的部署，他的随行参将谢尚政等已经事先做好了埋伏，只等毛文龙来自投罗网。待毛文龙一行到达之后，袁崇焕的手下将毛文龙的随身兵丁挡在了外面，只允许毛文龙及其随行官员进入帐内。一进帐内，袁崇焕就突然发难，宣布毛文龙的十二大罪状，喝令将其拿下，剥去冠服。毛文龙毫无防备，束手就擒。起初，他还想抗辩，其手下个别胆大的将官还为他求情，但都受到袁崇焕的训斥："毛文龙本来是一名布衣百姓，官极品，满门封荫，这足以报答他的辛劳，为什么如此悖逆！"随后，西向叩头请旨，取尚方宝剑，斩毛文龙于帐外。

毛文龙的被杀，原因是多方面的。既有他个人的原因，也与外部环境有直接的关系。

毛文龙的被杀，是明朝的一个重大失策。一方面它减轻了后金的压力，使其可以集中精力与明朝争夺辽西；另一方面它使明朝失去了一个在后金的后方组织力量、牵制后金的中心人物，使东江镇很快处于衰落状态，内乱不断，无力再对后金进行频繁的袭击。正如清朝人昭梿在《啸亭杂录》中对此事所作的评价："文龙守皮岛多年，虽有冒饷、抗拒诸状，然其兵马强盛，将士多出其门。本朝佟、张二将尽为彼害，使留之以拒大兵，不无少补。崇焕乃不计其大事，冒昧诛之，自失其助。遂使孔定南诸将阴怀二心，反为本朝所用，此明代亡国之大机。"[①] 其中的利害得失确实令人深思。

对尚可喜而言，毛文龙的被杀则使他失去了依靠，不得不小心谨慎，免得自己卷入明军的内斗之中。

二、平定内乱

毛文龙被杀后，皮岛一时失去主帅，明军上下，人心惶惶，大有

---

① （清）昭梿：《啸亭杂录》卷一〇《毛文龙之杀》，中华书局1980年版，第363页。

解体之势，从将官到士兵，他们既为毛文龙之死感到惊讶惋惜，又为自己的前途而担忧。作为皮岛毛家军一员的尚可喜自然也是心事重重，小心翼翼，时刻关注着皮岛局势的变化情况。

当然，袁崇焕也认识到处理好皮岛后事的重要性。为了安抚毛文龙的部下和保留明朝牵制后金的这块根据地，他立即着手对东江的兵制进行了改组，下令将毛文龙旧部的28000人分为四协。四协分别由副将陈继盛，参将毛承祚、刘兴治、徐敷奏统管。同时令副将陈继盛暂时代管东江事务。不久，又将四协合并为东西两协，陈继盛管东协，刘兴治管西协。作为下级军官的尚可喜被划归到刘兴治的麾下。在刘兴治奉命移屯旅顺后，尚可喜便遵照他的命令出海到双岛驻扎。

双岛是大连金州西南面海中的两个小岛，因二岛南北对峙，故称双岛。明朝时曾在这里驻有军队，一方面从海上扼住进入辽南的要道，与登莱遥相呼应，另一方面随时方便出兵辽南，抵御后金进攻。就在尚可喜驻守双岛的时候，发生了一段英雄救美的佳话。

崇祯三年（1630）的一天，风和日丽，户部官员温三才的夫人带着女儿，搭乘前来迎接她们的船只，从山东登州出发了。想到不久就可以全家团聚，母女二人心里甭提多高兴了。她们一边说着贴心话，一边听着海浪拍打船体的响声，时而还抬头远望，欣赏着海岸上秀丽的景色。不知不觉中，船离开岸边越来越远，岸上的景致也越来越模糊，直到消失在她们的视线里，周围只留下茫茫的大海和自己乘坐的小船。

突然，太阳不见了，云层不断地加厚，天色也渐渐地暗了下来。一会儿，海上就刮起了大风，顿时波涛汹涌，一浪高过一浪。母女二人乘坐的船被大风吹得摇来晃去。面对茫茫大海，船上的人无可奈何，只能听天由命，让船随风漂浮，可焦虑的他们又不甘心就此丧命大海，纷纷向上苍祈祷，期盼着奇迹的出现。

真是天无绝人之路，就在他们濒临绝望的时候，有人发现了附近有一座岛屿，远处又有几艘大船向他们驶来。见此情景，他们挥舞着手，大声呼喊着，一颗颗悬着的心也终于放了下来，庆幸上苍的爱怜，使自己大难不死。随后他们被救上了大船。上船后，他们才知道救他

们的人是驻守双岛的明军。

明军将他们安排好后，立即将这一情况报告给了自己的长官。没想到刚脱虎口，又入狼窝。待船离岸越来越近时，温三才的夫人和女儿一时心急，想要看看外面的情况。谁知一到甲板上，就碰上了驻防双岛明军的三个千总。双方一照面，千总们立刻被这母女的姿色所吸引，眼睛不住地在她们母女身上转来转去，打起了坏主意，意欲强占这母女。也可能是上天的有意安排，就在这危急的时刻，尚可喜走了过来，他见三个千总不怀好意，便笑嘻嘻地对他们三人说："兄弟们，我看上了这位小女子，有意与她结百年之好，娶其为妻。你们看我也二十多岁了，能不能行个方便？"千总们一听这话，连忙赔笑说："既然你喜欢，兄弟们就不打扰了，让给你算了，你赶快把她们领走吧。"母女听了他们的对话，虽然心有不满，但为了摆脱那三个千总，还是听从了尚可喜的建议。于是，尚可喜就领着母女快速地离开了三个千总。待船靠岸后，尚可喜又特意给她们安排了住处。为了使她们尽快离开这是非之地，尽早一家团聚，尚可喜又私下派人做好了她们启程的准备，待天气好转，便让她们扬帆起航，离开了双岛。到这时，她们母女才明白尚可喜在船上那番话的真实用意，心里顿时对尚可喜充满着感激之情。不久，母女二人便回到了温三才的身边。俗话说，善有善报，令尚可喜没有想到的是，他的这一壮举，在其后来的人生旅途中，竟意外地得到了温三才的回报，当然，这也是后话。

袁崇焕希望通过改组明军，使皮岛重整旗鼓，继续发挥牵制后金的作用，但是，他的努力并没有聚拢起皮岛的人心，"营下将士，或率兵投房，或入登莱"①，余下的将官、兵丁也各怀心腹事，内耗现象日益严重。从崇祯三年（1630）到崇祯五年的三年时间内，就发生了两次内乱。其中第一次内乱与皮岛西协将领刘兴治有直接关系。

刘兴治，开原人，早年曾生活在后金，后来逃归明朝。他有个哥哥叫刘兴祚，万历末年，因为害怕受到开原道的鞭挞，就在努尔哈赤攻打开原的时候投降了后金，备受重用，还娶了后金萨哈廉乳媪之女

---

① 《燃黎室记述》卷二七《丙子虏乱丁丑南汉出城》。

为妻，更名爱塔。可是他身在曹营心在汉，天聪二年，即崇祯元年（1628）九月，他置母亲和其他亲属在后金于不顾，假装自焚而死，叛离后金，潜归明朝皮岛，被授为副总兵。由于这个原因，皇太极在千里奔袭北京获得成功后，便开始着手解决皮岛问题。他采取先礼后兵的策略，对刘氏兄弟进行了一系列的劝降活动。

崇祯三年（1630）三月初八日，皇太极给刘兴治、刘兴沛、刘兴基兄弟发出一封劝降密信。信中说：

> 尔等如依朕言为是，来归若是轻身，即依尔南朝官爵，母子妻小团圆，任从尔便。若能带岛中人来，所带金、汉人，不拘多少，俱封尔等择地住种，长享其福。朕之此言，是尔等再造之天也。朕为尔等谆谆如此。尔若不来，则尔母弟侄妻子，全杀不留。①

在这封劝降信中，皇太极开出了三个条件。前两个是利诱，即明确告诉刘氏兄弟，不管是自己来归附，还是带人来投降，都有官可做，还可以一家团聚；后一个是威胁，如果不来归降，则在后金的家人性命难保。面对皇太极的威胁与利诱，刘兴治权衡利弊，渐渐有归降后金之意。可就在这个节骨眼上发生了一件对明朝颇为不利的事件。

崇祯三年正月，刘兴治的哥哥刘兴祚在与后金作战中阵亡了，按理明朝应该给予一定的抚恤，可是代署皮岛军务的陈继盛误听谍报说刘兴祚没有死，因此，他就没有向明朝奏报给刘兴治抚恤金。这使刘兴治非常不满，认为明朝没有给抚恤金，完全是代署皮岛军务的陈继盛从中作梗，所以，他就将自己的一腔怨气，完全撒到了陈继盛身上，并加快了叛明归后金的步伐。四月十五日，刘兴治以祭奠刘兴祚为名，事先设下伏兵，诓骗陈继盛等将领前来祭奠，待陈继盛、理饷经历杨应鹤等十一人来到祭堂后，埋伏在那里的伏兵便一涌而出，一番打斗后，很快就将陈继盛等一干人一举拿下。事后，刘兴治不顾岛上 80 余

① 于浩辑：《明清史料丛书八种》第二册《招抚刘兴治等》，北京图书馆出版社 2005 年版，第 220—221 页。

位商贾为陈继盛等人求情及以死相威胁，说："此贼谋陷吾兄，殉国大节，亦被诬蔑，汝辈欲活继盛，当先斩我。"① 就这样，他一意孤行，将陈继盛等十一人全部处死，举兵叛乱，并在岛上大肆杀掠。当时，尚可喜的五弟尚可位因不肯跟从刘兴治叛乱，也当即被他杀戮。明朝闻变，急忙授副将周文郁大将印，入皮岛对刘兴治进行安抚。在周文郁的努力劝说下，刘兴治的叛乱才渐渐平息下来。五月，明朝对皮岛明军进行新的人事安排，任命锦州参将黄龙为征虏前将军都督佥事，驻守登州、莱州、兼制东江。

经过周文郁的安抚，皮岛的局势渐渐趋于缓和，刘兴治的情绪也暂时稳定了下来，但是表面的平静中仍隐藏着深层的危机，正所谓"山雨欲来风满楼"。刘兴治一向桀骜不驯，这次事件中，他没有达到目的，不会善罢干休。不过，这一事件也给了他一个教训，就是不能蛮干，所以，他表面上装出一副顺从明朝的样子，暗地里却仍与后金秘密往来，互通书信。

为了表示归附后金的诚意，崇祯三年（1630）八月，刘兴治与参将李登科、游击崔耀祖、都司马亮、守备王成功等人联合签署了一份"盟誓"书，派人送到后金，交给皇太极。对此，皇太极当然表示欢迎。崇祯四年二月，皇太极再次致书刘兴治，对他的举动予以表彰，希望他早日前来归附。皇太极的态度让刘兴治吃了一颗定心丸，于是他就加快了叛逃的步伐。要叛逃，必须防备岛上其他将领采取相应的防范措施，为此，刘兴治进行了一番布置。三月十六日，一切准备就绪的刘兴治迫不及待地再次发动了叛乱，先杀了将校中不随他叛逃后金的人，并把他的兄弟刘兴基捆打了一顿，更为惨烈的是，他还把参将沈世奎②的家人全部杀害了。

刘兴治的叛乱，激起了皮岛上一些明朝将士的不满，参将沈世奎因为家人的被害，对刘兴治更是恨之入骨。为了复仇，沈世奎与游击张焘等乘黑夜对刘兴治的住处发动了突然袭击，将其捕杀，从而平息了这次叛乱。派人前去接应的皇太极听到刘兴治叛逃失败被杀的消息

---

① 《燃黎室记述》卷二七《丙子虏乱丁丑南汉出城》。
② 沈世奎，又作"沈世魁"，本书除引原文外一律作"沈世奎"。

后，当即将刘兴治在后金的家人处死。

一波刚平，一波又起。就在刘兴治的叛乱刚刚平息后的当年，即崇祯四年（1631）十月，皮岛的宁静气氛再次被打破，又陷入了争权夺利的斗争中。不过这一次争斗不是外部因素促成的，完全是由内部原因造成的。

上面已经提到，陈继盛被杀后，皮岛顿时陷入群龙无首的境地。军中缺少主将，自然不利于明朝抵抗后金的大业。针对皮岛总兵官一职出现的空缺，崇祯三年（1630）五月，明朝崇祯皇帝接受兵部尚书梁廷栋的建议，任命黄龙为皮岛总兵官。

黄龙，辽东人，入明军为小校，因为参加收复锦州有功，升为参将。崇祯三年，又随明军攻克滦州，以功升为副总兵。黄龙到任后，虽说没有干出轰轰烈烈的业绩，却也对明朝作出了一些贡献。他面对刘兴治叛乱后后金的首次进攻皮岛，镇定自若，指挥明兵击败了后金军的多次进攻，大获全胜。虽然如此，作为一方主帅的黄龙，还是缺乏领导才能。继毛文龙被杀、刘兴治叛乱、后金攻皮岛失败之后，他本应该团结手下将士，整饬军务，笼络人心，把皮岛建成牵制后金的海上重镇。然而黄龙并没有这么做，反而沿袭明朝末年官场上的恶习，多有不法、不义之举，竭尽搜刮之能事。他一方面贪墨成性，皮岛上的士兵揭露，他克扣粮饷，不干正事，"来岛数月，又不做正事，数日又不做堂"①。为了肥己，甚至不顾士兵死活，逼迫饿着肚子的士兵上山挖人参，结果使他们遭到后金军的杀戮。与黄龙往来频繁的朝鲜官员金世濂在评价他时也说："一袭毛文龙故套，且有贪墨之行，岛中无不唾骂。"② 又"贪赎无厌，凡除将官，必皆受赂，西来钱粮，不以给军。孙军门求买舡只送鸟铳、铜锅等物，而亦皆自占。军中咸怨"③。另一方面黄龙不体恤手下将士，常常进行责罚，史书说他"素严，驭

① 中国第一历史档案馆：《明档》，186 号卷，第九号。
② 《李朝实录》仁祖九年十月辛亥；又见吴晗辑《朝鲜李朝实录中的中国史料》，中华书局 1980 年版，第 3481 页。
③ 《李朝实录》仁祖九年十一月癸酉；又见吴晗辑《朝鲜李朝实录中的中国史料》，中华书局 1980 年版，第 3483 页。

下苛急"①。连一向温和谨慎的尚可喜，也因受到他的侮辱而下不了台，窘迫异常。正因为如此，岛内的将士对黄龙怨声载道，但是慑于黄龙的淫威，他们又不敢公开与之对抗，只好忍气吞声，得过且过。不过，他们内心的怨恨，却随着时间的推移越积越多，对黄龙的不满情绪也日甚一日，驻岛明军中潜伏的危机，犹如即将喷发的火山，大有一触即发之势。

俗话说：不怕贼偷，就怕贼惦记。看到皮岛内的危机愈演愈烈，有一个人特别高兴，认为这是一个千载难逢的好机会，自己正可以利用皮岛官兵对黄龙的不满情绪浑水摸鱼，来达到他不可告人的目的，于是他打起了自己的如意算盘，这个人就是皮岛前协副将沈世奎。

沈世奎，辽东人，出身商贾，目不识丁，纯粹是一个武夫。不过他这个人很有心计。他有个女儿，长得颇有几分姿色。那时，皮岛总兵毛文龙称雄一方，很有势力。为了靠上毛文龙这棵大树，他就把自己漂亮的女儿送给了毛文龙，做了毛文龙的小妾，因此，他也就成了毛文龙的岳丈大人。有了这一身份，沈世奎便狐假虎威，依仗毛文龙的势力，在皮岛横行无忌，有恃无恐，常常"依势横行岛中"②。对于沈世奎的所作所为，朝鲜官员韩明描绘得再形象不过了，他说：沈世奎"状貌狞恶，言语凶悖，加以目不知书，下情不通，升职以后，又颇骄恣。兵不过五千，而称以万余，瞒报朝廷，以倾日焚舟之事，自为己功。多行贿物于河（何）太监，至于奏闻，且怒周都督之不受其赂，行谗于太监，使被不测之祸，登莱之人，莫不痛叹。"③ 对沈世奎的揭露可谓入木三分，由此我们也可见沈世奎的为人。

毛文龙被杀以后，沈世奎自认为是毛文龙的亲信、嫡系、姻亲，又身任副将，皮岛总兵官的职位非他莫属，代替毛文龙于皮岛"镇事"是顺理成章的事，可没想到袁崇焕把皮岛的事务交给了陈继盛暂时管理。陈继盛被刘兴治谋杀后，明朝崇祯皇帝又接受兵部尚书梁廷栋的

---

① （明）释今释撰定：《元功垂范》卷上。

② （清）张廷玉等：《明史》卷二七一《黄龙传》，中华书局1974年版，第6968页。

③ 《李朝实录》仁祖十一年十一月戊戌；又见吴晗辑《朝鲜李朝实录中的中国史料》，中华书局1980年版，第3528页。

建议，把副总兵黄龙空降到皮岛来，当上了总兵官。总兵官一职接连与他失之交臂，这无疑让他的黄粱美梦一次次破灭。心胸狭窄、权力欲极度膨胀的沈世奎自然心有不甘，心中愤愤不平，认为黄龙抢了他的饭碗，于是，他视黄龙为眼中钉、肉中刺，必欲除之而后快，只是他一直没有找到下手的机会。

皮岛士兵对黄龙表现出的不满情绪，使沈世奎意识到除掉黄龙的机会终于来了，但是颇有心计的他不想亲自动手，在他看来，借皮岛士兵之手，杀害黄龙，自己坐收渔人之利，从而夺取岛帅之位，可谓是上上策。于是，他不动声色，静观其变。

也许是天意，恰在这时，又发生了一件令人意想不到的事情。当时，皮岛游击耿仲明有个亲信李梅，因为"通洋"事发，被黄龙抓了起来，投入监狱。这件事也牵连了耿仲明的弟弟、都司耿仲裕。崇祯四年十月二十七日，大祸临头的耿仲裕抢先下手，率领皮岛内部分控制不住自己情绪的士兵，以索饷为借口，群情激愤地手拿武器，包围了黄龙的总兵衙门，逮捕了黄龙和都督以下的众位将官，当时沈世奎也在其中，不过他的表现很隐秘。参加兵变的士兵将黄龙捆绑了起来，又觉得不解气，就割去了他的耳朵和鼻子，还扬言要杀掉他。这时，沈世奎见时机已到，就走上前来，先求人将捆他的绳索解开，接着又假惺惺地松开黄龙身上的绳索，然后对参加兵变的士兵说：黄龙"虽是赃吏，曾为都督，岂无权道？"于是，让参加兵变的士兵把黄龙囚禁在游击王良臣家。他这么做，既不得罪黄龙，也不得罪参加兵变的明军，两面讨好，一旦黄龙遭遇不测，他就可坐收渔人之利。果然，黄龙被囚之后，沈世奎就在岛中扬言："今因无粮，军兵造叛，绑拿总爷及诸将，而以本协为署管岛中之事。"① 参加兵变的士兵也"以大将礼奉世奎"，对此，他毫不推辞，欣然接受。②

皮岛兵变的消息不胫而走，迅即传到了奉命出兵屯驻海上的尚可

---

① 《李朝实录》仁祖九年十一月；又见吴晗辑《朝鲜李朝实录中的中国史料》，中华书局1980年版，第3483页。

② 于浩辑：《明清史料丛书八种》第三册《平南敬亲王尚可喜事实册》，北京图书馆出版社2005年版，第382页。

喜那里。闻听此讯，尚可喜十分惊讶，马上意识到这次兵变的严重性。他想，如果此次兵变处理不好，势必影响皮岛明军的团结和战斗力，使牵制后金的皮岛名存实亡，进而损害明朝抗击后金的大业，如果后金趁机发动军事进攻，群龙无首的皮岛，必将遭受灭顶之灾，那么自己为亲人报仇雪恨的希望也将化为泡影，对此事，于国、于家，自己都不能置身事外，必须妥善解决。想到这里，以国事为重的尚可喜心急如焚，立刻做出决定，率兵赶回皮岛，着手解决兵变问题。一路之上，他绞尽脑汁，思考着回皮岛后平息兵变的对策。

身处囚室的黄龙，经受着伤痛和精神上的双重折磨，度日如年，既为自己的所作所为后悔，又担忧自己的命运，生怕有人借机报复，置他于死地。当他听说尚可喜从海上赶回皮岛的消息后，顿时又紧张起来，心里忐忑不安、七上八下的，不知是喜还是忧。他深知自己过去薄德寡恩，不仅对尚可喜没有丝毫恩德，反而还曾羞辱过他，让他下不来台，犯下了不可饶恕的过错。他心中暗想：有仇必报，这是自古以来的处世规律，也是人之常情，难道尚可喜这次回皮岛会放过这个报仇泄恨的好机会，不拿他问罪，不与他算过去的老账，不对他实施报复吗？这是不可能的。思前想后，他不寒而栗。可是，人为刀俎、我为鱼肉的现实，又使他只能听天由命，对自己的生死不抱任何幻想。所以，精神焦虑的黄龙跺了跺脚，发出了"吾休矣"的慨叹。黄龙这样想，岛内的许多将士也是这么想的。他们认为，尚可喜这次回皮岛一定会"持宿憾"，公报私仇，对黄龙落井下石，进行打击报复，因为"有仇不报非君子"是亘古不变的古训。

事情的发展往往出乎常人的意料。尚可喜回皮岛后，丝毫没有报复黄龙的迹象，反而处处表明他要解救黄龙。他一赶回皮岛，就急匆匆地前往囚所看望黄龙。二人刚一照面，黄龙那绷紧的神经顿时紧张起来，吃惊地看着尚可喜，不知尚可喜葫芦里究竟卖的什么药，对自己是福还是祸。待尚可喜表明来意，并"持黄泣，且纳橐"后，他那紧张的神经才慢慢地松弛下来，当听到尚可喜安慰他说"某在，公无恐"时，黄龙那颗悬着的心又终于彻底地放了下来，既为自己还有出头之日而高兴，又从心里感激尚可喜，感激他的大度、不计前嫌和以德报怨。见黄龙暂时没有危险，尚可喜便走出囚室，马上找到中军游击李维鸾等人，与他们共同商议起解救黄龙、处理兵变的办法来。他开门见山，直接切入主题，问李维鸾等人说：

"公等欲叛朝廷适他国乎？抑从壁上观，遂漠置之也？"

"否。此兵变耳，我何能为？"诸将说。

"公等身为偏裨，坐视劫帅而不讨贼，一旦问罪师至，咎将谁诿？"尚可喜问道。

"奈何？"诸将回答说。

"此曹子虽哗，然倡者不过数人，诚能相与出师诛首乱者，以功自赎，则转祸为福矣。"尚可喜又说。

诸将回答："诺。"①

事实上皮岛兵变后，岛上的将士也都很害怕。恰恰在这时，朝鲜又派人带着官文前来问罪，这更使岛上的将士焦虑不安，生怕明朝和朝鲜借机兴师问罪，并因此而担忧起自身的安危和前途。他们私下里议论："今日之变，虽都督自取，而朝鲜若绝我饷路，移檄问罪，则是一岛之人，均之为叛逆，而又有朝暮饿死之忧。"②

于是，尚可喜与李维鸾等人当机立断，决定利用岛上将士的畏惧心态，立即召集诸将士，向他们陈明利害，逮捕了首乱者王应元、耿仲裕等十余人，将其斩首示众。对这次事变中的其他人，则不管其犯有什么过错，都一概不予过问。一场兵变就这样被尚可喜联合其他将领妥善地处理了，皮岛的危机也暂时解除了。

接着，尚可喜等人将黄龙迎还帅府。经过这次兵变，黄龙打心眼里感激尚可喜，感谢他不计个人恩怨，更感谢他的救命之恩。他私下里对他说："公大度非人所能，且驭变定乱，济世才也。"③ 鉴于尚可喜在平定内乱中的突出表现，黄龙立即提升他为游击，让他率领皮岛明军的后军。

然而，尚可喜万万没有想到的是，这次皮岛兵变表面上虽然是耿

① （明）释今释撰定：《元功垂范》卷上。
② 吴晗辑：《朝鲜李朝实录中的中国史料》，中华书局 1980 年版，第 3485 页。
③ （明）释今释撰定：《元功垂范》卷上。

仲裕主使的，但实际操纵者却另有其人，这个人就是沈世奎。尚可喜出兵平息了兵变，无疑使沈世奎借刀杀黄龙，进而篡夺岛帅之位的计划化为泡影，因此，不知不觉中便得罪了沈世奎，使其"大沮，恨王刺骨"①，为以后他实施报复埋下了伏笔。同时，耿仲裕的被杀，也使尚可喜得罪了耿仲明，为以后他和孔有德引领后金攻打旅顺埋下了仇恨的种子。

沈世奎自认为自己借刀杀黄龙一事做得天衣无缝，殊不知天下没有不透风的墙，这件事后来还是传到了黄龙那里。黄龙在看清了沈世奎的真实面目后，便对他起了杀心，多次找茬要杀掉沈世奎。幸亏尚可喜和都司任有达、总管谭应华以毛文龙为由替他在黄龙面前求情，才使他躲过了灾祸。然而，尚可喜的努力并没有使沈世奎感恩戴德，改变他对自己的看法。他对尚可喜破坏他的计划依然耿耿于怀，于是绞尽脑汁，伺机报复，而对沈世奎内心的险恶，尚可喜却懵然不知，没有丝毫戒备之心。

三、海上鏖兵

崇祯四年（1631）夏天，后金首次攻皮岛失败后，皇太极就把争夺的焦点集中到了辽西战场。因为这时的明朝为了加强宁锦防线，防御后金的进攻，已经派出了以祖大寿为首的明军修筑大凌河城。

大凌河城，全称大凌河中左千户所，位于大凌河西岸，处在松山所和中左所之间，距锦州约四十里。它初建于明朝宣德年间，周长"三里十三步，阔一丈"，嘉靖四十二年（1563）巡抚王之诰曾对其进行过增修，"高二丈五尺，门一，四角更房各一"②。此城是通往辽西重镇锦州的重要通道，也是锦州的前哨阵地，地理位置十分重要。

明朝修筑大凌河城的目的十分明确，即以宁锦为后盾，贯彻步步为营、逐渐向辽东推进的战略。富有战略眼光的皇太极，对明朝的战略意图看得非常清楚，马上意识到事态的严重性，他颇有感慨地说：

---

① （明）释今释撰定：《元功垂范》卷上。
② 《全辽志》卷一《图考》，见《辽海丛书》（一），辽沈书社1985年版，第515页。

"坐视明朝汉人开拓疆土，修筑城郭，缮治盔甲、兵器，假若让他们完全准备好了，我们难道还能与他们如此安然地和平相处吗？"鉴于这种认识，皇太极决定对辽西的明军发动新一轮的进攻，以阻止明朝东进、收复失地的脚步。

天聪五年（1631）七月二十七日，皇太极亲自率领大军从沈阳出发，开赴辽西。经过几天的行军，八月初六日，后金军兵临大凌河城下。见后金军来势凶猛，守城与筑城的明军立即采取紧急措施，关闭了城门，并组织防御，试图使后金军知难而退。

然而，他们的对手皇太极却不是泛泛之辈，岂能无功而返。根据以往战场上与明军作战的经验，他深知后金军不善于打攻坚战，所以，他当机立断，制定了新的作战计划。这就是"掘壕筑墙以困之，彼兵若出，我则与战，外援若至，我则迎击"①，即围点打援。其目的就是要充分发挥后金军善于野战的优势。于是，按照皇太极的战略意图，从八月到十一月，后金军对大凌河城进行了长达三个多月的围困。皇太极的这一招果然奏效，大凌河城内的明军渐渐地沦落到粮草无继的地步，陷入崩溃边缘。

得到大凌河城被后金军围困的报告后，明朝急忙调兵解围，一方面从辽西的锦州、宁远、山海关等地抽调明军往援，另一方面从登州调兵，增援大凌河明军。

崇祯四年，登州巡抚孙元化接到明朝兵部从登州调兵驰援大凌河的命令后，立即付诸行动，命令手下参将孔有德率领三千明兵从海上赴援。

孔有德，辽东人，初为明朝东江总兵毛文龙的部校，名毛永诗。毛文龙死后，他被划归陈继盛指挥。由于和陈继盛"不足共事"，他便前往登州，投奔了在那里当巡抚的辽东老乡孙元化。当时"以辽人守辽土"得到许多人的认可，孙元化也不例外，他认为孔有德等是辽人，完全可以依靠他们的力量来抗击后金，报效朝廷，于是，便将孔有德等人收揽到自己麾下，并任命他为登州明军的步军左营参将。

---

① 《清太宗实录》卷九，天聪五年八月，中华书局 1985 年版，第 127 页。

　　军令如山，孔有德接到命令，迅速点齐兵马，乘船出海，北上增援。不幸的是天公不作美，孔有德和他率领的明朝援军在海上遇到了飓风，损失惨重，连他自己也险些命丧于大海之中。九死一生的孔有德刚回到登州复命，就又接到孙元化的指令，让他率领军队从陆路取道山海关，赴援大凌河城。对这一命令，还没来得及休整的孔有德"不胜怨望"①。不过，碍于孙元化的情面，孔有德权衡利弊，还是率领明朝援军从登州出发了。

　　然而，事情的发展往往不尽如人意，常常会有意外的事情发生。当孔有德率领明朝援军行进到吴桥（今河北吴桥县东）时，冬天已经来临，天公好像故意与孔有德所部开起了玩笑，天气大变，北风呼啸，雨雪交加，北风夹着雨雪打在人的脸上，犹如刀割一般，道路也变得泥泞不堪。这样的天气对行军来说本来已经够糟糕的了，可偏偏在这时屋漏又逢连阴雨，因当地人罢市，孔有德的大军根本买不到粮食，以至于军中出现了乏食现象。正所谓"兵马未动粮草先行"，如果粮草供应不上，军心就很难稳固，极容易发生哗变。在偏裨李九成、千总李应元父子的鼓动下，本来就怨气冲天的孔有德再也抑制不住心中的悲愤，振臂一呼，于闰十一月在吴桥举起了反明的大旗。

　　十二月，孔有德率领叛军连陷临邑、商河、新城等地。面对孔有德的叛乱，登州巡抚孙元化自以为是，力主招抚，一再阻挠山东巡抚余大成、登莱总兵张可大出兵镇压。针对孙元化的招抚政策，孔有德决定将计就计。他假意同意接受明朝的招抚，率兵到达登州，然后对登州城发动了突然袭击，乘夜攻击登州城的东南角和西南角，无奈被守城明军击退，只好退兵，"旁掠诸邑"。然而，就在他处于彷徨两难之际，却得到了驻守登州城内的耿仲明的帮助。

　　耿仲明，辽东人，初为明朝东江总兵毛文龙的部校。毛文龙死后，他与孔有德前往登州，投奔了在那里当巡抚的辽东老乡孙元化，被任命为中军参将。他有个弟弟叫耿仲裕，在皮岛为官，身任都司，因为参与皮岛走私，被皮岛总兵黄龙处死，并且上报朝廷，请求惩处耿仲

　　① （清）谷应泰：《明史纪事本末》补遗卷四《毛帅东江》，中华书局 1977 年版，第1466 页。

明，被崇祯皇帝允准。耿仲明得到这一消息惶惶不可终日，深感身家性命不保，遂决计借孔有德攻登州之机铤而走险。

崇祯五年（1632）正月，耿仲明利用孙元化对他的信任，劝孙元化开登州城门放进了诈降的张焘麾下叛兵三百人，接着他又秘密地联络登州城中的辽东籍将士陈光福等做孔有德叛军的内应。待天黑以后，他们立即行动，打开了登州城的东门，把孔有德和他的军队放进了城内。孔有德一进城，就开始捕杀明朝的官员，登州巡抚孙元化转眼间成了他的俘虏。当时，皮岛总兵黄龙的家属也在登州，结果落入了叛军之手，全部被杀。

孔有德、耿仲明袭取登州后，收辽兵三千人。这时，辽东沿海岛屿的一些明朝将官也闻风而动，起事响应。旅顺副将陈有时、广鹿岛副将毛承禄在耿仲明的招致下也航海归附了孔有德，成为孔有德所部的主要将领，并给孔有德军带来了许多战船，为其以后从海上突围提供了方便条件。

毛承禄（？—1632），辽东鞍山人，皮岛总兵毛文龙的养子，历任皮岛明军右翼游击、参将、东江副总兵，曾长期统领毛文龙的家丁亲军，位列毛文龙诸子之首，被称为"毛大"。毛文龙罹难后，他被袁崇焕留用，领皮岛军一协。袁崇焕死后，他曾上书为毛文龙鸣冤，无果，后移驻广鹿岛。

招降纳叛使孔有德"兵势益壮"，登州城的陷落又使他的军队有了一个较为安全的栖身之地，于是，他便开始封官置属，自称都元帅，封李九成为副元帅，耿仲明、陈有时、毛承禄、陈光福为总兵官，李应元为副将。接着他又开始蹂躏山东半岛，派兵四处攻掠，破黄县，陷平度，围莱州，下招远。鉴于招降策略的失败和孔有德叛军在山东不断四处攻掠的特殊情况，明朝决定派重兵予以围剿。崇祯五年夏天，明朝拜朱大典为右佥都御史，令其督师平叛，随后又命令辽东参将祖大弼等率兵前往增援。

在明军的不断打击下，孔有德所部叛军接连败退，一败于高密，再败于招远，三败于黄县，后来又被迫解除了对莱州的围困，将战线不断地收缩，最终不得不败退登州城，凭城固守。登州城北面临海，

东、西、南三面为陆地，进可以攻，退可以从海上撤离，可以说能来去自如，所以，有恃无恐的孔有德军便与明军对峙于登州城下。

孔有德、耿仲明的叛乱影响很大，波及了辽东沿海的明朝守将。在孔有德、耿仲明的蛊惑下，驻守旅顺及附近一些岛屿的原毛文龙所部的个别将官，如前面说的旅顺副将陈有时、广鹿岛副将毛承禄等相继叛应孔有德，叛军的党羽高成友则占据着旅顺，控制着海上的咽喉要道，对明朝山海关、宁远、天津等地的援军构成威胁。假如他们与孔有德所部叛军会集在一起，形成合力，那后果就不堪设想了。鉴于这种情况，明朝除了从陆上调兵进入山东平定叛乱外，又征调了皮岛总兵黄龙所部从海上增援，试图从水陆两路出兵围剿，达到平息叛乱的目的。这也正合黄龙的心意。前已说过，孔有德所部叛军攻取登州后，将黄龙在登州的家属尽数杀害，因此，黄龙对叛军怀有切齿之恨，必欲除之而后快。这么好的复仇机会，岂能错过？

黄龙得令后，立即作出部署。他认为，在平息孔有德、耿仲明叛乱前，必须先解决旅顺及其周围沿海各岛的叛军，然后再出兵征讨孔有德、耿仲明叛军。本着这一原则，崇祯五年（1632），尚可喜与金声桓受黄龙委派率军征剿叛军，抚定诸岛。随后又以"叛军高成友据旅顺，断关宁、天津援师"，尚可喜与游击李维鸾奉命率军攻打旅顺。二人领兵前往，与高成友所部叛军展开激战，大败叛军，使其逃离了旅顺。

尚可喜等攻占旅顺后，即迎黄龙到旅顺驻扎，指挥平叛行动。黄龙到达旅顺，待一切就绪后，他便再次调兵遣将，进行了又一番部署。这一次尚可喜是奉命率领所部明军乘船前往庙岛、古沙门岛、鼍矶岛三岛驻防，扼守要津，以防孔有德叛军从此突围奔辽东；副将龚正祥等则受命率领水师4000人在海上拒敌。

不过，辽东海岸线漫长，而明军兵力有限，单纯防御，难免顾此失彼。俗话说，兵无常形，用兵之道，贵在因地制宜、因时制宜，有时主动进攻就是最好的防御。针对明军已将登州城三面包围、海上力量明显薄弱的特点，黄龙决定采取主动进攻的策略。崇祯五年，尚可喜随黄龙率领的80余艘战船从旅顺出发，扬帆南进，参加平叛。可惜，天有不测风云，海上刮起了飓风，飓风掀起的巨浪高达数米，巨浪一个接一个地拍打着战船，使战船发出一阵阵的碎裂声。不一会儿，明军战船就被飓风和巨浪吹打得七零八落，有的沉没于海，有的随风浪在海上摇来晃去，损坏严重。尚可喜所乘的战船自然也经不住风浪的吹打，开始发出碎裂声，海水大量涌进船舱，导致船上五人溺水而亡，多人受伤。眼见战船就要沉没，尚可喜及手下士兵只好跳入海中，求生的欲望使他们紧紧地抱着船板，在海上随波逐流地漂浮，任凭风吹浪打，也时刻盼望着自己能够获救。

不知过了多长时间，尚可喜等人漂泊到了山东登州的赵家滩，在那里他们上了岸。由于那里离围困孔有德叛军的明朝军营很近，仅有二十多里远，所以，他们上岸不久，就被附近的明军发现了，接着被押去见明军参将祖大弼。这祖大弼也是辽东人，是祖承训的次子，骁勇异常，人称"祖二疯子"。他见尚可喜身穿戎装，又从海上漂泊而来，便不管三七二十一，盲目地认定尚可喜就是叛军，下令将他处斩，以向朝廷邀功请赏。命悬一线的尚可喜虽然据理力争，陈说自己是前来平叛的明军，在海上遇到飓风，船毁人亡而流落到此地，但祖大弼根本不予理会，仍坚持己见。

眼见事情已经不可逆转，可就在这时，祖大弼帐中闪出一人，高声喊道："刀下留人！"这真是天无绝人之路，尚可喜顺声望去，感到此人似曾相识，但一时又想不起来。只见这个人快步走到祖大弼跟前，悄悄地对祖大弼说："此海外尚游击，其昆弟皆为将，不可动。"① 俗话说人的名树的影，尚学礼父子在辽东抗击后金的事迹也是广为传颂的。听了这话，祖大弼将信将疑，便马上停止行刑，下令松绑，对尚可喜的态度也变得客气起来，赔着笑脸说道"误会，纯属误会"。随后就带着尚可喜去见明朝监军高起潜与吕直、总督朱大典、巡抚谢三宾等人。

就在监军高起潜与吕直、总督朱大典、巡抚谢三宾盘问尚可喜的时候，黄龙也得知了尚可喜被围困登州的明军抓起来的消息，心急如

---

① （明）释今释撰定：《元功垂范》卷上。

焚的黄龙生怕尚可喜有什么闪失，所以，立即以飞檄来调，又嘱咐登莱吴总戎亲自到围登州城的明军中解救尚可喜。到这时，真相终于大白，尚可喜也因此躲过了这场厄运，度过了他人生的又一次危机。

大难不死的尚可喜离开登州，行至八角口，见到了黄龙，备述自己这次登州历险的经过。黄龙听后，非常气愤，说："杀良冒功，若辈长技，乃至欲杀吾镇将，天下事尚可为耶?"[1] 表达了对祖大弼等的不满和对明朝前途的忧虑。由于受飓风袭击，从旅顺所来战船毁坏严重，已经不能在海上与敌作战，于是尚可喜随黄龙收余兵返回了旅顺。

再说固守登州城的孔有德、耿仲明所部叛军，经过几个月的固守，已经穷途末路，登州城也岌岌可危。参加围剿的明军已经将登州城从东、南、西三面包围起来，并绝其粮道，做好了长期围困的准备。明军的意图很明显，就是不战而屈人之兵，通过长期围困，逼迫孔有德、耿仲明叛军投降。为了打破明军的围困，孔有德多次组织军队出击，然而都被明军打败，战斗中副元帅李九成不幸中弹阵亡。

多次出战的失利，使孔有德意识到从陆路突围已经不可能实现，只有乘明军没有合围之前从海上突围才有可能成功。崇祯六年（1633）二月的一天深夜，孔有德、耿仲明等携带家属和万余名将士撤出登州，分乘一百余艘战船，漂泊于大海中。这时，明军已经加强了山东沿海的防务，使孔有德等叛军在山东没有了立足之地，于是他们决定朝辽东半岛驶去，以便在那里找到新的立足点。

崇祯六年二月二十五日，离开登州的孔有德、耿仲明叛军，率领家眷和士兵分乘一百余艘战船从旅顺附近海面经过。密切注视海面敌情的明军很快就发现了孔有德、耿仲明叛军的行踪，当即把这一军情报告给黄龙。对叛军有切齿之恨的黄龙马上调兵遣将，编排战船，准备迎敌。

说来也凑巧，二十六日这一天，海面上突然刮起了东北风，孔有德、耿仲明的船队被大风吹得偏离了原定的航线，刮到了旅顺海面。这真是踏破铁鞋无觅处，得来全不费工夫，面对天赐良机，以逸待劳的黄龙大喜过望，立即下令明军在海口架起大炮，连续轰击孔有德的

---

① （明）释今释撰定：《元功垂范》卷上。

船队。孔有德军不敌，乃将船队一分为二，一部分从旅顺往东泊船于龙王塘，一部分从海上向西绕过旅顺南端，再北上攻取双岛等处。

对于孔有德叛军的动向明军一直密切注视着，不断地向黄龙报告。孔有德军兵分两路的情报自然也被黄龙得知。为了打击孔有德军，黄龙又重新作了周密的部署：令尚可喜率领一军在殷家口至龙王塘一带布防，阻止孔有德叛军上岸取水和获得给养；再遣一支军队埋伏于双岛、铁山等处，防备孔有德叛军上岸从陆路前往后金；又派出一军驾船出海，从海上对孔有德叛军的船队发起进攻，与陆路明军配合，两面夹击。分配已定，各将依计而行。尚可喜按照黄龙的计划，马上率军赶到了殷家口至龙王塘一带。在那里他与孔有德的叛军展开了激战，此次战斗持续了两三天。孔有德叛军在明军的联合打击下损兵折将，毛有贤、杨世魁、乔可城、孙光祖等二十余名将官、一千余名士兵和家眷被俘，战船有的被明军炮火击沉，有的则触礁沉没。

旅顺之战，孔有德军接连受挫。三月初九日，他被迫退守小平岛。这时，久经战阵的孔有德已经意识到在旅顺占不到任何便宜，于是他决定改变策略，出奇制胜，立即与耿仲明、毛承禄率领三十余艘战船前往双岛，试图迂回到明军后方，对旅顺构成威胁，如条件允许，还可进行新一轮的进攻。没想到他的计谋被明军识破。鉴于孔有德军离开小平岛，前往双岛，黄龙也调整了部署，他调重兵和多员战将带着十多尊"天字一号大将军灭虏炮"赶往双岛，将大炮排列在岸边的山上，轮番轰击孔有德的船队，致使孔有德在双岛再次受挫，毛承禄、陈光福等将官被擒。接连的失败使孔有德意识到从双岛既上不了岸，又对旅顺构不成威胁，于是被迫离开双岛，驾船驶回小平岛，与驻扎在那里的叛军会合。

小平岛位于旅顺的东北约七十里，其西北与陆地相接，三面环水，犹如陆地探出的一个耳朵插入海中。在得到孔有德叛军撤离双岛、重回小平岛的报告后，黄龙再次调整部署，一方面指挥明军把军事打击的重点集中到小平岛。他命令明军扼守各个口岸，严密布防，不让孔有德叛军登陆。按照黄龙的命令，岸上的明军不断地对孔有德叛军进行袭击。当时尚可喜率军驻守在殷家口至龙王塘一带，他利用驻地离孔有德叛军的营地比较近的有利条件，趁机对孔有德叛军发动了突然袭击。那天，尚可喜率领数百精锐明兵，偃旗息鼓，从间道进逼孔有德叛军，然后突然发起进攻，把孔有德叛军打了一个措手不及。孔有德叛军猝不及防，兵败如山倒，被杀甚众，有千余人投降受抚，余下的叛军丢盔弃甲，仓皇东逃。另一方面黄龙还集中了三十七艘战船，为其配备了"大将军灭虏"等炮，在海上往来驰骋，从海上封锁、追歼孔有德叛军，使孔有德叛军再度受挫于小平岛，损失惨重，单是被俘和投降的士兵和家眷就不少于四五千人。

在旅顺一带，孔有德叛军除了遭受明军的军事打击外，还面临着新的危险，那就是给养不足，不仅缺水，而且缺粮。退守小平岛的时候，他们就已经绝粮了，不得不"网鱼以食"①，有时还派兵冒险到岸上寻找水和粮食。

眼见明军势大，占据着天时地利，而自己又严重缺乏给养，无力与明军长期对峙，所以，孔有德在与明军相持半个月后，便率领船队离开了小平岛，再度漂泊于海上。他本来想驶往盖州，从那里登陆投靠后金，可是由于担心再遭到黄龙的堵截，乃改变航线向东驶去。随着孔有德叛军船队的东去，明军的战船也尾随其后，寻找战机。

当孔有德的船队行驶到广鹿岛时，没想到又遭到了尚可喜所部明军的堵截。原来黄龙得知尚可喜袭击孔军大获全胜后，立即挑选明兵五千人，组成劲旅，让尚可喜指挥。为"荡扫安全之计"②，尚可喜便率领这支明军提前赶到了广鹿岛附近。前有敌兵，后有追兵，孔有德别无选择，被迫迎战。但见广鹿岛海面上炮声隆隆，火光冲天，爆炸声、喊杀声不绝于耳，双方的战船你来我往，战在一处。见明军势大，孔有德叛军无心恋战，接连败下阵来，被"杀获烧溺死者无算"，其部下许多人都做了明军俘虏，余下的叛军纷纷往东逃去。而尚可喜率领的明军则越战越勇，见叛军溃逃，他们岂肯善罢甘休，错过这立功的大好机会，在尚可喜的指挥下，明军驾驶着战船紧追不舍，从广鹿岛一直追杀到獐子岛。

---

① （明）释今释撰定：《元功垂范》卷上。
② （明）释今释撰定：《元功垂范》卷上。

此时，獐子岛上也驻扎着明军，这里的明军主将就是尚可喜的长兄尚可进，他以中军游击"署獐子岛将事"。见孔有德叛军朝獐子岛而来，尚可进便组织部下进行截击，无奈獐子岛上明军兵力单薄，无法抵抗孔有德叛军的猛烈攻击，獐子岛最终失守，尚可进被叛军掠去。

待尚可喜追击到獐子岛后，孔有德叛军已经离去。得知长兄尚可进兵败被掠，尚可喜心急如焚，立即率领水师追赶，一直追击到镇江一带，并与其他明军困叛军于麻场，战斗中虽然大获全胜，却没有救出长兄尚可进。事后，尚可喜在向明朝的奏报中说道："贼之恨已深，长兄可进必死无疑。"

明朝獐子岛游击、尚可喜的长兄尚可进兵败被俘后，他的命运真的如尚可喜预料的那样"必死无疑"吗？答案是否定的。天聪七年（1633）四月《孔有德来归官兵数目清单》中记载："都元帅下姓名具开，计开：见任副将二十一员……见任参将一十二员……见任游击四员……原任副将一十八员……原任参将三十二员……原任游击二十员：孟元勋、孙豹、白云凤、赵完璧、连应成、丘国玉、范汝德、朱登科、陈三聘、黄国才、孙守功、尚可进……"[1] 从这一记载来看，尚可进作为"原任游击"被列入了名单，说明他并不是孔有德的部下，而是在堵截孔有德叛军的过程中与其交战，因兵败而被俘的，这与《兵部题（监视宁锦太监高起潜等会题）残稿》中曾提到的史实是吻合的，即在獐子岛之战中被俘。此残稿中记载尚可喜的话说："止存长兄可进与卑职，同在黄总镇标下各营管事。兄系中军署獐子岛将事。今春卑职追贼于獐子岛，缘贼众兵寡，职兄被贼掳去，死多生少。本年三月间在旅之际，盖因卑职败孔贼于殷家口。又尾贼东追，擒陈光福于广鹿。更穷追直至镇江。又困贼于麻场，贼之恨已深，长兄可进必死无疑。痛思卑职父子兄弟六人共戴国恩，俱已尽忠王事。独存卑职一人。宁肯坠父兄之志气，负明主之深恩。"[2] 又据崇德六年（1641）立《东京新建弥陀寺碑记》的名单中，副将第一人虽然不是很清晰，但依稀可

① 李林主编：《满族碑石·八旗汉军蒙古卷》上，辽宁民族出版社 2019 年版，第 62 页。

② 《明清史料》甲编，第八册，《兵部题（监视宁锦太监高起潜等会题）残稿》，商务印书馆 1931 年版，第 759 页。

见应为"□可进"。这个"□可进"究竟是不是尚可进，目前还有争议。如果这个"□可进"是尚可进，那么就可以推测，尚可进被掠到后金后也归附了后金，而且在崇德六年（1641）时已经升到了副将一职，并仍然在世。奇怪的是尚可进自此便从历史记载中消失了，没有留下一丝痕迹。不过，《三韩尚氏族谱》里曾记载说"癸酉年（1633）五月二十九日亥时死难"。今天的海城尚王陵外还发现了他的墓地，这其中的来龙去脉确实耐人寻味，值得后人进行考证，以弄清事情的真相。

就在孔有德部叛军与明军在海上鏖战的时候，皮岛副总兵沈世奎也曾致书朝鲜，说："登州叛将孔有德、耿仲明被我大兵攻围，死亡居半，余贼夺舡逃至旅顺，或恐奔逃丽岸，加意防守，如有辽舡到彼，不容上岸。"[1] 要求朝鲜配合打击孔有德叛军。随着孔有德叛军船队的东窜，朝鲜方面便根据明朝让其出兵截击的命令，派出了军队，陈兵于鸭绿江上，以与追击孔有德部的明军配合，前后夹击，消灭孔有德叛军。出乎意料的是，当追击孔有德叛军的明军到达鸭绿江的时候，他们发现那里已有了后金的接应部队。

原来，孔有德见在旅顺与明军接仗多次失利，又暂时摆脱不掉明军的围追堵截，便乘明军把主要兵力用在打击自己主力的机会，在双岛派游击张文焕、都司杨谨、千总李政明率领小股部队北上，向后金求救。他们经海路至盖州，见到了驻防在那里的后金将领石国柱、雅什塔等，并在他们的护送下到达了沈阳，见到了后金大汗皇太极，备叙详情，请求归附。皇太极听后，兴奋不已，当即与手下大臣研究孔有德所部的登陆地点，最后确定孔有德所部在镇江（今辽宁丹东市附近）登陆。随后，他就命令贝勒济尔哈朗、阿济格、杜度率军前往镇江接应孔有德所部兵民。

追击孔有德叛军的明军和参加堵截的朝鲜兵见后金军兵势很盛，便知难而退，放弃了对孔有德叛军的追击，悄悄地撤走了。尚可喜虽有心去救自己的长兄，但局势的变化，使他只能遗憾地随明军撤退回旅顺了。五月，孔有德军到达镇江，与等候在那里的后金军会合。

---

① 《李朝实录》仁祖十一年三月甲辰；又见吴晗辑《朝鲜李朝实录中的中国史料》，中华书局1980年版，第3513页。

四、旅顺罹祸

天聪七年五月，孔有德、耿仲明等在镇江受到后金军的盛情接待，随后他们便将战船留在鸭绿江停泊，在贝勒济尔哈朗、阿济格、杜度的引导下前往东京（今辽宁辽阳）安插。

六月初三日，孔有德、耿仲明及其属官被征召来到了沈阳，受到皇太极的隆重礼遇。这一天，皇太极亲自率领诸贝勒出德盛门十里，在浑河岸边设帐迎接。双方刚一见面，即行抱见礼。随后，皇太极又与诸贝勒大摆宴席，盛情款待了他们。

十三日，皇太极抑制不住内心的喜悦，对孔有德、耿仲明等率军归附后金的壮举倍加称赞：元帅孔有德、总兵官耿仲明"原系明臣，知明运之倾危，识时势之向背，遂举大众，夺据山东，残破数城，实为我助，且又全携军士官民，尽载甲胄器械，航海来归，伟绩丰功，超群出类"①。遂封孔有德为都元帅，耿仲明为总兵官，赐给敕印。

孔有德、耿仲明等的归附对后金产生了重大影响。一方面，孔有德、耿仲明等的归附为后金带来了大量生力军。当年四月，孔有德开列了一张归附人员名单，其中有见任副将 21 员、见任参将 12 员、见任游击 4 员、原任副将 18 员、原任参将 32 员、原任游击 20 员；孔有德下家眷包括管家游击孙守功等家眷男妇等 115 人；各营见任官兵 3643 人，家小 7436 人，水手壮丁 448 人，家小 624 人，这些将士、家眷、水手等共计 12373 人，尚可喜的长兄游击尚可进也被列在这份清单中。另一方面，孔有德、耿仲明还给后金带来了 110 余艘船只和大炮、火药等，这些军事物资正是后金所急需的。这些生力军和军事装备无疑壮大了后金的力量，增强了他们与明朝争夺天下的信心。后金参将宁完我曾说："此数千兵丁，不劳编派而得，诚天送汗以成大事者。"② 黄旗参将姜新也说："山东官兵船支（只）大炮前来投顺，此

---

① 《清太宗实录》卷十四，天聪七年六月，中华书局 1985 年版，第 194 页。
② 辽宁大学历史系编：《天聪朝臣工奏议》卷中《宁完我请收抚孔耿办法奏》，1980 年内部出版，第 49 页。

正上天授皇上以成大事之机。"①

不过，孔有德、耿仲明等的归附后金，最直接的后果是他们使后金认识到攻打旅顺的时机已经成熟。我们知道，孔有德、耿仲明还在归顺途中时，后金国内就在探讨攻打旅顺一事。天聪七年四月初二日，参将宁完我给皇太极上了一道奏疏，疏中就提到了攻打旅顺的问题："若孔、耿来降，可得船百余只，红夷六七位，再添我国红夷数位，载之船上，杂以我兵。若必由旅顺进，即先取旅顺，然后西行，若另有径路，即驾船直抵山海，水陆两路，约期并进，内外夹攻，山海可得矣。"②

在疏中，他不仅提到攻打旅顺，而且把夺取旅顺与攻取山海关联系起来。尤其是他对后金的战略提出了新的看法，即将过去单纯的陆地作战改为水陆两栖作战。这一观点很快被后金的有识之士认同，并加以发挥，放到与明朝争夺天下的高度去认识。四月中旬，正白旗固山下游击佟整上奏说：

> 今得将、得兵、得船，□□□□□外国闻之丧胆，而旅顺总兵见之亡魂。臣愿皇上安抚来人之心，加以厚恩，速练□□□□□旅顺，而征旅顺，自有方法矣。船兵顺水路而行，骑兵从金州而去，而（两）下齐攻□□□□□□□在黄龙，不投降而来，即逃命而走矣。如此，旅顺水口，我船得以通行，船既通行，先□□□□□□□□处所而截断其咽喉，则宁锦无粮，自难保守，我兵或困守，或攻打，不时而下矣。宁锦一役，山海胆裂，我皇上随遣骑战，从旱路而行兵，船顺水面而往，即攻打山海，亦如反掌之易易耳。③

五月，正白旗周一元对此也持同样的看法，他说：

---

① 辽宁大学历史系编：《天聪朝臣工奏议》卷中《姜新机会可乘敬陈管见奏》，1980年内部出版，第56页。

② 辽宁大学历史系编：《天聪朝臣工奏议》卷中《宁完我请收抚孔耿办法奏》，1980年内部出版，第49页。

③ 辽宁大学历史系编：《天聪朝臣工奏议》卷中《佟整请亟夺水路奏》，1980年内部出版，第54页。

今山东兵将越海来归，此天赐我汗，宗庙之灵实式凭之。□□□强将勇，谋略兼备，所向无敌，惟有水程未通。今获大船百十余支（只），不为不少，新获□□水陆地利，熟知不劳兵力，助我航海之师，正天时人事俱知，大业指日可就……依臣愚见，□□□先伐旅顺，水陆夹攻。黄总兵不过孤旅之师，安敢久抗我兵，非顺则逃。我船由此而至，□□近海□□住，庶看守调度两得便益。大船已获，正当攻取山海，机会既合，不可违时。……山海既失，则京师难保。①

五月二十二日，兵部启心郎丁文盛说得更为直接，力劝皇太极利用孔、耿二人带来的船只水陆并进，直取旅顺。他说道：

黄总兵占据旅顺口，甚为我国心腹之患，前日虽欲举兵，犹阻于水路难通，彼得捍御一面，非计之得也。今日既有船支（只），顺水而进，随以红夷攻打前面，彼必首尾难顾，而黄龙必为我擒，此今日之机会，决不可失。②

由以上可以看出，攻打旅顺在后金国内已经达成了共识。孔、耿二人由于在来归附的途中接连遭到黄龙的围追堵截，险些丧命于大海，因而对黄龙恨之入骨，必欲置之死地而后快，后金攻取旅顺正中其下怀，可以借机报仇，以雪前耻，所以，他们对后金攻打旅顺一事毫无异议，极力赞成，也愿意参战。况且孔、耿二人又熟悉那里的情况，他们带来的战船，更是为后金攻取旅顺创造了必要的物质条件。至此，后金攻打旅顺可以说已是万事俱备，只欠东风了。

天聪七年（1633）六月，后金等待的机会终于来了。这年初夏，黄

---

① 辽宁大学历史系编：《天聪朝臣工奏议》卷中《周一元直陈愚见奏》，1980年内部出版，第58页。

② 辽宁大学历史系编：《天聪朝臣工奏议》卷中《丁文盛等请水陆并进奏》，1980年内部出版，第59页。

龙获悉孔、耿停泊在鸭绿江的战船在那一带活动，颇有威胁感。为了将孔、耿的战船彻底摧毁，消除来自海上的威胁，黄龙尽发旅顺的精兵前往鸭绿江，令沈世奎率军焚烧孔、耿的战船，仅留小部分明军守卫旅顺。这一决定未免顾此失彼，导致旅顺兵力十分空虚。对这一部署，作为黄龙部下的尚可喜很是担忧，为此他多次派人提醒黄龙，说："劲兵俱出，旅顺空虚，宜置此败残，还防根本。"① 就是说他建议黄龙应以防守旅顺为重点，可是尚可喜的建议始终没有引起黄龙的重视。然而，旅顺空虚这一情况，却很快被后金军侦知，于是皇太极当机立断，发兵攻取旅顺。

兵贵神速，十九日，皇太极命令兵部贝勒岳托、户部贝勒德格类率领右翼楞额礼、叶臣和左翼伊尔登、昂阿喇，及旧汉军额真石廷柱、都元帅孔有德、总兵官耿仲明，共马步兵一万多人往征旅顺。

旅顺在辽东半岛的最南端，汉朝时叫"沓渚"或"沓津"，西晋时改称为马石津，隋唐之际又改名"都里海口""涂里浦""都里镇"，辽、金、元三代称其为"狮子口"。洪武四年（1371），明朝都指挥使马云、叶旺为追击元朝的残余部队，率兵从山东登莱跨海来到了这里，为纪念明兵安全抵达辽东半岛，他们将其改称"旅顺口"。随后在那里"立栅木为守"，建立了旅顺北城。洪武二十年（1387），明朝在这里设置了金州中左千户所。永乐十年（1412），都指挥徐刚改用砖包砌北城城墙，同年，又在北城的南面建了一座砖砌城，称南城。两座城的规模都不大，北城周长一里二百八十步，城外有护城壕，深一丈二尺，阔两丈；南城周长一里三百步，城外也有护城壕，深一丈二尺，阔二丈五尺。明朝中叶北城渐废，南城便成为那里的政治、军事中心。旅顺隶属于金州卫，东接黄海，西临渤海，地理位置十分重要，为联络周围诸岛的要津。它"西翼宁远，东联鲜国，北俯四卫，南接登州，诚适中之便计"，"不惟登州之门户，实进取必资之要地也"，因而成为"兵争之地"。

七月初一日，后金的先头部队500余骑到达旅顺，由此拉开了明与后金旅顺之战的序幕。这场战争从初一日一直进行到初七日早上六时。

初一日，后金的先头部队到达旅顺后，立即占领了马头、黄金山。

① （明）释今释撰定：《元功垂范》卷上。

他们在山上架起大炮，居高临下，轰击旅顺的外围城墙，但闻炮声隆隆，伴随着炮弹的爆炸声，旅顺外围城墙周围硝烟四起，火光冲天，经久不息，一直持续了三天时间。到初四日晚，后金军的后续部队陆续到达了旅顺，于是他们一面把西洋大炮推到旅顺城下，一面把无数战车、云梯等攻城器械准备就绪，随后乘着夜色对旅顺城发起了全面攻击，试图一举攻克旅顺。

虽然留下守城的明军有限，但面对后金的进攻，作为主帅的黄龙毫不畏惧，从容指挥。明军在他的指挥下，尽职尽责，为保卫旅顺而奋勇作战。后金军待炮火一停，他们就架起了云梯，争先恐后地扶梯而上，城上明兵也不甘示弱，一面用早已准备好的红夷大炮轰击远处的后金军，或用弓箭射杀近处的后金军，一面从城墙上往下投掷火罐、石头等，烧杀登梯而上的后金军，对于快攀上城墙的后金军则用刀砍，用枪搠。后金军尽管有伤亡，但并不气馁，轮番攻城，昼夜不息，不给守城明军一点喘息的时间，如此你来我往，战斗一直持续到初五日晚上。

初六日，黄龙组织明军出城进行反击，在明军的拼杀下，后金军进攻受挫，被迫稍微后退，如此者三。但旅顺明军兵力有限，不敢离城太远，稍微取胜即退回城里。见到这种情况，后金军马上又兵临城下，再次将明兵围困在城中。

在与后金的战斗中，守卫旅顺城的明军依靠的是大炮等火器和弓箭，然而经过多日的激战，城中的火药和箭矢已经没有了，连石头也用尽了，援兵又迟迟未到，情况已是万分危急。在战场上征战多年的黄龙自感孤城难守，于是将部将谭应华叫到跟前，对他说："敌众我寡，今天晚上旅顺城必定被攻破。你赶快带着我的印信，将它送到登州，如果去不了登州，就将印信投到海里去。"并在遗疏里写下了"生前不爱七尺躯，死后惟有三尺剑"的豪言壮语。同时，以兵力不足，派人急调尚可喜率所部前来救援旅顺。谭应华走后，黄龙再无牵挂，他身披重铠，来到阵前，准备与后金军决一死战。如其所愿，当天，即初六日晚上，后金军将领岳托等也向后金军发布了对旅顺发起总攻击的命令。

经过多日激战，后金军已经伤亡4000多人，付出了惨重的代价。血的教训使他们清醒地认识到再一味地强攻旅顺城，必然徒劳无益，只会使后

金军付出更大的代价。于是，他们决定改变战略，将明攻与偷袭相结合。

初六日晚上，后金军的一路兵马从旅顺口东北角进攻，另一路兵马则在霸兰奇的率领下，借着夜幕的掩护，暗乘木筏槽船从旅顺河北处渡海。余下的后金军仍聚集在城下，摇旗呐喊，继续强攻旅顺城，吸引守城明军的注意力。初七日凌晨，当霸兰奇率领负责偷袭的后金军前进到蔡家口等处时，不巧被明朝的哨兵发现，明军立即发炮轰击，而且把这一紧急军情迅速报告给黄龙。黄龙得报，马上派兵增援，但为时已晚，根本无法阻止后金军上岸，偷袭的后金军已经像潮水一般涌上岸来。

后金军上岸后，立即向城里冲杀。与此同时，从旅顺口东北角进攻的另一路后金军也攻到了城门前，两路后金军会合后，便与从城中涌出的明兵展开了混战。战斗中，明兵拼命冲杀，以一当十，气势逼人，面对如此剽悍的明兵，有的后金兵被吓怕了，临阵退缩，当即被督阵的护军额真斩首。在督阵护军额真的威逼下，后金军拼命向前与明兵鏖战，挫败了明军的反击，将战场推进到瓮城。

后金军蜂拥而入，不一会儿，城下、城上就布满了后金军，他们挥舞着手中的兵器，奋勇向前，追杀溃退的明军。明军虽然节节败退，但是仍继续抵抗，不时地回身反击。无奈明兵越战越少，后金兵却越聚越多，将黄龙、李维鸾等团团围住。黄龙见大势已去，于是拔刀自尽，李维鸾、项祚临、樊化龙、张大禄等也相继力战而死。尚可义[①]在

---

① 《明史·黄龙传》、旅顺博物馆展出的光绪十九年立的《显忠祠碑》均记载为尚可义。然查《尚氏宗谱》尚学礼共六个儿子，分别是长子尚可进、次子尚可爱、三子尚可和、四子尚可喜、五子尚可位、六子尚可福，无尚可义之名。除尚可喜外，据《兵部题监视宁锦太监高起潜等会题残稿》记载，尚可爱、尚可和、尚可位都参加了明军。尚可爱官千总，尚可和官把总，均于天启七年（1627）赴凤凰城侦察敌情时遇敌，力战殉国。尚可位在崇祯三年因不跟随刘兴治作乱，被其杀害。据记载：长兄尚可进在明军中，曾为明獐子岛将官，孔有德、耿仲明叛乱后攻打獐子岛时被其俘虏，但《三韩尚氏族谱》中却记载他于崇祯六年五月二十九日"死难"，两者记载出现了矛盾。所以，旅顺博物馆所藏《显忠祠碑》上写的尚可义，以及当今学术界认为尚可义系尚可进的结论都有待于一步考证。那么尚可义与尚学礼一支有没有关系呢？查《三韩尚氏族谱》，尚可进有子尚之义，生于万历二十一年（1593），卒于顺治十八年（1661），所以尚可义也不可能是尚之义的误写。再者，尚可喜曾将长子尚之忠过继给尚可进一支，如果尚可进有后代，不可能出现过继一事，而且二修《尚氏宗谱》中也没有尚可进两个儿子尚之仁、尚之义的信息，《显忠祠碑》又是近代所立。综上，尚可义可能是尚可进因年代久远而误写的，也可能是尚可义另有其人，以前者可能性较大。

与后金军的巷战中也流尽了最后一滴血，壮烈殉国。

至此，旅顺之战宣告结束，后金大获全胜。七月初十日，岳托等派人到沈阳向皇太极奏报捷音。八月二十一日，岳托等率军带着战利品，包括俘获的 5302 人、67 匹马、160 头牛、50 头驴、4 头骡子、21200 两白银、22 两黄金、3087 匹缎、2799 件缎衣、24684 匹布、749 件毡子、两件貂裘、一件貂褂，等等，从旅顺撤军，回到了沈阳。不过，这次后金吸取了上次攻克旅顺后弃地不守的教训，留叶臣、伊尔登率 2500 名后金军驻守旅顺，牵制明军。

俗话说城门失火，殃及池鱼。旅顺失守，不仅使明朝失去了一座军事重镇，而且也给驻守旅顺等地的明军将士带来了灾难，使其家破人亡，正所谓"旅顺被奴叛攻去，在旅镇将个个阵亡，老幼兵民俱被惨戮"。城破之前，李维鸾家属全部罹难。当时尚可喜的家属也在旅顺城中，初七日城破时，其夫人邢氏、李氏哭着相对而语："吾夫当为世间奇男子，吾属为贞夫人，不可受辱。"语毕，一起赴海尽节而死，其家数百人"相从投水，无一存者"①。

旅顺被攻破时，尚可喜正出征在外，"因上阵，身被重伤"而返航在海上，并在七月初的时候，得到总兵黄龙的命令，准令他回旅顺养伤。当他率领部下乘船到达广鹿岛以西海面的时候，遇到了旅顺逃出来的明兵，从他们口中得到黄龙战死、旅顺已经失陷的消息。同时也听说家人百余口遇难的噩耗。面对如此现实，他"南望恸哭"，搭设灵位，祭奠黄龙及战死于旅顺的将士和两位夫人，以慰他们的在天之灵。他望着失陷的旅顺城，义愤填膺，既痛恨后金军毁了他的家园，又后悔自己回来得太迟，让家中的亲人蒙难，更为总兵黄龙及守城将士的殉国而感到惋惜。家族的这次蒙难，也勾起了他对天启元年（1621）海城家中被劫的回忆，可以说对后金的新仇旧恨一齐涌上心头，他默默地发誓一定要为亲人报仇雪恨。当然，旅顺的失陷，也迫使他面临着新的选择，就是他和他所率领的明军将去向何方？

---

① （明）释今释撰定：《元功垂范》卷上。

第 三 章

弃明归后金

一、被迫弃明

旅顺沦陷，黄龙殉国，强烈地震撼了驻守在辽东沿海各岛屿上的明军将士，皮岛"闻旅顺败，大惧，备舟楫荷担而立"①，都督周文郁退往广鹿岛，孙、杨两都督退往长山岛，副总兵沈世奎也打算就此放弃皮岛西还。只是由于岛上军民群起阻拦，数落并要挟他："老爷平日以大将处岛中，今日独自西归，吾属其将奈何？俺等当先自杀。"② 沈世奎才不得已停止西归。崇祯六年（1633）九月，明朝以沈世奎接替黄龙为总兵官，固守皮岛。至此，辽东沿海各岛屿的明朝残余部队都处在沈世奎的领导之下。

就沈世奎而言，虽然为人不好，但他对明朝还是有贡献的。刘兴治为乱时，他除了将其捕杀外，还派朝鲜的译官快速前往朝鲜平安监司报信，让他们捕杀从皮岛逃走的300多"降鞑"人，同时告诫朝鲜

---

① 王树楠、吴廷燮、金毓黻等纂：《奉天通志》卷二六，沈阳古旧书店1983年发行，第513页。

② 王树楠、吴廷燮、金毓黻等纂：《奉天通志》卷二六，沈阳古旧书店1983年发行，第513页。

官员，对"出陆汉人，切勿乘时乱杀"。崇祯六年，他奉黄龙之命，率领战船30余艘，登陆与后金兵作战，斩杀400余人。旅顺城被攻时，他又率兵前往营救，以所领舟师多被淹没，才被迫返回皮岛。

看着旅顺被后金军占领，漂泊在海上的尚可喜是有家难回，犹如一只孤雁在天空中盘旋。他既悲愤，又焦虑，一直在思考着自己及部下的安身之地。在他看来，皮岛虽可栖身，但路途遥远，又孤悬海中，不是久居之地；旅顺周围的岛屿因旅顺的沦陷而失去了一道屏障，变成了邻近后金的前哨阵地，而且岛上的给养也得不到保障。唯一可去的、相对安全的便是辽西的宁远，那里有坚固的城墙，且地处后方，又曾在宁远击败过后金的进攻，使后金军有望而却步的感觉。可是远水解不了近渴，眼下最迫切的是找一个落脚之地，安置自己的部队。于是，他想到了离他最近的、自己熟悉的广鹿岛。

广鹿岛地处黄海之中，是明朝在辽东沿海的一个重要据点。这里四通八达，往东北可达皮岛和朝鲜，往西南可撤往登州，绕过旅顺，通过渤海，可通辽西与关内。基于这种考虑，尚可喜便开始收拢部下和逃出的明兵。当时的情况是"众兵欲归无家，更思家属俱死，人人咸欲自尽自散"[①]，所以收拢人心是很困难的，然而，面对困难，尚可喜没有知难而退，他深知在这"兵败如山倒"的情况下，"得一兵多一兵之用，否则误事恐不小"[②]，于是他与招练营都司龙登云、都旗任友达以及千总、把总等官共同慰谕前来的明兵，人数达到2000多人，并使他们逐渐地安下心来。不过，他也考虑到这些明兵"系各营之兵，将来必难收管"，因此请求上司尽快拿出解决问题的办法。

针对这种情况，当时的监军太监高起潜等人便向朝廷提出了解决的方案，建议对尚可喜所部兵丁尽快给予安置。说：尚可喜所部2000余人"与其散为寇资，莫若亟招以实辽土，且使各岛军民闻风益鼓忠义，诸叛虽结聚匪久，人怀观望，开隙召变，当有内自相戕者，况奴

---

① 《明清史料》甲编，第八册，《兵部题（监视宁锦太监高起潜等会题）残稿》，商务印书馆1931年版，第759页。

② 《明清史料》甲编，第八册，《兵部题（监视宁锦太监高起潜等会题）残稿》，商务印书馆1931年版，第759页。

止用陆，未习水势，亦不能以虏骑久驻岛上，察贼形势，徐图进取，斩逆渠恢旅顺，方来不患无机，则此兵正可收之为用，不独实辽东，亦可图岛也。事关军机，势难刻缓，除差官酌行犒恤，一面差听都司单文杰星驾船只驰往招谕，令该将速统部兵至宁"①，中心意思就是要妥善地利用这支明军，让他们撤到宁远。这与尚可喜的愿望不谋而合。

对这一建议，崇祯六年（1633）八月初三日，崇祯皇帝令兵部进行讨论，在提出具体方案后，专门向他汇报。兵部经过讨论，认为"獐子岛近泊旅顺，势孤力单，不足自固，兼以兵无现粮，人有离志，困守一隅，未有不折而入奴者。然二千之众，岂可弃以资敌，收入宁远为一水营，俾护守觉华，可得其防御之力。且虏骑不能久栖海屿，待有隙可乘，鼓棹而东，与岛上之师约期进取，亦计之得者，合听抚臣速往招谕，无失时机，待可喜等到宁之日，臣部题请给以应得职衔，以便受事可也"②。由此可见，兵部的意见和辽东前线将官的意见基本一致，都是让尚可喜率领部下到宁远驻防，而且还要授予他新的官职，这都是尚可喜所殷切期望的。

可是这一设想并没有得到贯彻执行，一直摇摆在留广鹿岛、去宁远之间，没有确切的命令。崇祯六年十二月二十三日，登岛太监魏相上奏的《监视登岛太监魏相题本》中记载："岛将丁志祥、金黄、龙登云等俱以归宁，即尚可喜初亦欲投奔宁远，后为风飐至登州。欲独守恐不能支，欲归登风阻不便，欲归宁又未奉有明旨。进退维谷，计无复之。"③ 这就是说，处在这种尴尬境地的尚可喜，确实想率领部下到宁远，并打算付诸行动，不幸的是在海上遇到了飓风，所乘的船只被刮到了山东登州。

登州地处山东半岛，是明朝的后方，与辽东半岛海域的广鹿岛仅有一海之隔，这里有充足的粮草供应。权衡利弊，尚可喜便打算在这

---

① 《明清史料》甲编，第八册，《兵部题（监视宁锦太监高起潜等会题）残稿》，商务印书馆1931年版，第759页。

② 《明清史料》甲编，第八册，《兵部题（监视宁锦太监高起潜等会题）残稿》，商务印书馆1931年版，第759页。

③ 《明清史料》甲编，第八册，《监视登岛太监魏相题本》，商务印书馆1931年版，第763页。

里驻扎下来。

在登州，他见到了那里的明朝文武大员。他们熟知尚可喜勇猛有胆略，于是有人就写奏章，向朝廷推荐尚可喜，希望朝廷给予重用。不久，朝廷的旨意下到登州，命令登州官员对尚可喜"破格擢用"。然而，登州的朝廷大员拒不执行朝廷的命令，反以尚可喜是三岛副将应协镇旅顺为由，将其看作是海上军旅，不给尚可喜所部官兵发粮饷，这就使尚可喜进退两难，毕竟粮饷是维系军心的重要因素。

客居登州，兵无粮饷，长期下去，后果难料。残酷的现实，让尚可喜颇有寄人篱下的感觉，意识到登州已经不能再待下去了。思前想后，他当机立断，马上率军离开了这块是非之地，又回到了广鹿岛。

总兵黄龙战死后，其残部直接归沈世奎管辖。在尚可喜回到广鹿岛之前，这里已经有明军驻扎。那里的守将见尚可喜率兵到来，很不高兴。为了将尚可喜所部明军排挤出广鹿岛，他们便颠倒黑白，向沈世奎进谗言，诬陷尚可喜。

前面说到，崇祯四年的那场兵变中尚可喜挺身而出，平息叛乱，救出了黄龙，无意中得罪了沈世奎，使其"大沮，恨王刺骨"。广鹿岛守将的谗言一下子又勾起了他对尚可喜的不满，"遂欲甘心于王（尚可喜）矣"①，开始找尚可喜的麻烦。此时的尚可喜，又今非昔比，失去了总兵黄龙的庇护，孤军在外，处境艰难。恰在这时，尚可喜的部将王庭瑞、袁安邦又跳了出来，继续向沈世奎进谗言，诬陷尚可喜。沈世奎见此，认为报复尚可喜的绝好机会终于来了，于是他心生一计，下令调尚可喜到皮岛，以借机除掉他。

尚可喜接到沈世奎的命令，毫无戒备，又鉴于当时所部"部曲皆抱无家之痛，又衣粮不继，进退维谷，众汹汹无固志"②，因此，马上从广鹿岛发兵，赶往皮岛，希望从此摆脱困境，继续报效明廷，根本没有考虑危险已经悄悄地向他逼近。

然而，天公不作美，他们刚到长山岛，海上就刮起了大风。风大浪高，船随波浪上下起伏，摇晃得厉害，已经不能继续前进了。没有

① （明）释今释撰定：《元功垂范》卷上。
② （明）释今释撰定：《元功垂范》卷上。

想到的是，在这样不利于航行的天气里，沈世奎竟然还发出檄令，催尚可喜赶紧前往皮岛。也许是天无绝人之路，就在沈世奎频频来催时，尚可喜有了一个惊人的发现。他发现其手下众将官都有熟人带信来迎接慰问，唯独与自己一向交好的人"无一语至"，再加上风大浪急，不免心疑起来，于是决定先不去皮岛，而是派人先到皮岛，查明情况，再做决定。孰料这一查的结果，令他大吃一惊，原来总兵沈世奎是想借调自己去皮岛之机加害自己。得知这一重要信息，尚可喜感慨万千，心中有一种说不出的感觉，迅即，他陷入了沉思。他想：如果自己按照沈世奎的命令，前往皮岛，那无疑是羊入虎口，有去无回，落到任人宰割的下场，而且，这是沈世奎最希望的结果，他已经磨刀霍霍，正等着自己自投罗网呢！此方案与自己的意愿大相径庭，最不可行。

如果自己将计就计，率部前往皮岛，对沈世奎发动突然袭击，打他个措手不及，这或许会成功，但也存在着巨大的风险，一旦突袭不成功，势必陷入与沈世奎皮岛明军的混战之中，众寡悬殊，后果难料，没有足够的把握，弄不好就可能偷鸡不成反蚀一把米，而且从道义上还落下了反叛的罪名。这种冒险之举，也是不可行的。

如果自己不执行沈世奎的命令，率部返回广鹿岛，随后即向明朝官员或者明朝皇帝上书说明情况，为自己辩解。这个方案貌似可行，可以让自己渡过当下的难关，但仔细推敲起来，还是有很大的隐患：一是自己官职卑微，根本没有上书辩白的机会，即使能上书辩白，也可能成为马后炮；二是给沈世奎留下抗命的把柄，被他以违抗军令的罪名，借机征讨，进而问斩。这个方案比前面的两个方案要好一些，但有隐患，不是首选。

如果自己违抗沈世奎军令，托词不去皮岛，率部返回广鹿岛，那么自己和所部或可暂时无恙，但无疑彻底打乱了沈世奎的原定计划，他以后还会找机会对自己下手。假如他以自己违抗军令兴兵讨伐，那自己完全是有理莫辩，况且，战端一开，非死即伤，自己的区区人马，根本抵御不了沈世奎的进攻，而且自己还走上了与明朝对抗的道路，面临的敌人将是整个明朝军队，连一个沈世奎自己都对付不了，又如何对付得了明朝的精兵悍将呢？况且以自己的号召力而言，根本比不上叛明的孔有德和耿仲明。所以，这个方案也不可取。

这些方案都不可行，那自己的出路又在何方呢？

这时，尚可喜又从前不久的孔有德、耿仲明叛明事件想到了沈阳的后金政权。他思索着：

自己一家两代人忠心耿耿，一直在辽东与后金征战，前后达十余年，可是，后金政权非但没有被消灭，反而日益壮大。具体来说，到崇祯六年（1633），后金军不仅数败明军，给明军以重创，而且攻克了明朝许多军事重镇，像抚顺、开原、铁岭、沈阳、辽阳、广宁、旅顺、大凌河等均被后金军先后攻克，从崇祯二年（1629）到崇祯三年又突袭北京，连下迁安、滦州、永平、遵化四城，大败明军，且巧施计谋，除掉了袁崇焕。在长期的军事争夺中后金的军事力量日渐强大，成为足可以与明朝分庭抗礼的地方割据政权。皇太极继承汗位后，又一改其父努尔哈赤的做法，大量任用汉人、汉官。在出征旅顺时，后金军曾发布了《金人致旅顺明将书稿》，其中明确说："我汗抱出世之资，具英明之德，神文圣武，任贤抚民，即阵上擒获总兵、付将等官尚且周全优待，以尽优待之礼……昨孔、耿二公泛海远归，我汗出郊十里迎接，携手告天，盟以共享富贵，此不必我言，而足下亦知之矣。见今南朝主暗臣奸，陷害忠良，足下何不率众归顺，其□□父子夫妻勿使相散，不惟助汗一臂之力，而足下之功岂他人，超出寻常万万矣。此乃天赐机会，不可□胶柱鼓瑟，自陷千金之躯作灰土□也。"[①] 对此文告，自己是知道的，只是没有动心而已。自己此时面临的困境，与后金文告中所说的又何其相似，而孔有德、耿仲明归附后金后，在后金上上下下受到的礼遇，又活生生地摆在了自己的面前。况且，中国千百年来"良禽择木而栖，良臣择主而事"的古训，一直影响着一代又一代的仁人志士，左右着他们的人生选择。

话又说回来，如果背叛明朝，归附后金，于国、于家，自己又都是有愧的。从国家层面来看，后金是明朝境内建州女真建立的政权，明朝一直称建州女真为"东夷"，而且"华夷之辨"的观点在中国传

---

① 《明清史料》丙编，第一册，《金人致旅顺明将书稿》，商务印书馆1931年版，第30页。

统文化中根深蒂固，归附后金，势必遭受后人的诟病。从自家的情况来看，自己一家与后金有不共戴天之仇，天启元年（1621），在海城，家人十余口被掠走，下落不明；天启四年，父亲尚学礼在与后金军作战中，战死楼子山；自己的二哥尚可爱、三哥尚可和都死于后金军之手；长兄尚可进被俘后下落不明；崇祯六年，旅顺一战，自己的家人108口或者被逼投海自尽，或者下落不明，若自己归附后金，那家仇就无法报了。

尚可喜陷入了两难的境地。

外面电闪雷鸣，雨还在下，风也还在刮。

可喜在屋子里走来走去，心里盘算着：

如果背明归后金，也许能见到自己被掠的家人，自己的部下也能得到好的归宿，不至于因自己得罪沈世奎而受到连累，遭到沈世奎的报复。俗话说，两害相较取其轻，自己的家仇与所部将士的性命之忧及前程相比根本算不上什么，自己在世人眼中的形象又算得什么！

想到这里，他望着自己的部下，表情凝重，拊膺叹息，说道：

> 某结发从海上战一十余载，父母妻子先后亡散，今出万死，不顾一生，为朝廷追亡逐叛，城陷家破，以至于此，而冒功忌能之人，必欲挤之死地，天下事可知矣。因念毛帅受朝廷委寄，赐便宜甚重，一旦书生奉政府意、出片语，立死军前。今权在世奎，欲杀一营将故易易耳。且明帝励精图治，加意边疆，而诸臣恣意营私，牢持门户，厝火有形，叩阍无路，大丈夫具扫除天下志，岂甘以不资之身，为沟中之断耶？时闻满洲太宗皇帝豁达神武，延揽英雄，视汉人如同体。①

这段话的意思是说：我自成年以后便在海上征战了十余年，这期间，我的父母妻子儿女先后死的死，失散的失散，如今我出征在海上，也是九死一生啊！我不顾自己的生死，为朝廷追杀阻截叛军。现在旅

---

① （明）释今释撰定：《元功垂范》卷上。

顺城陷落了，我全家百余口人也都惨死了。而那些冒功忌能的人，必定想要置我于死地，眼下的局势也就是这样了。只因我感念毛文龙主帅受朝廷的任命，赐予他很大的权力，便宜行事。现在沈世奎当权，想杀掉一个营将，那还不是一件轻而易举的事吗？尽管明朝的皇上励精图治，重视边疆，但是一些大臣随意地营私舞弊，拉帮结派。大丈夫具有扫除天下建功立业的志向，怎么能甘心浑浑噩噩地度过自己的一生呢？现在我听说满洲的太宗皇帝是个豁达神武的人，正在广纳天下英雄，而且把汉人看作是自己的同族。

就这样，在既无军饷、粮草，无落脚之地，又面临被冒功的总兵骗去杀掉的危难之时，尚可喜做出了他人生中的一个重大决定：率部归顺后金。这一决定成为尚可喜乃至其家族命运的一个转折点。既然已经做出了人生选择，那就快刀斩乱麻，立即将其付诸行动。天聪八年（1634）年初，尚可喜在被逼无奈的情况下，果断地率部归附了后金政权。

我们知道，就尚可喜个人的性格而言，他是很能忍耐的，如前面所说黄龙曾窘辱过他，对此，尚可喜忍耐了，当黄龙被哗变士兵囚禁后，他没有落井下石，反而以德报怨，从大局出发，平定哗变者叛乱，将黄龙救出；其后为协助登州明军歼灭孔有德、耿仲明叛军，他又奉黄龙之命，率军往登州助剿，不巧，海上遇飓风，船毁人亡，尚可喜及诸士卒抱着坏船木板，浮沉海上，最后漂至赵家滩，被登州明军所获，祖大弼认为他是叛乱者，准备将其处斩，幸亏有认识他的人为他解围，且黄龙又飞箭来调，这才使尚可喜免于蒙难，安全回到旅顺，对此，尚可喜也忍耐了。而这次就不同了，沈世奎已经摆好架势等着自己去自投罗网，如去皮岛必有性命之忧，面对生死抉择，尚可喜不可能去做那"人为刀俎，我为鱼肉"的傻事，避祸求生成为他的唯一选择。

不过，对尚可喜投降后金一事，学术界仍有人持否定态度，认为尚可喜丧失了民族气节，是"汉奸"。我们认为这种观点是不妥的。因为，中国是一个多民族的国家，崛起于白山黑水的女真族，即今天的满族不仅在今天是中华民族的成员，而且在当时也是中华民族大家庭的一个组成部分。那时，他们生活在明朝直接统治下的东北，接受明朝政府的领导，是明朝的臣民。无论是汉族人当皇帝，还是女真人当皇帝，都是中华民族大家庭中兄弟之间的纷争，不能因女真人取代汉族人当上统治中国的皇帝而对其持否定态度，并因此否定臣事于女真族的汉族人。否则，岂不成了大汉族主义者，岂不又与古代的汉族封建统治者一样将中国境内的少数民族歧视为"夷狄"，将背叛他臣事于少数民族政权的汉人视为"叛逆"了吗？再者，女真族建立的后金政权不同于外敌如近现代日本帝国主义在中国大地上建立或扶植的伪政权，前者的建立者是中国人，后者是受侵略者操纵的，臣事于后者的汉人，可以毫无疑问地将其称作"汉奸"，而对臣事于前者的汉人则不能如此称呼，原因是他没有背叛中华民族，因之，我们不可以简单地将尚可喜称作"汉奸"。

正是由于沈世奎等人的迫害，才使尚可喜被迫归附于后金。也可以说是明朝鼠目寸光的将领将尚可喜逼上了绝路，是他们使明朝自毁长城，失去了它的"忠臣良将"。

二、后金迎归

孙子云："百战百胜，非善之善者也；不战而屈人之兵，善之善者也。"皇太极继位后，汲取努尔哈赤屠杀汉官、汉民的历史教训，逐渐调整对待汉官、汉民的政策，尽心竭力地笼络汉官、汉民，争取他们的支持。天命十一年（1626）九月初五日，他在刚即位的第五天就发布了一道上谕："治国之要，莫先安民，我国中汉官、汉民从前有私欲潜逃及令奸细往来者，事属已往，虽举首概置不论，嗣后惟已经在逃而被缉获者论死，其未行者虽首告亦不论。"[①] 这道上谕的公布，收到了良好的社会效果，汉官、汉民之心渐渐趋于稳定，反抗后金、逃往明朝等现象明显减少了，"汉官、汉民皆大悦，逃者皆止，奸细绝迹"[②]，这虽有夸大其实的嫌疑，但的确反映了当时的一些实情。

由此开始，皇太极加大了对汉官、汉民的怀柔力度，尤其是对明

①《清太宗实录》卷一，天命十一年八月，中华书局1985年版，第26页。
②《清太宗实录》卷一，天命十一年八月，中华书局1985年版，第26页。

朝的官员和将士更是不遗余力地加以招降，化敌为友，为其所用。他即位后，曾与毛文龙联系，试图招降他，可惜没有成功。天聪三年（1629），他率军攻明，直抵北京，回军后攻克了明朝的关外四城，即遵化、永平、滦州、迁安，那里的许多汉官、汉民归降了后金。为了将这四城作为后金进攻明朝的跳板，皇太极曾留贝勒阿敏率部分后金军驻守在那里，可是，当明军来攻四城时，阿敏不仅放弃了四城，尽撤后金军，而且尽杀归顺的汉官、汉民，给明朝官民造成了极坏的印象，把皇太极为打造后金形象而做的努力彻底破坏了。所以，皇太极对他很生气，在他回来后就将他软禁了起来。

阿敏的举动使皇太极的一番心血付诸东流，不得不对后金屠杀汉官、汉民作出解释，以重塑后金在汉人中的形象。他初期的招降主要是放在辽东沿海各岛。天聪四年二月十四日，他针对毛文龙被杀后沿海各岛人心不稳的具体情况，向辽东沿海的各岛发出了八封劝降信，在给皮岛副将陈继盛的劝降信中，他说：

> 今朕体奉天心，广行仁政，除残去暴，设官安民。思念尔等皆属赤子，到此时势，进无所乘，退无所依，真似如在水火。朕不得不宣谕提拔，拯溺救焚。尔等各想自己身家，小民情苦，乘时速来，官加品爵，民享生全，何等好处！目今春耕在即，农不容缓。尔果回心转念，弃暗投明，保守身家，轸念小民，任从尔等各人心愿。若盖州、析木城、岫岩地方拣选住种，不教尔北来奔驰。古云："良鸟相木而栖，贤臣择主而仕。"古今皆然。何况尔等寄身水泊，形似浮萍，岂能久存？当其早来投顺，又当何如。朕一片良言，甚是怜悯尔等，各宜三思，早图便计。①

可惜这次后金的招降并没有成功。但是皇太极并不气馁，不久，又开始招降刘兴治等。天聪四年三月初八日，他派人给刘兴治兄弟送了一

① 于浩辑：《明清史料丛书八种》第二册《招抚陈继盛等》，北京图书馆出版社2005年版，第223页。

份谕帖，说：

> 朕闻尔兄死，伤悼不已；及知脱身，屡谕朕意，尔所共知。昨闻尔兄在太平寨，特遣阿卜太贝勒、吉儿哈郎贝勒去令库儿叉，送书令兄，以告朕意。不想二位贝勒尚未曾到，令兄已被前探人杀死，只得刘六来了。朕想尔等奔岛，不过以令兄不在，内不自安，故单身独马逃命去耳。何尝伤朕甚么来？尔等若说，我们既弃汗走了，又没了倚靠的兄长，虽是回去，岂肯养活，则不大然。朕心思之，若得尔等回来，待以厚礼，天下人必谓我不计人之过，有好养之德，皆慕朕矣！朕欲尔来，原为我名声。朕今正要播仁善之风于四方，岂肯诈尔三人乎？尔等如以朕言为是，来归若是轻身，即依尔南朝官爵，母子妻小团圆，任从尔便。若能带岛中人来，所带金、汉人，不拘多少，俱封尔等择地住种，长享其福。朕之此言，是尔等再造之天也。朕为尔等谆谆如此。尔若不来，则尔母弟侄妻子，全杀不留。此杀非朕也，朕百般欲全尔等，而尔等不肯，是自杀之也。若不信朕言，宜先差个心腹人来，朕亲自与他当面说誓。若信朕言，宜速速来，勿令人知觉不便。但尔等勿痴痴思南朝，南朝丧天下之时也。何也？昨朕到北京，天下兵马，尽皆杀死，四围州县，攻克殆尽。遵化、永平、滦州、迁安等城，俱各我兵屯种，其腹里之人何暇种地？地既不得种，民无食何以生全？立见丧亡也。尔等当熟思之，勿失机会，后悔无及。尔等休说来了还是大贝勒的人。今若来了，就是朕的人了，朕自以礼待。特谕。①

以此为开端，双方书信往来频繁，劝降已经有了成效，不过，后来这一计划却因刘兴治的被杀而归于失败。

皇太极在辽东沿海的招降政策没有大的进展，可是却在大凌河获

① 于浩辑：《明清史料丛书八种》第二册《招抚刘兴治等》，北京图书馆出版社 2005 年版，第 219—221 页。

得了巨大的成功。天聪五年（1631）八月，皇太极亲率大军围困大凌河城，迫使那里的明军举城投降。高兴之余，皇太极下令对他们进行妥善安置，予以恩养。天聪五年十一月十七日，他说：

> 朕观副将张洪谟，佳士也，佳士当付与贤贝勒养育，墨尔根戴青善于养人，举动皆合朕意，故以与之。监军道张春不肯薙发，令与白喇嘛同居三官庙，诸副将参游等官每旗分隶四员，祖大寿子侄各赐房屋，以客礼恩养之，都司守备等百余员，俱付旧汉官收养，其军士分定河东、河西，以河西人归于八旗旧汉民内，以河东自辽东逃去之人给还原主，其余无主之人俱视应给之处拨给。①

天聪六年二月二十九日，在更定永远安插之制时，他又对管户部事的贝勒德格类说："大凌河汉人，可分隶副将下各五十名，参将下各十五名，游击下各十名，尽令移居沈阳，以国中妇女千口分配之，其余令国中诸贝勒大臣各分四五人，配以妻室，善抚养之。"② 而且这种恩养并没有因祖大寿的一去不归而有所改变。皇太极的用意十分明显，就是以此改变后金在汉人心目中的形象，吸引更多的汉官、汉民前来归附。天聪六年正月十五日，管兵部事的贝勒岳托说：

> 先年克辽东广宁，其汉人拒命者诛之，后复屠戮永平、滦州汉人，以是人怀疑惧，终极力抚谕，人亦不信。今天与我以大凌河汉人，正欲使天下皆知我国之善养人也。臣愚以为若能善抚此众，嗣后，归顺者必多，且更宣明前事以告于众，则人皆信服矣。善养之道，当先予以家室。③

岳托的这一番话道破了天机，说出了当时后金统治者的心声。

---

① 《清太宗实录》卷一〇，天聪五年十一月，中华书局 1985 年版，第 145 页。
② 《清太宗实录》卷一一，天聪六年二月，中华书局 1985 年版，第 156 页。
③ 《清太宗实录》卷一一，天聪六年正月，中华书局 1985 年版，第 151—152 页。

随着恩养汉官、汉民政策的推行和汉官、汉将在后金地位的不断提高，特别是自招降明朝大凌河将士以后，前来投奔后金的明朝将士也越来越多，可以说后金迎来了"不战而屈人之兵"的黄金时代。天聪七年（1633）五月，孔有德、耿仲明率领所部将士、家眷等万余人来归。事隔不到半年，明朝广鹿岛副将尚可喜也向后金抛出了橄榄枝，有意归附后金。对此，天聪九年七月二十六日，镶蓝旗梅勒章京张存仁做了总结："因为恩养官员、伊尔根，所以远近全仰慕，孔、耿、尚渡海来了。"①

天聪七年（1633）十月二十四日，尚可喜秘密派部校卢克用、金玉奎到沈阳，向后金汗皇太极表达要归顺后金的意图。见此，思贤若渴的皇太极非常高兴，说"得王（尚可喜）如汉得三杰"。② 这里的"三杰"指的是西汉初年辅佐刘邦的萧何、张良和韩信。这三个人各有所长：萧何"镇国家，抚百姓，给馈饷，不绝粮道"，张良"运筹策帷帐之中，决胜于千里之外"，韩信"连百万之军，战必胜，攻必取"。③在辅佐刘邦击败项羽、建立汉朝的过程中，他们作出了巨大贡献。皇太极如此作比喻，说明他对尚可喜是非常看重的。仅仅过了二十多天，十一月十六日，他就立即让卢克用、金玉奎赶回广鹿岛，并附书一封，让他们转交给尚可喜，在书信中他说：

> 满洲国皇帝致书尚将军暨诸将，诸凡情事，前书已悉。将军与诸将可速为筹度，即来归我，傥荷天佑，大事克成，功名富贵，皆可图也，机会一失，悔之何及，幸无犹豫，速赐回音。④

这封信明确表达了皇太极的态度，即：他一方面劝说尚可喜把握住这

---

① 辽宁大学历史系编：《汉译〈满文旧档〉》，天聪九年七月，1979年内部出版，第96页。

② （明）释今释撰定：《元功垂范》卷上。

③ （汉）司马迁：《史记》卷八《高祖本纪第八》，中华书局1959年版，第381页。

④ 《清太宗实录》卷一六，天聪七年十一月，中华书局1985年版，第217页。

次机会，早日来归；另一方面，希望尚可喜尽快给他一个确切的答复。同时还抛出了"功名富贵皆可图"这一个巨大的诱饵。卢克用、金玉奎走后，皇太极等了好些时日，仍不见尚可喜回音，不免有些着急和担心，生怕出现什么变故。于是在天聪八年正月初八日，他又派遣承政车尔格、文馆官员范文程、喀木图率领八名官员及两名兵丁和一名厮役，往探尚可喜投诚归附的消息。

且说卢克用、金玉奎二人，带着皇太极的信件，离开沈阳，马不停蹄，直奔广鹿岛而去。登岛后，二人立即去拜见尚可喜，备叙见到后金大汗皇太极的种种情形，随后呈上皇太极给尚可喜的信件。尚可喜边听他们二人的汇报，边拆开信件。待看完后，他喜出望外，一颗悬着的心，终于落了下来。为了避免投诚后金一事泄露，他马上秘密派人前去阻止皇太极派使者到广鹿岛，同时加紧了归附后金的准备工作，相机起事。

俗话说，世间没有不透风的墙。尚可喜的所作所为，虽然周密，但还是走漏了风声。天聪八年正月初二日，尚可喜与后金往来，准备叛明归附后金一事不幸被广鹿岛都司察觉。在那时，叛变投敌可是大罪，轻则自己性命不保，重则会连累整个家族。所以，广鹿岛的局势立刻紧张起来，可以说已经剑拔弩张了。中国有句老话，那就是"先下手为强，后下手遭殃"，就在广鹿岛都司决计擒拿尚可喜之前，尚可喜当机立断，提前发难，擒获了都司，将其囚禁起来。十九日，尚可喜举兵征长山岛，克之，俘获了明朝都司一员、男子600名、妇女幼丁500口、牛200头、马5匹，又以所获沈世奎部下一名旗牌官、一名屯千总、一名号头"凶暴"不堪，将其斩首，并把这次出征所俘获的人口、牲畜等送到洪水堡对岸的小岛中。二月初二日，是中国的传统节日，俗称"二月二龙抬头"，这天，尚可喜顾不上过节，一鼓作气，亲自率领军队攻打明军据守的石城岛。

石城岛是明朝在辽东沿海牵制后金的一个重要据点，位于黄海之中，在大长山岛的东北方向，界于长山岛与皮岛之间，北面与今天的庄河市隔海相望。当时岛上有男丁千余名，妇女、幼丁两千人左右，而且诬陷尚可喜的袁安邦也在石城岛驻扎。他得知尚可喜率兵来攻石

城岛的消息后，非常惊慌，深知自己一旦落入尚可喜之手，必然没有好下场，所以，他组织岛上的明兵拼命抵抗。可是，岛上的明兵抵挡不住尚可喜所部的强大攻势，石城岛很快就被尚可喜率领的军队攻陷，袁安邦等也做了尚可喜的俘虏。

当然，由于驻岛明兵的抵抗，攻打石城岛时，尚可喜所部也付出了很大的代价，面对死伤的将士，尚可喜所部的将领们被激怒了，所以，攻陷石城岛后，他们意欲尽屠岛上居民。见此情景，尚可喜立即加以劝阻，他语重心长地对他们说："立大功以人为本，石城既下，石城之人即吾人也，奈何杀之?"[①] 见手下部将余怒未消，尚可喜的脸往下一沉，怒目而视，非常严肃地大声斥责道："若必欲杀石城之人者，当先杀吾。"[②] 话说到这个份上，众将官也不好再驳尚可喜的面子，于是作罢，这就使石城岛上的兵民避免了一场浩劫。

由于石城岛特殊的地理位置，所以，在攻克石城岛之后，尚可喜所部又有了一个重大的发现，只见一条由登州驶往皮岛的兵船朝石城岛方向缓缓驶来，正欲建功立业的尚可喜心中窃喜，他当机立断，命令部下出兵截击了这条兵船，将船上的 10 个人和物资全部俘获。随后，他便派人与后金约定在初十日起程，往沈阳归附后金。

就在尚可喜率兵进攻石城岛之前，即正月二十八日晚，车尔格率领广鹿岛、长山岛的男丁 1405 名、妇女幼丁 2466 人及牛等渡海，二十九日，登岸，驻营于两里外，并派人赶往沈阳，把这里的情况向皇太极做了汇报。皇太极闻听此讯，喜不自胜。二月初五日，他马上命令墨尔根戴青贝勒多尔衮、贝勒萨哈廉率领右翼巴布泰、左翼图尔格及每旗官一员、每牛录护军一名、马 6 匹、余丁 2 人去迎接尚可喜及其部众，以示尊重。

为了保证尚可喜等归附人员的后勤供应，在此之前，皇太极还在沈阳故宫大政殿前谕令满汉蒙古诸大臣说："广鹿岛明副将尚可喜招抚长山、石城二岛，携民人数千户来归，非以我国衣食有余而来也，盖承天眷佑，彼自输诚而求附耳。但归附既多，糗粮宜备。兹八家贝勒

---

① 《先王实迹》，见尚其善修《尚氏宗谱》（五修），民国年间版。
② （明）释今释撰定：《元功垂范》卷上。

已出粮四千石与之，尚属未敷，尔等凡积粟之家勿得隐藏，可悉出以协济，亦非径取之尔等，仍照数给以价值也。"① 尚可喜所部自旅顺之战后，一直缺乏粮草供应，后金大汗皇太极动员后金贝勒筹集如此数量的粮草，接济尚可喜所部，可以说是雪中送炭，一下子解了尚可喜的燃眉之急，尚可喜焉能不感激涕零！

尚可喜在决定归附后金之后，为了笼络部下，曾与他们宰牛为誓，说他"断不令尔等男妇徒步而行，我必求上给骑乘往"②，车尔格了解到这一情况，立即下令从有四匹马的牛录中，每牛录拨出两匹马，交给可喜部众乘骑，以免其因"人众路遥而不能克期进发"③，并以此让尚可喜兑现承诺，不失信于部众。二月十六日，墨尔根戴青贝勒多尔衮、贝勒萨哈廉派出信使喀木图往沈阳，向皇太极奏报说尚可喜带来了广鹿、长山二岛男子1405名、妇女幼丁2466人。

二月十七日，皇太极得到奏报后，非常重视，当即遣雅孔阿、辛他付、阿纳布、喀达布往谕墨尔根戴青贝勒多尔衮、贝勒萨哈廉，让他们同尚可喜将可用的船只运到盖州，不堪用的和难于运到盖州的则就地焚毁，以免资敌。尚可喜处理完沿海事务后，便在贝勒多尔衮、贝勒萨哈廉、承政车尔格等人的陪同下，于二月十七日，率兵及广鹿、长山二岛男女老幼从洪水堡起程，马不停蹄地赶往安置地，开始了他为后金效力的军事生涯。

在尚可喜前往安置地期间，皇太极也没有闲着，一直在为妥善安置尚可喜及其部众而日夜操劳。他一面下令将尚可喜及其所部安置于海州（今辽宁海城），一面在三月初二日，将旅顺口之战所俘获的尚可喜亲属及先来归附的男子27人一并交给了尚可喜。对皇太极的知遇之恩，尚可喜感激涕零，深为没有马上见到皇太极而感到遗憾。三月初六日，尚可喜抑制不住自己的激动心情，派卢克用给皇太极送去一份奏疏。在奏疏中，他表达了自己当时的感激之情，他说：

---

① 《清太宗实录》卷一七，天聪八年正月，中华书局1985年版，第227页。
② 《清太宗实录》卷一七，天聪八年二月，中华书局1985年版，第228页。
③ 《清太宗实录》卷一七，天聪八年二月，中华书局1985年版，第228页。

臣蒙皇上高厚洪恩，特赐乘骑，已率三岛官员兵民于二月十七日自洪水堡起行，二十六日至海州矣。仰念皇上仁恩，欲诣阙叩谢，因降众未辑，兼之乘骑不敷，以至迟延，伏祈宥臣愆期之罪，则弃暗投明之愿遂矣。①

初七日，皇太极遣喀木图、罗硕往谕尚可喜，对他进行了一番安慰，并一再表明自己和尚可喜具有同样的心情，谕旨中说道：

将军跋涉劳顿，朕意欲于初到时即行召见，适以他事暂居别所，料将军亦必详闻朕愿见之怀，匪朝伊夕矣。待事毕，即当遣使召见。恐将军念切，故此敕谕。②

十一日，尚可喜上奏，对皇太极归还其失散亲人表示感谢，同时，立下了为后金效力的誓言：

本月初六日，蒙皇上遣使赐还臣亲戚二十七人，圣恩优渥，体恤周详，臣惟有阖家顶祝，誓竭力图报于将来也。③

十二日，他又上奏说：

本月初九日，臣接圣谕，即于署中稽首捧读。皇上念臣远来，急于召见，因今在避痘所，令臣暂缓，慰谕肫切，此实千载之鸿恩也。臣谨遵旨静候专差都司金玉奎上奏。④

三月十八日，皇太极谕令尚可喜，规定其所部军队的大旗为"于皂旗中用白圆心为饰"，即黑色旗上用白圆心装饰，以示区别。

---

① 《清太宗实录》卷一八，天聪八年三月，中华书局1985年版，第234页。
② 《清太宗实录》卷一八，天聪八年三月，中华书局1985年版，第234页。
③ 《清太宗实录》卷一八，天聪八年三月，中华书局1985年版，第234页。
④ 《清太宗实录》卷一八，天聪八年三月，中华书局1985年版，第234页。

尚可喜归降后金，对明朝与后金都产生了很大的影响。就明朝而言，尚可喜归降后金对它的打击是沉重的，一方面，明朝继旅顺失陷后，又失掉了一些军事据点，辽东沿海的防御体系遭受到严重的破坏，已经度过了它的黄金时期，曾一度寄予厚望的三方布置已经形同虚设，对后金已经构不成任何威胁了。天聪八年（1634）五月，皇太极在出征明朝前安排留守事宜时就曾指出："其沿海诸岛汉人，已尽为孔有德携来，余者又为尚可喜所掠。今皮岛所遗，止数千人，必不敢来。纵有敌兵，不过侵边外蒙古，不敢他侵也。"① 另一方面，明朝失掉了它在辽东与后金对抗的精兵强将，化友为敌，失掉了人心，使以辽人守辽土的希望越来越渺茫，甚至化为泡影。

对后金而言，尚可喜的来归，不仅带来了大量生力军，增强了后金对抗明朝的力量，而且也带来了许多后金急需的战略物资，如红衣大炮、战船等。更重要的是，尚可喜的来归及被后金礼遇，为那些仍在明朝为官、为将的人做出了一个表率，后金正可以以此为标榜，大造舆论，吸引更多的人前来归附。天聪八年四月三十日，尚可喜原来的部下金继孟、张朝爵、黄思治、金文高、王三畏、何万全等，便从石城岛来归附后金。五月上旬，明朝石城岛千总袁家晋、刘文奎又率领七人来归。这些人的归附与尚可喜带领所部的归附有很大的关系，可以说正是受他影响的结果。

三、皇恩浩荡

尚可喜降后金以后，受到了隆重的礼遇，后金国汗皇太极不仅赐给他大量田地房屋，而且还为他及其部下准备了足够的日常生活用品，使他和他的部属们得到了妥善安置。三月十六日，尚可喜率领所部人丁到达海州（今辽宁海城），待安置妥当后，他便着手准备到沈阳面见皇太极。一方面，履行承诺，表示诚心归附；另一方面，当面表达自己的感激之情。

---

① 《清太宗实录》卷一八，天聪八年五月，中华书局1985年版，第243页。

天聪八年（1634）四月初十日，尚可喜率领属官、兵丁从海城出发，一路北上，朝后金的政治、军事中心沈阳奔驰而去。事先得报的后金大汗皇太极极为重视，早已做好了迎接的准备。他亲自率领大贝勒代善等诸贝勒和满洲、蒙古、汉人各官出沈阳城10里迎接，以示其对尚可喜的热情和礼节的隆重。

见到后金大汗皇太极，尚可喜喜不自胜，连忙趋前行礼。先是向皇太极遥行五拜礼，接着近前拜了两次，然后又行抱膝礼，最后退步行一拜礼。礼毕，他又与大贝勒代善及众贝勒和满、蒙、汉官员一一见礼。随后，跟随尚可喜前来的属官、兵丁也向皇太极及众贝勒大臣行礼。行礼结束，尚可喜便将明朝三岛副总兵印信和缎匹等物呈献给了皇太极，作为晋见之礼，皇太极欣然接受。为表示亲近，他又命尚可喜坐到自己座位的左侧，与其攀谈。尚可喜的属官、兵丁则安排坐在左侧帐内。一番畅谈后，皇太极便大摆宴席，款待尚可喜及其部众。宴毕，又赐给尚可喜蟒衣、鞋带、帽、靴、狐裘、雕鞍、马、驼、羊等物。面对后金大汗的知遇之恩，尚可喜从心底里表示感激，他当即率领属官、兵丁纷纷跪下，叩头谢恩。正所谓投桃报李，为了进一步显示后金对明朝降将的重视，皇太极又命令八大贝勒依次设宴，不断地宴请他们。宴席上，宾主你来我往，推杯换盏，尽显豪气，畅谈甚欢，沉浸在一片祥和的气氛之中，就这样，不知不觉间，已过去了数日。

二十二日，皇太极授尚可喜为总兵官，赐给他一颗麒麟钮银印和敕书一道，在敕书中他对尚可喜弃明归后金的举动大加称赞：

朕惟任贤使能，崇功尚德，乃国家之大典。乘机逅会，达变通权，诚明哲之芳踪。尔副将尚可喜原系明臣，知明运之倾危，识时势之向背，擒明副将二员，取广鹿附近三岛，残破海防，实为我助。又全携兵民，尽载甲胄器械，乘危涉险，航海来归。伟绩丰功，超群出类，诚可嘉尚，用资辅毗，今升尔为总兵官，给以敕印。功名富贵，远期奕世之休，带砺山河，永无遗弃之义。凡有一切过犯，尽皆原宥。尔宜益励忠勤，恪共乃职，勿负朕意，尚其钦哉。①

除了对可喜封官赐物外，对随可喜前来的有功人员，皇太极也给予了不同程度的奖赏。如对可喜派来传送归附信息的卢克用、金玉奎二人，皇太极不忘"来归甚善，果归，当授汝二人官"的承诺，以他们二人"往来效力，克有成事"，特授他们为甲喇章京，赐给马、牛、狐裘、银两；对与卢克用、金玉奎一起来的邢傻子，皇太极也"因其效力有成"②，赏赐给他马、牛、驴，并因他是尚可喜的妹夫，又将他从耿仲明所部调到尚可喜的麾下，让他与尚可喜一家完聚。

转眼之间，就到了二十四日，尚可喜来沈阳已经近半个月了。考虑到尚可喜初到海州，家里家外，还有许多事情需要回去料理，这次出来的时间又不短，于是，皇太极就命他赶回海州。行前，皇太极依依不舍，将其召进宫去，亲自设宴为他钱行。二十五日，尚可喜离开沈阳，准备启程，临行前，皇太极又命礼部承政巴都礼率领参政等官为他送行，一直送他到 10 里以外。

从天聪八年（1634）到天聪十年四月，后金国曾进行了两次大的军事行动，一次是天聪八年的入口之战，一次是天聪九年的出征蒙古，收服林丹汗余部。在这两次军事行动中，尚可喜只参加了入口之战。剩下的大部分时间，都是在海州和沈阳度过的，其活动主要表现在三个方面。

一是赴沈阳晋见皇太极，参加皇太极举办的各种宴会。天聪九年（1635）正月初一日，在各家各户辞旧迎新、欢度新春佳节的喜庆日子里，皇太极率领诸王贝勒、文武百官拜天、拜神后，来到会见群臣的崇政殿，接受诸王贝勒、文武百官的朝贺。

这一天，在汉官、降将中，都元帅孔有德奉旨在家与家人团聚，总兵官耿仲明因旧疮复发不能前来参加，所以，总兵官尚可喜便成了降官、降将的代表，格外引人注目。这是他有生以来第一次参加如此隆重的盛会。对这次盛会，他心中既高兴，又有些紧张，生怕出现什

---

① 《清太宗实录》卷一八，天聪八年四月，中华书局 1985 年版，第 238 页。
② 《清太宗实录》卷一八，天聪八年四月，中华书局 1985 年版，第 238—239 页。

么纰漏。他小心翼翼地跟在八旗和硕贝勒等人的后面，在他们的率领下依次向皇太极行了朝贺礼。礼毕，按照后金的惯例，皇太极都要大摆宴席，款待前来朝贺的文臣武将，与他们共度佳节。这次宴会上，尚可喜作为后金总兵官中的一员，不仅再次见到了皇太极，而且与出席宴会的满汉大臣增进了感情，与他们把酒言欢，相互祝福，觥筹交错之间，一直洋溢着祥和而喜庆的气氛，欢声笑语，不绝于耳。

大宴过后，又有小宴。初三日，皇太极令人杀了一只羊，摆了6桌宴席，继续宴请尚可喜。初四日，又再次设宴，继续设宴款待尚可喜。就这样，尚可喜在沈阳度过了他归降后金后的第一个令他难忘的春节。

随着后金国力的不断增强，版图的不断扩大，蒙古诸部纷纷归附后金。对远来投顺的蒙古王公贵族，皇太极除了给他们种种赏赐外，还屡屡设宴款待他们。当然在恩典蒙古王公贵族的同时，皇太极更没有忘记早先投身其麾下的明朝降官、降将。天聪九年（1635）七月二十三日，皇太极以"迩来新附蒙古大臣屡有宴赏，岂惠及新附之人，而忘先附之人乎？先附之都元帅孔有德、总兵官耿仲明、尚可喜等自旋师以来，未曾相见"为由，下令将都元帅孔有德、总兵官耿仲明、尚可喜等"召至，给赏赐宴"①。

八月初二日，刚过完32岁生日的尚可喜和都元帅孔有德、总兵官耿仲明奉命来到中央衙门，参加了皇太极为他们准备的盛大宴会②。宴会上，他们依次向后金大汗皇太极敬酒，表达他们心中的感激之情。

二是在频繁参加皇太极举办的宴会的同时，尚可喜还得到了皇太极的许多赏赐。天聪九年正月初四日，可喜收到皇太极赏赐给他的貂皮褂里、用黑貂皮镶边的面缝的皮袄、在黄色靴子中间夹有绿斜皮的靴、缎袜子和用黑狐皮做的大暖帽。③ 初十日，又接到皇太极派坤虾和狗的主人送来的三只狗。同年，他还接到了皇太极赏赐的骆驼。

---

① 《清太宗实录》卷二四，天聪九年七月，中华书局1985年版，第314页。
② 辽宁大学历史系编：《汉译〈满文旧档〉》，天聪九年八月，1979年内部出版，第100页。
③ 辽宁大学历史系编：《汉译〈满文旧档〉》，天聪九年正月，1979年内部出版，第3页。

频繁的赏赐，使尚可喜感激涕零，内心激动不已。兴奋之余，他在天聪九年十月十三日，给皇太极写了一份奏疏，说："汗赐给这骆驼，我不配接受。我身无德，轻身在何处得以报恩。愿死后灵魂成什么牲畜报恩。"① 奏疏中，不仅表达了他对皇太极的感激之情，而且也反映了他忠心辅佐后金的强烈愿望。

来而无往非礼也，尚可喜在接受皇太极赏赐的同时，也对皇太极投之以桃，报之以李。天聪九年十月，皇太极的弟弟和硕贝勒德格类因病去世，皇太极沉浸在悲痛之中。尚可喜闻讯，不计前嫌，在十月十三日，当即派人送去白银70两，以示慰问。虽然皇太极以"恐有损于情礼"为由，仅仅收下了10两白银，把其他银两全部退回②，但是它反映了君臣之间的互相体贴和友好往来。

三是积极地建言献策。皇太极继位后，在其父努尔哈赤所创基业的基础上，不断地向明朝发动军事进攻，频繁的军事行动，不仅使后金所占领的区域日渐扩大，而且使归附后金的汉人、蒙古人等越来越多。对归附后金的这些汉人、蒙古人等，皇太极不分先后，一律加以恩养，特别是对投降后金的汉官、汉将，皇太极更是恩宠有加，多方照顾，即使有所过犯，也从宽处理。如天聪八年二月，都元帅孔有德就曾弹劾总兵官耿仲明"心怀妒恶，侵渔官民，吸民骨髓，一切官民怨恨深切，曾经赴愬于臣，其过端难以枚举，原状具在，可明讯也。耿仲明全无畏惧之心，不听臣言，复违圣旨"，建议皇太极"详察细情"，处分耿仲明，以便使官兵免遭涂炭。皇太极览奏，一面安抚孔有德，一面传谕耿仲明，令他将"首告之人给与元帅（孔有德），其党类尚有在尔部下者，亦宜善加抚养，勿念旧恶，若日后怀仇虐使，朕即以尔为不思报国止为身谋也"③。这一处理决定，可谓宽大之至。诸如此类新人骄纵犯法之事，多有发生。这严重地影响了后金政权的统治

① 辽宁大学历史系编：《汉译〈满文旧档〉》，天聪九年十月，1979年内部出版，第136页。

② 辽宁大学历史系编：《汉译〈满文旧档〉》，天聪九年十月，1979年内部出版，第136页。

③ 《清太宗实录》卷一七，天聪八年二月，中华书局1985年版，第231页。

秩序，也背离了皇太极行仁政、爱护百姓的初衷。

鉴于这种情况，天聪九年二月二十二日，尚可喜给皇太极上了一份奏折，在奏疏中他说：

> 上恩养新人，德意优隆，故每事从宽。然皇上之大度，小民不知，自恃新人骄纵犯法，与其罪于既犯之后，不如治于未犯之先。臣久戴圣恩，窃见新人渐生骄恣，请定法律，如犯某罪，应以某法处之，一一颁示晓谕兵民。如干重典，或请旨，或径送刑部，如应轻科者，或命臣便宜处分。臣所见如此，不胜俯伏待命之至。①

我们知道，法制对于治国起着重要的作用，战国时的秦国依靠商鞅立法治国，迅速强大起来；刘邦兵入咸阳后，当即约法三章，深得秦民之心，生怕他不做关中王。当然，因法制废弛而亡国的例子也不胜枚举。历史的经验告诉我们，无论何时，法制都是立国之根本，没有规矩不成方圆。从这一份奏疏中不难看出，尚可喜对当时情势的忧虑和对订立法律、依法治国所寄予的厚望，也可见尚可喜的见识确比孔有德高出一筹。然而，这份奏疏的内容，并没有引起皇太极的足够重视，他只是在奏疏上批示说："著照前谕元帅旧例行。"② 皇太极的这一决定，可能与后金刚刚立国不宜过严地要求臣下的现实有关。

值得注意的是，这期间，在皇太极与归附后金的明朝降将之间曾发生了一件不太愉快的事情。原来，孔有德、耿仲明率军归附后金后，受到皇太极的格外礼遇，仍受命统领其旧部，驻扎在东京（今辽宁辽阳），其号令、鼓吹、仪仗一如既往，所部百姓被安置在盖州、鞍山，不愿意在盖州、鞍山安插的，则往东京附近安插。他们赴沈阳见驾后，又受到皇太极的热情款待，孔有德被封为都元帅，耿仲明被封为总兵官。皇太极还赐给他们二人敕印，同时表示对跟随孔有德、耿仲明同破山东、前来归降的将官要"察其功之大小，用印给札"。

① 《清太宗实录》卷二二，天聪九年二月，中华书局 1985 年版，第 297 页。
② 《清太宗实录》卷二二，天聪九年二月，中华书局 1985 年版，第 297 页。

赐给敕印，就是皇帝赐给敕书和印信。这在后金国内是一种很高的荣誉，只有为后金立有大功的人，才有希望得到这一殊荣。正因为如此，后金的文武群臣都特别看重它。孔有德、耿仲明二人因为冲破明军的重重围追堵截，率军航海来归，对后金立有大功，才得到了皇太极赐给的敕书和印信；尚可喜也是率部来归，因功劳大也得到皇太极赐给的敕书和印信。

孔、耿二人得到了敕书和印信，但是他们的下属将官却没有得到，这就使他们的心理不平衡，对这件事耿耿于怀。他们认为，皇太极曾有言在先，表示要对他们的属下将官"察其功之大小，用印给札"，而且他们作为孔有德、耿仲明的部下诸将，跟随他们二人出生入死，归降后金，功劳也不小，后金大汗理应对他们兑现承诺，进行赏赐。基于这种考虑，天聪七年十一月初七日，孔有德便出面给皇太极上了一份奏疏，为属下将官请求敕书和印信，在奏疏中他说：

> 臣蒙圣谕，谨陈愚悃。臣初仕明国，秉性椎鲁，不务粉饰，凡事从理而行，未尝有求于人，亦不敢巧言欺诈，因愚直而错误者有之。自归诚以来，虽亲戚朋友，必待之以礼，实无饰诈希觊之心，身虽变迁，初念未改，今为各官求敕，准之于理，方敢奏请。但惟圣恩是倚，非敢谄媚要求。陛下自有见闻，无庸臣言。若不量臣愚拙，疑为谄媚，臣自任罪，与众人无涉。况各官之有功无功，实皆从公开列，众目所见，虽欲隐匿，不可得也。①

对此，总兵官耿仲明也予以附和。

对于孔有德、耿仲明的请求，由于种种原因，皇太极并没有给他们以确切的答复。但是，这件事情却在朝臣中引起了争议。天聪九年正月二十七日，鲍承先奏言：

---

① 《清太宗实录》卷一六，天聪七年十一月，中华书局1985年版，第215—216页。

臣闻帝王开国承家首重名器，名器滥则非人幸进，豪杰灰心，而国之丧乱因之，如昔唐明皇，近明天启、崇祯是也。臣见元帅孔有德、总兵官耿仲明为其属员请敕。我皇上圣明，谕令随便给札。夫上下之分，自有定礼，今待以诸侯之爵，隆重极矣。然元帅不识大体，未谙书史，复要请无已，甚失人臣之礼。我皇上圣德优容，原不深较，然臣观古者齐桓公之臣管仲有大功于天子，方受上卿。况元帅之部将非管仲可比，元帅之功爵亦非桓公可比。凡为国者，有大臣，有陪臣，自古及今，皆有一定之规。若任情滥予敕书，是窃名器也。名器一亵，贤者退，小人进矣。臣窃观皇上乃与金世宗、元世祖并驾齐驱之主，不可废百世之规，行无功之赏，致遗议于后世也。倘皇上加意招徕远人，可令吏部量其轻重，暂给札付，俟其果能立功报国，然后请旨给敕。臣之所言，皆古帝王统御臣下之常经，臣知之，不敢隐讳，故此奏闻。①

在这篇奏疏中，他引经据典，明确反对皇太极给孔、耿属下将官颁发敕书，并把给敕书拿到重名器的高度去认识，认为名器不可滥。

鲍承先的奏疏固然有一定的道理，但是，皇太极认为在辽东汉人相继逃遁的时候，孔有德、耿仲明率众航海，"远来投诚，厥功匪小，朕前旨已发，岂可食言。夫任贤勿贰，载在虞书，元坛宝藏有云：'自信，虽仇敌来归；自疑，虽亲朋亦叛。'朕推诚待下，岂有收回成命之理，且鲍承先等果有何功，俱系临阵与我军抵敌，因败走被擒者，今尚置诸功臣之列，给敕恩养，似此远来归顺各官，反谓无功而弃之可乎？"因而没有接受鲍承先的建议②，没有马上表态，而是将此事暂时搁置了起来。

不过，皇太极并没有忘记此事，天聪九年七月二十三日，他以自征明旋师以来，没有见到都元帅孔有德、总兵官耿仲明、尚可喜等为

---

① 《清太宗实录》卷二二，天聪九年正月，中华书局1985年版，第289—290页。

② 《清太宗实录》卷二二，天聪九年正月，中华书局1985年版，第290页；另见《汉译〈满文旧档〉》，天聪九年正月，第22—23页。

由，遣人持诏书往召都元帅孔有德、总兵官耿仲明和尚可喜，并告知他们将就其同来归附各官应给敕书之事，与他们一起进行商议。[①]

闻知皇太极要就给敕书一事，与孔有德、耿仲明、尚可喜商议，孔、耿所属副将以下等官以为机会来了，大为高兴。天聪九年八月初六日，他们联合上奏皇太极："臣等率先归顺，恳赐敕书。"由于此时尚可喜也归附了后金，所以，这次尚可喜所属副将以下等官也参与了联合上奏。对于他们的联合请求，皇太极作出了合情合理的解释，他说："尔等初归时，朕曾谓尔等官职升降惟听尔都元帅、总兵官之意。今竟给敕书，是背前言矣。朕非为尔等无功而不应给敕书也。第恐失信耳。朕于阵获之人，亦时加恩养，此皆尔等稔知者。况尔等归顺各官，虽未给敕书，而恩养之道，朕岂忘之。异日蒙天眷佑，国家强盛，疆圉式廓，朕之基业既隆，尔等主帅之爵亦尊。尔主既尊，尔等岂不渐至宠荣乎？"表示不能给他们敕书，以免使自己失信于天下。可是，为了安抚这些降官、降将，皇太极除了对他们好言相劝之外，又赐给孔有德、耿仲明、尚可喜各缎一、貂皮 60 张，副将等官各银 15 两，参游等官各银 10 两，并设宴款待了他们。[②] 至此，请敕事件暂时告一段落。

四、初建功勋

天聪元年（1627）五月，皇太极亲率大军强攻明朝宁锦防线，遭到明军的顽强抵抗。明军在袁崇焕的指挥下，"凭坚城用大炮"，使惯于驰骋野战的后金军顿于坚城之下，无法发挥它的长处，损失惨重，被迫回师沈阳。血的教训，使皇太极认识到山海关、锦州有明朝重兵把守，不易攻取，必须进行战略转移。天聪三年，他调整策略，选择明朝防御薄弱的北部边境，假道蒙古科尔沁部，然后由北向南，千里

---

① 《清太宗实录》卷二四，天聪九年七月，中华书局 1985 年版，第 314 页；又见《汉译〈满文旧档〉》，天聪九年七月，第 94 页。

② 《清太宗实录》卷二四，天聪九年八月，中华书局 1985 年版，第 318—319、12—13 页。

奔袭，不仅除掉了他的劲敌袁崇焕，而且蹂躏了明朝的京畿地区，掳掠了大量人口和物资，回军时，又占领了关外四城，获得了巨大的成功。天聪四年（1630），皇太极对此作了总结："山海关、锦州防守甚坚，徒劳我师，攻之何益？惟当深入内地，取其无备城邑可也。"① 此后，这一战略便成为后金对明朝作战的一个指导思想。

按照这一战略，天聪八年（1634），皇太极又开始了入关征明的准备工作。五月十一日，皇太极就征明一事征询众贝勒大臣的意见，他说："当由何路进兵？"众贝勒大臣异口同声地回答说，应该从山海关大路进兵。对此，皇太极予以否定：

> 诸贝勒大臣所议未协军机。今我大军宜直抵宣大，蒙古察哈尔国先为我兵所败，心胆皆裂，举国骚然。彼贝勒大臣将来归我，我往必遇诸途，尔众贝勒可多备衣服以赏彼贝勒大臣之来降者。我师往征大同，兼可收纳察哈尔来归贝勒官民，计莫有善于此者。②

这就说明，皇太极已经从毁边墙蹂躏明朝京畿地区中尝到了甜头：一是明朝宣府、大同地区的防御薄弱；二是可以接受蒙古诸部之来降者；三是可以在军事、经济方面打击明朝，削弱明朝的统治基础，震撼明朝统治集团。所以，他要继续避开山海关与宁锦防线，绕道奔袭，实现他的"伐大树"战略。

考虑到这次征明路途遥远等因素，皇太极决定进行充分的准备，他一面下令拿出内库的缎帛，多制作各色衣服、帽子、靴子、甲胄、弓矢、撒袋等物，一面又命令出征诸贝勒多制作衣服及一切必备之物。

就在皇太极紧锣密鼓地准备征明的同时，刚刚归顺后金的尚可喜接到了皇太极派人送来的信函，在信中有令他随军出征的命令和约定的出师日期。二十日，尚可喜集合人马，率领所部"天助兵"，随哨探前锋将领梅勒章京图鲁什，牛录章京吴拜，汉军固山额真昂邦章京石

---

① 《清太宗实录》卷六，天聪四年二月，中华书局1985年版，第91页。
② 《清太宗实录》卷一八，天聪八年五月，中华书局1985年版，第241页。

廷柱、马光远、王世选，正黄旗固山额真纳穆泰，镶黄旗固山额真梅勒章京达尔哈，正红旗固山额真梅勒章京叶克书，镶红旗固山额真昂邦章京叶臣，镶蓝旗固山额真宗室篇古，正蓝旗固山额真觉罗色勒，正白旗固山额真昂邦章京阿山，镶白旗固山额真梅勒章京伊尔登，左翼固山额真公吴讷格，右翼固山额真甲喇章京阿代，天佑兵都元帅孔有德，总兵官耿仲明等作为第一批远征军，先行出发了。二十二日，皇太极率领大贝勒代善，贝勒阿巴泰、德格类、阿济格、多尔衮、多铎、岳托、萨哈廉、豪格，左翼超品公杨古利，八旗护军统领和护军参领以及护军等也从沈阳出发，出上榆林口，经达代塔前，渡辽河，抵阳石木河，沿河立 20 座营房。二十四日，大军顺利到达都尔鼻，在这里，尚可喜所在的前行军与皇太极率领的大军如期会合。

六月初七日，大军行进途中，尚可喜与蒙古诸贝勒、都元帅孔有德、总兵官耿仲明等接到了皇太极所颁示的军律，军律中告诫他们说：

> 师行动众，约束宜严，不可不明示法律，以肃众志，大军按队安驱，毋许喧哗，勿离旗纛，若驮载有一二欹斜，全旗暂止，以俟整顿，然后前行。大军入境，如一二人私出劫掠，为敌人所杀者，妻子入官，该管将领坐罪。经过之处，勿毁庙宇，勿杀行人。敌兵抗拒者杀之，归顺者养之，所俘之人，勿夺其衣服，勿离其夫妇，即不堪驱使之人，亦不许夺其衣服，勿加侵害，勿淫妇女。其俘获之人，勿令看守马匹。至往取粮草时，若一二人擅往被杀，照离众私掠者治罪。勿餐熟食，勿饮酒，曩我兵往征时，敌人见军士随处沽买食物，今多置毒于中，不可不慎也。若有违令者正法。①

这一律令的颁布与实施，说明后金政权已经由纯粹的掳掠开始向争取人心的归附转变。对此，尚可喜等人自然是严格执行，依律约束部下。

六月二十日，尚可喜随大军到达喀喇拖落木，并在那瑞安营扎寨。

---

① 《清太宗实录》卷一九，天聪八年六月，中华书局 1985 年版，第 246—247 页。

由于这时后金军已经逼近明朝的北部防线，随时有与守边明军交战的可能，所以，皇太极立即进行战前部署，他将大军分为四路：

一路由和硕贝勒德格类率领的正蓝旗固山额真觉罗色勒、镶蓝旗固山额真篇古、左翼固山额真公吴讷格、两蓝旗护军将领及蒙古巴林、扎鲁特、土默特部落诸贝勒众头目兵组成。议定这一路大军从东面攻破独石口，由此进兵，窥视居庸关，与征明大军在朔州会合。

一路由大贝勒代善，和硕贝勒萨哈廉、硕托率领的正红旗固山额真梅勒章京叶克书、镶红旗固山额真昂邦章京叶臣、右翼固山额真甲喇章京阿代、敖汉部落杜棱济农、奈曼部落衮出斯巴图鲁、阿禄部落塔赖达尔汉、俄木布达尔汉卓礼克图、三吴喇忒部落车根、喀喇沁部落古鲁思辖布、耿格尔等所部兵组成。议定这一路大军从西面喀喇俄保地方入得胜堡，往掠大同一带，取其城堡，西掠黄河沿岸，然后与大军会师于朔州。

一路由贝勒阿济格、和硕墨尔根戴青贝勒多尔衮、额尔克楚虎尔贝勒多铎率领的护军统领等、正白旗固山额真昂邦章京阿山、镶白旗固山额真梅勒章京伊尔登、阿禄翁牛特部落孙杜棱及察哈尔新附土巴济农、额林臣戴青、多尔济塔苏尔海、俄伯类、布颜代、顾实等诸军组成。议定这一路大军从巴颜朱尔格地方入龙门口，与大军相会于宣府。

一路由皇太极亲自率领。这一路由贝勒阿巴泰，和硕贝勒豪格，超品公杨古利，护军统领正黄旗固山额真纳穆泰，镶黄旗固山额真梅勒章京达尔哈，汉军固山额真昂邦章京石廷柱、马光远、王世选，科尔沁国土谢图济农巴达礼，扎萨克图杜棱，额驸孔果尔卓礼克图，台吉吴克善等所部兵组成。议定这一路大军从尚方堡①进军，再从宣府攻略朔州一带。尚可喜率领的天助兵与都元帅孔有德所部天佑兵及总兵官耿仲明正是在这一路大军当中。四路大军定于七月初八日同时入边。

七月初八日，尚可喜随皇太极按事先的计划，从尚方堡入边后，即向宣府进发。在宣府右卫，皇太极以满洲国皇帝的名义致书明朝官

---

① 《清太宗实录》卷一九为"上方堡"，卷二〇为"尚方堡"，现从后者。

员和明朝军民，在致明朝官员的信中，他历数明朝官员不愿和好、背盟毁誓的种种罪过，向他们提出：

> 　　果愿和好，可遣信使，持尔主玺书来，速与裁决，勿延时日。不然，予惟量力前进耳。夫复何言？今予此来，尔地方已遭残破，若再经此，城郭虽存，糇粮不继，民何所恃也？尔等乃民之父母，明知强弱之形，已不相敌，而不念军民之涂炭，议和不允，其故何也？若为古人有既盟而复毁者，因而效之，是特守株之见耳。古有盟而复毁者，亦有始终不变者，自宜随时权变也。如执迷不悟，干戈相寻，尔国之祸何时已乎？既为民父母，不以民之疾苦奏于朝廷，速议和好，但偷安窃禄，惟恐上之罪己，则尔之所谓大臣者，亦何益于民也？予未尝不愿太平，值此炎暑，岂乐兴兵，皆尔等不赞成和议之所致耳。[1]

致明朝军民信的内容大体上也是如此。在信中，他把引起战争的责任全部推给了明朝君臣，"似此干戈不息，皆由汝官吏壅蔽下情，尔国君不愿议和所致，尔等父母妻子离散，无辜之民死于锋镝，实非予之故，乃尔国君之过也"[2]。在舆论上先声夺人之外，皇太极又马不停蹄地进军，很快就到达了宣府城西南五里外，并在那里驻营，接着经新城，于二十二日，兵临应州，将其包围了起来。

与此同时，其他各路后金军也进展顺利。七月中下旬，代善一路军攻克得胜堡，进兵大同，攻怀仁县、井坪城，驻营于朔州；七月二十六日，贝勒阿济格、和硕墨尔根戴青贝勒多尔衮一路后金军进克保安州，与皇太极一路军会师于应州；二十八日，和硕贝勒德格类所部从独石口入边后，沿途攻略，取长安岭，攻赤城，再入保安州，也与皇太极一路军会师于应州。至七月底，四路大军齐集于应州。八月初一日，尚可喜在这里度过了他的 31 岁生日。

---

① 《清太宗实录》卷一九，天聪八年七月，中华书局 1985 年版，第 252 页。
② 《清太宗实录》卷一九，天聪八年七月，中华书局 1985 年版，第 252 页。

八月初二日，皇太极命令诸贝勒率领各路兵往略山西代州。一路由和硕墨尔根戴青贝勒多尔衮、额尔克楚虎尔贝勒多铎、贝勒豪格率领，为左翼军，往略朔州城东；尚可喜所部天助兵则由和硕贝勒萨哈廉、硕托等率领，为右翼军，往略代州城西。

代州，是一座古老的城市，位于山西省东北部，界于恒山山脉与五台山麓之间，其西北有一座雄关——雁门关。

雁门关，又名西陉关，历来有"三关冲要无双地，九塞尊崇第一关"之说，与宁武关、偏头关合称"外三关"。它依山势而建，高踞于勾注山上。关的两翼，山峦起伏，参差错落，山脊上的长城，蜿蜒曲折。"东西山岩峭拔，中有路，盘旋崎岖，绝顶置关"①。此关周长二里，墙高二丈，有东西两门，均以巨砖叠砌，气度轩昂，过雁穿云，正所谓"雁门重关，山峦在嵃，霞飞云举，两山对峙，其形如门，而飞雁出于其间"。东门上有雁楼，门额嵌"天险"石匾；西门上有杨六郎庙，门额嵌"地利"石匾。此关军事位置十分重要，历来都备受重视。简而言之，它是由大同进入代州的必经之地，既是晋北的咽喉、三晋的门户，又是忻定盆地的屏障，素以关山雄固、军事要冲闻名于世，"外壮大同之藩卫，内固太原之锁钥，根抵三关，咽喉全晋"。对其重要性，邓亨更是做了细致的诠释与概括："代州雁门关，西抵宁武、偏头，东连紫荆、倒马，逼近朔州威远，为京畿之藩篱，作山西之屏垣。自正统、景泰年间以来，也先、俺答节从雁门关东茹越等口入寇，直至忻州繁峙、五台等州县。考之郡志，亦云：外绕群山，中开平壤，自古战守之区，论之目前，则偏头、宁武地方之要害相为甲乙，图之深远，则代州雁门关隘之紧关尤当注意。"②

萨哈廉、硕托领命后，立刻与尚可喜等率兵出征。数日后，他们顺利地通过了雁门关，直奔代州。途中他们捕获一人，经审问得知，代州西面的崞县城北城墙已经颓坏，于是，萨哈廉率兵乘夜突袭，占领了县城，知县黎壮图投降。这时，有明朝骑兵 100 人、步兵 300 人，

---

① （明）彭大翼：《山堂肆考》卷三〇《地理·雁门》，文渊阁《四库全书》本。
② 《山西通志》卷一五，文渊阁《四库全书》本。

共 400 人①，闻讯从代州来援。结果双方一交锋，明兵便经不起后金军的冲击，一败涂地，被后金兵一直追到代州城下。随后，尚可喜在硕托的率领下进逼代州。八月初三日，在代州城西门外，尚可喜与明军30 骑不期而遇。见到明军，他手提大刀，毫不犹豫地率领 7 人纵马冲上前去，与明军厮杀在一起。他们以一当十，大败明兵，缴获战马 20匹。随后他又同乌真超哈甲喇章京郎绍正、管辖戴都等与明朝步兵 300人展开激战，他们纵马驰骋，奋勇拼杀，面对明兵的顽强抵抗，毫不退让，发动了猛烈的攻势，致使明军渐渐处于下风，最终大败而归。此次战斗，尚可喜军与其部下斩杀明军百余级，取得了出征以来的第一次胜利，战果辉煌，载誉而归。

八月十五日，正是中华民族一年一度的中秋佳节，在各家各户欢度佳节的时候，后金大汗皇太极和他的将士们却风餐露宿，出征在外。这一天，皇太极率军到达了大同，在这里，他先后派人给明朝大同总兵曹文诏、大同明朝众官和明朝代王之母杨氏各送去了一份特殊的礼物——书信。在信中他一方面揭露明朝的腐败，指责明朝不识时务、收纳察哈尔溃散余部；另一方面希望代王之母杨氏能够主持和议，与后金议和，可惜，两封书信如石沉大海，没有得到明朝方面的丝毫响应。

八月十九日，尚可喜随硕托到达了大同，受到奉皇太极之命前来迎接的多尔衮、多铎、豪格的热烈欢迎。及至皇太极驻地，皇太极又亲自出迎。就这样，他们再次胜利会师。会师后，尚可喜随大军继续进军，先后到达了四十里堡、阳和、怀远等地。

闰八月初七日，尚可喜随皇太极班师。他们出尚方堡，驻营于边外 20 里。十八日，回军途中，尚可喜因出征有功，受到了皇太极的表彰。皇太极赏给他白银百两、缎 5 匹、缎衣 5 袭、银杯盘两个，还赐给他银 200 两，让他分别赏给部下的有功之人。九月十九日，回到沈阳后，皇太极再赐给他白金 500 两，又分给他园地、果木、牛、种子、

---

① 《清太宗实录》卷一九为"骑兵一百人，步兵三百人"，卷二〇为"代州城以马步兵三百来挑战"。

耕具，以便赡养归附之人。这些赏赐使尚可喜备受感动，这是他在明朝不可能受到的礼遇，因此，他对皇太极愈发感恩戴德。

　　这次随军出征，是尚可喜归降后金后的第一次远征，也是他第一次与关内的明军对垒。这次远征，不仅使他再一次受到战争的磨炼，而且也使他从后金与明朝的战争中看到了明朝大厦将倾的必然趋势，更感受到了后金军"战则胜，攻则克，风驰霆击，所向披靡"的强大战斗力。

第 四 章

晋封智顺王

一、太宗赐封

皇太极继位后，继承其父努尔哈赤的遗志，率领后金军东讨西杀，南征北战，统治区域日益扩大。至天聪十年（1636），他不仅占据了辽东之地，与明朝的关外劲旅对峙于辽西战场，而且两次率兵入关。天聪三年，他亲率大军千里奔袭，夺取了明朝关外永平、滦州、迁安、遵化四城，然后兵临北京城下，使京畿大震，并巧使反间计，除掉了自己的劲敌袁崇焕，掳掠了大量人口和物资，顺利地返回沈阳。天聪八年，他又亲统大军绕道蒙古，破长城，入明朝内地，攻城略地，蹂躏了河北西北部、山西北部的广大地区，再次饱掠而归。在南部辽东沿海一带，他接受都元帅孔有德、总兵官耿仲明、广鹿岛副将尚可喜的归附，利用孔有德、耿仲明为向导，派后金兵袭取旅顺，又利用尚可喜夺取沿海五岛，使明朝辽东沿海的防御体系濒于崩溃。明朝仅剩下以皮岛为首的几个岛屿，孤悬海外，已经对后金构不成威胁。对朝鲜，天聪元年（1627），他以朝鲜助明朝为由，出征朝鲜，迫使朝鲜订立城下之盟，双方结成兄弟之国。对北方的蒙古，他将怀柔政策与武力征服并用，使蒙古诸部先后来归，臣服于后金。天聪六年，他御驾

亲征林丹汗统属的元朝皇帝嫡支察哈尔部，大败林丹汗，使其余部溃散。天聪八年，林丹汗又走死于青海大草滩，这样一来，来自蒙古的威胁也基本上消除了。

为了彻底消灭残元势力，一统大漠，天聪九年二月，皇太极命和硕墨尔根戴青贝勒多尔衮、贝勒岳托、萨哈廉、豪格为统兵元帅，率领精兵一万人，分左、右两翼，往收察哈尔林丹汗之子额哲及其余部。在后金军的强大攻势下，林丹汗的正妻囊囊太后、其子额哲和额哲的母亲苏泰太后率领察哈尔余部先后来归。在这次远征中，后金军还意外地获得了传说中中国历代相传的传国玉玺。

传国玉玺，是秦朝利用和氏璧刻成的玉玺。据元朝御史杨桓考证，秦朝灭亡后，它被秦王子婴献给了沛公刘邦，藏在长乐宫中。西汉末年，这颗玉玺落入篡权者王莽手中，此后，又数易其主，刘玄、刘盆子、刘秀、董卓、孙坚、袁术、汉献帝、曹操、司马昭、刘聪、石勒、冉闵、谢尚、朱温等人都先后拥有过它。可惜五代时，这颗玉玺因李从珂的自焚身亡而下落不明。据说，宋哲宗时，它被咸阳人段义发现，再现于世。不过，没过多长时间，就因发生靖康之难而被金朝统治者掠走，以后又落在了元朝统治者的手中。相传，这颗玉玺归属元朝后，一直藏在元朝的大内。元顺帝妥懽帖睦尔被朱元璋击败后，曾带着它逃亡到大漠。元顺帝死后，玉玺就下落不明了。过了200多年后，有一个牧羊人在一个山冈下放羊，发现有一只山羊一连三天不吃草，只是一个劲地用蹄子刨地。牧羊人觉得很奇怪，认为那下面必定藏着什么宝贝，于是开始向下挖掘，没想到却发现了这颗传国玉玺。不久，这颗玉玺落到了元朝皇帝后裔博硕克图汗手中，博硕克图汗被林丹汗消灭后，它又落到了察哈尔林丹汗的手中。林丹汗死后，再归苏泰太后福金。多尔衮等听说传国玉玺在苏泰太后福金那里，立即前往索取，使它归于后金，并马上派人将这一喜讯报告给了皇太极。

传国玉玺是封建时代皇权的象征，谁拥有它，谁就会被认为是真命天子。所以，当获得传国玉玺的消息传到后金国内以后，后金君臣上下兴奋异常，纷纷入贺，认为后金政权是天命所归。八月初，甲喇章京鲍承先上疏说：

　　皇上圣德如天，仁政旁达，苞符协应，大宝呈祥，天赐
玉玺，乃非常之吉兆也。当……择吉日，躬率诸臣郊迎，由
南门入宫，以膺天眷，而昭府瑞，仍以得玺之由，书于敕谕，
缄用此宝，颁行满汉蒙古，俾远近闻知，咸识天命之攸
归也。①

九月初六日，多尔衮等班师回归沈阳，皇太极亲自率领诸贝勒大臣到
郊外迎接。他亲自到黄案前上香，十分郑重地接过了传国玉玺，又率
领众贝勒大臣拜天行礼，并对伴随在左右的众人说："此玉玺乃历代帝
王所用之宝，天以畀朕，信非偶然也。"② 言外之意，就是他是天命所
归，顺理成章地应该成为新一代天下之主了。

　　疆域的扩大，军事力量的增强，为皇太极改元称帝奠定了必要的
物质基础，传国玉玺的获得，又为皇太极改元称帝提供了很好的舆论
准备。以此为契机，满汉大臣纷纷上表劝皇太极改元称帝。天聪九年
九月十四日，都元帅孔有德上奏说：

　　窃观自古受命之主，必有受命之符。昔文王时，凤凰鸣
于岐山，今皇上得传国宝玺，二兆略同。此宝实非寻常，乃
汉时所传，迄今二千余年。他人不能得，惟我皇上得之。盖
皇上爱民如子，顺时合天，虽宝玺在千里之远，应运呈祥是
天启其兆，登九五之尊，而享天下之福，无疑也。不但臣一
人喜而不寐，即中外闻之，莫不欢忻鼓舞，以为尧舜之治今
得复见矣。③

同一天，总兵官耿仲明也上疏皇太极，说：

---

① 《清太宗实录》卷二四，天聪九年八月，中华书局1985年版，第319页。
② 《清太宗实录》卷二五，天聪九年九月，中华书局1985年版，第322页。
③ 《清太宗实录》卷二五，天聪九年九月，中华书局1985年版，第323—324页。

　　夫玉玺者乃天子之大宝，国家之上瑞，有天下者所必用
也。今皇上合天心，爱百姓，故天赐宝玺，可见天心之默佑
矣。惟愿蚤正大统，以慰臣民之望。①

　　他们都希望皇太极早日称帝，在天聪汗的基础上更上一层楼，与明朝
皇帝并驾齐驱，打破明朝皇帝独称"皇帝"的格局。

　　一石激起千层浪，天聪九年十二月，诸贝勒、大臣再次劝说皇太
极进称尊号，可是皇太极仍是不允所请。管礼部事的贝勒萨哈廉见状，
联系到此前发生的莽古尔泰等谋逆事件，马上意识到皇太极是担心诸
贝勒不是真心拥戴他，所以，他令希福、刚林、罗硕、祁充格等上奏
皇太极，说："皇上不受尊号，其咎实在诸贝勒，诸贝勒不能自修其
身，殚忠信以事上，展布嘉猷为久大之图，徒劝皇上早正大号，是以
皇上不肯轻受耳。"因而建议诸贝勒"宜誓图改行，竭忠辅国，以开太
平之基"。直到此时，皇太极才没有表示反对，说："诸贝勒果誓图改
行，彼时尊号之受与不受，朕当再思之。"② 于是，萨哈廉等各书誓词
呈给皇太极。鉴于这种情况，皇太极说："内外诸贝勒大臣合辞劝进，
似难固让。"③ 推辞一番后终于表明了态度。

　　在劝皇太极称帝这件事上，尚可喜也不甘落后。天聪十年（1366）
三月二十六日，他为请皇太极上尊号，特意率领属官来到沈阳。四月
初五日，尚可喜随大贝勒代善、和硕贝勒济尔哈朗、和硕墨尔根戴青
贝勒多尔衮等内外诸贝勒、满蒙汉官员联合恭请皇太极上尊号，多尔
衮代表满洲大臣捧满文表文一道，科尔沁土谢图济农巴达理代表蒙古
大臣捧蒙古表文一道，都元帅孔有德代表汉官捧汉文表文一道，诸贝
勒大臣、文武各官一起跪进表文，皇太极当即不再推让，欣然接受了
文臣武将的表文及上尊号的请求，说："数年来，尔诸贝勒大臣劝朕受
尊号，已经屡奏，但朕若受尊号，恐上不协天心，下未孚民志，故未
允从。今内外诸贝勒大臣复以劝进尊号，再三固请。朕重违尔等之意，

① 《清太宗实录》卷二五，天聪九年九月，中华书局1985年版，第324页。
② 《清太宗实录》卷二六，天聪九年十二月，中华书局1985年版，第341—342页。
③ 《清太宗实录》卷二六，天聪九年十二月，中华书局1985年版，第343页。

弗获坚辞，勉从众议。"表示"朕思既受尊号，岂不倍加干惕，忧国勤政，唯恐有志未逮，容有错误，唯天佑启之"。并要求诸贝勒大臣"各恪供乃职，赞襄国政"。①

四月十一日，是后金历史上一个非常特殊的日子，也是尚可喜一生中值得纪念的日子。这一天，皇太极在满洲贵族、蒙古王公和众多汉官的再三拥戴下，接受了"宽温仁圣皇帝"的尊号，建国号为"大清"，改天聪十年为崇德元年。尚可喜随满洲贵族、蒙古王公和汉官等一同参加了皇太极的即位典礼仪式，并在皇太极的率领下参与祭告天地，依序行礼。十三日，他又跟随都元帅孔有德上殿向皇太极进呈表文，行三跪九叩头礼。

皇太极即皇帝位后，便颁布上谕，要求诸贝勒大臣"当同心辅政，恪供厥职，以匡朕之不逮。正己率属，各殚忠诚，立纲陈纪，毋图小利"，尤其要"抚众恤民，君臣一德，庶几上合天心，下遂民志"②，继之又大赦天下。二十七日，皇太极大封功臣，叙都元帅孔有德、总兵官耿仲明、总兵官尚可喜的功劳。这一天，幸运之光再次降临到尚可喜的头上，他被皇太极册封为"智顺王"，这里的"智"是聪明、有智慧，"顺"是"恭顺"之意，尚可喜得"智顺"之名号可以说名副其实，这在他以后的军旅生涯中屡有体现。接着，尚可喜又获敕书一道。

异姓封王，这在中国历史上虽然陆续出现过，但多集中在一代王朝的开国初期，而且非有大功，不会得此殊荣，如汉初的韩信、彭越、英布，唐朝的郭子仪，明朝的徐达、常遇春等都是因为立有大功，才获得了"王"的封号。而此时的尚可喜就功劳而言，远不及以上各位名将，他能够在短短的三年时间内，由总兵官擢封为智顺王，不能不说是皇太极慧眼识英才和对他的特殊眷顾。所以，在敕书中，皇太极一方面对尚可喜的归顺之功大加褒奖，另一方面对他又进行了勉励。敕书全文如下：

---

① 《清太宗实录》卷二八，天聪十年四月，中华书局1985年版，第359—360页。
② 《太宗文皇帝圣训》卷二。

奉天承运，宽温仁圣皇帝制曰："朕闻开辟以来，有一代应运之君，必有一代辅弼之臣，故尊贤使能，崇功尚德，乃国家之大典。乘机迈会，达变通权，诚明哲之芳踪。朕即大位，特仿古制，叙诸臣功德，列等授以册印。俾荣及前人，福延后嗣。兹尔尚可喜原系汉臣，见明朝之气运衰微，因时事为向背，擒大明副将二员，取广鹿附近五岛，残破海阳（防），实为我助，且又全携军民，尽载军器，航海来归。厥功出众，朕甚嘉悦，已给总兵官敕印，似尔之功，虽无封王之例，特开格外之典。今册封尔为智顺王，功名富贵，远期奕世之休，带砺山河，永无遗弃之义。凡有一切过犯尽皆原宥。尔其益励忠勤，恪共乃职，藩翰王室，爱众养民，奉公守法，莫贪小利，自始至终，不忘信义。尚其钦哉，勿负朕命。"①

与尚可喜一同封王的还有都元帅孔有德和总兵官耿仲明，孔有德被封为"恭顺王"，耿仲明被封为"怀顺王"。敕封完毕，尚可喜与孔有德、耿仲明又被皇太极留在崇政殿中，设宴款待，还赐给他们银两，并对他们的部下官员论功行赏。

尚可喜与孔有德、耿仲明三人之被封王，这在清朝历史上是一件破天荒的大事。终努尔哈赤之世，对投降的汉官也只是将李永芳招为额驸；天聪一朝，虽然开始重用汉官，但也仅是对他们加官晋爵，或者颁发给他们敕书，封王根本谈不上。"王"这一称号，一直垄断在爱新觉罗家族内部，外姓人一直与它没有缘分。皇太极这次破天荒地册封尚可喜等为王，既表明他要打破常规，重用明朝的降官、降将，使其感恩图报，为大清王朝效力，又意味着他要昭示仍然效力于明朝的文武大臣，大清欢迎他们前来归顺，只要有功，大清朝不仅会不计前嫌，而且还会对他们加官晋爵，功劳突出者，还不惜封王。

晋封智顺王，是尚可喜想都不敢想的事情，如此殊荣落到自己身

① 于浩辑：《明清史料丛书八种》第三册，平南敬亲王尚可喜事实册，北京图书馆出版社 2005 年版，第 385—386 页。

上，使他倍感荣耀，对皇太极那更是感恩戴德，由此，君臣之间的关系也更加密切了。崇德元年（1636）八月十二日，皇太极派多尔衮、多铎、岳托、豪格率师征明。当日，尚可喜就以清兵出征，与孔有德、耿仲明入见，他们三人以皇太极册立皇后为由，率所部官员入清宁宫，向皇后行三跪九叩头礼，并表示祝贺。翌日，他们赴凤凰楼参加了皇太极为他们设的宴会。十六日，尚可喜与孔有德、耿仲明奉命各自归镇，临行前，皇太极又将他们召入清宁宫中，设宴为他们饯行。宴席上，君臣把酒言欢，诉说衷肠。宴毕，皇太极分别赏给他们各"蟒缎一、缎二"①。

人们常说爱屋及乌，这一点在尚可喜身上也得到了应验。就在尚可喜封智顺王半年后，即十一月初七日，幸运之光再次降临到尚氏家族，这一天，清太宗皇太极颁布了一道诏书给尚可喜，诏书中说：

> 奉天承运，宽温仁圣汗谕曰："闻《易经》有云，以夫妻之道为本。昔春秋时，以封内为重。查智顺王尚可喜之妻刘氏，幼受母训，娴习妇道，扶助其夫，颇扬功名。以其夫来归，封之为智顺王。朕今推恩，封尔为智顺王夫人。尔宜勤加奋勉，助夫尽忠，永享富贵，勿违我之特谕。"②

真可谓恩泽屡降，数喜临门。及至崇德三年（1638）正月初七日，皇太极又一次对尚可喜进行褒奖。他敕谕可喜："朕惟运际地天之交泰，景当遄迓之同春，贡不愆期，使因时至。王既修职北拱，朕宜锡典南颁，特赐貂皮银马，付来使班志富等斋去，以示优礼。"③并赐给紫貂30张、马2匹、银200两。

---

① 中国第一历史档案馆、中国社会科学院历史研究所译注：《满文老档》，汗宴孔有德等于清宁宫，中华书局1990年版，第1570页。

② 中国第一历史档案馆、中国社会科学院历史研究所译注：《满文老档》，封尚可喜之妻刘氏为智顺王夫人，中华书局1990年版，第1690页。

③ 《先王实迹》，见尚之隆、尚之瑶主修《尚氏宗谱》（二修）卷之二，第3页。

二、从征朝鲜

天聪十年（1636）四月十一日，是后金历史上一个特别值得纪念的日子。这一天，后金国汗皇太极在满洲贵族、蒙古王公和众多汉官的再三拥戴下，举行了盛大的即皇帝位仪式，改元崇德，国号大清。

朝鲜是后金的近邻，天聪元年，皇太极以朝鲜助明朝为由出征朝鲜，迫使朝鲜屈服，订立盟约，双方结成兄弟之国。自此以后，后金与朝鲜之间的往来渐渐多了起来，后金每有大事或节日，朝鲜必定派遣使臣前来。皇太极改元称帝，是后金国内前所未有的重大事件，自然要大肆庆贺一番。于是，后金便把这一消息及时地通知给了归附的蒙古各部和兄弟之国朝鲜。得到消息后，蒙古各部向后金派出了祝贺的使者。朝鲜国王尽管没有为此专派使臣祝贺，但是他派往后金的使臣罗德宪、李廓等人，却碰巧赶上了皇太极改元称帝这一盛大的典礼仪式。

不过，朝鲜使臣的到来，并没有给皇太极受尊号的仪式增添多少光彩，反而使这喜气洋洋的气氛蒙上了一层阴影。

事情的起因是这样的：受尊号仪式上，满洲贵族、蒙古王公和汉官们随着赞礼官的唱诺声，都跟着皇太极行拜天礼，当轮到朝鲜使臣罗德宪、李廓行礼时，他们二人拒不入贺班行礼，当被强行拽入贺班时，他们又"衣冠尽破，虽或颠仆，终不曲腰，以示不屈之意"①。如此无礼的举动，无疑是对皇太极权威的蔑视和挑衅，因此，引起了皇太极的强烈不满，当场指责他们："朝鲜使臣罗德宪、李廓无理处难以枚举"，接着又说："是皆朝鲜国王有意构怨，欲朕先起衅端，戮其使臣，然后加朕以背弃盟誓之名，故令其如此耳。不知朕之素行，从不逞一时之小忿。如此琐屑也，即两国已成仇敌，兵刃相加，争战之际，以事遣人，亦无即戮其来使之理，况朝会乎？"② 在这里，他一方面指出朝鲜使臣罗德宪、李廓的无理实质上是朝鲜国王指使的，另一方面，

---

① 《燃黎室记述》二七，丙子虏乱丁丑南汉出城。
② 《清太宗实录》卷二八，崇德元年四月，中华书局1985年版，第362页。

又申明了自己处理这一事件的态度，表示绝不上朝鲜国王的当。

盛怒的皇太极抑制住自己的不满情绪，没有杀掉朝鲜使臣罗德宪、李廓，几天以后就将他们打发回国了。不过，皇太极从这次事件中，已经看出朝鲜对大清并没有完全臣服。他们首鼠两端，阳奉阴违，脚踏两只船，与大清面和心不和。所以，他在遣返朝鲜使臣罗德宪、李廓的时候，就让他们带了两封信回国，其中的一封信中，历数朝鲜多年来的无理，并重申了他在即位典礼上训斥朝鲜使臣的话。随后他又颁布了一道谕旨："尔王若自知悔罪，当送子弟为质。不然，朕即于某月某日举大军以临尔境。尔时虽悔何及乎？"① 对朝鲜提出了新的条件，并以武力威胁朝鲜臣服大清。

听到皇太极说出了出兵日期，大清内院承政希福急忙劝他说："我国理直，彼之罪可以明责之，至我国兴师之期，岂可明告？若明告以期，则彼益固守其封疆矣。"皇太极听后，对出师日期的泄露并不在乎，显得很自信，他从容地对希福说："朕明告以兴师之期者，非尔等所知，日后我自收其益。"②

说到做到，在稳定了内部以后，皇太极便把攻击的矛头指向了朝鲜。他在过去谴责朝鲜的基础上，又旧事重提，历数朝鲜的种种罪状，为出征朝鲜大造舆论。崇德元年（1636）十一月二十五日，他率领诸王、贝勒、贝子及文武群臣以太牢祭天，宣读了出征朝鲜的祝文：

> 大清国皇帝臣皇太极敢昭告于皇天后土曰："臣抚有疆域，绥靖人民，自祖父以前，与明国向无仇隙，乃明国无故害臣二祖，臣父不遽加兵，仍与明修好。而明国复助臣之邻国叶赫，遣兵戍守，谋倾我国。彼时觉其狂狡之谋，遂书七大恨事，昭告天地，往征明国。蒙天地直我，己未岁，明合四路之兵来侵臣境，而朝鲜与我疆土相接，无故以兵助明，共图加害。蒙天地垂佑，使明之三路官兵，悉皆覆没，惟一路脱回，朝鲜将士为我擒戮。是朝鲜与臣国素无嫌隙，而乃

① 《清太宗实录》卷二八，天聪十年四月，中华书局1985年版，第372页。
② 《清太宗实录》卷二八，天聪十年四月，中华书局1985年版，第372页。

助明来侵，实彼之先后衅端也。然我国犹不加征讨。迨辛酉年，往征辽东，天地界以辽东之地。朝鲜乃为明国招诱辽民，匿之海岛，给以粮饷，伺隙逞谋。臣于丁卯岁遣兵往征朝鲜，职此故也。朝鲜自知负愆，遣使行成，复乞和好，以兄礼事臣，待臣之使一如待明使礼，誓告天地，臣遂许其修旧好，释前愆，还其昔年阵获官员，以为讲信修睦可以久要不忘矣，不图朝鲜之屡败盟誓也。其民人侵掠我地，越境渔猎，不行禁止，且纳我逃民，献之明国，明人有逃附于我者，彼复行堵截，阴馈粮饷，潜蓄异图，假明国以兵船拒我邦而弗与，居两国之间而恩雠顿异，弃十年之好而悖慢多端。今复以密书付平安道洪观察使，云昔丁卯岁权为许和，今断绝成仇，当谨备关隘，集智谋之士，励勇敢之人，以图报复。此书被臣使得之。臣知朝鲜败盟情理难宥，欲及其未备兴师致讨，谨告皇天后土，用张挞伐师之曲直，惟天地鉴之。"①

随后，又祭告宗庙。十一月二十九日，皇太极进行了战前动员，一方面，强调出征朝鲜的理由；另一方面，向出征将士申明军纪。他在谕令中说：

今者往征朝鲜，非朕之乐于兴戎也，特以朝鲜败盟，纳我逃人献之明国。孔、耿二王来降于我，彼兴兵截杀，我师既至，彼仍抗拒，且遇我使臣不以旧礼，斋去书词，拒而不视。又贻书于平安道洪观察使，云丁卯年权许讲和，今已永绝，当谨备关隘，激励勇士。其书为英俄尔岱等遇而夺之，是彼之毁弃盟好，乐祸怀奸，将未有已，不得已兴兵伐之。若嗜杀殃民，朕心有所不忍，上天以好生为德，人命岂可轻视，屠戮无辜，实为不仁，妄杀已降，实为不义，今与尔等约：大军所过，不许毁拆寺庙，逆命者诛之，不逆命者勿杀，

---

① 《清太宗实录》卷三二，崇德元年十一月，中华书局 1985 年版，第 406—407 页。

以城降者，勿侵其城，以堡归者，勿扰其堡，俱令剃发，有逃亡来归者恩养之，凡阵获官兵，彼既拒战，杀之勿养，所克获城堡人民，勿离其夫妇，勿夺其衣服，即老者、瞽者、残疾不堪取携者，亦勿夺其衣服，仍令安居于家，勿使弃于道路，妇女勿得淫乱，违者军法从事。①

一切准备就绪后，十二月初二日，皇太极亲自率领清军踏上了出兵朝鲜的征程。清军分左右两翼，左翼为满洲三旗、蒙古三旗和外藩蒙古左翼兵，由和硕睿亲王多尔衮、多罗贝勒豪格统领，从宽甸路入长山口进兵。初九日②，尚可喜接到皇太极的命令，让他与多罗安平贝勒杜度、恭顺王孔有德、怀顺王耿仲明、昂邦章京石廷柱、马光远等率领每旗梅勒章京一员，每牛录甲士三人及石廷柱旗下汉军，在大军的后面护送红衣大炮、将军炮、法烦、鸟枪、车、盾、辎重等军用物资。领命后，尚可喜当即率领部下开始了出征前的准备工作，从人员的配置到运输工具的安排，等等，尽量做到周全而没有遗漏。

初十日，清军渡镇江，驻扎于义州城南。十三日，过定州15里驻营。为了切断明朝与朝鲜的联系，防止明朝军队增援朝鲜，保证出征朝鲜所带辎重的顺利到达，皇太极又派遣八个人往谕多罗安平贝勒杜度等人，说：

> 尔于彼地简选精骑，往皮岛、云从岛、大花岛、铁山一带，凡朝鲜国人所居与明国相邻者，悉略之。至住居大路傍者，勿得往扰，以伊等皆为我子民也。如载炮牛只不敷，可取朝鲜大路两傍牛只运之。除牛只外，不许妄取一物。当严禁之，毋违朕命。③

---

① 《清太宗实录》卷三二，崇德元年十一月，中华书局1985年版，第1408页。
② 中国第一历史档案馆、中国社会科学院历史研究所译注：《满文老档》，汗命杜度及汉三王护送军械，中华书局1990年版，第1721页。
③ 《清太宗实录》卷三二，崇德元年十二月，中华书局1985年版，第410—411页。

接到谕令后，尚可喜等人随杜度依令而行。

十四日，多罗贝勒岳托派巴朗向皇太极报告，其所部清军已经抵达平壤，朝鲜平壤巡抚弃城而逃。十五日，皇太极到达安州，驻营于城南，命左右翼兵分两路出击，十六日，他晓谕安州守臣：

> 尔勿坐守孤城，望朕兵之遂退也。朕既来此，岂尔城不下，遽尔旋师乎？大军所带红衣炮、将军炮、火器、战车，尔宁不之见耶？朕若速回，胡为携此重器而来？朕今驻跸王京，大军分屯八道，不识尔王能乘空入海乎？若只乘船适海，朕亦必以船逐取之，永定尔国，实在此时。尔官兵有撄锋逆命者，杀无赦，有归诚迎顺者优养之。尔等能乘机顺时举城归我，可全身家、保宗族、树功名，且俾全城军民俱免祸患，尔等不从，则祸至悔无及矣。①

一方面，表明清朝这次出征朝鲜是志在必得；另一方面，对安州守臣实行胡萝卜加大棒的策略，诱之以利，慑之以威。一句话就是先声夺人，从根本上瓦解朝鲜官兵的士气，以收不战而屈人之兵之功效。

就在岳托派巴朗向皇太极报告的同一天，清军的先头部队，即扮作商人的户部承政马福塔、劳萨率领的300名清军先期抵达了朝鲜王京，朝鲜"上下遑遑，都城士女哭声载路"②，朝鲜国王李倧接受臣下崔鸣吉的建议，派崔鸣吉与李景稷等往见马福塔，诘责清朝背盟兴兵，试图以此拖延时间。乘此机会，朝鲜国王李倧率领世子及百官从水沟门逃入南汉山城。马福塔知道后，率军追赶40余里，兵临南汉山城城下。十六日，和硕豫亲王多铎、多罗贝勒岳托也率领清军赶到了南汉山城，将其团团围住，并派人把那里的情况向皇太极作了详细的汇报。

李倧入南汉山城后，曾一度要逃往江都，但没有成功，只得退入南汉山城中，固守待援。十五日，他命令申景守东城望月台，具宏守

---

① 《清太宗实录》卷三二，崇德元年十二月，中华书局1985年版，第411—412页。
② 《燃黎室记述》二七，丙子虏乱丁丑南汉出城。

南城，李曙时守北城，李时白守西城。而且就在朝鲜布置守城防御之时，正如李倧所期望的那样，朝鲜果然有四道合兵前来增援。

当然，这期间，清军的后勤供应也在按部就班地进行。按照皇太极的指令，尚可喜等三王与多罗安平贝勒杜度率领所部洗劫了皮岛、云从岛、大花岛、铁山一带，见那里的居民早已逃散了，只剩下一些残屋败垣，于是他们便烧毁了当地的庐舍。由于从义州到定州"牛只绝少"，从国内带来的牛又因"道远疲敝"，行进速度很慢，在义州留了一天，在龙川又待了一日，宣川停留四天，直到二十二日，才从宣川起程。

正所谓知己知彼，百战百胜，皇太极根据敌我双方的具体情况，相应地作出反应，他一边派兵增援和硕豫亲王多铎，一边分兵为左右翼，两路出击。二十六日，他遣笔帖式吴达礼率领四人前往多罗安平贝勒杜度军，晓谕杜度：

> 闻前遣前锋兵至朝鲜，其王已潜出王京，走入山城，首队前锋兵与二队和硕豫亲王兵、三队多罗贝勒岳托兵及后遣大军相继至彼立寨围之。尔等速携红衣大将军炮及一切火器前来。其汉军及三王下士卒、骒马、可运之炮、鸟枪、铅子、火药，令昂邦章京石廷柱选择汉军官员，赍之前来。在三王下炮与鸟枪、可用马匹、驮载前行者，令三王携之同来。其红衣大炮，非马骒可运，尔多罗安平贝勒与昂邦章京石廷柱在后运红衣将军炮车而来，其汉军及三王士马可酌量简阅，以强壮者居前，赢弱者居后，三王下红衣大将军炮车亦令其部下才能官员同尔运来。傥车午不敷，可于路两傍略取牛马运载，他物不得妄取。过黄州时可先遣二百人搜剿黄州岭两傍伏兵，仍留兵殿后，待我军悉过岭，然后前行。其留平壤喂养马匹之兵丁及内外闲散蒙古，可详加查检。尔多罗安平贝勒携之以来，过黄州时，仍遣兵二百搜剿岭内伏兵，加意收集，后队前来，恐遗一二人为敌所杀，所遣去四人，先令二人同三王来，留二人与尔多罗安平贝勒同行。黄州岭有朝

鲜埋伏之处，彼能知之，可令指导，勿违朕命。①

  不久，多罗安平贝勒杜度就接到了皇太极的这份谕旨。从皇太极的谕旨中，他看到了前线清军对他们所运军用物资的渴望，所以他马上与智顺王尚可喜等三王加快了行军的速度，以便尽快将红衣大将军炮等物资运到前线，交给那里攻城的清军。

  于是，智顺王尚可喜与恭顺王孔有德、怀顺王耿仲明率领属下汉军担负起了运送红衣大将军炮等军用物资的任务，一路之上，他们除了克服恶劣天气带来的困难外，还要解决运输工具不足的问题，尤其要时刻防备朝鲜人的偷袭与埋伏。不过，他们在多罗安平贝勒杜度的指挥下，顶风冒雪，克服重重困难，渐渐地离清军主力的营地越来越近了。

  二十九日，皇太极率领大军渡过汉江，直抵南汉山城，驻营城西边，将其紧紧地包围，并等待后续的辎重部队。与此相呼应，岳托率领的清军也取得了可喜的战果。崇德二年（1637）正月初二日，春节刚过，多罗贝勒岳托就击败了朝鲜全罗道沈总兵、李总兵率领的援军。初七日，和硕豫亲王多铎再败朝鲜全罗、忠清两道援兵。

  与此同时，崇德二年正月初四日，部分清军北渡汉江，营于汉江岸边离王京城东20余里的地方。这一天，智顺王尚可喜同恭顺王孔有德、怀顺王耿仲明及汉军甲喇章京金玉和携带红衣大将军炮等攻城火器来到了南汉山城外。

  有了大炮，清军如虎添翼，崇德二年正月二十四日，清军在城外架起20门红夷大炮近，向城内发射，"终日不绝"，二十五日，炮中望月台，朝鲜"大将旗柱折，又连中城堞，一隅几尽破坏，女墙则已无所蔽"。清军还屡败朝鲜军队，此役中，尚可喜也不甘落后，毅然率所部投入战斗，大败敌援兵于果木山。

  与军事打击相配合，清军还不断地进行攻心战。从兵临朝鲜京城的那天起，就开始与朝鲜派出的官员接触，通过他们转达清朝的议和

————————
 ① 《清太宗实录》卷三二，崇德元年十二月，中华书局1985年版，第413—414页。

条件，对朝鲜君臣施加政治压力，逼其就范。

在清军的围困下，李倧及其群臣度日如年，不仅城中粮食快要用尽，而且守城的将士苦不堪言，"将士诸人始终露处，面色青黑，不似人形，裂肤堕指，惨不忍言"，他热切盼望的援军更是迟迟不来救驾，他们或"逗留不进"，或"引兵在薇原，无意入援"。到了正月二十六日，城中的部分守军再也坚持不下去了，发生了内讧，他们聚集在阙下，说："大炮所中，城堞尽坏，事势已到十分地头，而文士辈只为高论，请令文士守望月台。"① 可以说，朝鲜国王李倧及其群臣已经到了山穷水尽的地步。

恰在这时，朝鲜国王李倧又接到了清军转来的大君的亲笔信，得知江都已经被清军占领。随李倧逃到南汉山城的大臣的家属十之八九都在江都，他们听到这一消息，"惊骇掩泣，气像之惨，不可言矣"。在这种情况下，二十七日，李倧被迫致书皇太极，表示"将以三百年宗社，数千里生灵，仰托于陛下"。

第二天，皇太极敕谕朝鲜国王李倧，令他：

去明国之年号，绝明国之交往，献纳明国所与之诰命、册印，躬来朝谒。尔以长子并再令一子为质，诸大臣有子者以子，无子者以弟为质，尔有不讳，则朕立尔质子嗣位。从此一应文移奉大清国之正朔。其万寿节及中宫千秋、皇子千秋、冬至、元旦及庆吊等事，具行贡献之礼，并遣大臣及内官奉表，其所进往来之表及朕降诏敕，或有事遣使传谕，尔与使臣相见之礼及尔陪臣谒见并迎送馈使之礼，毋违明国旧例。朕若征明国降诏遣使调尔步骑舟师，或数万，或刻期会处，数目限期不得有误。朕今移师攻取皮岛，尔可发鸟枪、弓箭手等兵船五十艘，大军将还，宜备礼献犒，军中俘获过鸭绿江后，若有逃回者，执送本主，若欲赎还，听从两主之便。盖我军以死战俘获之人，尔后毋得以不忍缚送为词。尔

---

① 《燃藜室记述》二七，丙子虏乱丁丑南汉出城。

与内外诸臣缔结婚媾，以固和好，新旧城垣不许擅筑。尔国所有瓦尔喀，俱当刷送，日本贸易，听尔如旧，当导其使节来朝，朕亦将遣使与彼往来也。其东边瓦尔喀有私自逃居于彼者，不得复与贸易往来，尔若见瓦尔喀人便当执送。尔以既死之身，朕与生存，保全尔之宗社，复还所获，尔当念朕再造之恩，后日子孙毋违信义，则邦国永存矣。朕见尔国狡诈反复，故降兹诏谕。每年进贡一次，其方物数目，黄金百两，白银千两，水牛角二百对，豹皮百张，鹿皮百张，茶千包，水獭皮四百张，青皮三百张，胡椒十斗，腰刀二十六口，顺刀二十口，苏木二百斤，大纸千卷，小纸千五百卷，五爪龙席四领，各样花席四十领，白苎布二百匹，各色绵绸二十匹，各色细麻布四百匹，各色细布万匹，布千四百匹，米万包。①

对此条款，朝鲜国王李倧全部接受，还上奏皇太极说，自崇德二年正月三十日前，是明朝的臣子；正月三十日以后，则为大清之臣子。至此，朝鲜被彻底征服，由后金的兄弟之国一下子降为大清的属国。

朝鲜一役，清军大获全胜，崇德二年二月初二日，尚可喜随清太宗皇太极从朝鲜撤军。

三、攻取皮岛

在从朝鲜撤军的过程中，皇太极又做出了一个重大的决定。这就是以大清的得胜之师彻底解决皮岛问题。

皮岛，这个位于鸭绿江口横亘约 80 里的海岛，自毛文龙开镇以来，一直为明军所占据，像一个楔子，深深地插在后金的后方，使其始终有芒刺在背之感，牵制着后金军的许多军事行动，正如翰林院编修姜曰广所说的那样："建虏之有东江也，犹人身之有蚤虱也。撮之则

---

① 《清太宗实录》卷三三，崇德二年正月，中华书局 1985 年版，第 430—431 页。

无处着手，听之则阬肤而不宁……使无东江，则彼（后金）得用辽人耕辽土矣。"① 因此，它一直就是后金统治者的眼中钉、肉中刺，令其必欲除之而后快。

天聪五年（1631），皇太极以总兵官楞额礼为右翼主帅，以喀克笃礼为左翼主帅，率兵首次进攻皮岛。然而，由于后金军缺乏战船，又不习水战，再加上兄弟之国朝鲜与它貌合神离，不与之配合，以及明军的拼命抵抗，致使后金发动的这次战役以失败而告终，并付出了惨重的代价。

前事不忘后事之师，首次进攻皮岛的失利，使惯于骑马驰骋野战的后金军认识到自己的不足，然而，由于当时他们仍然把主要的精力放在西部战场，所以在这之后的一段时间内，他们并没有就解决皮岛问题做进一步的筹划。

天聪七年，孔有德、耿仲明归附后金，带来了一些战船。天聪八年，尚可喜率军归附后金，又有一部分战船归属后金。这就使后金有了组建水军的客观条件，但是这仍然没有引起后金领导集团的重视。

不过，时至天聪八年，辽东沿海的形势已经发生了很大变化，旅顺已经被后金攻陷，沿海诸岛，如大长山岛、小长山岛、广鹿岛、石城岛等岛屿，也由于尚可喜的归附而隶属于后金政权，明朝的东江防线迅速瓦解，皮岛渐渐成为一个孤岛，悬在后金的后方。虽然朝鲜出于对明朝的感情，暗地里袒护它、接济它，但朝鲜并不能像以前那样给它以全力的支持，因为他要顾及其与后金的兄弟之约，避免因游离于明朝与后金之间而激怒后金，陷自己于不利的地位。

对于这变化了的形势，刚归附后金的尚可喜有足够的认识。天聪八年（1634）十月初二日，他给皇太极上了一道奏疏，说：

> 自皮岛开镇以来，我国中所得辽人男妇奔逸各岛者不下百万，皆缘有岛在焉。从皇上登位以来，爱民如子，旧人咸思乐业；近来各处抢获之人，不无奔岛之念。且皮岛财货所

---

① （明）谈迁著，张宗祥校点：《国榷》卷九〇，中华书局1958年版，第5488页。

聚，不过依水为险，又无山城，止用三板船一百号，兵马一
二千，易于攻取。取岛之后，收其船只，逐岛收取，事毕将
船停泊旅顺，一则人无溃逸，再则南朝舟师不敢东向。如果
臣言不谬，伏乞皇上速发匠役，前往浑江予造船只，俟春融
发兵攻岛。此诚计之善者也。①

尚可喜的奏疏，一针见血地指出了皮岛对后金构成的危害，提出了攻
取皮岛的方略，可谓真知灼见。在此之前，后金内部也曾就是否攻取
皮岛而出现过争论。天聪七年，后金军攻克旅顺后，其主帅岳托和德
格类等人就曾主张凭借在旅顺缴获的战船、火药和枪炮，乘胜追击，
扩大战果，一举荡平明朝在皮岛及其附近个别岛屿的最后防线，彻底
消除后金的后顾之忧。围绕着这个问题，参将宁完我、汉官鲍承先都
持不同意见。宁完我认为后金的战略目标应该放在山海关以及关外的
锦州、宁远等八城，皮岛中"所遗，皆游食穷人，即应手而得，地不
可耕，人不可用"，因此"万不可以有用之时日，为此些小而耽阁
（搁）也。纵不即日大举，亦不可缠绵于空岛穷兵师矣"②。

在同一天，汉官鲍承先在给皇太极的一份奏疏中也说：

臣愚料岛人，正在惊慌狐疑之际，救死不暇，焉敢与我
为敌！我舟若无阻拦，得以径行，以遂我谋。但不可轻动，
穷征于岛。况岛人所留者，皆系脆弱穷徒，总得之无益，况
水路有波涛之险，我兵所驾之舟小不利深入。然诛人者诛心，
今旅顺已得，已诛各岛之心，我汗传令，广行仁义，使其传
闻，岛人想归者多矣。③

---

① 辽宁大学历史系编：《天聪朝臣工奏议》卷下《尚可喜请造船攻岛奏》，1980年内部
出版，第86页。
② 辽宁大学历史系编：《天聪朝臣工奏议》卷中《宁完我请移船盖州奏》，1980年内部
出版，第65页。
③ 辽宁大学历史系编：《天聪朝臣工奏议》卷中《鲍承先请移船盖州奏》，1980年内部
出版，第65页。

用意很明显，就是不主张攻皮岛。不过，与宁完我不同的是，他在不主张攻皮岛的同时，又主张对皮岛实施招抚。

宁完我、鲍承先等人可谓颇有见地，代表了后金统治集团中相当一部分人的意见。因此他们的建议被皇太极欣然接受，八月初一日，他谕令岳托、德格类说："至览来奏，知汝等欲取皮岛。朕恐兵力不及，且皮岛之取否，有何关系？其遣兵往宁远者，仍如议行。"① 五天后，皇太极先礼后兵，致信朝鲜国王，说：

> 我国得孔元帅、耿总兵船只，继又得旅顺口船只，我统兵诸贝勒暨满、汉、蒙古大臣俱云：宜乘此舟楫尽剿诸岛。朕思岛中壮者，与刘兴治作乱，已经诛戮；后孔元帅、耿总兵又选壮者携赴登州，及归附时，复携之而来。至明黄总兵所选精壮调往旅顺口者，尽为我军所歼，其余又皆为彼船载去，今所存不过羸弱耳。倘复调东西两路之船扬帆前进，恐贵国边民惊惧，逃避山谷，致误农业，则两国修睦共享太平之意何在？以此罢用船之意。今各岛余孽，贵国幸勿以粮济之，有愿归我国者，亦勿禁止。况不资以粮，不容登岸，王昔曾有此言，宜熟计之。予惟恐异日为此数饿莩致启事端也。②

皇太极这封信的目的很明显，就是对朝鲜动之以情，慑之以威，让它看清形势，不要再脚踏两只船，游离于明朝和后金之间，要痛改前非，坚定地站在后金一边，孤立皮岛明军，只有这样，朝鲜才能免受战火之浩劫，后金也就可以坐收渔利，不战而屈皮岛之兵。

同年十一月十六日，皇太极又致信皮岛总兵沈世奎及其标下将领："金国汗致书沈将军幕府，暨众将军：诸凡言语，前书已尽，将军与票（标）下诸将，速作商量。若皇天见佑，大事可成，功名富贵，定当自无限量也；如犹豫迁延，机会一失，悔之何及！幸将军早作定规，速

---

① 《清太宗实录》卷一五，天聪七年八月，中华书局 1985 年版，第 202 页。
② 《清太宗实录》卷一五，天聪七年八月，中华书局 1985 年版，第 203 页。

赐回音。"① 从皇太极给朝鲜国王和皮岛总兵沈世奎及标下将领的信中可以看出，他的根本目的就是要不战而屈人之兵，用最少的代价换取最大的胜利，这也是这两封信的共同之处。然而，事情并没有按照皇太极期望的那样发展，朝鲜国王仍与明朝藕断丝连，屡屡接济皮岛明军，皮岛明军虽有投降后金的，但是，总兵沈世奎仍忠于明朝，固守皮岛。这就使皇太极不得不寻找另外的机会，着手解决朝鲜和皮岛问题。

功夫不负有心人，机会终于来了，天聪十年，皇太极改国号称帝，与蒙古各部一样，作为后金兄弟之国的朝鲜也派出使臣，前来参加皇太极的称帝仪式，不料仪式上朝鲜使臣的所作所为，令皇太极非常气愤。因此，崇德元年十二月，他就亲自率领清军出征朝鲜。一路之上清军势如破竹，仅一个多月的时间就彻底让朝鲜臣服，使它与大清订立了城下之盟。

朝鲜问题的解决，就使攻取皮岛变得顺理成章了。一是以得胜之师进攻皮岛，在心理上就对皮岛上的明军构成震慑；二是回军途中顺路进攻皮岛，可以毕其功于一役，不必再劳师远征；三是进攻皮岛，彻底扫除明朝在大清后方的剩余的这块唯一根据地，为大清免除后顾之忧，使它得以专心西向；四是大清这时已经今非昔比，不仅具备了海上作战的条件，而且国力空前强大，明朝在它的不断打击下已经疲于奔命，蒙古诸部先后叛明归附后金，就连暗地支持皮岛的朝鲜也经不起清军的打击，短短一个多月就俯首称臣，屈膝而降。所以，崇德二年二月，皇太极就向清军下达了进攻皮岛的命令。

对于进攻皮岛，皇太极的部署是：一方面，他命令其侄贝子硕托和恭顺王孔有德、怀顺王耿仲明、智顺王尚可喜"率每牛录甲士四人及三王下，全军异红衣炮十六位，并朝鲜战船五十艘，往取明皮岛"②；另一方面，他还要求朝鲜方面也得派兵助战。尚可喜来自皮岛，对皮岛的情况比较熟悉，于是他与硕托、孔有德、耿仲明等依令而行。朝

---

① 《李朝实录》仁祖十一年十一月乙卯；又见吴晗辑《朝鲜李朝实录中的中国史料》，中华书局 1980 年版，第 3528—3529 页。

② 《清太宗实录》卷三四，崇德二年二月，中华书局 1985 年版，第 433—434 页。

鲜方面虽然不情愿出兵，甚至还密谋要给皮岛上的明军送信，但是慑于清军的威力，还是派出信川郡守李崇元、宁边府使李浚领黄海道战船助战，也没敢给皮岛的明军通风报信。

皮岛四面环海，易守难攻。鉴于这种情况，皇太极知人善任，他把攻打朝鲜过程中一直没有打头阵的尚可喜与孔、耿二王作为攻取皮岛的主力。之所以让他们打头阵，主要是从两方面考虑的：一是智顺王尚可喜所部与恭顺王孔有德、怀顺王耿仲明的军队来自皮岛，熟悉海战，对皮岛的情况也比清军熟悉；二是尚可喜所部与孔有德、耿仲明军在出征朝鲜过程中基本上没有受到损失，是一支颇有潜力的生力军。

从尚可喜个人的角度出发，他也是从心底里愿意打头阵的，毕竟这时的他，对岛上的明军主帅沈世奎的怨恨还没有熄灭，恨不得亲自捉到他，以解自己的心头之恨。

于是，尚可喜等三顺王，遵照皇太极的指示，在硕托的指挥下，率领所部向皮岛发起了进攻。

面对清军的进犯，岛上的明军在总兵沈世奎的指挥下奋起抵抗，他们依险设火炮，炮轰攻击皮岛的清军，又集结战船与清军海战，周旋于皮岛附近的海面。明朝为保皮岛安全，还从天津卫、登州调兵来援。明军拼命抵抗，挫败了清军的攻势，使它在一个多月的攻打皮岛战役中毫无进展。

就在尚可喜等人与皮岛明军鏖战时，已经回到沈阳的皇太极还是不放心皮岛的战事，二月十五日，他谕示多尔衮：

> 固山额真阿山、叶臣，令其往助贝子硕托。硕托与固山额真阿山、叶臣、石廷柱、三顺王等可会集一处，将攻皮岛日期及我国战船与朝鲜战船约会在某处、从某处乘船、于某月日攻取皮岛，详悉会议。又朝鲜战船果足派往之数与否、兵若干、领兵去者何官，可详查确实，速令苏尔德等来奏。其岛若易攻则攻之，不易攻，亦速令人来奏。俟朕谕旨到时再行攻取。我军船首须用遮牌，前攻江华岛之船式样可用，

曾带来否？若未带来，此等船在彼可依式制造，以攻皮岛。①

获悉进攻皮岛受阻的消息后，三月初八日，皇太极立即命令多罗武英郡王阿济格率兵1000人增援。然而，这位战功赫赫的陆上骁将，到达前线后，面对茫茫大海，仓促之间，也是束手无策。

孙子云：知己知彼，百战不殆。为了攻克皮岛，完成皇兄交给的任务，阿济格亲自到前线，侦察敌情。这一天，他率领部分将士，以外出狩猎为由，赶赴前线。在详细地观察了"椵岛形势"②之后，一个比较成熟的攻取皮岛的计划就在他的脑海里渐渐地确定了下来。

四月五日这一天，踌躇满志的阿济格将前线清军主要将领召集到皮岛东北的郭山，在这里召开了一次军事会议，会议的主题是详细制定攻打皮岛的作战计划。会上，尚可喜与众将领献计献策，各抒己见，进行了热烈的讨论。讨论的结果，选择了一套最佳的破敌方案——偷袭皮岛，这与后金军攻取旅顺如出一辙，即明修栈道暗度陈仓。他决定兵分两路：一路是选择精锐，暗渡皮岛，进攻皮岛西北面的山嘴；一路担任正面佯攻，目的是吸引明军的注意力，掩护清军精锐部队进行偷袭。具体部署是这样的：

步兵固山额真萨穆什喀指挥满洲八旗步兵担任主攻，渡海偷袭，偷袭的先头部队是八旗中最精锐的护军；其余的步兵则作为后续部队，继其后，由固山额真阿山、叶臣督战。

尚可喜所部，则与八旗骑兵将士、汉军旗、孔有德和耿仲明所部、朝鲜兵一起，归兵部承政车尔格指挥，担任佯攻，汉军固山额真石廷柱、户部承政马福塔在后面负责督战。

这一作战部署，一奇一正，奇正结合，可以说，它深得中国古代兵法之精髓。

四月六日，在正式发动偷袭之前，为了麻痹岛上明军，阿济格又放了一个烟幕弹，派人给明朝皮岛总兵沈世奎及其将士送去一封劝降

① 《清太宗实录》卷三四，崇德二年二月，中华书局1985年版，第437页。
② 《李朝实录》仁祖十五年四月癸巳；又见吴晗辑《朝鲜李朝实录中的中国史料》，中华书局1980年版，第3604页。

信，借以使守岛的明军放松警惕。正所谓兵贵神速，趁沈世奎还没来得及回复，四月八日傍晚，阿济格就果断地下令将这一作战计划付诸实施。

接到命令，所有的清军都行动起来：尚可喜带领所部天助兵，与八旗骑兵将士、汉军旗、孔有德与耿仲明所部、朝鲜兵一起，分别乘坐自造和朝鲜提供的70余艘战船，大摇大摆地列阵于皮岛东面的身弥岛口，时而摇旗呐喊，时而击鼓进兵，吸引明军的注意力；担任主攻的八旗劲旅则偷偷地从身弥岛北面乘船入海，绕到了皮岛西北熬盐的河港，静静地等待时机，准备对皮岛明军实施偷袭。

眼见清军击鼓进兵，海上又旌旗如林，总兵沈世奎认为清军将在正面进攻，于是急忙调兵遣将，全力防御清军的佯攻部队。殊不知，这正中了清军的声东击西之计，使后方的防御空虚起来，为清军主力的偷袭创造了绝妙的机会。

就在东线佯攻正在上演的时候，天公也作美，好像有意成全清军，海上突然起了大雾，夜晚又暗淡无光，使得清军的偷袭行动愈加隐蔽，所以，猛将鳌拜和准塔带领打头阵的护军，很顺利地登上了皮岛。

偷袭清军登上皮岛，立即按事先的约定，举火为号，告诉后继清军登岛成功，同时引导他们快速向皮岛进军。直到这时，岛上的明军才发现了已经登岛的清军，"以为北军飞渡"，震惊之余，他们始知自己中了清军的诡计，很是惊慌。不过，后悔已晚，当下唯一的办法就是立刻作出反应，组织力量进行抵抗。于是，他们拼命地冲上前去，与清兵厮杀在一起。时至二更，固山额真萨穆什喀等率领的清军步兵陆续地登上了皮岛，与岛上的护军并肩作战，迅速歼灭了那里的明朝守军。

这时，正面佯攻的清军得知步兵和护军已经登岛，也在马福塔的指挥下"鼓噪而进"，尚可喜率领所部更是积极参战，他的部下牛录章京李继功，见"偏师失利"，就亲"统一船，渡海应敌"，后队兵退无援时，又"登岸拒战"，阵亡。[1] 善于使炮的朝鲜兵也不甘示弱，他们

---

① 《清太宗实录》卷三八，崇德二年八月，中华书局1985年版，第495页。

在船上不断地向皮岛轰击，给明军以重创。明军腹背受敌，虽作困兽之斗，但兵力渐渐不支，最后"惊骇溃散，莫敢争锋"①。登陆的清军则愈战愈勇，到处追杀溃散的明军。经过一昼夜激战，明朝守军"死者万余人"，朝鲜君臣连声感叹："椵岛失守，极可惊惨！"②

明朝皮岛主帅、总兵沈世奎眼见大势已去，守岛无望，决定率水师逃往石城岛，继续抵抗清军。他且战且退，拼命死战，不过，这次他可没有以往那么幸运，在战斗中被清军户部承政马福塔活捉了。很快，他就被押解到了清军主帅阿济格的帐中。面对阿济格，沈世奎不参不拜，箕踞而坐。他的傲慢态度一下子激怒了站在一旁的马福塔。马福塔大声呵斥道：

"你怎么敢这个样子？"

"我只愿快杀我！"沈世奎抱定必死的态度，冷冷地说道。

"你把衣服脱下来！"

"我为什么要脱衣服？你们杀人，还要穿被杀人的衣服，这是你们常干的事。你杀我之后，染上血的衣服，由你自取好了！"沈世奎反驳。遭此奚落和嘲笑，马福塔恼羞成怒，立即将沈世奎推出帐外斩首。至此，明朝经营15年的皮岛、东江镇正式告终，尚可喜亲眼看到了仇人的下场，他与沈世奎的冤仇也因此而烟消云散了。

皮岛之战以清朝的胜利宣告结束。四月初九日，阿济格派内国史院大学士刚林向皇太极报告皮岛之捷：

> 皮岛原有总兵沈世奎标兵一万二千，来援金总兵标兵六百六十，天津卫董游击兵一千七百，登州王游击兵二千，柏副将、刘副将、吴三化兵二百八十，吴参将兵四百五十。惟沈世奎、金总兵、储副将、屈游击等官兵被我军斩杀甚众，所获蟒素缎匹四万二千八百八十，衣服三千四百一十七，银

① 《李朝实录》仁祖十六年七月癸酉；又见吴晗辑《朝鲜李朝实录中的中国史料》，中华书局1980年版，第3624页。

② 《李朝实录》仁祖十五年四月丁亥；又见吴晗辑《朝鲜李朝实录中的中国史料》，中华书局1980年版，第3603页。

两三万一千，银器、玉斝及朱砂、玛瑙、琥珀、水晶等杯共二百五十三件，琥珀三枚，犀牛角二千一百四十对，布匹毡条共十九万一千有奇，水手三百五十六名，妇女、幼稚三千一百一十六口，驼、马、牛、骡、驴共六百四十有奇，大船七十二艘，红衣、法熕、西洋等炮共十位。①

皇太极接到奏报，非常高兴，十一日，就派内国史院大学士刚林和内秘书院学士詹霸带着诏书，前往军前，褒奖征皮岛诸王，诏曰：

> 宽温仁圣皇帝谕多罗武英郡王、恭顺王、怀顺王、智顺王等，朕览王等所奏，仰体朕心，恪遵谕旨，攻克皮岛。明沈、金二总兵及将士与所部兵被我军斩获甚众，朕心嘉悦。此皆王等同心勠力之功也。特谕。②

不过，胜利之余，也应该看到，皮岛之战也使清朝付出了相当大的代价。据朝鲜平安兵使柳琳说：皮岛之战中，明守军败退到一座山上，清兵四五百人佯攻，明军拼死力战，清兵伤亡甚多，有一大将亦中一弹阵亡。清朝的原始档案也记载说，这次战役中清军阵亡了260人。实际的伤亡，可能要大于原始档案的记载，不过，远逊于明军的伤亡是肯定无异的了。

皮岛一战对明朝、对尚可喜、对清朝都产生了很大影响。对明朝而言，它不仅损失一万多军兵，使抗清力量受到了削弱，而且失去了一个可以牵制清朝的根据地，更重要的是，它在心理上给明朝军队以巨大的压力，畏惧清军的情绪进一步加剧了。

对尚可喜来说，率军随清军参战，自己再一次受到了锻炼，积累了经验，同时，清军攻克皮岛，将陷害他的沈世奎处死，为他报了血海深仇。对此，尚可喜自然感恩戴德。崇德二年六月，皇太极对征皮岛的将士论功行赏，尚可喜获赐"银六百两，彩缎、蟒衣、布匹、红

---

① 《清太宗实录》卷三四，崇德二年四月，中华书局1985年版，第443页。
② 《清太宗实录》卷三四，崇德二年四月，中华书局1985年版，第443页。

毡等物"①。七月，尚可喜率所部班师回沈阳，十八日，奉命入崇政殿赴宴，受到皇太极的热情款待。

对清朝来讲，这次战役消灭了明朝的有生力量，缴获了大量的辎重，壮大了自己的力量。崇德三年二月二十七日，皮岛失守后逃往石城岛的沈志祥见大势已去，又率领所部投降了清朝。归附者有官员、兵民：计"副将九员，参将八员，游击十八员，都司二十一员，守备三十员，千总四十员，生员二人，带甲兵丁四百四十人，无甲兵丁八百七十九人，水手百七十七名，居民八十六人，并妇女幼小，通计二千四百五十四名口，内有明国奉差副将一员，男妇十三名口"②。沈志祥的归附，增强了清朝的力量，这固然与皇太极的感召分不开，但尚可喜等汉官降将的影响力也不可低估，正是在他们的带动下，才有了沈志祥等人的归附。同年四月，沈志祥在给皇太极的奏疏中曾明确说：

> 窃惟人臣择主而事，自古为然。臣本明人，筮仕有年，设若君明臣良，同心合德，岂肯一旦背主乎？自崇祯即位以来，奸佞成党，忠臣孝子，反受其殃，不能尽心竭力。是以孔、耿、尚三帅有先见之明，归诚圣主，效职尽瘁，以报知遇之隆恩也。今臣马齿未长，愿效三帅之诚……③

然而，对清朝而言，这还不是最大的收获，最大的收获是，至此纷扰后金和清朝十余年的后顾之忧彻底解决了，以后可以集中力量，全力以赴地开赴辽西战场，与明朝一决高下，进而逐鹿中原了。

四、君臣之间

金无足赤，人无完人。每个人都有他的优点和缺点，关键在于用人者如何用人。历史上的名君贤相，在用人问题上，深知"水至清则

---

① 《清太宗实录》卷三六，崇德二年六月，中华书局1985年版，第468页。
② 《清太宗实录》卷四〇，崇德三年二月，中华书局1985年版，第534页。
③ 《清太宗实录》卷四一，崇德三年四月，中华书局1985年版，第539页。

无鱼"的道理，所以，往往是用人之大智，宥人之小过。战国时魏王任用吴起、汉初刘邦任用陈平、三国时的曹操任用荀彧，等等，都是典型的范例。

尚可喜等三顺王不是完人，他们时常也会犯错。那么，如何笼络三顺王，就是摆在皇太极面前的一个不可回避的问题。作为名君，皇太极在用人问题上也与魏王、刘邦、曹操等人有相似之处，但又不完全相同，这从他对三顺王所犯过错的处理上明显可以看出。面对三顺王所犯过错，皇太极没有一味地斥责、处罚，而是采取动之以情，晓之以理，宽大为怀，甚至予以掩饰的态度。崇德二年（1637）六月二十七日，皇太极在褒奖尚可喜、孔有德、耿仲明的同时，又语重心长地劝谕他们：

> 朝廷用人，授以高爵厚禄，使之安富尊荣者，无非欲其感恩图报，赞襄治理，有裨于国家而已。朕与尔三王，既以殊恩拔擢，情同子弟，封以王爵，宠眷有加。尔等宜感激奋勉，恪守典常，乃不勤思报效，勉竭忠诚，以辅助国政，反纵所属将士悖违法度，恣意妄行，朕甚不悦。尔等有统率之任，知他人有乱法者，尚应责之，乃身先作愿，朕复何赖焉？古语云：争小利者不受大益。尔等何不勉图大益而顾贪小利也。嗣后行师，务严饬将士，毋蹈故辙，以佐成大业，其共勖之。[1]

这些话语既向尚可喜等三顺王申明了为国尽忠、恪守法度与否的利害，又为他们改正错误指明了方向。

同一天，皇太极以征皮岛时有的将官"违法妄行"，下令法司将其治罪。当时，可喜部下有三个人被控告：邢登科妄称"登岸击敌被伤，犹以小船送满洲数人而出"，实际上，他是"率船上二十八人立于矶上观望，皆未中伤而逃"，也没有"于彼岸救出中伤之人"[2]；部下千总

① 《清太宗实录》卷三六，崇德二年六月，中华书局 1985 年版，第 468 页。
② 《清太宗实录》卷三六，崇德二年六月，中华书局 1985 年版，第 477 页。

白万魁、曹为善见同船的金甲喇章京、李牛录章京登岸阵亡，率28人"观望不登岸"，还"诳称乘小船前往，身中一伤，一步卒亦中伤，天晚方回，又于矶上救出八人"①。结果，邢登科、白万魁、曹为善被"免死革职，籍没家产"②。按理，部下临阵脱逃、谎报军功，作为主帅的尚可喜自然脱不了干系，必然受到牵连，可是，皇太极并没有因此而责罚尚可喜，而是对他格外开恩。这从第二天发生的一件事情上反映得最为清楚了。

二十八日，尚可喜的家人李小子到刑部首告他，说："皮岛之役，我得金二十两，银八百八十两，绸缎六十四匹，缎衣一百六十领，人一百三十名，马、骡十二匹头，俱为主取去，一无所与，亦不献出归公。"当刑部将这一情况上奏给皇太极的时候，皇太极说："诸物岂王自得，必散于众兵耳。彼新人不知，故来首告。此案不必审讯，将原告发还本主。"③尽力为尚可喜掩饰，当然，这种情况也不局限于尚可喜一个人，对尚可喜也不止这一次。

崇德三年八月十四日，尚可喜出40两白银，从镶红旗孟库鲁牛录下买了一名包衣满洲男丁，犯了"越旗买人"之罪。清朝律例规定，不准越旗买人，违者罚银200两，没收所买男丁赏给本牛录下的穷人。如果照章办事，尚可喜肯定会受到清廷的处罚。然而，当案件审理完毕、上报给皇太极的时候，皇太极却没有处罚尚可喜，而是对他法外开恩，免于追究，下令"免王应坐之罪，将所买男丁赏给孟库鲁牛录下穷人"④，这又使尚可喜躲过了一劫。

从以上这些事件中可以看出，皇太极对来归附的尚可喜是相当爱护的，始终不愿以琐碎的小事伤了君臣之间的感情，因为他深深地懂得在争夺天下的非常时期，包容臣下的细小过错往往能使他们涌泉相报，历史上楚庄王下令折缨一事就是很好的例子。

崇德二年十月二十五日，适逢万寿圣节，也就是皇太极的生日。

① 《清太宗实录》卷三六，崇德二年六月，中华书局1985年版，第477页。
② 《清太宗实录》卷三六，崇德二年六月，中华书局1985年版，第479页。
③ 《清太宗实录》卷三六，崇德二年六月，中华书局1985年版，第479页。
④ 季永海、刘景宪译编：《崇德三年满文档案译编》，辽沈书社1988年版，第187页。

王公大臣都上表祝贺，在恭顺王孔有德、怀顺王耿仲明的带领下，智顺王尚可喜也上了一份表章，为皇太极祝寿，他说：

> 臣等诚欢诚忭，稽首顿首上言：伏遇万寿圣节，瑞气氤氲，太和翔洽，五谷丰登，民生安乐。钦惟我宽温仁圣皇帝圣德，格天诞，受景命，聿登大宝，施弘恩于四海，定太平于万年。自今伊始，率土同欢。臣等幸际明时，恭逢圣节，忝守藩封，不胜庆幸。伏愿万寿无疆。臣等无任瞻天仰圣，激切屏营之至，谨奉表称贺以闻。①

此表用词华丽，不像尚可喜亲笔手书，似别人代笔之作。不过，表中的赞美之词，辞藻华丽，很是动听，这自然讨得了皇太极的欢心。当天，皇太极就因为万寿圣节，赐给智顺王尚可喜马两匹、貂皮 20 张、银 200 两。

兔走乌飞，岁月如梭，转眼到了崇德三年的春节。正月初一日，清朝皇宫内热闹非凡，一派节日的气象。皇太极御崇政殿，诸王、贝勒、贝子、朝鲜国王子、文武百官纷纷前来进表朝贺。这时，身在海城的尚可喜由于不能到沈阳向皇太极恭贺新春，就和孔有德、耿仲明联名上了一道表章，派部下班志富亲自送给皇太极，表达他的一片赤诚之心和对太宗皇帝皇太极的祝福。在表文中他饱含深情地写道：

> 智顺王臣尚可喜诚欢诚忭，稽首奏曰：上天仁爱下民，风雨调和，五谷用登，人民乐业。此皆我宽温仁圣皇帝奉天命，永受玉玺之数，布恩膏至四海，太平永定，以至万年。臣尚可喜幸际昌期，恭逢新岁，身羁外镇，似唯臣独忙。远望阙廷，以礼而贺，望阙三呼，祝圣寿无疆。臣无任瞻天仰圣，激切屏营之至，谨奉表称贺以闻。②

① 《清太宗实录》卷三九，崇德二年十月，中华书局 1985 年版，第 507 页。
② 季永海、刘景宪译编：《崇德三年满文档案译编》，辽沈书社 1988 年版，第 7—8 页。

同时，还向皇后祝贺道：

> 智顺王臣尚可喜诚欢诚忭，稽首奏曰：上天仁爱大洁，启万年之景运，中宫善治，共佐大业，尽效皇后之高行。光大芳型，布仁慈于宫内，扬美德于国家，奠安宗社，昌茂本支。臣尚可喜叨守边陲，恭逢新岁，望阙廷而拜手，祝慈寿之无疆。臣等无任仰望，激切屏营之至，谨奉表称贺以闻。①

并献礼品金子16两、蟒缎16匹。古语云"有来无往非礼也"，面对臣下的贺表，皇太极高兴之余，自然不能让尚可喜的信使空手而归。正月初七日，他特地颁了一道诏书给尚可喜，说：

> 皇帝敕谕智顺王尚可喜：朕惟运际地天之交泰，景当遐迩之同春，贡不愆期，使因时至。王既修职北拱，朕宜锡典南颁，特赐貂皮银马，付来使班志富等斋去，以示优礼。故谕。②

诏书中除述及君臣关系外，又赏赐给尚可喜马两匹、紫貂皮30张、银200两，以体现君臣之间的礼尚往来。接到赏赐诏书，尚可喜自然是感激万分，面北接诏，叩谢皇恩。

正月二十日，尚可喜向皇太极进献了上好的貂皮9张、黄金9两，向皇后进献上好的貂皮7张、黄金7两，又与恭顺王、怀顺王合贡食用牲畜羊19只。就这样，他们君臣之间的这种礼尚往来，一直保持着，没有间断。

我们知道，天聪八年十二月，蒙古墨尔根喇嘛以白驼驮载元世祖忽必烈时八思巴喇嘛用千金所铸的护法玛哈噶拉佛金像到达盛京。对这一重大事件，皇太极非常重视。第二年，他就下令在盛京西郊建玛哈噶啦佛楼，供奉佛像。崇德元年七月。又正式敕建实胜寺（今沈阳

---

① 季永海、刘景宪译编：《崇德三年满文档案译编》，辽沈书社1988年版，第8页。
② 《三韩尚氏族谱》卷之一，辽宁省图书馆藏本。

市和平区）。

实胜寺位于当时盛京（沈阳）城西外攘门（小西门）外 3 里处。它坐北朝南，呈长方形，约占地 7000 多平方米。寺的正南是三楹黄绿琉璃瓦顶的山门，门内东侧为钟楼，楼内悬一口千斤铁铸巨钟；西侧为鼓楼。山门正对的是天王殿，三楹。天王殿后是大殿，为实胜寺的主要建筑，高约 10 米，五楹，硬山单檐式；周有围廊，计有 24 根明柱。大殿内装塑四方佛像 3 尊，左右列阿难、迦叶、无量寿、莲花生、八大菩萨、十八罗汉。大殿和天王殿两侧各有一座三楹配殿，东配殿藏有如来 108 龛托生画像和诸佛经，西配殿供奉着玛哈噶拉佛。

崇德三年八月，实胜寺建成。十二日，正在沈阳的尚可喜，有幸随皇太极往实胜寺拜佛，同行的都是盛京的王公贵族，有和硕亲王、多罗郡王、多罗贝勒、固山贝子、文武官员及外藩诸王、贝勒。他们出沈阳怀远门，一直西行。走近寺院时，但见：寺院前挂起了五颜六色的彩缎，院内四角的石勒坦树上各悬挂着九色彩缎，寺门到寺殿的甬道东侧也铺着白色的绸缎，好像过节一样。

很快，尚可喜等随皇太极等到达寺院，顿时鼓乐齐鸣，乐声不断，喇嘛、僧人列于寺门两旁，恭迎圣驾。在寺内喇嘛的引导下，尚可喜随皇太极等先后入寺殿、西殿，分别参拜了大佛、玛哈噶拉佛，依次行礼。礼毕，尚可喜向寺院捐 30 两白银、绸缎两匹。

入实胜寺拜佛，这对尚可喜来说，还是第一次，可以说，是尚可喜一生中与佛寺结缘的开始。不过，这次拜佛活动对他产生的影响，不可低估。后来他在广东的佛事活动，实际上正是肇始于此。无论是君臣之间的友好往来，还是拜佛活动，都是战争间隙的一个插曲，伴随着后顾之忧的解决，一场争夺辽西的战争已经来临了。

第 五 章

征战辽西

一、继续"砍大树"

哪里有战事，那里就会有尚可喜的影子，辽西战场也不例外。我们知道，皇太极即位后，指挥他的八旗劲旅，东讨西杀，南征北战，取得了辉煌的战果。可是，唯独在辽西战场，自从攻占了大凌河及周围地区以后，一直徘徊于锦右一线，没有取得重大进展。明朝关外据守的几座城池，像钉子一样钉在通往山海关的道路上，阻挡着清朝的八旗劲旅。

为了打破辽西僵局，从天聪年间起，后金（清）内部的一些有识之士就开始献计献策，为皇太极谋划攻明的方案。归结他们的意见，大致有以下四种方案：

其一，直接出兵，攻取明朝的政治中心——北京。持这种意见的代表人物是明降将祖可法和陈锦。天聪七年（1633）七月二十二日，副总兵祖可法曾上奏说："要先取北京，乃是汉国头一首城，虽费些功力，得了北京，各处城池官兵人等，自然星夜归降。"[1] 陈锦与副总兵

---

① 辽宁大学历史系编：《天聪朝臣工奏议》卷中《祖可法陈攻取事宜奏》，1980年内部出版，第69页。

祖可法的看法类似，但比祖可法的眼光要高，说得要具体一些，天聪九年正月二十五日，他建议皇太极派兵，"直抵中原"，攻取北京："北京一破，山海自开，河北传檄而定矣。起兵之日，大张榜示，明谕各路城堡，使其安心过活，是攻心之术也。"①

其二，先取山海关。持这种意见的代表人物是周一元和兵部启心郎丁文盛、赵福星。周一元主张将明朝的关外八城，放置在一边不取，而派兵从海上乘船，直抵山海关水门，自水门攻入，只要山海关一破，关外八城就"不战自败矣"②。丁文盛、赵福星则进一步阐述取山海关之策，主张利用船只从海上运兵于关内，与陆上后金兵协同作战，即"内外夹攻"，这样，"山海可得，即宁锦，皆我囊中之物"，又可以避免"逐城而攻，徒劳士马！"③

其三，渡海取登莱，两路夹击明朝，使其腹背受敌。天聪七年七月二十二日，总兵马光远上奏皇太极："一攻登莱，一过山海，使南朝腹背受敌。我汗当乘彼心慌意乱之时，统驭雄师，先取山海，山海一得，则关外城堡，不战而得。"④

其四，从大同、宣府入边，攻取明朝的政治中心北京。持这种意见的以参将宁完我为代表。天聪八年四月，他建议皇太极：应"从宣大入手"，"徐趋北京，长堑久困，相机夜袭。若北京一得，山海一闻，祖帅不召自来，大事规模方有次第矣"⑤。

这四种意见，其实都有一个共同的目标，就是入关取代明朝，夺取最高统治权。不过，这些意见都没有被皇太极采纳。因为在皇太极看来，后金的势力相对明朝来说还比较弱小，还没有强大到与明朝进

① 辽宁大学历史系编：《天聪朝臣工奏议》卷下《陈锦请攻北京及甄别人才奏》，1980年内部出版，第91页。

② 辽宁大学历史系编：《天聪朝臣工奏议》卷中《周一元之陈愚见疏》，1980年内部出版，第58页。

③ 辽宁大学历史系编：《天聪朝臣工奏议》卷中《丁文盛等请水陆并进奏》，1980年内部出版，第59页。

④ 辽宁大学历史系编：《天聪朝臣工奏议》卷中《马光远请水陆并进奏》，1980年内部出版，第71页。

⑤ 辽宁大学历史系编：《天聪朝臣工奏议》卷下《宁完我请定出征道路奏》，1980年内部出版，第85—86页。

行决战的程度，蒙古、朝鲜和明军占领的皮岛都时刻对后金构成威胁，束缚着自己的手脚；另外，明朝地广民众，城池星罗棋布，后金一旦入关攻明，势必遭到明朝军民的顽强抵抗，即使攻取了明朝关内的城池，以后金现有的兵力也很难守住，这也是皇太极所顾虑的，所以，他一直没有采纳汉官们的意见，还就此对汉官提出了批评："尔汉启心郎、生员动辄以航海取山东、攻山海关为言，天与我有限之兵，若少亏损，何以前进？为此说者，是为敌人而损我兵，徒以空言相赚耳。此奏何益！"①

到了天聪八年，汉生员杨名显、杨誉显、杨生辉三人，向皇太极进了一道奏疏，疏中设计了急缓二策，供皇太极选择："皇上如欲急图之，莫若先攻北京。"又说："皇上如欲徐图之，莫若括地屯田，遣兵于宁、锦切近地界处，住扎耕种，时惊之以兵，使彼不得耕种，宁锦必弃而逃矣。宁锦一为我有，山海更何所恃！山海归我，出入自便，在我无逾险涉远之苦，在彼有唇亡齿寒之虑。此渐次进步之法，亦不劳而收万全者也。"②从这套方案中可以看出，它的缓策是比较切合实际的，符合皇太极的"剪枝之计"，即后来的"伐大树"理论。

所谓"伐大树"理论，是皇太极提出的一个比喻。其原话是这样说的，"取燕京如伐大树，须先从两旁斫削，则大树自扑"③。在这里，皇太极把明朝比作一棵大树，这棵大树谁也不可能一下子把它砍倒，但是，如果一个人在它的周围不断地用斧子砍它，时间长了，大树最终必然会倒下。

这个策略还有一个好处，就是无须动用很多兵力。这对兵力不足的后金来说，无疑是一个上上策。当时，后金在军事上屡屡取胜，战胜明朝，可瘦死的骆驼比马大，无论是统治的疆域，还是人口，后金都不如明朝，因此，其国力和财力与明朝仍有相当大的差距，皇太极对此心知肚明。可历史上以小搏大、以弱胜强的例子比比皆是，关键

① 王先谦：《东华录》天聪七年十月。

② 辽宁大学历史系编：《天聪朝臣工奏议》卷下《杨名显等谨陈四款奏》，1980年内部出版，第93—94页。

③ 《清太宗实录》卷六二，崇德七年九月，中华书局1985年版，第853页。

取决于决策者所采取的策略。后金如果按照这个"伐大树"的策略去与明朝争锋，势必会逐渐居于上风，时刻对明朝的辽西防线构成威胁，但是，后金的实际情况仍没有使皇太极把目光转向辽西战场，原因是他有后顾之忧。

随着朝鲜的臣服、皮岛问题的解决，皇太极渐渐对自己充满了信心，认为开辟辽西战场的时机已经成熟了，甚至连做梦也梦到入大明皇宫了。对此，内院儒臣还作了解释："昔上梦入朝鲜宫，果得朝鲜。今梦入明宫，授以前史，盖天之历数在皇上矣。"① 就是说，皇太极这时已经有意对明朝发动新的军事行动了，事实上也正是如此。

尚可喜虽然没有参加清廷的决策，但却时刻关心着局势的发展，随时听后召唤。这不，到崇德三年，机会就被他等来了。

这年五月，天气刚刚转暖，皇太极就开始行动，十一日，他命和硕睿亲王多尔衮、多罗饶余贝勒阿巴泰及固山额真等监修盛京至辽河大路，在其"两边浚壕，中间增土，高三尺，广十丈"②。

作为战前准备，修路筑桥有特别重要的意义。于是，尚可喜等三顺王被征调完成这一任务。按照命令，智顺王尚可喜率领属下部分甲兵，与八家及八旗每牛录中抽出的甲兵及恭顺王、怀顺王手下的部分甲兵一起，都前往修路。为了不误工期，他们日夜操劳，千方百计调动修路甲兵的积极性。为了鼓励他们，皇太极还特意派人送来了600只羊，犒劳修路的甲兵。

俗话说，兵马未动粮草先行，运送粮草必须道路畅通，交通畅通是军事行动的前提，所以清军修路传递出两方面的信息：一是皇太极要进行军事行动，二是军事行动的方向是辽西。

因此，这次修路并不是单纯地为修路而修路，其真实的目的正在于军事需要，即为清军的下一步军事行动做准备。事实的确如此，路修好后，皇太极就发动了对明朝的攻势。一方面，他以多尔衮、豪格、阿巴泰、岳托等为将，分两路进关，转战于河北、山东，袭扰明朝内地；另一方面，令清军在辽西发动小规模的试探性进攻。尚可喜所部

---

① （清）蒋良骐：《东华录》卷三，中华书局1980年版，第40页。
② 《清太宗实录》卷四二，崇德三年五月，中华书局1985年版，第547页。

作为进攻辽西部队的成员之一，当仁不让地参加了这次战斗。

开始的战斗是在锦州、松山的外围打响的，目的是剪其羽翼，孤立锦州等军事重镇。尚可喜等三顺王所部因善于使炮，主要被用来充作炮队参战。崇德三年十月二十四日，皇太极来到松山附近的戚家堡。根据他的命令，智顺王尚可喜和恭顺王孔有德、怀顺王耿仲明、昂邦章京石廷柱、马光远等立即投入战斗，在战斗中，他们使用了攻城利器——神威将军炮。这种炮是明末从澳门引进的，射程远，杀伤力很大。清朝拥有这种炮后，多用于攻城。在神威将军炮的帮助下，尚可喜等人很快将五台（明军的五个哨所）攻克，首战告捷。① 二十八日，尚可喜又和恭顺王孔有德、怀顺王耿仲明一道，以神威将军炮攻戚家堡、石家堡，再次大获全胜，俘获人口 337 名、骡马 14 匹、牛 62 头、驴 75 头，并在战后将这些战利品交给了户部参政马福塔。②

历史往往会有它的偶然性，就在第二天，尚可喜他们准备用神威将军炮攻打锦州西台的关键时刻，奇迹发生了。不知何故，明军西台内储藏的炮药被引燃了，发生了大爆炸，接连不断的爆炸，释放出巨大的威力，瞬间将西台炸毁，这就使尚可喜等所部清军不费吹灰之力，就占领了西台这个明军的军事据点。

战争中凭借的是武力，但武力又不是唯一的依靠，有时武力和招抚相结合会收到更好的效果。十一月初一日，尚可喜与孔有德、耿仲明以胜利之师，再次对明军据守的台堡发动进攻。在发动这次进攻时，他们将武力和招抚并用，双管齐下，先是招降了"大福堡，获丁妇四十二人、牛二头、驴三头"③，接着他们又扩大战果，以神威将军炮攻克大福堡所属大台一座，获蒙古、汉人男妇总计 337 人、马骡 16 头、牛 114 头、驴 35 头、羊 88 只。④

皇太极得知尚可喜与孔有德、耿仲明等的胜利消息后，高兴异常，

① 《清太宗实录》卷四四，崇德三年十月，中华书局 1985 年版，第 581 页。

② 《清太宗实录》卷四四，崇德三年十月，中华书局 1985 年版，第 581 页。

③ 季永海、刘景宪译编：《崇德三年满文档案译编》，辽沈书社 1988 年版，第 236—237 页。

④ 季永海、刘景宪译编：《崇德三年满文档案译编》，辽沈书社 1988 年版，第 237 页。

当即于这一年的十一月初二日派遣官员往谕尚可喜等三顺王，对他们攻取戚家堡、石家堡、大福堡等的功劳予以表彰。

三天后，即崇德三年十一月初五日，皇太极驻跸连山。与此同时，尚可喜与孔有德、耿仲明等汉军再接再厉，继续对明军据守的台堡发动进攻，以猛烈的炮火攻打五里河台，将五里河台的两角摧毁。明军守备李计友、李惟观见大势已去，不得不率众归降。这一场战斗中，尚可喜与孔有德、耿仲明等共获蒙古人丁11名、妇人1名，汉人178名、妇女13名、幼小9名，马5匹、骡子1匹、牛11头、驴8头。①

崇德三年（1638），对尚可喜来说是非常重要的一年。这一年，他回到了阔别已久的辽西故土，可是江山依旧，物是人非。面对故土，他浮想联翩，感慨万千，绝对没有想到自己会以这种方式回到辽西，更想不到自己会以征服者的姿态出现在这片沃土上，而且还在这里为明朝的死敌清朝立下了汗马功劳，世事的变化，仿佛一场梦。然而，这不是梦境，而是现实。征战辽西，只是智顺王尚可喜对明作战过程中刚刚拉开的一个序幕。序幕一经拉开，战事就接踵而来。

同样，皇太极既然决定攻打明朝，他就不会停下来。自崇德三年征明，仅仅过去两个多月，崇德四年二月十四日，皇太极就不顾外面冰雪还没有融化，寒气袭人，毅然下令继续出兵征明，不给明朝以喘息的机会。这一天，尚可喜带领他的部下，跟随着皇太极统帅的大军，出怀远门，再次开往辽西，出征明朝。二十二日，尚可喜随清军到达松山。

松山在锦州西南，由明朝副将金国凤把守。它是明朝的关外四城之一，是清军进兵山海关的要道，地理位置十分重要。皇太极清醒地认识到这一点，他说："欲取（山海）关，非先取关外四城不可。"②所以，他到松山后，就根据尚可喜等三顺王所部军队善于用炮的特点，再次向他们发布了进攻的命令。智顺王尚可喜、恭顺王孔有德、怀顺王耿仲明等根据皇太极的指示，迅速调集红衣大炮，开往松山城。待

---

① 季永海、刘景宪译编：《崇德三年满文档案译编》，辽沈书社1988年版，第239—240页。

② 魏源：《圣武记》卷一，开国龙兴记三。

红衣大炮到达指定位置，尚可喜与孔有德、耿仲明二人指挥部下，立即投入战斗。他们用红衣大炮猛攻松山城东隅山台，但见炮声隆隆，一发发炮弹呼啸着飞向城墙，弹落处硝烟弥漫，激起的碎砖石块四散着飞向空中。说来也巧，这次清军的炮击又引燃了台上明军储藏的火药，再次引起大爆炸，毙明朝百总一员及兵丁等。趁此机会，尚可喜与孔有德、耿仲明所部攻占了松山城东隅山台，并尽歼那里的明朝守军。接着，路旁的两座台，也被他们依次招降。①

为了尽快攻克松山，二十四日，皇太极又登上松山南冈，亲自"相度城垣形势"。根据侦察到的情报，他又制订出攻取松山新的作战计划：城南门中间以孔有德兵，右面以耿仲明兵，左面以尚可喜兵，俱用神威将军炮攻击。耿仲明所攻处，马光远以本旗兵协攻；城门用红衣大炮九门，东南隅用红衣大炮两门，城隅用红衣大炮一门攻击。尚可喜所攻处，石廷柱以本旗兵协攻，城南门用红衣大炮八门，西南隅用红衣大炮两门，城隅中间用红衣大炮一门攻击。又马光远、石廷柱两旗各移红衣大炮两门，攻取城西南隅台，破台后，仍移四门红衣大炮于各分汛地。约定：二十五日，四鼓移炮前进，五鼓攻击。待松山城堞已坏，满洲兵可竖起云梯攻城。②

第二天，尚可喜与孔有德等如约对松山城发起了攻击。只见炮声过后，一条条火龙接连不断地飞向松山城，响起一阵阵的爆炸声。守城明军面对清军猛烈的进攻，毫不畏惧，他们冒着清军的炮火，从城中蜂拥而出。然而，清军十分猛烈的炮火，又使他们付出了惨重的代价，不得不撤进城内。见明军退入城内，尚可喜等继续用红衣大炮攻击，一番炮击后，透过战场上的硝烟，但见松山"城堞尽毁，止余城垣"③。协攻的满洲八旗诸将也受到鼓舞，他们不甘示弱，争先恐后地架起了云梯，向松山城发起了进攻。守城的明军在副将金国凤的指挥下，英勇顽强，视死如归，他们一面抵抗清军的进攻，一面"用草木

---

① 《清太宗实录》卷四五，崇德四年二月，中华书局 1985 年版，第 598 页。
② 《清太宗实录》卷四五，崇德四年二月，中华书局 1985 年版，第 598—599 页。
③ 《清太宗实录》卷四五，崇德四年二月，中华书局 1985 年版，第 599 页。

填其颓处，以为捍蔽"①。就这样，交战双方一攻一守，打得相当艰苦，战斗一直持续到傍晚。

看到天色将晚，和硕礼亲王代善建议皇太极停止攻城，待明天再攻。对代善的这一建议，诸将士及孔有德等人都表示反对，认为清军应该"急攻"，因为"一鼓作气，再而衰，三而竭"，在这关键的时刻，绝对不能给守城明军一时一刻的喘息机会。尚可喜也认为众人的担忧是有道理的，只是他没有明确表示反对而已。可是，众将的建议和担忧，并没有引起皇太极的足够重视，相反代善的建议却被他采纳了，并付诸实施。战机稍纵即逝，这一决策，终使清军错过了一次夺取松山的机会，为第二天的攻城带来了不必要的麻烦。守城明军正是利用这个机会，快速修复了被炮击毁坏的城墙，"于城南攻毁处，不用灯火，潜以绳系木塞之，覆之以土，比明，城已筑固"②。所以，第二天皇太极面临修好的城墙时，不得不考虑新的攻城方略。

二十六日，皇太极再次召集诸将商量攻城之策。大家议论纷纷，都说松山城一定能攻克，只是红衣大炮炮子及药已用大半，建议马上派人去取。二十九日，尚可喜与孔有德、耿仲明、汉军固山额真石廷柱、马光远等来到了皇太极的御营，皇太极也想听听他们的意见，让尚可喜等人与大学士范文程、希福、刚林共议攻城之策。在讨论过程中，尚可喜和孔有德、耿仲明、马光远等献上一计，说："必穿地道，令城崩乃可克。"于是攻城之议"遂定"。③

计策已定，三月初二日，智顺王尚可喜与恭顺王孔有德、怀顺王耿仲明、固山额真石廷柱、马光远等人便指挥所部，兵分三路，在松山城南开始挖地道。为了保证这一计划的实施，初四日，皇太极许下诺言，要重赏有功之人，他谕令众将士："此松山城，有能穴地以炮药崩溃之者，城破时，为首效力及运送火药之人，无主者赏而授之以官，奴仆则赏以人牛，准离其主，其指示督率官员，照先登大城例升赏，

① 《清太宗实录》卷四五，崇德四年二月，中华书局1985年版，第599页。
② 《清太宗实录》卷四五，崇德四年二月，中华书局1985年版，第599页。
③ 《清太宗实录》卷四五，崇德四年二月，中华书局1985年版，第600页。

— 137 —

协同穴城兵丁，视其出力多少，以次赏赉。"① 同时采取攻心战略，告谕松山城的明朝军民：

> 大清国皇帝敕谕松山、杏山众官军民人等知悉："尔等或以我兵攻城不下，自当退去，意图侥幸于万一，不知我兵久住于此，误尔农时，截尔海运。况尔明国军民被兵溃乱，粮食蹂躏无遗，饷道已绝，即欲运致，亦不能达，彼时虽有饷银，无从籴买，宁能以银为食乎？纵今岁或可苟延，明年决无生理，粮尽势穷，人将相食，始悔前误，亦何益哉？如此危亡之祸，尔等岂不知之？若能察天意，顺时势，速来归命，则不特军民免于死亡，尔等之丰功伟绩何可限量乎？特谕。"②

然而，皇太极的威逼利诱并没有成功，松山城依然掌握在明军手里。也许是天意如此，就在尚可喜等清军紧锣密鼓地抢挖地道的时候，三月二十七日，有 300 多蒙古兵从锦州赶来增援，乘夜进入了松山城，使尚可喜等清军挖地道攻城的计划一下子暴露了。因此，尚可喜与恭顺王孔有德、怀顺王耿仲明、固山额真石廷柱、马光远等所挖的地道遂"不能复穿"，只好"罢攻城之议"③，随皇太极返回盛京，一场攻坚战就此落下了帷幕。

无论是崇德三年（1638）的攻取明朝台堡，还是崇德四年的攻打松山城，都是小规模的战斗。尚可喜在这几次征战中，虽然不是领导者，但是他作为参加者也是功不可没的。从总体上看，这些小规模的战斗扫除了明朝关外军事重镇的外围屏障，打乱了他们原来的军事部署，切断了他们之间的联系，使其渐渐陷入孤立，而且在心理上震慑了明军。

这些小规模的战斗对清朝也产生了很大的影响，崇德四年五月十三日，皇太极在给朝鲜国王的敕书中说得很明白："朕亲率大军，两至

---

① 《清太宗实录》卷四五，崇德四年三月，中华书局 1985 年版，第 601 页。
② 《清太宗实录》卷四五，崇德四年三月，中华书局 1985 年版，第 602 页。
③ 《清太宗实录》卷四五，崇德四年三月，中华书局 1985 年版，第 606 页。

宁锦等处，原非为攻取城池也，盖欲牵制彼兵，使其东西疲于奔命，首尾不能相顾，我西征将士得以从容直捣中原耳。"① 就是说尚可喜与孔有德、耿仲明等三顺王及清军在辽西发动的军事行动牵制了关外明军，使得清军能顺利入关，袭扰明朝的京畿地区。另外，这些小规模的战斗也进一步提高了清军的士气，为下一步军事行动，即松锦决战做了军事上的铺垫。

二、决战松锦

谷应泰曾说："先是，建州有事西方，收插汉及三卫部落，屡阑入宣、大塞，故锦、宁无警，常一攻松、杏，不克，去。至是，仍移其兵于东，山海以外日事战争矣。"② 而此时的"战争"正围绕着明朝的关外军事重镇——锦州而展开。

上面已经提到，从崇德三年（1638）到崇德四年，尚可喜与孔有德、耿仲明等随清军在辽西战场上小试牛刀，就取得了可喜的战果。这使得皇太极的谋臣们更进一步地认识到"剪枝之计"的作用，增强了他们夺取辽西各个军事重镇的信心。为了早日实现这个目标，皇太极的谋臣们便积极地献计献策。其中，在众多的谋划中，尤以崇德五年（1640）正月都察院参政祖可法、张存仁，理事官马国柱、雷兴等人联名提出的一份"进取"计划最具有代表性。现将其具体内容摘录如下：

> 窃惟有国家者，必有大计，大计定，而后举措神，举措神而后奏功捷也。所谓大计者，百司不得与闻，惟帷幄谏议之臣与谋之。臣等既居斯职，宜尽乃心。今就我国事势而潜思之。所谓大计而时劳圣虑者：治理如何而安宁，进取如何而完全，讲和如何而成就。兹三者，岂非我国之要务乎？……

---

① 《清太宗实录》卷四六，崇德四年五月，中华书局1985年版，第613页。

② （清）谷应泰撰：《明史纪事本末》补遗卷五《锦宁战守》，中华书局1977年版，第1479页。

一论进取之计。皇上曾以剪枝伐树之喻见谕。臣等彼时心疑之，而不敢妄言。今熟思之，皇上必有睿见，而臣等窃有进焉。夫去人一手而人不死，去人一足而人犹生，若断喉刺心，则其人立毙矣。去手足之说，即剪枝之计，可施于劲敌之小邦，不可施于积弱之大国也。伏愿皇上蚤定庙算，攻心为上，不角力而角智，勿取物而取城，则直捣燕京，割据河北，在指日间矣。燕京之易得者，内多客处之人，若断其通津粮运、西山煤路，彼势将立困，必不能如凌河之持久，此刺心之着也。

如欲先得关外各城，莫若直抵关门，久不经战守之地，内皆西南客兵，攻取甚易，兼石门之煤不通，铁场堡之柴不进，困取亦易。山海关既取，关外等城已置绝地，可唾手而得，此断喉之着也。

如欲不加攻克而先得宁锦，莫如我兵屯驻广宁，逼临宁锦门户，使彼耕种自废，难以图存，锦州必撤守而回宁远，宁远必撤守而回山海，此剪重枝伐美树之着也。①

在这里，祖可法、张存仁等把"直捣燕京"称为"刺心之着"，把"直抵关门"称为"断喉之着"，将"先得宁锦"比作"剪重枝伐美树之着"。如此三着，各有道理，"刺心之着""断喉之着"毕其功于一役，从根本上解决问题，可谓是攻明的上策；"先得宁锦"则步步进逼，稳扎稳打，当属稳妥之策。

祖可法、张存仁等的主张较之天聪八年（1634）杨名显等人的建议虽然有相同之处，但是却在他们主张的基础上有了新的发展，即更加细化了。其一，他们将杨名显等人的"急策"细化为"直捣燕京"和"直抵关门"，并进一步加以阐述；其二，把杨名显等人提出的屯驻地点具体化为广宁，指出"屯驻广宁，逼临宁锦门户"，可以不战而屈人之兵。

---

① 《清太宗实录》卷五〇，崇德五年正月，中华书局 1985 年版，第 665—666 页。

由此可以看出，祖可法、张存仁等人的建议，的确比杨名显等人高出了一等，他们抓住了问题的关键，这就是"屯驻广宁"。我们知道，广宁是辽西的一个军事重镇，天启二年（1622），为努尔哈赤不战而得。它西接明朝，北邻蒙古，以此处为屯驻基地，既可以就近对明军据守的锦州随时发动进攻，又可以从此绕道蒙古袭扰关内，而且离盛京比较近，便于清朝后方进行接济，可以说占有广宁是上上之选。

　　然而，皇太极选择的屯驻地点却不是祖可法、张存仁等人提出的广宁，而是离锦州更近的义州。义州位于锦州东北，大凌河西岸，与锦州相距仅90里。这里地势开阔，土壤肥沃，由于历年战争，大片土地荒芜，无人耕种，在这里屯兵，正可以利用这些有利条件，垦荒屯种，就近解决清军的粮草供应问题，避免长途运输之苦。尤其重要的是，义州的军事价值对清军来说，远远高于广宁。它离锦州更近，比广宁近了50里，是锦州东北的一个重要门户，在此驻兵，清军可以随时南下，以最快的速度、在最短的时间内包围锦州，同时给明朝守军以心理上的压力，扰乱他们在锦州附近的屯种。可以说，皇太极的这一大胆设想，一下子抓住了清军攻取锦州的要害。

　　所以，崇德五年（1640）三月十八日，皇太极发布命令，以和硕郑亲王济尔哈朗为右翼主帅、多罗贝勒多铎为左翼主帅，率领清军往修义州城，驻扎屯种。果然，这一设想实施后，张存仁就认识到了屯驻义州的战略意义，他在崇德五年十二月二十五日给皇太极的一份奏疏中说："兵家之事有时、有形、有势，三者变化无定，而善用之者，在于人心。古云：兵事不可预谋。我兵始困义州，又困锦州，犹猛虎之逼犬豕，莫之敢撄矣。至今犹奋螳臂以当车轮，乃思虑所不及也。虽然非彼之智勇能抗我兵，必我兵围困不严得偷运粮粮接济，故苟延旦夕耳。臣思皇上神武睿智，来春自有成算。"同时也承认自己见识的不足："臣先言修广宁而守之者，因与白土厂相近，实为国家辟土地，立城池，渐次前进之计。今大兵住义州，已超出寻常，为臣望外之事。"[①]当然，明朝中的有识之士也看到了义州在锦州防御中的战略价

_____

①　《清太宗实录》卷五三，崇德五年十二月，中华书局1985年版，第715—716页。

值，辽东巡抚方一藻曾说："义州为前锋门户，形格势禁，足以制奴西窥"，"揣度辽局，此地在所必争"。崇祯十年（1637）他还亲自到义州实地考察，并上疏朝廷，建议明朝尽快修复义州，可是他的正确主张根本没有引起明朝廷决策人物的重视，"往复商略，驯致迁延，迄今倏逾三载"①。就这样，机遇先后摆在了明朝和清朝的面前，可是面对历史的机遇，腐败的明朝并没有抓住，相反却被清朝再次抓住了，这就为它进行松锦决战和取得胜利奠定了基础。

按照皇太极的部署，郑亲王济尔哈朗、多罗贝勒多铎率领清军浩浩荡荡地开到义州。他们到了义州后，一面通告在山海关外的明朝将士，禁止他们在宁锦地方屯种，一面抓紧时间，进行筑城和屯种。经过近一个月的劳作，到当年四月十五日，内国史院学士罗硕等从义州向皇太极报告说："我军修城筑室，俱已完备，义州东西四十里田地，皆已开垦。"②

与此同时，清朝抓紧做战前的准备，各种战备物资，如军队、粮食、马匹、红衣大炮、攻城器械等，源源不断地从朝鲜、蒙古和清朝的大本营沈阳调运到义州。到崇德六年（1641）三月份，在这一年的时间里，清朝在义州集结的兵力和军用物资日渐增多。对此，明朝人记载说："所来马步夷兵甚多，每歇宿有三十余处，大营小营，更难细数。"又"亲见车载大红夷三位，小炮亦难细数，又随带锹镢等项甚多"。他们在总兵官石廷柱的带领下，"尽入义州城内"。在明朝人的记载里，尚可喜和恭顺王孔有德、怀顺王耿仲明及皇太极的一帮兄弟子侄也都来到了义州。③

正所谓万事俱备，只欠东风。清朝的战前准备已经就绪，从哪里下手，什么时间开战，就等皇太极的命令了，这也是皇太极亟待解决的问题。

崇德五年四月十一日，都察院参政梅勒章京张存仁曾给皇太极上了一份奏疏，在这份奏疏中他建议清军应先围困锦州，他分析说：

---

① 中国第一历史档案馆：《明档》960 号，兵部为遵旨深筹等事。
② 《清太宗实录》卷五一，崇德五年四月，中华书局 1985 年版，第 681 页。
③ 《辽东巡抚丘民仰塘报》，崇祯十四年三月十六日，转引自李光涛《洪承畴背明始末》。

臣观今日情势，围困锦州之计，实出完全，但略地易以得利，而围城难以见功，必须旷日持久，将士不无苦难懈怠之心。愿皇上鼓励三军之气，坚持围困之策，截彼侦探，禁我逃亡，远不过一岁，近不过数月，自有可乘机会。虽云成事在天，而定谋未始不由于人也。兵法云：全城为上。盖贵得人得地，不贵得空城之意也。昔元太祖平定沙漠，劳数十余年之力，及取中原，欲屠近河人民，以其隙地牧马，赖耶律楚材画财赋之策，而太祖勉从。太祖之世，虽大业未成，而世祖一统之基实耶律楚材一语启之也。由是以观，欲成大业者，非人地兼得未易为也。人地兼得之术，莫若攻心。往年永平被屠，武臣生而缙绅死，文士寒心。今宁远、锦州既有寒心之文士掣肘于内，又有贰志之祖帅首鼠其中，明国见我大兵压境，急则议弃锦归宁，再则议弃宁入关。而祖帅跋扈畏罪，岂肯轻离巢穴！事若缓，则虑持久；事若急，则虑身家。人多以为祖帅背恩失信，无颜再降。臣确知其惟便是图，本无定见，一当危急，束身归命矣，况伊所素恃者，蒙古耳。数年以来，蒙古多蒙圣化来归，彼心疑而防之，防之严则思离，离则思变。伏愿皇上以屯种为本，时率精锐，直抵锦城，布命令于蒙古，以为间谍之计，再多擒土人兵卒，广布招抚敕谕，探祖帅心事以招之，体文士性情以安之，言之透彻，彼心必动，未有不相率来归者，此攻心之策、得人得地之术也。往者大凌河之降、松山之抗，岂非明效大验，古帝王传檄而定天下者，莫不由此。①

在这篇奏疏里，张存仁对明清双方的局势进行了透彻的分析，建议皇太极"围困锦州"，实施"全城为上"的攻心策略，同时"以屯种为本"，从根本上达到不战而屈人之兵的效果。这一建议和以往的作战经

① 《清太宗实录》卷五一，崇德五年四月，中华书局 1985 年版，第 680—681 页。

验，终于使皇太极决定把围困锦州作为他在辽西战场的首要选择。

崇德五年（1640）夏，皇太极接受了张存仁的建议，并亲临前线，查看锦州城的地形和明军的态势，随后对围困锦州作出部署。至崇德六年三月，清军在和硕郑亲王济尔哈朗，多罗武英郡王阿济格，多罗郡王阿达礼，多罗贝勒多铎、罗洛宏的带领下，按照张存仁的建议和皇太极的部署，将锦州城严密地包围起来。只见锦州城外沟壕纵横，栅木林立，四面尽是清军营垒，不时地有巡逻的哨兵，严密地监视着明军的动向。

清军的动向，也引起了明朝守军的警觉。他们认为"奴众此番倾力困锦，内打栅木，外挑壕堑，水泄不通，人影断绝。松城与锦相隔十八里，奴贼离锦五六里下营，即近在松城左右，今锦城壕栅已成，奴众精骑，尽绕松城，势虽围锦，实乃伺松"①。于是，兵部急令蓟辽总督洪承畴设计解蓟州之围。洪承畴依命而行，于崇祯十四年（1641）四月下旬，率领援军到达了松山和杏山之间，准备解锦州之围。

与明朝派兵增援锦州的同时，清朝也向锦州派出了援兵。崇德六年（1641）四月初五日，已经回海城休整的尚可喜接到皇太极命令，命他与恭顺王孔有德、怀顺王耿仲明各率本部兵马前往锦州，增援和硕郑亲王济尔哈朗率领的清军。经过短暂准备，四月中旬，尚可喜等率本部兵马马不停蹄地赶往锦州。

到四月下旬，明兵不断向松山推进，遂与围成的清军在石门遭遇。二十五日，双方展开激战，互有杀伤。以此为开端，明清在松山、杏山之间不断发生战事，各有胜负。洪承畴说："大敌当前，兵凶战危，解围救锦，时刻难缓，死者方埋，伤者未起"②，一份给明朝的奏疏中也写道："前次擒斩奴虏一千五百余级，皆出万死一生，心力颇为竭尽"③。朝鲜人也反映此战："清人与汉兵相持，自春徂夏，清国大将

① 《明清史料》乙编，商务印书馆民国二十五年版，第298—299页。
② 《明清史料》乙编，商务印书馆民国二十五年版，第312页。
③ 《明清史料》丁编，商务印书馆民国二十五年版，第647页。

三人降，二人战死。"①

就这样，交战的明清双方，处于胶着状态，互不相让。明军厚集兵力，步步紧逼，志在必得；清军则不甘示弱，底气十足。不过，明军的攻势，还是引起了皇太极和八旗贝勒大臣的关注，七月二十三日，汉军固山额真石廷柱给皇太极上了一道奏疏，从战略到战术，详陈取锦州、破明援军的策略，这就是围城打援，并预测清军必胜。七月初十日，皇太极命怀顺王耿仲明、恭顺王孔有德、智顺王尚可喜下梅勒章京连德成、曹德选、吴进功等率领将士往助围锦州军。

这时，明军也加快了救援的步伐，七月二十七日，蓟辽总督洪承畴正式誓师出兵，二十九日，到达松山。

松山，位于锦州和杏山之间，是明朝在辽西的军事要地，素有"宁锦咽喉"之称，一旦失守，不仅锦州失去犄角，而且会动摇全局。

到达松山后，洪承畴立即着手布置：一方面令明兵抢占乳峰山西侧，以便进攻清军；另一方面令明军环松山城结营，并掘长壕，竖木栅，严阵以待，时刻准备与清军决战。

明军安营完毕，八月初二日，即出兵与清军交战，困守锦州的祖大寿也率兵乘势从城中杀出，试图与明朝援军互相配合，杀出重围，无奈遭到清军的顽强阻击，没有成功，被迫退回城中。此后几天，清军与明援军多次激战，不过，连连失利。

明清战争已经到了关键时刻。鉴于这种情况，前线主帅多尔衮、豪格派人到沈阳向皇太极请求援兵。皇太极发布出征命令，"悉索沈中人丁"②，又"悉发国中兵继援"③锦州。十四日，皇太极不顾自己一直流鼻血，下令援军起程。他率领精骑三千，马不停蹄，星夜驰往锦州。

到达松山后，皇太极结阵于松山、杏山之间的一个山坡上。兵法

① 《李朝实录》仁祖十九年九月庚辰；又见吴晗辑《朝鲜李朝实录中的中国史料》，第3685—3686页，中华书局1980年版。

② 《李朝实录》仁祖十九年九月庚辰；又见吴晗辑《朝鲜李朝实录中的中国史料》，第3686页，中华书局1980年版。

③ 辽宁大学历史系编：《沈阳状启》，1983年内部出版，第278页。

云：知己知彼，百战不殆。为了取得这次决战的胜利，皇太极登上山岗，查看明军营寨，他既感叹明军布阵的严整，又看到了明军兵力部署的弱点，心中大喜，说："此阵有前权而无后守，可破矣。"[1] 于是，他当机立断，从锦州西面向南，一直穿越松山、杏山之间，连掘三条壕沟，各深八尺，宽丈余，将明朝援军与其后方的所有联系切断。

八月二十一日，洪承畴指挥明军向清军发动了全面进攻，清军顽强抵抗，明军"结阵于前野，清兵邀路，接战良久，杀伤相当"[2]。此战中，尚可喜率所部随英亲王阿济格与明玉田总兵曹变蛟在松山相遇了。

曹变蛟（？—1642），山西大同人，名将曹文诏之侄，叔侄二人有"大小曹将军"之称。曹变蛟少时从曹文诏效力军中，转战于山西、湖广、陕西、四川等地，镇压李自成等农民军，屡立战功，历任游击、参将、副总兵、都督佥事、左都督、总兵官等职。崇祯十四年（1641）三月，从总督洪承畴出关，驻宁远。后随洪承畴进至松山，奉命驻扎于松山的北面，乳峰山的西面，在两山之间列七座营寨，以长壕环绕。他"骁勇过人"，"勇冠诸军"。

尚可喜率领的清军与曹变蛟的明军刚一照面，便战在一处。他跃马横刀，带领部下，纵横驰骋，直杀得尸横遍野，血流成河，双方酣战多时，曹变蛟的明军不敌尚可喜军的进攻，渐处下风，随后大败而逃。随后，尚可喜又与郑亲王济尔哈朗、肃亲王豪格"合先后分番之兵，与洪承畴战"[3]，再败其军。

经此一战，明朝援军渐有怯意，无心再战，被迫退回城中。这时，他们也认识到自己已经处于危险的境地，"不但锦州困，松山又困"，因此人心惶惶，皆欲西归。战场上的这种不利态势，使洪承畴不得不作出突围的决定，他对诸将说："往时诸军俱矢报效，今正当其会，虽粮尽被围，宜明告吏卒，战亦死，不战亦死，若战，或可冀幸万一。

---

① （清）计六奇：《明季北略》卷十八《洪承畴降清》，中华书局1984年版，第330页。
② 辽宁大学历史系编：《沈阳状启》，1983年内部出版，第289页。
③ 《先王实迹》，见尚之隆、尚之瑶主修《尚氏宗谱》（二修）卷之二，第4页。

不佞决意孤注，明日望诸军悉力。"① 可是，就在洪承畴下令突围的前一天夜里，总兵王朴率所部明军乘夜逃亡，其后，总兵唐通、马科、吴三桂、白广恩等也率兵逃离松山，一路之上，他们遭到了清军的连续截杀，再加上壕沟的阻拦，明军死伤无数。面对溃不成军的部下，洪承畴只得退守松山城，等待救援。然而，被困松山的洪承畴，并不想坐以待毙。九月，他与曹变蛟等组织松山城中的所有明军，再次进行突围，不过依然没有成功。

见松山之战明军败局已定，皇太极便将下一步进攻的目标瞄准了锦州，着手加强进攻锦州清军的力量。十月初五日，智顺王尚可喜与恭顺王孔有德、怀顺王耿仲明、续顺公沈志祥接到了皇太极的新命令：率领属下兵丁往锦州驻防。二十五日，尚可喜与孔有德、耿仲明、沈志祥等人参加了皇太极为他们特意摆设的送行宴会。宴会后，他们便出发前往目的地。

我们知道，尚可喜自天聪八年归附后金后，一直随皇太极等四处征战，屡立战功，从大明王朝的守护者，变成大明王朝的掘墓人，备受清朝统治者的礼遇和青睐。松山之战中，总督洪承畴为了削弱清军的力量，还曾设下一计，试图离间尚可喜等与清朝的关系。据载，当时，朝鲜被清军胁迫参加松锦决战，为清军运送粮饷，可是被明朝水师截击，大臣李舜男等200余人被俘。崇祯十四年（1641）四月，洪承畴在派副总兵王武纬将朝鲜俘虏放归时，就修书数封，让其转交给尚可喜、孔有德、耿仲明等，可惜"不入"②，没有达到目的。从这一事件可以看出，明朝已经认识到尚可喜等人在明清战争中的作用，试图暗地里离间他们与清朝的关系，将他们拉拢过来，达到再为明朝所用的目的。然而为时已晚，早知今日，何必当初！

到崇德七年（1642）二月，洪承畴坚守松山已经半年。城中不仅粮匮，而且人心不稳；城外的情况更为糟糕，"奴挖地为壕，壕上有

① （清）谷应泰：《明史纪事本末》补遗卷五《锦宁战守》，中华书局1977年版，第1483页。

② （清）谷应泰：《明史纪事本末》补遗卷五《锦宁战守》，中华书局1977年版，第1481页。

桩，桩上有绳，绳上有铃，铃边有犬"①，"奴营遍布，水泄不通"②，明军已经被团团包围了起来。

绝望的情绪笼罩着松山的明军。这时，松山副将夏成德便秘密降清。二月十九日，他率部生擒洪承畴和明军诸将，献城投降。洪承畴、祖大乐被送往沈阳，而巡抚丘民仰、总兵曹变蛟等及所部明军3000多人悉数被杀。

松山一破，锦州失去倚靠，守城明军迅速瓦解，三月初八日，祖大寿率明军7000多人献城投降。

至此，松锦决战基本结束。这次决战，清朝取得了决定性胜利，明朝的辽西大门已经向他敞开。更为重要的是，经过松锦之战，明朝对抗清军的有生力量消耗殆尽，再也组织不起大规模的抵抗，为清军下一步行动扫除了前进道路上的障碍。

崇德七年（1643）三月二十六日，皇太极遣内秘书院学士额色黑往锦州、杏山晓谕诸王贝勒。尚可喜则与孔有德、耿仲明及续顺公沈志祥等又接受了新的任务，奉命率领所属兵丁"照例更番，候用火炮攻塔山毕，分左右翼，驻于杏山、塔山"，并将所得房舍，"各遣人居守"③，为以后清军进攻杏山做准备。

三、攻取辽西

松锦一战，明军败北，丧师失地，在朝廷上下，引起巨大的震动。他们既感到清军的锐利攻势，如芒刺在背，又对其束手无策，思量再三，不得不于崇祯十五年（1642）五月遣使求和，以迟滞清军的进攻。

但是，与此同时，皇太极并没有停止对明朝辽西的进攻，下令清军乘松锦之战的余威，进军辽西，攻占塔山、杏山、中后所、前屯卫等城池，扩大松锦决战的战果。

塔山，位于松山和宁远之间、杏山的西南，是明朝关外八城之一，

---

① 《明清史料》乙编，商务印书馆1936年版，第337页。
② 《明清史料》乙编，商务印书馆1936年版，第331页。
③ 《清太宗实录》卷五九，崇德七年三月，中华书局1985年版，第808页。

地理位置非常重要，"松山、杏山、塔山，乃锦州之羽翼，宁远之咽喉也，此三城不破，宁锦之胆不丧"[①]。其城在两山之间，地势较低。

对于塔山，皇太极的谋臣张存仁分析说："其城在两山之下，若从山上以炮击之，其屋室自坏，不多费力，而城可得矣。城一得，锦州之羽翼折，而宁远之咽喉塞。羽折喉塞，宁锦之胆自丧。"[②] 由于攻取塔山相对容易，而且具有战略意义，所以，皇太极选择的第一个进取目标便是塔山。

其实，早在松山之战时，皇太极就派出军队到塔山一带，截击从松山逃跑的明军。他令多尔衮、罗托、屯齐等人率领四旗护军和科尔沁土谢图亲王兵，在锦州至塔山的大路上截击明军；又令正黄旗骑兵镇国将军宗室巴布海、护军统领图赖，各率所部兵截击逃亡塔山的明军。

崇德七年（1643）三月二十六日，皇太极遣内秘书院学士额色黑往锦州、杏山晓谕诸王贝勒，令清军骑兵将士右翼驻于塔山，护军前锋将士也驻于塔山，汉军将士也都留下来，候用火炮攻取塔山。[③]

四月初八日，郑亲王济尔哈朗与睿亲王多尔衮移军塔山。借此机会，尚可喜也率军跟随济尔哈朗来到了塔山，参加攻占塔山的战斗。起初，他们试图招降城内的明朝守军，然而没有成功，于是，他们便架起红衣大炮，轰击塔山城，顿时火光冲天，爆炸声不绝于耳。第二天，塔山城城墙被轰开，尚可喜率领所部随清军蜂拥而入，与守城的明军展开了激烈战斗，不久，就将守城的7000名明军全部歼灭。

塔山既失，杏山更显孤立，自然成为清军夺取的下一个目标。杏山，又名杏山驿，位于锦州的西南，离锦州城十里，东北隔小凌河与其相望，西邻孤山墩，东南为望海墩。

攻取塔山后，面对杏山明朝守军，清军在多尔衮的指挥下，仍然采取掘壕围困的办法。据康熙时人王一元说，他当年经过杏山时，曾见"四山皆深壕，纵横屈曲，凡数十道，询之士人，知明末时本朝所

① 《清太宗实录》卷五三，崇德五年十二月，中华书局1985年版，第716页。
② 《清太宗实录》卷五三，崇德五年十二月，中华书局1985年版，第716页。
③ 《清太宗实录》卷五九，崇德七年三月，中华书局1985年版，第808页。

凿，以困某经略者"①。当然，这些深壕固然有的是为围困洪承畴而掘，但其中也有围困杏山时所挖。杏山之战作为明清之战的重要战役，当时身在前线的尚可喜，也率所部兵，随多尔衮赶到杏山，参加了这次会战。二十一日黎明，尚可喜与攻城清军故伎重演，仍以红衣大炮轰击杏山城，将城墙轰开了 25 丈长的口子。守城明军见大势已去，便在清军准备登城的时候，打开城门投降，因此，清军轻而易举地就占领了杏山。

清军从开始松锦之战，进行到占领杏山，短短的两年间，不仅占领了明朝在辽西的军事重镇，而且得到了大量的人口和财产。战争一结束，皇太极便将这些人口和财产分给有功将士，以对他们进行犒赏。尚可喜作为松锦决战的参与者，自然在被犒赏之列，从崇德七年到崇德八年曾多次获赏。崇德七年，尚可喜获赐蒙古 10 家、男妇 50 余人，汉人 20 家、男妇 80 人。② 七月，皇太极又将所获的蒙古男子妇女、幼稚共 420 多人，汉人 8 人分赐给三顺王，智顺王尚可喜获赐蒙古男子 10 人、汉人 1 人，妇女幼稚 12 人。③

八月二十五日，尚可喜与孔有德等人以取得征明大捷，特向皇太极上表祝贺：

> 恭惟宽温仁圣皇帝圣德高深，神功卓越，扬威疆外，破劲敌如摧枯，奋武寰中，攻坚城如拾芥，今击败明国援兵十三万，得锦州、松山、杏山、塔山四城，又生擒洪承畴、祖大寿等众官，皆皇上神谋奇策之所致也，臣等幸遇盛时，不胜欢忭，谨奉表称贺以闻。④

当天，受到皇太极赐宴招待，获赐黑貂裘一、貂皮八十、人十户。

---

① （清）王一元：《辽左见闻录》。
② （明）释今释撰定：《元功垂范》卷上。
③ 《清太宗实录》卷六一，崇德七年七月，中华书局 1985 年版，第 838 页。
④ 《清太宗实录》卷六二，崇德七年八月，中华书局 1985 年版，第 850 页。

九月，尚可喜与孔有德等又分得了罚没耿仲明的 1000 两银子。①

　　十月二十五日，皇太极过生日这天，尚可喜又以朝贺万寿节，获皇太极赐宴和朝服、雕鞍、缎布等。

　　崇德八年正月，尚可喜再获赐宴笃恭殿。

　　这些礼遇，加深了尚可喜与皇太极的感情，也使他对太宗皇帝感激涕零。然而，出人意料的是皇太极对尚可喜等汉人的礼遇，引起了满洲旗人的不满。崇德八年（1643）正月，多罗贝勒罗洛宏被人揭发，说他曾对布善车尔布抱怨："恭顺王、怀顺王、智顺王肥马华屋，而我之兵马何独羸瘦。"布善车尔布回答："昔太祖诛戮汉人，抚养满洲。今汉人有为王者矣，有为昂邦章京者矣，至于宗室，今有为官者，有为民者，时势颠倒，一至于此。"② 他们的观点不是孤立的，反映了一部分满洲旗人的真实想法。

　　随着治下人丁的增多和客观形势的变化，尚可喜渐渐地认识到归旗的重要。所以，崇德七年八月二十七日，他与恭顺王孔有德、怀顺王耿仲明、续顺公沈志祥一起奏请皇太极，请求让其"所部兵随汉军旗下行走"。这一请求当即获得批准，皇太极"命归并汉军兵少之旗，一同行走"③，改隶镶蓝旗④。

　　到崇德七年十月，尽管松锦之战已经结束将近半年，但是明朝并没有就此罢休，反而加强了对清朝的渗透和策反活动。十九日，尚可喜所部副将班志富的部下崔国泰抓获了一名叫萧大汉的奸细，经大学士希福、范文程审问得知，他是明朝监军道周法祖派来的，目的是带着书信劝恭顺王孔有德、怀顺王耿仲明与其长子耿继茂及周法祖之子周庆儿"潜遁归明"。此外，他还带来了怀顺王耿仲明下逃人张国柱捎给怀顺王耿仲明、其弟张国楼以及其诸兄、姑母、姑父等的四封信。⑤皇太极下令将书信送给孔有德、耿仲明观看，并将萧大汉处死。

　　① 《清太宗实录》卷六二，崇德七年九月，中华书局 1985 年版，第 852 页。

　　② 《清太宗实录》卷六四，崇德八年正月，中华书局 1985 年版，第 881 页。

　　③ 《清太宗实录》卷六二，崇德七年八月，中华书局 1985 年版，第 851 页。

　　④ 王钟翰校点：《清史列传》卷七八《尚可喜传》，中华书局 1987 年版，第 6439 页。

　　⑤ 《清太宗实录》卷六三，崇德七年十月，中华书局 1985 年版，第 865 页。

崇德八年（1643）八月初四日，以入关征明大捷，尚可喜与诸王大臣等上表称贺：

> 和硕郑亲王济尔哈朗、和硕睿亲王多尔衮、和硕肃亲王豪格、多罗武英郡王阿济格、多罗郡王阿达理、多罗贝勒罗洛宏、恭顺王孔有德、怀顺王耿仲明、智顺王尚可喜、朝鲜世子李淮等稽首顿首谨奏宽温仁圣皇帝陛下：皇上拯济群生，式廓疆宇，特命多罗饶余贝勒阿巴泰为奉命大将军，内大臣图尔格副之，率内外将士往征明国，毁边入关，斩敌克城，蹂躏土地，所向克捷，此皆皇上天威远播，神谋睿算之所致也，臣等不胜欢忭，谨奉表称贺以闻。①

随后，尚可喜参加了皇太极举办的盛大宴会。到了初八日，尚可喜又与恭顺王孔有德、怀顺王耿仲明、续顺公沈志祥身着朝服，在崇政殿拜见了皇太极。可是，他万万没有想到这是他见皇太极的最后一面。当天晚上，皇太极就在清宁宫"无疾端坐而崩"②。

皇太极的去世，使清朝举国上下陷入深深的悲痛之中。尚可喜感激皇太极的知遇之恩，为清朝失去这位有德明君而痛切心肺，为表示对皇太极的哀悼之情，尚可喜在给皇太极上香后，献"白金千两"③。

不过，皇太极去世后，对清朝来说，最大的危机还是皇位继承问题。由于皇太极死得突然，生前也没有确定皇位继承人，所以，清朝统治集团围绕着谁继承皇位展开了激烈的角逐。

当时，清朝统治集团中，最有势力竞争皇位的是两个人，一个是皇太极的长子肃亲王豪格，一个是皇太极的弟弟和硕睿亲王多尔衮。双方剑拔弩张，互不相让，大有火并之势。

在这场皇位争夺斗争中，尚可喜明智地采取了观望的态度。他既没有依附肃亲王豪格一派，也没有与和硕睿亲王多尔衮过于密切，而

---

① 《清太宗实录》卷六五，崇德八年八月，中华书局1985年版，第905—906页。
② 《清太宗实录》卷六五，崇德八年八月，中华书局1985年版，第911页。
③ 《清世祖实录》卷一，崇德八年八月，中华书局1985年版，第30页。

— 152 —

是静观其变。因为他深知，皇位的继承，说到底是清朝皇室的内部争权斗争，外人是不宜参与的，何况争夺的双方势均力敌，一旦站错队伍，后果不堪设想，历史上成王败寇的例子比比皆是，留下的经验教训实在太多，前车之鉴，不得不引以为戒。

果然，这次皇位之争，肃亲王豪格一派与和硕睿亲王多尔衮一派，两败俱伤，谁也没有继承皇位。登上皇位的是作为各方妥协产物的皇太极第九子、年仅六岁的福临。福临由于年小，所以由济尔哈朗、多尔衮辅政。八月十四日，济尔哈朗、多尔衮等誓告天地：

> 兹以皇上幼冲，众议以济尔哈朗、多尔衮辅政，我等如不秉公辅理，妄自尊大，漠视兄弟，不从众议，每事行私，以恩仇为轻重，天地谴之，令短折而死。①

从八月初九日到十四日，经过六天的风风雨雨，清朝国内趋于动荡的政局终于稳定了下来。

内部已经稳定，清朝便又将矛头指向了明朝关外的另外几所城池，即宁远、中后所和前屯卫等。

九月十一日，福临继位还不到一个月，郑亲王济尔哈朗、多罗武英郡王阿济格便统领清朝大军，携带红衣大炮和诸多火器，在与诸王贝勒到堂子行三跪九叩头礼、鸣炮三响后，径直向宁远开拔。作为汉军八旗主要力量之一的尚可喜所部，理所当然地参加了这次行动。经过十余天的行军，尚可喜所部汉军随清军终于抵达明朝的中后所附近。

中后所，位于广宁前屯卫城的东北，系宣德三年（1428）建。城周围三里六十九步，高三丈，城外有护城河，深一丈，宽两丈，周围四里二百步。

九月二十四日傍晚，尚可喜奉命随清军移师城北。在填平城外的护城河后，随即向中后所发起了进攻。只见天空中炮弹纷飞，发出震耳的轰鸣声，炮弹落到城墙上，发生爆炸，顿时火光四起，硝烟弥漫，

---

① 《清世祖实录》卷一，崇德八年八月，中华书局 1985 年版，第 29 页。

一团团火球夹杂着碎石、泥土，散落四周。炮火过后，八旗兵借助云梯挨牌，勇往直前，冒死登城，拼命冲杀，喊杀声、炮声不绝于耳。城中明军凭借城墙拼死抵抗，箭矢如雨，射向清军。二十五日，城墙被红衣大炮轰塌，明军失去屏障，渐渐抵挡不住清军的进攻，溃不成军，四处逃亡。不到两天的时间，中后所即落入清军之手，守城明军游击吴良弼、都司王国安等 20 余员及马步兵 4500 人被擒杀，4000 余人被俘，被掠驼马牛羊金银等物平不计其数。

攻取中后所后，清军稍作休整，随即奔袭前屯卫。九月二十九日，尚可喜率领所部随清军到达前屯卫城下。

前屯卫，全称广宁前屯卫城。原为唐朝瑞州旧址。洪武二十五年（1392），都指挥曹毅因旧址修筑，周围五里三十步，高三丈五尺。宣德、正统年间，备御毕恭、邓铎相继修葺包砌，使池深一丈，宽两丈，周围六里二百步，设三门，东崇礼，南迎恩，西武宁。卫治设在崇礼街北。中前所、中后所归其管辖。

到达当天，和硕郑亲王济尔哈朗、多罗武英郡王阿济格就"周视战垒，立营栅"，又令"运挨牌云梯红衣炮于城西"。[①] 一切准备就绪后，尚可喜率军与清军一起，遵照济尔哈朗等的命令，向前屯卫的明军发起了进攻。清军先是炮击，炮弹落处，碎片乱飞，火光四溅。炮战过后，尚可喜等与清军蜂拥而上，与明军厮杀在一起。战斗一直持续到十月初一日午刻，才慢慢停止下来。此战历时两天，清军斩明朝总兵李斌明、袁尚仁及副将、参将等 30 余员，兵 4000 余级，俘获 2000 余人，驼马、火炮等物无算，取得了决定性胜利。

战后，清军趁热打铁，派护军统领阿济格、尼堪、布善率将士往攻中前所。中前所，位于广宁前屯卫城的西南，宣德三年指挥叶兴建。城周围二里二百六十九步，高三丈，城外有护城河，深一丈，宽两丈，周围四里二百步，设有一个南门。此时中前所的守将是总兵黄色，他听说前屯卫沦陷后，胆战心惊，弃城而逃。清军紧追不舍，大败其众，轻而易举地夺取了中前所，俘获千余人，及驼马、火器等物。

---

① 《清世祖实录》卷二，崇德八年十月，中华书局 1985 年版，第 38 页。

十月十七日，尚可喜在和硕郑亲王济尔哈朗、多罗武英郡王阿济格的率领下，自宁远班师回朝。在沈阳，他们受到多罗饶余贝勒阿巴泰等文武各官的隆重迎接。二十一日，以出征有功，尚可喜再次获得清朝赏赐的人口及驼马等物。这时清朝对他战绩的肯定，也是对他效力清朝的鞭策。

至此，清军经过几年的努力，终于突破了明朝的宁锦防线，通往山海关的沿途城池残破殆尽，仅留下宁远一座孤城，孤悬关外，通往山海关的门户已经向清朝大开。清军随时可以挥军进抵山海关，叩关西向，逐鹿中原了。尚可喜也可以再临故地了。

第 六 章

从龙入关

一、关门血战

崇祯十六年（1643）底，一年一度的春节如约而至，许多人都在为过年而忙碌着，可北京紫禁城里的主人、大明天子朱由检丝毫没有高兴的意思，相反，他望着漫天飞舞的雪花，板着面孔，面露愁容，陷入了万分的焦虑之中。

令他焦虑的是，西线的李自成农民军在十月十一日占领了西安，十二月十八日，又派出李友、白鸠鹤率领的先头部队渡过黄河，占领了陕西荣和等县。到了十七年正月初八日，李自成则亲率大军从西安出发，挥师东进。一路由李自成、刘宗敏率领，取道太原、宁武、大同、宣府，入居庸关，杀向北京；一路由刘芳亮率领，从蒲坂渡过黄河，经河南怀庆、山西长治，趋河北广平府、邢台、河间、保定，逼近京城。与李自成部农民军主力，对北京形成钳形攻势。

东线，从崇祯十六年九月开始，清朝又对辽西发动了新的进攻，明军丧师失地，节节败退，中后所、前屯卫、中前所等相继失守，宁远孤悬于关外，山海关外的局势更加危急。

面对东西两线的困境，崇祯皇帝试图力挽狂澜。针对李自成农民军的攻势，他命令大学士李建泰以督师辅臣的身份代他"亲征"。失败后，又转向调吴三桂等率军入卫京师。三月初四日，他诏封吴三桂为平西伯，封蓟镇总兵唐通为定西伯。初六日，正式下令放弃宁远，命蓟辽总督王永吉、宁远总兵吴三桂统兵入关勤王，同时，还令蓟镇总兵唐通率军入卫京师。可是，崇祯皇帝的最后一颗稻草还没有来得及抓住，三月十八日，农民军就攻进了北京城，走投无路的崇祯皇帝被迫吊死煤山，大明王朝走完了它276年的艰难历程，寿终正寝了。吴三桂获悉明朝灭亡后，便回军驻守山海关，静观局势的发展。

就在崇祯皇帝被农民军逼得焦头烂额的时候，大清王朝的统治者们一方面沉浸在攻取辽西的喜悦声中；另一方面也在谋划着下一步的军事行动，即入关征明，问鼎中原。

顺治元年（1644）三月十六日，防守锦州的镇国公艾度礼等以"大兵既下前屯等城，宁远一带，人心震恐，闻风而遁"为由，请求"修整军器，储糇秣马，俟四月初旬大举"[1]攻明，此时，正逢吴三桂刚刚从宁远撤离，明朝在山海关外已经没有军事存在了。这对清朝来说，确实是个千载难逢的大好机会。然而，清朝并没有重视他的这一建议，白白地错过了这次机会。

可是，机遇再次眷顾了清朝。就在不久，传来了李自成农民军攻陷明朝首都北京的消息。机不可失，时不再来。这一消息，令清朝君臣兴奋不已。正在盖州温泉养病的大学士范文程，急忙赶回了沈阳。四月初四日，他向摄政王多尔衮上了一道奏疏：

> 乃者有明流寇踞于西土，水陆诸寇环于南服，兵民燔乱于北陲，我师燮伐其东鄙，四面受敌，其君若臣安能相保也？顾虽天数使然，良由我先皇帝忧勤肇造，诸王大臣祗承先帝成业，夹辅冲主，忠孝格于苍穹，上帝潜为启佑，此正欲摄政诸王建功立业之会也。窃惟成丕业以垂休万禩者，此时失机会，而贻悔将来者亦此时，何以言之？中原百姓罹丧乱，

---

① 《清世祖实录》卷三，顺治元年三月，中华书局1985年版，第48页。

茶若已极，黔首无依，思择令主，以图乐业。虽间有一二婴城负固者，不过自为身家计。非为君效死也。是则明之受病种种，已不可治。河北一带定属他人。其土地人民不患不得，患得而不为我有耳。盖明之劲敌，惟在我国，而流寇复蹂躏中原，正如秦失其鹿，楚汉逐之，我国虽与明争天下，实与流寇角也。为今日计，我当任贤以抚众，使近悦远来。蠢兹流孽，亦将进而臣属于我。彼明之君知我规模非复往昔，言归于好，亦未可知。傥不此之务，是徒劳我国之力，反为流寇驱民也。夫举已成之局而置之，后乃与流寇争，非长策矣。曩者弃遵化，屠永平，两经深入而返，彼地官民必以我为无大志，纵来归附，未必抚恤，因怀携贰，盖有之矣。然而有已服者，有未服宜抚者。是当申严纪律，秋毫勿犯。复宣谕以昔日不守内地之由及今进取中原之意。而官仍其职，民复其业，录其贤能，恤其无告，将见密迩者绥辑，逖听者风声，自翕然而向顺矣。夫如是，则大河以北可传檄而定也。河北一定，可令各城官吏移其妻子避患于我军，因以为质。又拔其德誉素著者，置之班行，俾各朝夕献纳，以资辅翼，王于众论中择善酌行，则闻见可广而政事有时措之宜矣。此行或直趋燕京，或相机攻取，要当于入边之后山海长城以西，择一坚城，顿兵而守，以为门户，我师往来，斯为甚便。惟摄政诸王察之。①

在这篇奏疏中，范文程详细地分析了清朝所面临的客观形势和有利条件，确立了进兵关内的主导思想，同时对入关清军提出了各方面的要求，要求他们从清朝的长远利益出发，严守纪律，秋毫无犯，以争取民心，可以说，为清军入关作了一个整体规划。

之后，多尔衮又作了进一步指示："曩者三次往征明朝，俱俘虏而行。今者大举，不似先番，蒙天眷佑，要当定国安民，以希大业。"②

---

① 《清世祖实录》卷四，顺治元年四月，中华书局1985年版，第51页。
② 《沈馆录》卷七，第13页注。

初八日，世祖皇帝御笃恭殿，赐摄政和硕睿亲王多尔衮大将军敕印，令他"代统大军，往定中原。……一切赏罚，俱便宜从事。……其诸王、贝勒、贝子、公、大臣等事大将军，当如事朕。同心协力，以图进取"①。

初九日，智顺王尚可喜随睿亲王多尔衮、多罗豫郡王多铎、多罗武英郡王阿济格等到堂子，告祭毕，陈列八纛，便率兵"声炮起行"②。此次出兵，尚可喜等三顺王及续顺公沈志祥所部兵和满洲旗、蒙古旗兵的三分之二都被征召了，基本上是倾巢而出。

十五日，当清军行进到翁后时，突然遇到了吴三桂派出的向清朝请兵的使者副将杨坤和游击郭云龙。这令清军颇感诧异，一向忠于明朝的吴三桂的立场怎么转变得如此之快呢？是什么原因促使他向大清请兵呢？

原来，吴三桂在勤王不成、回防山海关后，接受了李自成农民军的招降，可就在他前往北京觐见新主人李自成的路上，突然听说其家人遭到农民军的侵犯。关于这一点，有两种说法，一种说法是他听说其父亲被农民军追赃，"索饷二十万"；一种说法是他的爱妾陈圆圆被刘宗敏掠去，导致他冲冠一怒为红颜。所以，他毅然回军山海关，向已经投降李自成农民军、镇守关门的唐通所部发起了突然袭击，占领了山海关，公开与李自成农民军决裂。

获悉吴三桂叛变，李自成认识到问题的严重性，立即召开紧急会议，一面批评刘宗敏，并试图通过吴襄挽回局面，一面决定亲率大军于四月十三日从北京出发，前往山海关平叛。

面对步步紧逼的20万农民军，吴三桂自感不敌，思前想后，他决定向清朝请兵，救其于危难之中。

其实，从清朝的角度，一直想不战而屈人之兵，以和平手段招降吴三桂。还在崇德七年四月初八日，皇太极就曾致书吴三桂，百般劝降：

---

① 《清世祖实录》卷四，顺治元年四月，中华书局1985年版，第52页。
② 《清世祖实录》卷四，顺治元年四月，中华书局1985年版，第52页。

朕以大兵围困松锦，松山副将夏成德先行纳款，率众来归。故彼眷属并所部之人，俱加留养，洪承畴亦留养之矣。其余抗命者，尽行诛戮，惟祖大乐等因系将军之戚，姑留之。锦州祖大寿归命，其眷属部众，俱获保全，此正大将军趋吉避凶、建功立业之秋也。傥狐疑未决，不速来归，尔明国皇帝有不疑将军而加之罪者乎？将军果能乘机构会，决意来归，则明哲之智，诚附之功，与迫而后归之松锦诸臣大相悬绝，将军之亲戚可以完聚，富贵可以长保矣。否则将军之全军已为我所败，印信已为我所夺，松锦陷没，坐视而不能救，种种罪愆，尔明国皇帝宁有轻恕将军之理耶？……今将军以孤立之身，负危疑之迹，岂能自保无虞？况尔明国流寇转炽，土宇凋残，倾亡之象，将军已目击之。时势若此，将军虽勇，一人之力，其奈之何哉！将军不于此时翻然悔悟，决计归顺，劳我士马，迟我时日，彼时虽降，亦不足重矣。今尔明国皇帝虽遣使讲和，其诚伪难知，成否亦未可必，而将军亲故，俱在于斯，归我之念，诚宜早定。朕以真情反复开谕，将军其详虑而熟思之。①

接着，他又让张存仁等汉官写信招降吴三桂。崇德七年十月，他再次打出感情牌，一方面，在派多铎、阿达礼往宁远牵制明军时，就敕谕吴三桂："今者明祚衰微，将军已洞悉矣。将军与朕，素无仇隙，而将军之亲戚，俱在朕处，惟将军相时度势，早为之计可矣。"② 另一方面，让吴三桂的舅舅祖大寿致书吴三桂，并附信物——信号小刀一柄，说：

宁锦间隔，不相通问者岁余矣。春时松山、锦州相继失陷，以为老身必死无疑，不期大清皇帝天纵仁圣，不但不加诛戮，反蒙加恩厚养。我祖氏一门，以及亲戚属员皆沾渥泽，而洪总督、朱粮厅辈，亦叨遇优隆。自至沈阳以来，解衣推

① 《清太宗实录》卷六〇，崇德七年四月，中华书局1985年版，第815—816页。
② 《清太宗实录》卷六三，崇德七年十月，中华书局1985年版，第866页。

食，仆从田庐，无所不备，我已得其所矣。幸贤甥勿以为虑，但未知故乡光景何如耳？以愚意度之，各镇集兵来援辽左，未一月而四城失陷，全军覆没，人事如此，天意可知。贤甥当世豪杰，岂智不及此耶？再观大清规模形势，将来必成大事，际此延揽之会，正豪杰择主之时，若举城来归，定有分茅列土之封，功名富贵，不待言也。念系骨肉至亲，故尔披肝沥胆，非为大清之说客耳。惟贤甥熟思之。虎骨靶小刀一柄，是贤甥素常见者，故寄以取信。①

对他们的劝降，吴三桂都漠然置之，继续忠于大明，为其固守关外，使清军的行动多有顾忌。这次吴三桂不求自来，对清朝来说，无疑是天上掉馅饼，雪中送炭，于是，内心窃喜的多尔衮打开了吴三桂请兵之书，但见书中写道：

三桂受国厚恩，欲兴师问罪，奈京东地小，兵力未集，特泣血求助。乞念亡国孤臣忠义之言，速选精兵，三桂自率所部，合兵以抵都门，灭流寇于宫廷，则我朝之报北朝，岂惟财帛？将裂地以酬，不敢食言。②

如此大好时机，岂能放过？多尔衮不假思索，立即命令清军改变进军路线，向山海关方向进发。十六日，清军到达西拉塔拉。在这里，多尔衮致书吴三桂，提出了更加苛刻的条件，就是清朝出兵相助是可以的，但是，吴三桂必须投降清朝。他在信中说：

伯虽向与我为敌，今勿因前故怀疑。昔管仲射桓中钩，后用为仲父。伯若率众来归，必封以故土，晋爵藩王，一则国仇得报，二则身家可保，世享富贵，如山河之永也。③

---

① 《清太宗实录》卷六三，崇德七年十月，中华书局1985年版，第866页。
② （清）蒋良骐：《东华录》卷四，中华书局1980年版，第62页。
③ （清）蒋良骐：《东华录》卷四，中华书局1980年版，第62页。

对多尔衮提出的条件，吴三桂全部予以接受。双方从此结成联盟，齐聚山海关，共同对付李自成的大顺农民军。

二十一日，李自成农民军到达山海关。他令唐通、白广恩等率兵从山海关北进驻一片石，以从关外切断吴三桂军的退路。他自己则率领大顺军主力列阵于石河西岸，"自北山亘海"①，一望无际。吴三桂则把主力布置在西罗城的西面。列阵已毕，大顺军迅即与吴三桂的军队展开激战，从早晨一直打到中午，大顺军越战越勇，打得吴三桂军只有招架之功，而无还手之力，幸亏吴军将大顺军引到西罗城附近大炮射程之内，被守城吴军发炮轰击，多有伤亡，才遏制了大顺军的攻势，同时吴三桂军也得到了喘息机会。于是，两军转入相持状态。这一天晚上，清军到达山海关外，驻于欢喜岭。

到达欢喜岭的多尔衮，并没有立即进关，他在派图赖率军击败一片石的唐通部大顺军后，便按兵不动，静观事态的发展。清军的表现令吴三桂不满，使他显得非常着急。第二天，吴三桂就亲自到欢喜岭的威远台面见多尔衮。他使出浑身解数，尽力讨好多尔衮，据说当时还举行了乞降仪式，以换取清军尽快出兵。

乞降仪式后，多尔衮作出决定，让吴三桂军打先锋。在他看来，这样安排，一来可以考验一下吴三桂，二来可以让吴三桂军消耗大顺军的力量。为了不致误伤，他令吴三桂所部将白布条缠在臂上，以示区别。

部署完毕，多尔衮令吴三桂先行回到山海关兵营，随后他指挥清军从南水门、北水门、关中门分三路进入山海关，列阵于石河，与李自成农民军阵地隔河相望。对这次战役，多尔衮的部署是，以吴三桂军为前锋、阿济格为左翼、多铎为右翼，各统万骑，他自己则殿后指挥。

在清军挺进山海关的过程中，尚可喜一直率军随清军大部队行动。此时此刻，尚可喜所部汉军也奉命进入了关内，驻兵于石河。这是他

---

① （清）张廷玉等：《明史》卷三百九《李自成传》，中华书局 1974 年版，第 7967 页。

生平中第二次来到山海关。面对雄关，回想起天启三年（1623）自己叩关遭拒的情景，他不胜感慨，感慨短短 10 年间强大的明王朝江山不保，被李自成农民军推翻，感慨这天下第一关再次易主，更感慨自己在 20 年后以胜利者的姿态，昂首阔步地进入了山海关，可是眼前百般萧条、物是人非的景色又令他心中多了几分惆怅。然而，强敌当前，容不得他多想，现在需要做的，就是等待命令，与大顺农民军展开激烈厮杀。

在清军调兵遣将的同时，大顺军也进行了战前部署，在石河西岸他们布成一字长蛇阵，从北山一直延伸到海边，随时准备与吴三桂的军队决一死战。

战斗一开始，吴三桂军的精锐悉数出战，无不以一当百。大顺军一方面从正面与吴三桂军交锋，另一方面又从南、北两个方向压过来，包抄吴三桂军，他们"贾勇叠进"①，一下子对吴三桂军形成三面合围之势。

恰在这时，天气陡变，战场上刮起了一股大风，但见飞沙走石，尘蔽天日，咫尺莫辨。风停尘散，双方再次对阵。李自成带着明朝太子站在高岗上，立马观战。只见战场上炮声隆隆，战马嘶鸣，飞石如雨，刀光剑影，河水尽赤，吴三桂指挥军队左冲右突，顽强抵抗。大顺军的阵形被冲得时开时合。激战一直持续到中午，双方互有胜负，大顺军略占上风。

经过一上午的激战，双方均已疲惫。就在这千钧一发之际，早已蓄势待发的清军听到多尔衮的出击命令后，如脱缰的野马，向大顺军猛烈地冲杀过去。清军铁骑从吴三桂的右侧蜂拥而出，将攻击吴三桂的大顺军拦腰切断，战场上形势顿时发生了根本的变化，正处于下风的吴三桂军突然咸鱼翻身，起死回生；刚刚还占上风的农民军则惊慌失措，仓促迎战。战场上战马驰驱，刀枪翻飞，喊杀声、炮声、战鼓声、兵器碰撞声交织在一起，不绝于耳。一直等待出击的尚可喜，这时也率所部跟随着清军的大队人马，纵马驰骋，冲入阵中，与大顺军

① （清）谷应泰：《明史纪事本末》卷七八《李自成之乱》，中华书局 1977 年版，第 1363 页。

拼杀起来，只见他挥舞大刀，上下翻飞，凡接战者非死即伤。他的属下汉军与满洲骑兵一样，无不以一当十，奋勇冲杀，所向披靡。面对突然杀出的清军，大顺军自知不敌，难以抵挡，稍作抵抗，便马上随李自成西逃。见主帅逃离战场，大顺军更是阵脚大乱，自相践踏，伤亡惨重，军械辎重，损失无算，连大将刘宗敏也中箭受了伤。

这场大战，是清军与大顺军的第一次战场交锋，也是一次重要的决战，交战双方都投入了相当的精锐，清军由于以逸待劳、闪电出击而大获全胜。据记载，此战相当惨烈，直到康熙年间，那里的景象仍让人不寒而栗、触目惊心，有诗为证：

> 二十年前战马来，石河两岸鼓如雷。
> 至今河上留残血，夜夜青磷照绿苔。①

山海关大战后，兵败如山倒的大顺军余部不得不且战且退，奔向永平。在这里，李自成渐渐地聚拢起溃散而来的农民军，得数万人。为了迟滞清军与吴三桂的追击，赢得喘息的时间，尽量保存大顺军的有生力量，他果断地与追击而来的吴三桂议和，特派明朝降官张若麒赴吴三桂军中，商讨议和事宜。吴三桂开出的条件是：农民军必须归还崇祯皇帝的太子朱慈烺和永、定二王，从北京撤离，保证明朝宫中器物原封不动，方可罢兵。李自成表示只要吴三桂领兵撤回山海关，让他顺利地撤回北京，一定将明朝太子交给他。吴三桂表示同意。所以吴三桂与清军在追奔40余里，便返回了山海关。

山海关之战的胜利，与吴三桂有莫大的关系。所以，四月二十二日当天，摄政王多尔衮便对吴三桂论功行赏，进封其为平西王，赐玉带、蟒袍、貂裘、鞍马等物。清初的历史上除了恭顺王孔有德、怀顺王耿精忠、智顺王尚可喜外，又多了一位平西王吴三桂。

---

① 《临榆县志》卷六。

二、追战庆都

获得山海关战役胜利的大清朝摄政王多尔衮，没有满足于眼前的战果，他的目标非常远大，就是要占领落入农民军手中的北京城，进而入主中原，问鼎天下。所以，他在论功行赏结束后，又进行了如下安排：一是令山海关城内军人全部剃发；二是拨马步兵一万隶属吴三桂，于二十三日，作为先头部队，与尚可喜等所部兵直趋北京，追击李自成的大顺军；三是在二十四日行进到新河驿时，向身在沈阳的世祖皇帝详细汇报山海关的战况及清军下一步的行动。

不过，多尔衮作出的最重要的决定是晓谕诸将，严申纪律："此次出师，所以除暴救民，灭流寇以安天下也。今入关西征，勿杀无辜，勿掠财物，勿焚庐舍，不如约者罪之。"并向明朝官民表示了"取残不杀、共享太平"之意。①

我们知道，在此之前，四月十三日，多尔衮率领清军行进到辽河地方时，曾以军事行动征求了投降清朝的洪承畴的意见，洪承畴建议：

> 我兵之强，天下无敌，将帅同心，步伍整肃，流寇可一战而除，宇内可计日而定矣。今宜先遣官宣布王令，示以此行特扫除乱逆，期于灭贼。有抗拒者必加诛戮，不屠人民、不焚庐舍、不掠财物之意。仍布告各府州县，有开门归降者，官则加升，军民秋毫无犯；若抗拒不服者，城下之日，官吏诛，百姓仍予安全；有首倡内应立大功者，则破格封赏，法在必行。此要务也。②

然而，多尔衮并没有明确表示要按照洪承畴的建议，约束清军，如他在四月十六日给吴三桂的信中只是说：

---

① 《清世祖实录》卷四，顺治元年四月，中华书局 1985 年版，第 55 页。
② 《清世祖实录》卷四，顺治元年四月，中华书局 1985 年版，第 53 页。

> 向欲与明修好，屡行致书。明国君臣，不计国家丧乱、军民死亡，曾无一言相答，是以我国三次进兵攻略，盖示意于明国官吏军民，欲明国之君熟筹而通好也。若今日则不复出此，惟有底定国家、与民休息而已。予闻流寇攻陷京师，明主惨亡，不胜发指，用是率仁义之师，沉舟破釜，誓不返旌，期必灭贼，出民水火。①

即以"仁义之师"的名义进关，"灭贼出民水火"。直到二十二日，他才像刘邦入关中时那样约法三章，与诸将发誓说"今入关西征明，勿杀无辜，勿掠财物，勿焚庐舍，不如约者罪之"②。这一政策的实行，为清军顺利进军北京创造了更为有利的条件，后来的事实也证明了清朝统治者的远见卓识，就在清军进军北京的过程中，沿途归降者接踵而至，如抚宁县知县侯益光、昌黎县知县徐可大、滦州学正孙维宁等，皆率民迎降，沿边各官也不乏前来投降者。

三十日，清军驻公罗店，蓟州监军道李永昌，丰润县副将赵国祚，遵化闲住总兵唐钰，副将尤可望，守备陈良谟、黄家顺、卜大式，千总文三元等率众迎降。同日，材官常义、吴有才、唐有功自通州前来归降。

伴随着明朝官员、军队的归降，智顺王尚可喜随阿济格率领的清军马不停蹄地向北京进发，京城离他们越来越近。然而，李自成的大顺军却没有觉察到危险已经来临，仍驻营于永平。也许他们根本没有想到吴三桂会去而复返，带领清军追杀过来。当他们发现有清兵追来后，又为时已晚，仓促间，他们急忙组织抵抗。无奈新败之后，士气低落，军心涣散，根本无法与锐气正盛的清军和吴三桂军相抗，刚一接战，就败下阵去。李自成被迫率领残部向北京撤退。行至永平城西面20里的范家庄时，他对吴三桂的背信弃义恼羞成怒，下令将吴三桂的父亲吴襄斩首示众，然后，马不停蹄地逃往北京。

二十六日，李自成回到北京。此时的他，考虑的只有两件事情，

① 《清世祖实录》卷四，顺治元年四月，中华书局1985年版，第54页。
② 《清世祖实录》卷四，顺治元年四月，中华书局1985年版，第55页。

一件是准备登基大典，一件是从北京撤出。在他看来，山海关新败之后，大顺军士气低落，已经抵挡不住吴三桂和清军的联合进攻，更守不住偌大的北京城，撤出北京，退往陕西，凭险固守，或许能有转机。于是，他将军师牛金星召来，心情沉重地对他说："北兵势大，城中人心未定，我兵岂可久屯在此？即十北京，不敌一秦中险固，为今之策，不若退处关西，以图坚守。"

牛金星回答说："大内金银搜括已尽，但皇居壮丽，焉肯弃掷他人？不如付之一炬，以作咸阳故事，即后世议我辈者，亦不失为楚霸王之英豪。"① 李自成同意了他的建议，令在宫中四处堆积竹木、桐油、硝黄等易燃物，随时准备点火。

二十八日，也就是李自成杀吴三桂全家的第二天，尚可喜率军随阿济格、吴三桂等追击李自成农民军抵达了京畿地区。面对追踪而来的清军，李自成命刘宗敏、李锦、李岩等出城迎战，没想到接战后，再次败北，损失惨重，伤亡两万人，只好退回城中。李自成得知战败的消息，心中一惊，倍感失落，看来只好三十六计走为上计，做撤离北京的准备。

二十九日，李自成在武英殿匆匆举行了即位典礼，封其七代祖妣为帝后，又以天佑阁大学士牛金星代他行祭天礼。事后，他一面命令将宫中尚未运完的珠宝装车运走，一面在撤离前命令点燃宫中堆积的薪柴和硝黄。

这时，尚可喜率军随阿济格与吴三桂等清军先头部队已经到了北京郊外。晚上，他们见城中燃起熊熊大火，料到李自成农民军必定从齐华门西逃，于是，尚可喜等按照吴三桂的布置，静等李自成农民军的到来。吴三桂等人的部署是：一方面在西山设疑兵；另一方面派人搜集了数千个酒罂，每个都装满石灰，乘夜将它们埋在齐华门外的大道上，每隔一段埋设两个，然后伪装好。

三十日，天刚蒙蒙亮，李自成农民军的大队人马从齐华门鱼贯而出。不料，他们刚出门，就踩中了吴三桂等事先埋下的酒罂，顿时石

---

① （清）计六奇：《明季北略》卷二〇，中华书局 1984 年版，第 501 页。

灰四散，烟尘滚滚，农民军的眼睛被迷得火辣辣地难受，连睁开都困难，时而马失前蹄，时而人马相撞，顿时大乱。恰在这时，远处又传来了喊杀声，本来已经大乱的队伍更加慌乱，自相践踏，争先逃命，恨不得自己多长两条腿。

李自成农民军从北京撤出后，吴三桂本想率领军队进北京城，可是遭到清朝摄政王的否决。三十日，多尔衮令内外藩王、贝勒、贝子、公、固山额真、护军统领等率领清军追击李自成农民军。于是，吴三桂只好与尚可喜等清军一起西进，寻找战机，继续打击大顺农民军。

李自成农民军出北京城时，曾携带了大量的财物，车载骡驮，行进速度非常缓慢，所以，出城才30里就被尚可喜等清军追上。为了赢得撤退的时间，大顺农民军不得不丢弃随身携带的财宝，吸引尚可喜和阿济格、吴三桂等的追兵，如此反复，历经劫难，终于在五月初二日①撤退到了保定。

经过连日来的行军和遇袭，李自成农民军已是饥肠辘辘，人困马乏，"虽钲鼓喧阗，而骑无行列，弧折箸残，人尽阻饥"②，迫切需要好好地休整一番，然而尚可喜与阿济格、吴三桂等率领的追兵让他们的希望变成了泡影，丝毫不给他们留有喘息的机会。就在他们到达保定不长时间，尚可喜和阿济格、吴三桂等率领的追兵也赶到了这里。随后在庆都（今河北望都县）追上了李自成农民军，两军于是再次对阵。

疲惫不堪的李自成农民军顾不得劳累与饥饿，奋起迎战，试图扭转战局，然而，在士气正盛的清朝追兵军面前，他们又失败了，所以

---

① 关于李自成农民军撤到保定的时间，有三说：《明季北略》卷二〇之"吴三桂请兵始末"载"吴三桂追自成于保定，胜之。明日，追至定州""初二日己丑，三桂兵追至定州清水河下岸"，据此农民军撤到保定的时间为五月初一日。另一说是初二日，《国榷》记载说己丑即初二日"吴三桂追贼至保定，贼还兵而斗，三桂分击，破之"。再一说为初三日，顾诚持这一观点，依据的是《保定府志》中的记载日期。我们知道，北京到保定的距离并不近，朝鲜人曾说"自北京至保定府凡七日程（朝鲜人的计程方法），八王疾驰三日才及于保定，马困人疲"，农民军由于扶老携幼，带的辎重财物又多，一天行进不过数十里，所以从四月三十日离开北京，五月初一或初二日到达保定确实不现实。初三日到达的可能性大，而且这与阿济格的行军时间也相吻合。

② 《保定府志》卷一七《忠烈》，康熙十九年本。

不得不继续南撤，逃离庆都。南撤过程中，负责殿后的部队又把"大内锦绮缠挂树上，铸金为瓴甋，抛置道右，啖追骑以可欲，少缓须臾"①，就是把从北京明朝宫中带来的锦、绮等丝织品挂在树上，把重新烧制的金块、银块等抛在路边，用来吸引追兵，迟滞他们的追击，同时加快了行军速度，以摆脱追兵。可是，尚可喜和阿济格、吴三桂等率领的清军识破了大顺军的计策，不愿意拾取财物延缓行军速度，依旧紧追不舍。不久，尚可喜和阿济格、吴三桂等率领的清军便远远望见负责殿后的李自成农民军谷可成、左光先部。这时，谷可成、左光先看见自己队伍后面尘土飞扬，也马上意识到尾随而来的清军已经追来了，一场恶战又在所难免。

谷可成，又作谷大成、谷英，初从李自成起义，屡从征战，拜果毅将军，崇祯十一年（1638），潼关原之战兵败后，与刘宗敏、田见秀、张世杰、李弥昌等17骑随李自成逃亡崤函山中，封蕲侯。崇祯十七年，李自成从北京撤离后，奉命与左光先一起殿后，掩护大顺农民军撤退，撤退途中不断地与清朝追兵接战，迟滞清军的追击。

左光先（？—1645），明末将领，陕西榆林人。崇祯朝历官游击、副总兵、固原总兵。崇祯四年（1631）春，与张承荫在保安击败农民军，斩神一元，又与曹文诏配合镇压陕西农民军。五年，守合水，巷战有功。七年，奉命救陇州，与贺人龙合击，败李自成农民军，四月，再败李自成农民军于高陵、富平。八年，与曹变蛟击败高迎祥军，继奉洪承畴之命率军救西安，败李自成农民军。九年，败李自成农民军于固原，使其逃亡庆阳、环县，又奉孙传庭之命与曹变蛟击败马进忠部起义军。十年，奉洪承畴之命与曹变蛟、祖大弼等合击混天王、过天星农民军。十一年，从固原进兵，降混天王，又阻击李自成农民军入汉中，继奉命从洪承畴入卫京师，两年间，曾先后因征战不力被停俸和贬五秩。十三年，奉命往辽东，参加松锦决战，旋奉洪承畴命回关内养精蓄锐，废不用。十六年，李自成农民军攻克西安后，投降李自成，官至将军。李自成自北京撤离后，奉命与谷可成一起殿后，撤

---

① 《保定府志》卷一七《忠烈》，康熙十九年本。

退途中屡与追兵激战。

初八日，谷可成、左光先在庆都与定州①之间的清水河摆好阵势，准备与尚可喜和阿济格、吴三桂等率领的追兵交战。不一会儿，清军就赶到阵前，稍作布置，立刻发起攻击，但闻鼓声如雷，人喊马叫；两军阵前战马驰驱，飞矢如蝗，刀枪落处，鲜血四溅。刚一开始交战，饥疲不堪的农民军看到清兵的攻势，顿时胆怯，自乱阵脚。谷可成大声呵斥，立斩退却者数人，然而军心已乱，始终没有阻止住部众的退缩。尚可喜和阿济格、吴三桂等看到这一破绽，立即率领追兵乘势冲杀。在尚可喜等清军的勇猛冲击下，农民军的阵势更加混乱，于是双方展开了一场混战，混战中，谷可成不幸阵亡。见主帅被杀，农民军顿时大乱，丢盔卸甲，回身逃命，又自相践踏，死伤累累。左光先见状，立刻率军前来接应，没想到被蜂拥而来的清军用长刀砍断了马足，马失前蹄，他顺势一个跟头，从马上跌落下来，摔断了腿。护卫立刻给他换了一匹马，扶他上去，可是他腿部疼痛难忍，已经不能骑马了，于是护卫们扛起他，飞奔而去。农民军主帅一死一伤，已无力抵挡尚可喜和阿济格、吴三桂等清军的进攻，纷纷败下阵来，逃往定州方向。此战，尚可喜与阿济格、吴三桂等消灭农民军数千人，夺其妇女两千，获金银700余万及辎重无算，招降溃败的农民军万余人。接着追奔十四五里，并在定州驻扎下来。

---

① 关于这次作战的地点，史书记载不一：一说是河北庆都。《清世祖实录》卷五记载"乙未（初八日），多罗武英郡王阿济格等追击流贼于庆都县，大获其辎重"，卷六载"其大军追击贼兵至真定之庆都，两战两败之，贼势益不支，鸟兽骇散"；《清史列传》卷四《哈宁阿传》说"击流贼李自成至望都，大破其众"，卷七八《尚可喜传》载"至望都，斩贼将谷克成等"；康熙十七年《庆都县志》卷三《政事》也有记载"五月，我大清兵追流寇于邑城东，寇大败，狼狈昼夜亡去"；此外，《先王实迹》《元功垂范》也都记载此战发生在庆都。一说是定州北，《明史纪事本末》卷七八"李自成之乱"记载"又追破之于定州北，夺其妇女两千获辎重无算，招降溃贼万余人"；《国榷》记载庚寅即初三日"吴三桂追贼至定州北十里清水铺，伪都尉谷英麾兵还战"；《明季北略》卷二〇"吴三桂请兵始末"载"初二日己丑，三桂兵追至定州清水河下岸，斩贼将谷大成，左光先坠马折足"；民国二十三年《定县志》卷一七"兵事篇"载"十七年，流贼李自成为满兵败于山海关，弃京城南遁。至定州，南阳唐河，吴三桂乘胜追及之，乃还战。谷可成、左光先者，贼骁将也，可成斩于阵，光先伤足，几死。自成大惊，亟渡河西窜"。综合两种说法，有可能是在庆都开始接战，农民军且战且退，一直打到定州北。

尚可喜参加的庆都之战，是继山海关之战后对李自成农民军的又一次沉重打击，再一次证明李自成农民军仍然没有从失败的阴霾中走出来，他们士气低落，缺少锐气，犹如惊弓之鸟，与进北京前的农民军相比简直是天壤之别。为了鼓舞士气和扭转不利的局面，进而逼退追兵，撤到真定的李自成思前想后，决定亲自同追兵一决雌雄。他调集大队人马，率领诸将，在河北真定摆开阵势，并对吴三桂说："今日亲决死斗，不求人助，乃为豪杰耳。"可是，吴三桂和阿济格、尚可喜等率领的清军没有理会其激将法，反而指挥追兵猛冲猛打，清军固山额真谭泰、准塔与护军统领德尔德赫、哈宁阿等也率领清军先后加入战斗。双方你来我往，纵兵驰驱，刀枪飞舞，一直激战到傍晚，互有伤亡，胜负未分。

　　也许是天公有意成全尚可喜、吴三桂等清军，就在两军激战当中，忽然又狂风大作，黄沙蔽天，将李自成农民军的不少旗帜刮倒和吹折。古人很迷信，凡是在战场上旗帜被刮倒和吹折都是很不吉利的，所以，李自成心中一惊，马上担心继续战斗下去会使农民军受损，急忙下令农民军从战场上撤离。就在这千钧一发之际，突然，一支流矢飞来，正中李自成肋下，痛得他翻身落马，身边的护卫急忙将他救起，护送回营。就这样，李自成的反击行动在阿济格、吴三桂与尚可喜等率领的清军的联合打击下又一次失败了。

　　经过庆都、真定两次大战，李自成农民军已经无力挽回败局，只好从真定撤离，经获鹿、井陉，过固关，退入了山西境内，做继续抵抗的准备。固关是从河北进入山西的交通要道，易守难攻。尚可喜与阿济格、吴三桂所率领的清军追到这里，见关上有李自成农民军把守，便知难而退，决定回师北京。

　　五月十二日，尚可喜所部与阿济格、吴三桂等率领的清军胜利班师，风尘仆仆地回到了北京。回京之日，他们受到很高的礼遇，大学士范文程奉多尔衮之命亲自出城迎接。入城后，他们又前往紫禁城拜见了摄政王多尔衮。

三、再战晋鲁

山海关一战，清朝借助吴三桂，一举击溃李自成农民军，顺利地挺进京畿地区，进而占领北京，将皇太极的梦境变成了现实。入京后，以多尔衮为首的清朝统治者，一方面采取措施，吸引前明旧官僚归降清朝，为其服务；一方面发布命令，争取民心，稳定京城的社会秩序。五月二十四日，他谕兵部：

> 我国建都燕京，天下军民之罹难者，如在水火之中，可即传檄救之。其各府州县，但驰文招抚。文到之日，即行归顺者，城内官员，各升一级，军民各仍其业，永无迁徙之劳。予前因归顺之民无所分别，故令其剃发，以别顺逆，今闻甚拂民愿，反非予以文教定民之本心矣。自兹以后，天下臣民，照旧束发，悉从其便。予之不欲以兵甲相加者，恐加兵之处，民必不堪，或死或逃，失其生理故耳。今特遣官传谕，凡各府州县军卫衙门来归顺者，其牧民之长、统军之帅，汇造户口、兵丁、钱粮数目，亲来朝见。若逆命不至，当兴师问罪而诛之。其朱氏诸王，有来归者，亦当照旧恩养，不加改削。山泽遗贤，许所在官司从实报名，当遣人征聘，委以重任。……自兹以后，凡我臣民，俱宜改弦易辙，各励清忠。此不特沾禄秩于一时，功名且传于奕世矣。①

不过，以多尔衮为代表的清朝统治者清楚地认识到，占领北京只是迈出了入关征战的第一步，今后要走的路还很长，面临的形势也更严峻、更复杂。李自成农民军虽然被击败，但是还占领着广袤的区域，拥有相当的军事实力；南京建立的福王南明政权，作为新兴的一股政治势力，占有东南一带的富庶地区，麾下的军事力量也不可低估；西

---

① 《清世祖实录》卷五，顺治元年五月，中华书局 1985 年版，第 59—60 页。

南的张献忠虽然远隔千山万水，暂时不会与清朝冲突，但最终仍然会是清朝的一支劲敌；分布于北方各地的前明残余势力，对清朝的真实态度，一时还很难分辨。

从控制区域来看，清军入关后，仅仅控制了京畿地区，尽管尚可喜与吴三桂、阿济格等率领的清军追击李自成农民军后，经过保定、庆都、真定等战役，又控制了河北的部分地区。然而，这比起前明的疆域，可以说少之又少。要扩大控制区，就要向原有控制区的周围地区拓展空间，这样一来，攻城略地，势在必行，与京畿地区距离最近的山东、山西、河南，自然而然地就成为清朝的占领目标。

早在五月十二日，多尔衮率领清军占领北京刚刚 10 天，都察院参政祖可法、张存仁就给多尔衮上了一道奏疏，他们说：

> 今王代天行仁，泽及万姓，内外欢忭。戡定之速，莫逾于此。窃以削平祸乱，肇成大业，所当急图绥宁，不可或缓。盖京师为天下之根本，兆民所瞻望而取则者也。京师理，则天下不烦挞伐，而近悦远来、率从恐后矣。然致治亦无异术，在于得人而已。臣等所虑者，吏、兵二部，任事不实，仍蹈汉习，互相推诿，任用匪人，贻误非小。今地广事繁，非一人所能理，安内攘外，非一才所能任。宜将内院通达治理之人，暂摄吏、兵二部事务。至于山东乃粮运之道，山西乃商贾之途，急宜招抚。若二省兵民归我版图，则财赋有出，国用不匮矣。①

在这篇奏疏里，祖可法、张存仁除了强调清朝进入北京要收拢人心、选拔任用人才、避免明朝官场故习外，还特别指出了占领山东、山西的重要性。看了奏疏，摄政和硕睿亲王多尔衮回复说"尔等言是"。

明朝灭亡，清朝入主北京不久，五月十五日，逃离藩王府的福王朱由崧，在大臣的扶持下，在南京即皇帝位，建立了南明小朝廷，年

---

① 《清世祖实录》卷五，顺治元年五月，中华书局1985年版，第58页。

号弘光。南京是明朝最初的都城，后来又成为陪都。它地势险要，素有"龙盘虎踞"之称，北依长江天险，南靠江浙富庶地区。既有较为完备的统治机构，又有充足的防守力量和设施。南明的建立，预示着在清朝逐鹿中原的过程中，又要面对一股新的政治力量。南明建立后，史可法当即建议在长江以北设置四镇，其中就有刘泽清所辖的一镇，他驻扎于淮北，经理山东一带军事，以为"恢复之计"。

山东地处北京与南京之间，清军要南下，南明要北上，都是其必经之地。这一点清朝与南明都看得非常清楚。所以，六月初四日，摄政王多尔衮令户部右侍郎王鳌永前往山东、河南进行招抚。

王鳌永（1588—1644），字克巩，号蘅皋，又号涧溯，山东临淄人。天启五年（1625）进士，授湖北宜城县令，累官郧阳巡抚。崇祯时，因张献忠攻打兴安，奉命防守江陵。其间，他曾因征讨农民军得罪大学士杨嗣昌。杨嗣昌兵败后，他被授户部右侍郎，赞成主事蒋臣所奏钞法，设内宝钞局。后出任通州巡抚。李自成农民军进入北京后，遭到拷索，因输银获释。顺治元年（1644）五月，投降清朝。

王鳌永领命后，立即奏请让井陉道方大猷、员外郎张慎言、主事胡之彬和潘臣与他一同前往，并上疏说："重兵屯集京畿，筹饷维艰。自畿南、山东、河南要地有八，宜各移兵驻镇。俟秋爽，大兵进剿闯贼，就近调度，可北控潼关，南扼武关。"[1] 他的分析，比祖可法、张存仁的看法又进了一步，确切地指出了山东、河南的战略重要性。所以，得到多尔衮的赞同。同月，即派都统巴哈纳、石廷柱率师前往山东，协助其"剿抚山东郡邑"[2]。

从北京到山东，德州首当其冲。当时德州控制在李自成农民军余部的手中，王鳌永到达德州后，即与固山额真觉罗巴哈纳、石廷柱等向驻守德州的农民军展开进攻，将其击败。不久，即赴济南等地，进行招抚。

剿抚并用、恩威并施是清朝入关以来一直坚持的原则，在山东，也不例外。由于王鳌永在招抚的过程中，不时遇到抗清武装的反抗，

---

① 王钟翰校点：《清史列传》卷七八《王鳌永传》，中华书局 1987 年版，第 6419 页。
② 王钟翰校点：《清史列传》卷五《石廷柱传》，中华书局 1987 年版，第 315 页。

所以清朝决定向山东增兵。此时，同阿济格、吴三桂等追剿李自成农民军的智顺王尚可喜已经于五月十二日回到了北京，经过一个多月的休整，已是兵强马壮，俨然一支生力军。于是，尚可喜奉命令其所部汉军的一部分前往山东，参加征剿行动，"王分遣马步兵同固山叶青（即叶臣）从德州狗下齐鲁诸郡"①。

尚可喜所部汉军经过德州后，一路征战，在王鳌永和登莱巡抚陈锦、沂州总兵夏成德、胶州副将柯永盛等的配合下，山东诸郡或被攻破，或献城投降，可以说战果辉煌。尤其值得注意的是，这次出征山东，尚可喜所部意外地获得了一个人才，这就是他后来的重要谋士金光。史书载：金光"客登州，遇平南王尚可喜，延之于幕。……光自顺治元年赞可喜幕，几三十年，至是可喜上其功，诏授鸿胪寺卿衔"②。

金光（1609—1676），原名汉彩，字公绚，号天烛，浙江义乌人。他自幼聪颖，好学不辍，涉猎广泛，凡经史百家、历代典章、医药占卜、天文地理、奇门阵术等，均有兴趣，却淡泊功名。科举考试失败后，更无意于博取功名，转而游历大江南北，投身于山水之间。所学知识的日渐丰富，游历途中的所见所闻，使他眼界大开，见识非凡。著有《见在本论》《砭俗通言》等。顺治元年（1644），他正好因访友客居登州。也许是命运的安排，就在这一年，他迎来了自己人生的一次重大转机，遇到了智顺王尚可喜。

尚可喜见到金光后，与他长谈，越发感到他满腹经纶，从内心里非常欣赏他，于是对他以礼相待，备加照顾。起初，金光因为尚可喜投身清朝统治者，不愿为其服务，所以曾多次逃走，但每次被尚可喜发现后，均将他追回，虽然曾给他一定的责罚，但总体上一直是优礼有加。金光有感于尚可喜的真诚相待，最后决定留下辅佐他，做了他的幕僚，为其出谋划策。事实证明，在后来的戎马岁月里，金光确实给尚可喜提出了许多好的建议，如在撤藩问题上，他就建议尚可喜说："王已位极人臣，恩宠无以复加。树大招风，朝廷对王很不放心，历来

---

① （明）释今释撰定：《元功垂范》卷上。
② 王钟翰校点：《清史列传》卷六五《金光传》，中华书局 1987 年版，第 5167 页。

外姓封王没有能长久的。莫如交出兵权，回辽东养老。"① 正是这一建议促使尚可喜在顺治十二年就首先提出撤藩，当然这是后话，在后面的内容中我们会详细叙述。

在逐鹿中原的过程中，清朝一直把李自成农民军视为主要的竞争对手，从范文程的"盖明之劲敌，惟在我国，而流寇复蹂躏中原，正如秦失其鹿，楚汉逐之。我国虽与明争天下，实与流寇角也"，到洪承畴的"此行特扫除乱逆，期于灭贼"，都是这么认为的，这已经成为清朝统治者的共识和既定方针。按照这一方针，清军在吴三桂的帮助下，于山海关一举击败李自成农民军，又追击他到庆都、真定，迫使其退出河北，逃亡山西、陕西。按照这一方针，入北京后，清朝的谋士们又根据局势的发展，提出了更进一步的征讨计划。

六月下旬，顺天巡抚柳寅东就建议多尔衮派兵西征李自成农民军：

> 时已届秋，庙堂宜早定大计。今日事势，莫急于西贼。欲图西贼，必须调蒙古以入三边，举大兵以收晋豫，使贼腹背受敌。又须先计扼蜀汉之路，次第定东南之局。

睿亲王多尔衮"是其言"②。虽然在这之前，即六月十四日，多尔衮曾令固山额真叶臣，率领将士"平定山西一路地方"③。可是叶臣经山东南下后，并没有直接前往山西，而是去了河北饶阳、怀庆一带征战。直到这些地方平定后，他才挥师出兵山西。七月初三日，多尔衮令平定山东固山额真觉罗巴哈纳、石廷柱等"移师会固山额真叶臣军，平定山西"④。据载，这期间，清朝还多次增兵山西，一方面，令尚可喜分兵随叶臣出征山西。另一方面，在九月十三日，又遣前锋统领席特库率将士往助平定山西固山额真叶臣军。

① 原出自《宗谱别录》先王轶事，转引自《尚可喜及其家族研究》，辽宁民族出版社2015年版，第104页。
② 《清世祖实录》卷五，顺治元年六月，中华书局1985年版，第63页。
③ 《清世祖实录》卷五，顺治元年六月，中华书局1985年版，第62页。
④ 《清世祖实录》卷六，顺治元年七月，中华书局1985年版，第66页。

固山额真叶臣领命后，立即率领大军奔赴山西。他们取道河北，顺利地通过了山西平定固关，进入山西境内。

固关，位于山西省平定县境内，为明朝京西四大名关之一，可以说"一夫当关，万夫莫开"，因此，素有"京畿藩屏"之称。圣祖皇帝曾有《过固关入山西境》一诗称赞此关：

> 鸟道入云中，风光塞漠同。
> 人依险地立，城自越山丛。
> 俗朴观民舍，才多壮士雄。
> 芹泉连冀北，回首指青聪。①

它依山势而建，城墙坚厚，两侧与长城相连，蜿蜒曲折，横贯南北，长达百余里。明朝正统二年（1437），曾修筑关城，分兵防戍，后来又多次修葺。关上建有城楼，名八角华楼，装饰玲珑，巍峨壮观。楼的两旁设有炮台，城门两旁修有便道。西城门至东城门之间为一段百余米长的弧形瓮城圈，关城内还建有衙门。

前面已叙，顺治元年（1644）五月，李自成农民军真定战败后，经固关进入山西。当时，为了防御清军的进攻，李自成对山西的防务曾作了部署：由制将军张天琳率领一万多农民军镇守晋北大同地区；由文水伯陈永福带领一万兵马镇守晋中太原地区；由平南伯刘忠率领部分人马镇守晋东南长治地区。随后，李自成又以右营大将、绵侯袁宗第率领万人驻扎在临汾一带，还以刘汝魁等部农民军驻守河南卫辉府一带，以加强山西的防守力量。太原作为山西的重要城市，李自成在撤离时，特意召见陈永福，指示他坚壁清野。如此安排，说明李自成仍有依托山西抗清的打算。

可是不久，李自成农民军的大部就撤出了山西。其中的原因，可能是为固守西安和在怀庆的反攻做准备。农民军的撤离、各州县的叛乱、降将的倒戈，使得山西的形势越来越不利于农民军。恰在这时，

---

① 《圣祖仁皇帝御制文集》第三集，卷四七，文渊阁《四库全书》本。

尚可喜派其所统辖的一部分汉军与叶臣率领的清军一起进入了山西。

进入山西后，清军进军顺利，"所至迎降"①，几乎没有受到顽强的抵抗，就在九月十三日，兵临太原城下。太原，又称晋阳、并州，地处华北地区黄河流域中部，西、北、东三面环山，南临汾河，地形北高南低，呈簸箕状。明朝在此设太原府，为明代九边重镇之一。它"控带山河，踞天下之肩背""襟四塞之要冲，控五原之都邑"，地理位置十分重要。

在清军来到之前，文水伯陈永福遵照李自成的指示，一方面拆除了城外关厢的所有房屋，不给清军攻城留下任何凭借；另一方面派出军队，"四处搜野，为固守计"②。这一防守策略收到了明显的效果，使得前来攻城的叶臣等清军无机可乘，攻了 20 天也没有进展，太原城依然掌握在农民军手中。

我们知道，野外驰驱是清军的长项，攻城克坚是它的短处。面对坚固的太原城和顽强坚守的农民军，固山额真叶臣心急如焚，恨不得飞进城去，与守军决一死战。连日的攻城，使他认识到坚固的城墙是太原守军的重要依托，只要城墙被毁，其他都不在话下。于是他与部下将官巴哈纳、石廷柱等商讨攻城之法，决定以炮轰塌城墙，然后发起进攻。

十月初三日，"西洋神炮"被调到太原阵前，此时，尚可喜派来的汉军终于派上了用场，叶臣知人善任，命他们以炮轰城。于是他们集中火力猛轰太原城的西北角，但见炮弹落处，碎砖乱飞，尘土飞扬，不一会儿，城垣就被炸开一个数十丈的缺口。叶臣见时机成熟，立刻指挥清军从缺口蜂拥而上，与农民军展开厮杀。面对前赴后继的清军，农民军渐渐抵挡不住，败下阵来，涌向东门，试图突围。没有想到的是，刚出东门，他们就遭到埋伏在此的清军的伏击，伤亡很大。农民军主帅陈永福见城破已成定局，无心恋战，率领部分残兵从南门逃命而去，太原城于是落入清军之手。

太原之战，无论是对清朝，还是对农民军，都产生了深远的影响。

① 《清世祖实录》卷一〇，顺治元年十月，中华书局 1985 年版，第 101 页。
② 《山西通志》卷五〇，武事，文渊阁《四库全书》本。

就清朝而言，不仅在军事上给李自成农民军以沉重打击，而且使李自成扼守山西的计划趋于瓦解。对李自成农民军而言，军事力量、控制区域的损失，尤其是对军心、士气的影响，都是不可低估的。

这年十二月，清廷以招抚山西有功，赐固山额真叶臣银 600 两，祖泽润、石廷柱、巴颜、李国翰各 500 两，刘之源、佟图赖、吴守进、金砺各 400 两，库鲁克达尔汉阿赖、伊拜、觉罗巴哈纳各 300 两。满洲、蒙古、汉军梅勒章京以下 418 员各赏银两有差。

四、出征陕西

顺治元年（1644）十月初一日，大清朝迎来了其历史重大转折的一天。这天，阳光明媚，和风拂面，一个七岁的小男孩，身穿天青色礼服，在一群大臣的簇拥下，来到北京南郊，在一阵阵鼓乐和鞭炮声中，祭告天地，宣布即皇帝位，这个小男孩就是清朝入关后的第一位皇帝，年号为顺治的福临。

这次即位，是福临第二次即皇帝位。第一次是上一年的八月，他在满、蒙、汉大臣的拥戴下，继承了其父亲皇太极的皇位，成为大清的皇帝。这一次即位，与上一次即位相比，有着重大的意义，它表明清朝已经不满足于一个地方政权，它要消灭大顺和南明，取而代之，统一华夏，一跃而成为一个君临天下的王朝。这也是摄政王多尔衮决定接福临到北京的原因所在。

身在北京的智顺王尚可喜，照例随诸王大臣参加了这次即位典礼。十月十三日，世祖皇帝亲临皇极门，大封功臣：

> 加封和硕郑亲王济尔哈朗为信义辅政叔王，赐册宝、黄金千两，白金万两，彩缎千匹。复和硕肃亲王豪格爵，赐册宝，鞍马二、空马八。晋封多罗武英郡王阿济格、多罗豫郡王多铎俱为亲王，赐册宝，鞍马各二、空马各八。多罗贝勒罗洛宏为多罗衍禧郡王，赐册印，鞍马一、空马二。封硕塞为多罗承泽郡王，赐册印。赐平西王吴三桂册印，白金万两，

鞍马一、空马二。①

智顺王尚可喜这一次与恭顺王孔有德、怀顺王耿仲明、续顺公沈志祥等也受到了世祖皇帝赏赐的鞍马。在这之前，尚可喜因为入关以来征战有功，已经三次获得多尔衮的赏赐。顺治元年八月二十一日，他与平西王吴三桂、恭顺王孔有德、怀顺王耿仲明、续顺公沈志祥一起获得多尔衮赏赐的衣靴器物等；九月初一日，又与平西王吴三桂、恭顺王孔有德、怀顺王耿仲明一起获得多尔衮赏赐的补缎衣各三袭；九月二十二日，再与平西王吴三桂、恭顺王孔有德、怀顺王耿仲明、续顺公沈志祥、故明晋王朱审煊等获赏雕蟒朝衣各一袭。

颁赏之后，摄政王多尔衮在宫中举行了盛大的宴会，尚可喜与平西王吴三桂、恭顺王孔有德、怀顺王耿仲明等有幸参加了这次宴会。席间，尚可喜一边与诸王、满汉大臣推杯换盏，互相敬酒，联络感情，一边与他们叙旧，倾听他们之间的谈话，从中获取有价值的信息，尤其是注意清朝出兵的动向，以便做好相应的准备。

其实，对清朝今后的行动目标，许多人都提出过建议。早在顺治元年八月初一日，招抚山西应袭恭顺侯吴惟华就疏陈了西征五策：

> 晋民虽切归顺，而贼设伪官据城抗命者，如陈永福、南梦云、王安民之类，实繁有徒。臣一面率兵进取忻、定，但恐孤军力弱，猝难决胜，请发重兵出关，合力驱剿，庶晋地指日可平，一也；平西王吴三桂与贼有不共戴天之仇，大学士洪承畴素为三秦将吏所服，乞专命二臣统旅西征，则三秦军民畏威怀德，扑灭贼焰可计时而待，二也；贼闻我兵西征，必集众据守河口，我师争渡，非完全之道，宜令大兵一枝径趋蒲津，与贼相持，别遣大兵一枝从保德渡河，即由延安澄城、合阳等处直捣腹心，俟贼势内溃，我兵飞渡蒲津，长驱大进，则长河失险，贼势坐困，三也；我兵两路渡河，须更

---

① 《清世祖实录》卷一〇，顺治元年十月，中华书局 1985 年版，第 99 页。

发精兵数万，并调口北小套各属蒙古兵，先期由边外渡河套，自延宁接界入口，从长安西路截击，会兵关中，则三秦望风震动，兼可断贼西奔之路，四也；贼之长技惟在依山傍险，埋伏诈诱，又惯乘夜劫寨偷营，乞敕各将领，凡遇山林险隘，搜剿埋伏，向晚安营，则必分番直更，使贼狡黠莫施，扫荡可必，五也。①

吴惟华的建议一针见血，看到了问题的所在。事实上，摄政王多尔衮已经按照他的一部分建议作出了布置，如出兵山西，只是他没有完全按照吴惟华说的去做罢了。时至十月，关内形势发生了急剧的变化：军事上，清军将农民军的势力赶出了河北、山西、山东，占领了河南的部分地区，消灭了大顺军的大量有生力量，从心理上给大顺军以精神压力；政治上，京畿地区和山东、山西的众多州县纷纷投降，表示臣服，九月十七日，大清皇帝福临又被迎入北京，顺利即位，将清朝统治的中心由沈阳迁到北京。这一切，无疑为清朝进一步的军事行动做好了充分准备。

清军取得的胜利，极大地鼓舞了清朝的统治者。摄政王多尔衮紧紧地抓住这一有利时机，他要趁热打铁，不给大顺军任何喘息的机会。他大胆地作出决策：兵分两路，南北同时用兵，一路由英亲王阿济格率领攻打陕北大顺军，一路由豫亲王多铎率领，南下消灭南明政权。

十月十九日，多尔衮以世祖皇帝的名义，发布命令，授英亲王阿济格为靖远大将军，率领将士，出征陕西，继续追击李自成农民军。敕曰：

朕以流寇李自成诸贼肆虐，生灵涂炭，陕西居民，久罹荼毒，天人共愤。今命王充靖远大将军，率兵前征，一切机宜，必与诸将同心协谋而行，毋谓自知，不听人言。毋谓兵强，轻视逆寇。仍严侦探，毋致疏虞。如有抗拒不顺者，戮之；倾心归顺者，抚之。严禁兵将，凡系归顺地方军民，不

---

① 《清世祖实录》卷七，顺治元年八月，中华书局1985年版，第74页。

得肆行抢掠，务使人知朕以仁义定天下之意。其行间将领功罪，察实纪明汇奏。如系小过，当即处分。至于护军校、拨什库以下，无论大小罪过，俱与诸将商酌，径行处分。王受兹重任，宜益殚忠勤，用张挞伐，立奏荡平。①

同月二十五日，多尔衮命和硕豫亲王多铎为定国大将军，率领八旗将士出兵江南，兵锋直指南京的福王政权，恭顺王孔有德、怀顺王耿仲明所部也随同多铎出征。

按照多尔衮的部署，智顺王尚可喜所率领的汉军被划归英亲王阿济格一路。接到命令后，尚可喜就率所部跟随阿济格从北京出发了。

与清朝准备出兵的同时，李自成撤到西安后，一方面加强陕西的防务，一方面调兵遣将，聚集兵力，准备反击清军。十月十二日，李自成农民军两万人渡过黄河，向河南怀庆府发动了进攻，连续攻克了济源、孟县，兵锋直指怀庆。

怀庆"肘太行，蹑黄河，为南北要道"②，如果有失，关系甚大。所以，驻守怀庆的清朝总兵官金玉和提兵出战，试图阻止李自成农民军的进攻，没想到他兵败阵亡，手下将官阵亡22人，损失兵丁1755名。

十月二十二日，李自成攻怀庆、金玉和兵败阵亡的消息传到了北京，摄政王多尔衮异常震惊。鉴于多铎一路军还没有出发，他立即改变部署，令多铎率军先驰救怀庆，然后直取潼关，与阿济格、尚可喜等率领的一路清军会合，共击西安。这一天，他还命令大学士詹霸驰赴阿济格、尚可喜一路清军，敕谕他们：

顷闻流寇急攻怀庆，已命和硕豫亲王多铎于是月二十五日率师南下，便道往征。豫亲王如已克流寇，即遵谕仍赴南京；如流寇闻风遁走，豫亲王即追蹑贼后，直趋西安。豫亲王先至西安，则勒兵以待尔等。尔等先至，亦宜待豫亲王。两路大师，务期合力攻剿，平定贼寇，勿以先至彼地，遂不

---

① 《清世祖实录》卷一〇，顺治元年十月，中华书局1985年版，第101—102页。
② 李介：《天香阁随笔》卷二。

相待。尔等须沿路探问消息，若得豫亲王击败流寇、移师南下之信，尔等仍遵前谕，相机以行。①

多铎领命后，即率军驰援怀庆，从孟津渡过黄河，经陕州，直逼潼关，扎营于 20 里外。顺治二年（1645）正月十三日，多铎占领了潼关。潼关是西安的屏障，它的失守，使西安危在旦夕。十六日，多铎率军从潼关出发，兵指西安。由于李自成在十三日就撤出西安，所以，十八日，多铎轻而易举地占领了西安。不过，这时阿济格、尚可喜一路清军还没有赶到，多铎只好遵命驻军西安，等候与其会师。

话说尚可喜随阿济格这一路清军从北京出发后，经居庸关，到达了宣府、大同。在这里，他们招降了唐通。本来这时他们应该按照既定的计划，传令边外蒙古兵前来会师，挥师南下，渡过黄河，奔赴西安。可是，由于阿济格擅作主张，率军出边到土默特、鄂尔多斯游牧地，勒索驼马，结果耽误了进军的行程，直到十二月，尚可喜才随阿济格军到达山西的偏头关。

偏头关，位于今忻州市偏关县，即黄河入晋南流的转弯处。它以地势而建，东仰西伏，如偏头状，故名。明代，此关初修于洪武二十三年（1390），由镇西卫指挥张贤始建，此后明各朝多有修葺。成化年间，曾设偏头关守御千户所，万历二十六年（1598）于西关、南关筑女城、水门各二。沿河筑堤，渐具规模，有"九塞屏藩"之称。偏头关城建在黑驼山的山坳内，城周近三公里，四面环山，形若覆盆。它北接蒙古高原，西隔黄河与内蒙古鄂尔多斯高原相望，内外长城在关东老营堡处相接，既是晋北门户，也是晋北与内蒙古互市的通商口，为历代兵家必争之重地，正所谓"宣大以蔽京师，偏头以蔽全晋"。有诗赞曰：

半壁孤城水一湾，万家烟火壮雄关。
黄河曲曲涛南下，紫塞隆隆障北环。

---

① 《清世祖实录》卷一〇，顺治元年十月，中华书局 1985 年版，第 102 页。

又曰：

> 雄关鼎宁雁，山连紫塞长。
> 地控黄河北，金城巩晋强。

　　这偏头关，原为明朝副将王世明、马世荣守御。顺治元年（1644）八月初三日，他们奉表归降了清朝，所以，尚可喜与阿济格等率领的8万清军兵不血刃，顺利地通过了偏头关，于这年年底赶到了保德州（今山西保德）。

　　保德州，位于山西省西北部，三面环山，西面以黄河为襟，与陕西府谷县隔河相望。尚可喜与阿济格等率领的清军在这里稍作休整，便乘筏渡过黄河，进入了陕北地区。

　　在这之前，李自成已经得到阿济格、尚可喜等率领清军来攻陕北的消息，为此，他曾试图调集兵力，加强陕北的防务。据史书记载，顺治元年十二月，李自成"自同州过白水，北趋延安"①。"贼闯自同州逾白，北趋延安逆战。未几，复自延安逾白趋同"②，又"遣其部伪侯刘、贺、辜、高等来援，已而，自成亲至，率伪汝侯刘宗敏踞洛浃旬"③。只是由于潼关形势危急，他才放弃了在陕北阻击阿济格、尚可喜等所部清军的计划，率军驰援潼关，仅留下李锦、高一功等将领固守陕北。

　　尚可喜与阿济格等所部清军进入陕北后，一路顺利。这是因为大顺军主力的南迁，使李自成农民军的防守顿成瓦解之势，除了李锦固守延安、高一功守榆林之外，大部分守军非降即逃。河堡营、唐家会下营、黄甫川、清水营、木瓜园、孤山镇、永兴、神木、大柏油堡、葭州等地的农民军在降将唐通的招抚下，都归顺了清朝；自响水到宁塞的十一营堡也在降将王大业的招抚下，"倾心迎降"。受此影响，榆林、延安渐渐处于孤立状态。

　　尚可喜随阿济格等率领的清军渡过黄河，便兵进榆林。榆林地处

---

① 乾隆十九年《白水县志》卷一《地理·兵寇》。
② 顺治四年《白水县志》卷上，扼要。
③ 康熙六年《洛川县志》卷上五之赋，《杂志》附。

陕西北部，东临黄河，隔河与山西相望，西接宁夏、甘肃，北与内蒙古接壤，南界延安，为明代九边重镇之一。成化时在此设有榆林卫，驻军防守。此时的榆林城由李自成的重要将领高一功防守。

高一功（？—1651），陕西米脂人，李自成妻弟。有谋略，善决断，深为李自成所倚重，"迭居左右，亲信用事"，顺治元年（1644）李自成撤离北京后，奉命前往榆林镇守。

见榆林城有农民军防守，一时难以攻破，为了不误会师，阿济格令大同总兵姜瓖、保德州总兵官唐通、榆林总兵官王大业留下率兵继续攻打榆林，他则与尚可喜等率领清军继续南下。十二月十四日，清军到达李自成的家乡米脂县。在这里，阿济格进行了疯狂的报复，他下令将李自成家乡李家站和李继迁寨的百姓，不分老幼，全部处死。随后，智顺王尚可喜率所部与固山额真谭泰等按阿济格的命令，往攻延安，阿济格则驻军米脂。

谭泰（？—1651），满洲正黄旗人，姓舒穆禄氏。初授佐领，天聪八年（1634），授护军参领，屡从征战，入关征明、征朝鲜、松锦决战等均有其功劳，累官至本旗都统，授二等子爵。顺治元年（1644），随多尔衮入关，并追李自成农民军至庆都，大败其军于真定。

尚可喜与谭泰领命后，即刻点齐人马，率军南下，趋绥德。在那里，他们遭到了农民军的袭击，农民军乘其尚未列阵，出兵劫掠其数十匹马，幸亏瑚里布率兵赶来，将其击败，才将被掠马匹抢回。继而双方展开激战，尚可喜军配合谭泰部副都统阿喇善、纳尔察等清军将领率兵发起攻击，他们猛冲猛打，很快就将农民军击溃，并占领了绥德县城。随后他们经瓦窑堡，一路南下。不过，行军途中，尚可喜等率领的汉军并不顺利，他们不时地受到小股农民军的抵抗，先后与农民军交战于"散屯、鲁家屯、潘陵等处"[①]，在接连将其击败后，他们的兵锋直指李锦驻守的延安。

延安，古称延州，地处陕西北部。洪武二年（1369），复延安府，领3州16县。弘治初年，知府崔升在前人修建的基础上，重新加以修筑。

---

① （清）洪蕙纂修：《（嘉庆）延安府志》卷六"大事表，顺治二年"，嘉庆七年刻本。

此城周长9里，高3丈，城外有护城河，深2丈，有3个城门，东曰东胜，南曰顺阳，北曰安定。西面依山，上面建有镇西楼。有诗称赞说：

凤翼联城势，乌延古郡名。
画疆而御侮，设险以防兵。
苍鹊望陴却，白猿临堑惊。
弹丸蜀剑阁，撮尔楚方城。
叠翠环山秀，曾波傍水清。
南连三辅重，北系一边宁。
十九星罗邑，百千碁布营。
车辚原有赋，驷铁讵无行。

固守延安的李锦，是李自成农民军中的著名将领。他又名李过、李双喜，别号一只虎，是李自成的侄子。在大顺军中一向以骁勇善战闻名，有很高的威望，所以，李自成从陕北撤军前，将守卫延安的重任交给了他。

得悉尚可喜等率领清军来攻，李锦立即部署防守事宜。他将其所部兵分别部署在延安和肤施，互为犄角，互相应援。针对李锦的兵力部署，起初，尚可喜和谭泰也将所部兵一分为二，分别对两城进行围困，试图再行大凌河围困明军之计，并伺机攻城。可是，久经战阵的李锦岂能让清军的计谋得逞，他让农民军以逸待劳，凭城固守，并不时出战，或者袭击清军镶黄旗、正白旗营地，或者攻击驻南山的清军，或者出城劫夺清军辎重，或者出城与清军接战。尽管清军将领瑚沙、希尔根、阿积赖、叶玺、车尔布、罗璧、克什特等率领清兵，将这些袭击多数击败，取得了一些胜利，如"三战皆捷""七战皆捷"等，但是，这些的小规模胜利无关大局，以至于围困延安城已经20多天了，丝毫没有突破性进展，双方处于僵持状态。

经过长期战火洗礼的智顺王尚可喜没有气馁，他经过观察，终于有了重大发现，于是他和谭泰重新调整了部署：清军一部佯攻肤施，切断延安的援应；尚可喜则率领精兵暗中接近延安城，待机攻城。安

— 186 —

排就绪后，两路清军依计而行。第一路清军首先向肤施发起了进攻，攻城战一打响，延安城的守军不知是清军之计，便打开城门前往救援。尚可喜抓住这一时机，立即出击，给出城救援之农民军一迎头痛击，同时以红衣大炮猛轰延安城。只见鼓角声喧，炮声隆隆，城墙崩塌处，清军蚁伏而上，与农民军厮杀起来。突然受到如此打击，又见清军攻势迅猛，李锦所部农民军自知不敌，开始惊慌起来，以至于士气低落，渐渐抵挡不住尚可喜军的攻势，被迫弃城奔命。见此光景，尚可喜和谭泰喜不自胜，连日的围攻终于看到了胜利的曙光，高兴之余，他们立即驱兵追杀，直杀得农民军丢盔卸甲，落荒而逃。此战清军斩杀甚众，缴获的甲马器械不可胜数。

延安一战，是尚可喜入关出征以来，第一次亲自指挥的战役，他出奇制胜，奇正互用，充分展示军事才能，使他在清军中崭露头角。

攻克延安后，尚可喜即随阿济格南下，往西安与多铎军会师。顺治二年二月初二日，他们到达了西安。可是到达西安后，多铎率领的清军已经离开了这里，奉命征讨南明了。这样一来，清军会师西安的计划彻底落空，原来的作战计划也不得不进行调整。由于误期，二月初八日，阿济格受到多尔衮的严厉批评，他在以世祖皇帝名义发布的谕旨中说：

> 尔等自京起行在先，定国大将军和硕豫亲王等起行在后。今豫亲王等已至潼关，攻破流寇，克取西安；尔等之兵，未知尚在何处。此皆由尔等枉道越境，过土默特、鄂尔多斯地方，妄行需索，转而入边，以致逗留故也。今已命豫亲王恪遵前旨，往定南京。尔等可仍遵前旨，将流寇余孽，务期剿除，以赎从前逗遛之咎。勿以流寇已遁，西安既平，不行殄灭，遽尔班师。其随英亲王、豫亲王之汉军，自固山额真、梅勒章京以下，兵丁、绵甲、红衣炮，均分为二。著英亲王、豫亲王各行督领，若相去已远，可仍如旧。[①]

---

① 《清世祖实录》卷一四，顺治二年二月，中华书局 1985 年版，第 126—127 页。

　　不过，这次征战，对清朝而言，意义重大。它历经数千里，不仅在战略上给李自成农民军以威胁，而且取得了不菲的战果。据顺治二年二月中旬靖远大将军、和硕英亲王阿济格等奏报："大军入边，沿途剿贼，八战皆捷，秦属州县，攻下者四城，投降者三十八城，俱已酌委官员安抚，计获白金千两，马三千二百九十匹，驼四百六十只有奇"①。因为对其误期不满，所以多尔衮仅批示："览王奏，官军西剿，屡战克捷，平定三秦。知道了"寥寥数语，以发泄心中的怨气。

---

① 《清世祖实录》卷一四，顺治二年二月，中华书局1985年版，第128—129页。

第 七 章

渡江南征

一、覆灭大顺

受到切责的阿济格，不敢怠慢，稍作休整，就将陕西事务交给陕西三边总督孟乔芳办理，亲自率领尚可喜等八旗军，马不停蹄，挥师往东南方向前进，追击李自成率领的从西安地区撤出的大顺军主力。

潼关失守后，李自成认识到西安已经难以守卫，当即决定撤出西安。鉴于北面有阿济格、尚可喜等率领的南下清军，东面有多铎一路清朝大军，西南四川一带有张献忠的大西军，因此，这三个方向都不是大顺军的撤退方向。当时在河南、湖北一带，大顺军尚有一定的兵力，李自成与其部下谋士权衡利弊，决定率军前往河南、湖北地区，汇合那里的大顺军，另做打算。按照这一设想，李自成便率领大顺军余部日夜兼程撤往河南，向河南内乡挺进。

多铎大军在顺治二年（1645）正月十八日占领西安后，按计划在此等候阿济格所部清军，准备与其会师，可是，等了很长时间也没有等到。恰在此时，他接到了多尔衮让其回军攻打南明弘光政权的命令，于是他放弃了与阿济格会师西安的计划，也不再追击李自成的大顺军，而是直接率领八旗劲旅，出潼关，经洛阳，趋南京，打算一举灭亡南

明的弘光政权。

由于暂时摆脱了清朝大军的追击，李自成率领的大顺军经陕西蓝田、商洛，于顺治二年正月二十九日，安全地到达了河南内乡。在这里，疲惫不堪的农民军休整了一个多月的时间，"顺治二年春，英王统兵追逆闯入潼关。逆闯败奔内乡县，正月二十九日歇马，三月十八日始拔营去"①。然而，令他们没有想到的是，在这段时间内，战场上的形势正发生着剧烈的变化，越来越不利于李自成的大顺军。

这一变化就是来自尚可喜与阿济格这一路清军的压力。顺治二年年初，尚可喜等满汉八旗军队在阿济格的率领下，遵照清廷旨意，出西安，沿农民军撤退的路线一路狂追。他们经蓝田，越秦岭，来到了武关，已经越来越接近李自成农民军了。

武关，位于陕西省丹凤县东，原名"少习关"，后改称"武关"，与东面的函谷关、西面的大散关、北面的萧关并称"秦之四塞"，历来为兵家必争之地。此关建在峡谷间一块较为平坦的高地上，依山临险，北依少习山，东、南、西三面濒临武关河谷的绝涧，大致成方形，周长约三里，东西各有一门，以砖石包砌成拱形门洞。关门以东，道路盘山而建，崖高谷深，曲折狭窄，难以行走，可谓"山环水绕，险阻天成"，对其险要的军事地理位置，历来不乏评价，如"三秦要塞""秦楚咽喉"等，明代人撰写的《重修武关碑记》曾记载："武关去省城五百里……一夫当关，百夫难敌，岩险闻于天下……乃秦之门户也。"清代地理学家顾祖禹的《读史方舆纪要》卷五四则进一步说它："扼秦楚之交，据山川之险。道南阳而东方动，入蓝田而关右危。武关巨防，一举而轻重分焉。"清代王肇基还有《过武关》诗：

> 雄关百二仰西秦，生就岩疆迥不伦。
> 山势划开秦楚界，水声流尽汉唐人。
> 云封谷口蚕丛路，日落城头马上尘。
> 客馆那曾酣旅梦，子规夜半叫芳春。

---

① 《内乡县志》卷一〇，兵事。

这武关本来是一个重要的军事要地，撤退的李自成农民军本可以利用其险要位置，部署相当兵力，迟滞尾追而来的由阿济格、尚可喜等率领的清军的进攻，可是慌乱中李自成缺乏战略眼光，并没有这么部署兵力，从而使尚可喜和阿济格等所率领的清军毫无阻挡、轻而易举地经过了武关，直逼邓州。

　　邓州，位于河南西南部，是南下襄阳的重要通道。李自成农民军自内乡撤离时曾经过这里，在此，因为无险可守，李自成就没有进行认真布防，反而率军直接南下襄阳了。临行前，他坚壁清野，对邓州进行了一次破坏性的掳掠，"顺治二年春二月，李自成屠邓州。清兵入通关，自成败奔邓州，弥漫千里，老弱尽杀之，壮者驱而南下，留精兵三千平城、塞井灶。自武关至襄汉间，千里无烟"①。这一记载由于是清朝人所作，不免有夸大之嫌。不过，这也反映了一些实情，就是李自成一方面留下少部分兵力阻挡追击的清军，一方面将邓州的青壮年驱而南下，以免被清军所用。

　　三月，尚可喜与阿济格等人率领的清军得到报告，说邓州驻有大量的农民军，可是当尚可喜与阿济格等追击李自成农民军来到邓州时，却发现这里并没有重兵把守，仅遭到零星的抵抗。而且噶布什贤、甲喇额真席特库率领的清军很快就将此城攻破，杀抵抗者数十人，余下的"悉就抚"②。

　　占领邓州后，清军兵分两路，左路大军由阿济格率领，兵进襄阳；尚可喜等则与右路大军一道，趋郧阳（今属湖北）。郧阳位于湖北省的西北部，据襄阳上游。虽然李自成农民军曾在湖北经营了一段时间，但是，他们却没有占领郧阳，郧阳仍旧掌握在南明小朝廷手里，驻扎在这里的是明朝总兵王光恩和苗时化等所率领的明军。

　　王光恩，字守宇，甘肃安定人。初与张献忠一同起兵反明，号称"花关索"。崇祯五年（1632），率兵攻沁水、武乡，破辽州，大扰四川。十一年，与苗时化在均州接受明朝招抚，投降明朝。翌年，张献忠谷城再次起事，十三家一时随之并起，唯独王光恩不从，说："丈夫

①　顺治十六年《邓州志》卷二，郡乱。
②　（清）张玉书：《张文贞集》卷七《纪灭闯献二贼事》，文渊阁四库全书本。

自立门户耳。今献忠反，我辈亦反，是下之也。即公等能，我耻不为。"并歃血盟誓，与王国宁、惠登相、常国安、杨有贤、武自强等聚兵据险，进行防守。十三年，与罗汝才、杨光甫、惠登相走云阳，七月，他率军3000人在巫山拜见杨嗣昌。后奉命与荆西道徐起元守郧阳，授总兵。十四年，败张献忠军。十五年，斩李自成招降使者，败其于郧阳。十六年，又击败刘宗敏军，旋退守杨溪，再击李自成军于城下，败之。继与苗时化、高杰等收复均州、邓州。十七年，再败李自成将领路应标。弘光元年（1645），收复襄阳、樊城。李自成农民军自陕西败退入楚后，他亲自率领杨明起、胡廷聘、刘调元、苗时化等六营骁骑，设伏兵将其击败。由于他先后五次击败李自成的农民军，致使李自成再也不敢出兵窥视郧阳。史书说他"为人淡泊，布衣粝食，与士卒同甘苦，人乐为用"①。

苗时化，字有才，勇武善战，号称"上天王"。初参加农民军，归附明朝后，授蓟、密游击。崇祯九年（1636），叛明走亳州。十年，接受熊文灿招抚，以5000人隶之。继又叛明，败于真阳。十一年，与王光恩在均州再次接受明朝招抚，投降了明朝。十六年，同王光恩、高杰等收复均州、邓州。再复光化，围襄阳。弘光元年（1645），李自成农民军自陕西败退入楚后，与王光恩、杨明起、胡廷聘、刘调元、余启凡等六营骁骑，设伏将其击败。官至总兵。

尚可喜等率所部清军兵临郧阳城下后，立即部署兵力，拉开阵势，准备攻城。俗话说良禽择木而栖，识时务者为俊杰，面对清军咄咄逼人的攻势，王光恩、苗时化等明军将领审时度势，觉得自己既无险可守，又无援兵来救，仅仅凭借郧阳城池和手下的有限兵力，很难抵挡清军的猛烈进攻，于是他们作出了一个重要的决定，这就是打开城门，向清军献城投降。就这样，尚可喜等所部清军不战而屈人之兵，轻而易举地占领了郧阳。

郧阳的胜利具有重要的意义：一是它为清军攻打襄阳等城解除了来自上游的威胁；二是招降了王光恩、苗时化等明军将领，既壮大了

---

① 钱海岳：《南明史》卷三九《王光恩传》，中华书局2006年版，第1957页。

清军的力量，也为今后对农民军、明军的招降提供了样板；三是将清朝的统治区域扩大到了湖北。

话说李自成率领大顺军为摆脱阿济格部清军的追击，从三月十八日撤离邓州，一路南下，于三月下旬到达襄阳一带。在这里，他作出了一个重大的决策，就是集中兵力，沿长江东下，占领南京。为实现这个计划，他命令原来驻扎在襄阳、承天、德安、荆州四府的 7 万大顺军前来，与他率领的 13 万大顺军会合，共同组织成一支 20 万的军队，水陆并进，向南京进发。对这一计划，大顺军的将领有的表示不同意，在他们看来，眼下的主要敌人是清军，然而他们的正确意见，并没有引起李自成的重视，更没有被采纳。

大顺军将领的反对是正确的。只要结合当时的历史条件，我们就不难看出，李自成的这一决策确实不是上策。其一，荆襄是防守江南的交通要道，历来为兵家必争之地。其二，荆襄一带自崇祯十六年（1643）被大顺军占领后，一直留有驻军，在那里可以经营成大顺军在南方的一个根据地，放弃这个经营两年多的根据地，无疑压缩了自己回旋的空间，使自己变成了真正的流动作战，无稳固的后方支持。其三，兵力的集中导致了外围防守力量的空虚，使清军可以毫无阻挡地南下追击大顺军。其四，沿江东下，势必与长江沿线数十万南明军队处于对立状态，甚至发生激战，根本没有胜算的把握，至于能否占领南京，还是一个未知数。

李自成大顺军的战略失误，为清军主帅阿济格的下一步军事行动提供了极大的便利条件。于是，他根据先前的部署，决定让尚可喜所在右路清军再取荆州，他率领左路清军则取襄阳，事后会师承天，然后沿江东下，消灭大顺军。

按照阿济格的部署，尚可喜所在的右路清军，迅速从郧阳南下，赶赴荆州。荆州，又名江陵，位于湖北省中南部。它西控巴蜀，北接襄汉，襟带江湖，指臂吴粤，是中原沟通岭南的军事要冲，号称"东南重镇"，历来都是兵家必争之军事重地，三国时蜀、吴两国曾为荆州而展开过激烈争夺。

当时大顺军负责防守荆州的是裨将郑四维、荆州防御使孟长庚。

按常理，他们满可以组织兵力，依托荆州城坚固的城墙，进行抵抗，使尚可喜一路清军顿于坚城之下，无法顺利取胜。可是，形势的发展完全出乎人们的意料。面对潮水般涌来的清军，大顺军的禆将郑四维动摇了。他认为以荆州现有的兵力，难以抵挡清军的进攻，唯一的选择是献城投降，这样既可以保全自己，又可以从清朝那里获取封赏。可这样一来，势必遭到荆州防御使孟长庚的反对而不得实施。思来想去，他毅然决定除掉孟长庚，扫除投降道路上的绊脚石。他一不做二不休，将孟长庚杀害，打开城门，向尚可喜一路清军献城投降。就这样，清军再次兵不血刃地占领了荆州。尚可喜一路清军在荆州稍事休整，安排妥当后，即刻率军北上，趋承天，与阿济格的左路大军按约定会合。

与尚可喜右路大军南下的同时，阿济格的左路大军也进展顺利。由于李自成放弃襄阳，率领大顺军主力东下，所以襄阳的防御已经瓦解，据《襄阳府志》记载："清顺治二年三月，英王帅师至襄，伪将伪官倾城去。"这就使阿济格不费吹灰之力就占领了这个军事重镇。进入襄阳，阿济格立即接管襄阳，设官分职，如任命降清的明朝郧阳抚治徐起元移镇襄阳等。

随后，阿济格率领右路清军自襄阳南下，顺利地占领了承天（今湖北钟祥），不久，便与尚可喜所在的右路清军在这里会师。会师后的清军，立即马不停蹄地追击李自成率领的大顺军。

再说李自成率领大顺军离开襄阳后，经承天向汉川、沔阳撤退。当其从沔阳州的沙湖一带渡过长江后，就在荆河口与左良玉的部将马进忠、马允成所部南明军展开了激战，将其击败，霎时"武、岳大震"①。说来也巧，恰在这时，南明政权发生了内讧，左良玉以奉崇祯帝太子密诏为由，突然向南明弘光政权发难，发布檄文，声称"清君侧"，于三月二十五日举兵反叛，纵火焚烧武昌，沿江东下。

于是，李自成大顺军几乎没有受到抵抗，就轻而易举地占领了劫后余烬的武昌。然而，他还没来得及高兴多久，尚可喜与阿济格等率

① （明）袁继咸：《浔阳纪事》。

领的清军便尾随而来，纛章京哈宁噶率兵将"围武昌城数匝"①。面对强敌，大顺军不得不背城一战，刘宗敏、田见秀两员大将亲自率领5000兵马出城迎战，以图击败清军，为大顺军争取主动。双方兵来将往，激战良久，无奈清军兵多将广，士气高昂。大顺军渐渐不敌，败下阵来。清军的节节胜利，使大顺军的士气长期处于低落状态，武昌之战的失败更加剧了这种情绪，于是李自成决定放弃武昌，继续东下。

不过，此时东下的大顺军，似乎失去了具体的进军目标。当时南明的江西总督袁继咸在三月下旬曾向南京报告："闯贼下走蕲、黄，上犯荆、岳。"② 就是说对于以后的去向大顺军摇摆不定。按常理，处于前有南明军堵截，后有清军追击的大顺军，这时不应该分散兵力，而应该集中兵力，全力抵御尚可喜与阿济格率领的追兵。可是大顺军并没有这么做，而是一路退却。前已说过，离开荆襄，就意味着大顺军失去了根据地，成了没有后方的作战，军需供应等势必发生困难。果然不久，这种状况就渐渐显露出来，撤离武昌的10余万大顺军，不仅为军需供应所困扰，而且还要保护随军眷属，更要抵御清军的追击，所以，虽然他们早早地撤离了武昌，但行军的速度很慢。

正是大顺军的再一次失误，又给尚可喜与阿济格率领的清军提供了可乘之机。他们在大顺军的后面马不停蹄，紧追不舍，很快尚可喜所部清军就在樊湖追上了大顺军。于是，两军在这里展开激战，接连败北的大顺军此时的战斗力已经今非昔比，几个回合下来就抵挡不住尚可喜所部清军的进攻，败下阵来。尚可喜则士气高涨，乘胜追击，大获全胜，获其战舰20艘，降数千人。

樊湖之战后，李自成的大顺军无计可施，只好一路南下，奔往兴国大冶。然而当他们败退到大冶时，尚可喜所部清军同鳌拜、巴哈纳所部奉阿济格之令也尾随而来，一场大战又在所难免了。

眼见清军步步紧逼，李自成不得不组织大顺军进行抵抗。不过，清军的攻势相当猛烈，他们前赴后继，如潮水般地杀向大顺军。战场

① （清）张玉书：《张文贞集》卷七，文渊阁《四库全书》本。
② （明）袁继咸：《浔阳纪事》。

上，箭如飞蝗，刀光剑影，纵横驰骋，兵对兵，将对将，混战在一起，喊杀声、刀枪的碰撞声、战马的嘶鸣声，不绝于耳。就这样，在尚可喜等清军接连不断的攻击下，大顺军的抵抗再次遭到了失败，刘芳亮、宋企郊等重要人物都被擒获。

刘芳亮，明末农民起义军将领。早年从军，随李自成东征西杀，征战于陕西、山西、河北、河南等地，深受李自成信任，"自成之待其下，惟刘宗敏、田见秀、谷英、张鼐、袁宗弟（第）、刘芳亮、李锦，七侯者，功最大，礼遇为独隆。其初封也，每侯赏珠一大斗、金银一车、币千端"①。任左营制将军，封磁侯。崇祯十七年（1644），率所部由山西，入豫北、畿南，趋保定，与李自成密切配合，合击北京。清军入关后，随李自成自陕西撤入湖广。

宋企郊，陕西乾州人，天启七年（1627），中举人。崇祯元年（1628），成进士，授扬州府推官，后官吏部员外郎。崇祯八年，丁忧家居。不久，投奔农民起义军，先后事闯王高迎祥、李自成，为其出谋划策。崇祯十七年，大顺政权建立后，授吏政尚书。旋随李自成大顺军入北京，与牛金星、宋献策等参与选拔委任原明朝官员事宜。清军入关后，随李自成西撤，南下湖广。

此战后，大顺军只好扔下同伴的尸首，边打边撤，企图甩掉追击的清军。节节获胜的清军，岂能容大顺军有喘息的机会，尚可喜所部清军在阿济格等人的率领下，稍作休息，即快马加鞭，沿着大顺军撤退的路线穷追不舍，直到李自成死于湖北九宫山、大顺军余部逃亡夔门才作罢。

我们知道，尚可喜等随阿济格的此次出征，终极目标是消灭李自成大顺军。湖北之战，基本上将李自成的大顺军击败。可是他又面临一个新的情况，这就是进入了南明的统治地区后，如何对待南明政权，如何对待南方的明朝地方实力等，这些都是已经提到议事议程，而且必须妥善处理的问题。然而，这其中首先要面对的是近在九江已经叛明的左梦庚部。

---

① （清）吴伟业：《绥寇纪略》卷九，文渊阁《四库全书》本。

前已说过，顺治二年三月，左良玉率军沿江东下，以"清君侧"为名，发布檄文，要弘光皇帝诛杀马士英等奸臣。到九江后，左良玉死。其子左梦庚在众将的拥戴下继任主帅。他继续沿江东下，先后取建德、彭泽、东流，又陷安庆，犯池州，然而，这期间却在铜陵、板子矶为南明黄得功所部明军击败，不得前进，于是他们只好退守九江。

说来也巧，就在尚可喜与阿济格等清军将领举棋不定时，天上掉下了一个大馅饼，他们迎来了左梦庚、黄澍派来商讨归降事宜的使者。见此，尚可喜与阿济格等清军将领喜出望外，欣然同意。五月初二日，左梦庚执南明总督袁继咸等，率领总兵官 12 员、马步兵 10 万、舟数万向阿济格等率领的清军投降。

不久，传来豫亲王攻克南京的消息，于是，尚可喜随阿济格率军赶往南京，与多铎相会。到南京后，阿济格等对左良玉所部进行了整编，"应调用者调，应散遣者遣，其余悉率还京"①。接着，尚可喜便随阿济格等班师回京了。

这次征战，清军行程数千里，战果辉煌，"是役，凡十三战，皆大捷。故明宁南侯左良玉子梦庚方泊军九江，闻大军至，执总督袁继咸等，率总兵官十二、马步兵十万、舟数万，诣军门降。计所下河南属城十二、湖广属城三十九、江西属城六"②，歼敌数万，招抚、投降者更是不计其数。所以，闰六月，当捷报传到北京时，世祖皇帝立即命侍臣赴军前慰劳："王克奏肤勋，不胜喜悦！念王及行间将士驰驱跋涉，悬崖峻岭，深江大河，万有余里，可谓劳苦而功高矣。"③ 这既是对阿济格的肯定，也是对尚可喜等将领功劳的褒奖。

八月初四日，尚可喜等清军随靖远大将军阿济格班师到达卢沟桥。出人意料的是，朝廷不仅没有派大臣前来迎接，反而受到了责罚，摄政王多尔衮令学士伊图等往谕："因尔等有罪应议处，故不遣人迎接，尔等可至午门会齐后，即各归家。"④ 于是，尚可喜与英亲王阿济格及

① （明）释今释撰定：《元功垂范》卷上。
② 《钦定宗室王公功绩表传》卷三《和硕英亲王阿济格传》，文渊阁《四库全书》本。
③ 王钟翰校点：《清史列传》卷一《阿济格传》，中华书局 1987 年版，第 16 页。
④ 《清世祖实录》卷二〇，顺治二年八月，中华书局 1985 年版，第 175 页。

诸王贝勒、贝子、固山额真等入城后，相互道别，就各自回家去了。

八月初十日，尚可喜随靖远大将军和硕英亲王阿济格等入宫，觐见世祖皇帝。一套烦琐的礼节后，他们便在午门内参加了世祖皇帝专为他们摆下的宴席。这次入宫觐见，尚可喜还以功获赐绣朝衣一袭、马两匹。九月初二日，当多罗英郡王阿济格将这次出征所缴获的金银、珠宝、缎匹等物进献朝廷时，尚可喜再次获赐金银有差。

从顺治元年十月开始出征，到顺治二年八月凯旋回京，前后近一年的时间与家人分别，天各一方，虽然不时有书信往来，但是出征在外的尚可喜时刻挂念着在海城的王妃、夫人和儿女们，之忠、之信、之孝、之廉可有长进，出征前刚出生不久的之节境况怎样，这一切都萦绕在尚可喜的心头，激起了他对海城家乡的思念。所以，料理完京城的事情后，尚可喜便马不停蹄地赶往海城老家，一方面与家人团聚，享受天人之乐；一方面休养身体，为再次出征做准备。

二、平定湖南

就在尚可喜随阿济格等班师回京后，湖广的形势正发生着翻天覆地的变化。

我们知道，顺治二年（1645），尚可喜率领所部随英亲王阿济格在湖广战场上暂时取得了军事上的胜利。在班师回京前，阿济格等曾对经营湖广做了简单的安排：一方面利用南明的降官、降将守卫占领区，一仍其旧；另一方面任命梅勒章京佟养和为总督八省军门，率领一部分清军驻守武昌。阿济格等人所做的这种人事安排看似比较稳妥，其实并不是长久之计，它留下了很大的隐患，而且这个隐患在顺治三年（1646）很快就暴露了出来。

自从九江战败后，李自成率领大顺军余部便改变原定计划，准备经江西西北部前往湖南，可就在五月初，他们到达湖北通山县九宫山时，遭到了当地地主武装的袭击，李自成率领的20余人寡不敌众，混战中，李自成与多数手下亲兵被击杀。李自成被杀后，其部将田见秀、张鼐、袁宗第、刘体纯、吴如义、郝摇旗、牛万才、王进才等，陆续在这年夏天集结到湖南平江、浏阳一带，其兵力总计有 20 余万。

可是，这时的大顺军，由于李自成的牺牲，已经没有明确的目标了。经过商议，他们决定联合南明的湖广总督何腾蛟共同抗清，可惜由于何腾蛟的掣肘，没有完全成功，只是实现了局部的联合。相反，清朝的湖广总督佟养和，却对大顺军抛出了橄榄枝，只不过没有马上被大顺军接受。可是，天无绝人之路，就在大顺军徘徊于十字路口时，他们意外地得到了一个令人振奋的好消息。

这个好消息是关于李锦、高一功一路大顺军的。原来，李锦、高一功率领的大顺军自离开陕西后，经四川太平、东乡、达州、夔州、新宁等地，进入湖北，然后东下，到达了荆州一带。田见秀、袁宗第等得到这个消息后，当即决定率军北上，与李锦、高一功所部会师。就这样，两支大顺军在荆州地区胜利会师。

会师后的大顺军，虽然力量有了进一步的壮大，可是仍然没有形成一个领导核心，也没有确定下一步的行动目标。恰在这时，南明隆武政权任命的副都御史、巡抚湖广堵胤锡以敏锐的战略眼光看到了大顺军的作用，开始与大顺军频繁接触。

堵胤锡（？—1649），字仲缄，号牧游，江苏宜兴人。崇祯十七年（1644）进士，授南京户部河南司主事，迁郎中，出为长沙知府。尝建立镇南新营，督乡勇剿灭萧相宇、廖二庆，又平百家山燕子窝，以知兵出名。后历任长宝副使、长沙监军、武汉参政兼佥事、湖广督学副使。弘光元年（1645），巡试岳、长、衡、永、宝、辰、常，事后加太仆卿。继为湖北巡抚，驻常德。南京陷落后，立君子营。隆武元年（1645），奉命以副都御史巡抚湖广。曾上《恢复十急务疏》，又派副总兵王之宾等招兵买马，欲经理荆楚，以图恢复中原。

在堵胤锡的极力撮合下，顺治二年（1645）底大顺军终于实现了与南明隆武政权的真正联合。李锦被封为兴国侯，挂龙虎将军印，统御营前部左军，改名李赤心。高一功被封为郧阳侯，挂龙虎将军印，改名高必正。其余各将或封侯，或封伯，所部军队改名为"忠贞营"。

另一个变化是湖广地区又燃起了战火，烽烟四起，战事不断。李锦、高一功等在与南明隆武政权联合后，他们和堵胤锡、何腾蛟、章旷等在顺治二年底到三年初，联合发动了对湖北的进攻，以图恢复失地。可是由于何腾蛟、章旷等的无能，结果失败了，还失去了重镇岳州。起初，南明与清朝对峙于岳州一线，后来由于清军夺取了岳州南面南明军据守的新墙，所以双方又对峙于新墙一带。

还有一个变化，就是到顺治三年七月，征南大将军博洛连下绍兴、金华、衢州等城，"浙江悉平"，并分军进入福建，征讨南明的唐王政权。

形势的发展，要求清朝对湖广是进取还是舍弃，迅速作出决断。顺治三年四月，摄政王多尔衮以世祖皇帝的名义谕兵部："恭顺王孔有德、怀顺王耿仲明、智顺王尚可喜、续顺公沈志祥著各统所部马兵，于五月初一日先赴京师。步兵着委官率领，亦于是日起程，随后至京。"① 多尔衮的态度很明确，就是要以武力回击南明的进攻，再次夺取湖广，将其纳入清朝的统治之下。因此，在海城的尚可喜很快就接到了这一命令，于是他立即动身，率领所部兵马，马不停蹄，风餐露宿，赶往京城。

到京城后，尚可喜来不及歇息，马上入宫觐见世祖皇帝。在其前后，恭顺王孔有德、怀顺王耿仲明等也来到了北京。出征前，七月二十六日，世祖皇帝在武英殿设宴，热情招待智顺王尚可喜和平西王吴三桂、恭顺王孔有德、续顺公沈志祥，为他们送行。宴会后，又各赐他们蟒衣一袭、帽一顶、靴袜一双、鞍马一匹，以体现朝廷对他们的恩泽。

八月十五日，正逢中秋佳节。在这个隆重的节日里，按照传统习俗，人们都要回家与家人团聚，酌酒赏月，可是，战事的发展，却使这一天成了清朝出兵的南征之日。这一天，清朝以恭顺王孔有德为平南大将军，与怀顺王耿仲明、续顺公沈志祥、右翼固山额真金砺、左翼梅勒章京屯泰率满洲、蒙古、汉军官兵往征湖广、两广。同时对出征攻击地的先后次序和这次出征的指挥权也做了安排："尔等先定湖广地方，次定江西赣南，由是入广东，镇守一方。遣人奏报候旨，但尔

① 《清世祖实录》卷二五，顺治三年四月，中华书局 1985 年版，第 213 页。

等同爵，今在军中不可不立主帅，同去王公诸将等凡事悉听恭顺王令行。"① 就是说这次南征的主帅是孔有德。

八月二十日，等候出征消息的智顺王尚可喜也接到了朝廷让他南征的命令："统所部官兵赴恭顺王军，协征湖广等处"②，并收到了世祖皇帝赐予的蟒袍、靴帽、鞍马。

一切准备就绪，尚可喜等便率军随孔有德由京城南下。但见前往岳州的路上，刀枪林立，旌旗蔽日，战马嘶鸣，行军的脚步声，不绝于耳，不时地有战马来回穿梭，传递着信息，行军中扬起的尘土，飘荡在半空中，随风而动。顺治四年（1647）二月初，尚可喜等在孔有德的率领下，到达了湖南岳州。

经过短暂的休整，按照恭顺王孔有德的部署，清军从岳州出发，向南明军发动了进攻。二月十五日，尚可喜与耿仲明随孔有德率领南征军主力，从陆路，屯泰所部由水路，全力攻取了南明军据守的新墙、潼溪。驻守的南明军见清军攻势猛烈，无心坚守阵地，稍作抵抗，便溃退下来，作鸟兽散。十八日，尚可喜所部等随孔有德迅即推进到了湘阴一带，南明右佥都御史、巡抚湖北章旷和守将弃城逃往长沙。见敌败退，尚可喜等又随孔有德率军紧追不舍，不日，直趋长沙城下。南明长沙守将王进才自知不敌，于是保护何腾蛟等撤离长沙，二十五日，清军轻而易举地占领了长沙。

长沙隶属于湖广布政司，明朝在此设长沙府，辖十二州县。清军虽然占领了长沙，但其两翼仍面临着危险。为了解除这一威胁，孔有德又作出了进一步的军事部署。一方面，他令耿仲明率军向西北进军，攻取常德；另一方面，师次湘潭后，又令尚可喜率兵直取攸县燕子窝，攻打黄朝宣所部南明军。

黄朝宣（？—1647），字璠舆，江西上高人。其父为沐天波赘婿。初为傅宗龙牙校。傅宗龙死后，以援剿参将的身份随宋一鹤守卫明朝显陵，号滇广营。尝与张献忠农民军激战，迁副总兵。后转战于长沙、

---

① 《清世祖实录》卷二七，顺治三年八月，中华书局1985年版，第232页。
② 《清世祖实录》卷二七，顺治三年八月，中华书局1985年版，第233页。

武冈、宝庆等地。屯衡州时，听说攸县燕子窝险固，遂改驻燕子窝。何腾蛟到长沙后，他前往归附，奉命总统诸军，守茶陵。顺治三年（1646）授都督同知，挂后将军印，封萍乡伯，守湖南，为何腾蛟十三镇之一。居湖南期间与其子扰害地方，荼毒百姓，为百姓所深恨。

尚可喜领命后，立刻率军奔攸县燕子窝而来。攸县，又称攸州，位于今湖南省东南部，居罗霄山脉中段武功山西南端。燕子窝在攸县的东南部，洣水从其旁流过，这里水陆交通便利，攻守皆宜。黄朝宣在此经营多年，驻有10余万人马。这次征讨黄朝宣，清军还是水陆并用。孔有德率军从水路进至芦口，击破北岸敌营；尚可喜则同卓罗等领兵从陆路进至渚州。刚到渚州，他就突然发现南明总兵徐松节率领马步兵1.3万人准备逃走，于是他提兵尾随其后，一举将其击败，同时又接受了明总兵陈士明等部众的归降。还在燕子窝的黄朝宣眼见清军大兵压境，犹豫很久，是战、是降，一时难以决断。最后，他思虑再三，决定不战而降，可是他的如意算盘落空了，当他派人向清军表示归降之意时，却遭到了清军的拒绝。他见势不妙，只好三十六计走为上，急忙率兵逃亡衡州。

到嘴的肥肉，焉能让他跑掉。尚可喜等在孔有德的率领下，星夜进兵，一路跟踪追杀而来，顺利地到达了衡州。四月十四日，清军攻陷衡州，驻守于此的何腾蛟、章旷等犹如惊弓之鸟，急急忙忙地逃离了衡州。黄朝宣与其子来不及逃走，就藏匿于城内的一座神祠内，结果被清军抓获。为了保命、保富贵，他奴颜婢膝，再次请求投降清军。不过，由于黄朝宣在百姓中有"残暴"之名声，尚可喜与孔有德等为争取民心，便历数其罪，将其肢解，由此"远近大快"①。

取衡州后，孔有德等乘船从水路返回长沙。旋闻桂阳被南明的郝永忠部围困，于是他令固山额真金砺等防守衡州，派智顺王尚可喜同蓝拜等率军赴援桂阳，以免桂阳落入南明之手。

郝永忠（？—1664），又名郝摇旗，字遥期，河南商丘人。初从李自成起义，为大旗手，临阵枭悍。屡从李自成征战，多有战功。李自

---

① （清）张廷玉等：《明史》卷二〇八《何腾蛟传》，中华书局1974年版，第7175页。

成牺牲后，归附南明何腾蛟。赐名永忠，封南安伯。曾奉命守长沙，授都督同知、总兵，挂恢剿七省左将军印。

桂阳地处今湖南省郴州市西部，南岭北麓，湘江支流的春陵江中上流，地势险峻，因此，郝永忠领兵前往，欲取其城。可是当地百姓畏其"暴掠，不纳"，郝永忠一怒之下，"屠其城"①，杀同知夏九赓、桂阳学正卢声先和周之达等万人。

尚可喜得令后，马上率军南下，当其行进到长宁的时候，恰好发现了南明郝永忠部的哨骑，于是立即将其斩杀，披星戴月地赶往桂阳。途中，在翔凤铺，护军统领线国安、协领苏郎等又率兵击败了郝摇旗所部1400人。清军一路凯歌，兵锋所指，非克即降，极大地震慑了南明的军队。就在尚可喜等率军到达桂阳时，郝永忠已经闻风而逃。为了尽快消灭郝永忠所部明军，尚可喜当即率领所部清军马不停蹄，沿着郝永忠逃跑的路线一路追赶下去，终于在罗田龙水追上了这支南明的军队。

见摆脱不了清军的追击，南明军被迫停止西逃，列阵对敌，以图扭转不利局面。于是双方在龙水摆开阵势，展开了一场混战。混战中，尚可喜等人率清军猛冲猛打，无不以一当十，直杀得南明军丢盔卸甲，死伤甚多，节节败退，连南明军前锋、总兵张学礼都被俘虏了。郝永忠见败局已定，再也不敢恋战，迅速弃营而逃，奔道州而去。尚可喜等岂能放过如此大好的时机，立即率兵从后面乘胜追杀，不给对方任何喘息的机会。

在道州，尚可喜所部再次与郝永忠交战，并将其击败，迫使其逃往粤西。与此同时，孔有德率军也攻克了宝庆，斩守将李茂功、黄晋、吴兴，歼敌万余。随后，孔有德便同怀顺王耿仲明等转攻武冈。当时，武冈为南明永历政权的承天府，永历帝曾自广西桂林迁据于此。

可是，他们在紫阳河遇到了陈友隆的抵抗，胜负未分，于是调尚

① 钱海岳：《南明史》卷六九《郝永忠传》，中华书局 2006 年版，第 3318 页。

可喜部前来支援。尚可喜接到命令即从道州启程，快速赶往武冈。[①] 会师后，清军"纵火焚木城，夺门而入"，斩监军道一员，总兵、副、参、游100余员，马步兵1万。南明安国公刘承荫领总、副等官170余员、马步兵1.8万多人，到达夕阳桥，与清军战，结果被孔有德同梅勒章京卓罗等再次击败，清军抵达武冈，遂克其城，降南明大将刘承胤等，永历帝仅以身免。

占领武冈后，孔有德决定继续扩大战果，他将下一步进攻的目标瞄准了靖州和沅州，先是令线国安引兵趋靖州，追缉永历帝，相机攻取靖州；他则率领尚可喜等清军赶赴沅州，征讨张先璧部南明军。

张先璧（？—1652），字盟玉，云南建水人。早年应募入尚书傅宗龙军，授援剿参将。从巡抚宋一鹤守显陵，进副总兵。曾参与镇压张献忠起义军，为守长沙援剿十三营之一。后辗转于宝庆、武冈、茶陵、溆浦等地。继归附何腾蛟，迁太子太保、左都督总兵，总督四川、广西、云南、贵州、湖广、河南、江西，提督土汉官兵，挂援剿七省右将军印，再加太子太师，封宁南伯。永历元年（1647）四月，因不满何腾蛟征调，以10万人自祁阳西走宝庆、新宁，杀李锦春等。继经卜进入沅州，上疏自辩，又遭切责，自此屯沅州，不通奏谒。

面对来势汹汹的清军，张先璧进行了精心的部署。他一方面在通往沅州的交通要道黔阳部署兵力，将所属南明军之一部分驻扎在那里，立五营，"扼要隘"，以迟滞清军的进攻；另一方面，他亲自率3万多南明军在沅州布防。针对张先璧的兵力分布，孔有德决定分兵出击，传令蓝拜部清军围歼黔阳之敌。蓝拜受命，即先领兵杀向黔阳。黔阳守军不甘示弱，当即出城迎战，无奈不敌清军进攻，大败而回，损兵折将，7000余人被斩杀。随后，尚可喜与孔有德等合蓝拜之军，按预

---

① 《清史列传》卷七八《尚可喜传》载：可喜"复攻取桂阳、宝庆、武冈诸郡邑"，其中取宝庆有误。据《清世祖实录》孔有德等顺治四年十二月二十日的奏报记载："闻贼据宝庆，留怀顺王耿仲明为后应。臣（孔有德）引兵趋宝庆，围其城，克之，斩伪鲁王朱鼎兆，世子朱乾生，伪总兵黄晋、李茂功、吴兴，伪监司刘佐，伪副、参、游、都、守四十余员，马步贼三万二千。"又说："恭顺、怀顺同各固山兵由宝庆攻武冈，至紫阳河与陈友隆等战未决，趣王济师，王自道州会之，遂克武冈。"说明尚可喜是直接从道州去武冈的，不是从宝庆去的。

定计划直薄沅州。驻守沅州的张先璧，立刻集众 3 万人，出城接战。双方在沅州城外，展开激战，互有杀伤。

见清军众多，士气高昂，作战英勇，张先璧意识到已经独木难支，于是他在进行一番抵抗后，自动率领部下放弃了沅州，向贵州黎平撤退。清军随后进占沅州城。几乎与此同时，攻靖州的线国安一路清军也进展顺利，"国安等疾驱，围其城，夺门而入"，生擒总兵萧旷、姚有性，及其率领的 1.2 万人。又击败南明侍郎盖光英等率领的前来救萧旷、姚有性的土司兵 1.4 万人。这期间，孔有德所部清军还在天津湖、祁阳、熊飞岭等地击败了南明驻军。至顺治四年十一月，湖南全境几乎平定。五年又取辰州，至此，"湖南诸郡邑底定"①。

沅州既下，尚可喜与线国安所率领的清军乘胜追击，不给张先璧部南明军丝毫喘息的机会，一直将其追到贵州黎平。在黎平，南明岷王朱趚㙤投降，清军还俘获了何腾蛟的家人，便"执举族以招"腾蛟，威胁说："降则富贵共之，否则亲尸被掘，妻辱子戮。"何腾蛟淡然处之，回复："为天下者不顾其家，为名节者不顾其身，欲掘吾亲之墓，吾亲已归三尺土，世间难保百年不坏之冢。禽吾之子，身旁有长子尚在，可奉祖宗禋祀；次子未见面而生，仍付之未见面而已。系吾之命妻，吾妻年几六十，虽多方点缀，不足以供下陈。欲挟吾顺，不能也。"② 全然不顾妻子的安危，继续辅佐南明永历帝进行抗清斗争。

随着湖南的失守，南明军的节节败退，清军加快了进军的速度，从北面、东面压向广西，八月，攻陷永州，兵指全州。在此之前，何腾蛟认为"楚粤之要，莫先全、永"③，即广西全州、湖南永州。永州既失，永历元年（1647）十月，何腾蛟只好退居全州。不久，尚可喜随孔有德占领了全州，何腾蛟等只好西逃，由是"粤西大震"④。在何腾蛟等退守到全州兴安时，孔有德给他写了一封信，以贵阳王金印召其投降，结果没有成功，信使也被他杀害。

---

① 王钟翰校点：《清史列传》卷七八《孔有德传》，中华书局 1987 年版，第 6416 页。
② 钱海岳：《南明史》卷五三《何腾蛟传》，中华书局 2006 年版，第 2546 页。
③ 钱海岳：《南明史》卷五三《何腾蛟传》，中华书局 2006 年版，第 2546 页。
④ （明）释今释撰定：《元功垂范》卷上。

就在这时，江西发生了金声桓的叛乱。本来金声桓已经归降了清朝，可是由于清朝对其封赏太薄，且江西巡抚章于天、巡按董学成又胁迫其交纳钱财，所以他在部将王得仁的鼓动下，于顺治五年（1648）正月，擒杀清江西巡按董学成、布政使迟变龙、湖东道成大业等，毅然反正归明，出兵攻打赣州。

消息传到全州，尚可喜等顿时感到问题的严重性。他认为江西"上游声势不可不壮"①，又说："豫章叛变，势逼金陵，武昌控扼上游，若垣乘虚袭之，则大江南北危矣。"② 于是恭顺王、怀顺王及噶喇额真放弃进攻桂林，率师还守武昌。顺治五年五月，他们到达武昌。

金声桓叛乱后，清朝立即以谭泰为征南大将军，率领满汉军队，讨伐金声桓叛军。顺治五年七月初十日，谭泰大军薄南昌府城下。此时，尚可喜也奉命分兵东下，为谭泰大军运炮，并协攻南昌，为清军攻克南昌、平定金声桓叛乱作出了贡献。

顺治五年八月，尚可喜随平南大将军孔有德开始班师回京。经过一个多月的行军，他们终于在九月底回到了阔别已久的京城。

此次出征湖广，历时两整年，清朝取得了重大胜利。据顺治四年十二月二十日的奏报，这次出征"计前后所获伪永历太子朱尔珠、骊山王朱埏琬、安昌王朱埏眷并伪将军、宗姓等二十七人。招降伪国公刘承荫，伪伯王云程、刘承永、董英、周思仲、高清浩、郑应昌，伪内阁吴秉，伪巡抚傅上瑞及伪总兵四十七员，伪副、参、游等二千余员，马步兵六万八千有奇，获马匹船只无算。苗夷大半俱降，其未顺者，已遣人招抚"③。"至辰州，擒伪荣王朱有桢子朱松于苗洞，又生擒伪奉国将军朱运烨于兴化土司，随破永宁巢，擒伪贵溪王朱长标。军至广西全州，何腾蛟等闻风遁去，贵州铜仁府、广西全州、兴安县、关阳县苗猛共三十一处、洞二百六十处，俱各归顺。擒获伪南威王朱寅卫并子朱载功、伪长沙王朱由桵、伪辅国将军朱华等共四十一人，

---

① （明）释今释撰定：《元功垂范》卷上。
② 《先王实迹》，见尚之隆、尚之瑶主修《尚氏宗谱》（二修）卷之二，第5页。
③ 《清世祖实录》卷三五，顺治四年十二月，中华书局1985年版，第288页。

及诸伪伯、伪总兵、司道官员甚众。"① 这期间，尚可喜与孔有德等还对占领的地方进行安抚，设官分职，予以管理，"令总兵官于时中、副将王希用率新降兵二千四百，驻衡州府。又委副将何允为总兵官，同副将刘尚艾率新降兵一千二百，驻武岗州。投诚总兵陈跃龙、副将萧远领新降兵三千，驻黎平府。偏沅巡抚高斗光，有疾未痊，委投诚伪伯周思仲代之。又令投诚副将张勤领新降兵一千，同周思仲驻沅州，总兵官马蛟麟驻常德府"②。在平定湖南的过程中，尚可喜率军南北驰驱，东西转战，行程数千里，史书评价他："率师取湖南，威声所被，按节而行，无有当其锋者"③。

三、荣归海州

尚可喜这次随孔有德南征湖广，极大地打击了南明永历政权，使其在湖南的军事力量土崩瓦解。所以，当他们还在征战时，就收到了清朝的嘉奖令。顺治四年十一月二十八日孔有德"以平湖南捷闻"，清廷令对他们"下所司议叙"④。

到了五年正月初十日，清朝正式"以湖南六府底定，苗民就抚"为由，赏赐智顺王尚可喜黄金200两，同时赐平南大将军、恭顺王孔有德黄金250两，怀顺王耿仲明200两，续顺公沈志祥100两。其他有功之将士，也各赏赐银两有差。⑤

班师回京后，清廷更是对他们礼遇有加，恩赐不断，以褒奖他们的非凡之功。

顺治五年十月初，世祖皇帝在太和殿设宴，宴请有功将帅，智顺王尚可喜和平南大将军恭顺王孔有德等都参加了这次宴会。十三日，智顺王尚可喜获赏雕蟒袍一袭、鞍马一匹、空马一匹。二十二日，获赏金 200 两、银 5000 两。二十三日，获赏黑狐帽一顶、玲珑鞍马一匹，彩缎 50 匹。其他人也各有赏赐，如十月二十二日就赏给恭顺王孔有德、怀顺王耿仲明金各 200 两、银各 5000 两；续顺公沈志祥金百两、银 2000 两；固山额真金砺金 20 两、银 400 两；梅勒章京卓罗金 10 两、银 300 两；蓝拜、屯泰金各 10 两、银各 250 两；阿思哈尼哈番等官金各 5 两、银各 150 两；阿达哈哈番等官银各 150 两；拜他喇布勒哈番兼一拖沙喇哈番及拜他喇布勒哈番、牛录章京、拖沙喇哈番、闲散章京等官银各 70 两；署章京事骁骑校、拨什库银各 40 两；智顺王、恭顺王、怀顺王、续顺公的部下阿思哈尼哈番等官金各 8 两、银各 80 两；阿达哈哈番等官银各 80 两；拜他喇布勒哈番等官银各 30 两。[①] 清初刚刚立国，军事征战此伏彼起，各方面的开销都很大，国库的积蓄捉襟见肘，在这种情况下，清廷拿出如此数量的金银赏赐尚可喜等将帅，足见朝廷对他们功劳的肯定。

还有一件事值得指出，就是在尚可喜等出征湖广期间，清朝还对关乎他们的礼仪，即诸王入朝降舆及朝列坐次作出了明确规定，以示尊崇。在此之前，清朝对智顺王尚可喜与恭顺王、怀顺王的仪仗已有规定，如规定尚可喜的仪仗是"贴金红罗伞一柄，卧瓜一对，骨朵一对，吾仗一对，坐蟒一杆，小旗八杆"。这次规定，其实是对以前礼仪的一个补充。顺治三年十二月初五日，规定智顺王尚可喜在"午门外降舆"，朝列坐次是在多罗英郡王之后。[②] 对于诸王用印印文和乘坐工具，顺治四年五月二十八日，世祖皇帝下旨说："一朝有一朝之制，不必照故明止用一字。我朝诸王印文，照封号全写。"同时令尚可喜与平西、恭顺、怀顺王在"住镇地方乘轿；至京，令乘马行走"[③]。

接受完朝廷的赏赐，尚可喜在京城没停留多久，就快马加鞭驰往关外，回到了阔别已久的家乡海城，直至顺治五年十二月世祖皇帝派使者召其率所部官兵家口入关为止。

这是他入关以来第二次回到海城生活。第一次是顺治二年秋回到

---

① 《清世祖实录》卷四〇，顺治五年十月，中华书局 1985 年版，第 324 页。
② 《清世祖实录》卷二九，顺治三年十二月，中华书局 1985 年版，第 243—244 页。
③ 《清世祖实录》卷三二，顺治四年五月，中华书局 1985 年版，第 265 页。

海城，一直到顺治三年五月初一日从海城启程回京。从时间上看，尚可喜第一次回海城住的时间较长，有半年多；第二次则比较短，仅一个多月。

在海城期间，尚可喜的活动主要是三个方面，一个是练兵，一个是慰问安抚伤亡官兵的亲属，一个是与家人团聚，感受家庭的温暖。

兵者，为国之大器，尤其在战争年代。尚可喜深知战争是残酷的，手下官兵只有将武艺练好，才能增加在战场上取胜的机会。所谓武艺，就是骑射、十八般兵器、徒手格斗、阵法等。所以，他要求部下官兵勤加训练，提高自己的军事才干，以备随时为朝廷效力，克敌制胜。

两次出征湖广，尚可喜所部官兵虽然不是清军的主力，但是在战场上，他们冲锋陷阵，多有伤亡。抚恤亡者亲人，慰劳伤者，是历来为将者所遵循的。战国时期的吴起，亲自为受伤的部下吸吮伤口的脓血，因而换来了部下的以命相报；汉高祖刘邦对韩信解衣推食，换来了韩信的忠心辅助，战胜项羽，奠定汉朝基业；等等。作为清军将领的尚可喜自然也懂得这个道理。跟随他南征北战的许多将士及其家属是被他安置在海城的，对其中的伤亡者，尚可喜都给予了相应的关照，这从后来他建佛寺、造佛像为阵亡者祈福中就可以看出。

作为将领，尚可喜唯清朝军令是听，一有战事，即奉调出征，大部分时间是在军中度过的，而与家人相聚的时间并不多。回到海城，每天与家人团聚，享受天伦之乐，实乃人生之快事。作为父亲，"谁不爱一堂，生阶玉树看儿行"；作为丈夫，"谁不爱一床，云鬟晓丽温柔乡"；作为男人，"谁不爱一壶，艳烧红蜡谱笙竽；谁不爱一林，朋从鱼鸟散幽襟"。所以，回乡相聚，使中年的尚可喜再一次体会到了家的温馨，度过了一段妻子、儿女相伴的欢乐时光。

到顺治五年（1648）十二月，尚可喜已经有 10 个儿子，即尚之忠、尚之信、尚之孝、尚之廉、尚之节、尚之盛、尚之典、尚之隆、尚之辅、尚之佐，大者 20 岁，小者一岁多，还有多个女儿。在回海城居住期间，这么多的儿女承欢膝前，更何况还有众位夫人无微不至的照顾。值得指出的是，尚可喜第一次回海城居住期间，正逢其第六子尚之典出生，当时也是中国传统节日——春节之后的正月初四日，可

以说喜庆之中又逢喜事。而且，这时夫人杨氏也有孕在身，在顺治三年六月二十五日丑时生下了第七子尚之隆，只是由于尚可喜五月初一日奉调进京，而没有亲眼看到第七子的降生罢了，留下了一点遗憾。

尚可喜自从上次离开海城后，就一直征战于关内，足迹踏遍了大半个中国，征战之余，也饱览了征战地区的山水名胜，领略了各地的风土人情。不过，故乡的景致还是他最难忘的。这次回到海城，他望着家乡的山峦，飞舞的白雪，仿佛又回到了遥远的童年，更思念起已经故去的亲人。

当然，尚可喜也知道自己身上肩负的使命，那就是为清朝的一统江山而尽心尽力，随时听候召唤。此时衣锦还乡，亲人团聚，不可能持续很久，所以，他一直关注着关内传来的信息，为下一步出征，时刻准备着。尚可喜的预料没错，这不，顺治五年底，他就接到了来自朝廷的命令，让他快速入关。军令如山，尚可喜整理好行装，告别家人，冒着寒风，踏着冰雪，在护卫们的保护下，飞身上马，急速地朝关内奔去。

无疑，这次入关后，新的重任又要落在尚可喜的肩上，对此，尚可喜将如何应对呢？他的命运又将如何呢？

第 八 章

改封平南王

一、王号改封

顺治五年（1648），清朝入关，定鼎北京，已经五年了。短短五年，全国的形势变化有多大？简直是天翻地覆！个人的命运也伴随着瞬息万变的形势而沉浮……

五年前，清朝还偏居于山海关外东北角，没有多少人关注它；明朝已处于风雨飘摇之中，仍顽强地挺立着，没有多少人相信明朝将会迅速灭亡；李自成、张献忠各种势力东奔西突，同样，也没多少人会料到他们能成大事……

就在人们没想到或没来得及想到的时候，突发事件接二连三地发生了。曾几何时，整个世界大颠倒：明朝寿终正寝，李自成率大军进北京，取而代之，成为北京的新主人；张献忠进川，建国号大西；长江以南，由朱元璋的子孙们重建南明政权，延续着大明的国祚……

清朝抓住千载难逢的历史机遇，毅然进关，在"天下第一关"山海关前，一举击溃大顺军精锐，李自成迅速撤离北京，在北京仅41天，便让位于清朝。北京三易其主，清朝在此定鼎，成为北京也是全国的新主人！李自成自从撤离北京，便踏上了不归路，终被清军彻底

打垮，从此消失！清军进西南，据四川，张献忠授首；举兵渡长江，先灭弘光小朝廷，再破降隆武、鲁监国等南明政权。真是势如破竹，所向披靡！举凡阻挡清军南下，或与清军决战的各军事政治势力，无不被扫荡干净。清军继续南进，一直打到广州！唯云南、贵州、广西等处，仍在南明最后一个小朝廷——永历政权的掌握之中。江南半壁，几尽清有！

在短短的五年中，清军入关尚不满20万，竟然纵横无阻，势不可当，真是一个奇迹！

短短五年，其实，还不是五年，实际时间，算起来，也只有三年多，清朝的一系列胜利，来得如此之快；取得的进展，长城内外，大河上下，大江南北，一匡天下，可谓神速！探究其中的原因，并无复杂之处。简单地说，凡与清朝对抗或争横的政权，以及各种政治军事集团，皆不堪清军一击。这并非说，这些集团的势力不强大，恰恰相反，他们在人数、占地、军队的数量与装备及粮食供应等，无不占据优势。就说李自成的势力，他率军数十万，扫荡明军的抵抗，一举夺下北京，将明朝灭亡。其势之强大，足以使人闻风丧胆！谁料，在山海关被清军与吴三桂军击败后，凡与清军激战，一次也没胜过，在清军的追击下，只有逃之又逃，直至全军覆没，大顺销声匿迹！这一过程，不过五个来月，即告完成。还有，南明有江南半壁，其实力比大顺还雄厚，但清军过江不到两个月，就兵不血刃地进入南京。至于南明后续几个政权，以及张献忠的大西政权等，无不迅速土崩瓦解。他们的失败，非败于实力不足，而是民心已散已乱，不知改主；而军心无固志，已成瓦解之势。正是农民军的急剧衰落，南明的堕落，才造成了清军的不断胜利。

的确，清军入关后，引发了局势不断戏剧性变化，让人看得眼花缭乱，一时莫辨……

应当承认，清朝赢得全局胜利，似乎很容易。然而，事实很快就证明：清朝的胜利远未巩固。换句话说，它的基础还比较脆弱，最危险的因素还是来自清朝内部：主要是已降清的原明将吏又反正，叛清归南明，或自立旗号，欲图争夺天下。顺治五年新年伊始，江西总兵官金声桓在南昌举兵叛清。金声桓本辽东人，任明将，清军南下时降清。因不满清廷给的官职太低，心中不平，遂叛清。

接着，广东提督李成栋于四月中也发动了叛乱，投归南明永历政权。李成栋原为李自成农民军将领，于崇祯八年（1635）降明。明亡后，转投南明弘光政权，任镇守徐州总兵官。清顺治二年清军南下时，率部降清，即随军南下，直至广东。累计军功，清廷授予广东提督总兵官。李成栋"自恃功高"，以为官职不高，想得两广总督却未得到，愤愤不平。①当金声桓约其反叛，并率先行动时，他遂下决心，紧随其后，亦举兵叛清。

金声桓、李成栋两支军事势力，一在南昌，一在广州，造成南北呼应之势，局势顿时陷入混乱：南明永历政权乘机扩张势力，将金、李尽收为羽翼；还有一些武装力量，已投清的原明部分将吏也乘机反正。原为清军获胜后的平静局面，一下子变得乱哄哄……

清朝在南方的统治，因金、李的叛乱而变得岌岌可危。

当金、李相继叛乱时，智顺王尚可喜与恭顺王孔有德、怀顺王耿仲明各率部队，正在湖南境内联合采取军事行动，目标是清除南明在湖南的统治势力，从军事上打垮一切与清朝对立的武装力量。一句话，就是用武力统一湖南地方，建立清朝的统治。"三王"齐心协力，很快就荡平了湖南的反清势力，顺利完成摄政王多尔衮交付的使命。在获得多尔衮的批准后，以平南大将军、恭顺王孔有德为首的三王班师还京。自八月上旬开始撤离湖南，至九月廿八日（公历 11 月 12 日）到达北京。②

尚可喜等三王得胜还朝，当然会得到朝廷的奖赏。十月八日，世祖在太和殿设宴，招待尚可喜等三王；十三日，以皇帝的名义，赏给尚可喜等三王貂蟒袍各一袭、鞍马各一匹、空马各一匹。③

朝廷的赏赐还在继续。十月二十二日，赏给尚可喜等三王：金各

---

① 参见《明清史料》丙编，第 6 本、第 7 本，"两广提督李成栋揭帖"，参见《清史列传》卷八〇《李成栋传》。

② 参见《清世祖实录》卷四〇，顺治五年九月己丑，中华书局 1985 年版。

③ 参见《清世祖实录》卷四〇，顺治五年十月甲辰，中华书局 1985 年版。

200 两、银各 5000 两。次下，各级将官的赏金数额，依任职或爵位的高低递减。次日，再赐给尚可喜等三王：黑狐帽各一顶、玲珑鞍马各一匹、彩缎各 50 匹。

赏罚分明，是清朝勃兴的一项重大政策。满洲崇尚武功，故征战中人人以多获军功为荣，而奖赏也以军功为据。凡获重大军功，在一战役或战斗中表现卓著，攻城时第一个登城者必授予重奖，自此会受到特别保护。尚可喜等三王平定湖南，其功非可小视之。所以，当他们凯旋之日，赏赐便会接踵而来。上列奖品，从黄金、白银，到狐帽、彩缎、貂蟒袍，再到鞍马，等等，可以说应有尽有，皆属名贵物品，特别是金、银之多，可以等于一个一二品大员五六年薪俸收入的总和！当时，正是用人之际，需多方面鼓励其斗志，完成对全国的统一。所以，奖赏要高于平时。要知道，三王都是汉人，给他们过高的奖赏，也有利于增进满汉关系的融洽。质言之，就是使满汉更加亲密，是完全符合清朝的根本利益的。

尚可喜凯旋，除了不断得到皇帝的物质奖励，也免不了同朝廷方方面面的官员往来应酬。以尚可喜的显赫地位，又受到当朝皇帝的宠幸，大胜凯旋，不知有多少人投来羡慕的眼光！可以想象，邀请赴宴的事不能少，确有一些人想借此机会结识和巴结尚可喜。他待人比较随和，用今天的话说，处事也比较低调，不事张扬，总是想法与周围的同事同僚处理好关系。有人为他设宴，诸如"庆功""慰劳""洗尘"等。一般来说，他都愿给对方一个面子，不肯谢绝，免得伤人感情……

在京师，忙完公事与应酬，转眼间，也快一个月了。清朝规定：在完成战事后，即把皇帝委托的军事指挥权包括军队统统交给皇帝，而本人从哪里来，即回哪里去。

尚可喜的家，仍是他出生的海州。他率军出征，家属都留在这里。现在，他该回家了。于是，他骑上马，在随从们的护卫下，向着山海关的方向疾驰。

此时，正是严冬季节。关内外一望银白：积雪铺满道路和原野，在太阳光的照射下，放出清冷的寒光，让人不寒而栗！

自离家出征，到此时回来，已经有两年多。尚可喜确是归心似箭，恨不得臂生翅膀，脚生云，片刻之间飞到家！

总算到家了。顿时，不大的充满荒寂的小城海州好像注入了一股活力，显得有了些生气。自从五年前当地满汉兵民百姓"从龙入关"，辽东各城镇几乎都成了一座座空地，直到十余年后，即顺治十八年，这种状况还没有改变。据奉天府尹张尚贤报告：辽东仍是"黄沙满目，一望荒凉"。这里"城堡虽多，皆成荒土"，"沃野千里，有土无人"，有城无民！①

尚可喜的家所在地海州，也是其中的一个"荒城废堡"。因为尚可喜携家口与部属将士驻防于此，远比那些没有驻防城堡的境况好得多。最显著的不同，就是有人！尚可喜的直属将士及众多的家丁也有3000人左右，这足以使海州显得生机勃勃。不用说，尚可喜率亲随将士归来，一进入海州城，就把全城搅得热闹起来。

尚可喜的家里更是热闹，上上下下，喜气洋洋。他的夫人们，以舒氏为首，率胡氏、郑氏、马氏、李氏、杨氏等迎接她们的丈夫平安归来。她们与其子女最欣慰也最值得庆幸的事，就是看到自己的亲人经历数千里征战，如奇迹般毫发无损地活着回来！那提心吊胆的日日夜夜已经过去，一颗颗悬着的心终于可以放下了。

与家人、亲人的团聚，让尚可喜尽享天伦之乐……

尚可喜直属的亲兵，共2000余人。他们的职责，主要是维护王爷一家的安全，如同今日的安全保卫部队，归尚可喜直接掌握。但这些兵士又是国家的，国家有权增减或撤免。尚可喜到家没过几天，略事休息，就命令他的军队每天按时操演，从严训练。尚可喜知道，天下还不太平，南方又出现了大面积的反复：原明将吏反正，重新归明；特别是南明政权还存在，与清朝进行武装较量。他已经知道广东提督李成栋闹得很凶，有与江西金声桓联成一气之势。通过朝廷通报，他也知道他与孔有德、耿仲明等撤离湖南后，南明势力卷土重来，占领了湖南的大部地盘。

<hr />

① 《清圣祖实录》卷二，顺治十八年五月丁巳，中华书局1985年版，第65页。

从北方传来的消息，却让尚可喜吃惊不小：大约他到家不久，十二月间，镇守大同总兵姜瓖叛变了！姜瓖本是李自成农民军的一个将领，先降明，再降清，用为总兵，也算是重用。不意他却叛变了，并诱发该地区一些城镇也叛清了。大同离京师颇近，直接威胁京师的安全！摄政王多尔衮不得不亲自率大军前往大同。

尚可喜知道，国家的统一尚未完成，继续进行战争是不可避免的。所以，他坚持每天练军，意在提高军事技能，时刻做好准备，听从朝廷的命令，随时出征。

果然，十二月中旬，世祖遣使臣赴海州，下达一项重大的命令：召尚可喜率领所部将士及家口入关，准备南下出征。

与往次的命令不同，此次明令要携带家口，随军出征。打仗携带家口，十分不便。朝廷的意思是，在完成军事任务后，就在南方某地驻防，不必再回海州。这就是说，尚可喜要告别海州，在那里安家落户。

考虑到搬迁很麻烦，朝廷给予充分的时间进行准备。时下正是一年中最为寒冷的季节，老幼与妇女不耐严寒中长途跋涉，便把搬迁与所部将士入关定在明年春季进行。

转眼间，春节就到了，开始进入新的一年：顺治六年正月。这该是尚可喜在家乡度过的最后一个春节。全家人以及所部将士暂时忘却对未来前程的忧虑，还是痛痛快快地过了一个祥和而快乐的节日，自不必细说。

四月初三日，尚可喜率领所部自海州出发，家口也随军行动。按公历计算，这正是 5 月初，冰雪已经融化，春风浩荡，太阳温暖地照耀着大地，树木以及路边的小草已露出新绿，一派春光明媚好风光！

按照预先的指令，尚可喜率领所部及家口过山海关，即直趋天津，到达后，暂时在此住下待命。尚可喜本人只带了少数随从，经由丰润（今河北省卢龙）入京，领受皇帝旨意。皇帝还小，尚未亲政。与其说朝见皇帝，不如说朝见摄政王多尔衮。当然，小皇帝也得见，不过是仪式一番，具有象征意义。

丰润距北京甚近，快马加鞭，用不上两天就到了北京。这时，恭顺王孔有德、怀顺王耿仲明也已抵达。"三王"几乎同时奉召来京，毫无疑问，朝廷必有重大决策。

五月十八日，世祖正式向"三王"颁发金册，改封尚可喜"智顺王"为"平南王"，改封孔有德"恭顺王"为"定南王"，改封耿仲明"怀顺王"为"靖南王"，并授给他们各一金册、三台龟钮金印一颗。赐给尚可喜册文曰：

> 尔尚可喜原系明臣，见明国之气运衰微，擒其所遣副将二员，起兵取广鹿等五岛，全携所部将吏兵民，航海来归。原给总兵官敕印，于崇德元年四月二十七日优加册印，封智顺王，俾功名富贵，带砺山河，子孙世世承袭；一切过犯，尽皆原宥。
>
> 后征大同时，尔于代州败明步兵七百；平定朝鲜国时，尔率领部随辅政叔德豫亲王破其援兵。和硕英亲王取皮岛时，尔率所部兵协攻；我兵在松山、间衡山破洪承畴兵时，尔率所部兵交战。又随和硕英亲王在松山破曹总兵之兵。叔父摄政王取杏山时，尔率所部兵交战。和硕郑亲王取中后所、前屯卫时，尔率所部兵交战。叔父摄政王入山海关之日，杀败流贼二十万。尔率所部兵交战，又追击流贼至庆都县，尔率所部兵交战。和硕英亲王征流贼，围攻延安府，尔率所部兵进战。又同恭顺王进取湖南，尔随宜剿抚，攻克郡邑，招抚官吏兵民甚众。
>
> 尔原系智顺王，今授金册金印，加封为平南王。尔其益励忠勤，奉公守义，以报特恩，尚其钦哉！勿负朕命。①

册文所写的这些内容，全是尚可喜自"航海归诚"以来，直到目前，在历次战役中的军功实录。

给孔有德、耿仲明所写册文，也是他们本人历次战役中的军功

---

① 《清世祖实录》卷四四，顺治六年五月丁丑，中华书局 1985 年版，第 351—352 页。

记录。

"三王"册文中最重要的，也是最根本的，关乎其后世子孙前程命运的条文，就是把清朝对他们的承诺，即保证其后世子孙享有王位不变的规定写进了册文。如册文写道："封智顺王，俾功名富贵，带砺山河，子孙世世承袭；一切过犯，尽皆原宥。"但后来清朝并未履行这一承诺。此系后话，留待下文再细说。

王号的改变，也提高了尚可喜的待遇，规定自颁金册时起，加增其薪俸为 6000 两白银。

王号的名称，往往赋予深刻的政治含义，也明显地打上了时代的烙印。入关前，尚可喜与孔有德、耿仲明一起封王，都有一个"顺"字，这就是"顺天应人"的意思，顺乎潮流而不逆行，顺其大势而不侧行，这就是"顺"。只有符合天意，顺应人心，符合大势所趋，才能"顺"，事业就会兴旺发达。清（后金）之兴起，就是顺天应运而生。那么，凡投靠清、支持清之兴起，就是顺天应人。在尚可喜等三支生力军加入后金（清）政权时，就用一个"顺"字，表达了深刻的政治含义。他们三王，一个称"恭顺"，一个称"怀顺"，尚可喜称"智顺"，都是说明他们顺天应人，怀着恭敬而向往光明的心情，做出了明智的政治选择。

"三顺王"的名称，真实地反映了那个时代的政治需要和理念。

由"三顺王"而改封，各有一个"南"字，即尚可喜为"平南"，孔有德为"定南"，耿仲明为"靖南"。南指南方地区，或者说，泛指南方。这里，突出了方位，就是让他们都变为南方的一个王。眼下，南方局势混乱，已被清占领的地区又被南明夺回去了；清的部分将吏纷纷反正，掀起了新的动乱。具体来说，广东、广西、云南、贵州、福建等地，都是南明及抗清势力十分活跃的地区。所以，清朝亟须平定这些地区之乱，实行强有力的管理。三王分别用"平""定""靖"，都是平定、安定、笼络的意思。总之，一句话，就是利用三王的威望与实力，彻底消灭南明的残余势力及其他反清抗清武装，完成对南疆与东南沿海的完全统一，以巩固清朝的统治。

时代不同了，政治格局也变了，出现新情况、新问题，因而赋予新的王号以新的含义，也就有了与前时期截然不同的名称，诸如"平南""定南""靖南"，恰恰反映了这个时期清统治集团的政治需要与利益的追求。这里，顺便提到吴三桂被封为王，其号称"平西王"，是在清入山海关之时，击败李自成统率的大顺军后，正式封赏的。"平西"就是针对平定、消灭李自成农民军而命名的。因为李自成起自西北的陕西，按北京方位，居京畿之西，故曰"平西"。在征调"三王"前数月，即顺治五年四月，吴三桂已奉命自锦州率部并携家眷移镇汉中。这一地区，原为农民军的根据地，在农民军等全部失败后，其余部仍在活动，已降清的原农民军将吏又反正，公开叛清。汉中又界连四川，那里的局势也发生了逆转，造成清在这一地区的统治岌岌可危，故派出强有力的人物——吴三桂前去镇守。他面对的还是农民军等余部，使命没变，其王号"平西王"就没有改封。这就是说，"平西"仍有现实意义，从长远看也有意义。

二、奉旨征粤

摄政王多尔衮以世祖皇帝的名义，下令征调尚可喜等三王南下，去平定南明残余势力与农民军余部。面对新的地区、新的敌对势力，再称他们为"恭顺""怀顺""智顺"，显然名不副实。因此，在正式出征前，先进行改封，亦即改变名称，重新命名。

在改封之后，尚可喜与另两王的进军目标是如何部署的呢？具体来说，三王合兵共取一目标，还是三王分兵各取一地？

原来，朝廷已集中讨论过这个问题，以广西、广东、福建三地情况严重，选为进兵的目标。广西为南明活动的根据地，被南明永历政权所控制，与清军展开激烈的争夺，双方已形成拉锯之势。广东方面，有李成栋反叛，清朝在这里的统治被推翻，变为南明永历政权的势力范围。如不迅速剪除，会有坐大可能。

福建的情况，也与两广相类似。这一地区临海，原有郑成功等抗清势力，清军屡经争夺，仍不能铲除。实际上，福建仍为南明隆武政权，后为郑成功的势力所控制。此地最难之处，是因为临海，抗清势

力如不胜，可以退居海上，清朝就无计可施。这正是清廷最为忧虑的一件事。反清势力遁于海上，给清廷留下遗患，有朝一日，若发动反攻，其后果同样严重。

从长远看问题，两广延及云贵，多为少数民族聚居地，历来称为"苗蛮"，不易治理。东南沿海，历来海盗出没，尤其是明代以来，逐渐兴起海上贸易，以盗掠资财为目的的海盗随之滋生。这就是说，在福建、浙江等沿海之地，如何控制海上，也是清朝在东南沿海地区面临的难题之一。

还有一个难处，且不说地理环境复杂，生活条件恶劣，就说气候，一年中，多酷热、潮湿，雨水不断；至冬，又是湿冷，对于北方人来说，也难以适应。特别是满洲八旗人，世代居住于东北，已习惯干冷，不耐湿热。南方多河流，舟楫为通用的生产及交通运输工具，而北方惯用马匹。至于饮食，差别更大，所有这些，刚入关的满洲人是无法适应的，加之文化差异，如由他们治理这些地方，很难设想会取得好结果。

清廷正是考虑到上述各方面因素，决定起用"三顺王"，依靠他们的力量与影响来平定东南沿海与南疆。命他们携带家眷，目的就是要他们在南疆落户，长期镇守，"务辑宁疆圉，宽朝廷南顾之忧"①。

清廷用兵南疆的目的非常明确，为何起用尚可喜等三王？也说得很清楚："上（世祖）以王（可喜）智勇兼济，抚剿得宜。"②这是说尚可喜智勇双全，抚与剿相结合，运用得宜，指其执行政策好。其他两王孔有德、耿仲明皆为清廷所信任，故与尚可喜同为清廷之依赖。

在具体落实三王进兵的目标时，廷议也提出了明确的意见：命尚可喜取广西，耿仲明取广东，孔有德取福建。

尚可喜不完全赞成廷议的意见，遂进言："川贵云南皆未宾服，湖南北部党甚众，剪除未易，非益兵不可。"

尚可喜认为，川贵、云南、湖南等处形势最严峻，这些地方尚未

① 罗振玉辑：《平南敬亲王尚可喜事实册》，见于浩辑《明清史料丛书八种》第三册，北京图书馆出版社 2005 年版。

② （明）释今释撰定：《元功垂范》卷上。

平定，而湖南北部的地方势力尤其强大，要剿灭这些势力是很难的，如用兵，非增加兵力不可。这一主张，显然与廷议所指的广西、广东、福建为战略重点多有不同；廷议让他率部进兵广西，他也提出异议。

尚可喜提出异议，说他不宜进兵广西。理由是，他的身体状况不适应广西的恶劣气候。在长期的战争中，他多次受过刀伤、箭伤，且不说留下伤疤累累，最令他苦恼的，就是伤愈后留下很多后遗症，每当天气阴冷、潮湿，伤口就剧烈疼痛。他就怕连阴天，经受百般折磨。广西与其他南方地区的天气大同小异，比如，广东夏天也是酷热、潮湿。但广西不同，基本属内陆，夏天气候更加燥热，冬天湿冷。更可怕的是瘴气，每至春夏，其气如烟弥漫。人若受到它的熏染，必有性命之忧。在瘴气盛行之时，人们不敢从中通过。对尚可喜来说，这瘴气对他的伤害会更大。

尚可喜为证实他说的话，就脱去上衣，其后背、前胸、手臂等处都露出了明显的伤疤，有的创伤面较大，伤痕尤其明显，可以想见当时伤得很重。

在诸臣为尚可喜多处受伤而感到惊讶时，定南王孔有德却不以为然，投去鄙夷的目光，意思好像在说：谁没受过伤？你这点伤算什么？从孔有德带有责备的目光中，似乎又在质问尚可喜：你胆子太小了！你是怯战吗？

尚可喜明白孔有德目光传递的信息，即刻分辩："吾受恩深重，有进无退。然不计成败，轻于一掷，其于国事何？必留本旗家属于京师，必益兵乃往！"[1]

尚可喜这一席话，首先表达对朝廷的忠心：他受太宗、世祖两朝厚恩，无论在前面有多少艰险，他都会有进无退！但是，凡事都必须考虑成与败两个方面的可能性，如不计成败，便轻率出兵，这对于国家有何好处呢？为显示他的决心，他要求把他的家属都留在北京，实际就是作为人质，他就去攻打广西。但必须增加兵力，否则就没有成功的可能！

---

① （明）释今释撰定：《元功垂范》卷上。

尚可喜不愿打广西，只是说了个人身体方面的原因，深一层的原因，他没有多说。他提出，攻打广西，非增加兵力不可。这说明他对广西问题的严重性已经有了充分的估计。如上文已指出，除了自然条件恶劣，更令人忧虑的是，那里本是南明活动的根据地，农民军的余部也与之汇聚，实力大增。这里的苗瑶等族都受南明影响，给予各方面支持。他们惯于械斗，好勇斗狠，清军也难以对付。因此，他强调欲征广西，必须增加兵力。以目前的兵力，仅派一王所部，严重不足，又孤军深入，所谓劳师袭远，风险极大。与其遭到失败，还不如暂停进攻。

尚可喜说得理直气壮，不愿打广西，也明确说明了理由。诸臣也觉得有理，遂改变原部署，暂停对福建的征伐，将主要兵力集中于攻取广东与广西。既然尚可喜提出他本人不宜征广西，那么，究竟派哪一位王率部前往呢？这时，孔有德不假思索，自告奋勇，请求率部取广西！本来，尚可喜认为征广西必须增加兵力。但孔有德气盛，不服尚可喜的意见，既不要求增加兵力，也不与两王合兵进取，而是独自承担取广西的任务。

廷议顺水推舟，一致同意孔有德取广西，建议尚可喜与耿仲明两王合兵取广东。

诸大臣所议，上报到世祖审批。其实，这类大事也只能由摄政王多尔衮作出决策。对此，多尔衮没有异议，批准了他们的一致意见。

后来，果如尚可喜所言：南明永历政权进行了顽强的抵抗，孔有德及家眷最终被南明名将李定国部率几倍于清军的兵力包围于桂林，逼其兵败自杀，落得了一个悲惨的结局。尚可喜凭其深谋远虑躲过了一场浩劫。可见尚可喜的智谋远在孔有德之上。当年，皇太极封他为"智顺王"，确是智慧超群，名不虚传！此系后话。

在得到世祖的同意后，正式发布出征的命令：平南王尚可喜率旧兵2300人及新增兵7700人；靖南王耿仲明率旧兵2500人及新增兵7500人，合为2万人，"往剿广东，携家驻防，其全省巡抚、道、府、州、县各官并印信，俱令携往"。事先，清廷已为广东全省自巡抚以下，至州县官的印信与选官都已齐备，让尚、耿二王携带，即打下一州、一县、一府，迅即任命官员，交给该地印信，马上履行职责。

命孔有德攻取广西。兵力有所增加，即旧兵3100人及新增兵1.69万人，共2万。这跟尚、耿两王的总兵力相等。虽然孔有德一人独当一面，但其兵力并未减少，也算是对他的莫大照顾了。

下面引录世祖颁发的命令，原文是这样写的：

> 广东初定，人民甫安，旋因逆贼（指李成栋等）构乱，斯民复陷水火。兹特命尔同靖南王统领大兵，同心商酌，相机征剿。投诚者抚之，抗拒者诛之。若武官有功，覆实题叙，有临阵退缩、迟误军机、不遵号令、应行处分者，听王便宜从事。若罪大不便自处者，指名参奏。
>
> 地方既定之后，凡军机事务，悉听尔同靖南王调度，其一应民事钱粮，仍归地方文官照旧料理。文武各官有事见王，俱照王礼谒见。
>
> 王受兹重任，其益殚忠猷，礼以律己，廉以率下，务辑宁疆圉，纾朝廷南顾之忧。
>
> 钦哉，特谕。①

这道敕谕，有关各项政策及规定逐一交代清楚，指令三王加以贯彻。

很快，清廷又为尚可喜等三王配置了随征将官。尚可喜与耿仲明之下，设左右翼总兵官各一员，每总兵下中军旗鼓各一员。任命平南王下一等阿思哈尼哈番许尔显为都督同知，充任该藩左翼总兵官；三等阿思哈尼哈番班志富为都督同知，充任该藩右翼总兵官。②后又设牛录章京十二员。

许尔显与班志富都是尚可喜最信赖的将领，跟随尚可喜一起归后金（清）。此次南下，可谓任重道远。将两人选为尚可喜的左右翼总兵官，显见地位之重、职权之重，除尚可喜外，无人可与之相比。

---

① 《清世祖实录》卷四四，顺治六年五月丁丑，中华书局1985年版，第352页。
② 《清世祖实录》卷四四，顺治六年五月戊寅，中华书局1985年版，第353页。

同时，多尔衮命户、兵两部调集运船，用以装载兵器甲杖，从水路运至南方金陵集结。指令户部官员阿哈呢噶等专职负责沿途粮饷供应。一切都在紧张的准备中。

尚可喜在京师办完有关出征诸事，于五月底与耿仲明回到天津。两王两支大部队都从这里出发。

七月十八日，尚可喜与耿仲明的部队，分作水陆两路同时从天津出发了。陆路大致沿今日津浦线，经山东，直趋金陵（今南京）。水路则走运河，将兵器也运到南京。2万人的队伍，集结天津，从这里水陆并进，其场景也十足壮观。

时已初秋，酷热已消，早晚多少有点凉爽；中午虽然还很热，但其热度已不及六月。至秋，又是农作物成熟、收获的季节。将士长途跋涉，少受酷暑的折磨，粮食供应也更方便。

在北方，大规模的战争已经过去，沿途行经各地，倒也平静，没有什么干扰，也无障碍，进军颇为顺利，每天皆按计划行军。至九月，便到达金陵。①

清廷已充分估计到，以两王的2万兵力攻打广东，未必有获胜的把握。为取得兵力上的优势，又从浙江所属的杭州、定海、金海、严州、处州等地调来兵力，加入这支南征的队伍，统一由两王节制，共同参加进取广东的军事行动。

两王大军在金陵集结，略作整顿后，两王各率所部向江西方面进发。江西是赴粤的必经之地。至十一月二日，尚可喜所部与家属到达临江（今江西清江）驻扎；靖南王与其所率部队则趋向吉安镇（今属卢陵县），并在此驻扎下来。

眼下，正是隆冬季节，但远不如北方那么寒冷，比起盛夏的酷热，还是比较好受些。但最苦的是，沿途多少里路都没有人烟，无论村庄还是城镇，处处空空荡荡，一派荒凉。这里，前不久发生清军与南明激战，当地人为避战祸，纷纷逃往他乡，遂使人口急剧减少，田园荒芜。他们想买些日用品或食品，也无处去买，有时吃饭也成了问题。

---

① 参见《尚氏宗谱》之《先王实迹》；《元功垂范》卷上。

清朝刚定鼎北京，国库无储积，征收不足，难以做到足额供给南下清军的粮饷。不过，这支2万余人的队伍，还是坚持赶到了江西临江。

尚可喜与靖南王耿仲明约定：十二月三日出师。至十一月，不料耿仲明突然死了！相关的史书都未载其死因，仅写一句话："靖南王薨"①，或者写"仲明至江西吉安卒"②，"师次江西吉安府，卒于军"③。

耿仲明之死，真是太意外了，连尚可喜也震惊不已！很快，消息得到证实：耿仲明非死于病，更非死于战场，却是非正常死亡：他自寻短见，"自尽"而死④。人们大惑不解：正当清廷重用而恩隆之时，他为何走上绝路？原来，还在九月间，两王率部南征途中，耿仲明就被举报，说他的部将魏国贤、刘养正"隐匿满洲家人，并鞍匠四人，索取时，仅获二人，余俱为梅勒章京（即汉译副都统）陈绍宗、牛录章京张起凤纵令脱逃"⑤。

世祖得报，即给定南王孔有德、靖南王耿仲明、平南王尚可喜下达一道谕旨，遣官出京，分别送达三王手中，其谕称：

> 前闻满洲家人，多被王等招收而去，已令兵部传旨，查明解送。今有靖南王耿仲明所属旗鼓刘养正、牛录章京魏国贤，隐匿满洲鞍匠四人，已搜获其二。魏国贤将二鞍匠隐匿在家。及搜查人到，拦阻不容入门，随纵二鞍匠脱逃。再审所获二人，云：不止我等，其放马之处，满洲家人隐匿者尚多。因遣人前往搜查。刘养正预先知觉，密遣人至放马处，通知梅勒章京陈绍宗、牛录章京张起凤，将所匿逃人尽行驱放。及搜查人到，止获九人，余俱未获。其陈绍宗、刘养正、

---

① （明）释今释撰定：《元功垂范》卷上。

② 《八旗通志》（初集）卷一八三《尚可喜传》，东北师范大学出版社1985年版，第4366页。

③ 《八旗通志》（初集）卷一七五《耿仲明传》，东北师范大学出版社1985年版，第4238页。

④ 《清史稿》卷二三四《耿仲明传》，参见《清世祖实录》卷四六，顺治六年十一月壬午。

⑤ 《清世祖实录》卷四六，顺治六年九月己巳，中华书局1985年版，第366页。

张起凤、魏国贤等，虽有航海来归之功，似此隐匿逃人，悖逆殊甚，是犯不赦之条矣！

原遣王等南征，以为归顺有功，腹心可寄，必然利益国家，乃反掠满洲家人，实出意外！朝廷及各王府并满洲家人，多被招诱，其事甚确。谕旨到时，王等即亲身严察，将所匿逃人，尽行查出，交与差去官员，仍拨兵护送。如此，庶见王等为国之诚，若漫不查送，则此隐匿之事，显系王等知情矣！特谕。①

以上，世祖谕旨全引，以明此事之原委。

世祖谕旨，指名公布耿仲明所属部分将吏藏匿"满洲家人"的罪过，其罪"不赦"！这里说的"满洲家人"究系何人？为何将他们"藏匿"？犯此过错，何以将此罪打入十恶"不赦"之列？这要从入关前说起。

努尔哈赤在对明的战争中，掠取了大量汉族平民百姓，把他们分给八旗将士及满洲王公贵族之家为奴，替主人耕种土地、放牧牲畜，以及从事家务劳动，照料日常生活。这些为满洲人充当家中奴仆的汉人，就成了"满洲家人"，一切唯主人之命是从。主人对他们享有生杀予夺全权，他们却毫无自由，无任何权利！他们不堪忍受主人的凌辱与奴役，纷纷逃离。这些逃出来的汉人奴仆，就被称为"逃人"。努尔哈赤遂对"逃人"制定"逃人法"，规定：一经捕获"逃人"，一律处死！仅仅是逃跑，不损害"主人"的财富，更不害及生命，为什么要处以重刑？这是因为汉人奴仆逃出其家，严重损害满洲人的切身利益。满洲人不务耕种，不事工商，唯投入攻战，才是每个满洲男丁的神圣使命。故其生活资料的获取，唯汉人奴仆是赖！若奴仆逃走，满洲人的生计即陷入瘫痪。努尔哈赤用重刑的目的，就是给他们以震慑，力阻其逃。

皇太极时，为缓和满汉民族矛盾，放宽"逃人法"，允许逃走，逮

---

① 《清世祖实录》卷四六，顺治六年九月己巳，中华书局1985年版，第366—367页。

获也不处死，但不允许再回到原家。同时，又制定《离主条例》，允许奴仆举报"主人"虐待恶行，可以合法离开主人。推行这一法令及相关善待汉人的政策，收到了良好的社会效果。

清军入关后，诸如大顺、大西、南明诸政权之间，展开争战，还有南方地方民众奋起抗清……到处燃起了战火，百姓流离失所，陷入绝境。很多贫苦的汉人百姓不得不投入满洲之家为奴，以存活命。这些投充到满洲之家的内地汉人，又成了"满洲家人"。发生在清入关前汉人奴仆逃跑的现象又出现了，而且逃跑的越来越多，已到了失控的状态，满洲人正忙于南征北战，其生活便陷入窘境，严重影响满洲人的战斗力。为制止"逃人"出逃，清廷又恢复入关前曾制定的严厉的"逃人法"，规定："逃人"若连逃三次者，处死刑；加重对窝藏"逃人"者的处罚，必判死刑。

为什么"逃人"日增？如世祖解释，究其原因，是由"奸民窝藏"所致，若无"奸民"窝藏，"逃人"就不敢外逃了！所以，对"窝藏"者"立法不得不严"！这是在耿仲明死后，顺治十二年（1655）三月对窝藏逃人的法律解释，它进一步阐述了制定并从严实施"逃人法"的缘由：

近见诸臣条奏，于逃人一事各执偏见，未悉朕心，但知汉人之累，不知满洲之苦。在昔太祖、太宗时，满洲将士征战勤劳，多所俘获，兼之土沃岁稔，日用充饶。兹数年来，叠遭饥馑，又用武遐方，征调四出，月饷甚薄，困苦多端。向来血战所得人口，以供种地、牧马诸役，乃逃亡日众，十不获一。究厥所由，奸民窝藏，是以立法不得不严！若谓法严则汉人苦，然法不严则窝者无忌，逃者愈多，驱使何人？养生何赖？满洲人独不苦乎？……

往时寇陷燕京，汉官汉民何等楚毒？自我朝统率将士入关……亦藉满洲将士驱驰扫荡，满人既救汉人之难，汉人当体满人之心，乃大臣不宣上意，致小臣不知，小臣不体上心，致百姓不知……若使法不严而人不逃，岂不甚便！尔等又无

此策，将任其逃而莫之禁乎?!①

世祖对兵部发出的这篇谕旨，已经把"逃人法"的来历与严处窝藏逃人的罪过说得清清楚楚，从情（满汉民族一体）从理（利益兼顾）两个方面，说明用重刑、严法律的重要性与必要性。不管世祖怎么说得有理，问题的实质就是"逃人"日增，严重危害了满洲人的切身利益，这是世祖及其满洲王公贵族所不能答应的! 须知，窝藏"逃人"的人，并非普通百姓所充当的"奸民"，他们没有经济实力，更无特权给"逃人"以保护措施，恰恰是汉人中有身份有地位的人充当了"逃人"的保护伞! 所以，以重刑来打击这些"窝藏者"，使"逃人"无处可逃!

至此，可知清入关后实施"逃人法"是相当严厉严格的! 且看如何处理耿仲明所属将吏窝藏"逃人"罪：在世祖向三王发出调查"逃人"及窝藏情况的指令后，刑部将查实的情况及对相关人员皆以处死的刑事判决报告给世祖裁决。世祖批复：兵丁马四等六人"陷匿"逃人罪，"俱正法"处死；刘养正、张起凤、陈绍宗"投诚有功，从宽免死，籍其家之半。魏国贤亦免死，鞭一百"②。

这几个人都是此前世祖谕旨中提到的要犯，此时皆予判决了。

与此同时，孔有德、耿仲明、尚可喜三王遵照世祖旨意，各自查藏匿多少"逃人"? 清官书未载其数，唯《清世祖实录》明载："平南王尚可喜、靖南王耿仲明率师征粤时，隐匿旗下逃人千余名"③。这是两王藏匿"逃人"的总数，应该说，这个数目是很庞大的，也难怪清廷对"逃人"一事恼怒不已。尚、耿各藏多少? 无载。唯《清史稿》卷二三六《耿仲明传》载：共查出"逃人"300余人④，而同书《尚可喜传》却无此记载。如按上引两王共藏"逃人"千余名，扣除耿仲明所藏300余人，那么，剩余700余人，就应该是尚可喜所属将吏所藏

① 《清世祖实录》卷九〇，顺治十二年三月壬辰，中华书局1985年版，第705—706页。
② 《清世祖实录》卷四六，顺治六年九月甲申，中华书局1985年版，第369页。
③ 《清世祖实录》卷四七，顺治七年正月己卯，中华书局1985年版，第378页。
④ 《清史稿》卷二三六《耿仲明传》。

的"逃人"数。退一步说，即使没有700余人，也不会少于耿仲明部属所藏人数！耿仲明上疏请罪，请求处分。

刑部对尚可喜、耿仲明隐匿"逃人"的事展开调查，核实案情，不料耿仲明却"自尽"而死。还在九月间，世祖已处理了耿仲明部将吏藏匿逃人的案件，有处死的，有免死的，这对耿仲明刺激很大，他明白藏匿逃人的罪行最重，自感他犯的这个罪不会得到宽恕，才以死自断其罪。

尚可喜并不这么想，罪轻罪重，听凭朝廷断定；如何处理他和耿仲明，将由皇帝裁定，他相信决不至于死！所以，他就没想过以自杀来抵罪。

尚可喜与耿仲明同封王，地位完全相同，但两人的胸怀、见识却是差别如此之大，结局完全不同。

结果尚可喜得到朝廷宽大处理：耿仲明死后一个多月，至顺治七年正月，刑部做出的判决是："议削可喜、仲明爵，仍各罚银五千两。"世祖改为："尚可喜、耿仲明等有航海投诚之功，免削爵，各罚银四千两。"还有尚可喜的部属陈效忠等，"免革职，分别折赎"[1]。

偌大个案子，只罚点银钱就结案了。可惜，耿仲明白白丢掉了自己的命！清廷对其死毫无表示，礼部要给予祭祀，世祖以其自尽，非病非战死，不得享受这个待遇。耿仲明死，其长子耿继茂要求袭爵。时任摄政王的多尔衮未予批准。至多尔衮死，世祖亲政，才于顺治八年批准耿继茂承袭其父的靖南王爵。

耿继茂随父南征，父去世，袭爵未成，多尔衮命他代其父统领将士，跟随尚可喜继续南征。

尚可喜与耿仲明原是儿女亲家：耿仲明的孙女、耿继茂的女儿，嫁给了尚可喜的长子尚之信，算是尚可喜的儿媳妇。两家结为亲戚，同心同德，共同南征，尤为有利！

在南征途中发生这桩事，很快就处理完毕，对进军没产生什么不利的影响。尚可喜仍然按照原定时间，于顺治六年十二月初三日出师，

---

[1] 《清世祖实录》卷四七，顺治七年正月己卯，中华书局1985年版，第378页。

十五日到达赣州，休息士马十天，继续进兵，于二十八日抵达南安。

时至年底，在北方已是冰雪覆盖、万物萧索的世界，而这里还是绿色充溢，河溪流淌不止。尚可喜与耿继茂各率大军并进，他们就要进入广东地界，战斗正待次第展开……

三、血战广州

在尚可喜、耿仲明（耿继茂）率部南征前，江南大部地区已屡经征战，一方是清军不断征剿，一方是南明弘光、隆武、鲁监国、绍武、永历诸政权，为维持明朝统续，与清抗争。还有个别地方的民间武装奋起，拒绝清朝统治；还有已降清而又叛清，投靠永历政权……这些战争，在江苏、湖南、浙江、福建、江西、广东、广西、云南、贵州等省区交替展开。经过四五年的武力较量，到顺治五年时，如弘光、隆武、鲁监国、绍武等政权，皆被消灭；民间武装抗清皆以失败告终，社会也恢复了平静。战事已转移到两广与云贵地区。永历是南明最后一个政权，它吸收了大西政权的余部，实力大增，以广西、云南、贵州为根据地，继续与清军较量。清朝此次出兵，分派三王南征，目标一广东、一广西，意在剿除南明残余势力。

尚可喜与耿继茂征广东，取道江西进兵。前不久，清军继续发动赣州之战、南昌之战，南昌、九江、南康、瑞州、临江、袁州等府，皆为清军所占有。当尚可喜、耿继茂率部进入江西，这里无战事，一路走来，畅通无阻，前面已写他们到临江、吉安等地驻扎休整，直到十二月二十八日到达南安，都没有动过一刀一枪！

南安，今称大安，地处江西省西南端，与广东仅一岭之隔。此岭就是著名的大庾岭，为江南五岭之一，其岭南侧有一重镇，叫南雄（今仍名）。此镇是江西通广东的咽喉要道。南明永历政权在此派驻重兵据守，以扼入粤岭口，防止清兵由此南下。

本来，广东被清军占领后，派李成栋镇守广州，不意李成栋叛清投南明永历政权。清军发起反攻，李成栋兵败而死，但广州乃至广东全省仍被南明控制，永历帝派遣杜永和接替李成栋为两广总督，分遣将领分驻各要地。其中，罗成耀守韶州（今广东韶关）、杨杰守南雄，以此地重要，特遣重兵守御。

尚可喜与耿继茂统率 2 万余人抵达南安，并未马上进兵。尚可喜以为，将士们长途行军，已经十分疲惫，若即过岭，马上就会遭遇南雄明军阻击，能否取胜，很难把握，尤其是守南雄的明军实力很强，要彻底击败它，需要略作休整，做好充分准备。尚可喜不想硬拼，要使点计谋，一举而胜。[①]

很快，尚可喜就想好了一套攻打南雄的谋略，他召集诸将，向他们说明攻打南雄的作战方略。他除了说出上述理由，又强调马上就过年了，就在南安过年，然后再进兵。现在，要向南雄所属的"郡邑趱督粮饷、锅钹，为将守计"，并命军需人员四出购置过年的货品，明示全军要在南安过年。

其实，尚可喜的话及这些行动，不过是虚张声势，制造假象，用来麻痹南雄的明兵！会后，尚可喜把他的谋略向各个将领密授机宜，分头去做，做好战斗的准备！

清军一到南安，消息迅速传到了守南雄的明兵耳中，明兵顿时紧张起来！杨杰马上派出探子去打探消息。果然，不出尚可喜所料：杨杰根据各探子所报，得出结论：清军年前无意进攻！过了年，何时进兵？看样子，也不会很早！基于这一判断，杨杰命他的将士们可以放心过年！全城到处张灯结彩，置办年货，热闹非凡，至于军事上如何应对清军，也没放在心上！

事实说明，尚可喜制造假象已收到实效。这是明面上干的事，还有他暗中密派副将栗养志选两个骑兵，穿汉人的衣服，装扮成杨杰的兵士，混入南雄城，活捉两个当地"土人"便快速返回，命其将南雄城守的实况一一说出来。尚可喜在得到明将士守城的真实情况后，就知道如何进攻了。

事不宜迟！尚可喜选定除夕夜向南雄进兵。他亲自率师，在伸手不见五指的漆黑的夜里，悄悄地度过大庾岭，至五更时（相当现在凌

---

① 　参见《先王实迹》，见六修《尚氏宗谱》，1994 年内部印刷，第 120 页。

晨四五点），突然出现在南雄城下，尚可喜挥师将南雄城完全包围！

城内明军没想到清军会这么快兵临城下，犹如天降！他们完全没有想象到清军是怎么来的？杨杰怎能想到：除夕夜，清军还能发动进攻？恰恰是他没有想到的事突然发生了！当尚可喜率大军包围全城时，杨杰才惊慌失措，下令将士上城守御。

尚可喜的想法，如守城明将吏放弃抵抗，举城投降是最好的选择。于是，他派出使者去见杨杰，宣布清廷"好生德意，许以自新"。杨杰予以拒绝。尚可喜还是耐心等待他的转变，又一连派使者去了两次，"至再三"，杨杰不接受尚可喜劝降。①

尚可喜没有别的选择，只有用军事手段来解决。他骑上马，率随从将领绕城巡视一周，查看地势，凭其多年的作战经验，马上设计出攻南雄的作战方略：命游击陈武率部先去抢上东山，消灭明将在这里设置的一个炮兵阵地。明兵没有抵抗，见清军来攻，丢下大炮，就都逃走了！大炮都被陈武和他的士兵们夺为己有。这个部署在城外的大炮群，是用来轰击攻城的清军的，却被清军夺去，因而也就解除了对清军的威胁。

尚可喜遂下令从东、南、北三面同时进攻，只留西门不攻，目的是诱使守城的将领战败后从此门逃走，然后，清军会聚而歼之！

果然，三面清军一鼓作气，迅速攻克全城，明总兵杨杰、董洪信、郑国林及副将萧起国等见大势已去，遂率骑兵2000余人、步兵6000人蜂拥赶到西门，出城逃窜。行二里余，他们已进入早埋伏于此的清军包围圈。清军群起而攻之。杨杰、董洪信、郑国林等被清军击杀，萧起国等24名副将同被杀，骑兵2000余人、步兵6000余人被歼灭，获马160余匹。没被消灭的明将士，纷纷投降。②

尚可喜率众将领与清军列队进入南雄城，秋毫无犯，城内安堵如故。

这是尚可喜、耿继茂南征以来的第一战，以完胜而旗开得胜。这天，正是正月初一日，是过年的第一天，尚可喜率2万将士驰骋于万

---

① （明）释今释撰定：《元功垂范》卷上；参见《尚氏宗谱》第三章之《先王实迹》，1994年内部印刷，第120页。

② （明）释今释撰定：《元功垂范》卷上；参见《清史稿》卷二三四《尚可喜传》。

里之外，为清政权统一全国而流血战斗，并迎来南征的第一个胜利。

攻下南雄后，尚可喜即命副将栗养志、都司阎飞虎率兵留守。同时，催请随军巡抚李栖凤到任，抚辑南雄地区，为南征大军筹办军需。

一切善后，皆安排妥当，在南雄过了初一、初二，实际也只休息了一天，至初三日，尚可喜派遣总兵班志富率兵攻韶州。他就是想乘人们沉浸于节日的欢庆之中，防守松懈，出其不意，再给明兵一重击，易于取得成功！

韶州位于南雄之西南，相距不过百余里，仅一日的路程。守韶州的明将罗成耀已侦知清军越过大庾岭，攻占了南雄，内心已暗暗恐慌。很快，清军南下攻韶州的消息传来，而且又得确报：清军大队人马正浩浩荡荡向韶州方向疾进。罗成耀不再迟疑，迅速召集诸将，集合守城军队，出城南门，弃城向南逃去。韶州府同知许元庸率领没逃的官吏父老出城，迎接刚到的清军，向领兵的班志富投降。

清军兵不血刃，又得一重镇韶州，是尚可喜南征以来获得的又一次军事胜利！尚可喜闻报，即与耿继茂于正月初六日赶到韶州城。他亲自出面，招抚城内百姓，连城外的百姓也得以安定下来，继续安稳地生活。

韶州府属，其北面有仁化、乳源、翁源、乐昌等县，南面有英德等县，尚可喜派出少量军队，招抚这些县归服清朝。唯水坑地方，聚集有万余地方土匪，占山为王，专事抢劫，胁迫地方为其出资粮饷。南明地方将吏对他们也奈何不得。在尚可喜率军将到之时，南明地方官假永历帝名义，发给敕书，封他们为官，然后就煽惑他们对抗清军。

尚可喜意识到，如不解决这股武装势力，势必造成清军南下的后顾之忧，直接影响进军广州的成败。于是，他向将领们密授计谋，分头行动，将这股土匪武装分割成几块，一举歼灭，其首领被斩杀。[①]

尚可喜将韶州地区交给巡抚李栖凤管理，通知他来此地接收，派遣游击张伟、张大奎留守韶州城。尚可喜在此驻留 20 天，于正月二十六日率军继续进兵，至二十九日，进入英德（今广东英德）。

从英德到广州，大约需三日。为保证顺利进军广州，尚可喜重新

---

① 以上，详见罗振玉辑《平南敬亲王尚可喜事实册》，载《明清史料丛书八种》第三册；参见《元功垂范》卷上、《尚氏宗谱》之《先王实迹》。

部署兵力，调整进军路线。原计划是从韶州陆路取道从化（今仍名），直接到达广州。但他发现清远地处广州上游，北连韶州南部，西接重镇肇庆，为水陆要冲。如果清军孤军深入，明兵就必然从清远袭韶州，断清军归路，而前有明重兵阻击，势必使清军腹背受敌。

据此，尚可喜制定了一个新的作战方略：他与耿继茂率大军，从陆路取道从化，直接到达广州；命总兵许尔显、副将江定国等率舟师取清远，经三水，至广州，与尚可喜所率大军会合。许、江两将按尚可喜的部署，顺利地袭取了清远，即派随军的官员守道陈赟入城，掌管全城事务。没有军队弹压，这个姓陈的长官也难以存在！尚可喜分出一部分军队驻防此城。同前已得的南雄、韶州、英德等城及其地区，均归入清朝的统治。

在收复清远后，尚可喜再无后顾之忧，遂率大军直趋从化。将要到达时，尚可喜遣一使者向驻守该城的明守官招降，遭到拒绝。诸将发怒，请战攻城。尚可喜不赞成进攻："百姓皆朝廷赤子，且斗大山城，无兵无将，县令是南人，非杜永和同党，何恃而不降？"

尚可喜的意思，就是要以保护当地百姓生命财产安全为主，慎重使用兵力攻伐。他指出：从化不过是座斗大的小山城，又无兵无将守城，仅有一个县令而已，不值得用兵攻取！再说县令与两广总督杜永和并非同党，他有什么理由为杜守城，又凭什么力量能守住城？所以，还得努力招抚他。尚可喜第二次另派一使者前去劝说，果然，县令季奕声接受招抚。二月四日，他率领本县官吏兵民代表打开城门，交出印信，向尚可喜投降。清军又是兵不血刃，再获一城。从化城虽小，但地理位置重要，它是广州与韶州往来的交通要道，需要一可靠的官员守住此城。尚可喜考虑再三，最后还是选这位刚降清的季奕声继续主管本县事务。因为他熟悉本县的军政事务，且有一定民望，担任此职最合适。后来的事实完全证明：尚可喜知人善任，用人不疑。在其后尚可喜攻广州遇到大炮不足、火药缺乏，以及粮草接济不上等困难时，全靠季奕声悉心悉力，解决了其中的大部分困难。[1]

---

[1] 以上内容，详见《元功垂范》卷上、《尚氏宗谱》之《先王实迹》。

从化距广州，已是近在眼前，不过一日之路程。在安排好从化的事务后，尚可喜与耿继茂没有迟疑，率大军向广州进发，于二月六日兵临广州城下。一场大战、恶战即将展开。

尚可喜所部自顺治六年（1649）五月，受命攻广东，于七月十八日自天津水陆并发，正式启程南征，迄至顺治七年二月初六日到达广州，历时6个月零18天，穿越河北、山东、江苏、安徽、江西等省，最终进入广东而达于广州，行程3000余里。其间寒暑交替，涉水逾岭，大部分靠步行，又身携式器装备，更增额外负担。可以想见2万余将士艰辛备尝，终于到达作战目的地，也是尚可喜与耿继茂两王出征南下的一个大胜利！

此时，据守广州城的明将领就是杜永和。他的前任李成栋，本是山西人，最初参加农民起义，不久，叛农民军投明朝，至清军下江南，再叛明投清，顺治五年，在广东再叛清归明，受南明永历帝之封，守广州。后受到清军追剿，在败退中溺水而亡。这个反复无常的人终于得到了应有的惩罚！

杜永和是李成栋的部将，受永历帝之命，授官两广总督，统领李成栋所部数万之众，驻守广州。①

尚可喜与耿继茂两王率大军选在广州城北白云山下扎营。尚可喜并未急于攻城，试图劝杜永和献城投降，遂遣一吏，持其书信，招杜永和归服清朝。杜永和断然拒绝，即命城上明兵发炮，几乎射至清军营门的炮弹连连爆炸，发出巨大的声响，烟尘一片。尚可喜大怒，一声令下，全军内喊攻城。城上早有准备，箭矢、滚石如雨，清军顿时死伤一片……②

尚可喜深知广州城非南雄、南安、英德等中小城可比，这是座城坚、体量庞大之城，且已厚集兵力，火器齐备，不可能立时攻破，最可行的办法，就是将城围困，择机突破。于是，他跟耿继茂商定分两

_____

①　这里要澄清一个重要史实：据《清史稿·尚可喜传》载：李成栋死后，由其子李元胤和李建捷统领其众；又李建捷守广州。这些说法，误。《元功垂范》《尚氏宗谱》《清史稿·尚可喜传》均载：李成栋死后，由杜永和代领其部属，并驻守广州，终被尚可喜攻破。

②　以上，详见《平南敬亲王尚可喜事实册》。

藩兵力围困全城：自城北至东面，由尚可喜部围之；自北至西面，由耿继茂部围之。城之南，临江近海，不便设兵，凡东、西、北三面，皆"深沟树栅围之数重"①，并做长期围困的准备。

再说总兵许尔显，按照尚可喜的指令，率部乘舟行水路，火炮等重型装备都随船运走，至广州与大军会合。尚可喜率大军已到达广州时，许尔显部还在路上，因为遭遇明兵阻挠，故迟迟不能及时赶到广州。舟行至芦包水地方，事先已得到情报的广州明军，即派出百余号战船，准备迎战清水军。双方在此相遇，眼看一场水上激战不可免。许尔显在率舟师出发时，尚可喜授以密计：如遭遇明舟师来袭，我船小，不可开战，只可将炮转移到岸上，军士也都上岸立营，才不致被习于水战的明兵击败，"以大炮击之，自可致胜"，许尔显遵嘱，依计而行，如尚可喜所料明兵不敢逼近。双方相持 10 余天，许尔显乘其松懈，密出小舟 30 余只，每舟载甲士 10 余人，天蒙蒙亮，乘明兵还在睡梦中，悄悄靠近明舟师，突然"火器齐发，敌营惊扰"，其大战船 8 艘被清军夺去，20 余艘船被焚烧，余下的明军驾部分船逃走了。②

许尔显率舟师入石门之水载，很快到达广州，与尚可喜军会师。他带来了火器，无疑增强了攻城的实力。因为只有发射火炮，才能把坚实的城墙轰塌，兵士们才能从城墙破裂处冲入城内……如无炮轰，只靠传统的云梯登城的作战方式，是很难破城的。尚可喜最后攻入广州，也是借助火炮发挥的威力才获成功的！

当许尔显率舟师平安赶到广州时，"诸将惊叹：王料敌如神！"

围城数日，杜永和试图打破清军的围困，派遣其将张月、李元泰、李建捷等率兵 7000 余人出城，直奔尚可喜营地。尚可喜早有准备，一声令下，清军迅即反击，将明兵击溃，死伤数千，8 员副将被清军擒获，余部奔溃入城，其甲杖器械皆丢弃于战场，战后集中起来，有如"山积"。

杜永和派兵出城反击，以失败告终。但他不想坐以待毙，又想出一策：约集罗成耀、马宝、陈奇策、庞天寿等将进攻清远，用以牵制

---

① 《先王实迹》，见六修《尚氏宗谱》，1994 年内部印刷。
② 罗振玉辑：《平南敬亲王尚可喜事实册》，见《明清史料丛书八种》第三册。

清军，减轻对围城的军事压力。尚可喜闻讯，迅速命令参领尚奇成等"率铁骑往援"。这时，明将马宝等已聚兵万余，乘船向清远杀来。尚奇成率军隐蔽行进，悄悄渡过河，埋伏在城外。明兵在离清远城不远处弃船登岸，将要靠近城时，埋伏的清军冲到岸边，点火焚烧明兵船，顿时成一片火海！明兵发现，转身来救船，尚奇成这时挥军冲杀明兵，城中清军看到援军已到，就从城中呐喊而出，形成内外夹攻，明兵大败，马宝仅以身免。

杜永和不甘心失败，又约永历政权中的一个重要人物——何吾驺，还有罗成耀、马宝、陈奇策等，"率巨舰数百艘犯三水，游戈河干，牵制我师"。

尚可喜已有成算：将军中精锐铁骑交给尚奇成、金有贵两将指挥，密令他们潜伏城东。另命副将吴进功等"引兵佯退，诱敌登岸"，再聚而歼之。尚可喜所率全军无水兵，不能在水上与明兵交战，只有引诱明兵上岸，才可以与之战斗。果然，明兵上岸列阵，准备展开厮杀。吴进功所部清军却不进战，而是不断呐喊，虚张声势，且战且退，明兵却是紧紧逼近，不放松。很快，明兵已进入清军埋伏地，只听一阵呐喊声，顿时清军涌出，明兵毫无防备，于仓促中迎战，却被清军把明兵阵势、队形冲得七零八落，激战未久，明兵已是"死伤略尽"，马宝、陈奇策等被迫"泅水遁"。

此时，尚可喜招降"海寇"梁标相等，带来船只共250艘，清军获此战船，实力大增！尚可喜把这些战船布列逼近广州城。尚可喜击败明兵，又陈水师，杜永和更加恐惧。"自是悉力拒守，坚壁不出。"[1]

杜永和两度调集外部兵力，进攻清军占领的城镇，以图分散清军围城的实力，就会给他提供反围城的机会。尚可喜识破了杜氏的图谋，逐一破解，杜氏的计划完全落空，在广东已无明军救广州，永历政权也无力顾及，其主力皆在广西、贵州一带，正受到定南王孔有德部的进攻。在此情势之下，杜永和已无计可施了，只能凭借自身的兵力坚守广州。

尚可喜虽然粉碎了杜永和的一次次图谋，在军事上占据明显的优

---

[1]　以上所引，见《元功垂范》与《尚氏宗谱》之《先王实迹》。

势，但他遭遇一个大难题，就是军队的粮饷难继。当时的实际情况是：在经历了明末农民战争及清入关后进行的战争，国内经济凋敝，农村田地荒芜，税赋税减，国库空虚，可以想见，支撑三王所率数万人的粮饷是多么困难！而且从北方向遥远的南方运粮饷，行程两三千里，又是何等艰难！须知，一进入广东、广西地区，就进入"战区"，一是南明军事武装，一是地方民众对异民族的排斥，不予认同，或者予以武装反抗，道路阻断，运输不通，尤其是安全得不到保证。一句话，尚可喜与耿继茂所率2万余人的吃饭问题，只能是就地解决！

摆在尚可喜面前，有两种办法可供选择：一是凭借武力，向当地百姓强征粮食；二是用银两合理购买当地市场的粮食。

从以上列举尚可喜指挥战争，处处以民命为念，反对用任何手段去伤害百姓，把因战争而对百姓的伤害降到最低最少，如不伤及一个人，才是他的人生理念！毫无悬念，尚可喜不会强征民粮，只会用公平买卖的方式，向当地百姓购买粮食。

尚可喜与耿继茂各自分头派遣部分人员去狮岭、慕德、鹿步、乌石等诸乡购粮。这几个乡都离广州很近，是苗人的聚集地。始料不及的是，当地苗人拒卖粮食，还多设障碍，力阻清军购买粮食。特别是广州东之鹿步下有龙眼峒，住有500余户苗民，一见清军来买粮，家家都把寨门紧闭，拒绝卖粮。更为严重者，竟向清军发射火炮！何以至此？这里，受明朝统治两三百年，只知有明朝，不认其他什么朝廷！即使清军出钱买粮，他们也不愿意卖！

尚可喜得到报告后也不得不说："吾本以德相怀，今若此，不可不杀，以示军威！"他明白如果任龙眼峒所为，势必影响这一地区各族百姓不跟清朝合作，清军受到孤立，攻广州就难有必胜的把握！他先"以德相怀"，却被拒绝，还遭到炮击，所以，他不得不动用军队，以示军威：即命许尔显率军前往龙眼峒，清除其武装势力。时值初春，细雨连连，地面泥泞，不堪行路，峒都在山上，尤其不利军事行动，故此峒"攻围十余日"，方才攻克。尚可喜令下，收缴火器，对住民予以抚慰。此举很得民心，周围诸乡民闻风而至，纷纷把余粮拿出来，卖给清军。尚可喜为进一步争取民心的支持，继续派遣各相关司官到各乡村寨进行安抚，收到良好的社会效果，乡民积极提供粮食，解决了尚可喜部与耿继茂部2万余人的吃饭问题。

在围困广州城的同时，尚可喜抽出部分兵力剿灭其他城镇地区的南明武装，采取剿抚结合，无不奏效。

广州东500里，有一惠州，其明总兵黄应杰、岭东道李士琏，受尚可喜的感召，秘密投降。尚可喜派许尔显率兵抵增城，县令孙士登降，仍令其主持本县事务。许尔显因事回大营，其诸将至惠州。已暗降清的黄应杰与李士琏预先擒获明之滋阳、铜陵、兴化、永丰等八郡守将，尚可喜即命于军前斩首处死，并收缴各县印，命尚奇功、白万举协守惠州。

派遣吴进功、金有赏、高有贵等率兵往取三水（位于广州西），明县令杨一梅等弃城逃走。明督师何吾驺、总兵陈奇策等率战舰百余艘来援，吴进功、金有赏等用尚可喜密计，将明兵击败，其死伤略尽！

尚可喜以主力围广州城。杜永和与他的将士被围在城里，自感无力反击，就是拼命死守。尚可喜也不敢丝毫松懈，以免给杜氏以可乘之机。在广州之外，尚可喜又夺取了一些重城重镇，并分兵防守，两藩军队不过两万，兵不足用。还有，已到了夏季，濒海蒸湿，炎热难耐，北人不耐南方水土，遂生疫病，病者日增，还有不幸而死的，清军减员，战斗力下降。尚可喜上疏，说明实情，请求增派军队。清廷立即下旨，命广德总兵郭虎、赣州副将高进库、先启玉等各奉命赶往广州，听候尚可喜指挥。

围城已近半年，增兵又到，是否该攻城？尚可喜以为时机未到：广州三面环水，要攻城，需把将士用船运到城下，但现时船只不足；时值盛夏，暴雨连连，天气湿热，北兵不耐，攻城体力不足。尚可喜计虑周全，不急于攻城，要做好攻城的一切准备，还要躲过这炎热的季节，待秋冬之际，天气凉爽，更有利于作战。

截至入冬，十月间尚可喜命总兵许尔显负责督造与新修的大小船共229只，以及招降的海盗梁标相等人的船250只①，合计共479只，

---

① 关于梁标相拥有的兵船数，《平南敬亲王尚可喜事实册》载为250艘；《尚氏宗谱》之《先王实迹》亦载此数，唯《元功垂范》载为225艘。今从前两书记载。

将这些船分配到各水军，都在东山寺下水集结。

自三月始，尚可喜命佐领刘成德与新归降的从化知县季奕声共同监造红衣大炮46门，还有南征带来的8门炮，又查取韶州各城各营大炮19门，共73门炮。有了大炮，但缺火药炮子（炮弹），尚可喜就在他的行营设炉，制炮子，从早到晚，他都在炉边亲自教授制炮子的方法，历数月之功，已制造出的炮弹，配备到每门大炮500发。这些大炮和炮弹，可以保证攻城的需要。

大炮炮身重，不可能靠人工扛，必须用炮车驮拉。造炮车困难重重，当地无造车的工匠，尚可喜命诸将在军中寻找干过车匠的兵士，专门造车。把各营中的树木砍伐，用以造车。车必有车轮和车轴，车轮易造，难的是造车轴。经过多日的查询，终于在军中找到一随军的木工会铸车轴。另外，还需要造模型的范土，尚可喜找了几天，在行营数里外，找到了这种可造模型的范土。炮车有轮有轴，这才真正成为炮车，是驮运大炮唯一的工具！用今天的话说，造炮、造船、造车都是白手起家，无中生有，其难处种种，尚可喜硬是逐一解决了，其为大清朝、为国家的重新统一，付出了忠心与巨大的努力！

据史载，尚可喜还统领诸将又制造出飞车、天桥、哈哈木、竹囤、挨牌等，虽然我们还不全懂这些器具的具体用处，但可以肯定这些都是用来攻城的，故史书称："攻城之具无一不备"[1]，又称"凡水陆攻战之具，王（可喜）悉心周理"[2]。

向广州发起总进攻的时刻，终于来到了！

十月中旬的广州，湿热已退，雨水也稀，风和日丽，暖意融融。按公历折算，这已是11月中的严冬季节，这在北方已成白雪皑皑的世界，而这里还是绿色覆盖，一派生机盎然……

尚可喜已准备就绪，又赶上用兵的好季节，遂决定对广州城发起总攻。从二月六日围城，到十月末将攻城，2万将士"按兵坚城之下，凡九月，或乏粮，或病，或小有胜负，皆淡然不动。诸镇将每进见，无不请急攻者，皆不许。奇在步步缓之，时使人疑，使人发愤，使人

---

① （明）释今释撰定：《元功垂范》卷上。
② 罗振玉辑：《平南敬亲王尚可喜事实册》，见《明清史料丛书八种》第三册。

忧急之时……"① 在经历九个月的艰难围城、备受煎熬之后，尚可喜突然决定攻广州城。顺治七年（1650）十月二十九日，尚可喜召集诸将，指授攻城方略：广州三面临海水，唯城西关以北一隅，可以架炮进攻。但城下有护城壕一道，宽 15 丈余，灌入海水，即成一道护城河，外壕又建一道木栅。城上明兵又放置大量的檑木、滚石及弓箭。从其防御工事可知，攻取不易！尚可喜指令两藩总兵班志富与连得城等率部担任主攻，其他将领分领步骑接踵而入，先平道路，再架长桥，将所造的大炮列于城下。尚可喜部署完毕，诸将立即行动，出其不意，攻克西关。

二十九日，进攻广州的军事行动实际已经开始，大规模地进攻城池是在十一月二日。这天早晨，尚可喜下达了攻城的命令，顿时 70 余门大炮发射，随着一股股浓烟，颗颗炮弹落到城墙上下，如天崩地裂，城墙崩塌 30 余丈，仅剩丈许，清军蜂拥争上。城上明兵，有的放炮，有的射箭，有的投下檑木和滚石，如雨点般投向攻城的清军，很快城下"伏尸山积"……

尚可喜得到战况的报告，大怒，亲往战场督战。随从将士急忙上前劝阻："王宜持重，勿蹈危地。"

尚可喜不听，直奔大炮阵地，指挥炮手们快装药弹子，快开炮，"更番叠击，声如震雷，炮子如骤雨"，连他身边的"诸将士皆失色"，而"王督战益力"②！炮击持续了几个小时，城墙几乎已被轰塌，尚可喜命将士冲锋。这时，几个将领请求："前队死伤，别行选拔。"他们的意思是：前队死伤太多，如攻城，应另行调来兵力。

尚可喜很生气，斥责说："天将暮，方拨兵，安用尔曹为！""吏士失魂，越壕争进……"战事已进行到关键时刻，如果能顶住明兵近似疯狂的抵御，清军必胜；否则，必败无疑！尚可喜抓住战机，不惜重大牺牲，决不退缩。将士个个用命，越过壕堑，勇猛进冲，"前者方上，后者忽坠；后者甫上，前者复坠"。

---

① （明）释今释撰定：《元功垂范》卷上。
② 《先王实迹》，见六修《尚氏宗谱》，1994 年内部印刷。

这时，尚可喜解下穿在身上的铁甲，穿上轻便的棉甲，飞身上马，就要过壕，其部属极力劝谏，尚可喜大声说："不得此城，吾无面目见朝廷，尔辈又何面目见吾耶？"说完，纵马入水，水深至马腹，尚可喜不顾两腿被水淹，飞快登岸，即提刀督战，士兵没有一个敢后退的！

城上炮火更加猛烈："炮火密若张罗，不容一隙。"尚可喜已处于极危险之地，随时都有被炮火击中的危险。可他毫无胆怯之意，竟跳下马，要去登城。身边的将士一下子抱住尚可喜的腿，哭泣着不让他迈动一步。尚可喜急了，厉声说："尔等亲见士卒不能登城，吾欲先登，尔等不许，吾当死此！"说完，就举刀欲自刎。身边一群将吏，有的手疾眼快，一把将刀夺下。尚可喜这一壮烈之举，一下子激起将士们舍生忘死的精神，呐喊着冲锋至城墙下：没有梯子，就人顶着人，或踩着肩背，或踩着人头，或借累积的尸体登城。登上城的清军，自动地分作两翼，把箭射向明军，"矢如飞蝗，守兵大败"。清军如潮水般涌入城内，对明兵大杀大砍。明兵防御完全崩溃，四处逃窜，任清军宰杀。据统计，"斩首六千余"，追至南门，逼至海边，溺死于海的更多。

明总督杜永和看到城守不住了，就约集他的将领张月、李建捷、吴文献、殷之荣等，携舟数百艘，奔窜出海。

广州城守总兵范承恩被清军俘获。此战获得大炮512门、马723匹，盔甲、器械不可胜计！

十一月初三日，尚可喜与耿继茂乘马正式入城，尚可喜下令全城停止杀戮，封府库，收版籍等。同时，传檄各个郡邑，号召他们前来投顺。仅仅过了几天，所属广州城的州县相继向尚可喜投诚。部分没有归服的州县，见有两王的总兵及副将等率兵前来，自知不敌，便在军事压力下也出降了。①

从二月六日围城，到十一月二日攻克，历时9个月，历经千难万险，代价之大，是尚可喜以前所经战役未曾有过的惨烈！这场持久的围城战是双方的人的意志、生命的较量，在尚可喜的指挥下，获得最

① 以上引文及史实，皆取自《元功垂范》卷上、《平南敬亲王尚可喜事实册》及《尚氏宗谱》之《先王实迹》。

后的胜利！

　　尚可喜给清廷报捷："平南王尚可喜等疏报：官兵攻克广东省城，斩贼六千余级，溺水死者无算。阵擒贼将范承恩等，俘获甚众。肇庆府贼将宋裕昆等率所部降。下兵部察叙。"①

_____

① 《清世祖实录》卷五一，顺治七年十一月乙丑，中华书局1985年版，第403页。

第 九 章

威震南国

一、统一广东

清入关还不到一年，即顺治二年（1645）二月初，在摄政王多尔衮的主导下，正式发布向江南进军的命令①，由此开启了清统一江南半壁的历史进程。

如前文已说明，清军南下，以占领南京为开端，战争向南推进，经安徽、江苏、湖南、浙江、江西、福建、湖北等省，相继消灭南明弘光、隆武、鲁监国等政权。至顺治三年（1646）十二月，已降清的原李自成部将李成栋率清军攻占了广州，剿除在此城建国称帝的绍武政权。该政权在广州才建立40余天，就被清军给消灭了。至四年，李成栋统领清军很快占领广东，迫使南明最后一个政权——永历小朝廷逃离广东，进入广西桂林。李成栋被任命为广东提督，掌控广东省的军事。这是清朝第一次统一广东。

但是，广东的统一局面未维持多久，就重陷永历政权之手。如前已说，事出在李成栋身上。他不满足于"提督"的职位，自以为功高，

---

① 有关进军命令的全文，详见《清世祖实录》卷一四，顺治二年二月辛酉。参见王先谦《东华录》，顺治二年二月辛酉。

应该将广东巡抚的职衔授予他！但执政的摄政王多尔衮并没有这样做，李成栋遂心怀不满，满腹怨气。不久，他杀害朝廷任命的总督佟养甲，就在广州宣布脱离清朝，投入南明永历政权①。依靠李成栋的势力，永历政权又迁到了广东肇庆。清朝刚刚统一了广东，因李成栋的背叛，广东又被南明夺回去了！

尚可喜与耿藩同征广东，实际是第二次统一广东，或者称为重新统一广东。尚可喜与耿继茂攻克了广州，这只是完成清廷指定的部分使命，更大的使命，就是消灭永历政权，确立清朝对广东的完全统治。

广州是广东的政治与军事重镇，也可说是广东第一城。虽说已用巨大的代价攻克了广州，但是广东的许多地区还在永历政权的控制之下。顺便指出，在广州被攻克前，永历帝及其臣属已逃离广东，转移到广西去了。

与此同时，出征广西的定南王孔有德也取得重大进展，于顺治八年（1651）正月传来捷报：已攻克广西省城桂林，以及平乐府所属各州县也予占领，擒斩靖江王及其世子与将军、阁部、总兵等文武官员473员、招抚247员，获马与"器物无算"②。

广州、桂林两个省城的丧失，标志着永历政权在两粤的统治行将结束。这表明清朝在这两个省区胜利在望，但最后战胜永历政权，必将继续付出重大代价！形势依然严峻，无论对尚可喜、耿继茂，还是对孔有德，都是一场生死考验。

这时，清统治集团发生一个重大变化：主持朝政的摄政王多尔衮突然病逝，年仅39岁。③ 多尔衮去世不到一个月，即顺治八年正月，福临正式亲政，所谓"躬亲大政，总理万机"④。从此，朝廷一切大权归入世祖一人之手。

世祖亲政后，便作出一项决定：准予耿继茂承袭其父靖南王爵⑤。

---

① 《八旗通志》（初集）卷一八三《尚可喜传》，东北师范大学出版社1985年版，第403页。

② 《清世祖实录》卷五二，顺治八年正月庚申，中华书局1985年版，第411页。

③ 《清世祖实录》卷五一，顺治七年十二月戊子，中华书局1985年版，第405页。

④ 《清世祖实录》卷五二，顺治八年正月庚申，中华书局1985年版，第410页。

⑤ 《清史稿》卷二三四《耿仲明传》。

前已说到，耿仲明去世，耿继茂曾请求袭爵，多尔衮予以拒绝。世祖批准耿继茂承袭父爵，自然是件好事，耿继茂取得与尚可喜同等爵位，也有利于共同继续南征。

多尔衮的去世，对尚可喜与耿继茂南征没产生任何影响，一切都正常进行。尚可喜仍按他的计划，继续扫荡残明势力，策略也还是征伐与招抚相结合：抗命者，以武力征剿；就抚者，和平接纳。他将此战术与策略用之于实践，无不收到良好的效果。

攻克广州后，诸将向尚可喜建议，要求攻取石门与佛山。诸将首先提出进攻这两个地方，也是事出有因。原来，刚围广州时，耿继茂部将张大奎与尚可喜部将阎飞虎奉命率兵船从水路运炮，明将杜永和派水军堵截，经石门河口时，岸上居民曾聚众鸣金，为杜永和军呐喊助威。今广州已破，石门应予剿除。尚可喜当即表态，反对征剿："杜永和之兵在石门，石门之民敢不出乎？吾奉命讨罪，胁从罔治，此胁从也。尔等欲大奎报仇诚善，然大奎之仇是杜永和，非石门之民，岂可舍大而图小！"经尚可喜说服，诸将"议乃止"，不再有疑义。

佛山距广州60里，尚可喜两度派使者前去招抚，皆被守将拒绝。诸将也要求用兵攻取，尚可喜表示不同的意见："佛山无城郭职官统领，谁敢拒我？其不能出身来应者，杜永和哨船驻防在彼。一有漏泄，身家先丧，情固可原。"

尚可喜说了这些话，并未说服诸将，他们还是请求出兵攻佛山。尚可喜进一步解释不得用兵的原因："上命吾克粤即镇其地。此地为四方商旅凑集之区，往来贸易，百货在是，一经杀戮，市井丘墟，商旅裹足，百货不通，百货不通，亦非吾等之力，其熟思之。"诸将的本意，原以佛山富足，攻克后，乘乱可以多捞点好处。尚可喜了解他们的意图，努力说服，他们也无理由反驳，不再坚持。这两处地方，人口数万，免遭杀戮，也免去一场灾祸。①

尚可喜不愿在这两个地方动兵，是出于仁者之善心，不想对一弱势之地杀戮。他也自信：当把残明势力消灭，这些地方自然会归入大

---

① 以上引文皆引自《元功垂范》卷上。

清。果如所料，没过多久，石门、佛山就归服了。

尚可喜选定的进攻目标，是肇庆。该城位于广州之西，相距300里。其地理位置重要，是广州的一个重要门户，这里仍然是永历政权的地盘。尚可喜派遣总兵许尔显、徐成功等率兵水陆并进取肇庆。幸好守城的明参将宋裕昆放弃抵抗，于十一月十六日率战舰50艘以及马步兵300余人向许尔显投降。许尔显、徐成功等入肇庆城，并招其所属的罗定诸州县归服清朝。同时，派遣总兵郭虎率部从惠州前往潮州相机剿抚，将潮州夺回来。

收降肇庆后，尚可喜命许尔显据守，命徐成功率耿、尚两藩兵与江西调来的副将高进库、先启玉等部的兵，共同取高、廉、雷、琼等四州。这四个州府都在广州的西南，最远的是琼州，处海南岛北端，与今之海口相邻，其次是雷州府，处雷州半岛中。其路途之遥，地理之复杂，民族之陌生，更兼天气炎热而过湿，这些不利因素都给进军造成了不小的困难。顺治八年（1651）正月，刚过了年，清军就采取军事行动，不给残明势力以喘息的机会。至二月，徐成功拿下高州，然后，率兵至阳江之于峒，据抓到的一个间谍交代：他们的提督李明忠调来广西"狼兵"，实际就是土司乡勇3000余人，"列栅拒守"。徐成功等督兵进战，连破其三道木栅，歼其兵2000余人，获马50匹。再进兵至电白，不受招抚，即攻破之。次日，砍破其栅达40余里，直抵高州（今仍名），李明忠先已逃跑，其副将王邦友及监军道郭光祖、吴人龙等放弃抵抗，向徐成功等投降。①

尚可喜派出将士收缴南明武装，进展颇为顺利，除一小部分对抗不降，多数闻风自动归附，或经开导而后降。至二月，又有南明原总兵郭宗第与马应龙来降。他们原据守罗定州，自度不敌清军，遂率部属退至两粤交界处，"依山自固"。顺治七年十二月，尚可喜就派出使者，携带他的信，劝导其来归，许以优厚待遇。一次不见效果，便再次遣使动员。如此几次，尚可喜的诚意与耐心，终于使他们认清了形势，权衡利害关系，这才决意降清。这不只是他们两人降清，而是率

---

① 以上详见《元功垂范》卷上。

将领 37 员、马兵 300 人、步兵 2500 余人都弃明投清。罗定州不战而得。①

依照尚可喜的指令，徐成功、高进库、盛登科等率部向广州西部进军。此时正值百花盛开，万物充满生机，人的精神也为之一振。尚可喜的将士们无心观赏山间河畔的花草，只顾向前赶路。他们是从石城出发的，攻击灵山（今属广西），歼明兵千余人，然后，抵达蒙屯、旧州，连破明兵八营，追击 50 余里，击毙明兵 2000 余人，获马 100 余匹。进入四月，徐成功等率部渡过钦江，在旧州地方安营。不料，有明总兵宁武忠等率万余兵来战，徐成功从容应对，凭借将士们的勇气，一举将其击败，歼灭了 3000 余人，追击 30 余里，俘获百余人，又歼 2000 余人，获马 150 余匹，至于各种器械之多，更是无法统计！

此地有一平顶洞，李士元、冷雄桀等人占山为王，不时拥众肆掠当地百姓。徐成功为民除害，督兵攻击，焚烧山寨，击毙 300 余人。当再次发起攻击时，将李士元等匪首斩于阵中，其党羽也一并被铲除。

自攻克广州后，尚可喜发兵扫荡残明势力，所向无阻。尚可喜及时向世祖报告进展实况。这在清官方所修《清实录》中也给予记录，如顺治八年二月己未记载："平南王尚可喜等奏报：总兵官许尔显率将士克复肇庆府及罗定州；徐成功率将士克复高州府。下兵部知之。"②

世祖对尚可喜在广东的表现和取得的进展深为满意，于三月间派出使臣前往广州，向尚可喜颁发"敕谕"，并"钦赐朝帽、貂裘、貂褂、黄带、靴袜、荷包、小刀、盔甲、弓矢、鞍马、綵缎诸物有差"③。这都是清廷发下的奖品，按等次赏给尚可喜及其立功的将士们。

皇帝的奖赏更加激励了尚可喜及其将士们的英勇斗志，必将一统广东！

四月，徐成功、高进库等率部进兵廉州（今合浦）。沿途有明兵驻守的地方，皆闻风而逃。至武利埠地方，有明兵建的武利营，清军发

---

① （明）释今释撰定：《元功垂范》卷上、《八旗通志》（初集）卷一八三《尚可喜传》。

② 《清世祖实录》卷五四，顺治八年二月己未，中华书局 1985 年版，第 427—428 页。

③ 此项记事，《清世祖实录》失载，见《平南敬亲王尚可喜事实册》、《尚氏宗谱》之《先王实迹》、《八旗通志》（初集）卷一八三《尚可喜传》。

动进攻，击杀明兵数百人，追击二十余里，俘获四将与士兵百余人，廉州遂被清军占领。

清军在广东展开了一系列军事行动，已产生广泛的社会影响，主要反映在残存的明将士纷纷放弃抵抗，向尚可喜部清军投降。至九月，徐成功等率清军进入雷州，俘获叛清降南明的李成栋之子李元胤，他拒绝降清，被处死，其部属皆被收降。

至此，广州以西的肇庆府、罗定州、高州、廉州、雷州等地区皆已平定。

尚可喜派遣总兵郭虎进兵广州东部地区。沿海重镇海丰被南明都督薛进据守，他拒降对抗清军。尚可喜以郭虎部兵力不足，于顺治八年正月初六日增派总兵班志富率部与郭虎部会剿。临行时，尚可喜"授以方略"。

正月二十七日，班、郭两总兵的清军，还有驻惠州镇（今惠州市）的将领黄应杰也率部来会剿。他们合力将海丰城包围起来，重点是分城门围堵。当晚，清军开炮轰击城墙。大炮轰击了一夜，至次日天亮时，薛进眼看城守不住了，就率千余兵在东城用绳子把人从城上系下来，向新市逃去。班、郭两总兵发现后，立即追击，很快就攻进其寨，将薛进斩于阵前，其党羽或被消灭，或向清军投降。海丰、陆丰、惠州地区内皆予平定。尚可喜又派郭虎率部赴潮州，与潮州守将郝尚久合力抚定潮州境内，消除了南明在广东东部的残余势力。

广州东部地区悉数平定，班、郭总兵及郝尚久等将领率领大军凯旋，他们顺利而出色地完成了既定的使命，尚可喜对此很满意。[1]

广东境内，东、西部地区已平定，唯孤悬海中的岛屿琼州府尚为明兵所控制。琼州府即今之海南岛。杜永和逃出广州后，携其余部渡海至琼州，在这里安营扎寨，以图自守。尚可喜怎么可能容忍杜永和这股残明势力的存在？如任其下去，势力坐大，必对广东的稳定造成重大威胁！尚可喜没有犹豫，迅速作出征剿的决定。他考虑到杜永和的兵力，较前几处势力更为强盛，欲亲自前往抚剿。刚承袭靖南王爵

---

① 以上，详见《元功垂范》卷上。

的耿继茂主动请战："大兵入广以来，攻城略地，皆出王指授，劳苦功高。琼州孤悬一岛，高、廉、雷濒海瘴乡，不足以辱王车骑。爵世受国恩，新叨简命（指袭封未久），请将率所部，僇力行间，擒永和以荡平琼海，分王忧劳，报朝廷知遇。"①

耿继茂感恩朝廷允准承袭其父王爵，又感恩于尚可喜南下以来操持一切，现当远征海岛之时，他要替尚可喜分忧。按辈分，耿继茂是晚辈，难得他有份感恩之心，以实际行动表示报答。尚可喜听了他的这番话是出于真心实意，也就答应了他的请求。

顺治八年十二月十五日，耿继茂率本藩兵马出征琼州。尚可喜特调拨 300 艘战船，送出征将士渡过南海。

原先预料，攻琼州将会与杜永和所统明军展开一场激战，所以，耿继茂受尚可喜的指点，做好了打大仗的一切准备。但一切都出乎意料。事实是，杜永和固守广州时已知尚可喜所率清军战斗力之强，他率残部逃出广州，已成惊弓之鸟，在琼州自守，不过是侥幸躲过清军追击，对于长期固守，也无信心。而现在清军已来到他固守的琼州时，他自知其兵力不敌清军，又孤悬海岛中，无任何外援，如硬是对抗，他与其将士必同归于尽。四面皆海，无路可逃，就是逃上陆地，哪里是容身之所？杜永和与南明永历政权已完全失去联系。他反复权衡利弊，最终决定投降。他率其将张月等亲自到耿继茂营地请降，耿继茂予以接受。

征剿琼州，不费一刀一枪，唾手而得。双方避免一场厮杀，没损失一兵一卒，和平了结。对于双方来说，确属幸运！特别是耿继茂独领一支大军，渡海征战，风险之大，可想而知。杜永和投降之举，就使一切风险不复存在，就是化险为夷。

当琼州收复之时，"粤东十府咸平"②。

从顺治七年二月初围困广州，到收复琼州之日即顺治九年（1652）正月，历时整两年，就将广东全境统一，完成朝廷的重托，真是不辱使命。

---

① （明）释今释撰定：《元功垂范》卷上。
② 《尚氏宗谱》第三章之《先王实迹》，参见《元功垂范》卷上。

尚可喜及其将士在广东的军事活动，皆入载官方史书，请看尚可喜的几次奏报：

"（顺治）八年闰二月，可喜等奏报：总兵官许尔显率官兵克复肇庆府及罗定州，徐成功率官兵克复高州府。"

"八年十一月，可喜奏报：官兵恢复雷州府。"

"九年十月，可喜同靖南王耿继茂奏报恢复情形，言：臣于正月中整兵南下，沿途余孽敛迹。伪总兵蔡奎归顺。抵廉州，遣吕应学等攻克钦灵。阵擒伪总兵袁胜、伪南阳侯李元荫、伪镇平伯周朝等，斩伪总兵上官星拱、伪益阳王等。惟贼渠李明忠遁走雷州。伪军门杜永和、伪博兴侯张月等，同伪西平王朱聿镈缚明忠来降。臣即斩明忠以狗。计高、雷、廉、琼四府，前后投诚官共二百八十一员，获银印关防等物甚多。"①

尚可喜在奏报中，每得一地一城，都说是"恢复"，这表明此前广东已为清朝所得，只因李成栋叛乱，引进南明永历政权，将广东占据，而现在又被尚可喜统率将士给夺回来了，"恢复"了清对广东的统治权。用现今的语言表述：尚可喜率两藩兵是在李成栋之乱后重新统一了广东，也可称为第二次统一，其重要意义是，将永历政权在广东的势力铲除已尽，无疑是对永历政权的一个沉重打击，为清朝最后消除南明割据势力，重新实现国家"大一统"，做出了巨大的努力。

摄政王多尔衮生前最后一次组织的军事行动，就是南征永历政权。兵分两路，各有进攻目标：以尚藩与耿藩合为一路，进攻广东；以定南王孔有德为一路，直攻广西。战事记录显示：尚、耿两藩在广东可谓势如破竹，仅在广州最后攻城时打了一场硬仗，死伤甚重，但获胜无悬念。广州之外，几无大战、无激战，更无反复争夺战，南明降者多，主战者少。这也许是尚可喜的幸运。在广东的战事中，几乎没遇到强敌，也没有一个明将之谋略可与尚可喜相匹敌。可以说，尚可喜是"马到成功"，功在广东重新统一，解清廷南顾之忧。

---

① 以上引文，详见《八旗通志》（初集）卷一八三《尚可喜传》，东北师范大学出版社1985年版，第4366页。

二、两粤苦战

尚可喜率两藩将士平定了广东，一度纷乱的广东重归清朝的一统之下，但是，战争远未结束。战争的主要威胁，来源于南明最后一个政权——永历政权，在被逐出广东后，它还据有云南、贵州及广西等省区，特别是定南王孔有德出征广西失败，该政权势力方张，不仅攻广西，更把进攻的矛头指向广东，大有卷土重来之势。尚可喜携同靖南王耿继茂面对复杂而充满风险的局势，没有退缩，没有回避，而是肩负起两粤的军事重任，把孔有德没有完成的遗命作为自己的使命，付诸实践，同南明中最强大的永历政权展开激烈争战。于是，战争就在广东、广西两省展开。

事情还得从定南王孔有德出征广西说起。

孔有德与尚可喜、耿继茂同时出征，前已叙述尚可喜两藩在广东进展顺利，那么，孔有德在广西进展如何？他也和尚可喜一样幸运吗？应该说，开始时很顺利，但在攻下桂林后就遭遇不幸，前功尽弃……

顺治六年（1649）十月，孔有德进兵广西，湖南为必经之地，这里部分地区也为南明占据。孔有德于次年很顺利地攻下武冈（今湖南武冈）、靖州（今湖南靖县），然后进入广西，攻克全州，直趋桂林。在此之前，即顺治四年（1647）至五年中，清军三次攻桂林，均以失败告终。可以看出，这一支南明军队很有战斗力，连能征善战的清八旗兵也无能为力！桂林非一般城市，它是广西省城，占据全省政治、经济、文化与军事的中心地位。南明永历政权初建于广东肇庆，在清军首度南下时，在广东不能立足，遂向广西转移，桂林就成其临时都城，或称"行在"。所以，尚可喜专攻广东时，永历政权的军事主力都在桂林一带。当李成栋叛变时，广东不为清有，永历政权任命一批官员并携有部分兵力控制广东。很快，李成栋败死，永历政权对广东的控制受挫，当地将吏各自为战，自守门户，加之永历政权在湖南失利，在广西部分亦不利，无暇顾及广东。这才造成尚可喜征广东的有利时机：在广东已无南明的强兵劲旅，唯广州坚守时日久，清兵攻城时，一度做了较为顽强的抵御。最主要的将领与最高行政长官杜永和逃出广州不久，也向清军投降了。尚可喜在广东的军事行动才快速大功告成！

如同尚可喜攻广州一样，孔有德也把进攻广西的目标定在桂林。但与尚可喜不同，孔有德攻桂林并非一次性解决，而是反复争夺，桂林几易其主，战况更惨烈。

顺治七年十一月，孔有德率部向桂林进军，永历帝闻讯，连夜逃离桂林，还有一些将领也各自逃命去了，遂造成城内防御的兵力不足。只有留守大学士瞿式耜与总督张同敞，愿与城共存亡。不出所料，桂林很快被孔有德所率清军攻破，瞿与张被俘，拒降被杀。若与尚可喜攻围广州长达 10 个月相比，孔有德攻桂林何其易！这是孔有德接续前三次桂林之战后的第四次桂林之战，也是清军首度获胜的一次攻城战。但没过多久，就在第五次桂林之战中，孔有德遭遇了不幸。

攻克桂林后，永历政权出现一个新情况：张献忠在四川被杀，其"大西"政权亦告瓦解，但张的部将孙可望、李定国、刘文秀等率其余部从四川退到贵州，投身永历政权，遂使永历政权的实力大增。很快，孙可望、李定国主掌永历政权的军事大权，展开新的军事进攻，孔有德的悲剧由此而生成。

顺治九年初，"孙可望疏请李定国出楚，征虏将军冯双礼副之，拒孔有德，步骑八万，由武冈出全州，以攻桂林……"①

李定国按此计划，付诸实行。他率部很快攻下了全州，迅速向桂林挺进。对孔有德来说，危机正在向他靠近，其中一个危机的因素是：李定国命一部明军攻全州，他自率明军攻桂林。据守桂林的孔有德只想到全州危险，却忽略他所处桂林也同样危险，他迅即派出清军前往全州增援。结果，全州还是被明军攻下。可见，加入永历政权的原"大西"将士的战斗力是相当强大的，是原明朝军队不可与之相比的！李定国率明军路过全州并未入城，而是兼程向桂林疾进！

李定国指挥明军对桂林展开环攻，又占据城外山头，居高临下，

———————————

① （清）徐鼒：《小腆纪传》卷五，永历中。

进行俯攻。城内清军不足，仍然出城与明军交战。不料，李定国放出一大群大象冲锋陷阵，清军顿时被冲得溃不成军。至七月四日，桂林城陷。孔有德逃无可逃，又不甘心投降，遂自缢死，其妻妾与他同死，用事先准备好的火烧其尸身。一子欲逃而被俘，被李定国杀害，只有一女儿孔四贞侥幸逃命。[1]

这就是第五次桂林之战。

当初议南征，尚可喜以兵力不足，又自身受过伤，不耐广西湿热，而改征广东。孔有德以为尚可喜胆怯，自报征广西。然而，都没料到的是，有孙可望、李定国这样的军事强势人物加入永历政权，极大地增强了南明的实力，清军与之交战，很难有胜算。正巧，孙、李制定反攻的战略，其中拟从贵州入广西，出湖南，而桂林是必经之地，必予夺回，反攻才能畅通无阻。[2] 明军如愿以偿，孔有德壮烈殉国，尚可喜因放弃征广西，不论怎么说，却是逃过一劫，是他一生中的一大幸事！须知李定国是一员有勇有谋的悍将，他攻下桂林后，又北上湖南，攻下衡州。清朝派出敬谨亲王尼堪率大军来讨伐李定国，双方在衡州相遇，尼堪陷入重围，战死于阵中。[3] 尼堪是清皇室中的一重要将领，其地位比孔有德更高，也死于李定国之手！在不到一年的时间，所谓"两蹶名王"，实是李定国创下的一个军事奇迹！清朝方面两个能征惯战的著名将帅都败死于李定国的谋略，可知李定国其人不容轻视！如果尚可喜在广西与李定国交战，能有多少获胜的几率？最乐观的估计，胜败参半吧！与孔有德、尼堪一样的命运也不是不可能。总之，这一切都未发生，只能说尚可喜没有选择广西还是十分明智的。他初封王号时，皇太极就给他封为"智顺王"，至此已应验，果然名不虚传！

李定国攻下桂林，再下衡州，致清两王败死，永历政权名声大振，其君臣及广大明兵也为之精神振奋。局势对清军严重不利，驻守广西的一些清朝将吏也惊慌失措，甚至放弃已得之地，纷纷逃窜。[4] 消息传

---

① 《清史稿》卷二三四《孔有德传》。
② （清）徐鼒：《小腆纪传》卷五，永历中。
③ 《清史稿》卷二一六《尼堪传》。
④ （明）释今释撰定：《元功垂范》卷上。

到广东，尚可喜的将士们无不感到震惊。这时，广西被攻陷诸郡文武官特别是重镇梧州"外通强敌，内无蓄粮，人情汹汹，皆求援于王（可喜）"。

尚可喜邀集广东巡抚李栖凤、耿藩总兵连得成等人，共同商议对策。靖南王耿继茂还在琼州，未能与会。李、连认为，广西镇将已"弃封疆不守……今靖南王远在琼州"，为今之计，"当闭关谢使，自保为上"。他们的意思，就是不去管广西的事，把广东保住是为上计！

尚可喜不同意他们的想法，说："不然……本藩镇抚一方，即悖逆已形，犹且多方招谕，冀其归顺，今粤西文武官兵皆我朝豢养旧人，一旦流离，岂忍坐视。粤西与广东地连唇齿，缨冠之救，义不容辞。若不发兵运饷，加意怀来，彼无所归附，势必投逆，顺流而东，为患方大，是更遗朝廷东顾之忧，谁任此时失抚之咎？救而有悮，本藩一身当之！"①。

会议后，尚可喜迅速行动：命水师副将强世爵、中军官白万举等率舟师运大炮，前往西江防援，但又虑及舟大水浅，势难速行，又派遣抚标游击官斗明运率轻舟继后，作前行大船的后备之用。尚可喜又想到，那些已陷之地或受明兵威胁的清军将士缺粮饷，向广州、肇庆两处镇兵各发银一万两，给梧州兵发银5000两，给南宁、柳州两镇兵发银5000两，用以买米，"星驰转运"。

尚可喜还考虑到，广西许多地方的败兵都逃到梧州，器械兵杖缺乏，衣物不足，人心惶惶，命诸将给他们发弓箭，给缺衣服的人，发袍帽。

尚可喜又规定：凡从定南王藩下逃过来的人，一律接收，责成他的一员副将王国辅负责，对投来的人都登记姓名、身份等，然后造册，报尚可喜知道，发给他们口粮，安排住处。

尚可喜来不及请示朝廷，就把责任承担下来，妥善安置并处理好定南王善后之事。可见，尚可喜之敢于担当、勇于为国家分忧。

尚可喜正在忙于应对以上各项军务与事务，又从广西传来坏消息：梧州已被李定国率明军攻占，广西全省尽失，定南王残部全都撤退到

———————

① 上引，详见《元功垂范》卷上、《平南敬亲王尚可喜事实册》。

广东境内封川（地处今梧州市东南）。

广西被永历政权夺占，定南王孔有德已死，自不必追究责任，而失陷封疆罪，就落在了守南宁的线国安、守柳州的全节与守梧州的马雄三镇将的身上。他们为此惶惧不已。尚可喜了解他们的情况后，很客观又很实事求是地说清了他们的问题，对相关的疑点，逐一给予解释。其具体说法，这里就不一一细说了。

尚可喜为线、全、马三人辩解合理、有力，获得朝廷谅解，不予追究，令其以后立功赎罪。清廷同意三镇将到广州，由尚可喜面授机宜。三镇将如约而至，尚可喜优礼有加，设宴慰劳。为安排他们的部下家口，特选定本省从化、增城，还有惠州所属之归善、博罗等处，"分地安居"。

在广西事变后，各地文职官员都负有守土之责，共有守巡各道、知府、知县官员46人，本应处分，但尚可喜上疏申救，为他们解释失地原因，一个重要情节是，他们接到定南王手令：都撤到梧州去。在他们撤离后，其地遂为明军所占。解释也好，提供事实证据也好，也只有尚可喜这样做不犯忌讳，能说服清廷大臣与皇帝，因而这46名官员都得到朝廷恩旨，赦免其罪。

面对广西危局和动荡的广东形势，尚可喜从容应对，有条不紊，采取各项有力措施稳定了广东的局势，孔有德殉国后遗留下的诸多问题也得到了妥善处理，挽回了不少损失。这一切都显示出尚可喜的应变能力与化解危局的能力，不愧为这个动乱时代的杰出人物！尚可喜的巨大能力之一，也需作具体说明，这就是他善于协调并处理好方方面面的关系。如，他与皇帝及廷臣一向协调一致，不出差错；他跟靖南王耿继茂和衷共济，以致感动了耿继茂，自动承担责任，主动出战；他跟定南王孔有德的关系，主动承担责任，处理好孔有德死后留下的广西乱局，全部接纳他的余部包括他们的家属来广东，予以安置，供给粮米与衣物，尤其难得！尚可喜与其部属，合理调配，各尽其能；他还特别关注民生，保护民命，尽量避免或减少因战乱造成人命财产的损失。所有这些都是他初封王以"智"为号的生动体现，真的是不愧称"智顺王"！

尚可喜采取的谋略与措置，逐渐收到实际效果。至九月，尚可喜的水师副将强世爵会同广西南宁、柳州与梧州三镇兵，向梧州发起进攻，一举将明兵击败，重新夺回了梧州。尚可喜迅即命马雄还镇梧州。此战获战果不小，其中，获大小炮铳、弹丸、盔甲、器械不可数计，战船40艘，斩明兵数千，还救回被明兵俘虏的原三镇家口数百人，使他们与家人重新团聚。

　　马雄回镇梧州，另两镇的线国安、全节两将率部继续在广西进兵，收回被南明占据的疆土。①

　　这时已是顺治九年十月，又在广州南的香山县发生了一件事：有一会党头目，名叫梁子直，欲乘局势动荡之机夺占县城。于是，九日，他纠集党羽百余人，突袭县衙，杀死县令张龄宪父子，胁迫民众，占领全城。尚可喜闻报，即派右翼总兵吴进功、副将曾得仁等率两藩兵前去平乱。出征将士刚出发，尚可喜找耿继茂商量说："子直起无赖，党羽无多，香山之民为所胁耳。今以大兵促之，势如拉朽，但克城之日，玉石俱焚，深可悯恻。"他要派官前去监督将士不得妄杀一民。耿继茂完全赞成尚可喜的意见，当天便派官刘尹觉前去，临行，尚可喜说："汝为两藩公遣，城要下，不许官兵妄杀一民，亦不许掳民间一子一女，有不遵者，即据实指名启报，以违令罪罪之。"十二日，兵至香山，先是招抚，梁子直不从。吴进功设计，至十五日夜，典史陈忠按计，密约部分士民尽把其党羽170余人捉获，送交军前，吴进功等率清兵入城，秋毫无犯，全城安堵如故。②

　　进入十二月，两广的形势已趋于稳定，特别是广西，击败永历政权悍将李定国的进攻，也恢复正常，尚可喜把三镇官兵家属都发还梧州。

　　尚可喜与耿继茂总算成功地解救了广西，广东也得以安定下来。正当人们庆幸不再有战祸之时，意想不到的事又发生了：才过了两个多月的安宁日子，顺治十年（南明永历七年，1653）三月，李定国真的又卷土重来了！他率大军先进入广西，再次攻陷梧州，然后，突入广东，攻陷开建、德庆州，挥师东向，直趋肇庆。抵城，占据城之北

────────────

①　以上，详见《元功垂范》卷上、《尚氏宗谱》之《先王实迹》。
②　（明）释今释撰定：《元功垂范》卷上。

山，列栅连营，分兵四出，连陷四会、广宁等城。广西方面也乱了：盘踞岑溪的海盗宋国相、韦应登等也趁火打劫，有战船200余只，先后掠夺罗定、东安（广东云浮）、西宁（今属广东）等地，然后经水路从新会、顺德，直入九江口（应是九江堡），此处距四会60里，距三水50里。九江堡处广州偏西南，距广州才几十里。广州北之韶州所属清远，有一股地方武装也乘乱行动，占山为王，联络永历明兵，扬言渡河，由从化进攻广州。

更为严重的事态接踵而来：镇守潮州府（今潮安）镇将郝尚久突然起兵，宣布叛离清朝。这一突发事件震惊全粤，人心惶惶。

由李定国率明兵大举进攻，引发广东全境陷入危机。这次危机远比前一次更为严重。作为省城的广州，也是尚、耿两藩的驻地，正在遭受多路明兵及当地反叛武装的进逼。而广东重镇之一的潮州镇将郝尚久反叛，更加重了广东的危机，这对于尚可喜而言，是一次更为严峻的考验。

严峻的形势，危险的局势，对尚、耿两藩的将士都是一个无法回避的考验。其中，一个考验更是关键，即遇到一个更强大的对手——李定国所率的南明将士。前已介绍，李定国非南明原有将吏可比，除个别颇具才干、品行端正的将官如史可法、瞿式耜，大多属庸懦之辈，故遇清兵，一触即溃，非死即降。但李定国之军事才干、品行之正、个性之顽强，实同时代中的佼佼者，在永历政权内部，来自张献忠部属的孙可望、刘文秀、白文选等人与之相比，也大为逊色！前已记述，就是李定国统率明军，将清廷的两位"名王"孔有德与尼堪置于死地。此次李定国率大军专攻广东，来势汹汹，志在必得。尚可喜终于有此机会与之一决胜负。很快，他们就在肇庆遭遇。这一情景，如同李定国与定南王孔有德在桂林相遇，尚可喜能否避免孔有德的悲剧，人们拭目以待。

李定国首选肇庆作为军事突破口。肇庆处广州之西，是广州的一大门户，破此城，使广州失去外援，也就不难攻克。

尚可喜的部将总兵官许尔显守肇庆。当李定国亲自指挥明军攻城时，许尔显率全城兵民进行了顽强抵抗。三月二十六日，尚可喜接到许尔显发来的战报：李定国从西江北之北山向城移动，直逼城西教军

场，从东、西、北三面同时攻城，城内，许尔显指挥，发射大炮与箭
矢，给明兵造成大量杀伤，李定国只好暂缓攻城。接着，他改变战术，
将城西北大塘的水泄除，让兵士们掘挖地道，架梯子登城。许尔显即
派兵从南垛口处缒城，追歼挖地道的明兵，夺取其锹、锄等器械无数，
又获云梯百架。二十九日，李定国攻城三天，毫无所获，又派兵将城
壕中的水排泄出去，日夜攻城。许尔显挥军将城东西攻城的明兵击退，
城北方，明军明为攻城，暗掘地道。城内清军就横掘深沟，截断地道。
明军仍无可奈何！

　　从战报所报战况来看，战斗惨烈，双方死伤很多。尚可喜决定亲
自统领将士赴肇庆。他对诸将说："余无足虑者，破李定国，即自解散
耳。"他的意思是说，各处来攻的明兵、土贼等都不值得忧虑，只要把
李定国完全打败，其他自会瓦解！

　　尚可喜从东门进入肇庆城，未及休息，就登城巡视，查看地形与
明清双方的军事态势。看后，他很乐观地对诸将说："吾所忧乃不在
此。"此话何意？他没有说，说完这句话，就发出命令，通知靖南王耿
继茂选择铁甲骑兵去守三水之西南方向，严防敌兵从木棉头渡河，与
潮州的叛军郝尚久会合。耿继茂得信，立即执行。果然，铁甲骑兵赶
到时，有敌兵正在渡江，清兵趁其半渡即发起攻击，歼敌数百人。李
定国知道清军有备，不再从此处有军事行动。

　　尚可喜来肇庆已有十天了，并未有大的举动，意在观察明兵的军
事破绽，谋划制胜的方略。四月八日，尚可喜已胸有成竹，发出命令：
藩下官兵先毁掉东炮台，在其下城墙凿一侧门，用以出兵，再把东北
地道填平。西炮台与地道，一如东炮台处置办法，此项由靖南王所属
官兵负责。两藩将领都不明尚可喜此举动的意图，发出疑问：毁掉东
西炮台，不利于全城的守卫。尚可喜笑言："贼由地道入，即有炮台安
所用之！但夺其地道，不患吾无以拒贼也。"[1] 李定国明攻城，城上防
守严密，难以靠近，更可怕的是炮火猛烈，连在城外驻营也受到威胁。
李定国想出一个招法：掘地道进城。此招费时费工，亦见李定国志在

―――――――――――

　　[1]　上引，皆详见《元功垂范》卷上。

必得肇庆！所以，尚可喜反其道而行之，以破坏其地道为制敌手段，可收立竿见影之效。很快，东西炮台下各凿开一门洞，尚可喜令兵士出此洞，专夺取明兵的地道，并出赏格：敢从此洞出城，夺取敌人地道者，每人赏银50两！其属下大批士兵争先恐后出城，他们一手持盾牌护身，一手持刀，"飞腾而进"。顿时，数百名明兵死于地道中；对躲在地道中的明兵，清兵采用放火烧的办法，被烧死在地道或被烟熏死的不计其数！

李定国见状，顿时计穷，束手无策，紧急下令后撤，离城5里扎营。

尚可喜趁其仓促扎营无备，乘夜密遣兵，从西与南二门出击，偷袭龙顶岗大营，大破明兵。第二天，天还没亮，尚可喜命士兵们饱餐一顿，乘拂晓向明兵发起进攻，他端坐城楼观战。李定国的士兵，大部是从农民军带过来的，皆留长发，一部分是云贵的士兵，留短发。为激励将士们奋勇战斗，尚可喜下令：捉获长毛的，赏银10两；捉得短毛的，赏银5两。所谓"重赏之下，必有勇夫"，士兵们个个争先，勇气倍增，势不可当，很快就抓了数百"长短毛"明兵，拉到城下斩首。这一悲惨的场景，明兵触目惊心，斗志顿失，纷纷倒退，而尚可喜的将士们却是愈战愈勇。

作为主帅的李定国也控制不住士气的低落，只好下令全军撤退到广西去了。李定国的大反攻，最终以失败告终。

前叙李定国将孔有德逼死于桂林，不禁联想到，若是尚可喜，能否也会遭受到孔有德一样的命运？如果这仅仅是联想或者是想象，那么，现在肇庆之战以事实证明：尚可喜的军事谋略与智慧却是技高一筹，孔有德辈不可与之相比。以李定国的谋略，攻克肇庆，也只是时间问题，但遇到尚可喜却是把他的谋略化解为无用，损兵折将，最后不得不退兵，一走了之。此次败走，他再也无法来广东了！

肇庆之战，也是尚可喜与李定国斗智斗狠的决战，尚可喜胜利了，又一次证明尚可喜将才最难得！

李定国败退，粤省西部又恢复了往日的平静。①

---

① 以上记事与引文，详见《元功垂范》卷上。

尚可喜率部也回到了广州，肇庆仍由许尔显镇守。

尚可喜马上考虑的问题是，如何解决潮州郝尚久反叛的事。郝尚久原是南明潮州守将。尚可喜率部入粤，他主动归降。尚可喜予以照顾，命他仍守潮州。郝的家属在韶州，特许其家属迁潮州，全家得以团聚。尚可喜这样做，也算仁至义尽。郝为人刚愎自用，与尚可喜派来与他同守潮州的总兵郭虎不合，只好换人，派总兵班志富来，还是不合，闹得不可开交。尚可喜无奈，为了照顾他，又把班志富撤回来，同时，调他去水军任副将，他拒不接受任命。正僵持中，李定国大举进攻广东，郝即于三月中旬乘机倡乱，自号"新泰侯"，宣布回归南明永历政权。

开始，尚可喜不予理睬，将注意力集中于对付李定国这个主要对手。现在，李定国率余部已退出广东，尚可喜这才着手解决郝的问题。没有别的选择，只能用军事手段平息其乱。尚可喜决定亲自前去，靖南王耿继茂主动请命："王方从肇还，宜休兵蓄锐，吾当往。"[1] 看得出来，两王相互关照，和衷共济。尚可喜感其真诚，遂同意他的请求。耿继茂率其藩下将士出征潮州，于八月十三日抵达，迅速将城包围起来。

耿继茂征潮州并非都是他的藩下将士，还有一支重要军事力量，这就是世祖派来的增援部队。还在四月间，尚可喜以兵力不足，向朝廷请求增派援军。五月，世祖就近调兵，命驻防江宁府昂邦章京喀喀木统领八旗兵"往征广东逆寇"，前往尚、耿两王处，相机进兵。[2] 至八月，耿继茂与喀喀木合兵，同征潮州。显然，这两支军队无论从兵数或战斗力来衡量，已占据优势，攻克潮州也只是时间问题。

当然，郝尚久也做了迎战的准备。但他已陷入孤立无援之危境，就是说，在潮州外无一处兵、无一城来支援。他曾试图联络过郑成功，郑也答应与他配合。当他发兵来时，李定国已败走，自感实力不足，也知难而退了。所以，当耿继茂军与喀喀木军将城包围起来后，郝连逃走的机会也没有了！等待他的只有死路一条。

郝尚久做了力所能及的抵抗，还是挡不住两军的猛烈进攻。九月

---

① 罗振玉辑：《平南敬亲王尚可喜事实册》，见《明清史料丛书八种》第三册。

② 《清世祖实录》卷七五，顺治十年五月甲戌，中华书局1985年版，第591页。

初，潮州被攻破，郝与其子无处逃，就一同跳入数十尺深井而死。潮州之乱就此平定。耿继茂与喀喀木将捷报一则报给尚可喜，一则飞报北京，史载："靖南王耿继茂、靖远将军昂邦章京喀喀木克复潮州，捷闻，下部议叙。"①

郝尚久为泄个人私怨，举兵反叛，实是自取败亡之道。先降后反，如此反复无常，不足为人所取；兴兵动乱，不为社会所容，实逆人心之所向，不得人心。尚可喜对其降后给予的礼遇，不可谓不厚，迁就之处，亦见行动，但郝贪心不足，不顾当地军民之愿，不顾其家人的安危，铤而走险，以致落得全家性命毁于一旦。郝之举，实非正义，无论他如何死，都不足惜，适足为后人者戒！

平息潮州之乱，广东重归清朝大一统。尚可喜出色地完成了朝廷委托的使命。尚可喜是今辽宁人，生于此，长于此，又从军于此，战斗于此。归附后金（尚未改国号），仍在辽东大地奔驰，远至山西大同、张家口、山东作战，一句话，在南征前，他从未过江，最远也不过是在黄河北岸涉足而已。自顺治六年五月奉命南下，进入一个与北方完全不同的陌生地区：夏天湿热，冬天阴冷，更兼雨水多，到处是大小河水、溪流纵横，骑兵难以奔驰；步兵则步履艰难，难负过重的铠甲，连箭矢也因潮热而解胶……加之语言不通，文化差异，尚可喜带领这支万余北方人的军队，在中国的最南方展开一次又一次的战斗，可知难度之大！然而，几年过去了，连尚可喜这个纯北方人与万余将士渡过一个又一个难关，不断取得军事胜利，将南明当地或南方之地的人组成的军队逐个击败，尤其是李定国第二次发动对广东的进攻，使广东岌岌可危，但尚可喜仍然是化险为夷，将李定国逐出广东，广东又牢牢掌握在尚可喜之手。这一切，都是南征五年苦战实现的。

可以说，广东连同广西是尚可喜给统一的，无疑是清朝实践全国"大一统"的重要组成部分。李定国被击败后，退出广东，仍占据广西个别地区。尚可喜与李定国的战斗还未结束。

---

① 《清世祖实录》卷七八，顺治十年九月丙辰，中华书局 1985 年版，第 616 页。

三、与南明斗智勇

永历政权大将李定国攻粤失败，郝尚久之乱，身败名裂，反清、抗清势力一度销声匿迹，广东全境又恢复平静。

这时，尚可喜忽然提出一个想法：他要交出兵权回京调理身体。原来，他患"痰疾"，大概是气管里的病，此病一犯，就咳嗽不已。尚可喜生长于北方，患上气管炎病，是常见的病，不足为奇。到了南方，改变生活环境，加之气候异常，引发"痰疾"不时发作。按今人理解，此病于人之生命无大碍，只会让人有些难受吧！就以此病而论，不至于非交兵权，回京调理不可，是否还有其他隐情？不得而知。这要等后来有关撤藩的讨论时才见分晓。

尚可喜提出的重要理由，现在广东全省已"底定"，也无大事，他正好可以回京调理。但世祖和他的谋臣们却不这样想，正如世祖所批复："潮逆初定，地方多事，正资悉力料理，以奠严疆，不必遽以病请。"①

世祖的旨意，强调广东"初定，地方多事"，正需要尚可喜"悉力料理"。此话，又不幸言中，仅仅一年多，李定国又来攻广东，引发一场新的危局。此系后话，暂且不提。

世祖予以挽留，尚可喜自然无话可说，也就放弃了回京调理的想法。

尚可喜请求引退，世祖不准之后不久，即顺治十一年二月二十日，世祖下发给尚、耿两王一份敕书，指令尚可喜镇守广东、耿继茂镇守广西。请看敕书全文：

> 平南王尚可喜、靖南王耿继茂：广东岭海要区，新经底定，抚绥弹压，善后宜周。平南王尚可喜专留镇守。
>
> 广西地方，乃楚粤门庭，滇黔锁钥。省会虽平，郡县未

① 罗振玉辑：《平南敬亲王尚可喜事实册》；参见《清世祖实录》卷七八，顺治十年十月戊辰。

附。逆贼李定国见踞柳州，狡图窥伺，伏莽尚繁，亟需剿抚。特命靖南王耿继茂带领本标官兵，及随征绿旗官兵，前赴广西桂林驻劄。续即发马五百匹，以资驰剿。务要申严纪律，钤束兵将，防剿逆贼，招抚人民，偕经督抚镇诸臣，同心协力，与湖南、东粤策应声援，廓清南服，功成之日，益加懋赏！

朕念两王，躬擐甲胄，率励官兵，摧方张之寇，收不逞之民。肇庆逆贼，潜踪遁窜；潮州叛将骈首就诛，地方安堵，功莫与京。朕深嘉悦，兹特遣内翰林秘书院学士郎廷佐、一等侍卫姑苏、三等侍卫德墨起、兵部主事土喇，前往宣谕朕意。特赐两王：

蟒缎貂裘各一件、貂皮短褂各一件、黑狐帽各一顶、镀金嵌松石鞓带各一束、镀金玲珑腰刀、手巾、合包、小刀、牙杖筒俱全、革靴各一双、绒袜全、镀金甲胄各一副、镀金玲珑撒袋各一副、弓箭全、镀金玲珑鞍马各一匹。两王其各祗承，再斋发蟒缎貂裘各三件、蟒缎狐腋裘各四件、蟒缎羔裘各十件、镶领缎袍各二十件、革靴各四双、绒袜全、鹿鞠靴各四双、绒袜全、染貂帽各八顶、镀金玲珑鞓带各八束、镀金腰刀、手巾、小刀俱全；镀金玲珑撒袋各四副、弓箭全；镀金甲胄各四副、鞍马各八匹。

将标下官员，听王酌赏。再各给银三千两。将阵前效力拨什库、千把总并兵丁，亦听两王赏给。

两王既专分镇，益懋前勋，慰朕倚任至意。钦哉。①

以上，就是世祖发给尚、耿两王的谕旨全文。为保持此谕者内容的完整，特予全引，有助于我们对此事有正确的认识，更可见识清朝最高统治者对汉官将领的优厚待遇。

从谕旨的全文，可以清楚地看到：清廷从皇帝到廷臣，对尚、耿

---

① 《清世祖实录》卷八一，顺治十一年二月辛巳，中华书局1985年版，第637页。

两王的一切南征行动给予高度评价，也就是说，完全满意，无可挑剔！特派出代表各个方面的四位官员为专使，专程送达两王面前，隆重之至，规格之高，实属罕见。再看赐赏物品种类之多、之全，品质之高，也达到当时的最高水平。从战马、兵器、甲胄到貂、狐裘衣装、鞋袜、头帽、手巾，再到随身佩带的小刀等饰品，真可称之为应有尽有！最后，还给一笔赏金，两王各给 3000 两。实在说，这笔赏金数量不算多，须知此时国家财政十分困难，连各级官员的薪俸都无银支给。以顺治八年四月为例：户部报："俸银支于四月，共需六十万两，今大库所存，仅有二十万两。"① 此系摄政王多尔衮刚去世不久，财政最为困难，到此次给尚、耿两王的赏金共 6000 两，事过两年多，朝廷财政仍然困难，还是定出这一赏格，实在不易！

　　尚、耿两王忠心耿耿，公诚为国，清廷皇帝高度信任，全力支持与激励，才有大清统一全国成破竹之势！且看大顺、大西特别是南明诸政权，无不腐败，内部争斗不已，上下左右猜忌，皆在争个人之利，置整体利益于不顾，哪有不失败，哪有不亡的！与清对比，更看清楚大清最终成为胜利者实非偶然！尚可喜个人的实践及其品质，正是清朝创业成功的缩影。

　　现在，再接着世祖给两王的谕旨及奖励的事，继续说下去。

　　在给两王发出上述谕旨时，世祖给靖南王耿继茂单独发下一道谕旨：

　　　　广西新经恢复，逆孽未靖，善后宜周。特命尔专镇广西，声援楚粤，控扼滇黔，带领本标官兵及随征绿旗官兵，驻劄桂林，原定南王随征绿旗官兵，听王管辖；王之旧属官兵亦听王指挥。

　　　　朕念斯民，久困兵火，安全抚恤，尤为要图，贰则执之，服则舍之，一应兵机，有当策应者，有当驰剿者，会同经督抚镇各官，协心商酌；武官功次，核实题叙，其有临阵退缩、

---

① 《清世祖实录》卷五五，顺治八年三月癸未，中华书局 1985 年版，第 436 页。

激叛杀良、干犯军纪者，听王便宜处分。若事关重大，指名参奏。至于官评民事、词讼、钱粮，仍归地方官，各循职掌料理。文武官抚镇以下，见王礼节，悉照前议。

王受兹委任，其益殚忠猷，礼以律己，廉以率下，务辑宁疆圉，宽朕南顾之忧。钦哉！①

上引，也是全文照录，以见事实真相。此道谕旨，是指令耿继茂镇守广西，并告以具体方略、权限以及对他本人的行为准则的规定等。

两道谕旨，宣布世祖的一项重大决定：尚可喜与耿继茂分别镇守广东、广西。这一决定，是基于对两粤形势的判断作出的。从表面上看，广东已无南明的残余势力，广西个别地方如柳州还被李定国所占，似乎无足轻重，现责成耿继茂主持广西军事，就不难消除其存在。后来，形势的变化证明世祖与其谋臣的判断有误。

但尚可喜与耿继茂得到分镇的指令，却与世祖的决定有不同的判断。尚可喜精于谋略，考虑现时两粤局势，南明李定国还在广西虎视眈眈，说不定什么时候突然反击，只有合两藩为一体，才有可能应对突发性事变。兵分势弱，不利应对危险的局势，如说："王念粤东多故，地方辽阔，若靖南移镇，兵势孤危。"他决定向朝廷向皇帝说明他的想法，"具疏请收成命"②。

耿继茂是怎么想的？是愿意合，还是赞成分？世祖令耿继茂独镇广西，无疑是重用，让他独掌一省军权，与尚可喜地位并列，自主行使权力，可以肯定：从个人利益考虑，耿继茂当然愿意接受此项任命。问题是，广西并非安全之地，其境况远比广东更复杂，更有李定国还占据广西一些地盘，在广东他们已交过手，耿继茂深知李定国非庸劣之辈，恰恰是军事谋略高手，以耿继茂不足的战争经历与经验，能否对抗李定国？也是大有疑问的，况且以定南王孔有德的军事才干与经验，竟然也毁于李定国之手，想此，耿继茂能不心有几分胆虚？他独行广西，势单力孤，与谁共谋？而在尚可喜跟前，他不必忧虑什么，

---

① 《清世祖实录》卷八一，顺治十一年二月辛巳，中华书局1985年版，第637—638页。
② 《平南敬亲王尚可喜事实册》，见《明清史料丛书八种》第三册。

一切有尚可喜出主意，作决定，他就无所担心了。权衡利弊，他完全赞成两王宜合不宜分的意见，支持尚可喜给皇帝上疏请命。

一般情况下，皇帝一经决定，将圣旨下达，做臣属的是不敢驳回的，只能俯首听命。尚可喜上疏，请皇帝收回成命，是需要很大的勇气的。如遇昏庸之君，如给加上"抗旨不遵"的罪名，尚可喜、耿继茂的后果将是非常严重的！幸运的是，世祖绝非昏庸之流，而是听从尚可喜的请命，毫无责备之意，"请收成命"，即刻同意，改变先前的决定，批准"靖南王仍同镇广东"①。事实很快就证明：这一合镇的决策完全正确！

继两王继续合镇广东的决定之后，世祖为加强两粤的军事实力，又采取一项重大措施：向广东增兵，即于顺治十一年六月，"以固山额真朱玛喇为靖南将军，同护军统领敦拜，统官属兵丁援剿广东"。世祖给他们发出一道敕书：

> 兹因逆贼侵犯广东，以尔朱玛喇为靖南将军，同护军统领敦拜，总统弁兵，前赴广东平南王尚可喜、靖南王耿继茂、总督李率泰处，与二王及督臣李率泰计议，将延扰广东贼寇相机除剿。其广东地方，亦与二王督臣商议，相机剿抚。凡一应事宜，须同护军统领、梅勒章京、各营将领，相议而行。

以下，又嘱应行政策规定，包括对降者、抗拒者施行不同对策。又叮嘱等贼氛既靖，地方宁谧，方行奏请班师，候旨定夺。

又强调："贼寇侵犯广东，故特遣尔等统兵往剿。尔等至彼境，与两王、总督李率泰计议，酌便而行。若贼知大军将至，自广东窜入广西，可与两王、总督相机追捕；若贼遁入云贵，尔等可从便，宜择宽阔善地，休息兵马，奏闻候旨。至遇贼对垒时，尔固山额真朱玛喇、护军统领敦拜二人可居中调度，毋使有失；倘遇众寡不敌，须计图万全，慎无轻率致败。我国家用兵，往无不胜。从前致有失事者，议罪

勿道。尔等大臣若果图维尽善，各营主将悉效忠忱，则何至有失也。"①

此道圣谕，已预计到战前战后及战争中可能出现的各种情况，指明应对之策，最重要的是，要求全体将士"悉效忠忱"，保证万无一失！

至十二月，朱玛喇率所部抵达广州，与尚、耿两王会合。②

世祖与廷臣所做的这一切，从人事安排到增兵援粤，似乎在准备一场大战。实际上，在进行准备的过程中，还看不出要发生战争的迹象。但尚可喜以至朝廷却已程度不同地意识到发生战争的可能性。因为李定国这支南明的生力军还存在，就占据与广东相邻的广西地方，近在咫尺，随时可能发动军事进攻。事实很快就证明他们的想法并非多余，也算是意料之中。

顺治十一年（1654）五六月间，已晋爵晋王的南明李定国突然采取军事行动，自广西柳州挥师南下③，迅速进入广东，先攻高州，守将张月叛变，将城献给李定国。副将陈武拒降，保护高州府道文武官员逃出城，向广州撤退，陈武不幸战死。④ 李定国军继续进攻，相继攻陷电白、阳春、阳江、恩平、石城等县邑（皆在今广东西南近海地区），李定国进攻地重点指向肇庆，此城是进广州的门户，欲得广州，必先攻肇庆。李定国军至西江岸扎营，隔江与肇庆相望。

李定国大举进广东，引发广东局势急剧恶化，必采取强有力的措施才有可能顶住或扼制李定国军的进攻势头。广东总督李率泰急忙邀请两王会商。尚可喜如约而至，李率泰建议发兵守新兴。尚可喜说：不可。李率泰又提议：发兵守高明吧！尚可喜还是不同意！这两处位于肇庆南，一东一西，守此两处，可直接保护广州。

① 上引，见《清世祖实录》卷八四，顺治十一年六月丁卯，中华书局1985年版，第659页。

② 《清世祖实录》卷八七，顺治十一年十二月壬申，中华书局1985年版，第688页。

③ 关于李定国自何处发兵？有二说，其一说：由柳州发动，见《平南敬亲王尚可喜事实册》；《尚氏宗谱》之《先王实迹》、《清世祖实录》卷八一载世祖谕旨称：李定国"现踞柳州"。其一说，自廉州起兵，如《元功垂范》卷上："定国自廉（州）犯高（州）"。实际上，是自柳州起兵，至廉州再攻高州。

④ （明）释今释撰定：《元功垂范》卷上。

李率泰有点发急，便问："朝廷封疆，尺寸为重，王欲不守，宁有说乎？"

尚可喜平静地说："定国剧寇，非大创之，势难两立！今之所急，在战不在守。新兴、高明去水远，运道难，又非要害，发兵少，不足守；发兵多，定国以偏师缀我，别以重兵与我战，我不能战（即弃其所）守，皆兵家之大忌也。且时当霪雨，江水泛涨，从陆无路，以舟阻山，弦矢解胶，瘴疠发作，无论守不宜分，即战亦不宜速。"①

尚可喜一席话，阐明了他对当前形势的分析，提出他应战的战略技术，切中要害。其后，战事的发展，证明他的判断与措置正确无误！

尚可喜将当时实况写成奏疏，向世祖报告。然后，他率师暂还广州。

李率泰知道不能改变尚可喜的决定，仍然下令，命总兵郭虎与副将杜豹率部前去高明防守。

尚可喜遍视以广州为中心的军事态势，发现新会处广州南，"密迩省会，为运道要地"，不可不守！即命总兵吴进功率兵往守。果如所料，没过几天，李定国就率军包围了新会。他担心尚可喜会派大军来增援，就调"海贼"陈奇策率其战船屯于江门，此处为新会北侧通向广州的门户，也是护卫新会的一道屏障。李定国在此江口屯驻战船，在水中列水栅数重，更有一绝招：在大船中装上大量土，把船沉入江中，在沉船上筑炮台，架设火炮，用以阻击前来增援的清军。不幸的是，水师总兵盖一鹏与之战斗而死。

尚可喜说："江门为新会咽喉，新会为省会门户，贼扼江门，不可不争！"

九月十一日，尚可喜与耿继茂亲统两旗近两万兵赴江门，以炮船数十艘"分番迭击"；又命数百只哨船，每船用绳系江中木栅一根，然后，统一下令，以众人之力，"栅柱尽拔"，骑兵奋击，李定国之兵，两路皆败。李定国败走，新会战事亦除。为加强新会防守实力，尚可喜派阿达哈哈番（轻车都尉）刘秉功、耿继茂所属守备贾振鲁"益兵、

① （明）释今释撰定：《元功垂范》卷上。这段对话，《尚氏宗谱》之《先王实迹》亦载，但不如前书详细，今从之。

运粮入新会协守"①。

刚结束新会的战斗，高明受李定国军进攻，危在旦夕，频频向尚可喜告急。高明在新会西北，距离肇庆更近，不过三五十里。尚可喜不待犹豫，即"移师往援"。在距高明15里的地方，捕获一间谍及来降的人，他们提供了一条重要信息：李定国率大队人马将至营。尚可喜计虑自率兵力不足，以寡不敌，不可力争，当出奇以制胜！他迅即下令：步兵先回，骑兵殿后。

李定国率万余步骑兵来追，先以500精锐直追尚可喜。尚可喜不慌不忙，指令精兵分作两翼埋伏于路之两侧，他自率部分将士，结成队伍，缓缓行进。很快，南明兵追至，尚可喜下令回军接战，还未及交锋，伏兵突然跃起，向南明兵猛杀猛冲，尚可喜部返身进战。面对来自三方的攻击，南明兵顿时乱作一团，几无还手之力！遂大败而溃不成军，总兵武君禧、游击王天才等16人被活捉，50匹马也成了尚可喜的战利品。这场伏击战完胜李定国！李定国被迫后退。

据被生俘的总兵武君禧交代：李定国在湖南留下军队，图谋以一军入韶州，一军扼梅关（广东境，近江西界），由此入江西，与郑成功联络，进攻潮州与惠州。这个情报，与驻潮州的将领所得情报完全一致。

尚可喜据此作出判断，对靖南王耿继茂说："兵分则弱，浪战者危。吾但以旁县饵之，还镇广州，养精蓄锐，以待大兵之至。"②

从尚可喜到广东后的一系列军事实践活动，可以确认：他善于集中兵力，攻击对方之弱点，几无失误。他最忌分兵作战，事实上，兵分成几支、几块，必然成弱势，最易被敌人吃掉，兵法称为各个击破！尚可喜之兵法，无疑取之于《孙子兵法》，在实践中机动灵活地运用，已达到娴熟不逾矩的境界。在广东的战争还在继续，可以进一步观察尚可喜的用兵之道达到一个什么样的水准。

九月三十日，李定国进攻高明。前已说到尚可喜不同意守高明，

---

① 以上引文未注明出处者，皆见《元功垂范》卷上，参见《平南敬亲王尚可喜事实册》。
② 上引，详见《平南敬亲王尚可喜事实册》，参见《元功垂范》卷上。

李率泰还是把他的一员大将杜豹与郭虎派出据守。现在，却抵挡不住南明军的进攻，一天城被攻陷了，李定国将杜豹给杀了，还活捉了郭虎。然后，李定国再次围攻新会。此次又集合多方面兵力，势更盛，表明志在必得！于是，他挥师展开大规模进攻。城内由尚可喜的将领吴进功"悉力拒守"，李定国屡攻不下。城内兵民被围在城内，很快，粮食吃尽了，杀马杀狗，扑食家雀之类作为主食，这些东西吃光了，又扒树皮吃。可吃的东西越来越少，开始找人的尸体，从尸身上取其肉充饥。[①] 连明人也做了同样记载："晋王李定国围新会日久，城中粮尽，食牛马亦尽。"[②]

新会被围，粮食供应已绝，兵民几陷入绝境。城外有李定国的重兵围攻，吴进功等率兵民坚守，李定国等只能望城兴叹。联想几年前，李定国率军围攻桂林，定南王孔有德亲自指挥守城，却未守住，除女儿孔四贞幸免于难，全家皆死于非命。真不知孔有德是怎样守城的！同一个李定国，也率同样的将士，攻击一个远不如桂林城大而坚的新会城，却是迟迟攻不下！即使城内粮绝，仍在坚守，击退一次又一次进攻。两相对比，可知尚可喜无论用兵用将，都独擅一道，且人的精神不衰，所谓众志成城，不可战胜！

如尚可喜言：该战不战，不可不战。至十一月，尚可喜会同靖南王耿继茂率骑步兵及水军，进至三水，等候世祖派遣的援粤大军。援军由靖南将军朱玛喇统率，于初十日到达三水，与尚可喜军会合。这支援粤大军来的正是时候，为新会之战必胜创造了极为有利的条件。

战争双方的主帅都来到了新会战地。一方是尚、耿两王与靖南将军，一方是李定国，这预示着一场大战即将展开。那么，双方投入的兵力有多少？清自努尔哈赤、皇太极与明进行战争，打了一辈子仗，可是极少透露出兵多少？直至入关后所进行的战争中，投入多少兵力几乎都不透露！清官方史书也不予记载。所以，清代战争中兵力数额是其谜案之一。就是涉及战争对方的兵力，要么故意夸大兵数，要么也不透露，往往记载战后统计战果，才报出歼灭多少，以人的首级为

---

① 罗振玉辑：《平南敬亲王尚可喜事实册》，见《明清史料丛书八种》第三册。
② （明）金钟：《皇明末造录》卷上，浙江古籍出版社1986年版，第149页。

据，或俘获多少、投降多少，等等。这里，作此说明，写清代战史往往缺少用兵的准确数字，原因即在此。

不过，说到将要发生的新会之战，双方投入的兵力，根据种种迹象，可以做出接近真实数字的判断。

先说李定国一方的兵力，清官书无载。前叙李定国攻高明，载李定国"率步甲万余"追尚可喜，云云。除此，很难见到其兵数的记载，往往以"率大队"而略去具体数额。① 以李定国攻高明追尚可喜的兵数做参照，此次攻新会，兵力必多于攻高明的兵力，应在 2 万左右，大致可信。

尚可喜一方及耿藩一方，南征时各有万余兵。历几年战事，必有减员，但也有补充，一是从南明来归降的不少，还有从当地人补充的新兵，可以肯定，两王原额兵员不会减少。扣除留守将士，参与此战的将士，合两王所属，总兵力当在 1.5 万到 2 万之间；前已说到，靖南将军朱玛喇率援粤大军赶到，其兵员多少？也无载，不公布具体数字。比照尚、耿两藩南征的兵力，当不少于万余人。总计清方兵力应在 3 万左右。还有，新会城内的清军至少也有 3000 至 5000 人。

由此可知，此次新会之战，双方投入的兵力约为 5 万，称得上是一次大会战，其胜败将关系广东全省到底为谁所有的问题，同时，也必影响广西之得失。

新会之战，是尚可喜入广以来所遭遇的一次规模最大，也应是最惨烈的决战！

新会之战，即将打响。

新会之战前的形势：按明人私家著述称："晋王李定国攻围新会，屡败逆贼尚可喜，自新会西北，高（州）、肇（庆）、雷（州）、廉（州）俱收复，顺德（今仍名）以东为贼兵据守。"②

顺德位于广州南，相距不过几十里。这就是说，广州以东为尚可喜所据，广州以西为李定国所占，可知广东全省，双方各占一半。李定国来势之猛，其势之盛，不可轻视。

---

① 罗振玉辑：《平南敬亲王尚可喜事实册》，见《明清史料丛书八种》第三册。
② （明）金钟：《皇明末造录》卷上，浙江古籍出版社 1986 年版，第 149 页。

尚可喜面临的形势十分严峻。新会之战之胜败，关系甚重。那么，这场硬仗是如何打的？仅据很有限的史料，战事过程是这样的：

首先是在三水开战。经侦察，有300余南明兵盘踞山北结寨。三水距广州甚近，却有明兵据此驻扎，显见广州已处于南明兵的监视之下。在尚可喜离开广州前往新会进兵时，必须把这一小股南明兵消灭，以解除对广州的威胁，也使李定国失去关于广州的信息来源。尚可喜遣派一支小部队，略使一偷袭战术，就把这股南明兵完全消灭，其中，阵斩其副将梁大勋，歼灭150余人，生擒11人。所剩无几，乘乱逃之夭夭。

一场小战斗，很快就结束了。然后，尚可喜挥师进兵，于十四日抵达新会①。

李定国已严阵以待：在新会北侧布阵于两山峡口间，以近百头大象和大炮为武器，排于阵前，又于峡口左侧的山上布列一支精锐军队，以待自山上向下冲锋，兵势之盛，不禁令人为之胆寒！

尚可喜观望李定国阵势，虽深感其势咄咄逼人，幸有朱玛喇率援军及时赶到，心里就有了必胜的信念。他从容不迫，调兵遣将，命部分援兵与尚藩所属骑兵万余，阵于右侧，以对抗李定国于左山上所设之兵；命两藩及各标兵共数万，列大小炮于阵之左，以敌峡口之兵。

布阵之后，尚可喜告诫诸将："今日战剧寇，非人殊死战不足以尽敌！自总镇以下，用命者，爵赏之；不用命者，杀无赦！"②

说完，尚可喜便与靖南王、靖南将军、李率泰总督登上近处的山上，指挥战斗。

尚可喜胸有成竹，已有破敌之计，当即下令骑兵冲杀李定国军之左翼，顿时，"万马冲驰，声若涌潮，矢若骤雨"，李定国兵无法抵挡，任清兵冲突无阻，很快就把李定国兵冲得七零八落，大败而逃。在峡口布阵的李定国兵望见左翼已败，无不内心恐慌，阵势遂出现动摇的迹象，尚可喜迅即抓住这一战机，向步兵发出出战命令。步兵已受到骑兵冲锋得胜的鼓舞，"勇气倍增"，直向李定国军冲去，"大小炮齐

---

① 罗振玉辑：《平南敬亲王尚可喜事实册》，见《明清史料丛书八种》第三册。
② 罗振玉辑：《平南敬亲王尚可喜事实册》，见《明清史料丛书八种》第三册。

发，声振山谷"。李定国原指望他的王牌军——以战象组成一支象群"兵"，专事冲击对方的骑兵、步兵，马受惊吓，乱跑乱窜，骑兵阵遂乱；步兵被冲过来的庞然大物所践踏，四处奔逃……可是，以往战场上这一幕幕奇观，在此时刻却没有出现！尚可喜用大炮发出的轰隆声响，更兼发出的炮弹爆炸声惊天动地，震得山谷发出同样的巨响，其意在"先声夺象"吧？果然，战象群未及向前冲，已被未曾听过的巨响所震动，转身往回奔逃，李定国之兵大乱，所布战阵顷刻瓦解。尚可喜不失时机地下达总攻命令，各路兵合为一股势不可当的洪流，两藩军兵，加上援军，个个奋勇，如入无人之境，追杀20余里，李定国兵毫无还手之力，"尸横遍野"，获大象13头、大炮20门，至于盔甲、器械不计其数。

当天，尚可喜拨援军之半，与两藩骑兵继续追击，又获大象3头、马268匹。李定国的兵早已溃不成军，四散奔逃。

李定国何在？据投降的人提供信息：李定国有马3000匹，唯恐受损，将要开战时，却命饲养的乘马先已走了，李定国随行，留在战阵中的骑兵只有200人，步兵4万人，得脱而活命的，不知多少。这里降人提到李定国有步兵4万，但没有其他史料与之证明，参加战役的尚可喜以下，也未有人说过李定国此战的兵数。降人说4万，显系夸大，大致应在二三万之间。

李定国新会之战大败逃走，尚可喜并未任他逃遁，而是派出精兵强将继续追击，追至新兴，李定国又已逃走。尚可喜派的骑兵，因山峻路狭，加之马已疲弱，追赶不及，遂再选强壮的马，继续追到高州，李定国已进入广西。两藩追兵暂停追击，就地在高州养马。这已是十二月隆冬季节，需要把马休养好，才能继续长途行军。

顺治十二年（1655）正月二十五日，已休养了一个月，两藩兵自高州出发，进入广西扶赖（在广西梧州东南）。尚可喜与耿继茂赶来此地，还有援粤的朱玛喇将军共同商议下一步行动，并重新调整兵力，定于二十九日自扶赖出发，进至北流，尾随李定国逃走的路线，穷追不舍。二月初一日，进至兴业（位于北流西、玉林北）40里外，才接触到李定国的部分溃兵千余人。一直追到横州（今广西横县）离江岸

20里的地方，追到李定国的马步兵，展开进攻，歼灭甚众，获象2头、马268匹。李定国慌忙从横州渡河，将桥点火烧毁，追兵至此，无船无桥渡河，尚可喜只能下令停止追击。因为尚可喜已充分估计到，李定国损失兵马过重，此败后，已无力再卷土重来，虽没有追到李定国本人，但其势大衰，重整旗鼓，谈何容易！所以，他决定暂停追击，也给两藩将士减轻负担，使其得以休整。

关于李定国的去向，据投降的游击白长等人报称：李定国自兴业至横州江岸大败，经由宾州（今宾阳附近），到了南宁，"随行残卒无几"①。又据清初人记载，新会败后，李定国军"仅存千余人，退保南宁"。其"标下天威营高文贵、扈卫靳统武次第奔回，亦止存六千人"②。据耿继茂奏报：他派出军队，一直追"抵南宁，逆贼李定国奔往隆安"③。

这次新会之战，是李定国失败最惨重的一次。他屡与清军激战，失败少，即使失败，也没有大失大损，唯此次之战，损兵折将，所剩无几，且已得两广疆土全部丧失。这一切，都败于尚可喜之手。他何以失败？时人给出评断："晋王（李定国）虽流寇发端，是一战将也，奈何勇而有余而谋不足！战争原以取土地，晋王能得之，而不能守，取之何益？勇略所以制敌人也，当击而不击，勇何足道！要之，犯主骄民疲之病，而晋王不能知，安有不败者哉！"④

这一评论，是知李定国之言，基本符合他的实况。

"晋王李定国自新会一败，连广西也不能守，撤师回滇。"⑤又有人证实："逆贼尚可喜请清兵至，定国败回南宁。"又说："俟定国至，遂奉上（永历帝）由安南卫，西走云南。"⑥

李定国撤出广东、广西，到云南去了，这是不争的事实。

尚可喜与耿继茂联名向世祖奏报：

---

① 《元功垂范》卷上，参见《平南敬亲王尚可喜事实册》。
② （清）屈大均：《安龙逸史》卷下，浙江古籍出版社1986年版，第104页。
③ 《清世祖实录》卷九八，顺治十三年二月戊辰，中华书局1985年版，第762页。
④ 佚名：《明末滇南纪略》，浙江古籍出版社1986年版，第58页。
⑤ 佚名：《明末滇南纪略》，浙江古籍出版社1986年版，第58页。
⑥ （明）金钟：《皇明末造录》，浙江古籍出版社1986年版，第50页。

平南王尚可喜、靖南王耿继茂奏报："逆贼李定国围犯新会，城中粮尽，杀人马为食。臣等率兵往援，至三水县，分布沿江隘口，出奇兵制其后，以待大军。比靖南将军朱玛喇等至，遂合兵进剿，败之于珊州，戮其副将一员，生擒十余名，斩首一百五十余级。既抵新会，定国率马步贼，分据山口山头。我军奋勇冲击，夺其山，斩获甚众，定国遁去，新会以全。"奏入，命所司察叙。①

尚、耿两藩向世祖奏报新会战况，与其他文献所载完全吻合。

据尚可喜属下统计：此役中投降的永历政权文武官员为 29 员，随行投降的兵 566 名、马 74 匹。被李定国夺占的广东所属高州、雷州、廉州，以及肇庆府属、罗定州所属共 3 州 18 县，重归清朝所有。广西省境，其横州、郁林州、北流、兴业、容县、岑县、溪县等全部收复。②

再看靖南将军固山额真朱玛喇、护军统领敦拜等奏报：

官军连击李定国兵，一败之于兴业，再败之于横州。逆渠李定国遂渡江焚桥而遁，我师蹑之，定国复率残兵，自宾州（今广西宾阳附近）走南宁，我军俘获甚多。克复高、雷、廉三府二十五州县。③

同月，世祖向尚可喜等发出表彰圣旨，派遣护军参领阿穆尔图、编修胡密色赴广东，向尚可喜等传达：

敕谕平南王尚可喜、靖南王耿继茂、靖南将军朱玛喇、护军统领敦拜、两广总督李率泰等曰：朕惟折冲御侮者，社

---

① 《清世祖实录》卷八七，顺治十一年十二月壬申，中华书局 1985 年版，第 688 页。
② （明）释今释撰定：《元功垂范》卷下。
③ 《清世祖实录》卷九一，顺治十二年四月戊辰，中华书局 1985 年版，第 715 页。

稷之良臣；显绩褒勋者，国家之盛典。尔等或受命以扩靖疆
场，或率师以协平寇盗，皆朕之故旧大臣，倚为腹心者也。
顷者逆贼李定国，栖据南方，频侵两粤。二王及诸臣宣厥忠
勇，谋操必胜，于新会等处杀贼既多，复追至横州江岸，降
其军将，获其器械无算，克定高、雷、廉等府州县，先后屡
捷，功越寻常，绩臻懋著，朕甚嘉悦，特赐敕谕，以示朕嘉
励至意。尔等其益尽忠勤，垂名永久！钦哉。①

上引世祖的敕谕，是他以皇帝的名义，对尚可喜、耿继茂等主要
有功之臣发出的书面表彰，表达他对尚可喜等打败李定国的高度评价，
也不加掩饰地表示他的欣喜之情。

朝廷自皇帝以下，十分重视此次击败李定国的功绩，原因就在于
此次战事的意义特别重大，即南明永历政权在两粤的军事与政治势力
已被清除，真正成为大清的一统天下。无疑，尚可喜是为清统一两粤
的头号功臣。这应该是他归清以来建树的一个最重要的贡献！终战止
乱，让当地百姓包括各个民族脱离战乱之苦，免受生命财产的无谓损
失。因此，尚可喜等进行的这场战争是有积极意义的！

一年后，两粤无警，社会安定，呈现一派升平景象。这证明尚可
喜等击败李定国，将其逐出两粤，已收到了实效。这时，世祖又给尚
可喜等以实际奖励。这是顺治十三年五月②，"以击败逆寇李定国功，
加平南王尚可喜、靖南王耿继茂岁俸一千两，给敕奖谕，仍赐貂裘鞍
马等物"。请看世祖给尚可喜的敕谕：

朕惟折冲御侮，社稷良臣；报德崇功，国家盛典。尔平
南王尚可喜，英才自命，雄略群推。当我朝创业之初，正航

① 《清世祖实录》卷九一，顺治十二年四月己巳，中华书局 1985 年版，第 715 页。
② 关于世祖发出敕谕的时间，几种文献所载，记年相同，均记为顺治十三年，但月却
不同，如《清世祖实录》卷一〇一记为"五月"；《八旗通志》（初集）卷一八三《尚可喜
传》也记为"五月"。如《元功垂范》卷下记为"十月"；《平南敬亲王尚可喜事实册》记为
"六月"。综合考核，以《清世祖实录》与《八旗通志》为准。

海投诚之日，加封崇爵，世职锡盟，略地攻城，殊勋茂著。入关破寇，从定中原；秉钺征南，丕昭弘济。盖忠勤之备至，亦威惠之交孚。及因百粤跳梁，命尔底定，尔果能率所属将士，协力追剿，李定国窜伏远遁，广东疆土，遂尔全收，平肇庆，恢潮州，厥功茂矣！朕甚嘉焉。聿彰图阁之猷，爰申诏禄之典。兹将功次叙入册内，又于藩俸六千两外，加俸一千两，以报勤劳！

呜乎！元老壮猷，忠尚资于善后，重臣宣力，谊更写于开先。王其巩固封疆，殚抒筹策，俾声教全销瘴疠，而功名永重山河。尚克祗承，无致朕命。钦哉。①

世祖一再高度评价尚可喜平定广东之乱与统一两粤的功绩，赞美他的才略，颂扬他对大清的忠诚，已到了无以复加的程度。除了口头与书面表彰外，还用增俸禄、赐御用之物来表达朝廷对他的回报。

从顺治六年南下，到十三年，历时八年，尚可喜历经艰险，终将两粤完全统一，出色地完成了朝廷赋予他的历史使命。这一阶段的军事活动，是尚可喜一生中最重要的记录，是他最闪光、最精彩的生命篇章。尚可喜的这段历史，无疑是大清历史的重要一页！

四、独镇广东

尚可喜在两广征战中取得的战绩，为他带来了巨大的荣誉和丰厚的物质奖励。不仅如此，连他已故的父祖们，以及他的妻子与儿子们都分享到了这份荣誉。

顺治十三年（1656）春二月，世祖给尚可喜三代赠以王爵：曾祖尚生，赠平南王，其夫人王氏，赠平南王夫人；祖父尚继官，赠平南王，夫人焦氏，赠平南王夫人；父尚学礼，赠平南王，夫人刘氏，赠

---

① 《清世祖实录》卷一○一，顺治十三年闰五月己未，中华书局1985年版，第783页；参见《八旗通志》（初集）卷一八三《尚可喜传》。

平南王夫人。①

世祖把给尚可喜父祖三代的诰命，特派钦差护送到广州，当面宣读。这里，只引录给尚可喜曾祖父的诰命文："奉天承运，皇帝制曰：举朝开运之业，端籍元勋良臣辅弼之材；实资世德，式遵令典，用沛洪恩。尔尚生乃平南王尚可喜之曾祖父，源远流长，本深叶茂，盖积德于乃躬，故发祥于奕世。曾孙有庆，唯尔之休！兹追赠尔为平南王，锡之诰命……"② 给尚可喜祖父与父亲及其夫人们各自的诰命，除了名字、身份，诰文内容基本相同。

尚可喜之家，被当朝皇帝追封三代，这不只是清代，就是遍查清以前历代，也没有几家获此绝代之殊荣！显然，尚可喜的功劳太大，对他本人的奖赏已无以复加，就荣及先人，封赠王爵，无疑是尚氏家族莫大的荣耀！

尚可喜获此殊荣时，年届53岁。旧时有"光宗耀祖"之说，他以数十年的奋斗，终于在年过半百之际，把家族推上光辉的顶点，大放光彩，这不能不说是一个奇迹！

世祖给予尚家的荣宠，还在继续。在封赠尚氏三代一年后，即顺治十四年（1657）十月，世祖封赠尚可喜的原配夫人舒氏为"平南王夫人"。又下旨，批准尚可喜之次子之孝、三子之廉、七子之隆、八子之辅、九子之佐进京，朝见皇帝。这同样是一件十分荣耀的大喜事。试想当今皇帝接见一个家族的人，是多么难得！③

或许有人会疑问：怎么长子之信没在其中呢？需要特别说明的是：之信已于顺治十一年三月进京，入侍世祖。其时，尚可喜正在广东作战，就把长子之信送到北京，名为"入侍"皇帝，实际是作为"人质"抵押在皇帝跟前。其他两王即靖南王耿继茂的长子精忠、平西王吴三桂的长子应熊，都是在他们的父王南下后被派到北京的。不久，耿继茂死，耿精忠承袭王爵，离京回其父驻地，因年轻还没有长大成

---

① （明）释今释撰定：《元功垂范》卷下。

② 关于诰命全文，《清世祖实录》未载，转引自尚久蕴《平南亲王尚可喜》，辽海出版社1997年版，第139页。

③ （明）释今释撰定：《元功垂范》卷下，参见《尚氏宗谱》之《先王实迹》。

人的儿子，便以其弟昭忠入侍。无须说明：这是规则，双方遵守，两相无猜：三王之意，将自己的长子送到皇帝跟前，是表达对皇帝的绝对忠诚，而皇帝对他们掌握一支强大军队，常在外征战也不存疑虑了。君臣心照不宣，互信对方，相安无虑。公平地说，世祖对入侍的三王长公子都没有亏待，而是优礼有加。如吴应熊、耿精忠相继被招为额驸，汉人称为"驸马"。与皇帝结亲，成为皇帝的至亲，这又是可望而不可即的一桩奇事！

再说尚之信没有招为额驸，原因无它，数年前，他由父尚可喜做主，已与耿仲明家结亲，故此不可再招为额驸。前叙世祖要召见尚可喜的几个儿子，到北京后，七子尚之隆被选中，由世祖做主，将他哥哥承泽裕亲王的女儿许给尚之隆。与皇室联姻，可以说，这是世祖给予汉姓三王的又一恩宠，结为命运共同体，是维护"满汉一家"的最好例证。

尚之信未入选额驸，但他得到的待遇却是更高些。他入侍的第二年即顺治十二年九月，特赐爵为"俺达"（满语，汉译为"朋友"之意），具体衔名为少保兼太子太保，享受公品级俸禄待遇。[①]

爵分为等：公、侯、伯、子、男。尚之信得到的是一等爵，为最高等级。除了尚可喜的威望，主要还是尚之信的人品，如时评论："世子（之信）天资高迈，饶远略，爱人礼士，夙著贤声。世祖章皇帝深器重之，出入必从，时呼为'俺达'……至是奉特恩进爵为公。"[②]

又过了几年，根据尚可喜在广东业绩，顺治十八年三月，世祖再向尚家施恩，诰奉尚可喜的第二个妻子胡氏为"平南王夫人"，这样，尚可喜的两个妻子都得到封赏。为此，世祖特给尚可喜颁发敕谕：

> 皇帝敕谕平南王尚可喜：朕惟妇德可嘉，必崇封典，国有常制不可废也。王妻舒氏、胡氏并勤妇道，协赞猷为。舒氏已被褒纶，胡氏未沾封典。念胡氏实奉先帝敕娶，王子（尚）之廉又系胡氏所出，母以子贵，尤礼之宜。兹特锡之诰

① 《先王实迹》，见六修《尚氏宗谱》，1994 年内部印刷，第 125 页。

② （明）释今释撰定：《元功垂范》卷下。

命，封为平南王夫人，用昭褒淑至意，王其钦承之，故谕。①

舒氏为尚可喜的原配，与第二个妻子胡氏同封为"平南王夫人"，未分等级差别，所以，封胡氏一年后，康熙元年（1662）十二月，清廷改封舒氏为"平南王妃"，等级高过胡氏，与其原配的地位相符。②

再说尚可喜第七子尚之隆，在被招为额驸后，于顺治十五年四月又被授予爵位，官方记载："授和硕额驸尚之隆、耿聚忠（耿继茂之子）俱为三等精奇尼哈番。"③

接着，根据世祖的指示，"以平南王尚可喜既加岁俸，因添注其军功于册"。这是说，将尚可喜的军功正式记入记功册内。其文开头就说："尔驻劄广东，同靖南王统领官兵，围南雄府，有贼三千余突出西门来犯，击败之……"

以下，就是把尚可喜到广东后所经历的主要战役及其战果逐一写下来。因为这是记功册，具体记录其各项战功，前已记述尚可喜的战绩时都已写明白，这里就不再重复征引了。世祖的意思是，将尚可喜的军功正式录入朝廷官方的记功册内，作为永久性档案予以保存④，同时，也是对本人未来升降或奖惩的重要依据。

短短几年，世祖把一系列的荣誉与官爵给了尚可喜及其家族的成员，上追尚可喜的前三代，下连及妻与诸子，可以说，尚家满门荣宠，权位之重，地位之高，堪比皇室！这真是尚氏家族历史的一个奇迹，也称得上是这个时代汉人发家史上的一个奇迹。总之，通过世祖的一系列赏赐，尚家真正跃升为一个名门望族！到康熙初，尚可喜的家又成为满门皆官的豪门之家。此系后话。

现在，让我们把目光转向两粤。自从尚可喜、耿继茂及朱玛喇大败南明李定国所率大军后，两粤顿时安定下来，南明之患或具体说李定国之患自此消除。原因很简单。李定国率残兵撤退到贵州，继而护

---

① 《先王实迹》，见六修《尚氏宗谱》，1994年内部印刷，第127页。

② （明）释今释撰定：《元功垂范》卷下。

③ 《清世祖实录》卷一一六，顺治十五年四月丁卯，中华书局1985年版，第903页。

④ 《清世祖实录》卷一一六，顺治十五年四月甲戌，中华书局1985年版，第904页。

卫永历君臣退到昆明，以此为"滇都"，作为其政权的大本营，其势力范围，除云南，也只有贵州的部分地区。很不幸的是，当此政权已急剧衰落之时，内部却在进行争权夺利的生死角斗：以秦王孙可望为一方，以晋王李定国为一方，两派水火不容，由暗斗转为明斗，甚至不惜兵戎相见。当阴谋败露，在永历政权中混不下去之时，孙可望于顺治十四年（永历十一年，1657）八月悍然率 6 万余兵马起兵反叛永历政权，遭到李定国率 3 万将士的坚决反击。孙可望大败，仅余二三百骑兵随他连夜逃回贵阳。他已无路可走，只有降清才有活路。遂于十一月初五日到达保庆（今湖南邵阳）投清，然后，孙可望被护送至长沙。总督洪承畴在此驻营，当即予以接待，接纳他与家人弃明降清。① 很快，世祖颁发敕谕，封孙可望为"义王"②。

孙可望降清，是对永历政权的一次致命打击。内部仅存李定国一强力人物，也是孤掌难鸣！严重的后果是：孙可望向清廷完全交代永历政权的内幕及兵力的实际情况，为清廷提供了重要情报，他敦促清军前往云贵，发动军事进攻。如孙可望上奏所说：今当永历政权"变化之际，人心未定，大兵宜速进贵州，此下庄刺虎之时也"③。

世祖不再犹豫，于同年十二月中旬，下达进军云贵的命令，任命吴三桂为"平西大将军"、赵布泰为"征南将军"、宗室罗托为"宁南靖寇大将军"，三将军各率一部将士，分三路进攻贵州。④ 三路大军进贵州、云南，永历政权只有逃跑，越跑越远，最后，只好逃到缅甸流亡。

这就是说，当吴三桂等三路军进攻永历政权，广东、广西两省就再也没有受到它的威胁了。

还在顺治十三年（永历十年）四月，都察院左副都御史魏裔介指出："天下生民所以不安者，以云贵有孙可望，海上有郑成功也。"⑤

可见，孙可望，再加一个李定国及海上郑成功是关系天下安定的

---

① （民国）《明清史料》丙编第 2 本，第 176—178 页。

② （明）金钟：《皇明末造录》卷上，浙江古籍出版社 1986 年版，第 152 页。

③ （清）刘健：《庭闻录》卷三《收滇入缅》，上海书店出版社 1985 年版。

④ 《清世祖实录》卷一一三，顺治十四年十二月癸未，中华书局 1985 年版，第 886—887 页。

⑤ 《清世祖实录》卷一〇〇，顺治十三年四月庚午，中华书局 1985 年版，第 776 页。

两大因素。现在，永历政权已处败亡之际，不足为虑，魏裔介以郑成功为虑，事实确实如此。郑成功活动在东南沿海，主要是福建直接受到袭扰，但临海的广东却也不时地受到威胁。于是，尚可喜便开始对郑成功展开军事行动。

这里，不妨先说说郑成功其人其事。其实，今人对郑成功并不陌生。其父郑芝龙于南明隆武政权成立时即参与其中，受封为"南安侯"，其子郑森得到刚即皇帝位的隆武帝之欢心，赐姓朱，名"成功"，他就是众所周知的郑成功。隆武政权亡，郑芝龙弃明降清。郑成功不降，坚持抗清，率部入海，居南澳。南明鲁王监国，召他入政权，他不奉召，仍奉隆武年号。当永历政权成立，他表示愿意归服，并接受其公、侯封爵。清廷多次招降，也指使其父郑芝龙劝降，都无济于事。郑成功统率一支军队，活动在浙闽沿海一带，远及广东沿海，不时与清军展开激战。在永历政权退守云、贵后，双方联系近于中断，郑成功还活动在海上，成为清在东南的一大威胁。清朝把他称为"海寇"。

顺治十二年（1655）八月，郑成功向广东东部邻近福建的潮州地区发动进攻。郑军乘战船从海上来，然后登陆，很快攻陷揭阳、澄海、普宁等城。守城的耿藩将士准备不足，事先没有料到会遭到袭击，仓促应战，兵力又不足，抵抗不了郑军的迅猛攻击，三城逐一被攻占。当尚可喜、耿继茂得到告急报告，即派出援兵，还在途中，上列几城已被攻占。①

九月，尚可喜派出总兵许尔显，耿藩派总兵徐成功各率所部，会同潮州镇守刘伯禄、饶平镇守吴六奇等将，相机进剿。至次年三月初，几路援军汇聚，先向揭阳进攻。双方在城外及海上展开激战，清军用大炮猛轰郑军，给郑军以重大杀伤。十三日，将揭阳城攻克！澄海、普宁的郑军，闻风丧胆，乘夜逃出城。于是，三个县被收复。

尚可喜认为，三城虽已收复，但这些海寇还在海面上游移，飘忽不定，谁能保证他们不会再来？他与靖南王耿继茂举行会议，决定：以耿藩兵及督标守潮阳、普宁；以尚藩之兵及潮镇将协守揭阳、澄海。

---

① （明）释今释撰定：《元功垂范》卷下。

潮阳与揭阳是要冲之地，两藩各拨千名兵士挖扼其地，由耿藩的总兵徐成功统辖。[①]

郑军失败后，并未远走高飞，还在试图卷土重来。顺治十四年十一月初，郑成功又向广东潮州地区发动大规模武装进攻。据载，他率战船千艘入广东省境劫掠。此次进攻规模之大，实属空前！尚可喜得报，并未受到恐吓，从容部署，与靖南王耿继茂协商，派遣总兵徐成功、都司文虎，率两藩步骑先行；十一月二十四日，尚可喜亲统大军赶来。途中，不断收到前方发来战报：数万郑军在舵浦、海阳、澄海、潮阳、门辟（今广东汕头元东、西、北地带）大肆劫掠，"杀掠甚惨"。尚可喜兼程行军，于十二月十四日到达潮州。

十五日，派遣耿藩下左翼总兵徐成功率部防剿潮阳、揭阳以东与澄海之西；派遣潮州镇将刘伯禄、饶平镇将吴六奇各率本部人马防剿澄海以东，拓林、黄岗沿海地方。尚可喜居潮州城总指挥，居中策应。

十八日，尚可喜下令清军从揭阳炮台渡河，发动一场强大的攻势。郑军眼见尚、耿两藩大军声势浩大，不敢交战，从老鼠石登船，扬帆逃走。[②]

从双方出动的兵力之众及主帅亲临战场来看，必将爆发一场大规模的交战，但当一触即发之时，郑军却及时退却，避免了惨烈的厮杀。众多迹象表明，郑军此次行动，不在争城夺地，意在劫掠当地财富。郑军数万，在大陆活动空间，仅限厦门几处，兵饷不足，就从海上劫掠，从沿海城乡掠取，以补其军需之资。所以，力避大规模交战，以利保存实力。

郑军已退去，尚可喜趁机巡视沿海各县，相度地势，重新调整原布防的防御措施。根据沿海地带多港汊，分汛防守，明确汛地责任，以定功罪。于是，命潮州总兵刘伯禄率所部两营兵守澄海沿海，以惠来营兵500佐助；饶平总兵吴六奇率所部兵1000，守饶平、黄岗之沿海，以拓林营兵500佐助；以耿藩所属兵2500守潮阳沿海及南炮台；以尚藩所属兵2500守揭阳沿海与北炮台，仍令耿藩左翼总兵徐成功率

---

① （明）释今释撰定：《元功垂范》卷下。
② （明）释今释撰定：《元功垂范》卷下。

所部兵 1000，驻守潮州城统连成各处守兵。

尚可喜约法诸军：如某防守处失事，则罪归该镇将领。又在广济桥处设官，严查奸人、通贩，米粮、钉铁、板木、油麻不得入海。此条规定，意在严防郑军获取这类物资。

清军又采取一项措置：凡濒海各县之河港湾汊与海相通处，皆钉木桩、树栅，以防郑军船只进入。

为加强沿海各防区的防御力量，尚可喜特别重视大炮的作用，原计划铸大炮 120 门，唯恐不够用，即责成参将衡成良协同饶州府道衙门，再加造 100 门，等正在建造的战船 70 艘告竣，一并分发给各防区使用。①

这时，尚可喜发现沿海各城守军私自设立收税卡，私自抽取当地与往来商人捐税，达 20 余项，害民已极！他迅速下达指令，这些私设的税卡，全部禁举。此举是为民除弊除害，深得潮州地区广大百姓之欢心，无不感激！

尚可喜将海事处理妥当，特别是重新布防，为地方安全提供了保证。定法规，严功罪，责各有所归，建立一套管理体系，使这一地区从以往的不断动乱中走向大治。

尚可喜眼见一切都安排好了，遂于顺治十五年正月二十五日自潮州起程回广州。②

尚可喜自头年十一月末来潮州，到离去之日，正好历时两个月。他是统大军来的，准备与郑军打一场大战，不料，郑军畏惧，未及交战便撤退了。虽然仗未打成，但尚可喜重新布防，又解决当地守军私设税卡的违法之事，给当地百姓办了一件好事。

顺便也说说郑成功。他统率的一支武装，既非农民军，亦非当地民众抗清队伍。他及属下将吏基本上都是原明朝的官吏或军事人员。从一开始，他们就扶持原明皇族朱氏后裔建新政权，力图延续明的统治，这符合他们的利益要求，企图在复辟明之统治时来谋取更多更大的政权权力与丰厚的物质利益。当清开始南下时，这些人建政权，以

---

① （明）释今释撰定：《元功垂范》卷下。
② （明）释今释撰定：《元功垂范》卷下。

与清较量，维护他们的既得利益。我们也应平等地看待他们之间的统治权之争，也就是说，双方之争，尚具一定社会意义。但当清朝已统一全国，两粤也成一统，南明残余只占云贵局部之地，为一个已败亡的明王朝去争统治权，就失去了意义。只会给当地带来战乱，伤及人命。残明势力非要挑起战争，就没有任何进步的意义，特别是南明共五个政权，个个腐败，毫无中兴之象！郑成功先从隆武政权，后转投永历政权。可以认为，郑成功扶植一个行将灭亡而又腐败的政权，虽说忠心可嘉，但终究无益于社会的稳定和保障百姓生命财产。郑成功此次攻潮州，意在抢掠当地的财富，以补军需的不足，不惜给当地制造惨案！据此可知，此时与清对抗，实无进步可言！

与之相比，尚可喜与耿继茂的行动，一则维护了清朝的一统江山，一则维护了广东地方的安宁，保障当地百姓的生命与财产不受损毁，因而具有正义性。当然，不久郑成功进军台湾，驱逐荷兰殖民主义者，则实属民族英雄之举。

此前，尚可喜请求入宫朝觐皇帝，意在自行引退，当面向世祖表明心迹。世祖并未深想，以为这位有功德的老臣想见见他，也是一件好事，很快就批准了他的请求。尚可喜从潮州回到广州不久，于三月十八日动身赴京。广州距北京路途遥远，尚可喜借助这里的水路方便，自三水乘舟北上，行抵清远。此城是总督驻地，总督王国光忙出面拜见，力挽尚可喜暂停北上，以广东局势不稳，亟须尚可喜筹划处理。同时，他亲自上奏疏："贵藩奉旨陛见，明良晋接盛举也。本部院乐观厥美！只以东有潮州之防，西有云贵之役，必仗声灵，震慑遐尔，亟疏题留，愿王暂止北辕，以媚兹而光敌忾。"大意是，尚可喜奉旨晋见皇上，是良臣晋见圣主，是古往今来的一件盛事！他作为总督，是很乐于见到这一美好之事如愿实现的。但眼下东南"海寇"猖獗，广东以东的潮州防务紧要，广东以西、云贵两省还有南明势力的威胁。必须仰仗尚可喜的威望，震慑远近。我愿意挽留贵藩王暂停进京，以振奋我等同仇敌忾的决心，共保这片土地得到安宁。①

---

① （明）释今释撰定：《元功垂范》卷下。

与此同时，靖南王耿继茂、广东巡抚李栖凤也都上奏疏，执意挽留尚可喜，请求他不要远离广州。

　　他们把奏疏交给书使，加急发往北京。

　　总督、巡抚与靖南王的一再恳请，令尚可喜深为感动。他也认真思考一番：作为一个受封王爵之人，身系封疆重任，实关此地安危，他若离去，一旦广东之东、之西两处遭南明永历之袭，还有"海寇"随时会出现，万一疆土失陷，后果不堪设想，个人责任何以推脱？想到这里，即刻下定决心：放弃此次进京朝觐，与诸同僚共守南疆！他叫来文案师爷，嘱令将他的请求写一份奏疏，说明暂停进京朝觐的原因，待地方宁居之后再赴北京。

　　尚可喜不去北京见皇帝，实际也是为督抚之情所感动，于是就暂时放弃引退的意念，以尽皇帝交付的责任与使命。此事处理好了，这才返回广州。

　　因为进京觐见是尚可喜提出的请求，并非世祖有重大决策命他进京，现在，尚可喜提出暂缓进京的请求，又有督抚等人恳留的表态，世祖自然是顺水推舟，批准了他的请求。钦差把皇帝的批复发到广州，尚可喜也就放下心来。

　　广东的局势，正如总督、巡抚及靖南王所担心的，实际并不平静，在深山密林中，还隐藏着南明的残余武装；在一些地方，又出现一股股"土寇"，占山为王，不时地骚扰地方，实为地方一大祸害。至于郑成功部何时再来进攻也未可预料。所以，他们力请尚可喜留下，主持大局。这也说明尚可喜的声望很高，赢得地方封疆大吏的推崇，加之时局艰难，非尚可喜莫属。

　　在距离广州500里的地方，有个地方叫文村，地处沿海的万山丛中，在这里盘踞着一支南明的武装，由原明"虎贲将军"王兴指挥，他拥戴原明唐王朱聿鐭，如同一个小朝廷，他们身穿原明朝的衣装，打着明朝的旗号，不接受清政权，自立政权。从清朝方面说，是不允许这个残明武装的存在的！

　　文村界连新会、新宁、开平、恩平、阳江、阳春六县，其境多羊肠鸟道，棘竹与陂塘相间，骑马也无法驰突。外人行此，无不迷路！

总之，这是个易守难攻的险要之地。早在顺治十二年时，尚可喜就已关注到这个地方，并发兵征剿。因李定国举兵来攻，便暂缓进兵。至顺治十五年（1658）秋，尚可喜发水陆兵合攻，但考虑其易守难攻，遂改进兵为长期围困，派重兵扼其要路，沿其周围挖深沟高垒，将王兴及其部属围在里面。在围困中，还不时派人前去劝降，接受招抚，以免造成更大伤亡。

王兴自知事已不可为，战不行，逃不得，至十六年八月，遣使向尚可喜交出明朝的关防印信，并交出他的五个儿子作人质，表示归顺清朝。他下令所有部属全部投降。至深夜，王兴与家人举火自焚死，唐王朱聿鐥自尽身亡。

此次事件，算是和平解决，但藩下兵士损失不小。兵士触烟瘴、昼夜严守，受酷热及雨水淋淋侵袭，纷纷得病而死，其中，副将以下大小官员20人死亡，兵死400余人，马580余匹亦倒毙。[①]

顺治十七年（1660）夏，尚可喜下令剿海陵（今广东阳江县大海中），此地又称罗岛，已被南明总兵李尝荣率"赤心营"所占据。尚可喜由水路进剿，又派中军参将衡成良前去，招抚李尝荣。李尝荣及其部将连城璧表示投降。岛上南明的漳平伯、周金汤不降。尚可喜派水师总兵张国勋率战船发动进攻隔水南厅各寨，阵斩王茂德、黄确、李玉等将，周金汤等被俘。

在雷州半岛西，靠近广西处，有个岛叫龙门岛，被海寇邓耀占据。他先已接受招抚，不久，又复叛。尚可喜调集高、雷、廉三州总兵粟养志和广州水师游击刘耀门，实行水陆夹攻。顺治十七年春，邓耀抵挡不住清军将士的攻势，只能率部属逃跑。夺占雷州半岛的海康城，因没有食物，就四处抢夺。尚可喜从陆上派出铁甲骑兵，从海上派出水军发动进攻，与邓耀的水军展开海上攻防战。邓耀被打得大败，部属兵士伤亡多，大半溺海而死。邓耀丢下残兵，只身逃跑到广西，被当地土司捉住杀死。邓耀的余党梁信、陆国相等投降。被邓耀劫持的

---

① （明）释今释撰定：《元功垂范》卷下。

百姓万余人，也被解救出来，尚可喜指令他们就地安家，给耕地为生。①

剿除这些武装集团后广东才真正变得安定，百姓也才真正安居乐业！

尚可喜又捐资打造战船，以加强海防的作战能力。这时，清廷财政十分困难，拿不出资金添造武器装备。尚可喜捐资为国分忧。他做的这一切，再次赢得皇帝与朝廷的赞赏。顺治十八年（1661）正月六日，皇帝向尚可喜发出嘉奖的圣旨，并给予物质奖励。

> 皇帝敕谕平南王尚可喜：朕惟人臣戮力疆场，数宁荒服，荷维藩之重寄，作臣镇以宣猷，功莫伟焉。若乃损家财以佐军兴，缮艅艎以资挞伐，可谓忠矣。尔平南王尚可喜夙殚壮猷，宣劳海甸，国有长城之倚，朕鲜南顾之忧。兹者海逆未靖，急需战舰，王急公念切，倡率捐资，输者闻风而集，戒备不日而成，厥功告俱，朕意嘉之。是用专敕褒奖，并赐王裘帽靴带等物，王其祗承，尚益殚忠猷，以称朕怀。故谕。②

文不长，却写得声情并茂，实实在在地高度评价了尚可喜的品德与功绩。尚可喜之积极作为，利国利民，他得到奖赏和表彰，当之无愧！

自清军入关，已近 20 年，在天下已成大一统时，只有两粤、云贵、四川、湖南、福建等少部分地区时有动乱。但很快两粤就归于平静，接着，云贵也被吴三桂等攻取，在此立足的永历小朝廷已逃到缅甸避难去了。唯有福建厦门还被郑成功占据，但于全局已无足轻重了。现在的问题是，如何守住这些刚刚收复的地区，防止那些被消除的分裂势力东山再起。说得清楚点，就是尚可喜、耿继茂、吴三桂这三个

---

①　（明）释今释撰定：《元功垂范》卷下；参见《平南亲王尚可喜》，辽海出版社 1997 年版，第 130—131 页。

②　此敕谕未载于《清世祖实录》，其《尚氏宗谱》之《先王实迹》与《平南敬亲王尚可喜事实册》皆载，唯个别字有出入，予以校正。

王都在这几个省区内，将如何安置他们，让他们发挥更大的作用？

这是一个重大问题，关系西南边疆的稳定乃至国家的长治久安。身任五省经略的洪承畴率先提出奏议："云南山川峻险，幅员辽阔，非腹里地方可比。请敕议政王贝勒大臣密议：三路大兵，作何分留驻守？贵州中路汉兵及广西汉兵，作何分布安设？嗣经兵部议：留拨大帅官兵镇守滇南。事关重大，请旨定夺。"

世祖下令："诏议政王贝勒大臣会议"。

顺治十六年三月，议政王贝勒大臣会议决策："平西、平南、靖南三藩内，应移一王驻镇云南；汉中已属腹里，兼有四川阻隔，不必藩王驻防，应移一王分镇粤东，一王分镇蜀中。何王应驻何省，恭候上裁。"

经世祖审定："命平西王（吴三桂）驻镇云南，平南王（尚可喜）驻镇广东，靖南王驻镇四川"①。

根据世祖批准议政王贝勒大臣会议的决策，尚可喜与吴三桂两王的驻镇地没变，唯耿继茂改为驻镇广西。很快，西南形势已趋稳定，再派耿继茂驻广西已无必要，又改派他驻镇福建。为何去福建？顺治十七年七月，世祖下达诏书：

> 命靖南王耿继茂停赴广西，率领全标官兵并家口，移驻福建。赐之敕谕曰：八闽重地，负山阻海，界连浙江、江西、广东等处，岛寇出没，山贼窥伺。正在用兵，幅员既阔，汛守最繁，且沿海递氛未靖，抚绥弹压，务在得人。兹特命王统领大兵移驻，当宣威布德，安辑兵民。山岛二寇，加意防御，相机扑剿，无使滋害。逆贼郑成功，偷息海上，飘忽靡常，须剿抚兼施，战守并用。沿海一带地方，务提防严密，禁饬兵民商贾，毋得包藏奸宄，借端贸易，接济交通，将弁有功，核实题叙，有临阵退缩、失误军机及骄悍恣肆、不遵号令应处分者，听王便宜从事。……王受兹重任，其益殚忠猷，

---

① 上引，见《清世祖实录》卷一二四，顺治十六年三月甲寅，中华书局 1985 年版，第962 页。

礼以律己，廉以率下，务辑宁疆围，纾朕南顾之忧。钦哉。①

这道长篇敕谕，已把调耿继茂赴福建驻镇的理由说得很明白。固然福建地理位置重要，但更重要的是，郑成功武装仍活动于福建沿海地带，还有地方的"岛寇""山贼"扰乱地方，要消除这些祸害，"务在得人"，即选派得力大员防守此地。耿继茂以王爵之重，又在两广同以李定国为首的永历政权激战多年，历练有素，就被朝廷选中，成为最合适的人选。

敕谕下达后，耿继茂着手准备移镇事宜，主要是把耿藩驻防广东的几万将士全部撤防，交接给尚可喜重新布防，至顺治十八年二月，一切准备就绪，耿继茂携家并所部将士撤离广州，赴福建就职，专守此地，遂形成平西王吴三桂守云贵，尚可喜守广东，三藩并立的格局。

自顺治六年两藩合兵南征，至耿藩迁移福建，历时十二载，两王不负朝廷重托，平定两粤之乱，重建社会秩序，出色地完成了既定的政治使命。在这十二年中，尚可喜起主导作用，凡重大事项，皆与耿继茂商酌，而耿继茂无不尊重尚可喜的决定，一心一德，始获成功。至今，我们尚未发现两王闹矛盾、争权夺利的迹象。在远离京城、远离朝廷监控的大南方，又是一个从未涉足的政情、民情复杂的陌生之地，展开一系列的军事与政治活动，却能稳步获取一个又一个胜利，确实难得。世祖与朝中重臣每每给予嘉奖和赞扬，就说明了一切！

靖南王耿继茂奉命撤离广东，改镇福建，尚可喜独镇广东，开始了各自人生的新时期。

---

① 《清世祖实录》卷一三八，顺治十七年七月丁丑，中华书局1985年版，第1067—1068页。

第 十 章

兴建王府

一、兴建王府

　　靖南王耿继茂离粤转镇福建，由此开始尚可喜独镇粤东的历史新篇章。在耿藩撤离广东前一个月，就是顺治十八年正月初，世祖英年早逝，年仅 24 岁，其皇位传给他的三子玄烨，是为圣祖，以明年（1662）为康熙元年。由此，尚可喜也进入以圣祖为代表的康熙时代。

　　自康熙元年始，迟至十四年，尚可喜去世前，在广东究竟做了哪些事？取得哪些成功？有无失误？这十四年中，其中后两年即康熙十二年到十四年前，是吴三桂反叛清朝之时，尚可喜在这段时间的实践活动不在本题的叙述范围之内，留待后面有说。简言之，尚可喜的"镇粤实迹"，系指吴三桂叛前在广东的实践活动。

　　前叙尚可喜自顺治六年至粤，至耿藩离粤前共 10 余年中，主要叙述尚可喜的军事活动，与南明永历政权的激战，有关其他民事及其文化活动未及书写，也一并写在这里。

　　需要强调的是，有关尚可喜在广东 20 余年的实践活动，学术界长期少有研究，改革开放 40 余年来，仅有很少的学者发表过很有限的研究成果，且披露的实迹也很有限，给出的评价未见十分到位。实在说，就尚可喜这个人物，也未被学术界重视，没有给予应有的历史地位。相反，还以尚可喜在征战中杀人过多为由，给予否定的评论，甚至不辨真假，对尚可喜打入"三藩之乱"中也予以否定。这件重大史事，留待后面再说清楚。

还要说明的是，本题用"实迹"，就是指尚可喜在广东的实践活动，做了哪些实实在在的事。不用"业绩""成就"，更不用"贡献"，避免做出明确的定性，免致读者误会，以为本书就是捧高尚可喜。所以，只讲真实的事实，是非曲直、高低上下之分，自会由读者作出判断。

这是说在本题内容叙述之前的话，不算多余吧。

现在，就转入正题，叙述尚可喜在广东除军事以外的实践活动。

尚可喜来广东时，就奉命携带家属将在此驻镇。既然已在广州安家落户，不妨就从尚可喜营建自己的家园写起。

广州又名羊城，居西江、北江与东北合为珠江之畔，北倚越秀、白云二山，南临南海，堪称南国一形胜之地，为未来的发展提供了十分优越的条件。广州的历史十分悠久。远在周时，称"楚庭"。秦汉时称"番禺"，南海郡就设在这里，是岭南三郡之一。秦末，中原大乱，其将领赵佗在此称王，号"南越王"。三国时，隶属吴国，孙权黄武五年（226）时，始称"广州"，一直沿用至今，其州治所设在番禺。宋时，广州建东、西、中三城，明初建都于南京，洪武十三年（1680）永嘉侯朱亮祖封于此地，将宋时所建之城垣相连，合为一城。至此，广州借助海上交通之便，加之地利的优势，发展成为南国一重镇。海上贸易通南亚、阿拉伯等国，即成中国的又一条海上丝绸之路，各国的货品源源而来，商业十分兴旺，广州可以称得上一座繁华的大都市。

尚可喜奉命南征时，清廷就决定平息广东之乱后，在广州设府驻镇。尚可喜携全家口随征，但广州仍被南明杜永和占据，只能随军营安置家口，直至将广州攻占，杜永和逃走，尚可喜家属才进入广州，以明将史的衙署为暂住之所，从长远计，必得重新建一王府为家属住所。在战事空暇时，选定在越秀山下起建王府。历时约两年，至顺治十年底，王府基本建成。那么，这座王府是什么样呢？据有的书做了

一些记载，其规模与外观是这样：

王府正门前，是一个宽敞的小广场，可停留许多车马，供人们出入。紧邻面对大门，建一照壁，再往前行，就是一对丈二石狮，雄踞大门左右，正门三进，入门是方砖铺的甬路，长50米，两侧所栽榕树成行。王府院落三层，左右各有跨院，共有正厢房200余间。王府建一后花园，紧邻越秀山，甚至可以说，这后花园就建在越秀山中。登此山顶镇海楼，可望珠江如在脚下流淌，举目四望，广州景色尽收眼底。王府占据广州形胜之地，名不虚传！

尚可喜的王府是在原明官衙的地上重建、扩建而成。在清代，各级官衙规模大小及形制，都有明确的规定，若超标、超出规格，必受惩处。王府之建，自有明确规定，若违规，同样受处分。所以，说王府豪华也好，规模大也好，都在预先的规模设计之内，不会违规的。

王府看起来，确实不小，建房正厢200余间，是否建房太多了？只要看看尚氏人口，就不觉得房间多了。以此时的人口计算：

尚可喜妻妾共24位。最早的前3位妻，已在尚可喜归附后金前夕尽节而死，还有21位妻妾；

尚可喜有子12人，到去世时，其子已增至33人，留待后文再细说；

尚可喜有女儿共13人，至去世前，也增至32人。

以上，皆属以尚可喜为家长的至亲成员，已近50口。前已成婚的媳妇及其子女尚未计在内，家中仆妇、丫鬟及杂役人等也占很大的比重，这些人员也需住房。总计尚家及非尚家人口已达200人以上。建房200余间，就不多了。其中，尚可喜与其诸夫人用房要多，也是必然的。已成家的儿子一家包括他们的子女，皆为尚可喜的孙子、孙女，肯定比未成婚的子女占的房间也多。再过20年，至尚可喜去世前，其家庭人口又翻了一番。留待下文再细说。

建了王府，尚可喜在广州才有了一个稳定的家，照理说，尚可喜可以尽情享受一个王爷的高贵生活，但实际情况正好相反，如上文所写，尚可喜几无闲暇，为不间断的战事而奔走于战场之间，或出巡视察海防，或处置民生之事，进而稳定社会生活秩序……

王府虽好，却不能过安闲生活。

现在，接着前面的事说吧！在靖南王耿继茂率部属及全家撤离广州，前往福建驻镇以后，广东局势平稳，似乎太平无事，但现状并非如此。南明的残余武装，地方寇盗，不时出没海上；隐在山林中，不时劫掠民财，闹得地方不得安宁。甚至有的公开叛清，又造成新的大规模军事冲突，看看下面列举的事实，就知尚可喜独镇广东所面临的种种困难，这对他都是一次次严峻的考验。

顺治十八年（1661）二月，耿继茂率部刚撤离广州，前往福州不久，八月间，尚可喜就派副将郭登第等率部征剿永丰寨土寇。这股武装势力的头领萧国隆，原为王兴的余部，他们招纳亡命，经常出没于广州、肇庆之间的恩平、新宁、开平、阳江、阳春一带，水陆肆掠，残害地方，无所顾忌。阳江县令杨泽培、游击王守志等向尚可喜启报，请兵征剿。尚可喜不稍犹豫，立即派遣藩下署副将郭登第、游击朱万祺、都司文虎，合督抚二标肇庆镇兵4000余人，命护卫班绍明、李安世督阵，并调水师张镇哨船与李荣蜑船共20艘，携带大炮，前往平乱。

八月，郭登第率将士至永丰，萧国隆慌忙调集部众迎战。双方展开攻守战，相持不下。尚可喜得报，增发15门大炮与足量的火药炮子，再调发李荣的船20艘、潮州投诚总兵许龙的船10艘，还增调悍将班际盛、率参将王国栋、游击岳景运等率马步兵1200人，分路进攻白头节、亨峒等各寨，目的是阻断萧国隆的外援，以保障郭登第等将士无后顾之忧。准备就绪后，尚可喜的将士们发起总攻，连夺两座炮台，至九月二十四日，将永丰寨攻破，萧国隆举火焚家，逃至寨西小炮台，率余党拒守。郭登第挥军追击，一鼓作气，将小炮台攻下，萧国隆无处可逃，跳入河中淹死。与此同时，班际盛诸将亦攻破其余各寨，计前后共歼灭1334人，生擒225人，皆斩首处死，其党羽剪除无遗。至于缴获的盔甲、器械及大炮"无算"。[①] 此战以最小的代价，获得完全的胜利！

———————

① 以上史事，详见《元功垂范》卷下、《平南敬亲王尚可喜事实册》。

以萧国隆为首的地方武装势力彻底被消灭，永丰等地重获安宁。尚可喜捐出银两，修复破损的寨子，并派驻 500 兵守卫。

此战之后，尚可喜又获一喜事：他的二儿子尚之孝获准按八旗都统制荣任都统，第三子尚之廉荣任副都统。[①] 这两个职务是八旗中一个旗的最高军事长官，前为正职，后为副职。清廷让尚可喜的两个儿子掌兵权，是对尚可喜的绝对信赖，是给予他的又一次实质性的奖赏。七子尚之隆已招为皇室额驸，长子尚之信晋爵为公。尚可喜及其家族的地位继续上升，是当朝最负盛名的望族。

尚可喜的晋升尚未到顶，他沿着他的成功之路继续向前奔跑。

同样，战争还在继续。

康熙元年（1662）十一月，南明镇海将军、忠勇侯陈豹向尚可喜投降。陈豹本是郑成功的部将，拥有战船数百艘、兵数千，据守南澳。两年前即顺治十七年（1660）九月，世祖发布一道"恩诏"，允许仍盘踞山海之间的南明残余将士向清朝投诚，给予自新之路。尚可喜据此"恩诏"采取行动，派遣原任知县林崇履、黄之芳会同两广总督差官苏文、李贞等赴南澳，以"恩诏"劝陈豹投诚。十一月，陈豹表示接受招抚，请求在沿海地区安插。尚可喜征得清廷批准，指定新会、阳江两地安插陈豹的家属及其部属。仍派林崇履前去，催促陈豹尽快行动。

不料，陈豹投诚的事被还占据厦门的郑成功侦知。郑成功大怒，即调七镇兵进攻南澳。陈豹仓皇应战，其部属被打散，多逃向海外。陈豹则逃到碣石，将实情报给苏利，很快又向尚可喜报告。这已经是顺治十八年四月，尚可喜正在外巡查沿海勘界，行至徐闻，得此报告，即遣护卫官周朝仪与前使郭茂祜前去慰抚，嘱其善待陈豹余众，务使他们各得其所。陈豹正在病中，遣其子陈士龙、中军参将陈珍前来见尚可喜。事后，尚可喜上疏，为陈豹请命。朝廷部议，以陈豹有病未亲自出面，缓议，其意是说，待陈豹亲自当面表态再议。尚可喜再次派遣林崇履等前去碣石，向陈豹宣读皇帝谕旨。陈豹不再迟疑，迅即整装，携其家属及所属将吏投向广州。尚可喜以礼相待，发给袍帽、

① 罗振玉辑：《平南敬亲王尚可喜事实册》，见《明清史料丛书八种》第三册。

靴、刀箭与鞍马，按朝廷旨意，向陈豹随行的将吏 13 人颁发赏赐。陈豹此来，是向清朝正式投诚，共带来 10 艘船，所部兵士 1146 名，家属 883 口，皆安置在广州居住。事毕，尚可喜将详情向朝廷奏报。

此一事件，尚可喜并未费一兵一卒，但办理过程中，多费周折。陈豹本来兵马不少，资财雄厚，但经郑成功以重兵攻击，兵马与资财包括大量船只所剩无几。尚可喜不计其多少，仍以破例之恩，予以妥善处理，一切皆照所定条件执行，陈豹及随行将吏与士卒皆大欢喜。①

接着，康熙二年（1663）二月，尚可喜发兵征讨杨二、杨三武装势力。二杨本系邓耀余党，盘踞廉州山林，到处"剽掠无忌"，烧杀当地百姓，闹得地方人心惶惶。尚可喜决计平乱，调广州水师战船 30 艘、肇庆水师 10 艘，借用民船 30 艘，尚可喜自备船 20 艘，派遣藩下游击岳景运、守备张文召统之，还调拨守备李荣等船 10 艘，命高（州）、雷（州）、廉（州）总兵粟养志为总指挥、海安副将江起龙为副。尚可喜又考虑到，大军已出海，陆上防御明显空虚，为防止敌人从陆上乘虚而入，便派他的二子都统尚之孝统领步骑兵，会同廉州副将张玮，相度地势，选其要害之地，分别防御。

很快，尚之孝首传捷报：在鼓咀牙山、那略、渔州坪等处，擒斩贼首符德义、黄国林等多人，歼灭 154 人；把总王应龙等攻大蚬山，杀贼首陆顺明等 51 人；参领刘文焕等斩杀于膝头海口登岸的"掠乡之贼"82 人，在石沙头追杀"舟中贼"17 人，"先后救回难民"男女 1000 余人，用船把他们运到安插地，共 282 户。至战事结束，杨二、杨三没有捕获，已逃到外地。②

这些武装团伙，有的是南明的残余，在南明亡后，无所依从，遂占据山林，以劫掠为生。还有的是无业游民，以及其他闲杂人员，趁清军与南明争战，社会混乱之机，结为武装势力，活动在海上或沿岸一带，抢掠地方资财，百姓深受其害。可知这些大小不一的武装势力，都不是民众起义的武装，具有土寇的性质。他们的存在，为害地方，搅乱社会秩序，造成地方难以安定。尚可喜调动兵力，围剿这些武装

---

① （明）释今释撰定：《元功垂范》卷下。
② （明）释今释撰定：《元功垂范》卷下，参见《平南敬亲王尚可喜事实册》。

势力，为地方除害，百姓免受其害，造福一方。

这些武装势力，不具有强大的实力，征剿不难，尚可喜派出几支人数不多的兵力，一扫而光！无法料到的是，在平定杨二、杨三之后，才过了几个月，到十月时，又发生了李荣与周玉叛变的事件，由此引发一场大规模的战争。

李荣与周玉本是当地"疍民"。何谓"疍民"？原来，在广东沿海一带，包括通海的一些江河，有一大批居民以江海为生，以船为家，可称为"水上人家"，经年累月，以至祖孙几代承袭生活在水上。他们不上岸居住，亦无房屋，不事农桑，仅靠捕捞水产维持生计。当地就把这批以水为生的人家称为"疍户"。因为他们生活在水上，不得入户籍，就是不承认他们的合法身份，实际是把他们打入另类，规定不得入学，不得参加科举考试，也不享受与农民一样的待遇。他们是社会中最卑贱的人。直至雍正时，才正式宣布给疍户及与他们一样的贱民如世仆、乐户等以自由民的身份，提升到与其他人口同样的身份。此系后话，暂且说到这里。

李荣、周玉为"疍户"贱民，在海上称雄，颇有影响力。在尚可喜进入广东后，他们接受招抚，投顺清朝。在其后水师征剿中，两人忠实效力，多次立下战功。尚可喜对他们的表现很满意，特为他们请功，兵部给予守备的官职，也算是对他们的奖励。看来，一切顺当，没有发生任何问题。

这时，清廷作出一项重大决定：凡居住在东南沿海的居民，一律迁离，统统到远离海岸的地方居住，特别划出一个界线，不得越界居住。这样做的目的，就是针对台湾的郑成功政权，将沿海设为禁区，不许片板下海，不许与之经贸交往，实行封锁，以使台湾坐以待毙，不攻自破。一句话，就是为防堵郑成功进攻东南沿海，实行封海、禁海。无疑，世代以此为生的渔民，或以海上贩运为生的人，被迁到与海无关的陆地，即失去生计，其难处可以想见。

李荣、周玉本为"疍民"，以海为生，投顺尚可喜以后，一切皆顺当。不料，清廷实行"海禁""迁海"政令，他们自感在沿海的生计严重受损，心中强烈不满，遂于十月初一日，两人扬帆出海，纠集不满"迁海"的"疍民"们一起造反，迅速攻占新会、顺德、兵山接壤的军事防御地，守江门的将领游击张可久被害，叛军焚烧停泊在龙湾沥口、甘竹、横流、林头涌、王借冈等哨船，又烧毁专门载运马匹船共41艘。事件正在扩大。

尤为严重的是：十五日半夜，李荣、周玉以小船装载火药直入珠江，将停泊在江中的12艘船点燃，顿时，火光冲天，爆炸声不断。附近居民惊慌失措，哭喊声连成一片……

尚可喜闻讯，急忙率护卫赶往城外，命炮船迅速出动，向敌船边发炮，边追赶，敌船见势不妙，掉头逃遁。

十七日，事态继续扩大。李荣等又到石龙，将提督兵船烧毁。十九日，焚烧佛山客渡船只，东西路交通断绝。李荣等只有船只200余艘，但南番、东新、顺会、香宁沿海疍户都依附李荣等，到处攻掠，势不可当……

以李荣等为首的"疍民"反抗，不具有政治性质，因为他们并非以推倒清政权为目的，不过是发泄对清廷行"迁海令"的强烈不满，才奋起抗争，给沿海居民的生计又造成严重破坏。

尚可喜所属水师各营仅有战舰36艘，捐资正在建造的自备船20艘，此时，他下令限时完成！他又查阅军器弹药、棉廉、挨牌等作战用具等，急命水师总兵张国勋等分扼要口。

二十二日，李荣等趁清军尚未大举，便率众直奔广州城西关。尚可喜调兵反击，李荣佯装败退，清兵船尾追不舍，追至80里，至缆尾，李荣的同伙们赶来支援，与清军展开战斗。此时，天已黑了下来，稍一疏忽，一些船误入浅滩而搁浅。李荣指挥其党羽，顺风纵火，清军战船10余艘被烧。尚可喜即问责领兵将领张国勋与班际盛，对其过失予以申饬。

二十五日，李荣率部攻破顺德县，活捉了县令王胤。这时，李荣发布告示，自称"恢粤将军"，用南明永历年号，诱导沿海乡民、疍户造船，帮助他恢复广东归南明！初闹事时，以为他们是为争沿海居住谋生权而向清廷表达不满，现在，他们张贴告示，自加封号，又奉明永历年号，等等，表明他们发动此次事变的目标，就是反清复明！由

生存需求，转变为政治斗争。

尚可喜知道李荣等人的政治图谋，亲自指挥，必欲全歼，不遗后患！二十八日，尚可喜先遣参领刘国保率步骑兵千人，先去诸村将已叛党羽所有的船与正造的船统统焚烧，以绝其后援。尚可喜密令总兵官张国勋与班际盛率船队共70余船，分作"头敌"与"二敌"出战，各自统一半船，按顺序展开进攻。

三十日，李荣、周玉等统领250余只船迎战张国勋，尚可喜部署的"头敌"兵力，即参领刘文焕、两镇游击薛成虎等率先出战，"争致死力"，"鏖战良久"，未见胜败，"二敌"主将班际盛率领镇将军佐领王运昌、水师张有才等将士，分左右两翼夹击，其兵士纷纷"跃入"敌船，大杀大砍，砍得敌兵东倒西歪，不少人跳水逃生。又用火罐焚烧船只，不一会儿，到处浓烟滚滚，人声惨叫……战斗从中午一直到晚上，才分出胜败：周玉本人被活捉，他的母亲梁氏、军师林邦辅及大量将领和士兵被俘，歼灭2637人，获大小船只110余艘，缴获的铁盔、铁甲、绵甲、大炮、鸟枪、大刀、藤牌、旗帜等，更是不可计数！

李荣率余船逃走，未能捉获。

战斗结束，尚可喜捐银7000两，按功劳大小，分等向将士颁赏。

这场战事刚结束，提督与水师总兵提出报告：香山队必黄梁、都赤坎、三灶等岛，就安之大奚山岛、新宁之上下两川等五岛，多年来为盗寇藏身之所，请求派兵剿除。

尚可喜即派张国勋统兵，分三路进剿，所向克敌。虽然这些敌寇做了力所能及的抵抗，却无法抵挡尚可喜将士的勇猛进攻，他们或被就地歼灭，或被生俘，只有少量逃窜。他们赖以生存的巢穴已被彻底捣毁！为一方除害，百姓得以安生了！

再说李荣兵败逃跑了，尚可喜以其人有影响，为严防他东山再起，派出最强的兵力，指令张国勋与班际盛两员强将各统舟师，分东西两路追剿。康熙三年（1664）四月，在新安海面，清军追上李荣，他慑于兵威，表示愿接受招抚，清廷允其入内地，到潭州看望父母。李荣迟迟疑疑，并未明确表达归附的意向。尚可喜已觉察此人有诈，密令两将严密监视，不得让其逃逸。结果，四月十二日夜，李荣还是逃了！张、班两将发现其逃跑，迅速率军追之。十九日，终于在大鹏山之南相遇，两将挥军奋击，焚烧其船共 125 只，生擒 232 人，斩杀 53 人，溺水而死的更多。李荣很狡猾，他把自己 12 橹的大船烧毁，却乘一艘小船逃了，据说已出大洋，此后，再也没有他的消息了。

这次追剿，已把李荣、周玉的残部全都清剿！至五月十九日，将周玉押至大众面前，公开斩首。①

刚刚平定李荣、周玉之乱，又有苏利变乱，尚可喜再披挂上阵，再建新功。

康熙三年，碣石总兵苏利叛变。苏利世居碣石，自恃"骁雄"，独霸其地。当清廷下达"迁海令"，他抗拒不遵，"逆形已具"。尚可喜上疏密奏，请示清廷处理办法。清廷即下达"进讨"的谕旨。七月二十四日，尚可喜率大军自广州出发，于八月初七日进至海丰之赤石。前锋参领王怀远、班绍明等包围羊蹄岭，一举攻破，俘获其党羽。据被俘人提供情报：苏利派出 3000 余兵，埋伏于牛湖、官田、梅陇三处，企图截夺清兵的大炮、战马。尚可喜当机立断，分兵三路，向叛兵发起进攻。三处叛兵猝不及防，都被尚可喜的将士击败：在牛湖，生擒其守备林桂，歼灭其叛兵 134 人，俘获 54 人；在官田，生擒守备吴仕，击杀 178 名叛兵；在梅陇歼灭及淹死的叛兵最多，达 1078 人。在三处获得刀枪、棉甲、藤盔等大量战利品，补充尚可喜将士们装备的不足。②

道路已经打通，尚可喜整兵前进，至灯笼山，刚开始扎营，突然苏利率万余叛兵至南塘，前来挑战。其"盔甲皆赤，照耀山谷"，尚可喜即遣前锋出战诱敌。他命篝章京尚奇功、左翼总兵班际盛统兵，从右翼进攻，派副都统张梦吉率部做该路后援，尾随其后；派副都统张昌期、总兵尚之廉各统步骑兵从左翼进攻，尚可喜统大军从中路进，督令两路，"奋勇血战"，大败叛兵，追杀 40 余里，直抵碣石，至半夜，攻克两城。苏利也死于乱军之中，其总兵陈英、副将李慧等被活

---

① 以上史事，参见《元功垂范》卷下、《平南敬亲王尚可喜事实册》。
② 详见《尚氏宗谱》之《先王实迹》。

捉。次日，尚可喜下令，将碣石城垣拆毁，消除其叛乱所修的各项工事。经此大战，苏利的余党全部消除。

此战规模之大，远胜前几次战事。苏利一次就出动万余人，再加上开始时数千人，可知其总兵力在两万上下。尚可喜分三路进兵，又是他亲自统率指挥，为战胜叛军，兵力总数不在叛军之下。这些大战小战都出自尚可喜的军事谋略，排兵布阵，无一失误，每战必胜，以最少的牺牲获取最大的胜利。

自顺治六年南征，迄至康熙三年，在15年中，尚可喜几无安闲之日，可以说，这15年是战斗的15年，也是胜利的15年，终将南明及其残余势力与地方不断动乱的武装逐一平定，把一个战乱的广东社会重建成安定的社会，百姓的生命财产得到保证，重新过上安定的生活。

远在北京城里的皇帝与大臣们一直关注着广东及南疆、东南沿海的局势，对尚可喜的表现十分满意。康熙五年（1666）四月，清廷以皇帝的名义表彰尚可喜平苏利之乱的功绩，在原俸禄7000两之外，再加岁禄银1000两。在这方面，尚可喜感恩知足，不贪功，更不贪俸禄，上疏请辞，圣祖皇帝不准，还发下一道特别的敕书：

> 皇帝敕谕平南王尚可喜：朕惟宣力靖乱，臣子之弘猷，懋赏酬庸，朝廷之盛典。尔平南王尚可喜久镇严疆，夙著勋劳，当逆贼苏利背恩谋叛，倡率逆党，敢抗天威，王克展壮猷，同该督统领将士，阵斩苏利，扫荡贼巢，反侧全消，朕甚嘉之。用是专敕褒奖，并将功次载于册内，于俸禄七千两之外，特加禄银一千两，以昭懋典。

又加金册二页："册曰：后驻劄广东，同协镇将军沈永忠、总督卢崇峻率领官兵，征讨逆贼苏利时，三次击败牛湖、官田、梅陇等三寨阻犯之贼，斩贼千余名，活擒贼伪守备林桂、吴仕。在南塘埔地方，逆贼苏利率领万余贼迎犯，尔率官兵，将贼击败，克穴贼巢碣石卫之城，斩贼首苏利，并活擒贼伪总兵陈英、伪副将李慧，杀贼五千余名。

又遣官兵剿灭逆党。与原俸再加一千两，其功增注入册。"①

此"金册"发布于康熙五年十二月初二日。

这是上道敕谕发布8个月后又增发的"金册"。敕谕与金册的内容几乎相同。这表明，清廷特别重视尚可喜平定苏利之乱，对尚可喜前几次平叛平乱，给予一般性的表彰，唯此次平叛乱给予加俸禄，又给予高度评价，一再表彰，将此次之功记入"金册"。从朝廷给予重奖，又证明尚可喜平苏利之乱是一场比同攻打广州、击败李定国的大战，更为重大，尚可喜打胜了，才保证广东免致落入叛清的苏利之手，有利于稳定南疆的局势。

自平定苏利之乱后，广东全境再没有发生大的变乱。历10余年征剿，尚可喜先后清除南明永历政权等各种地方武装势力，又一次次消灭内部的反清叛乱，最终将引发动乱的各种乱源逐一铲除干净，动乱无由发生，广东局势才真正稳定下来，社会秩序才得以恢复正常，百姓才得以安居乐业。

尚可喜最后完成对广东的完全统一，如清官方所载："广东疆土，遂尔全收。"② 成为清朝统治广东的真正开创者，尚可喜当之无愧！

二、以民为重

在以往的相关清史著作中，很少言及尚可喜其人，对他一生的行迹也多所忽视，仅在"三藩之乱"中才受到史家的关注，至于尚可喜在广东的军事活动，不过是寥寥数笔而已，有关尚可喜在广东为当地百姓做的一些有益之事，更没人提及，更没人去搜集史料，来揭示尚可喜的真实面貌。这不能不是尚可喜研究中的一大缺憾。

还要指出的是，在"三藩"研究中，相关成果大量揭露"三藩"在撤藩前的种种不法行为。特别是对平定吴三桂之乱后，清廷在三藩之地清除各种弊政，揭发其不法行为等大书特书，这就进一步证明：

---

① 敕谕与金册引文，详见《平南敬亲王尚可喜事实册》和《尚氏宗谱》之《先王实迹》。
② （清）鄂尔泰：《八旗通志》（初集）卷一八三《尚可喜传》，东北师范大学出版社1985年版。

三藩没干过一件好事！全干好事，不干坏事；或者全干坏事，没干好事，这两种看法，皆失于偏，不可绝对，还是要实事求是，用乾隆皇帝的话说，就是功则功之，罪则罪之。

尚可喜关注民生的事自然有说不完的话题。

事情还得从尚可喜入粤不久后说起。顺治十一年（1654）夏，正值尚可喜与南明悍将李定国展开激战，率师至肇庆。这时，天大旱无雨，农业严重歉收，"斗米七钱"。此系天灾，还有战争之灾即李定国连年在肇庆用兵，致农业生产不能正常进行，耕地荒废，百姓饥寒交困，"鹄面鸠形，颠连载道"。①

尚可喜见此惨状，当即采取救济措施：从他个人的积蓄中捐出白银一万两。同时，提议靖南王耿继茂及当地督抚官员各捐银两。他们见尚可喜慷慨解囊，也不怠慢，各自捐出数量不等的银两。尚可喜便命人用这笔集资的银两，到市场收购粮食，然后，向肇庆人发放赈济粮。有了这批救济粮，"全活无算"。

这是尚可喜入粤以来，首次赈灾，表明尚可喜并非单独追求战场上的胜利，而是把当地民生的疾苦当作一件大事。尚可喜所做的，完全符合清廷的本意。当得知尚可喜在广东的义举时，世祖皇帝大为惊叹，为尚可喜尽心为国之举感动，立即颁布一道敕书并给予物质奖励，其敕谕写道：

> 皇帝敕谕平南王尚可喜：粤东远在岭海，频岁用民，雨旸不时，民多失所，深轸朕怀。尔能率先督抚，振（赈）助穷黎，俾遐方赤子，藉以存活，朕心嘉悦，特颁赐银五百两、缎五十匹，用是奖劝，尔宜益体爱养德意，殚绥辑之谟，奏数宁之绩。朕不靳懋赏，以旌尔劳。钦哉！故谕。②

这份敕谕是在顺治十二年二月颁布的。世祖对尚可喜想朝廷之所想，急皇帝之所急，大加赞扬，百般鼓励！此次奖励 500 两白银、绸

---

① （明）释今释撰定：《元功垂范》卷下。
② 罗振玉辑：《平南敬亲王尚可喜事实册》，参见《尚氏宗谱》之《先王实迹》。

缎50匹，实在说，微乎其微，不足称道。也不是世祖吝惜，舍不得给重奖，实际情况是国库空虚，连各级官员的俸禄也多予拖欠。清刚入关才十余年，接续明朝这个烂摊子，前已经二三十年战乱，经济崩溃，广大农民背井离乡，土地荒芜，刚入关的清廷无税可收，所以，库中无银，只能拿出这一点点，象征朝廷的奖励而已。但朝廷对尚可喜的评价，远较物质奖励更重要，能赢得朝廷的进一步信任，尚可喜也就足够了。

尚可喜捐资救济百姓，确有爱民之心。这使人们联想起尚可喜此次救灾前两年，即顺治九年（1652）为民让利的事。原来，尚可喜与耿王率大军南征临行时，世祖明确宣布：当粤东平定时，两王就地镇守，"扯地分耕"，就是允许他们选地亩耕种，以解决他们所率军队及家属人口的衣食问题。选中多少亩地？也由尚可喜他们根据人口的实际需要来确定。尚可喜与耿藩到广东后，广东尚未统一，还有不少地区为南明所占据，"扯地分耕"，难以实行。到顺治九年，"广东十府咸平"，尚可喜这才考虑如何选地亩耕种的事。尚可喜与耿藩所率官兵及家属共5万余人，如以一人分一亩，则需五万亩地，如果平均以两亩计，那么，总地亩就要翻倍！尚可喜打开广东的地图，才看清广东生态状况：广东包括海南岛，三面环海，扣除漫长的海岸线，还有山林、江河湖泊又占去了好多，可耕地就很少了，广东借助海港，海上贸易一向兴盛，故人口稠密。两藩军队与家口如得地亩，必然要从当地农民耕地中获取。其结果将使相当多的农民失去已经耕作多年的熟地，断了他们的生计，迫使他们铤而走险，后果不堪设想！

尚可喜还想到：他的官兵每人分得耕地，进行屯田，是件好事，但他们分得田地能耕种吗？眼下，虽已平定广东十府，就不会有战争了吗？如有战事，他们的地由谁来耕种？田荒芜了，不出粮，而国家以其屯田便停止供应口粮，到这时，军队无粮可食，后果同样不堪设想！

尚可喜思之再三，又与耿藩反复议论，并征求身边谋士们的意见。尚可喜的主导意见：分地耕种的办法不可行，重要的是，不能与当地农民争地争利，必以安民为根本！尚可喜有此明确而坚定的意见，其他人也以大局为重，支持尚可喜。于是，尚可喜将他及将士们的想法向朝廷奏报。幸好，廷议完全赞成他的想法，允准他不必执行先前的谕旨。本来，尚可喜若从私利考虑，完全可以趁此机会，为其家牟取良田万顷，但他为国家计，为当地农民计，绝不贪得一亩地，与耿藩及广大将士一体严格按国家规则办事！当地农民不受干扰，还受到保护，加速民心向清朝方面转变，促进了广东的统一！

战争总会造成当地财产与人口程度不同的损失。尚可喜深知战祸之重，每次战前、战争中及战后，他都想方设法尽量减少人员伤亡，避免造成更大的损失。上文已提到：尚可喜于每次发动军事进攻前，总是向敌对方发出招抚的要求，或以书信的方式，或直接派使者前往，当面说清政策，给出优待的条件，力图说服敌对方放下武器，和平解决。在尚可喜善待政策的感召下，许多敌对方将领真的放下武器，交出据守的地盘，一场大规模的杀戮就此避免。这些事例都在前文战事中提到了，这里就不重复叙述了。尚可喜珍视民命，每次战前他都反复讲这个道理，战后他首先关注百姓的生活，采取一切必要措施，保护民众生命财产。这在世祖给他颁发的奖励性敕谕中一再提到，如：顺治十五年四月发布尚可喜的记功册，内中逐一记录尚可喜安定为百姓的事迹：与靖南王耿继茂攻克南雄府时，"安定南雄府百姓，又前往韶州府，招抚官民"；"遣官兵招抚增城县"；"恢复梧州，安定百姓"①。

谕旨中，每每都有一句"安定百姓"或"招抚官民"的文字，似乎空洞之言，事实并非如此，这些概括性的话，是对尚可喜加意保护当地百姓生命财产的做法，表示完全肯定。从上文所述尚可喜的军事活动中，对百姓给予特别的关注。但对顽抗而不服清之统治的一切势力，从不手软，坚决镇压，以除后患。这使他稳步推进广东的统一，最终取得成功。

前已说到，尚可喜屡屡捐资，为国家谋利益。还是以皇帝的嘉奖敕谕为证：这是顺治十八年正月六日，世祖"奖王倡率捐修战船"，指出："若乃捐家财以佐军兴，缮舻艎以资挞伐，可谓忠矣。"又说："兹

---

① 《八旗通志》（初集）卷一八三《尚可喜传》，东北师范大学出版社 1985 年版，第 4368 页。

者海逆未靖，亟需战舰，王急公念切，倡率捐资，输者闻风而集，戒备不日而成。"这是表彰尚可喜急国家之所急，甘愿捐出自己的积蓄，用以造战船之举。

不仅如此，尚可喜还自掏腰包，拿出自家的银两作为赏金，奖励作战勇敢而立功的将士。康熙二年（1663）十月，尚可喜遣其次子尚之孝领兵征剿廉州匪寇，双方于海上展开大战，投入的兵力达万余人，终将匪寇完全溃败。战后，为鼓励将士们敢战、勇于牺牲的精神，照例论功行赏。可是，朝廷因财政困难，没有拨来这笔专用作奖励的费用。尚可喜不稍迟疑，马上捐银 7000 两，按功劳大小，分成等次，把奖金分发给有功的将士。

尚可喜一次捐出 7000 两白银，恰好是他一年的俸禄总数。顺治六年（1649），按尚可喜平南王爵，年薪是 6000 两白银。至顺治十三年，为奖励尚可喜平定广东之功，特给他加岁禄 1000 两，共 7000 两。[①] 此次，他是将自己 7000 两的年薪全部捐出，用作奖金赏给有功将士！这种精神实在可贵！尚可喜用自己的钱为朝廷——国家"买单"，在那个时代，也是值得称赞的！

朝廷也不亏待尚可喜，康熙五年（1666）四月，为奖励尚可喜征讨前已记述的苏利反叛之功，特给再加岁禄 1000 两白银。尚可喜不想增加朝廷的负担，上疏辞掉此次奖励，以为个人所作所为不过是份内之事，不需再增加俸禄。但朝廷还是坚持给这笔奖赏，并颁一道敕谕："尔平南王尚可喜久镇严疆，夙著勋劳，当逆贼苏利背恩谋叛，倡率逆党敢抗天威。王克展壮猷，同该督统将士阵斩苏利，扫荡贼巢，反侧全消，朕甚嘉之。用是专敕褒奖，并将功次载于册内，于俸禄七千两之外，特加禄银一千两，以昭懋典，王其祗承……"[②] 圣祖又批示："加俸原以酬功，不必恳辞。"[③]

皇帝给的"恩典"是辞不掉的！加上这新增的 1000 两，尚可喜年

① 罗振玉辑：《平南敬亲王尚可喜事实册》，见《明清史料丛书八种》第三册。

② 罗振玉辑：《平南敬亲王尚可喜事实册》，见《明清史料丛书八种》第三册，参见《尚氏宗谱》之《先王实迹》。

③ 《清圣祖实录》卷一九，康熙五年六月甲戌，中华书局 1985 年版。

俸已增至8000两白银，与他的王爵身份相配，比起封疆大吏、朝廷大员，还是高出不少。

广东战事结束后，社会秩序恢复正常，人们的生活也安定下来。这时，尚可喜便想到一个问题：广东幅员辽阔，"耳目难周"，最担心藩下官兵将士不守规矩，生事害民，还有可能冒充藩下之名，行诈骗，坑害百姓，那么，如何来防范此类事发生呢？一旦发生了，又如何及时得知、及时处理呢？尚可喜反复考虑解决问题的具体办法。终于，他创立一种"循环簿"，照会总督、巡抚，然后，发给所属各郡县，规定：凡有人借口将庄田投献给藩下，欠缴"国课"（课税）；或窝脏藏盗，或设赌局行诈骗；或折卖子女，或妄称投充藩下营镇，横行乡里，占夺民间产业，垄断财货营运，强买强卖等，"种种生事者"，均由地方衙署拿问、枷销，于每年四季末，将擒获罪犯及处理结果详细填写到"循环簿"并上报。对其中重犯可解往平南王府处理。"循环簿"上已请来皇帝御批文语，以示此簿之权威。①

"循环簿"意在防止藩下官兵将士残害百姓。可以说，此举意在保护当地百姓的切身利益，避免受到不该受的种种伤害。此即"爱民戢兵至意"②。这是尚可喜以民生民命为重的又一重大实际行动。前叙尚可喜捐银为奖金、捐钱赈灾、捐钱修造战船等，都是爱民的表现。此类事只有部分人受惠，是短期有效的好事，但尚可喜创"循环簿"之法，将使整个广东省区各个阶层主要是劳动者受益，这种受益将是长久的，只要此制不废，则民众受益继续。再说得远一点，历代治乱皆以吏治好坏为转移，举凡吏治败坏，就是一代王朝末日的开始。由此可知，尚可喜行"循环簿"就是防止吏治败坏，以维持社会的长期稳定。

顺治十八年（1661），尚可喜就想办一件事：他想在广州市区找个地方，建一座寺院。或许，人们会问：修座寺庙与民生有啥关系？表面上看，佛寺与人们衣食无关，事实也是如此。佛法有五戒：杀、盗、淫、妄、酒。其教之本义，劝人为善，"五戒"是净化心灵，是谓至

---

① （明）释今释撰定：《元功垂范》卷下。
② （明）释今释撰定：《元功垂范》卷下。

善。杀为"五戒"之首，"杀"起于怒，起于贪，无怒无贪则无杀，不嗜杀一命，才是德之根本，亦成"佛种子"。尚可喜出身行伍，南征北战，经历多少场战争！但他始终抱定一个信念：不枉杀一人，更不以嗜杀论胜负。当此广东安定之时，他便想到建寺礼佛，一则安定人心，一则教化官民上下皆以善行事，以维护地方社会秩序。在那个时代，除了用儒家思想，就是以佛法来约束人心，免生五戒中的五种罪恶。从这个意义上，尚可喜的想法与主观意图还是有积极意义的。如果我们从迷信的意识去看待尚可喜的想法是宣传迷信，就与尚可喜的良好的愿望背道而驰了。顺便再说一句，信佛是信仰其教人向善的精神追求，与那种求福求财求长寿的纯迷信不可同日而语。

修建寺庙也不是尚可喜一句话就能定下来的，他是在请求朝廷获得批准后，才开始落实的。经过反复筛选，地址就选在广州南门外，原龙藏寺地址（今长寿路北）。尚可喜派朱良弼、刘承业、吴廷贵等官员及行僧真修，总管此项工程。自康熙二年（1663）春动工，到第二年冬，历时近两年竣工。此寺建成后，无论规模、宏丽程度，均名列岭南各寺院之首。因此寺是得皇帝批准后建的，故称为"敕建"，这一"身份"，无一寺院可与之相比！

尚可喜又在清远县重建"飞来寺"。此寺位于广州北江畔，屡经战争后，已被破坏殆尽，又经兵火焚烧，只剩得残瓦断垣。此寺非新建，而是在原寺的废墟上重建的。

尚可喜在广东还新建或扩建了其他一些寺院，这里就不多罗列了，等到写尚可喜在广东兴办文化时，再予补充。

从修建寺庙的一系列活动中，可知在尚可喜治下，广东社会秩序井然，清朝在广东建立的统治，也是稳定的、巩固的。

尚可喜在广东以民为重的事，远不止上文所列举的那些事。下面所举的重大史实，同样体现尚可喜以民为重的思想意识。

三、为民请命

在儒家思想中有一个重要的政治理念，如荀子所说："民为贵，社稷次之,君为轻。"① 概括这句话的核心思想就是以民为本,所谓"本固邦宁",只要以百姓为根本,让百姓过上安居乐业的生活,国家政权才能稳固,社会才能长治久安。以民为本的思想,已成为历代王朝治国的信条。以此为据,纵观历代兴亡,无不与以民为本实践的程度息息相关。

尚可喜并没有阐发以民为本的种种议论,但他以实际行动实践了以民为本的思想,上文所记他为当地百姓所做的好事、善事,都是这方面的体现。

现在,我们就来说说他为民请命的事。比起此前他所做的事,为民请命更为重要,也更深刻地反映他重民生、重民命的思想。

尚可喜为何为民请命?事情还需从头说起。

顺治十六年(1659)三月,南明最后一个政权——永历被逐出云南,逃入缅甸,至此,南明五个政权已先后被消灭,云贵、两广已被清完全统一,局势稳定,社会秩序恢复正常。但是,在东南沿海还存在一股抗清的武装势力,这就是郑成功所率的一支抗清军队。郑成功随其父最先投入南明隆武政权,很受重视,委以军事重任。隆武亡,其父郑芝龙降清,郑成功拒降,率部入海,居南澳。永历政权建立,他受委任,先后受封为威远侯、广平公,再晋封为"延平郡王"。不过,他们君臣从未见过面,郑成功率部独立作战,进退自主,举凡军事行动,自行决定,因相距遥远,其间又为清军所阻,无法奏报。他率部在广东潮州抗清,转而赴福建,夺取了厦门,袭取金门,自此兵势益强,威震东南海上。在永历政权逃入缅甸后,双方联系就此中断,但郑成功拒绝降清,继续战斗。

郑成功率部,飘忽不定,对清军不断发动袭击,闹得福建至广东沿海地区无法安定,清廷视其为一大隐患,多次动用军队企图予以剿除,但郑军或在陆上,或入海,出没无常,难以捕捉住机会,清军也无可奈何!清廷在反复筹划后,终于想出一个办法:实行海禁,就是封锁海上,不许寸板下海!从经济上予以封锁,使郑军在海上得不到

---

① 《孟子·尽心章句下》。

陆上的物资接济，坐以待毙。

顺治十八年（1661）八月，清廷正式颁布"迁海令"，迁离沿海居民："喻户部：前因江南、浙江、福建、广东，濒海地方，逼近贼巢，海逆不时侵犯，以致生民不获宁宇，故尽令迁移内地，实为保全民生……"① "若空其地而徙其民，寸板不许下海，则贼无食而自散。至是，上自山东，下至广东皆徙，筑垣为界，发兵戍守"②。这是说，北自山东，沿着海岸线向南，经江苏、浙江、福建，直至最南的广东等省，沿海数千里，凡在此沿线生活的居民，一律向内迁徙数十里，筑墙垣为界，派兵戍守。

至十二月，又颁布《严禁通海敕谕》："郑成功踞海徼有年，以波涛为巢穴，无田土物力可以资生"，"若无奸民交通商贩，潜为资助"，郑成功必"坐困可待"！又指令："今滨海居民已经内迁，防御稽察，亦属甚易，不得仍前玩忽。"

朝廷严令，凡商人、民人船只"如前下海"，其地方封疆大吏如总督、巡抚、提督、总兵等从重治罪。③

顺便指出，世祖已于顺治十八年正月去世，该年度内仍沿用"顺治"年号，实际主政的已是世祖第三子玄烨，至次年才正式用新年号——康熙。玄烨即位时才6岁，操实权而代为主政者，是世祖遗嘱辅政的四辅臣。

从上引清官方下达的迁海令可知：此令是专门针对郑成功而发的，为最后剿灭这支抗清的军事势力，计无所出，才制定"迁海""禁海"的法令，强制沿海居民迁离其居住地，迁到离沿海数十里的地方居住，如同今人所称：坚壁清野，将沿海之地变为无人区，切断郑成功与沿海的联系，再无穷人、民人为其提供生活物资，逼其自消自灭。

清廷迁海、禁海令，确使郑军难以为继，郑成功为摆脱困境，便挥军攻取台湾。康熙元年（1662）二月，荷兰殖民者交出台湾，郑成功以台湾为基地，继续坚持抗清。清廷为封锁台湾计，继续执行禁

---

① 《清圣祖实录》卷四，顺治十八年八月己未，中华书局1985年版，第84页。
② （乾隆）《同安县志》卷九，征抚。
③ 《明清史料》丁编，第三本。

海令。

沿海居民以捕鱼为业，或从事海上贸易，为陷郑成功于绝境，遂颁布海禁、迁海之令，命数以百万计的沿海居民都迁离沿海，到内地居住，可以想见，他们迁离世代故居，携家带口，是多么艰难！更难的是，他们被迫放弃世代捕鱼业，改为耕种为生，又是一大难事！还在五月间，尚可喜奉旨，会同广东总督李栖凤勘察"海寇"与海盗船经常出没之地，百姓如何迁徙？通过实地勘察，尚可喜才发现被迁徙的居民有多难！尚可喜与李栖凤从番禺出发，到了新会、新安、惠州、潮州，至分水岭与福建交界处，再回到广东省界向西行，由广州经肇州、高州、雷州、廉州所属地段，逐一勘查，从东到西，沿海两千余里划出一条界线，一方面，在以上所列之地的要冲处，酌量设据点，分兵防守；另一方面，界线面海之地为界外，不得有人居住，必须都迁入界线面向内地之处，是为界内，在此界内为迁移居住地。

尚可喜目睹界外两千里数百万居民背井离乡的困苦之状，于心不忍，决心为民请命，请求朝廷停止实行迁海令。于是，他上疏，申诉他的理由。此份奏疏，不见载于《清世祖实录》，如《元功垂范》、《尚氏宗谱》之《先王实迹》仅记其要点，内容相同，皆取自《平南敬亲王尚可喜事实册》："其（指尚可喜）奏仍述粤东沿海二千余里，生灵百万，室庐、坟墓、产业，尽在其中，一旦迁移，流离失所，实为可悯，哀请宸恩"，结果是"严纶不允"①。

尚可喜的这份奏疏很重要，可惜上列三种书所载，十分简略，仅留下上引的一段文字。逼使沿海居民内迁是一件不得民心的事，清官方为避讳避嫌，不将其载入官方《清实录》之中。今见已故尚久蕴先生著《平南亲王尚可喜》，内载尚可喜这份请命的奏疏，并非原文照录，而是录其"大意"，但比之上列三种书所引，要详细很多，为多了解一些历史真相，这里将其"大意"转录如下：

　　　　圣祖仁政，以得民为本，万民归心，以输纳为先，我朝

---

① 罗振玉辑：《平南敬亲王尚可喜事实册》，见《明清史料丛书八种》第三册。

救民水火，是以率士归心。今沿海数千里皆我赤子，一旦迁之，鸿雁兴嗟，家室无定，或浮海而遁，是以民与敌，为渊驱鱼也。因迁移之民，官兵一到，则弃田宅，失家产，别坟墓，号泣而去，是委民于沟洫也。天饥寒则奸邪生，不为海寇，即为山贼，一夫揭竿，四围响应。以臣愚意，冒渎天听。①

虽说是"大意"，可以确信，基本反映了尚可喜为民请命的基本思想：为民着想，也为朝廷设想，陈说迁移沿海居民的严重危害，以此来打动皇帝及辅政大臣的心，希图改变决策，停止迁移。

尚可喜的奏疏，未获皇帝同意。所谓皇帝意见，一个6岁的小皇帝，哪懂得这么重大的国家大事？明明是索尼等四辅臣的决定，以皇帝的名义发布而已。

尚可喜自投入清政权，一向忠诚任事，廉洁奉公，没出过差错。特别是受命与靖南王同下江南，在广东、广西彻底打垮南明统治势力，完成朝廷交付的各项使命，完全恢复清朝对这一地区的统治权，在这一过程中，没出过大的差错，因而赢得从世祖皇帝到朝廷重臣的高度信任，举凡尚可喜发出的奏请，无不允准实行。唯此次奏请停止迁海被驳回，是何原因呢？其实，原因也简单。从清廷方面说，他们以郑成功的反清势力为东南大患，单靠军事征剿，又无法对付其海上的活动，难以奏效，唯采取海禁、迁海等策，切断郑军与大陆的经济联系，以置其死地而已。至于迁海造成百姓种种痛苦之状，廷臣未见实况，自然无动于衷，他们所关心的就是政权稳定，不能受到郑军的扰乱！所以，在衡量两方面利益之后，必然选择要统治权而置百姓的利益于不顾！

尚可喜亲办此事，又来广东多年，熟悉民情，亲见百姓迁离之苦。在官场中，对此事可持两种态度，一种是视而不见，对百姓之苦不以为意，坚决执行皇帝的旨意，根本目的是保官！另一种是，以百姓之

———————————

① 尚久蕴、尚世坦：《平南亲王尚可喜》，辽海出版社1997年版，第132页。

苦为己之苦，见其苦状，个人无力解决，只有报告皇帝表态，要求改变既定方针，实际是"抗命"不遵。尚可喜就是采取这后一种态度，不怕丢官，也不怕丢命，也要上疏皇帝，表达他的真实为民的想法。

当然，在清廷严词否定尚可喜的请求后，他只得执行既定的举措，但在具体执行中，还是给迁移的百姓以尽可能的照顾，能照顾一点，也绝不放弃！这在香山县划界中再次体现为民而力争的意念。

就在尚可喜为民请命被否决后，当年十月，尚可喜再次奉命，会同皇帝钦使副都统科尔坤、侍郎介山一起再次勘界与迁移居民事，在香山县划界时遇到一件棘手的事。香山县内有一镜屿彝族居住区，按规划，用绳拉直线，就把这一居住区的彝族划到了界外。按禁海令要求，界内人不得出海捕鱼，不得从事商业活动，尤其不许将界内粮食私运到界外，以免为郑军所得，等等。这就是从经济上封锁郑成功，让他得不到人员的补充，迫使这支抗清队伍自行瓦解。如将这些彝族人划到界外，将使这些少数民族与郑军一样，坐以待毙。如果把他们都迁到内地安插，后果同样严重，因为他们世代不事农耕，根本不会种地，强令迁来，实际是置于死地。

究竟如何处理？如执行朝廷法令，这些数以成千累万的彝人，必陷他们于绝境！若违背朝廷法令，尚可喜要承担叛逆之罪。他思量再三，终不忍心这些彝人受害，换句话说，不能见死不救！特别指出的是：这些居民并非汉人，都是一向被歧视的"蛮夷"之人，尚可喜不存民族偏见，与汉人同等对待，他在贯彻清朝制定的"华夷一家"的民族政策时一视同仁，执行起来，不差分毫！尽管前不久上疏为民请命被否决，还受到训斥，眼前所见彝人受难，他又不安于心，决心再次向朝廷发出呼吁。

他改变上次独自上奏疏的做法，而是由他领衔，联合地方的封疆大吏即总督、巡抚及驻军高级将领，联名上疏，表明地方官吏意见一致，无疑会提升他们一致意见的分量。尚可喜是这么想的，其他地方的大吏们未必跟他的想法一致，尚可喜就逐个解释、动员，终于取得一致意见。他就牵头领衔，上奏朝廷，请求朝廷改用绳拉直线为拉曲线。为此，他讲清道理，强调：天大无所不覆，地大无所不载。朝廷爱民德意应该如天全覆盖，如大地承载一切。解决彝人生计，就在天覆地载之中，是朝廷爱民之德无处不在。尚可喜既讲大道理，也讲实际问题，提出解决问题的具体办法。这一番说辞，又有地方大吏们积极参与，果然打动了朝廷，批准尚可喜与众大吏用曲线划界，终于把镜峒彝族留在了边界之内，使他们的生计获得了解决。彝人闻讯，皆大欢喜，齐颂朝廷恩德，尚可喜与参与上奏的封疆大吏们也被他们备加赞颂！①

海禁、迁界是顺、康之际决策并予实施的一项重大举措，前已说此项举措，完全是针对郑成功这股反清武装而设置的。在南明永历政权被消灭以后，广大的江南地区已不存在反清的武装，唯有郑氏还活动在东南沿海及海上，后进入台湾，孤守这一块最后的抗清阵地。清廷采取封锁的办法，郑氏已无反攻大陆的实力，自然有助于清朝在江南的统治不再受到威胁。但是，这种封海、迁界的办法，对沿海广大百姓已造成灾难性的伤害。尚可喜贵为王爷，生活在地方，目睹眼前惨状，不顾个人的政治风险，勇敢上疏，为民诉求。这一行动，不禁令人肃然起敬！尚可喜身居王位，能关注最底层百姓的疾苦，并身体力行，为他们争权益，这是当时官场中发出的最强音，实在是难能可贵！虽然此次为民诉求失败，也不能降低其政治意义，尤其彰显尚可喜的品质之可贵！他不以此次失败而气馁，又为镜峒彝族划入界内界外事而进行抗争，甚至动员本地高官与他联合行动，终于如愿以偿，彝族百姓得以避免一场灾难的发生！

尚可喜为民请命，与上节记述"关注民生"，都是依据事实反映他善良的人性，把百姓的疾苦放在心上，并付诸实际行动，取得良好的社会效果。在战争中，只消灭那些手持武器与清军作战的武装人员，没有对手无寸铁的无辜百姓展开大屠杀，在攻下一城一地后，力戒部属不得乱开杀戒，这在前面有关战争的记述中已做了交代。所有这些事实，可以说明尚可喜无论为人、做官、充军事指挥，皆显现其民本的思想，居官不忘民，才是为官之道。在君主专制的时代，压迫与剥

---

① 参见尚久蕴、尚世坦：《平南亲王尚可喜》，辽海出版社1997年版，第133页。

削是社会的常态，但并不妨碍一些开明之人遵循儒家人本思想为百姓做好事。尚可喜大抵就是这种人，所以，他能做出一般人做不到的好事。这并非说，尚可喜为人至善尽美，没做过坏事，但其主流是善的。本书后面还要详细展示他的这一善性的进一步升华，如功成身退，坚决反对吴三桂叛乱，等等。本书披露这些事实，弥补以往学术研究之缺失，有助于我们真正认识尚可喜其人。

尚可喜为民请命的事，大致如此。

他为民做的善事，远不止已提到的事实，这里不妨说几件振兴地方文教的事，会加深我们对尚可喜的深刻印象。

所说文教，是指办教育，开学堂，让更多人接受教育，培养人才，将来为国家所用。从利民方面说，办文教无疑是为民办的又一大善事！

尚可喜出身行武，远非诗书起家，但他在长期的军事实践活动中，深感文教之重要，在他的思想意识中，始终把文教的事放在心上。

事情还得从他南下，攻克广州说起。

顺治八年（1651）三月，尚可喜率大军刚刚攻克广州及周围肇庆、罗定等城，社会趋于安定。尚可喜想办一件事：去广州府学处视察诸生学习情况。于是，他便约广东巡抚李栖凤一起前往。是时，战争刚结束，府学诸生为躲避战祸，大多已逃亡，没逃到远方避难的，也都躲在家里。尚可喜要视察府学的消息不胫而走，诸生们闻讯，无不欢欣鼓舞！三月初一日这一天，他们络绎不绝地赶来府学。

尚可喜、李栖凤等如期而至。在这里，马上将举行祭祀孔子的典礼。这座府学兴建于隋唐之时，祭祀先师孔子的各种礼器，一直沿用到元明之时。尚可喜刚入广州城时就派人来此，予以封存保护。此时，被保护的唐宋祭器、礼器都已摆设在大成殿中，殿正中，为孔子座像，殿两侧及大殿下方两庑奉祀着历代诸贤的神位。在神位前香案上摆满了各式祭品。

这是明清易代后，又经历了战争的破坏，首次举行府学复学典礼，自然是格外隆重，不只是表明府学正式恢复，更具有广泛的社会意义，昭告广东已恢复正常，清朝的统治正式开始了！

祭孔过程，皆按传统规则进行，因尚可喜这样高级别的王爷莅临现场，更显得这场典礼格外隆重而神圣。当然，有广东省最高行政长官巡抚李栖凤陪同，更加重此次祭祀的政治意义与权威性。祭孔的具体细节就不一一记述了，从最后结果来看，祭祀很成功，大得当地民心，尤其"诸生大悦"，个个受到鼓舞。祭祀完成，还集中在府学内设的会堂，由祭酒先生开讲《大学》一章，以示开学之始。

最后，尚可喜、李栖凤等官员与前来参加祭礼典礼的诸生们共进晚宴，在欢快的气氛中结束。这时，日落西山，尚可喜与诸生含笑告别[①]。

尚可喜视学的事，受到当地诸生们的同声赞扬，在广州社会中传为美谈。

开办学校，培养人才，提升当地士民的文化素养，是治理地方的一大善政。尚可喜虽贵为王爷，尽心于守土之责，十分关注当地文化教育，躬身实践，大办学宫。有关这方面的实迹，几乎不见载于清官方史书，唯一记载的是尚可喜的征战武功，显然，如此记载，确有以偏概全之嫌。好在当年尚可喜在广州及其他地方建学宫，至今日，还留有诸多遗址遗迹，这里就借助实地调查所得，简要列举如下：

在广州明城镇有一处学宫遗址，叫"高明县清云门"，于顺治八年（1651）重建，用来培养科举人才。

顺治十二年（1655），重修"增城学宫"，遗址在荔城镇，现尚存大成殿。同年，在今兴城镇重修"兴宁学宫"，占地面积达6000平方米。

顺治十四年，重修怀集县文昌阁，遗址在今怀城东绥江北岸。同年，在原为崧台书院，改建成二层楼的肇庆"阅江楼"，占地面积为2000余平方米，遗址在端州正东路之路东。

顺治十六年，重修"大埔县学宫"，康熙十四年，御书："万世师表"。皇帝亲笔为该学宫题辞，可以肯定，这座书院的重要性，是其他学宫无法与之相比的！此处遗址，就坐落在今茶阳镇茶山。

自康熙六年（1667）至八年，历时三年，新建成一座学宫，叫

---

① 以上，详见《元功垂范》卷上。

"北平学宫"，总面积达 6600 余平方米，遗址在苍城镇东风路。

康熙七年，在龙川县建一座孔庙，占地面积达 7200 余平方米。至今，遗址在佗城镇学前街，还留有大成殿、明伦堂等建筑。

康熙十年，扩建并修缮连平学宫，占地面积已超过 3100 余平方米。此处遗址在元善镇城东。

约在顺、康之际，重修揭阳学宫，规模颇大，占地面积达 5200 余平方米，其遗址就坐落在榕城区。

在广州城内，还建有越秀山的"学海堂""菊坡精舍"等。经历年城建，这些遗址尚在，遗迹所剩无几了，只能在方志上找到其踪迹。

除了上面列举新建、重建、扩建的各种规模不等的学宫，一些地方官受尚可喜的影响，也重修、重建了一些本地学宫，不过不在尚可喜办学宫的统计之内。① 就尚可喜本人而言，在广州生活二十余年，由他主持或督办的学宫之多，颇为可观。重要的是，这些学宫培育了不少人才。尚可喜命藩下将士、吏员之家口中适龄的儿童都要入学宫学习，他的两个小儿子也送去学习。至于平民百姓，只要有条件的，都要把自家子弟送入学宫。

经明末战乱，特别是清军南下，与南明、与地方武装势力展开十余年争战，百姓生活遭到破坏，包括明及前代开办的学宫、学堂、社学等各类学校，几尽毁坏殆尽，文化风气荡然无存。尚可喜在击败了南明及各种反清势力后，除了着手恢复社会生活秩序，即用力恢复文教事业外，还将破坏的原有学宫予以重修、重建，继而招生，鼓励青少年入学。很快，向往读书已形成社会风气，广东地区日趋稳定，社会生活洋溢着安宁的气氛。

兴办教育是促使社会稳定的一项重大举措，尤其是历经战乱之后，社会效果更为显著。尚可喜在办教育的同时，也把宗教活动搞起来了，前文已提到，他恢复寺院，又另建寺庙，满足人们对宗教信仰的需要。在这方面，尚可喜也做了不少善事，这里就不一一列举了。

在平西王吴三桂叛乱前，尚可喜在平定广东之乱后，在和平的环

① 以上所列举学宫，详见尚嘉琦《尚王侧记》（内部印制），第 26—27、203—208 页。

境里生活了近二十年，这使他有机会也有时间去兴办地方各项事业，主要是公益方面，如修治道路、开辟新的交通、发展海上贸易等，包括办教育、建学宫，都是利国利民的公益事业，尚可喜真的办了不少这类好事。

尚可喜在广东做了不少好事，是否没有一点问题呢？事实是，已出现问题，并已报到北京。一个严重问题是，尚可喜所属将吏中部分行不法事，欺害当地百姓。这是个吏治腐败问题。清朝自顺治元年（1644）入关，定鼎北京，到圣祖即位，历时近二十年，已完成除台湾之外的全国一统。于是，全国安定，地方官有权，掌控一方，其中一些不良官员开始贪腐，盘剥百姓，从中牟取暴利。康熙四年（1665）三月，圣祖指示户部：

> 设官原以养民，民足然后国裕。近闻守令贪婪者多，征收钱粮，加添火耗，或指公费科派，或向行户强取，借端肥己，献媚上官，下至户书里长等役，恣行妄派，小民困苦，无所伸告。以后，著科道官将此等情弊，不时察访纠参……①

这道谕旨，说的是地方吏治已出现败坏的情况，集中表现就是巧取豪夺，害民"肥己"。所以，圣祖才发出指令，责成户部处理地方官吏的"贪婪"问题。这并非专指某一地区，而是面向全国而发的。广东全省、广州城，非世外桃源之地，圣祖在谕旨中所指明的官吏肥己的"情弊"，在这里同样存在！果然，在给户部发出上述指令没过几天，圣祖就给尚可喜发出一道训令，引录如下：

> 谕平南王尚可喜：设兵驻防，原以卫民，非欲其扰害地方也。近闻广东人民，为王下兵丁扰害甚苦，失其生理，此皆所属将领不体王意，或倚为王亲戚，以小民易欺，惟图利己，恣行不法之故。

---

① 《清圣祖实录》卷一四，康熙四年三月壬辰，中华书局1985年版，第216页。

王特受重寄，镇抚地方，为国屏翰，岂有明知纵行之理；或申饬未到所致。故降兹密旨诚谕。以后将所属官兵严加约束，以仰副倚任遣往安辑地方生民之意。勿仍纵容属员，以为事发，伊自受过，与己无涉，草草从事。如此久之，倘有大事，岂能委于属员？王宜敬体朕谆谆申谕至意，更改往辙。钦哉。故行密谕。①

这是一道"密谕"，如同今之密信，是圣祖给尚可喜个人写的函件，目的还是维护尚可喜的声誉，不因"密谕"中提到的不法事而使其名誉受损。由此可见，圣祖对尚可喜爱护有加，而尚可喜与皇室关系密切，备受皇室信赖。这也说明，尚可喜以忠报皇室，赢得了皇室的完全信赖。

虽说君臣双方关系融洽，但圣祖并不掩饰广东存在的问题，如"密谕"中已指出尚可喜所属将领中"恣行不法"事，以致"广东人民为王下兵丁扰害甚苦，失其生理"。问题十分严重。圣祖把尚可喜与"恣行不法"的将吏士卒区别开来，指出这些人"不体王意"，或者倚仗是尚可喜的"亲戚"，敢于胆大妄为。同时，也明指尚可喜的问题是，明知他们违法，却放纵而不予处理，或者"申饬未到"，即事先没有给他们提出具体法纪约束。一句话，将吏兵丁不法，尚可喜负有不可推卸的责任！最后，圣祖对尚可喜提出具体要求，以"更改往辙"，以利"安辑地方民生之意"。圣祖语重心长，嘱尚可喜"宜敬体朕谆谆申谕至意"。

圣祖"密谕"，温语中不失严厉，告诫中不失信赖，又用"密谕"的方式"谆谆"告诫，已见圣祖对尚可喜真的是爱护有加！

尚可喜受到皇帝告诫，自太宗时归清，历顺治至康熙以来，这是继上次因迁界受责后第二次吧！的确，广东出现的问题，并非几个案例，却是全国普遍存在的问题。圣祖不得不写的这个"密谕"，恰恰反映广东出现这类问题的严重性。尚可喜作为广东地方的最高长官，不

① 《清圣祖实录》卷四，康熙四年三月乙未，中华书局 1985 年版，第 218 页。

能不负有主要责任！尚可喜得此"密谕"，可以想见：以他一贯的忠诚来说，自然会完全接受的，并会立即作出反应，给圣祖一个满意的答复。可惜，清官方史书只记载圣祖写给尚可喜的"密谕"，却失载尚可喜的回奏！其他的书，如本书一直引用的《元功垂范》及《尚氏宗谱》之《先王实迹》等，也不载尚可喜回奏。究其原因，大抵还是出于保护尚可喜的名誉不受损害吧！

这又回说尚可喜在广东的政治、军事及民事活动，还是应给予充分肯定的，并非因存在的问题而降低评价。他作为当地最高地位的人，对一些人和事失察，或未予重视，以致频频发生，这些问题经皇帝指明，也是能够改正的，并能纠正一些错事。

尚可喜究竟是一个什么样的人？以上所列举的实迹，未必能完全揭示他的人生真相。真正展现他的人生本质、真面貌，还是在未来的岁月中，接受生死考验，一见分晓！

让我们把尚可喜后半生的人生画卷展开，把他的人生的精彩一幕幕再现在我们面前……

第 十 一 章

思归故乡

一、功成求退

到世祖去世前，广东等西南地区的形势日渐好转。在广东，局势稳定，只有在沿海的个别地段或海上，还有小股的反清武装；也有因海禁而丧失生计的"疍户"反抗活动，都被尚可喜所属将士剿灭干净。于是，广东出现了太平景象。

战争已经过去了，生活变得稳定而安逸，人们开始争逐金钱、土地、物资财富。普通百姓无权无势，生活难以为继，不过求得糊口而已。尚可喜和他的王府就大不同了，他们有权有势，可以做任何事，追逐财富，也是轻而易举的。如，以王府的名义，设立一收税的"总店"，包括日用鸡、豚及蔬菜水果等不纳税之物，也需向此店交税，其他如铜、铁、锡、木材等，除了按规定纳税，还要被"总店"私抽税！一年下来，"总店"所得盘剥的银两不下 10 余万两！[1] 史载："凡米谷、鱼盐、刍荛、布帛之属，市侩侵渔，利归王府。"[2] 广东有通海之便，尚可喜的王府掌控海上私贩，从中牟取巨额利润，时称"藩府之

---

① （清）郝玉麟：《广东通志》卷六二《艺文志》；（清）吴兴祚：《议除藩下苛政疏》。
② （清）刘嗣衍：《广州府志》卷二八《金光祖传》。

富几甲天下"①。

尚可喜据广东，耿继茂据福建，吴三桂势力最大，据云贵，合称"三藩"。三王各据一方，享受朝廷给予的各种特权，特权之外，他们又私自用权，谋取各种财富，各成一方首富。

尚可喜在广东做了不少有益于当地社会发展的善事，但也不妨碍为其王府谋取更多的利益。上引地方志和个人所记，大体符合实际情况，就是说，王府的经济活动和特权获取的财富还是相当可观的。尚可喜以在广东的权势以及其部署，想方设法不断取得财富，以成巨富。这种情况，在历朝历代都是客观存在。

尚可喜之家，是一人口众多的巨大家族。截至康熙四年，他已有25个儿子，到十二年，他又有了第 32 子！女儿 20 余人，其中大多数子女皆已婚嫁，又有了第三代人。尚可喜妻妾前后共 20 余人。累计全家人口达百余口，加上服侍、杂役人口百几十人，其王府总人口近 300人。可以想见，仅靠尚可喜一人与任官职的儿子们的薪俸维持家族及王府人员庞大的生活开支，显然是不足的。凭借权势，立几个科名，私派几项税收，其银两源源而来！再开些店铺，垄断海上贸易，等等，收获巨额财富，易如反掌！至于他的部属，包括将吏，乃至士兵，想发财，谋取更多财富，皆在意料之中。尚可喜未必予以制止，没造成严重后果，也就睁一只眼、闭一只眼罢了。有些问题，有些事，包括王府内的人，都隐而不报，尚可喜无从知道，给社会造成不良影响，最终被官方上报到朝廷……

果然，顺治十年（1653）六月，广东左布政使胡章上奏言，揭发靖南王耿继茂、平南王尚可喜所属官兵种种不法事：

> 臣蒙简命，司藩粤东，即星驰赴任，行至中途，闻靖南王耿继茂、平南王尚可喜属下官兵有掳掠乡绅、妇女，及占住藩司公署、滥委署官等事。臣思自古亲王藩封，天子使吏治其国，而纳其贡税焉，不得暴彼民也。二王不过以功受封，

---

① （清）钮琇：《觚剩》卷八《粤觚》。

宜仰体圣明爱民至意，安地方以安百姓，斯为不负恩命，乃所为如是！臣安敢畏威缄默，自负厥职乎？况公署被占，臣苟任无地。伏乞敕下二王，还官署以肃体统，释虏俘以慰孑遗，官民幸甚。①

胡章刚刚被任命为广东省左布政使，专管民政事务，相当今之副省级长官。就在他去广东赴任途中，就听到关于耿、尚两王所属官兵为非作歹等事，如他所罗列的几个方面，实属造祸地方，性质严重。甚至敢占住朝廷命官专用的"公署"衙门，还敢擅自任命各方面官员，连这位新到任的布政使也"苟任无地"！

胡章得到这些情况，实属道听途说，但都是事实，否则，他就是斗胆，也不敢诬告两个极高权势的王爷！他要尽自己的职责，岂敢"畏威"而保持沉默？

胡章提供的证言，充分说明两王所属官兵违法乱纪，已造成广泛的社会影响，并激起乡绅及广大百姓的强烈不满，所以，他们才纷纷向新任布政使反映情况，胡章掌握了大量真赃实据，勇敢地向世祖举报。世祖是什么态度呢？

世祖得到报告，没有发怒，也没有当即做出结论，更没有向两王发出质问，对胡章奏章中提出事实不予质疑，只批示一句话"命靖南王、平南王回奏。"

这就看出世祖的态度，不想把事情闹大，也不想探究，故不经司法，仅是例行公事，让他们自己对其所告之事表表态度，也就罢了。因为此时可用他们，依靠他们把南疆的形势稳定下来，关键是铲除那里的南明政权及一切反清武装，只有这两王所率汉军才能完成这一使命，所以，世祖不想伤害两王，指望他们效忠大清王朝，这件事到此为止，所以，两王如何"回奏"的？世祖如何处理的？《清世祖实录》无载，没有留下蛛丝马迹，不了了之。

尚可喜及其家庭在广州获取利益丰厚，过着优裕的生活。当初尚

① 《清世祖实录》卷七六，顺治十年六月庚申，中华书局1985年版，第600页。

可喜与耿氏靖南王南下时，是携全家同行的，朝廷明令：在平定乱事后，即在此安家落户，永久驻防。所以，包括尚可喜在内，靖南王耿继茂在福州、平西王吴三桂在昆明等地，都在当地广置田产，增建巨室豪宅，以为世代传承的家园。在"三藩"驻地，王府与当地百姓争利的事，已是司空见惯，不足为奇。

自康熙元年（1662）起，随着南明永历政权被彻底平定，各种抗清武装被消除，整个西南地区的局势归于平静，而且形势一年比一年好，社会生活也安定下来。

战争已经过去，尚可喜与家人及其将士可以享受太平之福了，广大百姓也刚刚脱离战争之苦，期盼过上安逸的日子。就说平西王吴三桂在昆明，与他的部属任意圈占民地，增设田庄，他个人的"勋庄棋布，管庄员役尽属豺狼"①。诸如开矿取利、垄断盐井税收、放高利贷、茶马贸易等等，其"库仓金银、币帛积之如山，厩圈骡马豚羊畜之如林"②。吴三桂为自己修建庞大宫阙群及花园，集天下之奇："卉木之奇，运自两粤；器玩之丽，购自于闽；而管弦绵绮，以及书画之属，则必取之三吴（苏州地区）"③。在其丽宫中储藏百千美女，选自江浙及云南本地，用以陪侍吴三桂的豪奢生活。有关吴三桂追逐财富、追逐美女、追逐奢侈，备载于官私史书④，这里不过点到为止。若与尚可喜相比，两人相差，何止十倍、百倍！还有镇守福建的耿继茂，与尚、吴大同小异，只是握有钱财多少不同而已。

三王分镇三地，已开始了战后的安宁生活。尽管他们的情况各有不同，吴三桂与耿继茂的心态还是一样的，享受优厚的生活，又为子孙计，积累财富，用之不竭……

但是，可喜的想法与另两王的想法不同。他并不想在广东生活一辈子，也不打算把他的儿女们世代留在广东。那么，尚可喜为何不愿

①　（明）刘坊：《天潮阁记》卷五《云南序》。

②　《明清史料》丁编，第10本，第991页。

③　（清）钮琇：《觚剩》。

④　有关吴三桂在云贵的生活实况，详见《庭闻录》《明清史料》《四王合传》《八旗通志》《清圣祖实录》《清史稿》《平关录》等十数种。

留守广东呢？顺治十年（1653），可喜正式向朝廷上奏疏，提出调离广东回北京的请求，内中说出他请求北归的原因："（两粤）东西底定，痰疾时作，请解兵还京。"世祖婉言拒绝他的请求："潮逆初定，地方多事，正资悉力料理，以奠严疆，不必遽以病请。"

这是《尚氏宗谱》的记录，没有详细的内容，从尚可喜上奏申请，到世祖的答复，就这段史实，只写了上引的简单文字。

此事在《清世祖实录》中已作了记载，也是简单地写了几句文字，甚至比《尚氏宗谱》还简单："平南王尚可喜引疾，疏请回京调理。上（世祖）以潮逆初平，正资料理，不允。"①

两相对照，《尚氏宗谱》这段话，完全取自《清世祖实录》，只说尚可喜"引疾"，却没说什么病，《尚氏宗谱》则明说是"痰疾"。这才使我们明白尚可喜得的病，所谓"痰疾"，应是气管炎症。在此之前，顺治九年（1652），定南王孔有德也以病情为由，申请解除兵柄北归。他的奏疏是这样写的："粤西（广西）业已底定，臣生长北方，与南荒烟瘴不习，每解衣自视，刀箭瘢痕，宛如刻划，风雨之夕，骨痛痰涌，一昏几绝。臣年迈子幼，乞圣恩垂鉴，即敕能臣受代，俾臣早觐天颜，优游绿野。"②

清官方史书对孔有德的病情记述较为详细，可以确信：他生在北方，不习南方水土，特别是身受过刀箭之伤，其伤处不耐湿热，疼痛难忍，又有"痰涌"病症，显然，他也犯有气管痰病，以致屡屡"昏绝"。因疾病折磨，加之"年迈子幼"，使他无意留恋权势，宁愿放弃，也要过上悠闲而无病痛的生活。所以，孔有德申请北归，是出自内心本愿，无可置疑。

此时，刚刚统一了两广地区，但南明永历政权还占据云贵地区，有一支强大的武装力量，随时会卷土重来，从全局考虑，世祖没有批准他的请求："览王奏，悉知功苦，但南疆未尽宁谧，还须少留，以俟大康。"世祖语出温和，富有情感，真诚挽留，孔有德只能服从而已。果然，广西形势突变，说明世祖的担心不是多余，就在孔有德上疏不

① 《清世祖实录》卷七八，顺治十年十月戊辰，中华书局 1985 年版，第 617 页。
② 《清史列传》卷七八《孔有德传》，中华书局 1987 年版，第 6418 页。

久，同年七月，南明大将李定国率军包围了桂林，很快将城攻破，孔有德自焚死，幼子被害。

如果世祖批准孔有德的请求，他肯定会躲过这场灭门之灾。因此，一提到孔有德之死，很自然就会把世祖的婉拒联系在一起。也许出于为君者讳，《清世祖实录》却不录孔有德申请北归的奏疏，当然也不录世祖的谕旨，至孔有德死事，也只是一句话，不做任何说明。与此形成鲜明对比，如上引，《清世祖实录》却将尚可喜的引退请求与世祖的批复一并收录，虽说文字简单，也算正式载入清官方史册。同样性质的一件事，竟采取不同的处理方式，足见官方记录历史用心良苦。关于孔有德申请北归的史事，只在清官方所修的《贰臣传》中作了交代，前引的文字，只能在此书中录取。

写了孔有德申请北归的事，就容易理解尚可喜此时的心态，他究竟在想什么，他为什么这么想？是否是他的真实想法？他是在孔有德死后提出与孔同样的请求的，这使人们想到：孔有德之死能否给他造成影响：南疆是危险之地，不可久留？即使没有这个明确想法，也会使他有几分担忧吧！以有病为由，也是出于实情。尚可喜生在辽东，长在辽东，是地道的东北人，与孔有德的北方习性一样，过惯了北方的生活，很不习惯南方炎热、潮湿，还有有毒的烟瘴，再说他的"痰疾"很重，也促使他尽快离快，回到北方，生活更安全。从尚可喜申请北归的理由看，一是身体有病，一是不适应南方的生活。由此看来，尚可喜申请北归，大抵出于实情，与孔有德的想法基本一致，不会有更深层的原因。出于同样的考虑，世祖也没有批准尚可喜的请求。

不管理由多么充分，世祖一概免谈，孔有德、尚可喜虽贵为封王，也只能乖乖听命，无条件服从就是了。

世祖两度拒绝孔有德、尚可喜两王的北归申请，事实证明，是正确的决定。就在拒绝他们的申请之后，很快，两广地区的形势又出现了反复，南明永历政权及地方反清武装又发起了进攻，清军的最大失败，就是桂林被南明攻占，孔有德自焚死。广东方面，幸赖尚可喜与靖南王耿继茂两王的强力支撑，才避免了桂林的悲剧重演！看来，把

他们留在原地十分必要！如果调走，两地兵力空虚，必为南明所得，清朝就会前功尽弃，就会陷入危险境地！幸好，有他们在，两广之地才转危为安了。一句话，孔有德、尚可喜提出北归的申请为时尚早，鉴于当时的形势，朝廷挽留他们，是符合当时的形势需要的。世祖在给他们俩的圣旨中已清楚地说明当前形势还不稳定，局势的变化证明世祖的判断是完全正确的。

照理说，世祖的善意表达，尚可喜应该安心驻守广州，况且形势越来越好，可以安享优渥的生活。但是，出乎朝廷意料的是，在尚可喜提出北归申请被拒两年后，即顺治十二年十月，尚可喜又提出北归的请求。这是为什么？尚可喜又提出什么理由和具体要求？世祖是怎样答复的，是批准了呢，还是和第一次一样拒绝呢？奇怪的是，这件事竟然没被载入《清世祖实录》！这是为什么？上次申请北归的事已被载入该实录，虽说文字过于简单，毕竟被载入官方实录之中，这次连个蛛丝马迹也见不到！好在私家所著《元功垂范》中，对尚可喜二次申请北归的事做了记述。现摘引如下：

> （顺治十二年）冬十月……（王）因积劳多病，子女众多，欲以山东兖州故明鲁王虚悬地亩拨给耕作，或于辽东旧地筑居安插。[①]

要真正认识尚可喜其人，就要细致地观察他的一言一行，深刻揭示他的人性本质。现在，他第二次申请北归的要求就摆在我们的面前，值得认真思考。

首先，不妨与第一次申请做一番比较，可见前次申请简单明了，不过是"痰疾"，要北归的地方是北京，仅此而已，看不出内中有何不可告人的深意。那么，这次申请就与前一次有明显的不同：一是"多病"，是历年"积劳"而成，比前次仅提"痰疾"一项更严重了；二是，子女众多，这是事实，毫无虚假之意。他为子女生活计，请求将

---

① （明）释今释撰定：《元功垂范》卷下。

山东兖州原明鲁王所属的已"虚悬地亩",拨给他的子女耕种。这意思是说,尚可喜要举家迁来山东兖州居住。如果此地不宜,他又提出另一个方案:回归其故乡"辽东旧地",在这里"筑居安插"。人们不禁会提出疑问:尚可喜子女虽多,凭其崇高的身份,难道在广东还没有耕地吗?显然不是。上文已说了,尚可喜的众多子女及其孙辈都生活得非常好,不存在任何问题!说"积劳多病",却是言重了。他才52岁,论年龄还不算高龄,还未到晚年,正是做官的盛年。他积有疾病,除了第一次申请北归时说有"痰疾",也未说严重到什么程度,而此次则说"多病",却未具体说是什么病,远不如孔有德把病说得具体,令人同情,他只说"多病",却也说不出哪种病最伤害他的身体!在其后的日子里,直到他去世,还活了21年,都没得过什么重病,可见,他的身体状况还算可以,或者说,相当不错吧!显而易见,尚可喜说的这两个理由,并非是他回归的真正理由,那么,可喜的真正理由是什么?他没有明说,但是,我们从他为众多子女要耕地,或直接回故乡老家"筑居安插",已窥视到他内心深处的动机。

尚可喜是在给皇帝一个政治信号:他在政治上已无进取心,无意于揽权,只想到为他的子女们将来的生计,才请求将山东的原明鲁王已闲置的土地拨给他的子女们耕种,如不便,可以回辽东,云云。这等于明告皇帝:他不留恋王爵,也不贪恋权位,只求他的子女有生计,他本人就可以养病闲居,颐养天年。

《元功垂范》的作者了解尚可喜,知道他内心深层的想法。他说:尚可喜是在仿效战国时秦国大将王翦的故事:王翦受命统大军伐楚,他深知秦王嬴政猜忌之心甚重,对他统率一支强大的军队,拥有至重的军权,并不放心。为释去嬴政对自己的疑心,就在出征前,向嬴政请求给他的子孙赏赐良田美宅,表明他是为子孙计,也不过是得到一些田地和住宅而已。果然,这一招很奏效,嬴政顿释疑心,满口答应王翦的要求。

王翦伐楚请美田的故事,见载于《史记》卷七三的《白起王翦列传》,其故事不需重复,这里只引王翦的一段话,便立见分晓。他说:"夫秦王(即后称始皇帝)怚而不信人,今空秦国甲士而专委于我,我

不多请田宅为子孙业以自坚，顾令秦王坐而疑我矣。"①

王翦为消除秦王对他的疑心，特意为子孙请求多赐良田美宅，以为百年生计。以此表明他本人无政治野心，不过是为子孙生计而用心罢了。王翦的这一心计消除了秦王对他的疑心，君臣相安无事。

不料，事过近两千年，尚可喜竟仿效王翦的故事，重新演示一次！如果说，尚可喜第一次申请北归时，其政治意图还不那么明显，那么，此次明确提出赐良田美宅的请求，就清楚地揭示出他内心深处的忧虑：以个人位高权重，独镇一方，掌握一支军队，担忧会引起皇帝疑心，必祸及自身与家人。为避祸计，才以引退的方式向皇帝表达求安求全的心愿。

尚可喜对人生很懂得有进有退，有得有失，当他想到该退、该舍的时候，就急流勇退，毅然舍弃，表现出超群的大智慧。与他同在王位，处于同等境况的靖南王耿继茂、平西王吴三桂，连想都没想过！他们心安理得，在他们得知尚可喜两度申请北归时，也无动于衷。即使到康熙初决策撤藩时，吴、耿两王依然按兵不动，最终选择与尚可喜完全不同的态度，抗拒撤藩，自取灭亡！此系后话，留待后面再详述一切。

现在，该说说世祖与朝中大臣对尚可喜再次申请北归持何态度。

尚可喜申请北归，事关重大，交由诸臣廷议，一致意见是："王（指尚可喜）图安根本，情理允协，但粤东尚未宁谧，靖南（耿继茂）方在出师，两藩（尚、耿两王）同功一体，难以独议，迁移应俟承平，一并另议。上（世祖）可之。"②

以上所引，是否为廷议全文，不得而知，如前已指明，《清世祖实录》无载，这是《元功垂范》一书对廷议决定的概要记述，虽不是全文，但可以确信：已经记下了廷议的中心内容，不会有差误。从中可以看出：廷议对尚可喜提出申请北归，表示理解，肯定他的申请于情于理都"允协"，是一种赞赏的表态。但考虑到广东尚未安定，而靖南王又出师外地，是值得忧虑的。虽调两王"同功一体"，不便单独处

---

① （汉）司马迁：《史记》卷七三《白起王翦列传》，中华书局 1959 年版，第 2340 页。
② （明）释今释撰定：《元功垂范》卷上。

理，有关迁移的事，待天下太平，一并再议。对此"廷议"，世祖认可，这才把廷议与世祖批准的意旨发给尚可喜。朝廷的态度，就是挽留他继续镇守广东。尚可喜表达的意向，使朝廷更清楚他的为人与品格，值得信赖，是一个可以依靠的人！

尚可喜得到皇帝的批复，表示忠心服从，没有任何疑义。

这里，不妨再补充几句话。

尚可喜再度申请北归，是出于对政治的思考，或者说，是对历史经验与教训的思考，还是必要的。但实际情况是，朝廷中，从皇帝到谋臣们，还没有对尚可喜有任何疑心，对他的忠诚也无任何疑义，相反，如前已一再说明，皇帝频频颁奖，频频发谕旨，给予表彰，又不断委任他的儿子们以各种官职，一切正常，更看出皇帝对他的表现十分满意，即使发现尚可喜属下有不法事，也是温和地提出来，提醒他加强管束而已。可以说，没有任何迹象表明朝廷对尚可喜缺乏信任。就是对吴、耿两王也没生疑问，君臣信任，没有任何障碍！这是由当时的形势决定的：在广阔的南疆至西南边疆，有南明永历政权还在进行抗争，还有地方反清武装的活动，战争正在进行中，局势还在不断变化。要稳固统一南疆，最后战胜并消除这些反清势力，唯有依靠尚、耿、吴三王统率的军队，才能实现这一目标。这个时候，正是依赖三王的时候，是不会怀疑他们对大清的忠诚的。事实正是如此，三王各尽所能，在各自的地区努力作战，不遗余力，最终获得完全胜利！

看起来，尚可喜此时过虑了，总以为他受到朝廷的怀疑，为表明他的忠心，才两度申请，结果，世祖与廷臣对他的完全信任，没改没变。这使尚可喜安下心来，不再提出北迁的申请。

尚可喜两度申请，特别是第二次，足以表明：他功成名就时，急流勇退，显示他与时应变的能力很强，目光远大，识见超群。这在撤藩的关键时刻，再大显身手！

二、自动撤藩

顺治十八年（1661）正月，世祖没等到天下"承平"之时，就去

世了，年仅 24 岁，对尚可喜提出北归以及其他两王去留的这一重大问题留给他的继任者去解决了。

继承皇位的，是时年八岁的世祖的第三子玄烨，年号康熙。

圣祖如此幼小，毫无执政能力，其父世祖临终时，指定索尼等四大臣辅佐，称"四辅臣"，直到圣祖亲政时撤销。

在圣祖即位的第二年即康熙元年（1662），平西王率大军进入缅甸，将来此避难的南明永历政权一网打尽：永历帝朱由榔一家人及其追随的臣属全部被俘获，回到云南昆明，永历帝与其子被绞死。至此，南明的最后一个政权彻底灭亡。它在云贵地区的势力荡然无存。随着永历政权的败亡，残存的小股反清武装也很快消失。在广东，还时有小股的反清武装，不堪一击；唯一一支强大的抗清武装，就是海上的郑成功统领的武装，在从荷兰人手中夺回宝岛台湾后，隔海与福建相望，靖南王驻守于此，不能不感受到他的威胁。实际上，郑氏已无力反攻大陆。

总的形势，以永历政权被消灭为标志，西南边疆趋于稳定，一天好似一天，一年好似一年，朝廷已无南顾之忧了。

自清入关，迄于南明永历政权灭亡，恰好用去 20 年时间，终于完全平定两广及西南边疆，确立清朝对这一地区的统治。这一圆满结果，全赖尚、耿、吴三王之力；今后，还需要这三王分别镇守，以维护这一地区的社会安宁。四辅臣认识到，两广及西南地区距京城遥远，民族众多，情况复杂，历来矛盾重重，民族间的冲突时有发生，以致其地事繁而难治。加之这里气候湿热，又有瘴疠盛行，北方人尤其惧怕。所以，朝廷以满族八旗不宜，因为他们完全不适应这里的生活习性，又不耐南方高温潮湿，只能用汉人承担！尚、耿、吴三王就是最合适的人选，他们率部分别平定这个地区，现在，让他们继续驻守，再合适不过！于是，命吴三桂专守云南、贵州，尚可喜守广东，耿继茂守福建，遂形成三藩并立的新格局。

圣祖即位后，有四大臣辅政，继续执行世祖的政策，依重三王，实际是把两广、福建及云贵的安危完全托付给他们掌管。在这里，分别设一省的巡抚及地区的总督，虽说是双重管理，但三王各享有特殊权力，目的还是加大维护这些地区的安定的力度。为鼓励甚至激励三王势力效忠朝廷，四辅臣不断给三王奖励，从精神嘉奖到物质奖赏、加薪、官爵晋级以及给其子女加官重用等，优待种种，不一而足。以吴三桂为例，康熙元年（1662），四辅臣给他晋级，从平西王晋升为平西亲王，已升到与皇室亲王同等级别的地位，是汉官中唯一得到这一最高爵位的人！至于耿继茂虽未晋爵，也得到朝廷给的不少好处。这些姑且不论，且将尚可喜得到优待举例如下：

顺治十八年（1661）三月初四日，世祖刚去世还不到三个月，"奉恩诰封胡氏为平南王夫人"，发给敕书一道、诰命一道，胡氏是尚可喜的妻子，所谓妻以夫贵，故胡氏得封为"平南王夫人"，在尚可喜的众多妻妾中，位居第一。

同年十二月，照内八旗设都统之官，尚可喜的次子尚之孝为都统、三子尚之廉为副都统，不久，又升任总兵官。

康熙三年（1664），广东碣石苏利叛变，尚可喜亲统大军，"奋勇血战"，全歼叛军，苏利也死于乱军之中。五年，奖励尚可喜平叛功，"于俸禄七千两之外，特加禄银一千两，以昭懋典"。

七年七月，尚可喜第九子尚之佐、十子尚之广受"恩庇入监肄业"，即在国子监读书毕业，皇帝赐给他哥俩为"苏喇多罗昂邦"。

同年八月，尚可喜"以年向迟暮"，请求见儿媳与外孙女。儿媳是硕塞的女儿，称"公主"，10余年前，尚可喜的七子尚之隆被招为"额驸"，汉称为"驸马"。按规制，公主是不可以随意离开北京的，必得皇帝"恩诏"特许。圣祖为关照尚可喜，"优诏特许之"。十年（1671）二月，公主与额驸之隆到达广州，与亲人团聚，至五月，公主与额驸之隆如期返回北京。①

十年十一月，圣祖又接到尚可喜一道奏疏，又提出一项新的请求，据载："平南王尚可喜以疾疏请其子尚之信回粤，暂管军务。"②

前文已交代，尚可喜率部南征未久，就主动要求把他的长子尚之信送到北京，侍奉世祖皇帝，表达忠心。此举深得赞赏。一晃十余年

---

① 以上，详见《元功垂范》圣祖即位后的记事中。

② 《清圣祖实录》卷三七，康熙十年十一月壬戌，中华书局1985年版，第498页。

过去了，现在，尚可喜以身体有病，请求把他的长子尚之信放回广州，替他管军务。圣祖为照顾尚可喜，毫不迟疑，予以批准。

十二年二月，圣祖特派一等侍卫古德、二等侍卫米哈纳到广州慰问尚可喜，传达"圣谕曰：王久驻海疆，劳苦功高，心甚恳切，特遣使存问"。两侍卫带来大量珍贵的礼物：赐本色貂皮暖帽一顶，以及狐皮袍、皮褂、镀金镶珊瑚腰带等一大批名贵之物。①

上举事例，表明朝廷——新即位的圣祖和他的四辅臣对尚可喜包括耿继茂与吴三桂极尽宠络之意。照理说，以情论，尚可喜与耿、吴两王对朝廷不会有任何疑问，他们满可以做个"安乐王"，坐享天下太平之福！也许，耿、吴两王就是这样想的。谁料，尚可喜却另有想法，他想什么呢？他想的是：引退辽东。就在圣祖派出二侍卫前来慰问的同月，即三月十二日，尚可喜向圣祖上一奏疏，写道：

> 臣自奉命镇粤以来，家口日蕃，顺治十二年，曾具疏请解兵柄，部臣以地方未宁，俟后议。方今四海升平，臣年已七十，精力就衰，正退耕陇亩之日。伏念太宗皇帝时，曾赐臣以辽东海州（今海城）及清阳堡等处地，今乞准臣仍归辽东，安插故土，以资养赡。计带两佐领甲兵及老幼闲丁，约二万四千有奇。沿途夫船口粮，请并议拨给。②

这是《平定三逆方略》收录并改过的尚可喜奏疏。

为了解此奏疏核心内容，下面再引录《清圣祖实录》中记载尚可喜奏疏的主要内容：

> 平南王尚可喜疏言：臣年七十，精力已衰，愿归老辽东，有旧赐地亩房舍，乞仍赐给。臣量带两佐领甲兵，并藩下闲丁、孤寡老弱，共四千三百九十四家，计男妇二万四千三百

---

① 《清圣祖实录》卷四一，康熙十二年二月甲辰，中华书局1985年版，第548页。
② （清）勒德洪：《平定三逆方略》卷一，第5页。

— 334 —

七十五名口，其归途夫役口粮，请敕部拨给。①

上引两种记载，不尽相同，但基本内容无别，只是在具体文字表述上有些微差异。如《清圣祖实录》记为"有旧赐地亩"云云，而《平定三逆方略》则说明"太宗时，曾赐臣"土地，云云，即指"旧赐"；再如，搬迁人口，《平定三逆方略》举其概数，而《清圣祖实录》载其人口到个位数，又具体记共多少家。这些不大的差异，不影响奏疏的真实性。可以肯定，两种记载都不是原奏疏的全文，删除的文字，不过是些无关紧要的虚文，如称谓、赞颂语之类。

这份奏疏很重要，是今人认识尚可喜其人的又一份历史依据，因此，才不厌其烦地先考察奏疏内容的真实性与完整性。

据尚可喜自己说，这是他第二次提出北归的申请，实际上，应把第一次也算上，这应该是第三次申请。从申请的理由来看，都是一次比一次彻底，一次比一次坚决。以第二次为例，只是要求在山东或回辽东给些地以做撤回后的生活之资。而此次都大不同了：第一，是全部撤离，众妇女老幼、孤寡，以及各个家庭，再到所属兵丁将吏，都与他撤回去；第二，目的地更明确，就是故乡，不再有其他地方；第三，此次撤离广州，不是简单地搬家，而是放弃他的王爵，退出仕宦官场，回家种地了！说得明白，就是申请撤藩！这意味着，他放弃在广州所得到的一切包括他的王爵，统统不要，只求回老家耕种为生！

人们不禁会问：尚可喜究竟为了什么，竟主动放弃一切荣华富贵呢？

这就要揭示他内心世界隐藏的不可告之他人的秘密！

先看外人是如何看待他撤藩这件事。还在顺治十年尚可喜要求解除兵柄北归时，记述尚可喜史事的《元功垂范》作者指出：尚可喜"身在名位权势之中，心常出于名位权势之外"。接着说："王握兵之任方隆，归耕之念甚切，真有得于退一步法……"这段话，确实把尚可喜的心态与品质说得明明白白。最具本质的思想是，尚可喜不贪恋名

_____

① 《清圣祖实录》卷四一，康熙十二年三月壬午，中华书局1985年版，第552页。

位与权势，用百姓的俗语云：见好就收。他觉得自己已功成名就，应该回归早年的耕种生活。

这是上次申请北归的心境，那么，此次引退的想法，还是上次的想法吗？事实是：大不同，确有新的更深层的想法，使他作出比上次更决绝更彻底的决定。

尚可喜身边有一谋士，叫金光，本是浙江义乌人，跟随尚可喜最久。他们经常在一起，纵论天下事，评判古人之得失。当然，尚可喜每一步重大行动，包括具体谋略与方法，金光都提出具体对策，深得尚可喜信赖。时当圣祖即位后，西南局势日趋稳定，已呈现出"四海升平"的景象。据现今居住在辽宁省海城的尚可喜后人说：在他们家族中世代盛传尚可喜撤藩的动因，是听信了金光的谋略。金光对尚可喜说：历朝历代凡外姓封王没有一个能长久的，就是改为皇室同姓封王的，也无不发生内争内斗。如今，王是外姓封王，位极人臣，恩宠无以复加，树大招风，朝廷对王一定不放心，疑久必生事，王处境就很危险！为计万全，莫如交出兵权，回辽东养老。①

尚可喜本不是恋权位的人，金光一席话，顿时使他大彻大悟，凭其敏锐的政治嗅觉，意识到他能否引退，实关身家性命与全家的安危。尚可喜毫不犹豫地接受了金光的劝告，下决心引退。很快，他向圣祖上奏章，申请撤藩，归耕辽东。

清官方对尚可喜为何主动撤藩，也有说法，认为是其长子尚之信的缘故。尚之信为尚可喜32子中第一子，最先跟随其父南征北战，立下不少战功。他素称强悍、骁勇，作战以勇猛寇三军，据称：他一出战，敌方"万人俱废"！这多少有些夸张，却也反映他的勇猛程度，足以使敌人丧胆！但在日常生活中，常不守礼仪，随便乱来。本来，尚可喜南下广东后，征得世祖的同意，把尚之信送到北京，入侍世祖。过了几年，尚可喜担心尚之信触犯朝廷大法，奏请还镇广州。他回广州后，却"横暴日甚，招纳奸宄，布为爪牙"，横行无忌，已引起当地

---

① 1981年春，笔者曾与我的老师孙文良教授赴海城调查尚可喜史迹。访尚可喜第十二代孙尚世渭，据回忆，新中国成立前，他曾看到一部书稿，名曰《宗谱别录》，内载尚可喜诸多轶事，金光一席谈，即载于此书。可惜，"文革"中此书被毁，此系尚世渭的回忆。

官民怨恨。他还有一恶习：酗酒，一喝醉了，就要杀人，甚至在父亲尚可喜面前，竟然持刀乱比划，"所为益不法"。尚可喜也管束不了，至于众多弟弟，谁敢管老大的事！尚可喜常为此感到忧虑：一旦惹上是非，必祸及自己，其一生声誉也将毁于一旦！为避祸计，"可喜引年乞骸骨"，请求回东北故乡耕牧。①

这是官方史书对尚可喜自请撤藩的原因作出的分析与判断。实际上，这不是尚可喜撤藩的主因，至多是个不足论的小因素而已。其深层最具本质的原因，就是金光的一席话，深虑他的位高权重引起朝廷疑虑，重蹈前代异姓王最终被灭除的覆辙。回顾他前次申请时已有了与此相类似的想法，对朝廷存有一些疑虑，要求也不过是多拨点土地，多盖些居住的房屋，以表示自己无意于权位，不过谋生活而已。事实说明，尚可喜有些多心了，此时清廷正需要他们三王效力，毫无怀疑之意！所以，世祖的一番解释和挽留，很快，打消了可喜等人的顾虑，一如既往，君臣两相无猜。

此次申请引退，实出政治考虑：一方面，出于敏感，以历史教训为戒，防患于未然；另一方面，尚可喜不能不探听朝廷的动向，他有被招为额驸的七子尚之隆在北京，又深居宫廷之中，不能不观察到或听到朝廷特别是皇帝的政治意图，然后，就迅速向他的父亲尚可喜密报。这方面的思考，是于理于情作出的判断，是合乎逻辑的。也有实例可以证明：吴三桂的儿子吴应熊也是额驸，住在北京，就把圣祖要撤藩的意向、对吴等怀疑的情报都如实地向其父汇报。虽然我们还未见到尚可喜有这个方面举动的史料，但实际情况必与吴三桂相同。从此次尚可喜的举动坚决而彻底来分析，尚可喜不能不得到朝廷内部的情报。事实是，尚可喜与金光的担忧果如所料：圣祖真的是对三藩产生疑虑，已感受到三藩的存在对朝廷的严重威胁，正在寻找机会准备撤藩呢！

圣祖是怎么想的呢？有史为证：

首先，要说明：到康熙六年时，圣祖正式亲政了。此前，由四大

---

① 《平定三逆方略》卷一，第4页。

朝臣辅政，圣祖以年幼还不能主持朝廷大政，一切重大决策由四大臣决定，以皇帝的名义发布。亲政后，一切权力归皇帝，四大臣辅政终结。

这是康熙二十年十二月，刚刚取得平定吴三桂叛乱的胜利，圣祖面对该大臣回忆早年他对三藩的认识，说："朕自少时，以三藩势焰日炽，不可不撤。"① 圣祖说他"少时"，当指他即位后，至亲政前，他已关注吴、尚、耿三藩问题的严重，内心已有定见：三藩必撤！至亲政后，就"以三藩及河务，漕运为三大事，夙夜廑念，曾书而悬之宫中柱上，至今尚存"。至今即康熙三十一年（1692），这一行字迹还留在柱子上。②

圣祖不愧是个雄才大略的明君！还是个少年时，就看出三藩问题的实质，如他说："三藩俱握兵柄，恐日久滋蔓，驯致不测。"③ 当时，有谁有这样的认识呢？几乎没有！他把三藩与河务、漕运并列为三件大事，唯恐松懈、忘却，竟把这三大事书写在宫中柱子上，用以不断提醒自己，在他亲政后，一定予以解决！

可见，撤藩早已是圣祖的心中既定方针，何时采取行动，只待时机来临。

圣祖把三藩看得那么严重，果真那么严重吗？

世祖时，尚可喜与其他两王承担征战任务，忙于战事，一切都正常，无异常情况出现。世祖去世后，西南无战事，转入四海升平时期，根据朝廷指令，三王各据其地，逐渐形成割据之势。一个重要的标志，他们各握兵权，拥兵自重。尚可喜与耿藩各有旗兵 15 佐领，1 佐领有甲士 200 人，15 佐领有甲士 3000 人。除此，他们还各有绿营兵 7000人左右，各有军队万余人、丁口各两万。④ 两藩军队，是朝廷准予额设的兵数⑤，但在他们各"旗下所蓄养甚众"⑥，已超过额设兵数。兵力

---

① 《清圣祖实录》卷九九，康熙二十年十二月癸巳，中华书局 1985 年版，第 1247 页。

② 《清圣祖实录》卷一五四，康熙三十一年二月己朔，中华书局 1985 年版。

③ 《清圣祖实录》卷九九，康熙二十年十二月壬辰，中华书局 1985 年版，第 1246 页。

④ （清）魏源：《圣武记》卷二，第 61 页。

⑤ 《清圣世祖实录》卷一三三，顺治十七年三月癸亥，中华书局 1985 年版，第 1027—1028 页。

⑥ （清）魏源：《圣武记》卷二，第 61 页。

最多的，就是吴三桂拥兵 7 万余人，后屡经裁减，最后还有 2.3 万余人，丁口也超过尚、耿两王，达数万。[①] 实际上，吴明里裁军，暗地里却"按地加粮，按数征兵，故其军队有增无减"[②]。

三藩各在其藩地享有政治、经济特权，从事各种非法的经济活动，损害了国家利益。如上文已罗列尚可喜属下及王府掠取大量财富，耿藩在福建、吴三桂在云贵，分别掠取盐业专利、大量土地等更是惊人，地方官员无可奈何！三藩一面搜刮民财，聚敛财富；一面伸手向朝廷索取千百万粮饷和经费，用于养兵和巨额的行政开支。朝廷国库中支不出他们俸饷的巨额银两，就指定各省"协济"云贵、广东、福建。

康熙五年（1666），左都御史王熙指出："直省钱粮，半为云、贵、湖广兵饷所耗。就云贵言，藩下官兵岁需俸饷三百余万，本省赋税不足供什一（十分之一），势难久。"这只说到吴三桂的藩地云、贵两省，尚未计算耿藩所辖福建与尚可喜所辖广东，如通盘统计，可知"天下财赋，半耗于三藩"[③]，实非虚语。三藩需求浩大，常使各省为难，因为财政收入不足，无力"协济"三藩。同时，也使负责钱粮的户部疲于奔命。国家财政为此陷入困难的境地。[④]

还有，他们专擅人事权，任命提升官员，由他们自专，只是向吏部报告一下，吏部不敢更动，照准照批。尤其是吴三桂用人全自主，吏部不过是走个形式。人称吴三桂选用的官员统称为"西选"。

三藩势成割据，与中央集权、与国家的统一完全是不相容的。有关三藩自主自专，与中央集权对立的事，还有很多，以上不过是点到为止，是为了说明尚可喜政治上很敏感，他已觉察到圣祖对三王的疑心，以上所列举的几个方面，恰是引发圣祖对三藩势力日炽而产生的恐惧。而圣祖的撤藩想法，恰恰被尚可喜猜到了，被金光给说破了。尚可喜为摆脱未来可能发生的危机，求自家避祸，也不去理会吴、耿

---

① 《逆臣传·吴三桂传》卷一，第 10—11 页。

② 鄂尔泰：《八旗通志初集》（初集）卷一九七《蔡毓荣传》，东北师范大学出版社 1985 年版。

③ （清）魏源：《圣武记》卷二，第 62 页。

④ 《明清史料》丁编第八本，平西王吴三桂密奏本。

两王是如何想法，也没必要与其他两王采取共同行动，而是独善其身，便坚决表态：撤满！他的家人及仆人，还携部分兵士一起回辽东海城定居，以耕牧为生，获全家族生活安全！

现在，该说说圣祖对尚可喜撤藩是批准呢，还是挽留呢？

圣祖久有撤藩之意，却说不出口！从太宗时已封尚可喜、耿仲明、孔有德为王，入关时，又封吴三桂为平西王，南下时，才改尚可喜为平南王、耿氏为靖南王、孔有德为定南王、吴三桂王号没变。在几度封王的敕书全册中，都写明他们所得王号，"与山河同永"，或者明确说的意思，与清朝相终始，只要有清朝在，他们的王号世代相承，永不变！圣祖的祖父辈已定下的大计，他敢变吗？如变，清朝便失信于天下，后果是严重的！还要考虑的是，三藩无过错，忠于清朝，没有反叛行为，用何理由把他们都给撤了？没有什么理由，是无法撤藩的。尽管圣祖对三藩有疑虑，表面上还是一如既往，如上文已说，不断遣使臣前去慰问、奖励，极尽宠络之意。这种矛盾的心情，确实无法排解。

圣祖正在徘徊、束手无策时，突然，尚可喜上奏请求撤藩，这使圣祖心中一亮：撤藩的时机来了，给他撤藩铺平了道路。这就使他不必开口要求他们撤，只须批准尚可喜撤，那么，吴、耿怎么办？他们就看明白皇帝的意图，不得不主动申请撤藩，如同批准尚可喜一样，也批准他们撤。一句话：他们自己提出，朝廷批准。一桩难解之事，也就迎刃而解了！

且看圣祖给尚可喜的谕旨：

> 王自航海归诚，效力累朝，镇守粤东，宣劳岁久。览奏年已七十，欲归辽东，情词恳切，具见恭谨，能知大体，朕心深为嘉悦。今广东已经底定，王下官兵家口，作何迁移安插，议政王大臣等会同户、兵二部，确议具奏。①

看这道圣旨，圣祖毫无挽留之意，只是夸奖尚可喜归清以来，一

---

① 《清圣祖实录》卷四一，康熙十二年三月壬午，中华书局 1985 年版，第 552 页。

直忠心耿耿，辛苦多年，不计得失。然后，话锋一转，就大加赞扬尚可喜的撤藩申请，"情词恳切"，足见王对朝廷很恭敬，又特别严谨，夸他"能知大体"，即能识大局，顾全国家利益。说得明白些，是说你尚可喜很明智，很懂我这个皇帝的想法，不待我下令，你就自请撤藩，实在是聪明之至！所以，圣祖不加掩饰地表示："深为嘉悦"，特别高兴！他把尚可喜的撤藩申请当成一件大事来抓，告知尚可喜：他已责成议政王大臣会同户、兵两部共同商定搬迁的具体办法与措施，待他们研究好了，再通知尚可喜按指示搬迁。

圣祖的指示，可以肯定，原则上已批准尚可喜撤藩。尚可喜先后三次申请回归北方，以此次的申请最明确、最彻底，也得到了批准。应该说，尚可喜的多年愿望终于如愿以偿。不管他是自觉的，还是被迫的，尚可喜对于搬迁不持异议，而且坚决执行圣祖的旨意，把全家迁回到他的故居——盛京所属海域。

三、三藩同撤

由尚可喜申请撤藩而引发的一场大事变，就此开始酝酿。下面就来叙述这一事件发生的经过，此事件对尚可喜及其全家的命运的影响至关重要。

圣祖久有撤藩之意，只是未找到合适的理由。他身为一国之主，有权力，下命令，指令他们撤藩，谁敢说不撤？可是，圣祖又不敢下令，如前已指明："三藩俱握兵柄"，不敢贸然采取行动。他一面密切关注三藩的动向，一面继续加恩，频频颁赏，借以笼络其心，免致引起怀疑，变生不测。

尚可喜率先提出撤藩，就给圣祖撤藩提供了一个千载难逢的机会，他迅速抓住这一时机，顺水推舟，马上指示照准。将尚可喜的申请与圣祖的指示，发到各省去，主要是吴、耿两藩看后，让他们自己作出选择。圣祖的这一做法，就是向吴、耿两藩发出暗示，让他们也效法尚可喜，主动提出撤藩申请。

果如所料，吴、耿两藩看明白圣祖的真实想法，相继上奏疏，请

求撤藩。先看吴三桂的奏疏是如何写的：

> 臣驻镇滇省，臣下官兵家口，于康熙元年迁移，至康熙
> 三年迁完，虽家口到滇九载，而臣身在岩疆已十六年。念臣
> 世受天恩，捐糜难报，惟期尽瘁藩篱，安敢遽请息肩？今闻
> 平南王尚可喜有陈情之疏，已蒙恩鉴，准撤全藩。仰恃鸿慈，
> 冒干天听，请撤安插。

以下，就是圣旨的指示：

> 得旨：王自归诚以来，克殚忠荩，戮力行间，功绩懋著，
> 镇守岩疆，宣劳岁久。览奏，请撤安插，恭谨可嘉。今云南
> 已经底定，王下官兵家口，作何搬移安插，著议政王大臣等，
> 会同户、兵二部，确议具奏。①

同月，靖南王耿精忠（其父耿继茂刚去世）也上奏疏，请求撤藩，
其奏疏写道：

> 臣袭爵二载，心恋帝阙，祇以海氛叵测，未敢遽议罢兵。
> 近见平南王尚可喜乞归一疏，已奉俞旨。伏念臣部下官兵，
> 南征二十余年，仰恳皇仁，撤回安插。

圣祖毫不犹豫地拿起御笔，作出如下批示：

> 得旨：王祖父以来，世殚忠荩，戮力行间，功绩懋著，
> 及王袭封，镇守劳著岩疆。览奏，请撤安插，恭谨可嘉。今
> 福建已经底定，王下官兵家口，作何搬移安插，著议政王大
> 臣等，会同户、兵二部，确议具奏。②

---

① 《清圣祖实录》卷四二，康熙十二年七月庚午，中华书局 1985 年版，第 564 页。
② 《清圣祖实录》卷四二，康熙十二年七月丙子，中华书局 1985 年版，第 565—566 页。

吴三桂、耿精忠二王的奏疏表达的想法几乎一致：第一，他们都表白看了尚可喜的奏疏后，才提出撤藩的请求。第二，他们都说明为何没有先提出撤藩的原因：吴三桂声称：他"世受天恩"，难以报答，只想在其"藩篱"为朝廷效尽全力。怎敢贸然放弃自己的使命！耿精忠则说，他留恋皇帝，因沿海一带形势"叵测"，不敢提出"罢兵"而隐退。他们为自己迟未提出撤藩而找出这些理由，以消除朝廷对他们的不信任。第三，他们都明确表态：要求撤藩。其实，双方心照不宣，都明白对方的心态，说些冠冕堂皇的话来取悦皇帝而已。

圣祖对他们二王的表态，与对尚可喜的说法确是完全一致：一则夸赞他们对镇守边疆付出了巨大的努力，作出了显著贡献；一则肯定他们申请撤藩"恭谨可嘉"，表示完全满意。最后，对他们的申请一概赞许，一律交由议政王大会议会同户、兵二部，研究具体的搬迁办法，予以必要的优待。这是对吴、耿二王的宽慰，让他们感到满意。

转眼之间，已到了十一月，吴三桂又上一道奏疏，对搬迁又提出具体要求：

> 臣部下官兵家口，三十年来，蒙恩豢养，生齿日众，恳请赐拨安插地方，较世祖章皇帝时，所拨关外至锦州一带区处，更加增廓，庶臣部下官兵均霑浩荡之恩矣！

圣祖批复：

> 得旨：王所属官兵家口，迁移远来，自应安插得所，俾有宁居，以副朕怀。此所请增赏地方，著速议具奏。①

吴三桂是请求在他安插的锦州地区，再增拨土地，理由是他的部属官兵家口已增加很多，所以要增加土地。

---

① 《清圣祖实录》卷四四，康熙十二年十一月己巳，中华书局 1985 年版，第 580 页。

圣祖对吴的要求，当即批准，责成大臣赶快落实。看来，举凡三藩提出的要求，圣祖都予以满足。目的还是多方关照、优待，以图顺利完成撤藩。

从尚可喜率先申请撤藩，吴三桂、耿精忠继其后申请，到圣祖批准，这一切，似乎异常顺利，不存任何疑问，剩下的事，就是何时搬迁？在各自的"安插地"如何具体地安排他们的生活。正如圣祖所说：

> 谕兵部：兹因地方底定，平西王吴三桂、平南王尚可喜、靖南王耿精忠，各具疏请撤安插，已允所请，令其搬移前来，地方应行事务，及兵马机宜，必筹画周详，乃为善后之策，应各遣大臣一员，前往会同该藩及总督、巡抚、提督商榷：作何布置官兵，防守地方，并照管该藩等起行。应差官员职名，开列具奏。①

看起来，撤藩的事在有条不紊地进行，没有人会想到其中有何风险，恰恰相反，风险就在其中！这个风险就来源于吴三桂。三王撤藩，议政王大臣会议及户、兵部赞成尚可喜、耿精忠迁移，但在讨论吴三桂撤藩时，却出现两种根本不同的意见：少数廷臣主撤，多数则持相反的意见，以内弘文院大学士图海、索额图为代表，主张最力。他们认为："吴三桂镇守云南以来，地方平定，总无乱萌，今若将王迁移，不得不遣兵镇守，兵丁往返，与王之迁移，沿途地方民驿苦累，且戍守之兵，系暂居住，骚扰地方，亦未可定。应仍令吴三桂镇守云南。"②

为慎重起见，圣祖再将吴三桂该不该撤的意见，交付议政王大臣会议，会同户、兵两部及九卿科道诸臣皆参与讨论，仍然是两种不同的意见，主撤与留藩各主理由，而且还是以后一种意见占多数。最后，只好交由圣祖裁定。

圣祖没有迟疑，明确表态，支持撤藩的意见：

---

① 《清圣祖实录》卷四三，康熙十二年八月丙午，中华书局1985年版，第570页。

② 《清圣祖实录》卷四三，康熙十二年八月癸卯，中华书局1985年版，第569—570页。

吴三桂请撤安插，所奏情词恳切。著王率领所属官兵家口，俱行搬移前来，其满洲官兵，不必遣发，如有用满兵之处，该藩于起行时，另行奏请，然后遣发。俟官兵到后，王来亦不至迟误。余依议。①

以上，专补写一段圣祖与诸臣对吴三桂撤藩的不同意见，是要说明吴三桂的动向，关系撤藩这件大事的成败，直接危及清朝的生存。

那么，对三桂撤藩何以出现两种不同的意见？廷议中，持反对三桂撤藩的理由，如上引，一是说三桂在云南镇守，地方安定而无乱；二是说，把三桂撤了，不得不派兵镇守，兵丁往返，加之三桂迁移，沿途百姓大受苦累；三是说，派去的兵替代三桂兵镇守，属临时性，难免"骚扰地方"，也是可能的！上述理由，同样适用于尚可喜与耿精忠二王，若理由一样，尚可喜与耿精忠二王也不该撤！其实，更深层的理由，谁也不敢说，却是心知肚明：在三藩中，吴三桂的势力最大，在进关时降清，与清兵共击强大的李自成所率大顺军，一举进关，长驱直入北京，为清夺取全国政权，建树头等功勋，故其影响巨大，威望之高，位列汉官汉将之上。还有，吴三桂降清前，一直与清兵交战，又与农民军交过手，确属一悍将，个性强势，若是把他给撤了，他不服气，万一做出不测的事来，后果极为严重。简单地说，撤尚可喜与耿精忠没有风险，他们既无实力，也无胆量，特别是耿精忠，才30多岁，是耿藩第三代王，资历浅，且无重大军功，在三王中，乃至在当时的汉官中无足轻重，让他撤藩，毫无风险。尚可喜已几次要求撤藩，出于明智，甘愿退出权位名利，又是率先申请，批准他撤藩，也是顺理成章，不会有任何障碍。在廷臣充分评估风险之后，才一致赞成尚、耿二王撤藩。对比之下，吴三桂撤藩存在不可预知的风险。

从圣祖方面说，他此时不过20岁，还未意识到撤藩存在的风险，也不会对此作出风险评估，他只想到，三藩的势力再发展下去，必将出现历史上曾发生过的种种动乱。可以说，这方面的风险，他已充分

---

① 《清圣祖实录》卷四三，康熙十二年八月癸卯，中华书局1985年版，第570页。

地估计到了，可以认为，已超过了同朝的那些名臣名将，认为撤藩刻不容缓，恰好尚可喜主动申请撤藩，给他提供了一个大好时机，三藩一体对待，同时撤出，顺理成章。撤藩有无风险？三王撤藩是否出自真诚自愿？撤藩后会有什么不利的影响？看来，圣祖全无此"风险意识"！因此，他就一厢情愿，驳回大多数大臣们的意见，决定三藩同撤！

反对三桂撤藩的人，内心深有疑虑，又不便说出来。事实很快就证明他们的疑虑并非杞人忧天。

现在，就来看看吴三桂对撤藩持何种想法。

还在朝廷阁臣讨论尚可喜撤藩时，生活在北京的额驸吴应熊，是三桂的长子，探知朝廷的意图，迅速秘密派人赶往昆明，向他的父亲三桂传话："朝廷素疑王，尚藩、耿藩都已提出辞职（耿藩辞职，是指康熙十年春耿继茂因病辞职。事见《清圣祖实录》卷35，康熙十年正月戊辰）惟王从未提出辞职，朝廷对王疑忌更深。要赶快写奏疏，派遣使者前来，还来得及。"① 吴应熊要其父效法尚、耿的做法，或许可以把自己留下来。

在吴应熊传达这个重要信息时，吴三桂仍无意撤藩。他没有尚可喜那样明智，那样远见卓识，还在力图保住自己的名禄地位，幻想世代坐拥云南这块领地。他也明知朝廷对他有疑心，撤与不撤，这使他的思想陷入深深的矛盾之中。尚可喜自请撤藩，又把他置于进退维谷的境地，撤吧，实非本愿；不撤吧，朝廷对自己猜忌日深，亦非长久之计。他顾虑重重，徘徊不定，若走错一步，后果将不堪设想。于是，他找来一班心腹亲信，秘密讨论。反复商酌，意见并不一致。一种意见主张，事到如今，不能不表明态度，不妨先提出申请，看看朝廷到底是什么态度再说，或许朝廷会慰留王不撤。三桂权衡利害，觉得这个主意可取，也符合吴应熊的建议，即决定提出撤藩的申请。

吴三桂命他的幕僚刘玄初为他起草撤藩的奏疏。刘玄初是四川人，原在大西政权蜀王刘文秀府中充任幕客。此人善谋划，刘文秀失败后，被吴三桂收留，不时顾问咨询，很得信任。当吴三桂让他写奏疏时，

① （清）刘献廷：《广阳杂记》卷四，第179页。

他却说："皇上很久就想把王调离云南，但很难开口。王若上疏，一定是朝上夕调。尚、耿愿辞任其辞去，王可永镇云南，为什么非要效法他们呢？王不可上疏！"①

听闻此言，吴三桂很不高兴，气冲冲地说："我马上就上疏，皇上一定不敢调我！我上疏，是消释朝廷对我的怀疑。"②

吴三桂本无意撤藩，但迫于形势，加之其子劝说，才被迫上疏请撤。他抱有侥幸心理，以为圣祖和廷臣们一定会挽留他。的确，部分实际情况确如吴三桂所料，多数大臣们不赞成三桂撤藩，要求吴三桂继续留镇云南。与吴三桂的愿望相反，圣祖毫无挽留之意，否决多数廷臣的意见，坚决撤藩！看来，吴三桂严重低估年轻的圣祖皇帝决断问题的能力，以假意求撤，朝廷真撤，结果弄假成真，已经无法挽回！

圣祖撤藩的命令传到昆明，吴三桂顿时愕然，不知所措，半晌说不出话来，如同当头一棒，神情沮丧。

且看吴三桂如何动作：一场空前的政治大风暴即将来临……

现在，就来解析圣祖三藩同撤的决策，与即将发生政治大风暴是否有必然的联系。

如同吴三桂对圣祖决策的误判一样，圣祖对三桂也是误判误断，以为发下一道圣旨就可以解决问题，事情绝非圣祖想得那么简单，当讨论三桂撤藩问题时，已经出现严重分歧，在几经讨论后，仍然分歧。如果圣祖有所顾忌，理应慎重，要么暂缓，要么另寻其他举措，总的指导思想，务求稳妥，处理得当，防患于未然，最大限度地避免可能发生不测。但是，圣祖完全没估计到吴三桂能否接受撤藩的现实，更没有意识到由此而产生的政治风险，凭一股年轻气盛的锐气，乾坤独断，三藩同撤！

按当时客观形势和撤藩可能产生的后果，多设想几种方案，从中选取风险最小甚至无风险的方案，有百利而无一害。归纳起来，除圣祖三藩同撤，还可有四种方案供选择：

其一，恪守太宗、世祖、摄政王多尔衮和圣祖初即位时多次对三

---

① 《平滇始末》，第1页。
② （清）刘献廷：《广阳杂记》卷一，第179页。

王许下的诺言："世世子孙，长享福贵，如山河之永也。"以三藩"大功茂著，宜膺延世之赏，永坚带砺之盟"。又许愿："王其巩固封疆，殚抒筹策……功名永重山河"①。要求三藩镇守南疆，"屏藩王室"。这些话和承诺都已写入赐封王爵的金册，永不撤藩！

其二，将吴、耿、尚三王调到北京，以觐见为名，叙君臣之乐，效法宋太祖赵匡胤"杯酒释兵权"的故事，乘机把兵权收回，逐步消除前代之祸，君臣相安无事。

其三，区别对待，分期撤藩。以尚可喜、耿精忠不具危险性，就是说，他们会乖乖地按朝廷的指令，顺从地撤藩，故先予裁撤无风险。吴三桂本人及实力很强势，可以缓撤，若欲图抗拒撤藩，已失两藩之助，形单势孤，亦不敢付诸行动。此法如兵法云：各个击破。

其四，暂不撤藩，待机而撤。尚可喜主动请撤，朝廷示以挽留，以安抚没提出撤藩的吴、耿两王，不存疑忌。待尚可喜、吴三桂年事已高，已无实际操持军事的能力，或他俩过世，第二代王年轻，且威望不高，即时撤藩，他们也无可奈何。如在吴、耿、尚三王中发现有图谋不轨，当迅速出击，一举歼之，借机废除王封，其藩不复存在。

撤藩是一个重大的问题，实关国家安危，处理得当，国家安定，天下风尘不动；处理不当，就如同不久出现的天下大乱。对此重大问题，理应慎之又慎，尤其不能操之过急，设想撤藩可能出现的问题，评估可能造成的各种后果，进而设想各种问题或后果的应对之策。遗憾的是，在撤藩的前前后后，全然没有涉及上述所提出的问题，只是讨论撤与不撤，唯一的争论也是关于吴三桂撤藩与否，也被圣祖的决定予以封杀。

圣祖力主三藩同撤，一次性解决，究竟出自何种动机呢？有的史书记录他与部分阁臣的秘密谈话："吴、尚等蓄彼凶谋已久，今若不早除之，使其养痈成患，何以善后？况其势已成，撤亦反，不撤亦反，不若先发制之可也。"②

---

① （清）鄂尔泰：《八旗通志》（初集）卷一七五《耿继茂传》，东北师范大学出版社1985年版，第4238页。

② （清）昭梿：《啸亭杂录》卷一《论三逆》；参见《清史稿》卷二六九《明珠传》。

这番话，应是圣祖内心的真实想法。不论是对当时想法的认识，还是 300 多年后的今天，对他的话的解释，应是一致的，或称之为：古今同理，第一，圣祖说吴、尚等"蓄彼凶谋已久"，完全错误，与事实完全不符！就说尚可喜，一再表示交权引退，就是在他位极人臣、权力名位处于巅峰之时，他也不曾留恋不舍，恰恰相反，第一个主动要求撤藩，他何曾有一点"蓄彼凶谋"？又说此谋"已久"，从何时开始的？此种说法，纯属无中生有！最能证明尚可喜清白的事实，就是在吴三桂反叛后，他立即向朝廷表态，坚决站在朝廷一边，声讨叛乱，出兵平叛，即使到了处于叛军包围之中的危险时刻，他仍毫不动摇，直至去世，绝不向吴军投降！这些事，将在本书以后的章节中予以详细记述。

　　再说吴三桂，在撤藩前，也毫无"叛迹"可寻，亦即"蓄凶谋"，也是子虚乌有！他在云贵的表现，不过是专权，谋取他本人与部属的利益而已，至多说，有违法乱纪的行为，这与"蓄凶谋"完全是性质不同的两回事，不可混为一谈！至于他起兵反清，是变生仓促之际，与前说所谓"蓄凶谋"无任何关联。此事留待下文记述。

　　圣祖没有把耿精忠计在内，原因很简单，耿精忠继承王爵才两年，且长时间住在北京，圣祖把他放过了，吴、尚便成了主凶。

　　第二，所谓"撤亦反，不撤亦反"，同样是毫无根据。不撤藩时，他们反了吗？没有反！若长时期不撤藩，他们必反吗？这只能是猜测，同样无根据！历代多有异姓封王的，绝不是异姓王必反朝廷，反与不反，取决于当时的形势，尤其是中央朝廷采取何种政策，才是变乱与否的一大关键。所以，圣祖说："不撤必反论"，也离事实甚远。至于"撤藩必反论"，与事实不符，尚可喜撤藩始终未反，耿精忠初期也未反，后经不住吴三桂的煽惑，遂误入歧途，不过，只过了一年多，他就"反正"，重新归清。真正反清的，唯吴三桂一人而已。他带头倡乱，又坚持到底，直至被消灭而止。

　　第三，圣祖显然把三王不加区别地统统视为敌人，一并撤藩，在三藩毫无谋反迹象的情况下，来个"先发制之"，结果，引发一场全国性大动乱！

应该说，圣祖洞察到三藩问题的严重性，力主撤藩，是为大清江山计，也无可厚非。但他在三藩毫无"反迹"的情况下，将他们视同敌人，必欲撤之而后快。此举有违先祖的政治承诺，失信于天下，是道义的自我破坏。再说安置，缺乏公平与公正，如将尚、吴本人撤离，应对其子能否继承王爵，作出安排，如仿照清皇室凡封王者，不得出京安排生活，统统留住京师，只享受王爵的生活待遇，给予政治上种种荣誉而已。把三王（耿精忠是耿氏第三代王）调到北京养起来，比同皇室，也是一个可行的办法。解决问题的办法多种多样，这需要运用政治智慧，将三藩问题妥善解决，就会避免历史上已出现的同样悲剧重演。

与人们的愿望相反，圣祖操之过急，采取不加区别的三藩同撤，导致本可和平撤藩却变为一场大灾难！

即将发生的大动乱，肇始于尚可喜主动撤藩，这本来是件利国利民的大好事，却被圣祖与部分大臣操控失策，以及策略与方法失误，把这件好事推向动乱。圣祖负有不可推卸的历史责任！

有关圣祖撤藩这起重大历史事件，迄今未见学术界予以深入剖析，也就是说，未发现圣祖在处理这一事件中有何失误，总把责任与罪过全推给吴三桂。吴氏固然承担发动叛乱而给全国带来灾难之责。但事变的发生却是三藩并撤而激变成乱。

一场大动乱即将开始……

第 十 二 章

初心不改

一、乱起吴三桂

吴三桂假意申请撤藩，以为圣祖一定会慰留他，结果是圣祖予以批准。这使吴三桂面临人生中一次艰难的选择：如果他接受既成的事实，什么事都不发生，君臣相安无事，他本人与其子孙会过上安居的生活。如果他抗拒撤藩，必然与朝廷对抗，后果不堪设想。他的思想已陷入激烈的动荡之中。

再看看吴三桂部属听到撤藩令后的反应。

当撤藩令传来，同样深深地撞击了吴三桂每个部属的心，先是惊讶，继而大惑不解，转而"愤愤不平"，不禁同声愤慨："王功高，今又夺滇!"① 他们直观的感觉是，他们的王爷吴三桂被撤了，为其鸣不平。很快，他们便意识到：吴三桂撤走，他们在云南已获得的一切将化为乌有! 他们绝大多数早在吴三桂当年降清时就跟随他打天下，从东北打到中原，打到西北，转而南下，入四川，进云贵，最后定居于昆明。他们的命运已与吴三桂的利益绑在了一起，所谓一荣俱荣，一

---

① （清）刘健：《庭闻录》卷四，第14页。

损俱损。还有一部分人，是吴三桂在西北、西南用兵，与农民军交战中收编的降将降卒，也与吴三桂的利益交织在一起。

吴三桂家族中，有子侄、女儿女婿，以及本族的兄弟，这些人各有自己的子女，都已成长起来，其安身立命，皆以吴三桂的荣辱为依归。

圣祖撤藩令，吴三桂的家庭及其核心势力中的每个人的利益都受到威胁，不会心甘情愿地接受剥夺。

同样，撤藩令也使吴三桂所属的广大基层吏民感到惶恐不安，多抱抵触情绪。据吴三桂报告：他属下家口多达数万人，按地域分，一部分人来自辽东，跟随三桂南征北战30年，至此时，他们已年老，也已经适应了南方的生活，其子女已长大成人，辽东已成为他们遥远的记忆；一部分人是来自山西、陕西、河南、河北等地，对辽东没有故土之念，要他们随吴三桂再迁到山海关外，不抱热情；还有一部分是在吴三桂南下时，加入队伍的四川人、云南人、贵州人，这些人基本上都是大西政权张献忠、南明的余部，本是当地人，他们对迁辽东多抱有抵触情绪。

从康熙元年（1662）开始，吴三桂属下家口迁往昆明和云南边镇要塞，三年迁完，到撤藩令下达时，他们都在云南生活了9年至12年，安居乐业，而且家资丰饶，地产足用，家道正隆，安享战后的宁居生活，他们以为跟随吴三桂永镇云南，可以世代生活无忧。过去一二十年间，因为战争的需要，他们随吴三桂屡次迁移，在他们到了云南定居下来，就不再想搬迁的事，所说"安土重迁"，正是人们的普遍心理。现在，撤藩令下达，如同降临一场灾难，如史载："藩下数十万家口无不愁苦。"① 此非夸大之辞，完全符合当时人们的普遍心态。又有的史书说：撤藩令一下，"全藩震动"，人心"沸扬"。② 显然，撤藩令已引发吴三桂所属上下人心动荡……

正当吴三桂与其全藩人心焦灼之际，圣祖有关撤藩的指令连续发到昆明、广州、福州三藩所在地，这些指令都是对撤藩作出具体规定，

---

① 孙旭：《平关录》，第5页。
② 佚名：《四王合传·吴三桂传》，见《荆驼逸史》。

包括他们撤离后的善后安排。

这里，就把圣祖下达的指令分别引述于下，以见事实真相：

康熙十二年八月十五日：

> 　　差礼部左侍郎管右侍郎事折尔肯、翰林院学士兼礼部侍郎傅达礼，往云南；户部尚书梁清标，往广东；吏部右侍郎陈一炳，往福建，经理各藩撤兵起行事宜。①

派朝廷大员分赴三处，具体负责三藩迁移事宜。他们的身份实则是皇帝的钦差大臣，主持并监督执行皇帝的意旨。

同时，圣祖指示吏部、兵部尽快遴选云南总督，以替代收复撤离的吴三桂：

> 　　云南地属远疆，今该藩（吴三桂）官兵既撤，控制需人，应专设云南总督一员，添设提督一员，责成专管料理。尔部速议具奏。

同一天，圣祖又向户部下达指示：

> 　　平西王吴三桂、平南王尚可喜、靖南王耿精忠等请撤安插，已允搬移。该藩及各官兵家口安插地方，所需房屋、田地等项，应豫为料理，务令（三藩）到日，即有宁居，以副朕体恤迁移至意。②

从上引两则指令，可看出圣祖出手迅速，容不得三藩有任何想法，恨不得朝令夕迁！他派出钦差分别赶赴三藩地，催办搬迁；即刻选官替管云南；在三王安插地方配置房屋与田地等。分配田地，可缓可急，

---

① 《清圣祖实录》卷四三，康熙十二年八月壬子，中华书局1985年版，第571页。

② 上引，见《清圣祖实录》卷四三，康熙十二年八月乙卯，中华书局1985年版，第571页。

唯三藩各自家口数千至万人以上，房屋何以准备齐全？事先无备，临到撤藩时，怎能准备出数万人的居住房屋？可以想见其困难之大！圣祖不管这些，只下命令，责令户部立办！

受命督办三藩搬迁事宜的使臣，立即行动，分别前往昆明、广州、福州。

圣祖特别重视吴三桂，八月二十四日，折尔肯等赴昆明前，圣祖特将自己佩带的两口刀、四匹良马，分赐给折尔肯等使臣，以重事权。同时，圣祖亲笔给吴三桂写下一道手诏，交给使臣，向三桂宣读。手诏写道：

> 自古帝王平定天下，式赖师武臣力，及海宇宁谧，必振旅班师，休息士卒，俾封疆重臣，优游颐养，赏延奕世，宠固河山，甚盛典也。王夙笃忠贞，克摅猷略，宣劳戮力，镇守岩疆，释朕南顾之忧，厥功懋焉。但念王年齿已高，师徒暴露，久驻遐荒，眷怀良切。近以地方底定，故允王所请，搬移安插。兹特遣礼部侍郎折尔肯、翰林院学士傅达礼，前往宣谕朕意。王其率所属官兵趣装北来，慰朕眷注，庶几旦夕觐止，君臣偕乐，永保无疆之休。至一应安插事宜，已敕所司饬庀周详，王到日，即有宁宇，无以为念。①

读罢这道手诏全文，不能不为圣祖的话所感动！字里行间倾注了圣祖对吴三桂的亲近有加的情感。圣祖从国家大局，说到吴三桂的功绩，念及吴三桂年齿已高，不该在遐荒之地久留，该是享受太平之福的时候了，北来后，可以随时君臣相见"偕乐"，子孙也可永保富贵。圣祖的本意，是向吴三桂解释朝廷撤藩意图和政策，极力向吴三桂示好。如果把圣祖私下谈话，明指"吴、尚等蓄彼凶谋"来比较，即知圣祖的手诏所言并非完全真话，不过是使手段，用好话来安抚吴三桂，力图消除他的疑虑，避免发生不必要的麻烦，使撤藩得以顺利进行。

---

① 《清圣祖实录》卷四三，康熙十二年八月辛酉，中华书局1985年版，第572—573页。

圣祖一厢情愿，以为吴三桂读了他的手诏，一定会满意的，会按他的诏令，按规定撤藩的！

为表示朝廷对撤藩的诚意和优待，在折尔肯一行还未动身赴云南时，圣祖紧急指令户部侍郎达都前往盛京（沈阳）陪都会同盛京户部侍郎、奉天府尹等官员，察看并落实划拨给三藩及其下属的地、房屋是否合适。他指出：凡贫民劳苦开荒的土地与他们居住的房屋，不得察看，不许占用；再有当地驻守官兵分内的土地和房屋，不得征用。除此，应察看的土地，包括当地皇庄、马场、王公大臣、侍卫等人的庄田与房屋，以及空闲之地，务必尽行察看，如这些庄田、房屋数不够，可就地察看。他又提出：山海关九门边墙外，也不必考虑。如还不够，可在别处边墙外，酌量察看，将所查结果，向他报告。①

三藩总计撤离人口不下六七万，所需土地和住房的数量是相当庞大的，这的确是一项庞大的"安置工程"，将三藩人口都安置好，也不是件容易事。不过，圣祖为实现他的撤藩计划，他还是很认真地去做好三藩的安置工作，所以才派专职官员前往盛京，亲自落实。与此同时，就在折尔肯一行前往云南后，圣祖再派户部郎中席兰泰、兵部侍郎党务礼、户部员外郎萨穆哈、兵部主事辛珠等官员前往贵州，负责办理吴藩搬迁时所需夫役、船只和人马粮草等事，行前，向他们发出指示："向来驿地困苦，今则困苦更甚矣。尔等慎勿骚扰，若该藩搬移已至水次，尔等即宜应付船只，不可迟误。"②圣祖是说，历来负责传递信息、转输物资及接受往来所经驿站人员是很困苦的，现在尤其困苦，你们要谨慎，不得骚扰他们，如果你们到达时，吴三桂搬迁已到水路码头，你们要及时备办船只，不可迟误。

上引圣祖关于撤藩的一系列指示及具体部署，已见圣祖虑事周详，处置得当，办法可行，真的是无可挑剔。从尚可喜及耿精忠方面得到的信息，两王正按照圣祖的指示，加紧进行搬迁的各项工作。

但是，圣祖所做的一切努力，并未使吴三桂感动，他按兵不动，并未积极准备搬迁，他的思想已陷入深深的矛盾之中，他无法明白：

---

① 《清圣祖实录》卷四三，康熙十二年八月辛酉，中华书局 1985 年版，第 573 页。
② 《清圣祖实录》卷四三，康熙十二年九月申戌，中华书局 1985 年版，第 574 页。

为什么要他撤藩？尽管圣祖在给他的圣旨中反复解说，他似乎一点也未听进去，他纠结的就是一件事：他用血汗甚至生命的代价获得的权益被朝廷给剥夺干净了，他怎么想也不甘心，尽管圣祖发下一道道指令，并派出钦差前来办理撤藩事宜，他却心烦意乱，迟迟不做撤藩的准备。

吴三桂内心充满了对朝廷的不满情绪，产生抗拒撤藩的念头，但顾影自怜，自感年事已高，不敢有所作为，也不敢设想起兵抗拒！

吴三桂的部属，乃至下层的吏民是不愿撤藩的，他们与吴三桂都想到一起了。围绕在吴三桂身边的核心人物，与下属的吏民的想法一致，他们的前途命运、荣华富贵，皆以吴三桂的升迁为依归：一句话，他们与吴三桂已经结成命运共同体，其思想倾向对吴三桂的影响之大，是任何力量也无法替代的。这批吴三桂集团中的核心人物对撤藩的抵触情绪最大，他们痛感撤藩严重损害了已得到的利益，由此进一步触发了民族感情，原已泯灭的排满思想借此死灰复燃，他们感到满洲统治者不可信，在统一天下后，他们这些汉官汉将已无用处，必欲逐个消除才安心！因此，他们对撤藩持坚决反对的立场，开始向吴三桂进言，力劝起兵抗拒撤藩。

最先进言的，是吴三桂的侄儿、女婿。他们是与吴三桂集团核心人物商酌后，以至亲身份进言的。他们说：

> 王威望、兵势举世第一，戎衣一举，天下震动！只要把世子（指吴应熊）、世孙（吴世霖）设法从北京带回云南，可与清朝划地讲和。此即汉高祖（刘邦）"分羹之计"也。如迁于辽东，他日朝廷吹毛求疵，我等只能引颈受戮！不如举兵，父子可保全。①

吴三桂听其一番形势分析和对未来的预测，心中疑惑不决。他反复权衡利害，也想不出万全之策。要想当忠臣，又想不撤藩，保住云

---

① 《平滇始末》，第1页。

南的权势，已完全无可能。侄儿、女婿说，将来回辽东后将遭不测之祸，他很认同这个判断：有朝一日，朝廷会以任何借口把他和子孙斩草除根，那时，他无一兵一卒，手无缚鸡之力，岂不是任人宰割！吴三桂想到这里，不由得全身不寒而栗。这时，他的思想正向与朝廷武力对抗的可怕道路上急速滑去。他想了又想，除了走这条路，实在是无他路可走了。当然，他若接受撤藩，此路平安顺畅，但他已放弃这条路，转向武力对抗这条路。

眼下，还有一件事不能使他马上下决心，这就是他的长子吴应熊和长孙吴世霖还在北京呢！他若起兵，其子孙必有杀身之祸！吴三桂的夫人张氏为此劝阻他千万别谋反。吴三桂不由得老泪纵横，向其心腹将领胡国柱哭诉："只恨应熊还在北京，怎么办？"胡国柱建议："秘密派人到北京，把长子长孙一并搬取回云南。"吴三桂采纳了这个建议，等长子长孙回到云南，再议撤藩的事。

吴三桂迅速行动，立派心腹李恕、张镳赶赴北京，秘召吴应熊父子回云南。[1]

与吴三桂的愿望相反，长子吴应熊想"终守臣节，保全禄位"。当李、张两使见到吴应熊时，他就做了这样的表示，反对父亲起兵谋反。平时，他不止一次规劝父亲谨守臣节，切不可妄为，以免引起朝廷对他的疑忌。此前，吴三桂对儿子的劝告还是听信的。但此次吴三桂不再听从儿子的劝告，吴应熊知道父亲决心以武力抗拒撤藩，他要不要听从父亲的话，离开北京到云南去？他徘徊不定，舍不得丢掉禄位，也不忍心背着妻子去云南，只是天天暗地里哭泣，迟迟不能动身。李恕与张镳两使者，已劝过多少回了，吴应熊就是不答应。李、张两人见吴应熊无意南下，时间紧迫，不允许他俩久等下去。于是，他俩只好带吴应熊的庶子吴世璠秘密离开北京，急匆匆地奔回云南。[2]

吴世璠安然回到昆明，吴三桂好像看到了希望，不仅获得莫大的安慰，又像是得到一种力量的支撑，他开始考虑起兵，抗拒撤藩。

吴三桂并非盲目起兵，而是充分估量全国的形势，对比各方力量

---

① 以上史事，详见《庭闻录》《平关录》。
② 《平滇始末》载：世璠被"设谋隐匿，顾乳媪窃载至滇"。

之后才做的决定。在他看来，他个人的才武，天下无二；他据有的云南，"地险财富"；他的军队都是"百战之锐"，当世八旗军也不能不有几分畏惧。吴三桂又想到四川、陕西、河北、山东等省，都有他的心腹在执掌兵权，如果他起兵，这些党羽会"无不从命"，为他冲锋陷阵。吴三桂进一步想到，从清入关，到现在，正好30年，朝中名将，多半已去世，健在的人为数很少，也已年迈，几乎无人可以与他相匹敌。至于圣祖，如前已指出，吴三桂以为一个乳臭未干的少年，不足担当大事……吴三桂越想越兴奋，自感胸有成算。①

吴三桂对自己的想法仍觉得不踏实。他听从侄、婿等人的建议，去找方光琛，听听他的谋划。方氏老谋深算，平时吴三桂待他甚厚，每有余暇，吴三桂就约他或校射，或纵论天下事，很是融洽，凡遇大事，吴三桂总邀他出主意。现在，撤藩这件事，关系未来命运，不可有半点疏忽！他听从侄、婿的建议，就找来方光琛问计。

第一次谈时，吴三桂没有明说起兵，只是就眼前的状况发点议论，方氏也不说心里话，只是跟着吴三桂的议论发点余论而已。吴三桂的意思，是让方氏先说出起兵的必要性，然后，他表示赞成。但方氏深知此事关系重大，吴三桂不明说，他岂肯先说？第一次谈，无果而终。

第二次，两人再谈。吴三桂这才说出自己的想法，但方氏仍然没有露出自己的意见，沉静地敷衍而已。

第三次，天刚亮，方尚未起床，吴三桂急匆匆登门求计。方见吴三桂反意已决，这才起床，慷慨陈述，把他的想法一股脑说出来。按他的预想，吴三桂一经起兵，福建、广东、湖北、河北、山西、四川等省，可传檄而定，其余战胜攻取，易如反掌！这一番分析，听得吴三桂兴奋异常，好像天下已在他的掌握之中！当即就秘密任命方光琛为"学士中书给事"，将他安排在自己的身边，赞划大计。②

第三次见过方光琛后，吴三桂决计起兵，迅即着手起兵的各项准备。

钦差大臣折尔肯一行，于九月初七日抵达昆明东归化寺。不想当

---

① （清）刘健：《庭闻录》卷四，第14页。
② 《平滇始末》，第2页。

地庄民向折尔肯请命，要求把吴三桂留在云南。折尔肯大怒："吴王自请移家，你们谁敢说保留？"他命当地官衙将为首的庄民逮捕。[1] 这些庄民是否受吴三桂指使？不得而知。但他们的请愿，是符合吴三桂的根本利益的。

吴三桂起兵的事还未准备好，特别是将士们思想准备不足，不敢仓促起事。明面上，他认真接待折尔肯一行，不得不容忍钦差大臣对他发号施令，部署撤藩事宜，而暗中却加紧策划起兵。

吴三桂跟侄儿吴应麒、女婿夏国相及大将胡国柱密商起兵的方案，他们设计两个方案：一是在云南就地起兵；一是在搬迁途中，当行"至中原，据腹心，以制指臂，长驱北向，可以逞志"[2]。前一个方案，以云南为根本，可进，可守；不足的是，从云南往北进攻，路途遥远，如攻到北京，尚待时日，必然要经历一个漫长的艰苦作战过程，才能达到目的。后一个方案，行至中原起兵，占据腹心，一举可至北京，成功似觉比前一方案较易。但将云南交出，即失根本，倘事有不测，进退失据，将陷入危险境地。还有，家属随带，老少妇幼不少，途中安置不易，一经打仗，家属就是一个很大的负担。两个方案比较之下，吴三桂等认定：前一个方案较为稳妥。[3]

折尔肯、傅达礼到达昆明后，看不到吴藩有搬迁的迹象，一切都显得很平静，好像什么事也发生过。他们就会见吴三桂，商量全藩启程日期。吴三桂有意拖延，口头上答应，就是不见行动。折尔肯几次催促行期，吴三桂闭口不谈搬迁日期，总是以各种借口敷衍。至十一月四日，吴三桂忽然给朝廷写了一份很恭顺的报告，称："臣部下官兵家口，三十年来，蒙恩豢养，生齿日众，恳将赐拨安插地方，较世祖章皇帝时所拨关外至锦州一带区处更加增廓，庶臣部下官兵均沾浩荡之恩矣！"圣祖对吴三桂提出增拨土地的要求，立即批示："王所属官兵家口，迁移远来，自应安插得所，俾有宁居，以副朕怀，此所请增

① （清）刘健：《庭闻录》卷四，第15页。
② 佚名：《四王合传·吴三桂传》，见《荆驼逸史》。
③ 详见《四王合传·吴三桂传》，见《荆驼逸史》。

赏地方，著速议具奏。"① 圣祖对吴三桂提出的新要求不论是否合理，一律满足，目的是为了顺利撤藩。

吴三桂要求再增拨土地，不过是编造的一个口实，意在放烟幕，迷惑朝廷，稳住钦差，放松对他的警惕，便于他在充分准备之后，给出突然一击！同时，吴三桂上奏后，就向钦差表态：预定十一月二十四日全藩启程北迁。

同时，吴三桂加速起兵的准备：密令云南、贵州各边防要塞的将领，严守各关口，不管什么人，只许进，不许出，封锁内外消息，不得泄露云贵方面的任何信息。

以什么名义起兵？起兵后，建何国号？吴三桂召集他的谋士密谋。刘玄初首先表示看法："明亡未久，人心思旧，宜立明朝后人，奉以东征，老臣宿将无不愿为前驱。"

方光琛却持不同看法："当年出（山海）关乞师是自己力量不足，可以解释清楚。但当永历窜逃到缅甸，必欲擒获而杀死，无法向天下人解释。以王的兵力，恢复明朝甚易，但不知成功后，果能立明之后人否？时势所迫，不能始终守臣节。篦子坡之事，做一次犹可，能再做第二次否？"

方光琛说明，当初吴三桂出关向清朝"乞师"，进而降清，是当时力量不足，不得已而为之，可以向国人解释明白的。但后来吴三桂率部进入缅甸，将南明永历帝擒获，在篦子坡勒死，这就无法向天下说清楚。而今起兵，又打起明朝旗号，让明的后人立为皇帝，待成功后，王还能坚守臣节吗？再做一次篦子坡的事吗？意思是，再把新立的明朝皇帝给杀了吗？所以，篦子坡的事只能做一次，不可做第二次！他的意思是，自立旗号，如打复明的旗号，于情于理都说不通，反而会失掉民心！

吴三桂听过方光琛的意见，觉得有道理，便决定自立名号"天下都招讨兵马大元帅"。指使工匠秘密将此名号铸刻成印，以备起兵后用。

①《清圣祖实录》卷四四，康熙十二年十一月己巳，中华书局1985年版，第580页。

十一月十五日，折尔肯、傅达礼等钦差，会同云南巡抚朱国治，前去王府，谒见吴三桂，催促起程。吴三桂很客气地留下他们吃饭。他虽然口头上答应搬迁，还定了动身的日期，但是，却看不见他有搬家的迹象，眼看行期逼近，折尔肯等不免着急，朱国治忍不住就说："三位大人候久，王若无意搬迁，三位大人自回家复命！"

　　朱国治的话，明显的是向吴三桂发出威胁，吴三桂勃然变色，手指朱国治怒斥："咄咄朱国治，我把天下给了别人，只此云南是我用血汗挣来的，如今你这贪污小奴不容我安身吗？"

　　朱国治不服，争辩说："我贪在何处？"

　　三桂厉声呵斥："你还犟嘴！你前索大理知府冯苏三千两白银，是从我这里借的！你历年贪赃，多出我家，现在日历记载为据！"

　　折尔肯见势不好，连忙出面调解："王请息怒，搬迁的事与巡抚（朱国治）无关。"

　　事后，折尔肯与朱国治会同司道官员计议，朱国治等官员主张："应速上疏，请暂缓搬迁。"

　　折尔肯说："我等奉旨而来，现在就回，如何向皇上交代呢？"又讨论了一会儿，决定傅达礼先回京，折尔肯等先留下。傅达礼即刻动身，行不出百里，为守官所阻，只好回城。

　　消息被封锁，人员行动受阻，被围昆明城中。折尔肯深感事态严重，朱国治也不敢不上疏报告，他们已束手无策，只能静观事态发展。①

　　吴三桂为折尔肯等钦差与巡抚朱国治屡屡催逼搬迁行期，知道不能再拖延，遂加快进行起兵前的准备。他与属下各级将吏包括镇守云南各地区的将领们秘密沟通、策划。属下各将领吏员与吴三桂的利益一体，共进退，唯三桂之命是听。②

　　这一切，都在秘密进行中。表面上，看起来都很平静，在这宁静的气氛中掩饰着将要到来的风暴。箭在弦上……

---

　　①　事见孙旭《平关录》，第6页。

　　②　佚名：《四王全传·吴三桂传》，见《荆驼逸史》。

二、忠贞不二

吴三桂在昆明加紧准备起兵反清。与此形成鲜明对比的是，尚可喜在广州积极准备搬迁。

如果一家一户搬迁，不算难事，可是尚可喜一家是一个庞大的家族，他有32个儿子、24个女儿，他们中绝大多数都已成家，且有众子女，共130余口人；再说尚可喜属下的将吏达数千人，其中各有家属，又携家资，需要多少车辆载运！不仅需大量马匹，遇有江河，必以船只通过，种种困难可想而知。尤其是路途遥远，从广州到达辽东海域，长达4000余里，人吃马喂，住宿餐饮，又需多少粮草！人皆有"安土重迁"之心，他们已在广东包括广州生活20余年，第二代、第三代大多都出生在这里，有谁愿意离开已安居乐业的故居，跋涉数千里，到寒冷而荒凉的东北再过农耕生活？可以肯定，他们对搬迁不会抱任何热情，相反，还会有抵触情绪。

在随尚可喜搬迁的数千人员中，除原有来自辽东的部分旧人，还有相当部分人员是尚可喜在南下及定居广州后收编的农民军及南明余部，这些人尤其不愿北迁！

尚可喜的家族及广大部属对搬迁的想法，与吴三桂所属人员的想法是一致的。因为他们面临共同的命运安排，他们的利益也是一致的，包括他们的经历，大都来自辽东，又都安家在遥远的南方，几乎可以肯定，在吴、尚二王的千百人中，没有谁心甘情愿地迁回东北！

关键是吴、尚二王的人生目标完全不同，追求的利益有别，必然获得不同的结局。前面已记述尚可喜多次求退，至康熙时才获准。他的人生观念，就是功成引退，或者叫急流勇退，因为身在高处"不胜寒"，他汲取历史上的屡屡发生的血的教训：打天下，同苦乐，命运与共，但一经夺了权，新皇帝登位，立即对当年与之奋斗的功臣下手，以保住他的皇帝宝座。所以，尚可喜为自身安全计，更为将来子孙计，毅然舍弃自己个人的权势与地位，让皇帝放心而不疑，子子孙孙平安顺遂而无风险。这是最明智的人生选择。他这样做了，其家族还有疑义吗？他的部属将吏又有谁敢于出面反对撤藩呢？没有！

在尚可喜的主导下，从家庭内部，到所属的各级将吏，都在积极准备撤藩，家资家产逐一处理，携带什么，各家都在筛选。一切都按计划进行。在圣祖派遣户部尚书梁清标到达广州后，尚可喜遵照圣祖的指令，与梁清标密切配合，逐项落实，撤落搬迁有条不紊地进行。

吴三桂自认为，云南、贵州是他和他的将士们拿血汗生命换来的，这块地方理应属吴氏的天下，圣祖批准他搬迁，是对他的利益的完全剥夺，因此，他无法接受圣祖撤藩的决定，尤其是他被撤藩而弄假成真，更遭受思想情感的重重一击，由对朝廷的怨转而愤恨。于是，他和他的心腹将领及谋士取得共识，所属将吏对撤藩的不满，又与三桂对抗朝廷的意识不谋而合。不管他的部属乃至家人如何想，起决定性作用的只有一人，就是吴三桂，撤与不撤，就取决于他！最终他还是铤而走险，结局是把他及其子孙、亲属将吏引入毁灭！

吴三桂的人生选择，与尚可喜完全不同：他追求他个人的名位与权力，一旦到手，绝不放弃！对撤藩事关他及家族与所属将吏命运在所不顾。他既不认识历史的教训，也全不顾及子孙生命安危。最能说明问题的一个典型事例：他的长子还在北京，为朝廷所掌控，一旦起兵，其长子应熊的性命就处于危险之中。可惜，吴三桂全不考虑其子的死活，为捍卫他个人的利益而不惜走上不归路，招致他本人及家族的毁灭！与此相反，尚可喜善始而善终，泽及子孙，家族一盛而再盛，与清朝相始终，延及当代，更盛于前。两相对比，更彰显尚可喜之远见卓识！

这都是后话，本书将在后面予以翔实记述。

尚可喜正督率其部属将吏及本家族忙于搬迁，一切都按圣祖的指示进行。钦差梁清标则忙于协调各方，具体组织搬迁事宜。

在人们毫无察觉中，一场空前的大风暴就在云、贵刮起来了！

这是康熙十二年（1673）十一月二十一日，吴三桂在昆明正式宣布起兵。

这天清晨，吴三桂召集四镇十营总兵马宝、高起隆、刘之复、张足法、王会、王屏藩及胡国桂、吴应麒、郭壮图等各将领赴王府会议。

云南巡抚朱国治率所属官吏奉命而来。

各方人员到齐后，吴三桂威坐殿上，正式宣布起兵，与清朝脱离臣属关系。吴三桂勒令云南巡抚朱国治投降，朱国治断然拒绝。吴三桂气极，下令将朱国治和不降的官员全部抓起来，这些官员是：云南按察司按察使李兴元、云南知府高显辰、云南同知刘昆及其他一般官员。吴三桂无意开杀戒，打算慢慢劝降，让他们都乖乖变成他的人。不料，胡国柱率兵卒把刚抓起来的朱国治给杀了！既然已杀，吴三桂也无须追究。

钦差折尔肯、傅达礼等被拘留软禁。

处置完清朝各级命官后，吴三桂宣布：从即日起，他的名号就称之为"天下都招讨兵马大元帅"，建国号"周"，以明年为周元年。

吴三桂改了清朝康熙年号，自立新年号、新国号，表明他与清朝的关系已一刀两断，从此就是不共戴天的仇敌！为表明他对清朝的彻底叛离，他下令三军将士丢弃满洲服饰，改穿汉服，蓄留头发，一如明朝服饰。

为激发汉人反清情绪，吴三桂率三军将士到南明永历帝陵前举行祭陵仪式。在永历陵前，他亲自酹酒，三拜之后，便大放悲声。

世人皆知，永历帝是吴三桂亲自抓获的，又是他下令在昆明秘密处死的。如今，永历帝已死十余年。为了起兵的政治需要，他不惜跪在被自己所害死的人的陵前，痛心疾首，是对自己以前的行为表示忏悔吗？未必如此。吴三桂是利用人们对清朝的不满，或对故明的怀念，对撤藩的抵制而痛恨，以明之亡灵为号召，来调动将士们的情感，去反对清朝的不仁不义，争回汉人的权宜之计。

此项活动，果然获得预期的效果，受吴三桂哭声感染，三军将士同哭，"声震如雷，人怀异志"，立誓跟随吴三桂，去开辟新的锦绣前程！①

接着，吴三桂公开发布讨伐清朝的檄文，历数清朝之罪种种，自辩其行为种种皆属正当而无误，如此等等，以此号召天下人随他造反，

---

① 以上，详见《四王合传·吴三桂传》，见《荆驼逸史》。

推翻清朝"夷君"统治，再建一代新王朝！① 檄文很长，不赘。

此道檄文，通告全国，宣布吴三桂和他的将士正式脱离清朝，并向清朝宣战。

康熙十二年（1673）十二月初一日，吴三桂自云南发兵北进，向清朝展开战略进攻。

由吴三桂发动的持续八年之久的反清战争就此开始。

这场大内战是因撤藩而引发的。圣祖撤藩，无疑伤害了部分汉族官僚贵族集团的利益，甚至是剥夺了他们安身立命的根基，吴三桂力保其集团的利益，没有别的选择，只有铤而走险，孤注一掷！招致吴三桂变乱，圣祖要负主要责任，如前已指出，他本来可以从缓，可以分阶段，可以分期撤藩，不给吴三桂反叛的理由，也就有可能平和地解决问题，避免兵戎相见。此即撤藩激变成乱，清朝为此也付出了重大而惨痛的代价。

吴三桂起兵的过程大致如此。

吴三桂起兵后，首先看看圣祖的反应，他又是如何应对这一重大事变的呢？

前已记述，差往贵州备办吴三桂搬迁所需夫役、粮草与船只的兵部侍郎党务礼、户部员外郎萨穆哈得到云贵总督甘文焜密告：吴三桂已反。二人疾驰十一昼夜，于十二月二十一日到达北京，即刻向圣祖报告。圣祖召集议政王大臣紧急商讨对策。第二天，即十二月二十二日，四川湖广总督蔡毓荣关于吴三桂反叛的奏报送来，提供了更为详尽的信息。② 这个消息很快在朝野内外传开，"举朝震惊"③。

除了进行紧急军事部署，圣祖又作出一个重大决定："停撤平南、靖南二藩，召梁清标、陈一炳还。"④ 圣祖已意识到，撤藩引起吴三桂反叛，唯恐尚可喜、耿精忠二王也随吴三桂反叛，遂紧急下旨，命尚

---

① 吴三桂讨清檄文全文，详见林春胜等《华夷变态》卷二，第53—54页。

② 以上，详见《清圣祖实录》卷四四，康熙十二年十二月丙辰、丁巳，中华书局1985年版，第585页。

③ （清）魏源：《圣武记》，"康熙勘定三藩记"（上）。

④ 《清圣祖实录》卷四四，康熙十二年十二月丁巳，中华书局1985年版，第586页。

可喜与耿精忠二王停止搬迁，命钦差梁清标从广州、陈一炳从福州赶快回京。

吴三桂发动武装叛乱，且不说这一事件给国家、社会造成何种严重后果，对于尚可喜、耿精忠将产生什么影响？说得明白点，他们会不会跟着吴三桂一起造反呢？这是最令圣祖和朝廷大臣们担心的一件事！当然，对于二王个人而言，他们也面临严峻的考验：是坚定地站在清朝一边，还是跟随吴三桂，参与这场反清大叛乱？严酷的现实很快就逼使二王作出各自的选择……

吴三桂起兵反清时，自信地振臂一呼，天下响应，也会得到尚、耿二王的支持。对吴三桂而言，尚、耿两王参与起兵，他将如虎添翼，可以横行天下！他自以为，撤藩之举，损害了他们的共同利益，内心一定充满对朝廷的强烈不满和痛恨的情绪，吴三桂确信他们三王的想法一致，他一带头反清，尚、耿二王一定会起兵响应。所以，他率军北征时，无需向广东、广西、福建进兵，只需各派一使者，携带他的一封信，向他们游说一番，他们就会自动与吴三桂一起反叛清朝。

结果如何呢？真的会像吴三桂所设想的那样吗？

先看看耿精忠如何表现。

他是耿藩第三代王，即耿仲明的长孙、耿继茂长子，于顺治十一年（1654）入北京，入侍世祖。为密切与耿藩的关系，世祖把他的长兄豪格之女许给耿精忠为妻，称为"和硕额驸"。论亲戚，世祖是耿精忠的叔丈，圣祖则是耿精忠的叔伯内弟。康熙十年（1671），其父耿继茂因病奏请圣祖，让耿精忠代他管理藩事。圣祖批准。不久，耿继茂去世，圣祖指令耿精忠正式承袭靖南王爵。他承袭王爵才两年，就赶上尚可喜请求回辽东的事，耿精忠本无意引退，但迫于形势，不得不提出撤藩的请求。及至撤藩令下达，他不得不接受，眼见尚可喜、吴三桂都予接受，准备拱手让出藩地，他也无话可说，一切照办而已。

照理说，耿精忠跟清朝的关系最为密切，他从十余岁就生活在世祖、圣祖两代皇帝身边，直接得到皇帝的关注与照顾，又与皇室结亲，招为额驸，成了皇室大家庭的一员。这在当时是汉人王公贵族中难以得到的荣华富贵，也只有吴三桂与尚可喜两王与之共享有尊崇地位。

就耿精忠个人而言，他在皇帝身边生活久，受"皇恩"也最多，应该感情也最深厚，即使撤了藩，他还是尊贵的额驸，荣华富贵是不会减少的。所以，他对撤藩心怀不满，显系不当。就是其他人反清，他只能站在清朝一边，极力维护清朝的统治，实际也是维护他个人的既得利益。出乎人们的预料，当吴三桂起兵反叛后，耿精忠竟然也起兵响应……

精忠接受吴三桂之约，进行密谋策划。他召集他们左翼总兵曾养性、右翼总兵江元勋，以及参领白显忠等四将，共谋起兵反清。其母周氏知道儿子密谋之事，很是生气，屡次责备他，力图阻止他胆大妄为。但耿精忠根本就听不进去，母气极，绝食而死。

有关耿精忠起兵前种种策划的细节，无需细说，总之，到了康熙十三年（1674）三月十五日，耿精忠在福州宣布同清朝脱离关系，自此成敌国。清朝方面很快得到精忠反叛的消息，据杭州将军图喇疏报："耿精忠据福建反，总督范承谟骂贼不屈，贼幽之；巡抚刘秉政降贼。"①

图喇所奏，与事实符合。耿精忠所辖福建地方，其部属大多追随反清，只有少量的官员如总督范承谟等拒降。

此前，广西将军孙延龄也反了，起兵响应吴三桂。②

由吴三桂带头发动的这场大叛乱，首先在长江以南的广大地区迅速蔓延，先是云、贵两省，然后是广西，接着，福建反。随着吴三桂北进，沿途所经湖南、浙江、江西等省的许多地区的地方将吏也纷纷造反，与吴三桂相呼应。

圣祖面对此乱局，从容进行军事部署，他调兵遣将，以荆州为战略据点，派驻重兵，以扼吴三桂兵北征；同时，向全国发布通告，宣布吴三桂等人为"逆贼"，并历数其罪状种种，予以声讨。在吴三桂宣布叛清一个月零五天后，即康熙十二年十二月二十六日，圣祖作出一项重大决定：削除吴三桂的平西亲王爵③。在广西将军孙延龄、靖南王

---

① 《清圣祖实录》卷四六，康熙十三年三月庚辰，中华书局 1985 年版，第 608 页。

② 《清圣祖实录》卷四六，康熙十三年二月辛酉，中华书局 1985 年版，第 606 页。

③ 《清圣祖实录》卷四四，康熙十二年十二月壬戌，中华书局 1985 年版，第 588 页。

耿精忠相继叛后，圣祖迅速行动，分别发出与声讨吴三桂一样的通告，诏削他们的各自的职衔与王爵①。很快，圣祖再下旨，将吴三桂之子、额驸吴应熊及其子吴世霖处死②，既是对吴三桂叛清的一个惩罚，也是打击吴三桂反叛的气焰。

三藩中，已有吴三桂、耿精忠二王叛了，连带广西也叛了，那么，还剩尚可喜一藩何去何从呢？

且看事实：

在吴三桂、耿精忠反叛的消息传到广州时，藩下所属将吏也是人心惶惶，都在关注尚可喜的态度，等待他作出决定。尚可喜的态度非常明确：在没有得到朝廷的指令前，任何人不得轻举妄动，各安职守。

很快，尚可喜又得到孙延龄发布的反清檄文，内中有一句"三藩并变"的话，引起尚可喜的高度警觉：明明是吴三桂与耿精忠叛了，怎么也把他扯进去，说："三藩并变"呢？这是孙延龄故意造的谣言，不过是给自己造造声势而已！尚可喜认为，必须向皇帝解释清楚才行！事不宜迟，他当即起草了一份奏疏，据清官方史籍记录：

> 平南王尚可喜疏言：孙延龄伪檄有"三藩（并变）"之语，闽省又倏告变。臣与耿精忠本系姻娅，不能不踧踖于中。窃臣叨王爵，年已七十有余，虽至愚极陋，岂肯向逆贼求功名富贵乎？惟知捐躯矢志，竭力保固岭南，以表臣始终之诚！

本书前已交待：尚可喜与耿家是儿女亲家；耿精忠是可喜长子之信的妻兄；尚可喜次子之孝之女又是耿精忠的儿媳③。尚可喜得知其亲家追随吴三桂参加叛乱，立即向圣祖表明态度：坚决站在清朝一边，同耿氏划清界限！他坦露自己的心迹：他已七十岁有余，位至王爵，难道还向"逆贼"求富贵吗？他唯一知道的就是不惜捐躯，矢志保卫

---

① 通告全文，分别见《清圣祖实录》卷四七，康熙十三年四月丁未、辛酉，中华书局1985年版，第613—614、618页。

② 《清圣祖实录》卷四七，康熙十三年四月丁未，中华书局1985年版。

③ 《文献丛编增刊》（一），"平南王尚可喜奏"，第126页。

岭南，以表明他对清朝始终如一的忠诚！

圣祖读罢尚可喜的奏疏，大为感动。在叛乱的浪潮席卷全国之时，有这位德高望重的老臣，不为吴三桂煽惑所动，不为耿氏亲情所动摇，坚守南疆，真是难得！这给了圣祖以极大安慰，提笔给尚可喜的奏疏写下了如下赞扬的话：

> 王累朝勋旧，惟笃忠贞，朕心久已洞悉。近复屡摅猷略，保固岩疆，厥功甚懋！览奏，披沥悃忱，深为可嘉，著益殚心料理，相机剿御，以副朕倚任之意。

尚可喜表达对清朝的忠贞不二，愿为保固南疆，不惜捐躯，得到圣祖的完全信任。清廷随即指示兵部，将广东、广西的军务全交给尚可喜掌理。圣祖写道："平南王尚可喜奏请调遣官兵，保固疆圉，忠诚显著，深为可嘉。两广一应军机调遣，及固守地方事宜，著尚可喜与总督金光祖同心同力，务酌万全而行。"①

圣祖原先怀疑尚可喜与吴三桂都在蓄藏"凶谋"，事实证明，他对尚可喜的认识有误，顺便说到，若不急于撤藩，吴三桂未必起兵反叛，若再迟几年，吴三桂与尚可喜都已年事很高，哪有精力去与朝廷对抗！事到如今，其他种种说法，都不过是"假设"云云，不足为据！现在尚可喜用实际行动证明他对清朝忠心不改不变，圣祖也报以信任与重用，把两广的军务委托给他掌理。尚可喜想到自己已经是过了七十岁的老人，唯恐误大事，遂乘机提出让他的二儿子尚之孝承袭王爵，他写道：

> 太宗皇帝时，袭职之子，不论年长，必选才能。今臣年逾七十，若不早决于生前，窃恐偾辕于异日。臣察众子中惟次子都统尚之孝，律己端慎，驭下宽厚，可继臣职，至于军机战守缓急事宜，臣虽衰老，不能驰驱，然一日尚存，当尽

---

① 以上所引，见《清圣祖实录》卷四七，康熙十三年四月甲辰，中华书局1985年版，第612—613页。

一日之心，指挥调度，断不至有误封疆也。①

本来，尚可喜的长子尚之信承袭王爵最合适。他 19 岁时，奉父命入侍世祖，迟至康熙十年（1671），尚可喜以年老多病，奏请圣祖批准尚之信回广东管理王事。不料，尚之信所作所为，让尚可喜很失望。尚之信酗酒恶习未解，经常凌虐藩下人员，激起民愤，尚可喜也由信任转为厌恶。尚可喜的谋士金光进言："俺（音安）达公（皇帝赐尚之信之号）刚而多虑，勇而寡仁，若而嗣位，必不利于国家，请废他，立次子之孝。"② 尚可喜听从了金光的劝告，确定次子尚之孝来承袭他的王位，并把这一想法正式上报，请求圣祖批准。

记得尚可喜请求撤藩时，提出他本人回辽东养老，让长子尚之信承袭他的王爵，留镇广东。朝中大臣会议，以未有此"先例"为由，拒绝了尚可喜的请求，要求尚家全撤，不得在广东留人。

出乎意料，圣祖没有迟疑，也不见朝中大臣有何异议，马上批准，如清官方记载："得旨：尚之孝袭平南王。"③ 自然，尚可喜就当了"太上王"。

圣祖异乎寻常，马上同意，完全出于政治需要。当此变乱之时，三藩中已有两藩叛乱，又引发全国各地变乱，眼下只有尚可喜忠于清朝，亟须他保固广东，牵制吴三桂，对朝廷平叛极为有利。为鼓励尚可喜对清朝的忠心，对其要求立即予以满足。显见圣祖此举，既明智又恰到好处！

接着，尚可喜又奏报一个重要情况，据清官方记载："平南王尚可喜疏言：逆贼吴三桂遣人与臣逆书，臣擒执来人并书奏闻。得旨嘉奖，下部俟事平日优叙。"④

官方记载此事甚为简略，但基本事实还是清楚的，前已说到吴三

---

① （清）勒德洪：《平定三逆方略》卷五，第 5—6 页；参见《清圣祖实录》卷四七，康熙十三年四月乙已，中华书局 1985 年版，第 613 页。

② （清）钮琇：《觚剩》卷八《粤觚（下）》。

③ 《清圣祖实录》卷四七，康熙十三年四月乙巳，中华书局 1985 年版，第 613 页。

④ 《清圣祖实录》卷四七，康熙十三年四月丁未，中华书局 1985 年版，第 615 页。

桂叛后，相继给耿精忠、尚可喜二王发出一信，无非是动员他俩参与这场反清之战。耿精忠受其诱惑，已在福州宣布反清。尚可喜对吴三桂的反叛行为早已嗤之以鼻，此次，他的做法是：把"逆书"连同前来送"逆书"的人一并解送北京。再次用实际行动表明他忠于清朝的决心不变！至于"逆书"的内容，不看就知，无非是编造种种谎言，对清朝进行诋毁而已。所以，清官方史籍对此"逆书"的内容不提及一句，也属正常。

尚可喜的态度与表现，令圣祖大为满意，特下令给予嘉奖，等平息叛乱后从优给予奖赏。

从吴三桂叛乱伊始，尚可喜就旗帜鲜明地反对叛乱！并与跟随吴三桂叛乱的亲家耿精忠划清界限，坚决地站在清朝一边，与叛乱者进行坚决斗争！尚可喜的立场、表态及实际行动，实践他所说的"始终之诚"，即始终如一，忠贞不二。

这些表态，基本上还是口头言论的表述，后面，就将具体记述尚可喜投身平叛战争及其表现。

三、晋爵亲王

在吴三桂叛后，又有广西将军孙延龄叛，广东方面有尚可喜主持，局势稳定，尚无战事发生。可是，过了三四个月，到康熙十三年四月，形势已变得动荡，战事逐渐逼近广东。尚可喜时刻关注，不断作出判断，将他所见所想，随时向圣祖汇报。

尚可喜刚把吴三桂"逆书"及送"逆书"人一并交付朝廷处理并提出自己的建议：

> 平南王尚可喜疏言：吴三桂遣贼兵二万，屯黄沙河，若与孙延龄合兵一处，势益猖獗。请就近拨兵，同臣兵剿灭孙逆。

圣祖读罢尚可喜奏疏，当即发出指示："上谕：副都统根特巴图

鲁、席布等，候将军希尔根、哈尔哈齐等，兵至江西，即率所部官兵急赴广东，一切机宜，同平南王尚可喜参酌以行。寻授根特巴图鲁为平寇将军。"①

这表明，尚可喜是在向圣祖请战，要求就近增拨兵力，与他合兵共剿孙延龄叛兵。

圣祖积极回应，立即任命根特巴图鲁为"平寇大将军"，率其所部"急赴广东"，一切战守机宜，与尚可喜"参酌"而行。

尚可喜不是消极等待，而是积极行动，要求参战，进一步表明他"拥清反叛"的立志坚定不移！他身在广州，眼观全国局势的变化，不断思考如何战胜"逆贼"。四月末，他又向朝廷建言："请调发官兵征剿逆贼及长江宜设舟师备御。"圣祖即命兵部以分遣禁旅诸路调度情形移会尚可喜。这是说，圣祖指示兵部将目前各方的军事部署统统转告尚可喜。兵部调兵遣将，进行军事部署，无疑是国家的核心机密，不可外传，尤其不可泄露给叛军。圣祖却把这一机密统统告知尚可喜，让他了解朝廷的意图，是对尚可喜的完全信任，可以说，圣祖完全是把尚可喜看成是自家人。为说明问题，就把兵部的军事部署如实地写在这里：

> 今宁南靖寇大将军、多罗顺承郡王及贝勒等帅领大兵，由常澧进平云贵；镇南将军尼雅翰、都统朱满、巴尔布等帅师由武昌水陆进取岳州、长沙，直入广西；都统宜理布等帅师驻镇彝陵；都统范达礼、副都统德业立等帅师驻镇郧襄；安西将军赫业、副将军胡礼布、西安将军瓦尔喀等帅师由汉中进取四川；副都统扩尔坤、吴国桢等帅师驻防汉中；镇西将军席卜臣等帅师驻防西安，复遣尚书莫洛经略陕西等处，帅大兵居中调度；镇东将军喇哈达等，帅师于山东、河南、江南要地驻防；安南将军华善等帅满洲、汉军官兵，同镇海将军王之鼎等，于京口水陆驻防；扬威将军阿密达等，帅师

---

① 《清圣祖实录》卷四七，康熙十三年四月戊午，中华书局 1985 年版，第 617 页。

同江宁将军额楚等，防守江宁、安庆沿江险要；平南将军赖塔帅师由浙江平定福建；浙江将军图喇帅师驻镇杭州，兼防海疆；定南将军希尔根、副将军哈尔哈齐等，亦帅师由江西建昌、广信，平定福建；平寇将军根特巴图鲁、席布等，帅师赴广东，会同该藩进剿，一切机宜，参酌以行。①

兵部官员遵照圣祖的指示，向尚可喜和盘托出清军的全面军事部署，目的是让尚可喜了解朝廷征剿叛军的军事部署，也便于尚可喜就此提出新建议。

军事部署清楚地显示：叛乱已波及全国，除东北、内蒙古地区，其他各省都处于征剿叛兵的战争状态，其中，又以长江以南各省的情况更为严峻。这场大叛乱，无疑是以吴三桂为头子，而在汉官汉将中忠于清朝的代表人物，首推尚可喜为代表当之无愧！他同朝廷密切配合，随时向上报告他所知的敌情，不断提出建议；他又认真执行圣祖及兵部发给他的指令，积极参加平定叛乱的战争！

五月初，尚可喜向圣祖上奏疏，报告广西将军孙延龄的军事活动："孙延龄叛，自称'安远大将军'，移牒平乐、梧州诸府。伏候庙谟指授，协力荡剿。"据此报告，"上（圣祖）命尚可喜与总督金光祖，提督马雄等，会同商酌。逆贼孙延龄有可剿之势，即议进剿，若未可速进，则俟大兵协力剪灭。又命部臣传谕马雄，固守所属，相机灭贼。倘贼盛难御，即率官兵赴广东，与平南王、总督等协守，以俟大兵之至"②。

圣祖的指示，是让尚可喜从实际出发，根据不同情况，共同商量，再决定如何去做。圣祖原则，具体办法由尚可喜等人决定。

又过了几天，尚可喜又"疏报"一件重大军情："潮州总兵官刘进忠暗通耿逆，于四月二十日拥兵叛，与续顺公沈瑞兵巷战，二十三日引闽寇入城。"③

上述记载过于简略，这里有必要再增补一些重要史实。

① 《清圣祖实录》卷四七，康熙十三年四月癸亥，中华书局1985年版，第618—619页。
② 《清圣祖实录》卷四七，康熙十三年五月辛未，中华书局1985年版，第620—621页。
③ 《清圣祖实录》卷四七，康熙十三年五月乙酉，中华书局1985年版，第622页。

刘进忠原籍今辽宁辽阳，用今天的话说，是地地道道的东北人。在原明总兵官马得功手下做事，于顺治二年（1645）随马得功在芜湖迎降清军。后随军征福建，升任靖南王下属左路镇标副将，康熙三年（1664），又升任福建中路总兵官，与靖南王的关系日渐密切。八年，调到广东潮州任职。潮州是尚可喜的势力范围，刘进忠本人却是耿藩派系的人，他在潮州这几年，仍与耿家保持着密切关系。当他一听说耿藩有变，便跃跃欲试。他派心腹杨希震秘密前往福州，面见耿精忠，以献潮州土地为条件，要求耿精忠给他一个将军的名号。耿精忠大喜，满口答应！刘进忠得此许诺，就密谋在潮州城内起兵反叛。不料，被驻在城内的续顺公沈瑞发觉，即与游击李成功、张善继密商，准备反击刘进忠叛乱。

四月二十日，双方爆发武装冲突，在城内展开巷战。沈瑞所属兵力单弱，被进忠兵击败，沈瑞被捉，李成功等被杀。耿精忠闻讯，派遣漳浦总兵官刘炎统兵前往应援。二十三日，刘进忠把福建兵迎入潮州城，兵势大振，即时宣布起兵，耿精忠授予刘进忠的名号为"宁粤将军"①。

刘进忠在潮州起兵，参加吴、耿发动的武装叛乱，尚可喜得到这一消息，立即向朝廷报告。圣祖得报，向兵部下达指令：

> 谕兵部：平南王尚可喜，累朝勋旧，久镇岩疆，劳绩茂著。自吴逆叛后，尤能笃守忠贞，殚心筹划，屡抒谋略，保固疆圉。事平之日，从优议叙，已经有旨，其藩下官兵及该省文武官兵，俱能协力同心，克效忠顺，防御逆贼，劳瘁行间，朕心时切轸念。事平之日，俱著一并从优叙赏。尔部即速行传谕，俾咸悉朕意。②

圣祖这道发给兵部再"传谕"给尚可喜及其官兵的谕旨，再次表达了他对尚可喜表现的满意。自吴三桂叛乱以来的半年间，尚可喜表

---

① 《逆臣传》卷二《刘进忠传》。
② 《清圣祖实录》卷四七，康熙十三年五月己丑，中华书局1985年版，第622页。

现出忠于清朝的坚定立场，对叛乱毫不妥协，这使圣祖为之动情动心，形诸文字，给予尚可喜以高度的评价，并再次承诺，待"事平"之日，必给可喜及其将吏以更优厚的奖赏。奖什么？赏什么？没有说，但可以肯定：绝不会亏待尚可喜的忠诚与辛劳！

很快，广西提督马雄疏言，孙延龄率叛兵一万五六千人，将要进攻柳州，他所率之兵，寡不敌众，向清廷发出呼吁："祈敕大兵，速进应援。"

圣祖立即指示兵部："柳州乃广西要地，马雄既紧守请援，速行平南王尚可喜、总督金光祖，酌发广东兵，前往接应，如有机会可乘，听平南王与提督会商进剿。"①

广西方面，重镇柳州危机，圣祖指令尚可喜与总督金光祖调发广东兵前去增援，授权他们相机"进剿"。显然，圣祖已把尚可喜纳入反叛乱的阵营，视为一支可信用的武装力量，随时可以调遣，发挥其重要作用。

正当圣祖组织清军反击叛军之时，尚可喜的次子尚之孝请辞袭王爵。前已说明：尚可喜已年迈，把王爵让给尚之孝承袭，圣祖马上批准。未过多久，尚之孝忽然提出不承袭王爵，这是为什么？原来，问题出自尚之信方面，他是尚可喜的长子，自以为论身份、能力，继承父亲爵位，非他莫属！不料，王爵落到了二弟尚之孝身上，引起尚之信极大愤懑，处处跟尚之孝作对，二人矛盾日趋尖锐，家族内部不和，尚可喜也无可奈何。尚之孝为人厚道，远不如尚之信那么强势，凡事都谦让些，又不愿出风头。所以，他看到长兄对自己袭爵那么不满，宁愿自己处处让他，却未换回尚之信对自己的尊重。尚之孝以为，如此下去，不是长久之计。于是，他就提出，辞去刚刚承袭的王爵。这事，在家庭内部也难以协调好，就托广东巡抚刘秉权出面周旋，经过协商，尚之孝辞王爵，用以消除家内矛盾，也利于一致对外，积极参加平叛。尚可喜照旧，爵位不变，总揽平南王的所属事务。刘秉权就起草一道奏疏，报给了朝廷，遂交给议政王大臣会议讨论。如史载：

---

① 上引，见《清圣祖实录》卷四八，康熙十三年六月癸丑，中华书局1985年版，第629页。

> 议政王大臣等议覆广东巡抚刘秉权疏言：平南王次子都
> 统尚之孝辞袭王爵，今当诸逆鸱张，大兵进剿之时，平南王
> 尚可喜筹画周详，精神强健，应令尚可喜照旧管事，俟事平，
> 令尚之孝承袭。从之。①

看来，眼下同意尚之孝不袭王爵，是为了缓和尚可喜家内矛盾，以利于反叛乱的顺利进行。一切权力仍归尚可喜掌握。议政王大臣的决议也说得很清楚，这只是权宜之计，待事平之后，还是让尚之孝承袭王爵。这并未从根本上解决尚之信、尚之孝两兄弟之间的矛盾，待到时机一到，矛盾迟早会爆发。此系后话。

尚可喜重新受命王爵，全面指挥广东方面的平叛战争。

刘进忠叛，并把福建的耿精忠的叛兵引进潮州，直接危及广东的安全。但在尚可喜面前，这个危险并未使他感到多大的压力，他征战几十年，积有极为丰富的作战经验，对付这位稚嫩的刘进忠还是成竹在胸的。果然，七月末，北京就传来尚可喜平叛的捷报：

> 平南尚可喜疏报：逆镇刘进忠遣逆党陈奠率众分据程乡
> 县水陆要口，抗拒我师。提督严自明等分遣官兵击之，斩获
> 甚众，程乡县伪守备张奉寰遣人通款，缚献伪守备杨沧，开
> 门迎降。

根据尚可喜的奏告：他已把刘进忠叛兵占据的程乡县收复，歼灭叛兵甚多，又捕获守城将领杨沧等人，还有主动投降的将领，可见此次战役取得的可观战果，对刘进忠也是一个不小的打击。

圣祖得报，很是兴奋，即下旨"嘉奖，下部议叙"②。

接着，尚可喜再传捷报：在收复程乡后，又有镇平、平远二县文武各官都到清军大营投诚，将"伪印、伪扎"上缴给领兵的将领，两

---

① 《清圣祖实录》卷四八，康熙十三年七月戊辰，中华书局 1985 年版，第 632 页。
② 《清圣祖实录》卷四八，康熙十三年七月癸酉，中华书局 1985 年版，第 634 页。

县逐告恢复。圣祖指示："下部议叙"①。

镇平与平远两县，地处潮州的北部，分别临近江西、福建。扼守这两处，有利于阻挡福建的叛军通过潮州进入广东。幸运的是，这两个县没经过战争就开城投降。包括前一个县程乡县，已有三个县收复，这是平叛半年以来，尚可喜取得的战绩。在广东，刘进忠叛乱，尚未引起全省的动乱。

八月初，尚可喜再传捷报：他的二子都统尚之孝率清军进攻普宁（今广东揭阳西南处）。此城为刘进忠的同党刘斌所占据，闭城门不战，以图固守。尚之孝指挥各将领统其所部展开攻城，突入城内，对叛军"剿杀甚众，恢复普宁县城"。圣祖得此捷报，立即下达旨意："嘉将，下部议叙。"②

九月初，尚可喜指挥清军进攻刘进忠据守的潮州。尚可喜本意，先实行招抚，说服刘进忠放下武器投诚，既避免杀戮，当地百姓不受害；又于刘进忠本人有利，不致因叛乱而受重处。可惜，刘进忠抗拒不受抚！他占据险要地势，抗阻清军。当清军刚抵达潮州城，安营未定，刘进忠便乘机发动进攻，幸好清军有备，迅即展开反击，在新亨地方，剿杀其副将陈琏等人，歼灭叛军660余人，俘获15人。清军从新亨地方推进至潮州城外，与叛军接战，阵斩叛军225人。

至九月十五日，叛军5000余人乘大风雨发起进攻，清军奋击，叛军被击溃。此战，叛军被斩杀822人，被俘获86人。总计前后三战所获盔甲、器械，"不可胜数"。

潮州之战虽未攻克潮州城，但给叛军以重大杀伤，暂时避免了广东局势的进一步恶化。

捷报送到北京，没见有圣祖的批示，只见有四个字的记载："下部议叙"③。这就是让兵部将此战绩记录在案，到时据此再给予一定的奖赏。

---

　①　《清圣祖实录》卷四八，康熙十三年七月乙酉，中华书局1985年版，第636页。
　②　《清圣祖实录》卷四九，康熙十三年八月丙申，中华书局1985年版，第639页。
　③　以上，详见《清圣祖实录》卷四九，康熙十三年九月辛未，中华书局1985年版，第647页。

接着，尚可喜又发来一捷报：他营救续顺公沈瑞成功。原来，沈瑞在潮州欲制止刘进忠叛乱时，被刘进忠抓住。刘劝他从叛，他断然拒绝！这一史实，前已写清。不过，刘进忠始终没杀他。沈瑞"不甘从逆，遣人通言，请兵拯救"。他已被遣送到福建看押，给尚可喜秘密传信，请求派兵"拯救"他。尚可喜与沈瑞的父辈沈志祥早年都在毛文龙属下，驻皮岛，与后金（清）交战。后来，他们先后降了后金。如今，沈瑞有难，不能不救。尚可喜即派出一支部队前往福建接应。究竟如何"接应"？史无明载，反正是结果很成功，"今已迎回粤东"。

圣祖指示："续顺公沈瑞不甘从逆，挈家回粤，情属可悯，令复还原爵，仍管伊标官兵，驻劄广东。"①

尚可喜派兵，将续顺公沈瑞与其家人接应回到广东驻扎，又给尚可喜增添了一页成功的记录。

尚可喜继续取得平叛的胜利。据他的奏报：他派其子副都统尚之节统率清兵自前已恢复的程乡县出兵，进入福建，沿途相机征剿叛军，叛军"望风逃遁"，一些将吏纷纷把他们的伪任命书交出投诚，一举恢复大埔县，直抵三河坝。

圣祖得报，立即指示：给予"嘉奖，下部议叙"②。

从《清圣祖实录》所见，正当四处叛乱频发，清军四处出击之际，圣祖不停地发出各项指令，忙不胜忙，在《实录》中，随处都记有战事的信息。从上引，圣祖对尚可喜不断发来的战报，未及予评价，也只是写下"嘉奖""下部议叙"的话，并非轻视，恰说明圣祖对尚可喜颇为放心，相信他会把广东方面的战事处理好，无须再叮嘱，也不必再作出新的指示。

至十月，圣祖作出一项重要决定：将广东全权交给尚可喜，包括一切军政务及文武官员的选补，皆听尚可喜决定，如史载：

圣祖"谕议政王大臣等：自吴三桂叛逆以来，平南王尚可喜为国抒忠，厥功茂著。当兹粤东军兴之际，督、抚、提、镇以下，俱听王节制，嗣后，补授文武官员，听王选被奏闻，其一切调遣兵马及招抚

---

① 《清圣祖实录》卷四九，康熙十三年九月乙酉，中华书局 1985 年版，第 650 页。
② 《清圣祖实录》卷四九，康熙十三年九月己巳，中华书局 1985 年版，第 646 页。

事宜亦听王酌行"①。

尚可喜在撤藩前所享有的一切权利，现在由圣祖亲自决定，全部恢复，并进而授权，把广东平息叛乱的军权、行政处置权等都归尚可喜一人掌控。自吴三桂发动叛乱，迄于此时已近一年，如圣祖所赞誉：尚可喜"为国抒忠，厥功茂著"，故赢得圣祖的完全信任，所以，才把广东地区的一切管理权、军权，乃至人事选用，全权交付给尚可喜掌握！

尚可喜受圣祖重托，更加竭尽忠诚，在广东全力征剿刘进忠与耿精忠的叛军。就在尚可喜刚得到圣祖的重新委任，又把新的捷报传到北京：

> 平南王尚可喜疏报：逆贼刘进忠盘踞潮州，敢于负固者，恃海贼为应援也。今海贼直薄城东，而刘逆屡出城中贼兵来犯我师。总兵官王国栋等，统率官兵，三战三捷，斩获甚多。②

尚可喜提到的"海贼"，是指占据台湾的郑氏政权。这个政权拒绝降清，也不接受清朝的招抚，仍处于对峙的战争状态。当耿精忠叛乱时，就主动联合郑氏政权，约定共同进攻。郑氏政权以为时机已到，也积极出兵配合。刘进忠以为有利可图，也去联合台湾郑氏政权，约来其军队抗清军。郑军直抵潮州城东城，刘进忠有恃无恐，便命城中叛军出城，进攻清军。前后共三战，清军三战三胜，歼灭军甚多。

刘进忠占据潮州，并未在广东取得他所希望的进展，因为有尚可喜坚决顶住了刘进忠叛军的压力，凭借他在广东的威望，保持了广东局势的暂时稳定。但是，仍有些人蠢蠢欲动，唯恐天下不乱，欲制造混乱。据尚可喜于十一月初发给朝廷的奏报：广州市民陈士奇秘告"奸民"江鹏鬖等人在佛山镇地方结党煽乱。尚可喜手下有随征官金

---

① 《清圣祖实录》卷五〇，康熙十三年十月己未，中华书局 1985 年版，第 655—656 页。
② 《清圣祖实录》卷五〇，康熙十三年十月己未，中华书局 1985 年版，第 656 页。

光，与陈士奇"设计擒之"，经"审实"，将江鹏鷟"正法"处死。

圣祖得报，立即给予奖赏：金光，给予鸿胪寺卿衔；给陈士奇的奖赏是"以知县先用"①。有功必赏，是圣祖的一项重要政策！实践证明，他实行的这个政策，取得了一系列实际效果。

至十一月中，尚可喜又取得新进展。他派二子副都统尚之孝等率部向潮州城进兵，攻剿刘进忠，攻克东津、笔架山、洗马桥等地方。巡抚刘秉权、署总兵官王国栋等，攻破潮州城南凤凰的木城二座，斩杀都督金汉臣等，歼灭叛军5000余人，副将何九衢等率兵恢复了潮州所属澄海县（今汕头澄海区）。圣祖下达指示："嘉奖，下部议叙。"②

圣祖为照顾尚可喜的亲人安全，特下达指示：据平南王尚可喜奏称：他的孙女嫁给耿精忠的儿子，"年末二旬，忽遭事变，王系勋旧大臣，为国勤劳，忠荩茂著。其孙女宜与保全，我兵剿平闽省之日，大将军、王等，务留心察救，给王团聚"③。

圣祖将尚可喜的孙女与其夫家耿氏严格区分开来，将来清军攻入福建，消灭耿氏集团，一定保全其孙女，不被伤害。这又反映圣祖对尚可喜这位"勋旧老臣"倍加爱护，从而进一步密切了君臣上下的关系。

尚可喜还为保护百姓生命安全向清廷请命。据尚可喜报告：续顺公沈瑞、副都统邓广明重归清朝时，其家属未及带走，还有随从沈瑞与邓广明的清军将吏遗留下的家口，总计有2000余人，统统被刘进忠驱入福建，拘留在漳浦（今福建漳浦）。尚可喜为此请求：将来清军入闽时，"玉石难分"，唯恐这些人受到伤害，特提出予以保护。

圣祖迅即批示："续顺公沈瑞家口被贼拘留，殊为可悯。此系有功之人，理应保全。令大将军、王等进剿恢复之日，留意察访，保护得所。"④

---

① 《清圣祖实录》卷五〇，康熙十三年十一月甲子，中华书局1985年版，第657页。
② 《清圣祖实录》卷五〇，康熙十三年十一月庚辰，中华书局1985年版，第660页。
③ 《清圣祖实录》卷五〇，康熙十三年十一月庚辰，中华书局1985年版，第660页。
④ 《清圣祖实录》卷五〇，康熙十三年十一月庚辰，中华书局1985年版，第659—660页。

尚可喜爱惜民命，于此又得一见证。在地方为官，身为封疆大吏，以民为本，保护民命安全，是第一要义。此系古训，尚可喜努力践行，故其行事尤为谨慎。如吴三桂之类，只为个人得失而不惜一战，挑起战争，再次将千百万百姓推入战火之中。比较两人之行为，可知尚可喜善良之心，故有善良之举。

尚可喜密切关注各处叛军的动向，搜罗各方面情报，不断地向圣祖报告，提出他的建议。康熙十三年十二月，尚可喜上报一个重要情报：叛军在衡阳湘江造船千余，企图分发给岳州、荆州叛军，合力"进取江西"，"将来春水泛涨，长江上下，宜予为设备"。

圣祖很重视尚可喜提供的重要情报，并采纳尚可喜的建议，加强长江的防御，并指示大将军顺承郡王勒尔锦等："修造战舰，于沿江要地，严加防守，逆贼侵犯，即行扑剿。仍移知岳州大将军贝勒尚善等。"①

尚可喜又报取得新胜利：湖南叛乱头目李汉英，"纠集余众，复犯连州（今广东连州市），游击李有才、知州李蕡等率领官兵击败之，擒斩甚众"②。

几乎与前一捷报同时，尚可喜再传捷报：刘进忠派遣他的同党据守揭阳县（今广东揭阳）。尚可喜派出碣石总兵苗之秀等率兵往剿，将叛兵击败，收复揭阳与潮阳（今广东潮阳）二县。圣祖得报，即下令"嘉奖，下部议叙"。

自吴、耿叛乱以来，尚可喜日夜操劳，局势混乱，人心惶惶，每件事都需他一人处理，口传手谕，不停地遣发，还不时地上奏报告或请示，亦赖尚可喜操持。特别是军事，正处于战争状态，调发军队，选定将领，指挥作战计划，等等，这一切，都靠可喜作决定、拿主意，他已经70岁高龄，确实难以承受巨大的压力和繁重的工作负担。就在上述两次报捷后，尚可喜向圣祖请求速派大军来广东据守："平南王尚可喜疏言：臣年老衰病，请速发满洲大兵，弹压全粤。"

圣祖马上表态，给予支持，即"命将军尼雅翰，率所部兵，同副

---

① 《清圣祖实录》卷五一，康熙十三年十二月丙午，中华书局1985年版，第669页。
② 《清圣祖实录》卷五一，康熙十三年十二月丁未，中华书局1985年版，第669页。

都统绰客托速赴平南王军前，协守粤东"①。

战争有日趋扩大之势。康熙十四年正月，以黎化中、陈九鼎为首，纠合湖南李汉英等乱首，聚众万余人，向连州发起了进攻，被尚可喜所部击败，逃遁而去，又啸聚大田头、燃塘、清水等处，作为他们的"巢穴"。游击李有才等率领清军进剿，捣毁其巢穴，"擒斩甚多"，这些地方作乱的"贼"已逃入湖南地界。

当吴三桂发动叛乱时，最先得到这个惊天信息的云贵至两广，许多人为之惊恐，不知所措。唯居于最高层的平南王尚可喜，保持清醒的头脑，不徘徊，不犹豫，断然拒绝叛乱，向圣祖一再表明自己的严正立场；行动上，一切听朝廷指挥，向叛乱势力发起一次又一次军事进攻。特别是占据福建的靖南王耿氏家族，本是尚可喜的儿女亲家，因立场完全不同，各走一路。尚可喜坚决维护国家的统一，支持清朝为统一全国所做的一切努力，毫不留情地同分裂国家的耿精忠制造动乱的行为决裂，与之展开坚决地斗争。尚可喜所做出的巨大努力和实际行动，都被圣祖看在眼里，记在心上，对他的每次行动都给予高度评价。圣祖不止一次地表示给予"嘉奖"，大抵是精神鼓励，不具有实质性。果然，名副其实的"奖励"终于来了！这项奖励，就是多少高官厚禄者可望而不可即的晋爵为亲王！这是康熙十四年正月戊辰，圣祖把吏部、礼部、兵部的官员召来，向他们宣布他的一项决定：

> 平南王尚可喜，航海归诚，勋猷懋著。太宗文皇帝嘉其劳绩，特赐王封。及定鼎燕京，复能殚竭忠忱，赞襄大业。世祖章皇帝知其夙笃忠贞，畀以岩疆重任，镇守粤东，海氛宁靖，百姓乂安。近因吴三桂、耿精忠等叛逆，该藩益励忠纯，克抒伟略，悉心筹画，数建肤功，朕甚嘉焉，事平优叙，屡有俞旨。
>
> 前奏年老任重，请以其子尚之孝承袭王爵，已允所请。今思该藩累朝勋旧，功著封疆，宜锡殊荣，以酬懋绩。平南

---

① 《清圣祖实录》卷五一，康熙十三年十二月戊申，中华书局 1985 年版，第 670 页。

王尚可喜著进封平南亲王，即令其子尚之孝袭封，尚可喜以亲王品级顶戴支俸，示朕优眷之意。

广东文武事务，著尚可喜照旧料理；其亲王之宝，亦暂行掌管。尚之孝统兵在潮，著给与大将军印，应行封典，尔部即遵谕行。①

圣祖把吏、礼部、兵部的官员召集到一起，郑重地向他们宣布他的决定：一是将尚可喜的平南王晋升为平南亲王；二是准予其二子尚之孝承袭亲王爵；三是颁给尚之孝以"大将军"的名号，以重事权；四是广东文武事务，仍由尚可喜料理。

从这一长篇讲话，可能看出，圣祖对尚可喜赞誉无以复加。尚可喜一年来的实际表现，无论怎样赞誉都不过分，可谓名副其实，当之无愧！

爵位至亲王，已达人臣之极限！如未遇特殊时期，没有特殊贡献，在朝为官，也只是可望而不可即。在皇室爱新觉罗家族中，位列亲王者也是屈指可数！在清军入关后的特殊时期，吴三桂以助清军入关、夺得全国政权的特大功绩，受封为"平西亲王"，这是千百汉官汉将中唯一受此爵位的人。为时未久，吴以叛逆之大罪，被削除其亲王爵，连同平西王爵一起削除。宣布尚可喜晋封为亲王，又成了汉官汉将中的唯一！也是最后一个受此封爵的汉人，在尚可喜之后，直至清亡，再没有一个汉人得到这个封爵。

再说到汉人封王，在清入关前后，先后只有五位汉人受封为王：皇太极天聪时期，有孔有德、耿仲明、尚可喜三将，自明归后金（清），至皇太极改国号为"大清"，即皇帝位时，封孔有德为恭顺王、耿仲明为怀顺王、尚可喜为智顺王，概称"三顺王"。此次封爵，开了封汉官异姓为王的先例。到顺治元年（1644）清入关，吴三桂获封平西王。至此，共封了四王。

为夺取全国政权，已定鼎北京的清王朝，先后派遣三顺王、平西

---

① 《清圣祖实录》卷五二，康熙十四年正月戊辰，中华书局1985年版，第676—677页。

王渡江南下，与南明诸政权展开争战。行前，"三顺王"重改封号：孔有德改封为定南王，征广西；耿仲明改封为靖南王；尚可喜改封为平南王。吴三桂的平西王号不变。

前已说明，孔有德死难于广西桂林，无子，爵除。

此时，南明永历政权内一个重量级人物孙可望降清，封为义王，是汉姓中第五位封王。不久，孙可望病死，其义王没有续封其子孙，至此结束。五王中，还剩原"二顺王"与平西王吴三桂。

当吴三桂与耿精忠发动叛乱后，很快，圣祖断然决定，削除两人的王爵，原赐封的五王，就剩尚可喜一王了。到尚可喜病逝后，其亲王爵还保持了短暂的一段时间，在其长子获罪赐死后，其平南亲王爵也予废除。此系后话，留待后面再细说。

就此时尚可喜晋封亲王而论，他已是唯一的汉姓王，升至最高的亲王爵，也是他一人独享的专利！这不仅是尚可喜个人的荣誉，也是尚氏家族整体的荣誉！如果把尚可喜与吴三桂相比较，两人的命运却是如此不同：尚可喜与其家族已成为此时汉将吏中第一人，国内千千万万汉人家族的第一大家族。而吴三桂已成了叛逆的第一大罪人，身败名裂；其家族由原先的第一家族降为罪恶之家！这样比较，似嫌早了点，即使到最后结局，这个结论仍然有效！

尚可喜受封为亲王，无疑是对他的一个巨大的鼓舞，他将全身心地投入广东反击叛乱的斗争中去！迎接他的将是更严峻的局势！他能否战而胜之？他能否取得最后胜利？在这场生死攸关的斗争中，他采取了哪些措施？做了哪些巨大的努力？

这些内容将在下面的记叙中予以全面反映。

第 十 三 章

危难之际

一、力撑危局

圣祖给尚可喜晋爵平南亲王，给其次子尚之孝加"平南大将军"名号，并准予袭封平南亲王。无疑是当今皇帝给尚可喜父子的最高奖赏！前已说过，这里不妨再说几句。查查圣祖即位以来的奖赏记录，再前推至顺治朝，不曾有过类似尚可喜父子所得到的荣宠。即使如吴三桂也仅得个亲王爵号而已，他的儿子未曾准予承袭；耿继茂所得王位是在其父去世后承袭的。所以，尚可喜父子所受封赏，是特例、破格。若以当前功绩论，尚可喜与其子尚之孝，还有长子尚之信等，所得封赏也不为过。前面已写吴三桂发动叛乱以来尚可喜父子的表现，对朝廷忠心不移，信念不变，始终如一，因而赢得圣祖与朝廷大臣们的一致赞赏。

圣祖封尚可喜亲王爵时，正是康熙十四年（1675）初，时吴三桂发动叛清之乱，已波及全国，造成局势动荡不已，尤其江南纷纷响应吴三桂，脱离清朝，自立政权。云南、贵州率先反清，已是吴三桂的天下；然后是广西将军孙延龄起兵响应，广西遂归吴三桂。福建已被靖南王耿精忠占据，临近的江浙、江西等省，正处于与叛军的交战中，胜负未分……在这一广阔地区，主要是边疆省区、沿海地带，唯有平南王尚可喜这一支政治军事力量忠于清朝，以他的态度和实际行动，赢得朝廷的完全信赖，被视为支撑南疆的唯一可靠的力量。正是基于这一政治考量，圣祖才不吝最高之赏，破格提升尚可喜父子的政治地位，激励他们发挥主导作用，以解清廷的南顾之忧。

尚可喜父子得到圣祖的特殊礼遇，更加拼力征剿叛乱武装！

从此时的形势来看，尚可喜及其所属已处叛乱势力的包围之中：广东之东北为福建，东隔海与郑氏所据台湾相望；其北为湖南，已被吴三桂占据，又与江西相接，这里正在交战，清军处于劣势；广东之西为广西，已为孙延龄占据。在这一地区，唯有尚可喜一支力量支撑。

显而易见，尚可喜所辖广东，如一座孤岛，已处于反清叛乱势力的包围之中。人人自危，人心惶惶，只因有尚可喜父子不为眼前的危险所动摇，力撑危局，才使广州保持稳定。

广东的形势也正在迅速恶化。前文已写明：在吴三桂发动叛乱不久，广东潮州总兵刘进忠率先举兵响应，尚可喜立即派出次子尚之孝率部前去平乱，虽未完全平定，却也扼制其乱进一步扩大。

短时间内，尚未见有新的叛乱发生。但刘进忠带头叛乱，顿时，谣言四起，加之从云、贵、福建传来的叛乱消息不胫而走，闹得全省人心惶惶不安。这给那些隐藏山中的"土寇"带来了机会，便乘人心不稳之时，煽乱地方，大肆抢掠。在地方，那些不满地方官欺压百姓的大批民众也纷纷起来以武力反抗……天天有警报，接连不断地传送到尚可喜手中。他已深深意识到：广东已陷入动乱之中。下面，就来看看尚可喜于闰五月给朝廷的奏报，就会明白此时广东的形势严重到何种程度！这里，不全引原文，只列举奏报中提到的动乱事件：

饶平（今广东饶平北，与福建南境邻界处）已失守，"逆贼"朱缵率部乘机占据湖寮屯兵，廖昙则率部占据白堠（两地均在今广东之东境大埔梅潭河畔）屯兵。这两股武装势力，既非武装起义，反抗清朝统治，亦非地方官叛清造反，如尚可喜称：他们"劫掳村寨"，抢劫当地百姓钱财。可见这两股武装势力并非是正义的代表，他们乘吴三桂、孙延龄、耿精忠之乱，趁火打劫，聚集一伙人，掠夺当地，是强盗行径!

尚可喜毫不迟疑,立即派出次子、平南大将军尚之孝,会同提督严自明,率领清军,在大埔县地方相继击败他们,尚可喜称:阵斩"伪参将",生擒"伪游击"等。

连州（今广东连州市）所属大镇、古楼山、小小坪、石马坪等处,被"贼"李化龙、沈九珠等聚众据守。连州知州李蓁、连阳游击吴标率清军在上述四处,先后两次将李化龙、沈九珠团伙击败。

广州所属之龙门、增城、从化,以及惠州所属之博罗、河源、长宁（今新丰）等县,所属之公庄、路溪、铁岗、马鞍、陈禾岗诸处,"向为土贼渊薮,恣行剽劫"。近日,这些"土贼"突犯龙门。尚可喜派遣副将卢光明等带领清兵,在龙门等处"擒斩贼众八百余,招抚千余,救回被贼掳去良民"。

虎门副将李印香等,率清兵在碣石、白沙湖等处"击败贼众,烧毁贼船百余只"①。

以上,是尚可喜于康熙十四年闰五月向朝廷奏报广东的地方实况。

据其奏报,已出现的上述多处地方发生动乱,都是由本地"土贼"制造的,他们并无政治目的,而是趁吴三桂欣起反清的大动乱之机,结伙结党,使用武力强抢当地财物,给地方造成一定损失,也扰乱了社会秩序,引起人们惶惶不安,但不会从根本上动摇清朝对本地的统治。征剿这些"土贼"并不难。这些"土贼"人数多少不一,多则不过几千,少则千百人而已,而且很分散,彼此没有联系,无法形成一支统一而强大的军事力量。再说这些人没有经过训练,更缺乏实战经验。在动乱前,这些"土贼"隐匿在山林深处,而当动乱来了,他们趁乱劫财而已。以尚可喜所属的军队及将领去攻打,成百成千的"土贼"是不堪一击的。尚可喜奏报,他的军队把"土贼"及头目一一击败,非死即伤,来不及逃的,就放下武器投降!可见,"土贼"之乱,不足深忧。

对清廷而言,也包括对尚可喜最危险的敌人,不是本地的几股

---

① 以上引文及史实,皆详见《八旗通志》（初集）卷一八三《尚可喜传》,东北师范大学出版社1985年版。

"土贼"，恰恰是手握本地军政大权又掌握军队的清廷所属将吏！他们若乘吴三桂之乱，也起兵响应，其后果尤其严重，必将使清廷陷入危机之中。广东的形势继续恶化，就是不断出现的各地将吏叛变，使尚可喜失去对广东全局的控制。

再说潮州的总兵刘进忠。他是广东第一个举兵反清的将领，有能力，有实力，在尚可喜派次子尚之孝率军围困潮州后，双方展开多次激战，刘进忠虽然屡战屡败，也未被尚之孝所部歼灭！这就是说刘进忠的正规军队远胜当地"土贼"百倍。但他未能坚持长久，就向占据台湾的郑经求救。郑经是郑成功之子，在郑成功死后，他接替政权，成为台湾的最高统治者。郑氏父子总试图反攻大陆，此次刘进忠来向他求救，给他提供了重返大陆的一次好机会，事不宜迟，迅即派出他的亲信刘国轩、赵得胜、何佑等将领率万余兵赴救。尚之孝所部寡不敌众，便撤退至普宁（今广东普宁北）①。

至六月，高州总兵祖泽清举兵叛。祖泽清是原明锦州总兵祖大寿第四子。清崇德六年（1641）祖大寿献出锦州城降清，祖氏一家人得到太宗皇太极厚待，祖泽清也在同南明及李自成农民军的交战中迅速成长起来。至康熙六年（1667），祖泽清由参领晋秩为广东高州总兵②。看得出来，清朝给祖泽清的礼遇相当优厚，也是对其父祖大寿的看重。他叛清的一个重要原因，是他跟吴三桂是亲戚关系：吴三桂称大寿为舅父，祖泽清称三桂的母亲为姑母，两人是姑舅表兄弟。吴三桂起兵叛变，如果祖泽清有可喜的眼光，与儿女亲家耿氏断绝亲戚关系，不跟吴三桂走，与之断亲情，跟清朝站在一起，参加平叛斗争，为国家的统一再立新功，就将与尚可喜一样，同获一美满的结局。但祖泽清不计后果，只徇私情而罔顾国家安危，不识大局之变化，就盲目起兵，向清朝宣战了！祖泽清在广东继刘进忠之后起兵反清，无疑使广东局势趋于恶化。刘进忠叛时，也只有潮州一处而已，而祖泽清之叛，已扩到他所辖的高州及相邻地区。

---

① （清）鄂尔泰：《八旗通志》（初集）卷一八三《尚可喜传》，东北师范大学出版社1985年版。

② 《逆臣传·祖泽清传》卷二。

不仅如此。祖泽清招引广西叛将马雄、董重民、李廷栋、王洪勋、郭义等六人，率数万叛兵，攻陷雷、廉、德庆、开建、电白诸郡县。面对强敌，尚可喜所部将士"屡战失利，贼兵直抵新会、潮州"。台湾郑氏政权将领刘国轩与刘进忠合军，于春节除夕之日，攻破尚可喜的普宁大营，乘胜追至惠州（今广东惠州市）所属博罗①。惠州、博罗处广州外围地区，叛兵攻占这两个城镇，省城广州直接处于叛兵的威胁之下。

尚可喜眼见广东失控，叛兵正向广州逼近，已威胁到他与家人的生命安全，若广州失陷，清朝在广东的政权就全盘失掉。尚可喜连连发出告急文书，请求朝廷速派亲王大臣统大军入广，援助他回击叛兵的进攻！

康熙十五年正月，尚可喜在一份告急的奏疏中说："臣病日剧，寇在门庭。臣子尚之孝又在潮（州），臣躯恐有不测，则粤省渐至危急，请遣威望大臣，星驰抵粤，以资弹压。"

二月一日，圣祖对可喜的告急作出批示：

> 今览王奏称：年老渐衰，身婴疴疾，请遣大臣经理广东事务，具见王实心为国，计虑周详。朕与王情同父子，谊犹手足，览疏未竟，朕心恻然。但王属官兵，驻镇日久，地方宁谧，措置咸宜，军民依赖。若别遣大臣前往，恐该省之事，一时未能周知，所关匪细。王可于诸子中，择才略素优者遣赴潮州，整理军务，大将军平南王尚之孝回省城，侍王左右，扞卫封守，王其加意调护，期于平复，以慰朕忧虑眷念至意。②

尚可喜告急，以广东危在旦夕，他年老且病，其子尚之孝又在潮州，请求派一威望大臣，急速来广，主持军事，负责镇压反叛。一句话，尚可喜就是要交权，由朝廷主导，"弹压"叛乱。

---

① （清）鄂尔泰：《八旗通志》（初集）卷一八三《尚可喜传》，东北师范大学出版社1985年版，第4373页。

② 《清圣祖实录》卷五九，康熙十五年二月一日，中华书局1985年版，第769页。

圣祖的态度十分明确：高度赞赏尚可喜临危交权，主动要求"遣大臣经理广东事务"，是"实心为国，计虑周详"。他为尚可喜"实心为国"所感动，甚至情不自禁地说出最感人的一句话：他与尚可喜已是"情同父子，谊犹手足"。命运一体，休戚与共。君臣的情感已达到无以复加的程度！圣祖完全信任尚可喜，要求尚可喜一方面好生调护身体，一方面还要主持广东事务，因为派一个大臣前来，对广东的情况一无所知，主持不便，圣祖建议：尚可喜从众子中选一干才去潮州，"整理军务"，将尚之孝替回，在尚可喜左右，"扞卫封守"。圣祖期盼尚可喜"加意调护，期于平复"，是他最好的安慰！

此前，圣祖已下令从江西抽调精锐，由副都统额赫纳统领前往广东救援，在上引圣祖发出指令后，即派遣尚可喜的第七子和硕额驸尚之隆自北京赴广东"赞理军务"，行至江西，正值清军与叛军交战，"路阻不能达"①。

广东的形势继续恶化。

尚可喜藩下所属总兵班际盛、孙楷宗，水师副将赵天元、赵有仪等也叛变，"人情汹汹，罔有固志"②。班际盛等都是尚可喜所属老将，自清入关前就在尚可喜麾下征战，从东北到西北，再南下，在广东安家，本应与尚可喜共进退、同命运，不料突发吴三桂之变，没守住臣节，也随之叛乱，与尚可喜分道扬镳，走向另一条不归路！

在叛兵进攻惠州、肇庆诸城时，"省会（广州）危急"。惠、肇两城是广东的军事、政治重镇之一，惠州处广州之东，肇庆处广州之西，各距广州甚近，若此两城陷落，广州就难保全。面对此危局，尚可喜一面命其子及其部属严防死守，一面再向朝廷告急，吁请速派大军前来援救！

圣祖接报，深感事态严重，迅即发出指令："粤省要地，倘有疏失，为害不小！"遂决定再向广东增派援军，命令山东兖州的一部骑兵和蒙古兵700名调赴江宁（南京），而现驻江宁的八旗兵，从每佐领中

---

① 《八旗通志》（初集）卷一八三《尚可喜传》，东北师大出版社1985年版，第4373页。
② 《八旗通志》（初集）卷一八三《尚可喜传》，东北师大出版社1985年版。参见《尚氏宗谱》之《尚之信传》。

出骁骑兵 1 名、蒙古兵共 600 名，以及驻防徽州、池州的满洲、蒙古兵 700 名，总计约 3000 名，命"平寇将军"哈尔哈奇统率，驰赴广东，圣祖严令："如有稽迟，坐以失误军机之罪！"① 显见圣祖也心焦如焚。他明白，若广东全省陷入吴三桂之手，恰是如虎添翼，清军能否夺回？实难预料！

圣祖的谕旨还在路上飞速传递中，援兵也正在调遣中，何时到达广东，尚待时日。

尚可喜以年老病身之驱，苦苦支撑广东危局。最困难的事，就是兵力严重不足。开始时，只是应付几股"土贼"武装，不过小试锋芒，迅即扑灭，不留后患。严重的问题是，尚可喜所属将领纷纷叛变，这些将领都是能征惯战的老将，他们各掌握一支军队，一经叛变，他们就跟尚可喜为敌。所以，尚可喜的将士迅速大减，加之战斗中不断伤亡，其有生力量十分有限。尚可喜就是一个请求：速派援军，是解救广东的唯一可行的办法。

广东的叛乱还在发生，局势还在恶化。这时，又有总兵官苗文秀、副将吴启镇、游击李有才等相继叛变，陷广州于危在旦夕。②

至此，"粤东十府，叠次叛陷"③。具体说："广东十郡，已失其四"④。很快，只剩下四郡还在尚可喜的掌控之中，换句话说，剩下这四郡，没有叛变，还坚持追随尚可喜与叛乱进行战斗！与叛乱的势力相比，尚可喜所掌握的兵力已处于劣势！

危险正日益逼近广州！尚可喜已知他与忠于清朝的将士们已处于危险之中，但他仍然不动摇，绝不改变他的信守。明知亡在旦夕，又重病在身，他仍然拼尽全力支撑危局！

尚可喜还能支撑多久呢？

看来，留给他的时间已经不多了！可敬可佩的是，不论结果如何，

---

① 上引，见《清圣祖实录》卷五九，康熙十五年二月己巳，中华书局 1985 年版，第 772 页。

② （清）勒德洪：《平定三逆方略》卷二三，第 4 页。参见《清圣祖实录》卷六十。

③ 《尚氏宗谱》之《尚之信传》。

④ 《清史稿》卷二三四《尚可喜传》。

他还是顽强坚持！

二、守节善终

前文已记叙：在顺治时，至康熙初，直至吴三桂叛前，尚可喜屡次申请撤藩，要求回故里，归耕田亩。其中一个理由是：年老体弱，又有病在身，实际病情并非如他说的那么严重，被他说的病症，当属气管喘息炎症而已，大抵是北方人入南边水土不服而引发的一些病症，在过去了一二十年后，其病亦未加重，仍胜任在广东地区的军政活动。再说年老，尚可喜到广东时，还不到 50 岁，即使在 60 岁到 70 岁之间，还不能说太老。他最后一次申请撤藩是在康熙十二年，也才刚到 70 岁，按古人说法，确已到了"古稀"之年。但看上去，他的身体状况尚可。此前，他屡次提到因身体健康问题申请回故里，并非是主因，根本原因是出于对政治的考量，不宜久居"异姓王"之位，前已说明，这里就不重复了。当吴三桂逐渐向广东蔓延之时，尚可喜又提出个人的健康问题，这是真的吗？还是另有隐情？

康熙十三年十二月，也就是吴三桂发动叛乱刚过了一年，广东方面，两个月前，刘进忠叛，并勾连台湾郑氏政治派兵来攻，尚可喜在向朝廷"疏报"中，第一次提到他的健康状况不佳，明言："臣年老衰病，请速发满洲大兵，弹压全粤。"[1] 尚可喜没有具体说得的什么病，只是"年老衰病"。这很符合他此时的身体实况，再过不到一个月，他就是 72 岁的老人了，这个年龄，在今天已属高龄，精力、体力已衰，是不可避免的自然现象，若是生活安定，国无大事，地方安定，以尚可喜的身体状况，尚可维持，处理日常事务，亦可应付。问题是，当此大乱之时，战火已经燃烧，战事频发，一个 70 岁以上的老人，负有全部军政责任，不时调兵遣将，谋划战略战术，还有粮草如何发放，如此等等，尤其当战事失败，如何处置？更令指挥者内心焦灼！试想：尚可喜年事已高，如何能应对如此复杂的军政大事？而且危险日益逼

---

① 《先王实迹》，见六修《尚氏宗谱》，1994 年内部印刷。

近，尚可喜深深忧虑怎样才能平息广东发生的叛乱？他以短短的一句话，以年老力衰带来的疾病，无法胜任操纵广东全省的战事，所以，他才发出紧急呼吁，要求派出能征惯战的"满洲大兵"来"弹压"全省！这时，他就是深感自己年老，力不从心。说到"病"，也只是体弱而已，实际尚未真的病到什么程度。

在尚可喜向朝廷报告他"年老衰病"时，他做了一件重要的事，不得不说。

尚可喜做的这件事，是为尚氏家族修谱，定名《尚氏宗谱》。这是尚可喜为家族首创修谱，此为第一修，其后，每间隔一个时段就修一次，历清代、民国，到20世纪90年代，近400年，已是六修家谱。内存十分丰富的珍贵史料，除了本家族史至详至备，也含有清史、民族史的可靠信息，这里就不细说了。当然，尚可喜为家族首次修谱，是为家族做了一件大好事，实具开创之功，自无疑问。人们可能会发出疑问：在这兵荒马乱的时候，为何偏偏在这个时候想起修家谱呢？

前已交代，康熙十四年正月，清廷为表彰与奖励尚可喜父子忠于清朝，特予晋爵为平南亲王。这是他得到所有的汉官无法获得的荣宠，为光宗耀祖，他要亲自把这件事记在家谱里，传之子孙，世代传承，以至无穷！

尚可喜为《尚氏宗谱》写了一篇《序》，文末书写年月日和他的名字："康熙十四年乙卯岁四月吉旦平南亲王尚可喜序"[1]。

很清楚，这是尚可喜被晋封为"亲王"三个月后写的序。如上所说，就是要把尚氏家族这一光辉的一页写进家谱！

那么，尚可喜在《序》中都写了些什么内容呢？这里不便转抄全文，就说说要点吧！

很有意思的是，整篇《序》中只字不提当时已发生的叛乱：须知，康熙十四年四月定"序"时，广东"土贼"及刘进忠等将领相继发动武装叛乱，社会动荡不已。可是这么严酷的现实在《序》中不曾涉及点滴，好像是天下太平，什么事也未发生！这并非是尚可喜疏忽大意，

---

① 《尚氏宗谱》，尚可喜"序"。

而是有意回避现实中的是是非非，为家族安全计，不在家谱中提及现实发生的这些事，不留痕迹，将来这场叛乱如何结束，清朝能否保住江山，皆与家族无关，也与尚可喜本人无关。所以，他刻意回避，不置评，不留把柄。

尚可喜在《序》中，讲述他如何为清朝"统一海内"而"戮力同心"，清朝"论功行赏，分茅胙土，故（可）喜以不才之身亦得蒙被恩宠，锡之山川，奉藩东粤，自惟薄劣，其何功之与有？"这都是"祖宗积业累行，启佑后人，是以有成功"。一句话，是得到祖宗庇佑，致有此成功！以下，就是历数太祖、太宗、世祖至当今皇上——圣祖对他本人及家族恩德如天高地厚，他"居常深念，每饭不忘圣恩"。尚可喜写道，他作此谱的目的是："用以彰显前人之功烈，而使我子孙推求原本，上报朝廷，下延宗祀，绵绵长长，无替休命。"他反复告诫："我子若孙其无忘祖考之遗训，小心翼翼以保守家法，则能永膺天子之眷佑而流芳于无穷矣！"最后，他又叮嘱他的后世子孙"世笃忠贞，服劳王家"。

概括此《序》之核心思想：一是感恩于清朝，世世不忘；一是嘱其后世子孙"保守家法"，"无忘祖考之遗训"，就能得到"天子之眷佑"，尚氏家族就能"流芳于无穷"，永享富贵！①

大概尚可喜已料到他在世之日无多，把他发迹的历史特别是对他子孙的期望，以及如何保证尚家"流芳无穷"的叮嘱都写在《序》中，算是他提前给子孙的遗嘱。他不敢绝对保证他眼前的这些子孙是否如他一样忠于朝廷，他人在，一切由他掌控，自然无事，若离世，在这纷乱的时期，其子孙能否坚守臣节？他不能不有些顾虑。所以，他在这个"乱世"之时修家谱，并用《序》写明他的政治信念与追求，写明他对子孙的谆谆告诫，以坚定其子孙对朝廷忠贞的信心。家谱就是一部家史，把这部家史写出来，也起到对子孙的教育作用，更加坚定与清朝同命运的决心。修谱的这一意图已在《序》中说得明明白白。写到这里，人们也该明白在此纷乱之时修《尚氏宗谱》之深层

---

① 《尚氏宗谱》，尚可喜"序"。

含意。

从尚可喜修家谱，写《序》，丝毫看不出他的身体有什么病症。毕竟年事已高，病症很快就出现了！如史载："可喜以封疆事大，寇逆猖狂，身病难以卧理。"[①] 广东叛乱继续扩大、蔓延，到康熙十四年末，连他最信任的几个总兵官也已叛变，更为严重的是，吴三桂调遣叛兵加紧进攻广东，矛头直指肇庆而逼近广州。此时，吴兵已进至湖南，广西、福建已在掌控之中，唯广东由尚可喜坚守，已构成吴三桂北进的后顾之忧，因此，吴三桂必攻广东，要么逼降尚可喜，要么以武力攻破。如前已指出，面临如此严峻的危局，"人情汹汹，俱无固志"。尚可喜心急如焚，多次"哀请"救兵，无奈路途遥远，信息传递多延时日，更严重的是，兵荒四告，叛乱四起，兵力难集，调遣又跟不上，只能是拆东墙、补西墙。前已指出，派出的援兵又被阻于途中，以致援兵迟迟未达广东。尚可喜如处于孤岛，呼救无应，其心焦灼，可想而知！尚可喜承受着巨大的精神压力，其衰老的身体何以能承受，其身体健康每况愈下，甚至是急剧下降！各方面记载，都明确说尚可喜已病重，如，"可喜年老，不胜忧愤"而成疾[②]。当班际盛一批亲近的总兵官"叛时，王年老耄，忧郁成疾，已入膏肓"[③]。《清史稿》也记尚可喜"病益剧"[④]。

尚可喜是"忧愤"而致病，无可怀疑。进入康熙十五年（1676），尚可喜病情加重，已经卧床不起。如家谱记载：正月时，尚可喜"沉疴大发……遂病入膏肓"[⑤]。

当尚可喜还清醒时，已预感危险正日益向他靠近。所谓危险，是指城破家亡，有朝一日，广州被叛军攻破，他所居的王府必然不保。还有一种可怕的危险是：他身边的将领如叛变，就无可挽救了。无论哪种情况发生，都将置尚可喜及家族于死地！

①　《八旗通志》（初集）卷一八三《尚可喜传》，东北师大出版社1985年版，第4373页。

②　《八旗通志》（初集）卷一八三《尚可喜传》，东北师大出版社1985年版，第4373—4374页。

③　《尚氏宗谱》之《尚之信传》。

④　《清史稿》卷四七四《尚之信传》。

⑤　《先王实迹》，见六修《尚氏宗谱》，1994年内部印刷。

尚可喜已充分估计到各种危险的可能性，但他抱定决心：绝不向这些叛乱势力低头，绝不投降，必以一死报国！于是，他就在王府内一后楼准备了薪柴，如广州守不住，他就点燃薪柴自焚殉节！这不能不让当世人及后人为之感叹而钦佩之至！这就是做人必始终如一的节操。

不过，尚可喜预料的危险还未发生，自焚的事也未发生。

尚可喜病重，不能理事了，尚之孝领兵在外，府中有长子尚之信在，只能由他"任王事"，代其父尚可喜掌管"王事"。

十月二十九日，尚可喜已昏迷，忽然，强睁大眼睛，说："吾受三朝（太宗、世祖、圣祖）隆恩，时势至此，不能杀贼图效，死有余辜！"

说完，尚可喜自知自己的生命已走到了尽头，即命诸子为他洗涤全身，把太宗皇太极所赐冠服取出来，给他穿戴好，扶他起来，下了床，然后，又在诸子的扶持下，向北叩头。向北，是朝向北京，也包括朝向东北太宗创业的地方，表达他的敬意和感恩。

叩过头，对诸子说："吾死之后，必返殡于海城（今辽宁省城市），魂魄有知，仍事先帝（皇太极）！"

说完这段话，尚可喜慢慢闭上了眼睛，溘然而逝。

至此，尚可喜享寿 73 岁[1]。

尚可喜，在明清兴替的历史变革中走来，为大清之天下大一统奋斗终生，终于走完他的人生历程，为他的轰轰烈烈而精彩的一生画上了一个圆满的句号！

尚可喜的故事，应该说，随着他的生命的终结，也该结束了。不过，他个人的故事和他相关的事也要说清楚。比如，人们会问：尚可喜死后，朝廷有何反应？持何态度？他葬在什么地方？最终回故乡了吗？他死后，他的儿子们都怎样了？最后，这个尚氏家族的结局如何？如此等等。的确，这些事都还是尚可喜故事的一部分，应该也记录在案，才可使尚可喜的故事完整、系统，不留悬念。

----

① 以上引文与记事，皆见《尚氏宗谱》之《先王实迹》。

现在，就先写与尚可喜之死关系最密切的一件事：

按通常规定：凡朝廷命官去世，必上报朝廷乃至皇帝知道，以尚可喜地位之高，必报朝廷，以获取皇帝的指令。不幸的是，清军在江南各地区在同叛军展开激烈争战，交通阻断，尚可喜去世的奏报迟迟不能送达北京。迟至康熙十六年（1677）六月，圣祖才得知尚可喜去世的消息，距尚可喜去世已是第八个月。圣祖为尚可喜去世深为痛悼，不胜悲叹地说："平南王尚可喜久镇岩疆，劳绩素著。自闻兵变，忧郁成疾，始终未改臣节，遂至殒逝可悯。"指示下达，要给予"恩恤"。①

此时，清军与吴三桂亲统的叛军在长江中游的岳州、荆州两地对峙；四川及西北等地，都已叛离清朝，投靠了吴三桂。东南沿海又有靖南王耿精忠叛乱。这正是战事最激烈进行的时候，关系双方的成败。圣祖日夜操劳于清军如何攻伐叛军，对于尚可喜死后的事无暇顾及，虽然他已明确表态要"恩恤"，却也无法做到！再说，广州也岌岌可危，外人进不了广州！所以对尚可喜的祭奠活动无法进行，只有等战事进展顺利，将叛军击败，打通道路，才有可能。

至康熙十九年（1680），清军与叛军的战争已发生了根本性的变化：吴三桂已于十七年病死，群龙无首，叛军顿时涣散，在各个战场败退；福建耿精忠投降，四川、西北均被清军攻破，清军已开始向叛乱的老巢昆明举行战略大反攻。②

通向南方之路已经打通，圣祖已无后顾之忧，遂遣钦差赴广东祭奠尚可喜。虽说晚了三年，其礼数、规格不减：特遣国子监祭酒宜昌阿、礼部郎中范承勋、主事黄毛、笔帖式马尔赛等官员赴广州，代表朝廷"赐御祭二坛"，文曰：

> 皇帝谕祭故平南亲王尚可喜之灵曰：朕惟国家追崇懋烈，笃念纯忠，隆恩既被生前，厚恤犹殷身后，亮节果昭于没齿，温纶宜沛于重泉，用展哀荣，特颁谕祭。尔尚可喜识时最早，

---

① 《清圣祖实录》卷六七，康熙十六年六月丙辰，中华书局1985年版，第862页。
② 详见李治亭《吴三桂全传》之"西北瓦解""东南归降""衡州暴亡"诸节，人民文学出版社2017年版。

宣力居多，经引阵而航海归诚，历战功而开疆著绩，适遘风
云之会，爰膺茅社之封，奠藩服者四纪，将周奉阙廷者，一
心不二，愿释兵权而归老。旋阻逆孽，以弥留晚节益布其丹
枕，孤忠尚悬夫皎日，悯首丘之未遂，幸灵旐之方……

呜呼！贞臣笃始终之谊，殊宠增存没之光，厚酬报而钜
典不昭……

以上为"一坛文"，其下，为"二坛文"，文曰：

皇帝谕祭故平南亲王尚可喜之灵曰：惟尔懋著忠贞，恪
逆服事丕绩，勤劳于累代，小心敬畏于终身，效力输诚，弗
替纯臣之志，报功笃奋弥深，耆德之恩，复颁纶绋以明恩，
爰洁牲牷而申祭。

呜呼！礼数加隆，用展熟庸之报，几筵再锡，益彰泉垠
之荣！尔灵有知，歆此宠命，赐谥曰：敬。十九年闰八月。①

上引两篇祭文，是圣祖特给尚可喜写的，跳出官样文章的形式，
也少套话，却是声情并茂，对尚可喜之功，对尚可喜之忠，对尚可喜
之人品，皆给予高度赞扬、赞美，可以说，赞不绝口！确实，圣祖给
予尚可喜的评价，确使他人无法企及！以尚可喜一生的行迹来考察，
可知圣祖的话无一句虚语，且无夸大之处！所以，圣祖给出两篇祭文，
规格之高，实属罕见。特别是第二道祭文中，圣祖赐给尚可喜的谥，
曰"敬"。这一个"敬"字就是对尚可喜盖棺论定的最高级别的概括！
若用全称：尚可喜就称"敬亲王"。

圣祖赐两道祭文，又派出高规格的"钦差团"，尚可喜的葬礼，应
属于国葬。尚可喜当之无愧！

与此形成鲜明对照的是，吴三桂本应得到甚至比尚可喜更隆重、
规格更高一级的葬礼。可是，他以反叛而死，却不敢回昆明葬，更不

---

① 以上两文，皆引自《尚氏宗谱》之《先王实迹》。

可回葬辽东故乡，却是偷偷被运到贵州山区密林中埋葬了。隐藏了300多年，直到改革开放后才被发现。① 尚可喜遗体不久荣归故里，享300多年之岁岁祭祀。两相对比，已属天壤之别！差别就在于：尚可喜善始善终，践行初心，始终如一，危难守节，不吝性命！

尚可喜临终前，嘱托其子孙：一定把他的遗体运回故乡埋葬！那么，尚可喜何时回葬海城的？朝廷对此持何态度？对这件事，留待后面再叙。

三、之信之"顺逆"

首先，有必要对本节标题做一解释。何谓"顺逆"？顺者，顺从或服从之意；"逆"者，是指以吴三桂为首的叛乱势力。本节题意，就是说尚之信顺从了叛变，简言之，他参加叛乱。"顺逆"是尚之信对自己行为专用的语汇，也写进《尚氏宗谱》用"顺逆"，大抵是用以区分他与其他从叛有所不同吧！

尚之信系尚可喜32个儿子中的第一子，久经战阵，以敢战著称，如前已说明，在战场上，他呐喊一声，"千人俱废"。显然是夸张之语，适足以说明他在战场上敢于拼杀的无敌状态。本来，按他的经历，还有长子的地位，承袭尚可喜的王爵是没有疑问的。这也是尚可喜的初衷，但尚之信有酗酒的恶习，粗暴，动则杀人。尚可喜担心他得到王位后，权势、地位，无人可及，生怕他惹出祸乱，殃及族人，遂将王位给了次子尚之孝，上文已说明，已得圣祖批准，又加一个"平南大将军"的名号。广州发生刘进忠叛乱时，尚之孝率军平叛一直在外征战，尚之信则留在广州，在尚可喜身边，帮扶年迈的父亲处理日常事务。

现在，人们会问：在尚可喜生病直至去世，尚之信何时因何叛变？这究竟是怎么回事？

事情是这样的：在尚可喜病危时，即康熙十五年春，"已入膏肓，

---

① 参见李治亭《吴三桂全传》之"吴陈归宿"，人民文学出版社2017年版。

不能任事……公（之信）遂任王事"。尚可喜已不能理事，尚之信就以长子代尚可喜承担起"王事"的责任①。就在这时，广州已陷入危急，尚之信见"人情汹汹，俱无固志"，遂作出一个其父尚可喜也未曾想作过的大胆决定："阳为顺逆，潜遣使具奏。"② 这是《尚氏宗谱》对此事的记载，说明尚之信已支撑不下去了，为了自保，向吴三桂假投降，此即"阳为顺逆"之意，而暗地里秘密遣使臣赴京，向圣祖通报，求得皇帝的谅解，等待清军大反攻时，他将同时行动。此系绝密，除尚之信本人，其他人绝不可知，连尚可喜也毫不知情，他正在昏迷中，尚之信就采取行动，具体日期是：康熙十五年"二月二十一日，守其父尚可喜第，倡兵作乱。"这是江西总督董卫国于四月间向圣祖的奏报，他还具体说："尚之信阴与贼通，受吴三桂招讨大将军伪号"③。尚可喜最后是否知情？如果他醒过来，知尚之信的行为，他是如何反应的？

在尚可喜去世的第二年即康熙十六年，尚之信在给圣祖的奏疏中如实说明当时的情况："臣父平南王尚可喜于去年（康熙十五年）二月兵变之后，投缳自尽，被左右救醒，后忧郁疾笃"而逝④。

尚之信的奏疏中，透露尚可喜的一个重要信息：在尚之信"顺逆"时，尚可喜醒来，非常气恼，以一死尽节，即"投缳自尽"，幸被及时发现，才救过来。有的书记载更具体，可补尚之信奏疏中的细节，如说：之信"阴令其母持剪刀剪王辫，将士乃齐呼老王爷已剪辫投降"⑤。尚之信暗中指使其母亲，趁尚可喜昏迷之际，用剪刀将其辫子剪去。将士们见状，齐声呼喊"老王爷"已剪辫子投降叛军了！这一喊，却把尚可喜给喊醒了：他明白了刚才发生的事，深以为耻，无地自容，遂有投缳自尽之举。这一细节，又一次表现出尚可喜对朝廷忠贞不二、视死如归的可贵品质！

---

① 《尚氏宗谱》之"大房"。
② 《尚氏宗谱》之"大房"（此谱系尚可喜在世修，与其后续修的各谱卷数有调整）。
③ 《清圣祖实录》卷六〇，康熙十五年四月庚申，中华书局1985年版，第784页。
④ 《清圣祖实录》卷六七，康熙十六年六月丙辰，中华书局1985年版，第862页。
⑤ （清）王钺：《世德堂文集》附《水西纪略》。

尚之信也承认，其父尚可喜自尽，以及很快去世，与他"二月兵变"有直接关系，以"忧郁疾笃"而终。

尚可喜投缳自尽的情节，以及很快去世，因与尚之信"顺逆"有直接关系，就补写在这里。这是尚之信自己供认的事实，不会有假。

尚之信顺从叛乱，是真是假，姑置不论，先来看看从官方到私方对此事的记载：

前引江西总督董卫国的报告，首次也是唯一一次向圣祖通报尚之信叛乱的情报，已于《清圣祖实录》作了记载。

平定吴三桂叛乱后，康熙二十一年始修《平定三逆方略》，引用了董卫国奏报中有关尚之信的一段文字，又加了尚之信"易服改旗帜"的内容。后修《清圣祖实录》时把这句话给删掉了。其后，修《逆臣传》中有关尚之信叛乱的文字表述，皆采自《清圣祖实录》与《平定三逆方略》，并无新增或删减的内容。

《清史稿·尚之信传》[①] 与《清史列传·尚之信传》[②] 两书皆载尚之信叛乱事，还特别记述吴三桂授予之信"辅德公""辅德亲王"等名号，还将"伪印授之信"。

有关尚之信"顺逆"史实，大体如上引诸种史书所载。那么，尚之信"顺逆"后，又做了哪些事呢？比如，他跟吴三桂有无往来关系？他与清军是否展开战斗？如耿精忠、孙延龄叛后，都与清军发生大规模的军事冲突，他们也都杀害本地的清朝将吏。尚之信是否也伤害过当地官员或将领？

尚之信"顺逆"的时间，从康熙十五年二月二十一日，到同年十二月初九日表示"归正"，共计285天，可以说，尚之信的部队未与清军交过锋，未放过一矢，因而也未伤过一个清兵！这期间，吴三桂屡次催令尚之信，甚至胁迫他出兵大庾岭，开辟新战场，向清军发动进攻。但尚之信就是按兵不动！实在没法应付，便出库藏金十万两佐助叛军，以塞吴三桂之口[③]。《清史稿》也确认："三桂屡檄之信出兵，

---

① 《清史稿》卷四七四《尚之信传》。
② 《清史列传》卷三《逆臣传》。
③ 《逆臣传·尚之信传》卷二。

之信贿以库金十万，乃不复相促逼。"①《尚氏宗谱》又提供重要史实，与《清史稿》可为互补，互为所证，写道："吴三桂屡咨公（指之信）出兵，公于此时，阳沉于酒，以安贼志，好为抚慰，内结军心，遂以公为酒困，不足虑。"由此可见，尚之信不为吴三桂所用，用库金收买，又日以酒为乐，不务正事，用以麻痹吴三桂，吴也就不再催逼尚之信出兵了。所以，尚之信虽"顺逆"，却不与清军为敌，始终未出一兵一卒，也就不存在"倡兵作乱"的问题。这就使尚之信与耿精忠、孙延龄等人区别开来！

至于杀人，尚之信杀了一个人，他叫金光，是尚可喜的心腹幕僚。当初尚可喜决定让尚之信承袭他的王位。金光就建议不要尚之信继承，以他酗酒的恶习和粗暴，最易闹出事来，加之他又放荡不羁，难与人和，说尚之信缺点多多，把尚可喜也说动了，遂把王位继承权给了次子尚之孝！尚之信知道后，特别痛恨金光！父亲在，尚之信不敢动手。兵变后，他夺了权，特别是尚可喜去世了，尚之信的胆子马上就大了，即下令将金光抓起来，不问青红皂白，就给杀了，解除了他的心头之恨！金光是尚可喜的私人幕僚，还不算是朝廷命官，故杀了金光，事后也未被追究。但从这件事，也可看出尚之信为人徇私、狭隘，报复心很强，人说尚之信"残暴"，此言不虚！

有关尚之信"叛变"的事，就是上引的几种记载，一则事无多，一则也无更为详细的记述，一则几种记载基本相同，差别亦不过多一句，或少一句，没有本质的差异。一句话，尚之信叛清的事，就是这些了，迄今，尚未发现新的史料。

写到这里，人们不禁会问：尚可喜至死不叛不降，与清朝共命运，尚之信作为长子，从关外就开始征战，又在京师多年，生活在皇帝身边，与清朝的关系深厚，何以在其父亲病危之际，突然"顺逆"，也参加反清的叛乱？

这的确是个重大问题，应该解释清楚。

前已说到，当广州危急之际，尚可喜已病危，已失主持军事的能

---

① 《清史稿》卷四七四《尚之信传》。

力，遂由尚之信主持，尚之信为自保其生存，就做主顺从叛变，投降吴三桂，用尚之信的话说，叫"阳为顺逆"，换个说法，就是假投降。事情并非如此简单，需要揭示深层原因，才能说清楚尚之信"顺逆"的历史真相。

先说内因，就从家事说起。

前已说过，尚可喜原打算把他的平南王爵让长子尚之信承袭，但考虑到尚之信的品行，很不放心，在听从他的心腹幕僚金光等人的意见后，便改变主意，改由次子尚之孝承袭，并获得圣祖的批准，还另加一"平南大将军"的名号。这就引发了尚氏家族的矛盾：尚之信作为长子没能袭爵，很恼怒父亲，又很嫉妒弟弟尚之孝，一肚子怨气，又不敢发泄①。尚之信在北京入侍皇帝十余年，表现不错，很受优待。在父年事已高时，尚之信被父亲召回广东，辅助父亲处理军政事务。在袭爵这件事上，连朝廷包括圣祖都不替他说话，竟然批准其弟尚之孝袭爵！为此，尚之信对朝廷也心存不平之气。在这个大家族内，他处于长子地位，却感到被抛弃了，一种失落、失意，乃至羞辱感，竟使他的性情异加暴躁，放荡不羁，时时酗酒，借机凌辱藩下人，连他的弟弟们，尚可喜的妃妾，也不时地受到他的作弄和欺凌，众人敢怒不敢言②。

尚之孝为人厚道，谨言慎行。平时就畏惧其兄尚之信处处强势，尤其惧怕其暴烈的个性发作，处处让他。当尚之孝授命袭爵，却一点也高兴不起来。他明白，这王爵本该由尚之信承袭，只是尚之信不得父亲的欢心，才使自己得到这份可望而不可得的荣宠！尚之孝得了王爵，也不敢跟尚之信抗争，更不敢用权势来压他，相反，却是处处退让。他以为这样下去，也不是长久之计，万一有朝一日，尚之信发作，后果不堪设想！他早已看出尚之信为此愤愤不平，为求久安计，他主动辞王爵，跟父亲说了，坚持己见，直接给圣祖上奏疏请辞。鉴于本人坚辞，朝廷只好妥协，过段时间再说。

很快，吴三桂发动的叛乱爆发了。吴三桂最希望尚可喜与耿精忠两王与他一起叛乱，这样对他最有利。前已交代，尚可喜严词拒绝，

---

① （清）刘健：《庭闻录》卷五；参见《国朝耆献类征》（初编）卷二七六《尚之信传》。

② （清）王钺：《世德堂文集》附《水西纪略》。

耿精忠却追随吴三桂，参加叛乱。吴三桂对尚可喜不死心，一方面，对广东加紧进攻，施加军事压力，意在迫使尚可喜屈服于他；另一方面派人去游说尚可喜的部属，从内中拉出一批将领，用以孤立尚可喜。其中，利用尚氏族内关系，分化他们，制造矛盾，是吴三桂的重要策略之一。尚之信是被游说的重点对象，吴三桂千方百计收买、引诱，并许诺：事成之后，封尚之信为王，世守广东①。上文说到，封尚之信为"信德王"，即是此意。这使尚之信很动心，这正好填补他因失去继承父亲王位而产生的内心空虚。

如果尚可喜健康状况良好，又不在此时病故，尚之信是万万不敢做出叛清的事。有一个记载，不知真假，姑且引用在这里：在吴三桂派人多方动员尚可喜叛清时，尚之信曾劝父亲反清，尚可喜当即怒斥："痴儿！汝翁食盐酱多于汝辈食白米饭，已矣，勿复言！"②此事为孤证，不见诸其他记载。不过，以其说话口气，倒也像尚可喜作为一个父亲应说的话。尚之信降吴，从这件事也看出有思想基础。尚之信劝父降吴的事，无其他史料可资佐证，仅供读者参考吧！

尚之信自主决定"顺逆"，恰恰是在其父尚可喜已病入"膏肓"之际。尚可喜已病危，陷于昏迷之中，已不能主事，唯有其长子尚之信有资格代理其父行使职权。当时，兵荒马乱，南北道路被叛兵阻断，加之路途遥远，来不及请示朝廷，尚之信遂自"任王事"，主持大计。尚之信成了平南亲王的代理人，也是变相的继承人。二弟尚之孝仍在外地，尚之信也无须跟他商量，就把父亲的一切权力都归于他一人掌控。

尚之信趁父亲病危之时，得到了权位，也不能说篡夺，这是在特殊情况下发生的临时处置的办法。尚可喜病危，又无法得到朝廷的决定，在面临叛乱纷起之时，无人主持大局，岂不是坏了大事？所以，尚之信自"任王事"，情有可原，或者说，也只有这一办法。当然，如尚之孝也在尚可喜身边，由谁来"任王事"，当另有办法。此刻，尚之信是不二人选，也只能如此。

问题就出在"降吴叛清"，这可是尚之信的决定，对还是不对，乃

---

① 《平滇始末》，第3页。
② （清）王钺：《世德堂文集》附《水西纪略》。

至罪过，皆尚之信承担，他人包括尚可喜在内都不负有任何责任。学术界把尚之信叛变也算入"三藩之乱"，显系不当。因为尚之信尚未继承王位，他临时代办"王事"不能代表其父尚可喜的意志，更不能代表尚可喜作出降吴的决定。如前已说明，当尚可喜醒来，知道尚之信的所为，即"投缳"自尽！可见，尚之信所为，完全违背尚可喜的初衷。因此，尚之信之乱，也只是他个人的所为，不能算在平南王藩上，把它打入"三藩之乱"，有失历史真实！

以上，是说家族内部的原因，促使尚之信独自行动，或者说，独自作出"顺逆"的决定。

外部原因，就是局势已到了十分危险的地步，叛乱正向广州逼近，如前引："人情汹汹，俱无固志。"面对危局，如何应对？用军事力量对付叛乱，这是最可行可用的手段。可惜，尚可喜所属兵力严重不足，除去叛乱的军队，忠于清朝的将士无力应对叛军，清廷派来的援军被阻于途中，尚之孝自领的一支军队被困于惠州，显然，杯水车薪，无力对抗叛军。投降吗？殉节吗？就看尚之信如何选择吧！先听听他是怎么说的。

前已揭示尚之信"顺逆"的内因，同时，又承受外部叛军的军事压力，还有，吴三桂不断派人来游说，对尚之信进行种种诱惑。在此状态下，尚之信思前想后，说出了他的内心语：

"念三朝（指太宗、世祖、圣祖）重恩，五代荣宠（从可喜的祖父算起，迄至其孙，共五代，皆得封典），值此攻守维艰，救援莫待，以死报国，分所宜然。"他是说，尚氏家族受清三朝重恩，五代受封，受恩如此深重，就是以死相报，也是应该的！但他又想到，在叛军将兵临广州城下之时，如全家自焚殉节，广东全省必失，"南方一带皆为贼有，其势愈炽，若乘风破浪，长驱四进，何以禁之？况粤地千有余里，将来恢复，非数万之众、数年之久不克奏功！是死作报国，适足遗病于国也。"尚之信想到这里，不禁长叹："吾心可对天日，安事虚名为哉！"[1]

① 《尚氏宗谱》之"大房"。

　　这是《尚氏宗谱》记录下的尚之信心里独白。从当时的情况看，又从尚之信的个性看，这番独白基本符合尚之信当时的心境。在广州濒临绝望之时，处于困境中的尚可喜家族，无非是两种选择：要么是全家殉节而死，或抵抗叛乱而后死；要么投降吴三桂，家族及其部属得以保全。尚之信不想死，以为死而无益，名为报国，实际上是把广东交给了叛军，故死无益于国。如降于吴三桂，又负三朝重恩，于心不忍。很明显，尚之信内心充满了矛盾，让他陷入极度的苦恼之中！

　　若从个人恩怨来说，尚之信对其父及弟尚之孝很不满，已如前文，这里不重复。但他内心还是想谋求王爵的继承权，遂有企图借助吴三桂武力相逼的有利形势，又正赶上其父病危之机，把平南亲王权给夺过来，造成既成事实，就能达到正式承袭的目的。

　　实事求是地说，尚之信并非真心情愿降吴，更非死心塌地反清，他采取"阳为顺逆"之策，就是明面或者说，公开向吴投靠，而暗中向朝廷奏报，此举是假投降，保护地方不受叛军侵犯，待清军发起大反攻时，他即迎接清军进粤。

　　那么，史书又是如何记载的呢？

　　首先，就看尚可喜在世时主修也是第一次修的《尚氏宗谱》：尚之信"阳为顺逆，潜遣使具奏请大兵于次年（康熙十六年）丁巳五月归正"①。

　　在后世续修的《尚氏宗谱》又做了详细的记录：尚之信多次"以丸书（即以蜡丸裹封的奏疏，以便保密安全）入告：阳为顺逆，实保地方，大兵一到，即便归正"②。

　　简单地说，上述记载表明，尚之信在"顺逆"降吴的同时，即秘密遣使，用蜡丸裹封的奏疏，向圣祖奏报他降吴是计谋，当清军一到广东，他马上宣布"归正"！

　　《尚氏宗谱》记载是否属实？有无隐瞒事实之处？不妨与清官方所修《清实录》相对照：康熙十六年五月，圣祖在敕封之信王爵的诏书中

---

①　《尚氏宗谱》之《尚之信传》。
②　《尚氏宗谱》之"大房"。

明确地写道："之信感戴国恩，克承父志，屡次密奏，约会大兵进粤。"①

诏书中，已指出尚之信"屡次"即多次"密奏"广东军情，并约会清军何时进广东。

可见，《尚氏宗谱》记载无差误，清官方史书也予证实。

《清史列传》也做了记载：这是在接受吴三桂授给的伪印后，"之信旋遣使赴江西通款大军，密疏愿立功赎罪"②。

尚之信给圣祖的密疏，明说"伪降"，如与圣祖所命使的各将军交涉，绝不可泄露"伪降"的机密，如传至吴三桂耳中，就会前功尽弃！所以，他"顺逆"后，还是公开自己降吴，向有关将领表态："愿立功赎罪。"上引的史料，证明他"顺逆"后，曾秘密派使者赴江西，联络统军将领喇布等，谋划如何入广东平叛。可见，尚之信对圣祖及将领的态度一致，言行一致！

前引江西总督董卫国在向圣祖报告尚之信叛变的奏疏中，还写了一段很重要的情况：尚之信"倡兵作乱，镇南将军舒恕等引兵归，副都统莽依图自肇庆突围出。"③

《尚氏宗谱》记录：尚之信"潜引将军舒恕率满洲官兵入京，一无所损"。这是说"潜引"与董卫国所说"引兵归"完全吻合。是时，舒恕率满洲八旗驻广州，尚之信与舒恕达成默契，在宣布叛变时，默默引导清军撤离广州，毫发无损。至于莽依图所部远在肇庆，正与叛军作战，也得舒恕信息，突围而走，暂时放弃战斗，以待时机。让他们撤离，是一保护性措施，清军不受任何损失！广东局势，由尚之信控制。

如何看待尚之信的所为？关键要看圣祖的态度。

在吴三桂、耿精忠、孙延龄等一批重要人物叛乱后，圣祖迅速作出反应：发布诏书，通报天下，予以声讨，然后，削除爵位，撤销一切官职，视为仇敌，并予坚决镇压。

与此完全相反，圣祖在得到董卫国奏报尚之信"作乱"的消息时，

---

① 转引自《尚氏宗谱》之《尚之信传》。
② 《清史列传》卷八〇《逆臣传》。
③ 《清圣祖实录》卷六〇，康熙十五年四月庚申，中华书局 1985 年版，第 784—785 页。

既不惊讶，也未表态，好像什么事也没发生！如果他惊讶，又不完全相信，他最初的反应是：再进一步确认是否属实？然后再作处理。很快，又得到其他人送来的情报，已确认尚之信叛变无疑。但圣祖一不下诏谴责声讨，二不下令处罚，三不派兵征讨。尚之信未得圣祖批准，就自"任王事"，也未受圣祖谴责。一句话，自始至终，圣祖对尚之信完全容忍，未说过一句斥责的话。十分明显，圣祖得到之信"丸书"密奏，予以默认，双方达成谅解，所以，圣祖不露声色，当尚之信"归正"时，他还说："因事出仓促，致成变异。"① 给出这一解释，就把尚之信反叛罪责全给化解了！

至此，尚之信"顺逆"的真相，可以大白于天下。

四、尚之信获罪赐死

尚之信"阳为顺逆，实保地方"之计，获得圣祖默许，此计瞒过吴三桂及广东的叛军，以至广东无战事，广大百姓免遭战乱离散之苦，又保生命安全。前已说过，为迷惑吴三桂，为遮人耳目，尚之信每天装作无所事事的样子，以饮酒为乐，日子过得倒也安静。暗地里，尚之信不时地将广东的军情密报给圣祖，又与在江西、浙江、湖南等地统领清军作战的统帅保持联系，商讨攻守战略，特别是清军何时入广，不断地进行沟通，选择合适的时机入粤，等等。尚之信一再表示，待清兵入粤时，他作为"内应"②，届时公开"归正"。

其实，尚之信的日子并不好过。其父尚可喜还在重病中，他不能不无所顾虑。还有，吴三桂派他的心腹冯苏任广东巡抚，派董重民为两广总督，他们受命，要严格控制和监视尚之信。可以想见，尚之信每天都要小心谨慎，稍有疏忽，就会走漏风声，后果不堪设想！尚之信却是不露一点声色，在新巡抚与总督之间，曲意周旋。他在等待时机，一旦形势变化，有机可乘，他就迎接清军入粤。

时机终于来到了。康熙十五年（1676）十二月初九日，占据福建

---

① 《清圣祖实录》卷六四，康熙十五年十二月丁巳，中华书局1985年版，第862页。
② 《清圣祖实录》卷六六，康熙十六年三月丙午，中华书局1985年版，第850页。

的原靖南王耿精忠刚刚投降后，尚之信看到清军形势好转，秘密派人携带他的一封密信，到和硕简亲王喇布军前"乞降"。喇布正在南昌督率清军平叛，得尚之信密报后，随即报告圣祖，很快，圣祖下敕谕一道，赞赏尚之信的行动，谅解他暂依吴三桂，是出于不得已，"因事出仓促，政成变异"，他对尚之信"深为恻悯"。① 因为尚之信还是以从叛的身份重降清军，称"归正"，这时，圣祖也以欢迎的态度，正式发出接纳尚之信的指令。这是尚之信从降吴到"归正"时，圣祖正式表态。这一过程，历285天，就此结束。

正式"归正"，是指尚之信与清将见面，标志已回归清朝。继上次向朝廷表态3个月后，已到了康熙十六年三月，尚之信再次上"密疏纳款"。圣祖得报，立即下令，催促康亲王杰书"速进广东"。经王大臣会议，责成"镇南将军"莽依图率部入粤。②

莽依图率部于四月二十四日自江西赣南赴粤，直抵韶州（令广东韶关）。尚之信特派他的弟弟尚之瑛代表他到韶州"迎接王师"。尚之信于五月四日率省城（广州）文武官员及兵民"归正"。这才是真正回归清朝了，那种委曲求生的日子算是结束了。

清军进入广州，尚之信率文武将吏归正，原先叛离清朝的各个军事势力全部瓦解，分崩离析，除了部分被消灭，绝大部分都向清军投降，包括最先叛清的潮州总兵刘进忠也缴械投降了！

圣祖看到广东捷报，非常高兴，特别是对尚之信的表现非常满意，为奖励尚之信对清朝的忠心，决定把尚可喜的平南亲王爵给尚之信承袭③，并赐金册，其文曰：

> ……后粤东煽乱，平南亲王尚可喜自闻兵变，忧郁成疾，始终未改臣节，遂致殒逝。子之信感戴国恩，克成父志，屡次密奏，约会大兵进粤，率在省文武官吏及士绅军民倾心归正，市肆不惊，恢复粤省，绥定岩疆，忠贞可嘉，劳绩懋著。

① 《清圣祖实录》卷六四，康熙十五年十二月丁巳，中华书局1985年版，第826页。
② 《清圣祖实录》卷六六，康熙十六年三月甲申，中华书局1985年版，第844页。
③ 《清圣祖实录》卷六七，康熙十六年六月戊申，中华书局1985年版，第861页。

特命尔之信袭平南亲王，赐以册宝。尔其承兹宠命，益茂勋
庸。钦哉！①

顺便说明，上引给尚之信承袭平南亲王的册文本应载入《清圣祖
实录》，但在尚之信被定为"三逆"之一后，这份册文就不入载于
《清圣祖实录》。但《尚氏宗谱》收录这份册文，即成一珍贵史料，上
引即取自于宗谱。

圣祖又高度评价尚之信："素怀忠荩，恩报效国家，朕已知之，举
广东全省归诚，民免汤火之患，深为可嘉！"②

尚之信行"阳为顺逆"之计，广东全省完整无损，尤其使"民免
汤火之患"，圣祖给予完全肯定，视为"报效国家"，深为赞许。实践
效果，是检验尚之信行此计成败的根据。尚之信不仅保全广东全省，
而且清军不经战斗，一无损伤，顺利进入广东，这应是尚之信为清军
平叛立下一大功劳！尚之信不计个人受辱而为国家重新统一尽力，是
值得赞许的！

尚之信接到圣祖敕谕，命其承袭王爵，内心惶恐不安，何以至此？
尚之信怎以自己一度降吴，对不起国家，有愧于承袭王爵。遂于八月
二十二日上疏，请辞王爵。他写道：

> 暂管平南王军机事务少博兼太子、太保、公臣尚之信谨
> 题：……去岁陡遭变乱（指康熙十五年二月兵变），势逼曲
> 徒，一腔报国之诚，几经密疏具题，业蒙皇上洞鉴。今仰赖
> 朝廷福泽，绥定粤疆，克遂臣志。但上损国威，下坠臣节，
> 只有罪之当诛，原无功可录。乃蒙皇上宽宥臣罪，不加斧钺，
> 更令臣苦衷，推恩格外，晋赐平南亲王，又加"安达"名称，
> 颁赐敕宝，宽大弘慈，亘古未有。……惟念颁爵酬勋，原为
> 滥及，况臣负罪渊深，值臣父垂危，臣弟困阻在惠（州），臣
> 聊而一身，负此滔天之罪，百身难赎，又岂可非分冒受！……

---

① 《尚氏宗谱》之"大房"。
② 《清圣祖实录》卷六七，康熙十六年六月己未，中华书局1985年版，第863页。

虽我皇上如天之仁，掩其瑕而原其心，而微臣抚躬多负，实未敢窃爵位之荣，而益增其罪谴也！

但今地方初定，人心摇摇，又楚逆侵薄内地，寇氛鸱张，所有颁到玉宝，臣不敢不勉受暂用，以资调遣，为一时弹压。俟事平之日，准臣缴纳敕宝，束身待罪。……①

这一长篇奏疏，写得声情并茂。除了感激圣祖大恩大德、大仁大义外，主要内容是倾诉他"陡遭变乱"，被迫"顺逆"，尽管已多次"密疏"报告，又得"皇上"谅解，他还是有负罪感，给他晋亲王爵，他高兴不起来，却是诚惶诚恐，自认自己的行为是"上损国威，下坠臣节"，甚至认为自己此罪"当诛"，加"斧钺"。又进一步说，自己犯此"滔天之罪，百身难赎"，怎可以"非分冒受"王爵？所以，尚之信请求不要给他授予王爵，但当前正是平叛围剿吴三桂之时，为调遣之便，他权且暂行代理，"暂用"玉宝，待平叛之后，再把象征权力的"玉宝"上缴，他还要"束身待罪"，等待朝廷给他处罚。

通篇奏疏，就是反复说自己有罪！虽然圣祖从无责问，却是一再表示理解，还高度评价他为清朝作出的贡献，但尚之信却一再说自己有罪，云云。这说明尚之信这个人诚实，无半点虚假！他"顺逆"，本是虚假，是明面上的事，却依然认为自己"上损国威，下坠臣节"，不可原谅！要求之严格，于此再见其思想之正。尚之信在这道奏疏中，再次表露他"顺逆"之时和以后，直至迎清军入粤，已经多次奏报圣祖，就是说，他暂时"顺逆"已得到圣祖和朝廷重臣的认可。

写到这里，不禁想到学术界一些说法，坚持认定尚之信参与叛乱，是一叛乱头子，前已提到，定为"三藩之乱"之一乱。如果将上述所引史料查看一下，也无须研究，只看文字记述，其说法不辨自解！

再接着尚之信奏疏的事，考察圣祖对尚之信请辞王爵的答复。

康熙十六年十月十二日，圣祖写下一道谕旨："王感戴国恩，率粤东官民全省归正，特令承袭王爵，以示恩眷。著只遵成命，不必控辞。

---

① 中国第一历史档案馆藏：《三藩史料》胶片 10-978，清，1751。

该部知道。"①

圣祖没有批准之信请辞王爵的要求，要他"只遵成命"而已。

广东无战事，邻省广西，还被叛军占领。圣祖决定向广西展开进攻，特命尚之信率部征剿广西，又给加一名号"奋武大将军"。

自尚之信"归正"后，一切皆顺，尤其重获圣祖的完全信任，赐王爵，给兵权，得到了其父尚可喜在世时未曾得到过这么多、又这么崇高的荣宠！这是圣祖对尚之信忠诚的回报吧！当然，这也包含着对忠贞不二的尚可喜的追念！

看起来，一切都非常正常，尚之信"顺逆"的事对他的前程没有任何影响！

尚之信挂"奋武大将军印"征剿广西，胜败兵家常事，就不必去记述了。关系尚之信的命运与生命的一件事正悄悄向他走来，说得明白些，这件事就是灾难，就要降临他身上。

进入康熙十九年（1680），清军对叛军已占据绝对优势，吴三桂已于两年前病死，叛军失去首领，很快分崩离析，清军的最后胜利，指日可待。到八月间，尚之信率部已攻下广西武宣，下步行动，将进攻吴三桂的最后据点——云南。

八月二十八日，广东总督金光祖、提督折尔肯、总兵班际盛、副都督金榜选等突然赶来武宣，尚之信毫不知情，不知他们来有何要事要办？即出城迎接。当他们彼此见过面，金光祖即取出圣祖的"圣旨"，向尚之信宣读。这道旨意，实际是逮捕令，宣布尚之信因罪予以逮捕。尚之信大为震惊，一时不知所措，但很快冷静下来，自动解除身上甲胄，"自系铁组"，给自己带上刑具，表示服从皇上旨意，以后再分辨。

金光祖等不费毫发之力，很顺利地将尚之信逮捕，把他押解回广州监禁，等候圣祖的下一步行动。

尚之信率部正在广西平叛，进展顺利，为何突然把他逮捕？从一个有功之臣何以复为罪臣？事发突然，却是事出有因。

---

① 《三藩史料》胶片10-978，清，1751。

原来，尚之信被人告了御状！告他的人并非外人，恰恰是他的护卫张永祥和张士选，他们于同年三月，前往北京，向朝廷揭发尚之信"谋叛事"①。接着，藩下总兵王国栋与尚之信的堂弟、副都统之璋等人也在密谋反尚之信，他们密约了一些人，分别给圣祖上奏疏，罗列罪状，请求逮捕并处死尚之信！更厉害的一个做法，是王国栋、总兵宁天祚与之璋等人，他们冒名尚之信的母亲舒氏与胡氏，以她俩的名义给圣祖上疏："之信怙恶不悛，有不臣之心，恐祸延宗祀，乞上行诛。"②

两广总督金光祖、广东巡抚金俊等"亦相继疏列其罪"③，如金俊疏奏："之信凶残暴虐，犹存异志。臣查其左右，俱义愤不平，因密约都统王国栋等共酌机宜，之信旦夕就擒。乞敕议行诛，以为人臣怀二心者戒。"④

从以上各方面的揭发，可知尚之信的罪过有两项：一是"存异志"，"有不臣之心"，此即指之信"叛逆"朝廷；一是"凶残暴虐"，残害下属。

对这两项罪过，需要说清楚。说尚之信"存异志"，如果是指他"顺逆"的事，早已得到圣祖的默许，到"归正"时，圣祖公开表态，高度赞扬他忠诚于国家，以假降吴三桂保全了广东全省，免除广大百姓受"汤火"之灾。这一事实，从朝廷到广东地方官民都知道，显然，揭发之信"存异志"并非指之信"顺逆"的事，而是说之信"归正"后的存"异志"。实事求是地说，全无事实依据！举报的人也没有指出其"异志"的事实，哪怕有一件也能令人信服！事实是，他"归正"后，圣祖命其挂"奋武将军"印，出征广西，已收复武宣等城。原潮州总兵刘进忠叛后，兵败归降，但他又蓄意再叛，尚之信得到消息，立即回广东，将刘进忠击败，刘只身逃跑。无中生有，陷尚之信于死地，不能不怀疑举报人有意陷害！

尚之信的问题，如上引举报人所说，他品行不端，对待下属并无

① 《平定三逆方略》卷五一。
② 《清史稿》卷四七四《尚之信传》。
③ 《尚氏宗谱》之"大房"。
④ 《清史稿》卷四七四《尚之信传》。

怜悯或爱惜之心，残虐乃至枉杀人命。这方面的事实不少。几种史书都有记载，如，尚之信为人"残暴猜忌，醉则怒，执佩刀击刺，又屡以鸣镝射人"。藩下总兵孙楷宗叛后降，圣祖已予免罪，尚之信竟"杖杀之"。护卫张永祥奉命进京呈送奏疏，圣祖召见，授予总兵官职。回到广州后，尚之信很不服气，便寻找种种口实，屡次当众鞭打他。另一个护卫张士选说话不合己意，尚之信就用箭将其射伤，将脚致残。特别是他醉酒时，更是肆意伤害人命。① 前文已交代：其父尚可喜因他"嗜酒"亦"恶之"，把本该由长子尚之信承袭的王爵，给了次子尚之孝！

尚之信种种暴行，已引起护卫们愤愤不平，在其他下属人员中，也多忌恨。所以，这些人如张永祥等赴京告尚之信，是可以理解的，无足奇怪。那么，地方封疆大吏如总督、巡抚、都统等也不约而同，甚至合谋举报，又是为了什么？尚之信"顺逆"时，不见他们举报，而在其"归正"后，本无叛逆行迹，却硬是以此为由，必将其"行诛"而后快，是何动机？尤其值得怀疑的是，他们中有几人竟冒充尚之信的两母亲之名予以告发，不论如何解释，就是一个答案：有意陷害尚之信！先把话说到这，待尚之信的事最后结束再作解析，真相就会不言自明。

尚之信被逮后，监押在广州，按说只等圣祖发话，给尚之信一个处置。谁料，在尚之信被押期间出了大事，竟然把尚之信的事给闹大了，最终把尚之信推向了死亡之路……

尚之信已被削除爵位，圣祖指令，将他逮赴京师审问，再作处理。

这时，在藩王府发生了一场事变，据《清史稿》记载：王府长史李天植痛恨都统王国栋策划陷害之信，并将其阴谋报告给尚之信的母亲舒氏与胡氏，然后，与尚之信的弟弟尚之节、尚之璜、尚之瑛合谋，假召王国栋来议事，指使埋伏好的兵士，当场把王国栋击杀。②

《尚氏宗谱》则记载：尚之信被逮后，王国栋未经朝廷允许，擅自封了王的府库，"恣取资财，肆行无忌"。李天植等见状，勃然大怒：

---

① 《清史稿》卷四七四《尚之信传》。
② 《清史稿》卷四七四《尚之信传》。

"国栋陷旗奴，微先王超擢不至此！今既不白公诬，又不遵旨送公候勘，乃恣行如是，是将不轨！""遂杀之"。① 原来，王国栋本是旗人奴仆，幸为先王赏识，破格提携，才有今天。如今，他有恩不报，既不替公（之信）辩白冤屈，又不遵从旨意将公送到北京听候勘问，却是图谋不轨！所以，李天植等人才把这忘恩负义的王国栋杀死。

上引，是三修《尚氏宗谱》所记，再看二修《尚氏宗谱》的记载是："都统王国栋封公（之信）府库，侵蚀资财，过恶多端。长史李天植等众见其恶，奋然曰：'公有过犯，家资应归朝廷，奚容彼入私囊！'众愤，拥杀国栋。"②

比较以上两种《尚氏宗谱》所记，一详，一略，但其记事一致：王国栋乘尚之信被逮，恣意夺取王府资财，故招致杀身之祸！

再看清官方记载："尚之信谋益急，令其弟尚之节等阴纠党羽，诱杀王国栋，欲为乱。"③

李天植等击杀王国栋，是一个重要案件。因何造成这一血案？两部《尚氏宗谱》说法一致，就是对王国栋乘人之危，封府库、掠资财的血腥报复。特别是王国栋出身旗奴，是尚可喜、尚之信把他提拔起来的，他不但不报恩，还趁火打劫，故激起众怒，才被杀。这是一起刑事案件，不具有任何政治性质。关键是此事与尚之信毫无关系，对此事之预谋、策划，尚之信一无所知。尚之信正在监押中，怎么可能与李天植等人进行密谋？又怎么可能授意他们去谋杀王国栋？

尚之信知道自己是被人告发而获罪，谁告发的？他本人并不知情，但他坚信"媒孽之诬，不足以蔽圣明"，他"见天（指圣祖）有日"，一切都会分辨明白的！他期待到北京审问时，当面向圣祖说清楚。当他听到王国栋被杀的消息，为之震惊，随后，长叹不已："嗟乎！余于丙辰（康熙十五年）春，已誓死报国，因疆土计，苟延至今，为余生也久矣，岂复为身计哉？"李天植杀王国栋，这是"倒行逆施"，帮了

① 《尚氏宗谱》（三修）之"大房"。
② 《尚氏宗谱》（二修）卷四之《尚之信传》。
③ 《清圣祖实录》卷九一，康熙十九年八月甲申，中华书局1985年版，第1154页。

倒忙，必将加重他的罪过。①

《尚氏宗谱》记述此事原委包括尚之信当时的实况，是真实可信的，无可辩驳。民国修《清史稿》记载此事，仅记李天植痛恨王国栋等陷害尚之信，对王国栋封尚之信府库，恣取资财事，只字未提。不过，所记之事大体符合事实。这也是将此事定在刑事犯罪之内。

唯上引清官方所记，是将李天植等谋杀王国栋定性为政治事件，直接点名尚之信"谋益急"，指使其弟纠集党羽，"诱杀"了王国栋，最后，特别强调：尚之信"欲为乱"，就是要发动叛乱！

这是朝廷也是圣祖给这个事件定性为"叛乱"。所谓欲加之罪，何患无辞！试想：在叛乱最猖獗之时，尚可喜病危，尚之信主"王事"，在双方力量悬殊的危机下，他不得不采取"阳为顺逆"之计，保全了广东。如果他真想叛，何须用此计？而且事先已报告给圣祖，得到默许，在清军入粤时，他把一个完整而无损的广东全省交给朝廷。更要高强的是，他"归正"后，遵照圣祖的指令出征平叛，正如前已指出，告发他的人诬尚之信有"不臣之心"，确属无中生有！而此刻当尚之信被押时，他只待进京说清楚，怎么可能"欲为乱"？又有何证据证明尚之信指令其弟等杀王国栋？

很快，尚之信的母亲舒氏、胡氏也上疏：告发尚之信的奏疏不是她们写的，是王国栋假冒她们的名字，并且说：尚之信没有谋逆事！

李天植等人杀害王国栋后，就被钦差大臣宜昌阿、赖塔等逮捕，在审讯时，李天植及尚之信的弟弟一口咬定：杀王国栋与尚之信毫无关系，是他们自己所为，后果由他们完全承担！

逮捕尚之信时，是听信了几个方面的告发，如何判决，朝廷似乎还没有作出决定，而王国栋被杀，正好给朝廷处理尚之信提供了事实依据。上引官方对此事的记载，就表明圣祖是报"为乱"的政治定性，只能判其死罪。虽然舒氏、胡氏申诉，李天植等说明真相，圣祖一概不听，对其申辩不予理睬，也不再调查，就是按既定方针办！

很快，朝廷作出判决，并经圣祖批准："同谋者"尚可喜妻舒氏、

---

① 《尚氏宗谱》之"大房"。

胡氏从宽免死，并免家产籍没；尚之孝、尚之璋、尚之隆等从宽，革职枷责；尚之信"不忠不孝，罪大恶极，法应立斩，姑念曾授亲王，从宽赐死"。原定尚之信进京勘问，改为就地处置。李天植、尚之节、尚之璜、尚之瑛等按律就地正法处决。①

康熙十九年闰八月十七日，钦差至广州，是日早，在监押尚之信的处所向他宣读了圣祖的旨意，赐予一条帛，令其自尽。尚之信乖乖接过帛，走进内室，在钦差的注目下，以帛悬梁勒脖颈自尽，七时许，尚之信气绝身亡，葬于广州城西报资寺后山下。

与此同时，尚之信的弟弟尚之节等及长史李天植等被押赴刑场斩首。

朝廷对他们的财产也做出了处理：尚之信等人的妻子都籍没入宫②，圣祖又特别指示：尚之信所有资财，用来充作军饷；以前属平南王的私市私税每年所获银两，不下数百万两，"当尽充国赋，以济军需"③。

尚之信一死，其平南王藩亦随之撤去，其所属人员包括兵员，或撤或裁或并，皆"量行安插"④。至此，占据一方、显赫一时的平南王藩不复存在了。

尚之信已经死了，就他的死，再说几句。一个最根本的问题，就是尚之信是因叛乱而死，还是以刑事犯罪而死？迄今，学术界对此不辨不识，总以"三藩之乱"而定论，即认定是以叛乱而成死罪。

说圣祖和他的重臣给尚之信定的罪名也是含混不明的，定为"不忠不孝"，事实安在？没有！只在这四个字当中，隐含着"叛逆"之意，因无事实，故不能用"谋反"的用语，给耿精忠的罪名，就是"背恩谋反"，显见尚之信无谋反的事！又说尚之信"罪大恶极"，是不实之词。又说"法应立斩"，与此刑法相应的罪名，如犯有重大贪污、营私舞弊，乃至致人于死的命案等，当判斩刑。如给尚之信量刑，

① 《平定三逆方略》卷五三；《清圣祖实录》卷九一，康熙十九年八月甲申，中华书局1985年版，第1154页。

② 《尚氏宗谱》之"大房"。

③ 《清圣祖实录》卷九一，康熙十九年七月丙戌，中华书局1985年版，第1155页。

④ 《清圣祖实录》卷九八，康熙二十年十月壬辰，中华书局1985年版，第1234页。

定为"立斩"，这就把尚之信犯罪的性质定在刑事犯罪的范围。如系"谋反"罪，就要判凌迟处死。此系刑法中最残酷的一种，如俗云：千刀万剐，犯人在遭受一刀刀被割肉的极度疼痛中死去！靖南王耿精忠和他的几个亲信将领就是这么死的，他们的罪名就是"背恩谋反"。此据罪行性质不同，刑法各异。尚之信本该"立斩"，又以"亲王"的尊贵身份，又减刑为"赐死"。这是死刑中最体面也是最轻的刑罚，尤其说明尚之信的死，并非一定死，但又不得不死！这就是政治需要，圣祖要彻底解决三藩问题，吴三桂谋反，自取灭亡；耿精忠谋反而后降，不可原谅，将其父子一并处死；若留一个尚之信活口，平南王藩是否保留？就很难处理，于是，寻罪状，找借口，把尚之信也一并处理，于是，三藩之王不复存在，其爵位随之而撤销。

以上，就尚之信之死，作了必要的解说，一个本质问题，是对尚之信到底如何定性？上引圣祖的圣旨中有"不忠不孝"之说，既笼统又含混，与"谋反""叛逆"的结论不可同日而语。现在，终于查到清统治集团对尚之信的内部定性，一句话就揭示了尚之信问题的本质！

这是康熙二十一年（1682）正月十九日，尚之信已被处死两年半，朝廷议政王大臣根据圣祖的指令，讨论对耿精忠及其骨干分子如何处理的意见。圣祖表示"怜悯"之意，可否将凌迟改为斩首？王公大臣持不同意见，以重臣大学士明珠为代表，提出理由是："耿精忠之罪，较尚之信尤为重大：尚之信不过纵酒行凶，口出妄言；耿精忠负恩谋反，且与安亲王书内，多有狂悖之语，甚为可恶！"① 他的意见为王大臣之共识，也为圣祖采纳，维持对耿精忠凌迟处死的判决。

明珠的话，一锤定音：尚之信罪在"纵酒行凶，口出妄言"！这完全是刑事犯罪，与耿精忠的"负恩谋反""多有狂悖之语"的性质实属本质的不同！朝廷王大臣与圣祖对两人作了原则的区分。

可以肯定：明珠对尚之信问题的定性，是王大臣与圣祖的共识。无须论证，也无须寻找什么事实，这就是无可更改的结论！清史学界把尚之信打入"三藩之乱"，与事实背道而驰，更与当事人圣祖与明珠

---

① 《清圣祖实录》卷一〇〇，康熙二十一年正月丁卯，中华书局1985年版，第6页。

等王大臣给出的结论相悖！

从尚之信之死的前前后后看，他不过是做了圣祖撤藩的牺牲品而已。这只能说，是他个人的不幸吧！

最后，再说尚之信的后事：康熙四十一年（1702），圣祖给予平反："上（圣祖）廉知公（之信）贞诚，特值赐公（之信）妻子归宗完聚，仍赐田房、奴仆，服役养赡。公有未婚女五人，皆特恩择配，复赐奴仆妆奁。"实际上，这是为尚之信平反。尚之信子孙在雍正朝以后仍在朝为官[1]，与吴、耿等子孙后人相比，简直是天壤之别！

---

① 《尚氏宗谱》之"大房"。

第 十 四 章

叶落归根

一、荣宠归葬

康熙十五年（1676）十月二十九日，尚可喜交代完后事，带着他的梦想，带着他对大清的忠心，带着对家人的不舍，走完了他的人生旅程，任凭那四起的战火如何蔓延，他再也看不到了，也不用为之殚精竭虑了。

尚可喜临终前，向众子当面留下遗嘱："吾死后，必返殡于海城！魂魄有知，仍事先帝。"海城，明时称海州，清顺治十年（1653）改名为海城，沿用至今，是辽宁省辖置下的一个县级市。尚可喜生于此，长于此，至明清（后金）战争，遂弃农从军，进入行伍，从此与战争结下不解之缘。值此生命就要走到尽头之际，要求他的儿子们，在他死后，把他的遗体安葬在他出生的故乡海城。尚可喜的这个遗愿，他的儿子们一定会照办，以慰父亲的在天之灵。此事，还需向圣祖奏请，获准后，方能办理。

尚可喜去世后，尚氏家族上上下下都沉浸在无限的悲痛当中。他们在尚之信、尚之孝的主持下，全身心地操办着尚可喜的丧事。为了实现尚可喜的遗愿，他们决定将尚可喜成殓后，先不安葬，暂时厝放在广州的一座佛寺——大佛寺中，待战事缓和或结束后，再运回海城安葬。

令尚氏家族没有想到的是，吴三桂挑起的这场叛乱持续了数年之久，一直没有结束的迹象。尚可喜去世时，清军与叛军正在激烈交战中，南北交通阻断，就连尚可喜去世的消息，迟至第二年五月才传到京师，将尚可喜归葬海城的事，也无法办理。从广州到海城，长达4000余里，其中，江西、浙江、福建、湖南、湖北等省区，都是交战之地，无论本地人，还是外地人，都很难从这些交战的地方通行。运送尚可喜的是遗体，不是骨灰，必以棺木装载，需要很多劳力，或装卸于船上船下，或装卸于车上车下，行路数千里，可想而知，又是何等艰难！沿途住宿，都要该地方官接送，提供食品，等等，如此多的人，何以能顺当地通过交战区？哪有地方官来接送？所以，尚可喜归葬的事，短时间内无法解决，只有等待战争结束！

这一天，终于等来了！

康熙二十年（1681），清军分三路向昆明进军，吴三桂的大本营昆明指日可破。上述几个省的战事已结束，更远的地方如西北之陕西，西南之四川等省，也早已结束了战争。清军已取得对叛军的全面胜利，除昆明外，各处叛乱统统给镇压下去了！大江南北，黄河上下，又恢复了战前的平静。

清朝平叛战争的胜利，让因尚之信被逮而处于痛苦煎熬中的尚氏家族看到了离开广州、北返海城、实现尚可喜归葬海城的契机。不过，举家北返海城、让尚可喜入土为安这件事还要征得圣祖皇帝的同意。于是，他们决定将此事上奏圣祖皇帝，请旨定夺。

那么，由谁来向圣祖皇帝请旨呢？当时尚可喜的长子尚之信已经因事被逮；次子尚之孝在康熙十九年江西平定后，就被圣祖皇帝召回京城；七子尚之隆位列朝班，常住京城，与皇家来往较多。二人身在朝中，有近水楼台的优势，所以，此次请旨迎葬，理当由尚之孝、尚之隆他们二人出面承办。不过，比较起来，尚之隆的面子大。一是因为尚之隆的额驸身份，二是尚之孝受尚之信一案影响，力求自保，不便出面办理此事。

康熙十九年闰八月的一天，圣祖皇帝下令让尚之隆到广州迎接尚可喜的灵柩回海城安葬。[①] 当然这时的尚之隆也有了把他的母亲眷属等迁移回辽东的打算。

得到圣祖皇帝的允许，尚之隆当即带着迎葬的队伍出北京城，向南奔驰而去。他策马前行，表情凝重，尽显内心的忧伤，不时地令人催促手下人跟上队伍。他这次率领人马南下广州，是他人生中第三次奉命南下，肩负的任务也与前两次不同。第一次是与和硕公主赴广州探亲，第二次是奉命作为威望大臣到广州帮助父亲尚可喜料理军务，中途遇阻而返。这一次是到广州迎接父亲的灵柩回海城安葬，并将其母妃、眷属等接回辽东安置。

尚之隆率领迎灵柩的队伍，一路之上快马加鞭，很快就来到了广州。入得平南王府，触景生情，他一下子想起了上次自己来广州省亲的热闹情景，对比眼前的景色，虽说王府改观不大，但已经物是人非，今非昔比了，这不免令他心中一阵伤感。与舒氏、胡氏二妃及家人见面施礼后，他稍事歇息，就在家人的陪同下前往广州的大佛寺祭奠父亲。

康熙二十年，待返殡海城的准备工作就绪后，尚之隆便率领迎柩人马从广州出发，踏上了北归的征途。尚之隆率领的迁葬人员，包括夫役、护卫的兵士及随迁家属，自广州出发，开始了数千里的长途跋涉。这是一支迁葬的队伍，人数多少？史无记载，就连《尚氏宗谱》也只字未露！我们只能做个估计，以最少人数估算，不会少于百人吧！或许在 200 人以上？也有可能。从尚可喜生前的爵位看，死后，护卫其灵柩的兵士也不在少数。可以想见，在当时所使用的交通工具，就是水上行船，陆上用车载马拉而已。顶着南方烈日，不时又有大雨倾注，其随行人员艰难的程度，不言而喻！有关具体运送的实况，亦无记

---

① 《尚氏源流老档》记载："康熙十九年春，念王忠勤不已，特遣王次子宣义将军之孝赴广奉丧归"。对此，《续元功垂范》《先王实迹》均记载是圣祖皇帝令尚之隆赴广东迎接尚可喜灵柩及家眷，《平南敬亲王尚可喜事册》中又记载："二十年五月十二日，王子之孝请假迎柩。"就是说尚之孝在康熙二十年五月十二日请求往迎尚之隆护送的尚可喜灵柩。我认为是《尚氏源流老档》把两件事混到一起，因而出现了差错。

载，从偶然露出的一点点实况可知利用水运比之陆上更便利也更省力些。

迎葬队伍离开广州的消息报到京城，圣祖皇帝又马上作出安排，五月十二日，他批准了尚之孝请假迎柩的请求，让尚之孝南下迎接尚之隆的迎柩队伍。接着，他又对朝廷大臣们说：尚可喜在全城皆叛的艰难时刻，矢志不移，临死的时候，还穿着太宗文皇帝赐给他的朝衣，并说死后一定要葬在海城，魂魄有知，仍事太宗皇帝。他这种忠诚之心，始终没有改变。随后又指示身边的大臣们说，在尚之孝往迎尚之隆的迎柩队伍到达京城附近时，要及时地把消息报告给他，以便他派遣大臣、侍卫前往德州一带迎接，"少舒朕怀"。

圣祖如此高规格对待尚可喜，是被尚可喜生前的高贵品德和始终竭尽忠诚之心所感动，尤其是在清朝遭遇大难之时，广东全省都叛，唯尚可喜"坚意不变"，"不改其心"，更是把圣祖感动得五体投地！已达到如前引"情同父子，谊若手足"而无以复加的境界！我们看到：在尚可喜灵柩搬迁过程中，圣祖厚待尚可喜的规格不断提升。

康熙二十年（1681）夏天，尚之隆的迎柩船到达开河驻扎，准备稍事歇息，继续赶路。开河，地属山东梁山县境，正是运河的一个驿站。圣祖皇帝听到汇报后，当即派一等侍卫厄尔吉兔，二等侍卫锁住、巴兔里、科拜前往灵柩驻地，传达他的问候旨意，并以酒祭奠。

船到达山东德州。这时，圣祖帝又遣内大臣伯心裕、扎怒喀，侍卫布代，二等侍卫觉罗噶尔兔、胡兔、翁俄里等传达他的旨意，再次以酒祭奠。这次派来的官员级别又高了一些。

八月，迎柩队伍行进到天津。消息传来后，圣祖皇帝安派祭奠的官员级别更高，即礼部尚书吴正治、侍郎傅洪基，由他们二人代皇帝前往祭奠，谕祭二坛。所谓坛就是祭场，即在平地上，用土筑的高台，古代常以坛为祭天神和远祖的场所。二坛就是两个高台，这在祭祀的规格上是比较高的，因为清朝祭后土（地神、土神）之神时才设左右二坛。何况康熙十六年七月，宜昌阿、范承勋奉旨到广州祭奠尚可喜时，也曾设了二坛进行祭奠。这次祭奠中的祭文如下：

皇帝谕祭平南亲王谥敬。尚可喜之灵曰："抒忠奏绩，臣

子之芳规，酬德报功，朝廷之大典。尔平南亲王尚可喜性行刚方，才猷敏练，诞膺王爵，绩著岩疆。比年以来，逆寇炽乱，益殚勤劳，展文武之壮猷，全始终之大节。遽闻兵变，忧郁成痾，永矢丹心，溘然薨逝，朕甚悼焉。兹特遣官致祭，呜呼！鞠躬尽瘁，树百代之徽声，设醴陈牲，冀九原之来格，王灵不昧，尚其歆承。”

又皇帝谕祭平南亲王谥敬尚可喜之灵曰："惟王才猷夙著，久镇岩疆，生既笃于忠勤，没亦隆夫宠锡，牲醴再颁，益深怆恻，王灵不昧，其钦承之。"①

从以上新颁的两道祭文，已见圣祖对尚可喜之赞颂，尤见其情，溢于字里行间。一般来说，皇帝给已故大臣的祭文，多属官样文章，官话、套话而已，没有多少实质性的评说，更无情感可言。唯圣祖给尚可喜的祭文，对尚可喜的评价，无一句虚言虚语，却是实实在在的事实陈述，尤其难得的是，圣祖对尚可喜已倾注了他的全部情感。

九月初四日，护送尚可喜灵柩的队伍到达了丁字沽。当时圣祖皇帝正外出巡幸，住在杨村。于是，尚之孝和尚之隆兄弟二人便立即赶赴杨村皇帝行在，一面恭请圣安，向圣祖皇帝表示感谢，一面向他汇报迎接父亲灵柩的情况。闻听尚可喜的灵柩在丁字沽，圣祖当即派管侍卫内大臣他达、御前侍卫敦住、内院学士库勒纳传达他的旨意，前去奠酒。并说："王素笃忠贞，人尽如王，天下安得有事？朕又念王至老怀诚，克殚忠尽，殊伤悼之！"②即平南亲王向来忠心为国，若天下臣子，都像尚可喜一样尽忠朝廷，天下怎么会有变乱？听闻平南亲王到老还至诚不移，克殚忠尽，我真是不胜悲恸啊！

读了这道谕旨，不禁感到：圣祖对尚可喜是太动情了！他感叹：若天下臣子都像尚可喜一样忠心为国，天下就不会生出变乱！这样高的评价大臣，在圣祖60余年执政中，还是唯一的一次！在尚可喜棺柩到达丁字沽时，与他巡幸的杨村仅一步之遥，他如丧考妣，竟然"不

① 《先王实迹》，第18页。
② 王钟翰校点：《清史列传》卷七八《尚可喜传》，中华书局1987年版，第6442页。

胜悲恸"！作为一国之主的皇帝对已故之臣怀有这样真真切切的情感，实属罕见！这又一次证明：尚可喜的品质与作为是他生活的那个时代的最高典范。

据尚氏家族传说，这次祭奠，祭奠大臣还遵照圣祖皇帝的旨意，打开了棺盖，名义上是瞻仰尚可喜的遗容，实际上是看尚可喜是不是真的穿着太宗皇帝赐给他的朝服。可是，当棺盖打开后，他们便发现，尚可喜确实身着皇太极赐给他的朝服，尚氏家族所说的并非虚言。

对丁字沽一幕的叙述到此打住，还是跟随这支迁葬的队伍，继续前往。此时，海城已不再遥远，继续前往，有两条路可走：一是自丁字沽经天津，从海路驶向营口，至此上岸，在陆上行百余里就到海城；二是走陆路，直驱山海关，经锦州，过北镇，转向东南，以达海城。遗憾的是，无论是清官书、档案及《尚氏宗谱》皆无只字记载。从丁字沽出发，只有这两条路可走，究竟是走水路，还是走陆路，也不必看重，反正是这支迁葬队伍终于平安顺利地到达了海城。

从九月到达天津丁字沽，在这耽搁几天后，那么何时到达海城？史书也并无记载，大致可以估计，约当十月底或十一月初到达，唯《尚氏宗谱》记：同年冬十二月葬尚可喜遗骸于海城南。可略知：在下葬前半月左右到达[1]。

此时，尚可喜的陵址已经选好，这就是位于今海城市东北的凤翔山，那里风景秀丽，两山夹一杠，前有照，后有靠，山下有一条兰河从陵址前流过，从堪舆学角度来看，的确是一块风水宝地。

康熙二十年冬，经过一段时间的精心准备，在尚之孝、尚之隆的主持下，尚氏家族为尚可喜举行了隆重的葬礼，"葬仪隆重"，将他葬在了海城的凤翔山。

尚可喜回海城安葬，无论是对尚氏家族，还是对大清朝，都是一件重要的事情。为此，圣祖非常重视，亲赐给葬银8000两。这8000两白银可不是个小数目，约相当于现在的360万元，而且这在当时也是非常高的待遇了。顺治十二年（1655），和硕郑亲王济尔哈朗去世，也不

---

① 《先王实迹》，见五修《尚氏宗谱》，第19页。

过才给了葬银10000两，要知道，济尔哈朗可是清皇室中的著名亲王。

圣祖还赐尚可喜谥号为"敬"。在中国古代，谥号是很有讲究的，自西周以后，凡人死后，人们便根据他的生平事迹，评定出或褒或贬的文字，以对一个人进行盖棺定论。做官的人或社会地位较高的人死后的谥号则由朝廷议定、赐给。尚可喜官至平南亲王，自然由朝廷礼部官员议定谥号。能得到"敬"这个谥号，在《谥法》一书里大致有六种情况，即：畏天爱民、齐庄中正、夙夜就事、受命不迁、死不忘君、陈善闭邪。尚可喜为清朝三代皇帝尽忠、征战，显然应属于这六种情况中的"死不忘君"一条。

参加尚可喜葬礼的人除了他的子孙外，还有当地的州县官员，这些官员来到凤翔山，都"束装临祭"。据记载，当时圣祖皇帝还特地派尚书吴正治、宜昌阿，礼部郎中范承勋到尚可喜墓前奠酒，并御赐石碑一通，立于墓道上。碑文用满汉文书写，其文曰：

> 稽古兴朝，必有贤良之臣，生则荣以高爵，没亦锡以丰碑，所以劝忠，盖甚备也。尔平南亲王尚可喜性秉刚方，材称敏练。自航海归诚，攻取诸岛，平定朝鲜，戮力戎马之间。松山、杏山等处立有战功，及入关而后，击流寇，廓版图。于湖南随宜剿抚，所向克捷。迨提兵广东，克取省会，南韶、肇庆诸郡邑，次第削平。伪侯伯总兵各巨寇后先擒斩，藩翰东南，厥功茂焉。迩者诸逆煽乱，尔益励忠荩，以保岩疆。武略奋扬，勤劳素著，克笃臣节，感戴国恩。方期永倚藩屏，何意积劳薨逝。朕甚悼焉，特赐谥曰敬，勒之贞珉，光及泉壤。国典臣谊，庶几昭垂无斁哉！①

这一评价，可以说是给尚可喜盖棺定论了。

圣祖还赐给守墓闲散佐领二员。这是圣祖特设的两名专职人员，他们的职责就是终年守护尚可喜的陵墓。所需经费，包括这两名专职

---

① 《先王实迹》，第18页。

官员的薪俸皆由朝廷开支。圣祖之后，此制延续，直到清亡而止。清朝为尚可喜墓守护了200余年！

与圣祖皇帝的御赐碑文相呼应的还有经筵讲官、光禄大夫、户部尚书加一级、内翰林秘书院学士、詹事府詹事兼内翰林秘书院侍读学士、国史院侍讲学士、弘文院编修、内翰林庶吉士、丁未会试总裁、壬辰武会试总裁梁清标撰写的《皇清册封平南敬亲王尚公墓志铭》，墓志铭全文如下：

　　王姓尚氏，名可喜，字震阳，其先真定衡水人也。大父继官始迁海州，父学礼为东江裨将，皆以王贵，赠如王爵。王幼而权部骁果，识量过人，善马射，以侠烈见称。赠王战殁，王代统部众，勇绩屡振。是时太宗文皇帝即位六年，政迹逾极，天人咸兴，已有肇基一统之势。王先机明断，遂决意来归，籍献所部将吏兵民万余口及所略定广鹿、大小长山、石城、海洋五岛。太宗大悦，遣内院范文程、都统陈旦木往迎。王至，复命亲王郊劳，给万马以乘所部。命驻于海州，庐舍帷帐、器用服饮咸具。赐敕书一道、麟钮金印、貂及雪里狼等裘二十四袭，马匹弓矢甲盔，骆驼四、园帐房两架，以不费弓矢为国家肃清海岛，不烦国家兵力，克建大功也。

　　明年，从征大同、宣府。又明年，太宗改元崇德，封王为智顺王，夫人为王夫人。遂从征朝鲜，战果木山、皮岛。从攻锦州，击斩大将曹变蛟于松山。旋从下杏山、中后所、前屯卫、塔山，皆有功。

　　世祖章皇帝元年，李自成讧中夏，王师伐之，王从大兵入山海关，自成走，逐北至庆都。遂徇下山东西诸郡，复从英王出居庸，并塞南，渡河入绥德，与固山谭泰攻延安。延安与肤施相犄角，攻不克。王敕诸将佯攻肤施，而阴勒精兵傅城，猝用大炮击之，贼师不支，遁。会豫王已克西安，秦地定。乃从王分兵右定鄜、襄，降其将。复与英王合兵承天，承天□□安禄别，追战樊湖，所部俘贼刘方亮等。因随英王

道九江凯旋。复偕诸将下湖南，定长、岳、衡、永、宝郡。敌闻我师至，各兽散。兵无留者，遂入全州，楚地悉定。

顺治六年，天子以王智勇茂著，将命以粤事，改封平南王，赐敕书、三台龟钮金印、加岁禄六千两，偕靖南王趣广东。将出师，靖南王薨于吉安，王始特将。十二月晦，克南雄。三日，下韶州。次于英德，舟师拔清远。王以大兵陆攻从化，从化听命，遂围广州，十阅月乃克，檄降惠、潮，遣将南徇肇、高、雷、廉，设长吏，旁属邑或据险弗□，率捣击无遗种，广东大定。始广州未下，城主杜永和以死守，王按甲造战舰、铸炮。既成，百道并进，炮发烟火若黑雾，城上益矢石雨注，不得近。王怒，脱铁甲，披锦甲，跃马渡濠，督将士，持刀欲先登，左右泣抱，王呼曰："城不破，我何报天子。"拔刀将自刎。群下持之，将士咸肉搏上。既克，即下令禁屠掠、封府库、收版籍、护郡学，粤民至今服王之勇且仁也。

王为人机警沈深，决谋策若深山大林，龙虎变幻不测；遇敌彪悍猛厉，莫能抗拒。然性慈爱，与人宽和，将兵不妄掠妇女，好文礼士。广州平三月，辄召博士弟子，集讲堂，陈琴瑟钟鼓，称说诗书，日旰乃退。佛山距府六十里，诸将请剿。王曰：此四方商旅辐辏地，大兵一肆，市里灰烬，百货弗至，非吾利也，不许。又请剿石门，亦不许，厥民用安。

李定国之陷桂林也，王疾遣军援定藩，将吏复梧州，已定国围肇庆，陷高州。□刘□□，王亲督兵御，再战，大克之。北至横州，定国焚桥遁。海寇千艘逼潮城，焚揭阳等县，王自往征，贼遁入海。降将苏利据碣石叛，合战南塘埔，破利，遂克碣石。

王顾粤地滨大海，多溪谷丛林箐篁，险阻崔嵬，蛟蟠蚓结，多为盗贼逋逃窟穴。若文村之王兴、龙门海陵之周金汤、李尝荣、邓耀、□福寨之萧国隆、南澳之陈豹，蜑民则李荣、周玉，各千百计，或奉故明宗藩，或假明爵号，盘踞洞穴，出没瘴海间。王德抚威逐，或降或诛。又扑剿五岛、增城、番禺、从化、菱塘、那扶、大奚之为贼羽翼者，伏莽从戎，伐用弗兴。王既威武外施，乃益储军实，而辑和其民人。于是恤死事，叙勋伐，治朦瞳，分屯戍，市战马，平道路，修城垣，营文庙，葺神祠，广赈恤，请益科举额，制郡邑循环册，禁奸究虐民者，粤之民用是大和。

自王起家辽海，身搴旗斩将，大小数百战。既入关，王师桓桓□□并奋肇燕都，扫赵魏，荡秦辟楚，底定湖南北，转战万里。王皆奏绩行间，未尝折矢遗镞。而其平广东也，既专既久，厥功尤茂。世祖十三年，赠王三代爵，置守冢人户于海州、衡水。再增禄一千两。

子之隆尚主，夫人享大国封。今上御极，复晋号王妃，赐王衮马靴带，奖赍优渥，存问醇挚。盖王之忠诚夙昔感□也。暨王自念春秋高，居海疆已久，上疏频乞骸归故乡。蒙天子怜悯得请。而滇逆变作，遂被敕留镇。复晋号亲王，食禄万石。王闻变，发愤誓师，志弭蟊贼，确保疆域。虽孽作狷，不能守尺寸土，岭南闽海，咸用怖慑。然王齿已登耄矣，遂请以子之孝嗣统其众。疏上，诏曰可。如其请，爵之，更颁之孝以大将军印。南征潮□□□□□□稍震。未几，王以疹疾日增，□□遂捐馆舍。呜呼，哀哉！王奋迹壁垒，沉机知变，佐命真人，托体肺腑，享有茅土，丰碑金印，充溢丘第。珍衣宝剑，上驷之赐，填塞府厩。土田、园池、第宅甲于戚里；执圭执帛之宠，逮及舆台。即古所称平阳、高密，算或攸逮，真人杰矣哉。

传曰：云起龙腾，化为侯王，自非攀附圣主，依日月之光不至此。缅怀我太宗皇帝招礼英杰，秩冠五等，德至隆矣。世祖皇帝推毂分阃，寄以岭外，任至重矣。今皇帝载锡崇封，礼秩弗替，恩至弘矣。历稽图牒，自汉唐以降，眷遇勋旧，未有若兹之久而弥笃者。□我国家之本支，百世亿万年受天之休也。王灵辅北返，将及济上，天子遣近侍索住等慰问。

至德州,又遣銮仪正使索心裕等奉谕迎柩天津,遣礼部尚书吴正治斋御制文以祭。越数日,复遣侍郎富鸿基谕祭如前礼。既驻舟潞河,会天子方省稼郊外,颂嘱永叹,谓王克□过□逆,忠贞勿贰,勋绩未树,遂殒阙命,更诏近臣酹而劳其家。复赐谥曰敬。煌煌纶命,有加无已。

呜呼,王之灵亦安哉。王生于前甲辰八月初一日巳时,薨于康熙丙辰十月二十九日申时,享寿七十三岁。越五载,归葬于海州故封,礼也。子三十三人,女三十五人,孙六十二人,曾孙九人。具载家乘,不备录。

康熙十二年,标受诏迎王于粤,继复奉布恩纶,留镇、晋爵、前后将事。又获托王桑梓之末,谨按状志而铭之曰:

恒岳業業,通亶上将,允德允威,鹰扬武壮,贞珉既合,豹变而升。箕腾井跃,遂戡南荆,□□番禺,蛟鲸之渚,建钺往临,海隅丕叙,薅其秽莠,殖其良禾,功成磐石,民哺而歌。夏璜封弱,分土列爵,笃弼三圣,功宗伊濯。大耋忽嗟,陨我河鼓,言葬于丰,稽礼则古。乃嘱辽疆,曰溥且将。乃卜幽宅,曰崇以康。壤厚泉冽,第名藩宅,永祐后昆,绍乃世德。

该墓志铭由内阁学士兼礼部侍郎杜臻篆盖,礼部侍郎、国子监祭酒沈荃书丹。这二人都是当时的名宦,很有影响力。杜臻(1633—1703),字肇余,浙江秀水(今浙江嘉兴)人,历任翰林院编修、秘书院侍读、河南乡试正考官、国子监司业、翰林院侍读学士、内阁学士、礼部右侍郎、吏部右侍郎、刑部右侍郎,累官至工部尚书、刑部尚书、兵部尚书、礼部尚书。沈荃(1624—1684),字贞蕤,号绎堂,别号充斋,华亭(今上海松江)人。顺治九年(1652)中探花,授编修,累官至礼部侍郎,卒谥文恪。工于书法,以米芾、董其昌为宗,为当时的书法名家。

中国自古以来,在安葬先人的时候,都有在墓中或棺中放置陪葬品的习俗,只是陪葬品的数量与死者的身份地位、家境的贫富等有极大的关系,或多或少,不一而足。尚可喜贵为亲王,地位显赫,其家境又很富裕，所以，他的子孙为他放置了许多陪葬品。据《尚氏源流老档》记载，尚可喜的陪葬物品有：

> 清太宗文皇帝赐朝服全袭，肩担日月，五爪云龙，金质九龙交尾红顶朝帽一顶，帽顶赤金重一斤，金质全镶白玛脑（瑙）帽正一枚，重四两，滚龙披肩金扣一枚，重五钱，御赐黄带一围，金质带扣一方，重半斤，足登银宝七个，各重二两，口纳红宝珠一颗，手握银质小宝两个，重二两，玉石如意一支，清太宗赐顺刀一口，古宋砚一方，金质酒杯三个，每个重一两，衬材底赤金，康熙通宝七个，每个重一两，玛脑（瑙）手串一串，汉鼎一尊，大东珠六十颗，珍珠手串两串，碧玉茶杯九个。

尚可喜临终前表示的遗愿，至此完美实现！尚可喜如魂魄有知，当含笑于九泉之下！

随尚可喜迁葬的尚氏家族也全都回归故里。圣祖给尚氏家族土地，"赐田万顷"，供尚氏家族耕种为生。据《户部地亩档册》所载：共有地五千八百六十日。"日"是东北土地计量单位，谓一个劳力一日之作，即一日为六亩，将全部土地折合成亩，合为三万五千二百零八亩。尚可喜有子32人，一子为一家，均分这些土地，以人口计，各家得地数量十分可观。当然，还留出一定数量的土地，以作"尚王祠"及维修的费用。

尚可喜逝后得到一切尊荣，其家族所得待遇亦属优厚，尚氏族人在修家谱时写下一段感恩的话：

> 自古帝王褒功行赏，使生前极其尊崇；死复备其荣显，从未有如我皇上恩遇旧臣，存没兼优若斯之盛者，为王之子孙当如何图报？惟有生生世世永思图报，上答皇恩于万一耳！①

---

① 《先王实迹》，见五修《尚氏宗谱》，第19页。

海城，是尚可喜的诞生地，叶落归根，又是其生命的终结地。此即生死始终如一。葬海城，又是尚可喜生命的回归，他的生命将以另一种形式，在他的诞生地继续绵延。

尚可喜的躯体已不复存在，但他的品质与超凡俗的作为已化为精神的生命，它将与东北山河同永。将使海城这块平凡的土地变得光彩夺目，必孕育才人辈出，更胜前人！

尚可喜的遗体与魂魄已回归故里，为他的轰轰烈烈的一生画上了圆满而完美的句号。

尚可喜个人的历史早已终结，但他的家族一直在延续，历清朝、民国、新中国成立，直至今日，家族繁盛，人口七八万，遍布中国大陆、港台地区及海外。家族兴盛至此，能不得尚可喜之德庇佑！且看当年倡言叛乱的名王显宦，早已灰飞烟灭，而他们的家族今何在？两相对比，生出多少无尽的思考！

总结尚可喜一生，可用两句话概括：

> 通古今之变，献智献勇，爵封亲王。
> 顺人心所向，善始善终，堪称完人。

康熙二十一年，圣祖皇帝举行了第二次东巡。四月二十二日，东巡队伍回京时，从几荒屯出发，向牛庄方向行进。这时的圣祖志得意满，但他并没有忘记大清的功臣尚可喜。于是，就出现了本书开头的一幕，即在这一天他派一等公颇尔盆往凤翔山尚可喜的陵墓奠酒，以表示他对尚可喜的怀念。能享受如此的荣耀，足以说明尚可喜在大清圣祖皇帝心目中的地位，正如史书中所说的那样："哀荣之典，他人莫及焉。"①

---

① （清）鄂尔泰等修：《八旗通志》（初集）卷一八三《尚可喜传》，东北师范大学出版社 1985 年版，第 4374 页。

二、赐建王陵

前已说过，康熙二十年冬，尚可喜的灵柩历经数月，行程万余里，终于从炎热的南国，到达了山海关外他的故乡海州，暂放在海州的三学寺当中。

既然尚可喜的灵柩到了海城，那么将他葬在哪里呢？自古以来，中国人都特别讲究风水，无论是活人生活的住宅，还是埋葬亲人的阴宅，都要选择一处风水宝地，尤其是帝王将相、官宦世家，或者名门望族、富商大贾等，并因此形成了一门学问——堪舆学。尚可喜身份特殊，贵为亲王，其家人自然要为他选择一处吉祥之地，一来对得起尚可喜，让他在阴间继续享受荣华富贵，二来保佑尚氏家族的子孙福泽绵绵，长盛不衰。经过一番考察，尚氏家族将尚可喜的陵址选在了凤翔山的半山腰。

凤翔山位于今海城市东北方向的马风镇，离尚可喜的出生地大新屯大约五公里左右。选择这里，对于尚可喜而言，既可以说是魂归故里，也实现了他临终时那"死后必葬于海城，魂魄有知，仍事先帝"的遗言。

为了妥善安葬尚可喜，并体现大清皇恩浩荡和对功臣的褒奖，圣祖皇帝下令盛京奉天府海城县，征集民夫，整修尚可喜的墓道。海城县的官员不敢怠慢，立即征集了3000名民夫，来完成这一浩大工程。

在尚氏家族和海城县官员们的共同努力下，凤翔山上的尚可喜陵墓，历经数月，很快就竣工了。康熙二十年十二月，平南亲王尚可喜顺利地入葬到这座陵墓当中。

据尚氏家族传说，安葬尚可喜的日子当时已经选好了，可是下葬的时辰始终没有定下来，于是，他们请来了风水先生，让他算一下什么时辰下葬好，没想到风水先生说出的时辰是"扁担开花，鲤鱼打鼓"。对这个谶语，当时的尚氏族人丈二和尚摸不着头脑，怎么想都想不明白。巧的是，到了下葬这天的下午，有个砍柴的人，在海州城里卖完了柴火后，就按照他媳妇的嘱咐买了一束花，由于天气冷，又不

好拿，他就把花绑在了扁担上，扛着扁担回家了。还有个外出表演的打鼓人，买了一条鲤鱼，因为双手抱着鼓，无法拿鲤鱼，就把鲤鱼绑在了鼓上，活着的鲤鱼不停地用鱼尾敲打着鼓面，随着打鼓人的脚步，发出"咚，咚"的响声。当这两个人同时路过凤翔山下的东陵村时，尚氏族人竟惊讶得说不出话来，至此才明白风水先生所说的话的真正含义，于是，他们立即开始了下葬尚可喜的仪式。

在尚可喜陵前的神路上有一通神道碑，其底座为善于负重的赑屃，神路两旁依次排列着石人、石马、石羊等石像生，顺神路拾阶而上，便可到达尚可喜的陵前。墓前矗立着圣祖皇帝御赐的七孔透龙碑。由于尚可喜葬在凤翔山的时间比较短，还没来得及建相应的地面设施就迁走了，所以，今天也没有什么遗迹保存下来，只是留下了一个关于石像生和赑屃的传说。

据传说，尚可喜下葬后，墓前神路上的石羊、石马都非常神，每到天黑时，它们就走到田里去吃草和庄稼。不过，随着尚可喜的陵园迁往文安山，石羊们便失去了神气，再没有下来吃草和庄稼。至于墓前的赑屃，则很有神通，据传说，有一天早上，人们惊奇地发现，墓前的神道碑也跑到河边去了。对此现象，人们百思不得其解，在心中留下了一个很大的疑团：是谁把这巨大的神道碑搬到了河边呢？

对这个疑问，也流传下来一个故事。说有一天晚上，赑屃照旧驮着神道碑到河边喝水，没想到在回去的路上，碰到了一个晚上出来的四眼人（孕妇）。于是这个驮着石碑的赑屃便失去了神通，被牢牢地定在那里，再也动不了，神道碑自然也就留在了河边。还有人说是驮神道碑的赑屃见天黑了，便驮着神道碑到河边去喝水，因没有及时回来才留在了河边。不过，这些说法一直没有得到证实。那这通神道碑的命运又如何呢？

据尚氏族人回忆，现在这个赑屃驮的神道碑没有保存下来，原因是"文革"期间，它被生产队加工做成了两个石磨盘。

再说尚可喜下葬凤翔山后不久，还发生了一件让尚氏族人心生恐慌的事情。据传说，当时尚王陵园规模宏大，清廷为安置尚氏族人又圈占了许多土地，这就侵犯了当地许多人的利益，于是，他们便在尚可喜的陵园上大做文章，说尚可喜的安葬地是在龙脉之上，尚氏家族中要出皇上；还有的说尚氏家族借着修尚可喜祠堂之名，大修金銮殿，并盖了999间半房屋，堪比故宫等。一时之间，谣言四起。这些谣言不胫而走，很快传到了北京。

在京城的和硕额驸尚之隆也听到了这些谣传，不过，他考虑到父亲尚可喜在世时对清廷忠心耿耿，尚氏族人也都撤离了封藩之地广东，回到了北京或海城，小心谨慎，没有什么过错，圣祖皇帝不会相信这些谣言，所以，他并没有把这些谣言放在心上。

巧的是，有一天，皇宫里来信说，皇太后很想念和硕公主和孩子，打算让和硕公主带着孩子到皇宫里住几天。和硕公主便和尚之隆一五一十地说了进宫这件事。第二天一早，和硕公主就带着孩子进了皇宫。可是，刚过中午她就带着孩子匆匆忙忙地赶回来了。尚之隆见到这种情况，非常吃惊，就问和硕公主怎么这么快就回来了。和硕公主非常紧张地把尚之隆拉到了后屋，支开下人，关上门，说：她在皇宫听到了许多关于尚氏家族的谣传，而且朝廷钦天监的官员在夜观天象时，还发现在东北方向有紫微星出现，于是，皇上派人骑马朝这个方向寻找，结果找到了海城凤翔山的尚可喜王陵。这些谣传和消息对尚氏家族非常不利，于是我就找了个借口，跑回来告诉你。你看怎么办？从庚申之变，尚氏家族已经有尚之信、尚之节、尚之璜、尚之瑛四个人被杀，如果谣传继续传播下去，一定会对尚氏家族不利。你赶快与二哥尚之孝、六哥尚之典他们商量一下。

尚之隆听完和硕公主的话，吓出一身冷汗，觉得此事非同小可，绝不能等闲视之。考虑到谣言的核心是墓地，所以，他想了想说，如果尚氏家族主动地把尚可喜的灵柩迁出凤翔山，重新安葬，谣言不就不攻自破了吗？想到这，就立刻提笔给身在海城的尚之孝写了封信，派亲信家人马不停蹄地送给尚之孝，并嘱咐将此事禀告舒太妃和胡太夫人，尽快迁坟。

尚之孝接到尚之隆的信，更是大吃一惊。赶紧和几个兄弟一起向王妃舒氏、王夫人胡氏禀报。王妃舒氏听后，也感受到事情的严重性。联想到"白狗上房的传说"，更加不寒而栗。

原来，尚可喜生前曾养了一条白狗，尚可喜下葬后，这条狗就一直在王府的房子上趴着，有事就冲天嚎叫，但从来不下房，即使给它吃的，它宁肯在房子上饿着，也不下来吃东西。没有办法，尚氏家人就把吃的放到房上，以免让它挨饿。

这一天，来了个南方人。他看见白狗在房上趴着，就对尚家主事的人说，白狗上房，这不是好兆头，你家会出大事的。要避免出大事，就必须把白狗赶下房子。于是，尚家人就上房顶把白狗赶了下来，可白狗又跑到房子上趴着，如此反复多次。后来没有办法，尚家人一着急，就把白狗给打死了，白狗便从房子上掉了下来。

将这些事情前后一联系，尚家人都觉得家里再也经不起折腾了，唯一的选择就是把尚可喜的灵柩迁出凤翔山，找个地方重新安葬。统一了看法后，尚之孝提笔给尚之隆写了封回信，同意他的建议。一边让他把迁墓之事，禀告圣祖；一边马上选择墓地，重新安葬尚可喜。

说来也怪，当尚可喜的王陵打开后，他们发现一条龙已经长麟了，整个龙身已经钻入海城河里，因为尾巴有布缠着，没有钻进河里。这时从墓里飞出两只鸽子，尚家人就立刻派马骑追这两只鸽子，看它们落在哪里，不久，追鸽子的人回来说一只鸽子落在今天的小新屯文安山，一只鸽子落在水泉了。于是，尚家人决定把尚可喜的王陵迁到文安山。这样一来，约在康熙二十四年，尚可喜的灵柩就被迁葬到了文安山。

以上几个故事，虽然只是一个传说，但不能说与尚氏家族迁陵没有关系。不过，当时发生在尚之孝身上的事情确实让尚氏家族感到了危机。康熙二十年，尚之孝护送尚可喜的灵柩回海城安葬后，就一直没有回北京供职。二十二年，议政大臣便以尚之孝"当之信叛时不能讨贼，迩者藉词葬父，久留海城；又奏请欲守陵寝，计图安逸"[1] 为由，请求将尚之孝革职，并与其子弟一起籍没入内务府，幸好圣祖皇帝将其从宽处理，只革除了尚之孝的官职。

尚之孝通晓《周易》，可能是康熙二十二年的遭遇，让他觉得凤翔山的风水不是想象中的那样好，而文安山又是祖坟所在，所以就决定

将尚可喜灵柩迁葬文安山。

尚可喜迁葬文安山后，陵园也逐渐地建起相应的设施。这座陵园坐东朝西，陵园正门两侧，石狮踞立，怒目张吻，雕镂精巧，高约5米，底座为大理石制成。进入陵园首先看到的是仿制的圣祖皇帝御制碑①，碑高5米，碑之右上侧刻有：平南亲王谥敬尚可喜。其后是享殿，享殿外为陵园，园内方砖铺路，两旁立有：猪、羊、牛、马等石兽群及石翁仲各二，相对而立。墓前门高两丈余，朱门列脊，颇为壮观，两侧红墙，饰以云龙。穿过享殿，拾阶而上，便可见尚可喜的墓冢，冢高一丈五尺，周围约六十步，墓冢前修有拜台，放有一张汉白玉石雕的龙纹祭桌和石鼎一尊。对尚王陵，《海城县志》记载："陵园苍松掩映，碧瓦红墙，占地七十亩，石狮踞立，朱门列脊……自古帝王褒功奖赏，使生前极其尊崇，死复备其荣显，从未有如此也者。"

康熙二十五年（1686）八月二十二日，平南王王妃舒氏去世，尚氏族人将她与尚可喜合葬于文安山。和尚可喜一样，王妃舒氏的墓中也陪葬了大量物品，其清单如下：

　　陪葬舒太君，头带五佛金凤冠一顶，包括金凤金钗等重一斤五两，金耳环六支，重六钱，霞帔金扣重二钱，衬材底康熙通宝七个，每个重一两，玛脑（瑙）手串一串，足登银宝两个，合重一斤，手握银宝两个，各重半两，赤金南海观音像一尊，重一斤二两。

到了康熙四十四年，文安山的尚王陵园又多了一位主人。这一年的十二月十六日，平南王夫人胡氏（胡尔哈氏）去世。尚氏家族后人又将她与尚可喜合葬于文安山，并在胡氏的墓中放置了许多陪葬品。这些陪葬品虽然没有舒氏的多，但数量仍然不少，清单如下：

　　陪葬胡太君，头戴金凤冠一顶，金簪金钗总重一斤二两，

---

① 此碑在20世纪六七十年代被用作靶子练习射击，已经损毁，仅余残片在尚王陵院内。现在尚王陵院内碑亭里的石碑是从凤翔山运来的，是圣祖皇帝御制碑的原件。

金耳环六支，重六钱，霞帔金钮扣重二钱，衬材底金质康熙通宝七个，每个重一两，珊瑚手串两窜（串），金质日晷一个，重四两，足登银宝两个，合重一斤，手握银宝两个，各一两，金坠荷包一付，坠重六钱，金镶翡翠烟袋一支，重二两。

时至康熙四十五年（1706）三月初一日，圣祖皇帝又令盛京礼部郎中到海城代表他前去祭奠平南王夫人胡尔哈氏，设一坛，祭文是这样说的：

维康熙四十五年岁次丙戌三月朔甲戌，谕祭于平南王尚可喜夫人胡尔哈氏之灵，曰："国恩至渥，殊荣曾逮于闺中，妇道有终，恤典更加于身后。尔平南王尚可喜夫人胡尔哈氏，柔喜维则，淑慎尔仪，中馈是宜，克佐藩屏之职；芳规云邈，辰留珈并之馨。呜乎！四德聿修，翟拂采章，靡愧重泉，永密祭筵，芬香宜陈，灵爽有知，歆承无怿。"

就这样，尚可喜与他的王妃和夫人一起长眠于文安山的陵园中，享受着尚氏族人的代代祭奠，一直到清末也没间断。可惜，这座自迁葬文安山以后一直保护得很好的王陵，在"文革"期间遭到人为的毁坏，尚可喜的陵墓被炸开，尚可喜和舒王妃、胡夫人的尸骨被人从棺中扔出来，散落在尚王陵的周围，陵中的陪葬品也被抢掠一空。幸运的是尚氏家族的两位后人尚德滔和尚世荣，在事后悄无声息地将平南王尚可喜等人的遗骨收集起来，用瓦片在墓室中挖了一个1.5米见方、半米多深的坑，将其安葬其中。

三、优厚待遇

尚可喜生前享受着荣华富贵，去世后，依然受到大清王朝的眷顾，家族后代对他的祭奠活动更是经久不衰，持续了200多年，从来没有间断过。

康熙十九年（1680），对于尚氏家族而言，是不平凡的一年，可以说是悲喜交加。悲的是发生了庚申事变，家族100多人遭难；喜的是圣祖皇帝批准了尚之隆的请求，让他南下广州，迎平南亲王尚可喜的灵柩归葬海城，同时迎接尚藩家口北返。北返的家口，据传说当时是兵分两路，一路是乘船走海路，一路是与尚之隆一起走陆路。不幸的是走海路的那艘船航行到山东半岛成山角附近海域时，遇到了飓风，船只失去控制，沉于大海之中。

尚氏一族由广州迁回海城，面临的最大问题是住房问题，但在尚氏家族众人的努力下，还是顺利地解决了这个问题。不久，就有一件大喜事降临到尚氏家族，这就是海城尚王祠的兴建。

祠堂，又名宗祠、家庙，是中国古代供奉和祭祀祖先或先贤的场所。它是宗族制度的产物，凡是大的家族都建有祠堂，用来供奉祖先和进行议事。祠堂的建制规模大小不一，其正厅往往都是供奉祖先牌位或议事的场所。对其作用，徐扬杰先生曾经作过总结，他认为"宗祠是宗族的整体象征，是确立宗族源脉，守护子孙的根本。祠堂从精神上团聚了宗族，祠堂和族谱一起用以尊祖敬宗"[1]。

我们知道，尚可喜去世时，他已经有儿子33人、女儿32人、孙子62人、曾孙9人，共计家口136人，俨然一个大家族。如此大的家族，理应有家族的祠堂。何况尚可喜贵为亲王，死后又返殡海城，其曾祖父、祖父、父亲还三代封王，所以，无论从情理上，还是从他的社会地位来考虑，尚氏家族在海城都应建起一座像样的祠堂。

据传说，海城尚王祠是奉圣祖皇帝之命，于康熙二十二年开始兴建的。奉皇帝之命修建祠堂，即敕建，这在中国封建社会那可是一件非常荣光的事情，能极大地提高家族的声望。所以，尚氏家族接到皇帝命令后，便大兴土木。不久，尚王祠便初具规模。建成后的尚王祠是一个三进的院落，坐北朝南。它的大门外有一对石狮子，里面分布着清平南敬亲王专祠享殿、清平南敬亲王诰赠三代享殿、尚王祠办公

① 徐扬杰：《宋明家族制度史论》，中华书局1995年版，第20页。

处等建筑。进入前皋门后，前排大殿为"平南敬亲王享殿"，供奉着尚可喜及其夫人的灵位；后排大殿为"三代诰赠王享殿"，供奉着尚可喜的曾祖父、祖父和父亲的灵位。专祠占地面积很大，共有房屋19间，计3000多平方米。尚王祠建成后，又曾在乾隆、嘉庆年间进行重修，为此，当时的名家法式善还写了《海城重修尚氏家庙碑记》记载此事。

康熙十九年秋天，作为尚氏家族核心人物的额驸尚之隆上奏圣祖皇帝，请求赐给尚氏家族"闲散佐领二员，以便统辖家口"。九月十一日，圣祖帝下令在海城"设闲散佐领"两员，统辖海城的尚氏家口。

佐领，即牛录章京。牛录是八旗军事组织的基本单位。初时每牛录有300人，后来变为200人。佐领主要负责本牛录的户口、田宅、兵籍、诉讼等，有勋旧佐领、世管佐领、公中佐领、闲散佐领之分。勋旧佐领、世管佐领都是世袭的佐领，公中佐领、闲散佐领则都不是世袭的。

这两个闲散佐领的主要任务是为平南亲王尚可喜守墓，并主管尚可喜的祭享之事。为了使其安心供职，圣祖皇帝下令赐给他们土地房屋，又让其安插家口。第一任闲散佐领是康熙二十年（1681）任命的万有才和苏献亭，授四品顶戴。康熙五十三年三月，闲散佐领万有才去世，尚之隆题请让房应晋佐领下的三十二房尚之珩补缺，五月，尚之珩获准出任守墓闲散佐领。由此，正式开始了尚氏家族人员担任守墓闲散佐领的时代。雍正六年（1728）四月，闲散佐领苏献亭去世，翌年七月，令尚玉焕佐领下闲散吴廷栋补缺；雍正十年六月，吴廷栋因病辞退；第二年四月，尚玉焕佐领下闲散尚崇基获准补缺，出任守墓闲散佐领。从此以后，守墓闲散佐领一直都由尚氏族人担任，统管文安山尚可喜陵园及每年的祭祀事务。

从康熙二十年尚可喜归葬海城，一直到清末，尚氏家族对尚可喜的祭祀活动一直没有间断。尚氏家族的祭祀，每年有六次大祭、两次小祭。大祭包括正月十五日的初祭、二月十五日的春祭、八月十五日的秋祭、十二月二十七日的终祭、三月二十五日尚学礼的忌日、八月一日尚可喜的诞辰日；小祭指十一月二十八日尚可喜夫人的忌日、十二月十六日尚可喜生母刘氏的忌日。这每年八次的祭祀中有五次与尚可喜有关，而且都是大祭。

祭祀的礼仪完全依照《朱子家礼》的规定，《三韩尚氏族谱》里曾记载："王庙祭祀及生辰忌辰，悉遵《家礼》。"这里的《家礼》指的就是朱熹写的《朱子家礼》。

祭祀过程中的祭器是很讲究的，计有御杖两对、龙凤旗一对、龙凤扇两对、红罗伞一对、黄罗伞一柄、代架貂尾枪一对、横金瓜一对、竖金瓜一对、朝天镫一对、槊一对、官衔牌一对、三十七面铁点、一个代架、金枧一对、鼓一面、銮仪架四个、牌架五个、旧有銮仪坐地架一对。

祭祀过程中的供品，也是越来越丰富。到光绪年间，祭祀的供品已经开始用整头猪、整头羊的少牢之礼来进行祭祀了，"昔年庙祭，每桌止用五碗外，有蒸酥面食。今每桌又加四碟，前殿三桌外，用整猪、整羊各一，后殿九桌外，亦有整猪、整羊各一。再，后殿两旁于二、八月上祭时，仅用香烛，并无祭菜"①。

至于祭祀的程序，先是请神，然后依次是进馔、初献、亚献、终献、送神等。祭祀开始，主祭官先就位，陪祭官也都随着就位，开始迎神。接着行三跪九叩首礼，行礼后站起身来，走到盥洗的地方，濯水净巾，然后回到原位。这时主祭官等开始行初献礼，他们走到平南敬亲王尚可喜的灵位前，开始上香，接着跪着献帛、献爵，伏俯，兴，准备宣读祝文。主祭官等走到宣读祝文的地方，跪着读完祝文后，伏俯，兴，然后回到原位，这时乐声响起，待奏乐停止，便行亚献礼。主祭官等走到平南敬亲王尚可喜的灵位前，跪着献爵，伏俯，兴，然后再回到原位，奏乐，乐声止，便行终献礼。主祭官等走到平南敬亲王之位前，跪着献爵，伏俯，兴，然后又回到原位，奏乐，乐声止，开始送神。送神后，再行三跪九叩首礼，兴，走到焚帛化祝的地方焚帛化祝，至此礼毕。

祭祀时宣读的祭文基本上是固定的，大体内容是说："主祭官佐领……世孙某人，谨以少牢牲醴之仪，致祭于先祖平南敬亲王之位前，

———————————

① 《祭祀旨要》。

曰：'惟王得河岳英灵，乾坤正气，允文允武，树骏烈于千秋，至大而刚，播鸿猷于万古，仰声灵之赫濯，崇典礼于馨香。兹届某日，用昭时享，惟祈来格，克鉴精诚。尚飨。'"①

在祭祀过程中，击鼓、奏乐是必备的。如二、八月大祭开始时，司鼓的人先"击鼓，三鼓毕，执事者各执其事"②。凡初献、亚献、终献的时候都要奏乐，"正月祭祀，两佐领照旧章穿朝服带朝冠，行六叩礼，作乐，不唱礼。然后族人以少长次序行礼，不得一齐跪拜。十二月二十七日与正月十五日一切相同。惟二月十五日、八月十五日系属大祭，衣朝服、朝冠，行九叩礼，作乐，唱礼者二人，所有礼节均注于册"③。

祭祀完毕，按照家族传统，要进行聚餐宴饮、分胙。可是，由于参加祭祀的人员众多，致使聚餐宴饮的压力不断增加，为了解决这一问题，尚氏家族对酒席的规格和用餐的程序都作出了规定，如二、八月大祭时，"祭祀之日，族人酒食必得丰满，族人用饭时亦不得喧哗，以免贻羞于大雅"④。至于用餐的程序，规定说"每上祭时，族人用饭不可在院内放席"，如果人多的时候，就将东、西两屋以及东廊"放席，以昭体统"，假若人实在太多，不能一起就餐，那么劳役人员就要晚些时候用餐，如果"座不敷用，役人等俟族人饭毕再坐"⑤。

分胙，就是分发祭祀的供品，这是祭祖礼仪的重要组成部分，意味着子孙接受先人的赐福，所以能分得祭祀的供品，被看作非常荣耀的事情，春秋时的孔子就是特别看重分胙的一个人。当时，孔子在鲁国为官，辅佐鲁定公。孔子堕三都失败后，又见鲁定公接受齐国送的美女，沉湎于美色，不理朝政，于是很生气。他的弟子子路见此，就劝孔子离开鲁国。孔子因为对鲁定公还心存幻想，所以没有听从子路的建议。恰巧这时，郊祭快要举行了，孔子心想，如果郊祭后，鲁定

---

① 《祭祀旨要》。
② 《祭祀旨要》。
③ 《祭祀旨要》。
④ 《祭祀旨要》。
⑤ 《祭祀旨要》。

公能把胙，即祭肉，按照"礼"的规定，分给大夫，自己就继续留在鲁国辅政。可是，最后的结果令孔子非常失望，他根本没有分到郊祭的祭肉。于是，孔子便"合则留，不合则去"，毅然辞官，率领自己的弟子们离开鲁国，周游列国去了。

从尚氏家族举行的祭祀来看，每一次祭祀，往往是参加祭祀的人员多，而供品数量有限，僧多粥少。为此，尚氏家族规定，"二、八月大祭，族人太多，分胙碍难，惟有两佐领每人领猪羊肉六斤、鸡一只、鸭一只，坟达七人，每人领猪肉四斤、羊肉二斤，其余族人，概不得分。如两佐领本屯有长门、年老之人，分与不分，随值年佐领自便"①。以此来解决人多肉少的问题。

四、家族受益

尚可喜的一生，东征西杀，南北驰驱，为大清的建立和巩固作出了巨大的贡献。其所建功勋不仅给他带来了荣耀，而且还光宗耀祖，为他的家族赢得了荣誉，同时也使他的子孙后代能够福祉绵绵，享受着荣华富贵。

早在顺治八年（1651）八月，正当尚可喜着手平定广东诸州县的时候，世祖皇帝下令恩及尚可喜的祖上三代，将其曾祖父、祖父、父亲钦封平南王爵位，曾祖母、祖母、母亲钦封为平南王夫人，即追封尚可喜的曾祖父尚生为平南王，曾祖母王氏为平南王夫人；追封尚可喜的祖父尚继官为平南王，祖母焦氏为平南王夫人；追封尚可喜的父亲尚学礼为平南王，母亲刘氏为平南王夫人，继母王氏为平南王夫人。

在给尚生和其夫人的制书中说：

> 奉天承运，皇帝制曰：兴朝开创之业，端藉元勋，良臣辅弼之材，实资世德，式遵令典，用沛洪恩。尔尚生乃平南王尚可喜之曾祖父，源远流长，本深支茂，盖积德于乃躬，

① 《祭祀旨要》。

故发祥于奕世。曾孙有庆，惟尔之休。兹追赠尔为平南王，锡之诰命。於戏，一德交孚，迓天休而洊至数传，始大荷帝眷之方休，尚其钦承，式佑尔后。

制曰：德隆宗社，于开国为崇功，恩及曾闳，于承家为异数。庸颁宠命，以著殊休（勋）。尔平南王尚可喜曾祖母王氏，庆衍曾孙，徽流四世，重帏培德，乃启后人。溯水木之深长，用恩荣之远被。兹追赠尔为平南王夫人。於戏，徽音渺矣，佑祚胤而克昌，宠贶赫然，保昭融于无斁。传之永远，服此休祯。①

在给尚继官和其夫人的制书中说：

奉天承运，皇帝制曰：贻厥孙谋，忠荩识世传之泽；绳其祖武，恩荣昭上逮之休。忠厚之道攸存，激劝之典斯在。尔尚继官乃平南王尚可喜之祖父。尔有贻谋，以启乃孙，传至再世，克勤王家，褒宠之恩，宜及大父。兹追赠尔为平南王，锡之诰命。於戏，再世而昌，无忘贻德之报，崇阶特晋，用昭宠锡之恩。奕代垂休，九原如在。

制曰：孝子之念王母，情无异于慈帏，兴朝之奖劳臣，恩并隆于祖烈，爰沛贶封之命，用慰报本之怀。尔平南王尚可喜（之）祖母焦氏，尔有贻恩，迨于再世，乃孙袭庆，积懋国家。嘉尔淑仪，宜锡褒宠。兹追赠尔为平南王夫人。於戏，章服式贲，沛介锡于大母，纶绰宠颁，保昌隆于百纪。永承家庆，以妥幽灵。

制曰：推恩锡类，曲体劳臣，遂以闻孙，亦及似妣，斯固臣之上愿，实唯国之典章。尔平南王尚可喜继祖母田氏，孙枝既茂于后，国恩无间于先。爰因世美，嘉尔嗣徽，用藉褒章，并申宠锡。兹追赠尔为平南王夫人。於戏，德贻再世，

---

① 《三韩尚氏族谱》卷之一，辽宁省图书馆藏本。

疏兹从祖之荣，功著后人，用沛均慈之庆。钦承休命，永庇
来昆。①

在给尚学礼和其夫人的制书中说：

奉天承运，皇帝制曰：父有令德，子职务在显扬。臣著
贤劳，国典必先推锡。用申新命，以表前休。尔尚学礼，乃
平南王尚可喜之父，持身有道，迪子成名。嘉予懋绩之臣，
实尔克家之嗣。用褒义训，爰贲恩荣。兹追赠尔为平南王，
锡之诰命。於戏，率行式谷，泽流青史之光，教孝作忠，荣
耀紫纶之色。永培祚胤，益庇昌隆。

制曰：国之最重者，惟是忠荩之臣；家所由兴者，以有
劬劳之母。特颁恩命，用慰子情。尔平南王尚可喜母刘氏，
慈能育子，教可传家。念兹靖共之猷，实本恩勤之训。母德
既著，渥典宜加。兹追赠尔为平南王夫人。於戏，颁爵用以
荣亲，褒忠因之教孝。锡隆恩于不匮，表嘉誉于来兹，钦服
宠纶，用光泉壤。

制曰：育抚同劳，母谊不殊于始继，休荣均被，君恩罔
间于后先。典既酬勋，礼宜并贵。尔平南王尚可喜继母王氏，
嗣修闺范，式谷后人，抚异产为己出，罔间恩勤；承国典之
宠光，无惭似续。兹追赠尔为平南王夫人。於戏，念兹良臣，
报尔培成之德，嘉兹令子，褒及勤教之功。休命钦承，松楸
永贲。②

通观这些制书，每一道都提到了尚可喜，可以说他们完全是因为
尚可喜才一荣俱荣的。而且到了顺治十三年（1656），尚可喜又以"爵
谬膺殊宠，而爵之曾祖及祖若父，生既不获分鼎养之荣，没又不及藉
懋章之贲，诚不能且晚以即安也。爵受国恩二十余载，于兹泉壤有知，

① 《三韩尚氏族谱》卷之一，辽宁省图书馆藏本。
② 《三韩尚氏族谱》卷之一，辽宁省图书馆藏本。

固应结草，而爵以酌水知源，辄不避冒昧之请"，上"平南王揭为恭叩皇恩鉴准追赠事"，要求世祖皇帝"鉴悯愚诚，推恩贻赠"①，即请求再对其曾祖父母、祖父母、父母亲等施恩，于是，世祖皇帝命令在衡水修建尚王陵园，而且让当地宋、马二村的百姓轮流守护陵园，免除他们应该担负的其他差役。对此差事，两村百姓"百余年来奉行无遗"。当年仲春，尚可喜虽然没有回到衡水，但他命人以他的名义为父亲尚学礼、伯父尚学书各立了一块墓碑。

在光宗耀祖之后，从康熙到乾隆年间，尚可喜的功勋也在一定程度上荫庇了他的子孙后代和家眷。我们知道，由于吴三桂叛乱，康熙十五年（1676），尚之信曾一度"叛应"吴三桂。尽管尚之信"叛应"吴三桂不是真叛，只是为保广东的权宜之计，并与朝廷有密约，但是仍然连累了在北京的尚之隆等人，于是，在这一年的六月，和硕额驸尚之隆亲自率领在京的子弟"诣部请罪"，结果圣祖皇帝以尚可喜"矢志勤劳，悉宥尚之隆等罪。属下人员，亦从宽免"②。康熙十九年，尚之信被逮后，圣祖皇帝念及尚可喜"航海归诚，著有劳绩"，尚之信又爵封亲王，于是仅将他赐死，并对其兄弟"俱从宽免罪，属下人有父兄子弟在贼中者，一无所问"③，还谕令宜昌阿："尚之信虽经犯法，其妻子不可凌辱，应遣人护送还京"④。在处理庚申事变时，他还以"平南王尚可喜航海归诚，效力行间，久镇粤东，著有劳绩，及吴逆叛乱，坚守臣节，不肯从逆。为逆子尚之信所逼，愤恨殒命。朕每念及，深为悯恻"为由，下令对尚可喜的王妃舒氏、夫人胡氏"从宽免死，并免籍没。尚之孝、尚之璋、尚之隆等俱从宽免革职枷责"⑤。这就避免了因尚之信一案等株连过多，也使尚氏家族以较少的代价度过了这场劫难。

再者，在康熙十九年（1680）的庚申事变中，尚可喜的第十二子

---

① 张伟仁主编：《明清档案》第二十六册，第 14419—14420 页。
② 《清圣祖实录》卷六一，康熙十五年六月，中华书局 1985 年版，第 795 页。
③ 《皇朝文献通考》卷一五一《王礼考》，文渊阁《四库全书》本。
④ 蔡冠洛编著：《清代七百名人传·尚之信传》，中国书店 1984 年版，第 1265 页。
⑤ 《圣祖仁皇帝圣训》卷二《圣德一》，文渊阁《四库全书》本。

尚之璜被杀，其妻与三女也殉情自杀，仅留下一子尚崇昱。后来，尚崇昱牢记母亲陈氏所说的"汝乃尚氏宗脉。汝父方邀宠擢，不克报效于万一，而中道云亡，抱惭无地。所可幸者，惟望汝成人，尽忠报国，以继我先王先公之懋绩，而汝父与我当含笑九泉矣"①。在康熙三十六年，他自愿随征噶尔丹，"效力行间"，立功凯旋。康熙四十一年，以拜唐阿入侍内廷，康熙四十六年，又蒙恩特授镶黄旗佐领。在被圣祖皇帝召见时，他将其母亲陈氏及三姊死节的情况一一奏明，并以父母的骨殖都远在广州为由，请求圣祖皇帝给假，让他前往广州，搬取家人的灵柩，获恩准。于是，他得以赴广州搬取父母的灵柩及三姊的骨殖，迁葬北京。这一事件，固然有其"一门节孝"感动了圣祖皇帝的原因，但尚可喜的影响力也是不可忽视的因素。

继圣祖皇帝眷顾尚氏家族之后，雍正帝在 1731 年又下令对勋旧功臣的子孙进行照顾，这其中就包括平南亲王尚可喜的后代。这一年的十一月二十日，世宗皇帝以八旗汉军勋旧大臣的子弟，被其"父兄失于教导，甚乏可用之才，朕心深为怜悯"为由，下令对尚、耿、石、李、佟、祖、蔡、王诸家的子弟，"无论在京在外，其年至十五岁以上、二十岁内外者，著拣选带领引见。朕量其才器，令其学习行走，日后俾得成就，以副朕加恩造就勋旧子弟之至意"②。这八个姓氏中的"尚"姓即是指尚可喜的后代。

时间飞逝，转眼间到了乾隆五十年（1785），这时，平南亲王尚可喜已经去世 100 多年了。这一年的正月初六日，乾隆皇帝举行了一次3000 多人参加的千叟宴。在这次宴会上，尚氏家族有五个人受邀参加。他们是尚之忠的曾孙尚维翔、尚之信的曾孙尚维纶和尚维枚，还有尚之瑛的曾孙尚维埙、尚之隆的孙子尚玉德。其中，尚维翔官骁骑校加一级；尚维纶初授骁骑校，乾隆四十二年承袭佐领；尚维枚，在乾隆四十六年升骁骑校加一级，乾隆五十年又授武略郎；尚维埙，初授骁骑校，乾隆四十七年二月升骁骑参领；尚玉德，初承袭佐领，历任印务章京副参领、管理炮营参领。这五个人的官职都不高，最高职位才

---

① 尚久蕴、尚世海主编：《尚氏宗谱》（六修），1994 年内部印刷，第 509 页。

② 《清世宗实录》卷一一二，雍正九年十一月，中华书局 1985 年版，第 499—500 页。

是骁骑参领，介于武职从三品官和正六品官之间。他们本身没有多大的功勋，尤其是尚维纶和尚维枚是康熙十九年（1680）庚申事变中被杀的尚之信的曾孙，尚维埙是被杀的尚之瑛的曾孙。他们之所以能够参加千叟盛宴，宴会后还获得乾隆皇帝赏赐的128件物品，可以说一方面是沾了尚之隆后代尚玉德的光，另一方面就是因为他们是尚可喜的后人，是尚可喜的福泽所致。

相比较而言，尚氏家族凭借尚可喜的功勋，获得的最大利益是在经济上，这就是占有了大量的土地，这也成为尚氏家族200多年来的经济支柱。

还在尚可喜刚刚归附后金的时候，皇太极为了安置尚可喜及其部属，就在海城赏赐给尚可喜"二十三屯"。及至尚可喜随清军入关南下征战后，他在海城占有的庄屯还实存"十一座，每庄屯地一百二十日"。如果按每日6亩地计算，尚可喜占有的庄屯计有土地1320亩。尚氏家族在这些土地上进行经营，每年的收入，估计是相当可观的。

康熙十九年九月，圣祖皇帝针对户部关于"海州向有平南王尚可喜庄地，应酌量拨给，并赐闲散佐领二员管辖家口"[1] 的提议，曾表示同意。到了康熙二十年二月，户部又讨论了尚之隆的奏请，即请赐给其父亲尚可喜在世时"所赐海州房地"，获得批准，令"平南王忠诚劳勋，坚守臣节。其房地，遣司官一员，速往拨给"[2]。这些土地被称为"尚王祭祀地"，其数量也不在少数，据记载有1000多日，也就是6000多亩。

康熙二十一年，圣祖皇帝东巡盛京，除了派人到凤翔山祭奠尚可喜之外，又赐给尚氏家族"养赡家口福朱里佐领五员"[3]，这里的福朱里佐领即勋旧佐领。

就在这期间，盛京户部会同清廷委派的员外郎查哈纳，"奉旨办理安插尚姓家口"，查丈"平南王尚可喜庄屯地亩"，经过清丈，他们得

---

[1] 《清圣祖实录》卷九二，康熙十九年九月，中华书局1985年版，第1162页。

[2] 《清圣祖实录》卷九四，康熙二十年二月，中华书局1985年版，第1191页。

[3] 于浩辑：《明清史料丛书八种》第三册，平南敬亲王尚可喜事实册，北京图书馆出版社2005年版，第438页。

出结论，并将结果上报朝廷："尚王地亩共二千九百三十四日；尚王庄屯十一座，每座庄地一百二十日；□种拜唐阿（杂役）一百五十丁，每一丁地五日；和尚六十八名，每一名地三日；再撤出（拨给）余地六百六十日"，共计5868日，合35208亩。这些土地大都集中在关外的海城县，只有少数分布在牛庄城附近。

当然，海城尚王府所占有的土地，不是固定不变的，而是在不断地增加，其拥有的庄屯也在变化。乾隆三年（1738），盛京户部曾奏报："尚姓恩赏地，自天聪八年至雍正四年清丈时，入册地五千三百六十七日，又康熙十九年至雍正查丈时，入册地三千一百八十六日。共地八千五百五十三日。"这就是说尚氏家族仅获得的恩赏地到雍正年间就已经达到了8553日，即51318亩。具体的情况将在后文讲述。

值得指出的是，以上土地仅仅是尚氏家族在辽东所占有的土地，这些土地在尚氏家族占有的土地中仅占一小部分，他们的大量土地分布在京畿地区，大约8万亩，归属于尚可喜第七子、额驸尚之隆。

尚氏家族占有如此多的土地，虽然不全是因为平南亲王尚可喜而获得的，但尚可喜凭借其功勋为家族赢得的利益是很重要的一个因素。在这些土地上，尚氏家族进行庄园式管理，征收租税和土特产品，每年的收入可想而知。

第 十 五 章

名门望族

一、妻妾众多

正所谓鱼和熊掌不可兼得。平南王尚可喜作为清朝开国时汉军中的主要将领，他必须以朝廷的意志为转移，随时准备出征，不可能在家里与妻儿长相厮守，所以，与亲人团聚的美好时光，对他来说，确实值得留恋。他的家庭，在清朝初年也是千家万户中的佼佼者，单从娶亲来说，他自己就陆续娶了24个妻妾。

俗话说，男大当婚，女大当嫁，这是中国千百年来一直遵循的法则。尚可喜也不例外，在他年轻当婚时就娶了李氏（1606—1632），这是他的原配。可惜李氏既没有与他一起白头偕老，也没有给他留下儿女，在崇祯五年十月二十九日就早早地离开了人间。李氏去世后，被葬在海城东南丁甲峪头道沟东坡。

一日夫妻百日恩，李氏的早逝，使尚可喜心情沉重，哀痛不已。好在这时他还有两位夫人李氏（1609—1633）和邢氏（1608—1633）陪伴，受伤的心才慢慢地得以平复。

本来以为可以与李氏、邢氏两位夫人长相厮守，可是，天有不测风云，李氏、邢氏同时发生了变故。天聪七年（1633）归附后金的孔有德、耿仲明为报明朝总兵黄龙海上堵截之仇，引清军攻打旅顺，结果旅顺城陷。当时，尚可喜出征未回，他的两位夫人邢氏、李氏及众多家人都生活在旅顺。邢氏、李氏两位夫人"素有志操"，七月初七日，见旅顺城陷，便义不偷生，四目相对，说："吾夫当为世间奇男子，吾属为贞夫人，不可受辱。"说完，携手赴海自尽。尚可喜听到这一消息，"南望恸哭，招魂设位，祭黄镇及死事将佐并两夫人"①。我们知道，中华传统文化中，"不孝有三，无后为大"，深深地扎根于国人的心底里。值得庆幸的是，李氏已经为尚可喜生下了一个儿子，这就是崇祯二年（1629）出生的长子尚之忠。这尚之忠后来过继给了尚可喜的大哥尚可进，所以就不在尚可喜诸子中排位。

李氏、邢氏两位夫人的壮举，受到了后人的称赞："国家将兴，必有祯祥，非符瑞之谓也。两夫人能率王一家死于贞烈，不为身名玷，而王之家声遂有不可犯之势，祯祥孰大焉。死生命也，苦乐时也，不与王同享其成亦足矣！"②

李氏、邢氏两位夫人殉难后，尚可喜又续娶了刘氏（1606—1638）。崇德元年（1636）十一月十一日刘氏迎来了她人生中最高的荣誉，大清皇帝皇太极派官员前来宣读制书，诰封她为智顺王夫人。

> 奉天承运，宽温仁圣皇帝制曰："朕谓易重人伦，夫妇乃人道之始，礼隆一体，春秋大内子之封。兹尔刘氏，智顺王尚可喜之妻，幼奉母仪，长娴女训，克相夫子，令绩彰闻，归命本朝，功垂简册。已封尔夫为智顺王，用推覃恩，封尔为智顺王夫人，以昭夫荣妻贵之义。尔宜益励夫子，竭忠王家，永保富贵，国以永存，於戏，钦哉，祗服朕命。"③

可是，两年后刘氏便撒手人寰。她去世后，被葬在海城东南丁甲峪头道沟东坡。

---

① （明）释今释撰定：《元功垂范》卷上。
② （明）释今释撰定：《元功垂范》卷上。
③ 《三韩尚氏族谱》卷之一，辽宁省图书馆藏本。

刘氏在世时，尚可喜还娶了舒氏（1612—1686）。舒氏是辽东人，其父亲名克孝，母亲姓孙。据记载，她家"代有积庆"，她本人则自幼"恭庄贞静"，不苟言笑，颇受邻里乡亲的称赞，有"朴女"① 之称。尚可喜听说她的贤德后，便被她的魅力所吸引，心向往之，终于以礼相聘，将其娶回家中，做了自己的一房夫人。

至于尚可喜何时将舒氏娶进门，许多资料多不见记载，我们只能根据点滴资料作出一个大概的结论。尚可喜在顺治十四年的一篇奏疏中曾透露出一点信息，说："舒氏自航海相随，迄今二十余载"②，就是说，尚可喜娶舒氏是在天聪八年归附后金之前；又据舒氏墓志铭记载，"及王薨，归葬海州，慨然曰：未亡人事我先王垂五十年"。我们知道，尚可喜归葬海城是在康熙二十年（1681），由此向前推 50 年，当为天聪六年（1631），即在天聪六年之后。所以，可以肯定，尚可喜娶舒氏的时间为天聪七年前，舒氏时年在 20 岁左右。

舒氏嫁给尚可喜后，"夙夜恪慎，庀饬内政"，又"殚心佐理"尚可喜，还利用空闲时间为士卒"纫补甲裳，罔有弗逮"。尚可喜征战沙场几十年间，之所以没有后顾之忧，舒"妃之力也"③。为她做墓志铭的经筵讲官、光禄大夫、户部尚书、管兵部尚书事梁清标曾评价说：舒氏有"齐妃戒旦之勤，有楚姬进贤之义，有安国兴邦之哲，有堂邑保家之贤"。什么意思呢？

在这一评价中，梁清标用了两个典故，即齐妃戒旦、楚姬进贤。齐妃戒旦即鸡鸣戒旦，出自《诗经·齐风·鸡鸣序》："《鸡鸣》，思贤妃也。哀公荒淫怠慢，故陈贤妃贞女夙夜警戒相成之道焉。"寓意为担心浪费早晨的时间而耽误正事，所以天没亮就起身。楚姬进贤又称樊姬进贤，来源于樊姬劝楚庄王的故事：春秋时的楚庄王喜欢打猎，常因外出打猎而耽误国事。见到这种情况，其夫人樊姬便去劝阻，可楚庄王始终不听。樊姬没有办法，只好以不吃肉来表示抗议，楚庄王这才觉悟，改过自新。对于国家大事，非常地关心起来。当时，楚庄王

---

① 《皇清册封平南敬亲王妃舒氏墓志铭》。
② 《明清史料》甲编，第五册《平南王揭帖》，商务印书馆 1931 年版，第 413 页。
③ 《皇清册封平南敬亲王妃舒氏墓志铭》。

时常称赞虞邱子的贤德。樊姬说："他还不能算是忠臣。我服侍君王，算起来有十一年了。曾经访求美女，献给君王。比我好的有两个人，和我同等的有七个人。现在虞邱子做楚国的丞相，已经有十多年了。除了他自己的子弟、宗族和亲戚以外，从来没有保举过好人进来，难道贤人是这样的吗？"虞邱子听到这番话后，觉得非常惭愧，于是就把孙叔敖举荐给了楚庄王。楚庄王在孙叔敖的辅佐下，终于使楚国称霸诸侯。在这里梁清标其实是以齐妃、楚姬来称赞舒氏的贤德，同时也肯定了舒氏在辅佐尚可喜和持家中所起的重要作用。

舒氏的贤德主要表现在三个方面：一是教子，她曾将诸子召集在一起，诫勉他们："忠，德之本也。敬，德之基也。若父幸际圣天子，秩济王爵，施及箕帚，载膺诰册，国恩渥矣。所以报称，乃曹勉之。惟忠惟孝，可以事主，可以顺亲。"①她教育诸子，要以尚可喜为榜样，修身积德，忠以事君，孝以事亲，认为只有这样，才能使家族兴旺，光宗耀祖。尚可喜去世后，她又对子女们说："未亡人幸得从先王于地下，愿我子孙，世笃忠贞，乃心王室，乃父母光，未亡人且含笑泉壤矣。"②即要求子女忠心为国，为父母争光。二是相夫，尚可喜平定南海时，就得益于舒氏的建议，当时的南海"伏莽未靖，大鹏碣石之贼，雉噍鼠窥，往往而有"，舒氏建议尚可喜先不要急于剿灭他们，暂且容忍他们继续作恶。在这期间，千方百计使自己强大起来，"缮甲兵，简材勇和民人"，为以后的军事行动做好充分的准备，然后在其"恶罪既盈"、民心丧尽时出兵，可将其立即剿灭，不遗后患。事实果然如此，由是"广南大定"，这一策略颇有点复制郑伯克段于鄢的故事。舒氏还时常规谏尚可喜："补衣象服，翠□朱帧，有频繁之庆。然妃益不自满□芥施养，事尝进规于王焉。感不后□，武不遗文"；尚可喜南下取广东后，"时禁戢骄悍，敬礼贤士大夫，修葺先师庙廷，以至观宫梵宇，咸极轮焕，粤人丕称王绩"，其实这些都与舒氏的规劝有关。三是舒氏很有修养，她"为人慈和，而律己严稳，王妾媵祁，贯鱼以进，果款江汜，抚爱群嗣，若鸣传之均"，"内政肃欣，灿彼裳衣，且纫且补，

① 《皇清册封平南敬亲王妃舒氏墓志铭》。
② 《皇清册封平南敬亲王妃舒氏墓志铭》。

非曰肄劳，遍我士伍"，"履泰席丰，妃弥谨惧，式训后昆，忠良惟矩"①，不仅自己修身，而且惠及家人和士卒。

正由于舒氏的贤德，所以，顺治十四年六月十一日，世祖皇帝下诏册封其为大福晋：

> 皇帝制曰：勋高屏翰，爰推懋赏之规，化起闺帷，聿重从夫之秩，丝纶特贲，祎翟增辉。咨尔平南王大福晋舒氏，性秉柔嘉，心怀淑慎，相夫报国，殚翼载之忠忱，砥德宜家，表温恭之仪范。是用封尔为大福晋，锡之金册，延兹世庆，益着誉于藩封。锡尔纯禧，永垂声于彤管，恩绵勿致，贵极毋骄。钦哉。②

顺治十八年，玄烨继位，康熙元年（1662）十二月，他以"推恩勋旧"，改封尚可喜夫人舒氏为平南王妃。然而，舒氏在尚可喜去世后不久，便被卷入了一场政治斗争之中。

这场政治斗争就是康熙时的庚申事变。康熙十九年（1680）庚申事变前，总兵王国栋等以舒氏、胡氏的名义，给圣祖上疏告发尚之信："逆子尚之信怙恶不悛，酗酒肆暴，杀害善良，凌虐官吏，甚至奉命出师，顿兵不进，私回东省，迟误军机，不臣之心久萌，谋逆之变可虑。恐祸延宗祀，不禁饮泣寒心。密令都统王国栋等选员擒之，请旨正法，并收禁其妻耿氏。子崇谧，乞圣慈垂念先臣忠尽，改令一子袭爵。"虽然后来舒氏、胡氏挑明此事系总兵王国栋等所为，然而当时朝廷多数人都信以为真，在朝廷中引起了轩然大波，甚至有人建议圣祖皇帝采取断然措施，如和硕安亲王岳乐疏言："故平南王尚可喜妻舒氏、胡氏首告孽子尚之信罪逆当诛，乞传谕官吏，密图擒拏，请旨正法。"③ 广西巡抚郝浴也建议对尚之信"不可不早致之阙下，以定众心，而防他虞"，并引经据典，予以论证，"察历代异姓功臣之后，偶或袭封，大

---

① 《皇清册封平南敬亲王妃舒氏墓志铭》。
② 《三韩尚氏族谱》卷之一，辽宁省图书馆藏本。
③ 《清圣祖实录》卷九〇，康熙十九年六月，中华书局1985年版，第1141页。

抵皆赐第京师，不假以地，不授以兵，使得善全其后裔，若已故平南王尚可喜以王爵留镇广东，垂三十年，可谓恩礼兼尽，即或准令子孙之贤者再袭，亦须归阙随朝，不当久处外地"，同时对藩下兵丁和尚氏一家作出安排，"至于朝廷原设藩下官兵，亦宜善行设法喻令随旗，使兵心既有所归，而国恩亦有所受，俾其母子兄弟安处富贵，食天禄而保宗裔，庶几推亡固存，一劳永逸，得遂我皇上撤藩销兵、永康宗社之初心，得成我皇上七载用兵、百弊皆除之圣算"，只有这样，才能"收万全之功于今日"，还以此事称赞舒氏、胡氏"深知大体，鸣鼓内攻"，建议朝廷"褒其母之贤"。① 这些迹象表明，王国栋冒舒妃之名上疏所造成的负面影响确实很大，这无疑给尚氏家族的命运蒙上了一层阴影。

值得庆幸的是，圣祖皇帝仅将舒氏的长子尚之信赐死，对她的次子尚之孝与其他一些人又免除革职枷责；对舒氏、胡氏则采取了比较宽容的态度："平南王尚可喜航海归诚，效力行间，久镇粤东，著有劳绩，及吴逆叛反，坚守臣节，不肯从逆。为逆子尚之信所迫，愤恨殒命。朕每念及，深为悯恻。其妻舒氏、胡氏，从宽免死，并免籍没"②，从而使她们躲过了这场劫难。

康熙二十年，尚可喜归葬海城，舒氏颇有感慨："未亡人事我先王垂五十年，涉历南北，昕夕竞竞，以思妇职。今老矣，荷圣天子膏泽，获归骨桑梓，未亡人首丘之念毕矣。"③ 既是对自己一生的一个总结，又是为自己能够得以平安保身而暗自庆幸。舒氏去世后，与尚可喜合葬于海城县东南十里的文安山。

娶舒氏不久，尚可喜又娶了胡氏（1625—1706）。尚可喜之娶胡氏，与娶其他夫人是不同的，不同点就是胡氏是清太宗皇太极钦赐的婚姻。胡氏，姓胡尔哈氏，成婚后，尚可喜对他的印象是"执德服劳，克与舒氏雁行"，而且因为是皇太极赐婚，又有"优视之命"，所以，尚可喜对她呵护有加，对她和舒氏"未敢以先后之序，辄分差别之

① 《中山郝中丞集·奏议》卷二《请停藩王承袭疏》，辽海出版社2008年版。
② 蔡冠洛编著：《清代七百名人传·尚之信传》，中国书店1984年版，第1265页。
③ 《皇清册封平南敬亲王妃舒氏墓志铭》。

等"。胡氏也颇识大体，与舒氏相敬如宾，共同服侍尚可喜，操持平南王府的内务。崇德六年（1641）她为尚可喜生下第三子尚之廉。顺治十八年三月初四日、初五日，胡氏连续接到两道圣旨，被大清皇帝诰封为平南王夫人，其中敕书曰：

> 皇帝敕谕平南王尚可喜：朕惟妇德可嘉，必崇封典，国有常制，不可废也。王妻舒氏、胡氏并勤妇道，协赞猷为。舒氏已被褒纶，胡氏未沾封典。念胡氏实奉先帝敕娶，王子之廉，又系胡氏所出。母以子贵，尤礼之宜。兹特锡之诰命，封为平南王夫人，用昭褒淑至意。王其钦承之。故谕。①

诰命曰：

> 人臣尽职，亦藉内助之勤，妇道克娴，不废褒宠之典。芳徽既著，宠命宜加。尔胡氏乃平南王尚可喜之妻，生于望族，嫔于高门。四德俱张，六姻咸秩。深闺懿苑，中馈勤劳。美已见于从夫训，尤深于育子。兹特赐敕诰命，封尔为平南王夫人。於戏，柔顺成家，应荷褒纶之锡。劬劳启后，特颁异数之恩，益修内德，以答殊荣。②

敕书和诰命之中，固然有美化的成分，但在一定程度上反映了胡氏为人做事的大致情况。康熙四十五年，胡氏去世，与尚可喜合葬于海城东南十里的文安山。

同年三月，圣祖皇帝遣盛京礼部郎中至海城县赐祭一坛。悼文中说：

> 维康熙四十五年岁次丙戌三月朔甲戌，谕祭于平南王尚可喜夫人胡尔哈氏之灵，曰："国恩至渥，殊荣曾逮于闺中，

① 《三韩尚氏族谱》卷之一，辽宁省图书馆藏本。
② 《先王实迹》，见尚之隆、尚之瑶主修《尚氏宗谱》（二修）卷之二，第21页。

妇道有终，恤典更加于身后。尔平南王尚可喜夫人胡尔哈氏，柔喜维则，淑慎尔仪，中馈是宜，克佐藩屏之职；芳规云邈，辰留珈并之馨。呜乎！四德聿修，翟拂采章，靡愧重泉，永密祭筵，芬香宜陈，灵爽有知，歆承无怿。"①

获如此待遇，这是以前的平南王夫人所没有的，由此足见清朝皇帝对胡氏的重视。

在尚可喜的夫人中，还有一位杨氏（1613—1686），这就是尚可喜第七子尚之隆的母亲。关于她的记载很少，只知她因为尚之隆是和硕额驸的缘故，在康熙二十三年九月二十四日被诰封为一品夫人，诰命是这样说的：

奉天承运，皇帝制曰：恩必厚于所生，劬劳罔极；仁莫弘于从嫡，庆赏惟均。特沛朝章，用嘉母道。尔和硕额驸内大臣尚之隆之生母杨氏，慈能育子，教可传家。丹穴凝祥，毓九苞之威风，渥洼呈瑞，产千里之良驹。令典幸逢，殊恩宜被。兹以覃恩封尔为一品夫人。呜乎，母因子贵，睹采翟之纷披。爰以劳成，荷丹纶之炳耀。膺兹异数，愈著芳声。②

康熙二十五年六月十一日杨氏去世，葬在海城南水泉山。

在尚可喜的人生伴侣中还有一位李氏（1631—1681），她也被诰赠为一品夫人。

除了以上王妃和夫人八人外，尚可喜还娶了郑氏、马氏、戈氏、郑氏、彭氏、曾氏（1635—1682）、李氏、龙氏、何氏、邹氏、王氏、马氏、林氏、张氏、李氏、丘氏 16 个女人，她们为尚可喜生下了众多儿女。死后除了戈氏葬于北京西直门外白塔庵外，其他人均葬在了海城。

---

① 尚久蕴、尚世海主编：《尚氏宗谱》（六修），1994 年内部印刷，第 192—193 页。
② 尚久蕴、尚世海主编：《尚氏宗谱》（六修），1994 年内部印刷，第 193 页。

二、满门皆官

到康熙十二年（1673），尚可喜的 24 位妻妾中，除了个别人没有生下子女外，她们大部分都为尚可喜生下了儿女。这些儿女，在尚可喜去世前，大者 40 多岁，小者刚刚出生不久，人数达 60 多人。其中儿子 33 人，女儿 32 人。当然，这其中有早卒的。

望子成龙，盼女成凤，是中国自古以来每一个父母都希望的。这也是尚可喜一生的心愿，即使在去世前，他也没有改变，在其遗嘱中他曾明确地表示"惟愿尔等齐心竭力，成人立业"。在清初，他的子女，尤其是儿子们，没有辜负他的期望，基本上都投身清初的政治、军事舞台，有的还建立了一番功业，一再受到清朝统治者的褒奖，加官晋爵。

尚之忠（1629—1652），字葵墀，是尚可喜与续配李夫人所生，过继给了尚可喜的长兄尚可进一支。天聪七年（1633），他的母亲投海自尽后，幼小的他历经磨难，才回到了尚可喜身边，由尚氏家人将其抚养长大，直到顺治九年（1652）去世。清朝诰赠其为通议大夫。其妻孔氏中年守寡，抚养幼子，后被诰赠淑人。康熙六年（1667）奉旨旌表节孝①。其子后来为官武昌道。

尚之信（1636—1680），字德符，号白岩。舒妃所生。由于其兄尚之忠过继给尚可进一支，他便成为四房尚可喜一支的嫡长子。幼年时他即从尚可喜出镇外地。据记载，他神勇无敌，"临阵遇危，瞋目一呼，千人俱废"，大有三国时蜀国大将张飞之气势。

顺治十一年（1654），尚之信入侍世祖皇帝。对 19 岁的他远赴京城，尚可喜虽然从心底里高兴，"不啻爵身事班行，何胜雀跃"，但又满怀忧虑，很不放心："念之信少不更事，应对进退，犹惧未娴，必恃左右服习之人"，于是为他配备了一大套人马，其中有头等虾班绍贤、二等虾田进功、三等虾安嫩、牛录刘可通，让他们与尚之信"朝夕周

---

① 尚久蕴、尚世海主编：《尚氏宗谱》（六修），1994 年内部出版，第 180 页。

旋"；同时还有"执役幼丁伍拾名，家口并幼小肆百玖拾捌名口，共计伍百伍拾贰员名口"。如此众多的人员进京，日常生活的安排就摆在了面前，首先是住处，对这一点，尚可喜曾想到了自己在北京的旧居，本打算让他们住在那里，可是自己离京多年，京城的旧居又是什么情况呢？现实很残酷："爵曩在都门时，原奉有拨给房屋，除爵署数间外，原有房屋肆百间，向系爵下官兵所居住。自爵随征陕西湖南，比今远出广东，所拨房屋有为旗下端居者，有被人拆毁者，有已倒坏被人修葺住居者，有零星数椽暂借人住者，仅存爵署，止可为差使往来，藉资停泊，即圈内余地，已搭马房数间，未便添造。"就是说，北京的旧居已经无法居住，在这种情况下，他便以"爵子之信叨蒙皇上恩准入侍，所有跟随员役并家口人等颇多，恐一时到京无所栖止"为由，请求世祖皇帝下令有关部门"查给原拨房屋数目，但随从人多，尤虑安插不足，或将演象所，或将旧刑部空基，祈恩查拨一处，庶便爵自行盖造"。同时，对入京人员如尚之信的家口、随从人员及其家口的粮米供应也都做了安排。他说："向自辽东入广，原蒙恩典，每员名口月给食米贰斗伍升，今随爵子回京，合将在粤支领数目，自本年拾壹月分起开除住支，仰祈皇上恩准，就京给发月米，至爵子之信家口，共计贰佰壹拾叁名口，向系自给养，不在支米之列。"可以说，作为父亲，尚可喜对尚之信那真是关怀备至、疼爱有加了，而且也对尚之信这次入侍皇帝寄予了很大的希望。

尚之信到北京以后，便入宫侍奉世祖皇帝，并以父功封公爵，进少保，兼太保，再获特赐"安达"，称安达公。一晃十多年过去了，康熙十年（1671），在尚可喜的奏请下，尚之信获准回到广东，帮助尚可喜处理军务。

康熙十二年，尚可喜奏请撤藩，并请求清廷让尚之信袭平南王爵位，留镇广东。由于吴三桂挑起叛乱，此事作罢。后来，尚之信奉命与其父奉旨留镇广东，旋授讨寇将军衔，参加平叛。十三年，尚之信捐弓1000张，箭10000支，用于平定吴三桂叛乱。十五年，因尚可喜患病，尚之信奉命代父理事，在广东郡邑渐次沦陷，尚之孝被围，藩下总兵班际盛、孙楷宗，水师副将赵天元、赵有仪等皆叛的情况下，于二月二十一日"易服改旗帜,遣人守其父尚可喜第,以炮击我营,倡众作乱"①,随后杀其父谋士光禄寺卿金光,夺尚之孝兵权,给吴三桂军饷10万两,被吴三桂相继封为招讨大将军、辅德公、辅德亲王。十二月初九日,尚之信"遣人赍密疏至简亲王喇布军前乞降"。

归正后的尚之信,受到圣祖皇帝的褒奖,"今览尔密奏,称'父子世受国恩,断不敢怀异志,愿立功赎罪,来迎大师',朕知尔父子不忘报国,念笃忠贞,因仓猝变乱,朕心深为悯恻!已往之罪,概行赦免。果能相机剿贼,立功自效,仍加恩优叙"②。十六年,他请清军快速进军广东,同时智擒吴三桂之驻肇庆总督董重民和定海将军谢厥扶,派副都统尚之瑛驻韶州,迎接清军入粤。五月,清军入广东,尚之信率军民迎接。六月初三日,圣祖皇帝下诏:"后粤东煽乱,平南亲王尚可喜自闻兵变,忧郁成疾,始终未改臣节,遂致殒逝。子之信感戴国恩,克成父志,屡次密奏,约会大兵进粤。率在省文武官吏及士绅军民倾心归正,市肆不惊,恢复粤省,绥定岩疆,忠贞可嘉,劳绩懋著。特命尔之信袭封平南亲王,锡以册宝。尔其承兹宠命。益茂勋庸,钦哉。"③ 让其袭封平南亲王爵位。随后敦促尚之信出兵征讨吴三桂,"今据时势,剿贼吴三桂,甚为紧要。亟宜趣兵速进,前此贼兵屯聚长沙,掘壕立桩,仅可支持旦夕。诚使诸路进兵,彼安能随处备设桩壕以相抗?其灭亡可翘足而待矣!"④ 还一再勉励尚之信:"王其安戢粤东,恢复粤西、湖南,以继尔先人未尽之志,朕心深为期望。"⑤ 六月,尚之信出兵石龙,击败刘国轩所部水师,大获全胜。同年秋,又遣总兵尚崇志率兵3000人随广西巡抚傅弘烈征桂林。不过,这时,他犯了一个致命的错误,就是不顾圣祖皇帝催促出兵的命令,多次予以拒绝,只是坐镇广州不动。直到康熙十七年秋,才遣王国栋率兵赴宜章。吴三桂死后,形势越来越有利于清朝。同年九月,他自请进兵广西。二

---

① 《平定三逆方略》卷二三,文渊阁《四库全书》本。

② 王钟翰校点:《清史列传》卷八○《尚之信传》,中华书局1987年版,第6670页。

③ 尚久蕴、尚世海主编:《尚氏宗谱》(六修),1994年内部印刷,第197页。

④ 王钟翰校点:《清史列传》卷八○《尚之信传》,中华书局1987年版,第6670—6671页。

⑤ 王钟翰校点:《清史列传》卷八○《尚之信传》,中华书局1987年版,第6671页。

十九日，圣祖皇帝授尚之信奋武大将军。随后，尚之信统兵赴永兴，会合大将军简亲王喇布、将军穆占等，并力进取。十八年，尚之信进据横州，再入韶州。旋以痔疮发作回广州，而令藩下总兵时应运率随征部众跟随莽依图征战。

十九年三月，尚之信率兵出征，驻武宣。不久，因藩下护卫张永祥、张士选在三月初入京告其谋叛，王国栋、金俊、金光祖、傅弘烈等又落井下石，使他在武宣被逮，并被押往广州，听候处理。藩府长史李天植与尚之信弟尚之节、尚之瑛等不愤，将藩下都统王国栋视为罪魁祸首，设计将其诱杀。杀王国栋后，尚之信百口莫辩，被指为这次事变的主谋，于是圣祖皇帝下诏，将其赐死，临死前，尚之信的一番话耐人寻味，他说："余于丙辰（1676）春已誓死报国，因疆土计，苟延至今，为余生也久矣，岂复为身计哉？当武宣统兵日，闻旨即束身就法，今乃身狴犴，转欲不法以徼悻幸耶？愚不至此。况媒蘖之诬，不足以蔽圣明。余自见天有日，何至倒行逆施，更取罪戾为哉！"① 这番表白，说明他"叛应"吴三桂并非出于真心，而是另有隐情，这从后来发生的一系列事件中，便可看出端倪。如在尚之信被赐死后，圣祖皇帝曾令宜昌阿对尚之信的妻子"不可凌辱，应遣人护送还京"②；康熙四十一年，又让尚之信的妻子"归宗完聚，仍赐田房、奴仆，服役养赡。公有未婚女五人，皆特恩择配，复赐奴仆妆奁"③；等等。当然，对这一问题，不是一句两句话能说清楚的，为此，我们将在附录中作较为详细的阐述。

尚之孝（1639—1696），字永言，号苍岩。舒妃所生，尚可喜次子。隶汉军镶蓝旗。早年，他受世祖皇帝召见，获赐蟒袍、帽带、鞍马。后随其父尚可喜镇守广东。康熙六年（1667），授光禄大夫。康熙十三年四月，以"律己端慎"，对部下宽厚，得其父尚可喜赏识，曾被尚可喜奏请承袭平南王爵位，可碍于兄弟情面，不合嫡长子继承爵位的传统，便坚决地回绝了。同年，他以藩下都统的身份，奉命率兵征

① 尚久蕴、尚世海主编：《尚氏宗谱》（六修），1994 年内部印刷，第 197 页。
② 王钟翰校点：《清史列传》卷八〇《尚之信传》，中华书局 1987 年版，第 6675 页。
③ 尚久蕴、尚世海主编：《尚氏宗谱》（六修），1994 年内部印刷，第 197 页。

讨叛将刘进忠。平叛过程中，他设计败刘进忠同党刘斌，收复普宁县城，进征潮州，三战皆捷，歼敌千余，攻克东津、笔架山、洗马桥之敌营。康熙十四年，授平南大将军。圣祖皇帝谕令其统领兵将相机进剿吴三桂叛军，"一切军机事务与尔父平南亲王尚可喜、镇南将军尼雅汉商酌而行。勿谓兵强，轻视逆寇，严加侦探，勿致疏虞。其进剿事宜，缓则奏闻而进，如有急应进兵机会，或由一路，或应分路，与众商酌进取，仍将进兵情形具疏奏闻。抗拒不顺者戮之；有先被贼胁从，大兵一至即将迎降者俱免诛戮。有能擒获贼渠投诚者，分别升赏。严禁兵将，申明纪律。凡经过地方，毋得骚扰百姓；归顺良民，加意抚恤。务体朕定乱救民之意。总督、巡抚、提督遇有军机，与尔同心计议而行，其行间将领功绩及重罪，俱查实纪明汇奏。各官有犯小过者，当即处分，至骁骑校、壮尼大以下与论大小罪过，俱商酌径行处治。务期剿荡逆贼，平定地方"[1]。围困潮州时，由于台湾郑经派刘国轩率兵万余支援刘进忠，其所部不敌，失利，于是自潮州解围撤兵，退守惠州。同年闰五月，他与提督严自明派兵在大埔县击败了叛军。康熙十五年（1676），他奉命回广州，照顾病重的父亲，终因兄长尚之信的缘故，被解除兵权，闲居广州。康熙十六年，被召回京，授内大臣，食正一品俸禄。康熙十七年，上疏请求募兵3000人，置备军械，赴军前效力，获准。授宣义将军，率军赴简亲王喇布军前供调遣。同年，率兵前往江西，会同总兵许盛联合平叛，败敌有功。康熙十八年，招降了总兵林兴隆、副将王国赞等20余人及兵6000余人。继奉命星夜至福建汀州，整顿甲兵平叛。翌年，江西平定后，回京。同年，受尚之信牵连，"革职枷责"，旋被赦免，仍任内大臣。康熙二十年五月，奏请出京往迎其父骸骨，归葬海城。康熙二十二年，因久留海城、奏请为其父守陵寝，引起朝臣的猜忌，被弹劾，遭革职隶旗下，免交内务府。十二月，与七弟尚之隆名下所有壮丁，分为五个佐领，改隶镶黄旗汉军。

尚之廉（1641—1670），字公洁，号天乐。夫人胡氏所生，尚可喜

---

① 尚久蕴、尚世海主编：《尚氏宗谱》（六修），1994年内部印刷，第215页。

第三子。少时获世祖皇帝召见，获赐蟒袍、帽带、鞍马。尝官平南王藩下副都统。康熙二年十二月，授广东右翼总兵官。康熙三年，随尚可喜出征碣石卫总兵苏利，往东海窖地方驻扎，八月前至窖洋渡口，大败叛军，擒斩甚众，又沿途追击，直至葛州岭，将其歼灭。其间还招抚了捷胜所、金锡都等处，全活万计，以功升左都督。康熙六年，获清廷褒奖，以"夙娴兵事，克抱荩诚，效力行间，小心匪懈，著有勤劳。顾此粤东要区，俾尔镇守，尔能威惠并施，地方赖以宁辑"[1]，特授荣禄大夫。康熙九年，病卒。翌年，获赠太子少保，予祭葬，谥勤恪。圣祖皇帝曾评价他："右翼总兵官、左都督尚之廉，性行忠良，才猷练达，应疆场之重寄，奋戎马以前驱，克靖寇氛，销奸萌于伏莽，兼资弹压，作要地之干城。"[2]

尚之节（1644—1680），字德介，号云樵。郑氏所生，尚可喜第四子。官副都统。康熙十二年（1673）十一月底，平西王吴三桂传檄四方，自称"天下都招讨兵马大元帅"，公然发动叛乱。翌年二月，定南王孔有德的女婿孙延龄据广西反；三月，靖南王耿精忠杀福建总督范承谟等，据福建反，响应吴三桂。耿精忠叛乱后，立即出兵攻打浙江、江西，又联络台湾的郑经，让他出兵攻广东潮州、惠州，从海上牵制广东清军。当时驻守潮州的清朝总兵官刘进忠闻听云南、福建有变，也萌生了反叛之心。康熙十三年四月，刘进忠响应耿精忠叛乱，献潮州，击败续顺公沈瑞所部清军，接受耿精忠的"宁粤将军"伪号，公然背叛了清朝。面对叛军的进攻，尚之节奉父命前往平叛，归其兄尚之孝节制。在清军击败据守程乡的陈奠所部叛军、收复程乡后，尚之节便统率官兵，从程乡县（今广东梅州）出发，抄近道驱敌，行军途中，他采取剿抚并用的策略，兵不血刃，使叛军"望风逃遁，伪官弃缴札投诚"[3]，收复了大埔县（今广东梅州市大埔县），直抵三河坝（今广东大埔县梅江、汀江、梅潭河交汇处），逼近潮州。这三河坝地理位置十分重要，有"得此控闽赣，失此失潮汕"之说。所以，圣祖

①　尚久蕴、尚世海主编：《尚氏宗谱》（六修），1994 年内部印刷，第 284 页。
②　尚久蕴、尚世海主编：《尚氏宗谱》（六修），1994 年内部印刷，第 285 页。
③　《清圣祖实录》卷四九，康熙十三年九月，中华书局 1985 年版，第 646 页。

皇帝接到报告后，非常高兴，下令给予嘉奖，并"下部议叙"。康熙十三年十一月，尚之节又率兵抵潮州，并奉尚之孝之命，全力进剿刘进忠叛军，连克东津、笔架山、洗马桥等地方。与此同时，尚之孝也败敌于新亨，巡抚刘秉权、署总兵王国栋，攻破潮州城南凤凰州的两座木城，斩伪提督金汉臣等，杀敌 5000 余级，完成了对潮州的合围。康熙十五年，因台湾郑经派刘国轩增援刘进忠，尚之孝等因兵败退守惠州。康熙十九年，尚之信以事被逮。七月，宜昌阿奉命将其送往京城。起行不久，平南王藩下长史李天植因藩下都统王国栋陷害尚之信，便出于义愤，联络尚之节、尚之璜、尚之瑛，以议事为名，召王国栋进平南王府。待其入府后，伏兵四起，将王国栋缚杀。王国栋被杀后，将军赖塔急率兵包围了平南王府，将尚之节等人抓了起来，加以审讯，并将实情上报给圣祖皇帝。圣祖得报，令下议政大臣等集议论罪。八月下旨，令将尚之节、尚之璜、尚之瑛"革副都统，与李天植等俱即处斩，应籍赏财，留充广东兵饷"[1]，于是八月十九日，尚之节等在广州被斩首。

尚之盛（1644—1677），字世熙，号自适。马氏所生，为尚可喜第五子。官副都统，诰封奉直大夫。娶阿达哈哈番李先德之女李氏。

尚之典（1646—1712），字徽叙，号慎庵。李氏所生，为尚可喜第六子。官副都统，诰授武显将军。娶广东碣石总兵苏利之女苏氏。

尚之佐（1647—1689），字维左，号梦熊。李氏所生，为尚可喜第九子。少年时入侍圣祖皇帝。及长，授散秩内大臣，诰封光禄大夫。娶右翼总兵官许尔显之女许氏。

尚之广（1652—？），字汉若。夫人戈氏所生，为尚可喜第十子。少年时入侍圣祖皇帝。及长，授散秩内大臣。

尚之瑜（1652—？），夫人李氏所生，为尚可喜第十一子。官副都统。康熙十四年，与总督金光祖、抚臣陈洪明派顺德镇总兵官张伟等率马步水军，出击叛军，大获全胜。

尚之璜（1652—1680），字渭符，号兰溪。夫人马氏所生，为尚可

---

① 蔡冠洛编著：《清代七百名人传·尚之信传》，中国书店1984年版，第1265页。

喜第十二子。官副都统。康熙十九年，因与王府长史李天植等谋杀王国栋获罪，被革去副都统职、处斩，并没收资财，充广东兵饷。其妻陈氏率三女投缳自尽。直到康熙四十六年，其子尚崇昱因功被授为镶黄旗佐领、面见圣祖皇帝时，才获准将其父母的遗骨迎回北京安葬。

尚之琇（1655—1730），字介伯。夫人戈氏所生，为尚可喜第十三子。官副都统，诰授武显将军。

尚之瑛（1655—1680），字伦修，号羽阶。王氏所生，为尚可喜第十四子，出继尚氏五房尚可位一支。初任副都统，康熙十五年（1676）正月，升为都统。第二年，奉长兄尚之信的命令赴韶州，迎接清朝将军莽依图及所部官兵。康熙十九年，因与王府长史李天植等谋杀王国栋，获罪，被革职处斩，并没收资财，充广东兵饷。

尚之琬（1657—1684），字朝珍。邱氏所生，为尚可喜第十五子。官副都统。

尚之琰（1657—1702），字公锐，号介石。夫人李氏所生，为尚可喜第十六子。官副都统。雍正十三年（1735）九月，因其子副都统尚崇璧的缘故受到表彰，诰赠资政大夫。

尚之玮（1658—？），字美斯。龙氏所生，为尚可喜第十七子。官副都统。

尚之瓒（1661—1685），字昆伯。郑氏所生，为尚可喜第十八子。候补同知。

尚之琳（1661—1702），马氏所生，为尚可喜第十九子。诰封奉直大夫。

尚之瑶（1662—？），字琢如，号及庵。彭氏所生，为尚可喜第二十子，出继尚氏二房尚可爱一支。历任陕西庆阳府同知、西安府同知、温州府同知加一级。生前曾与尚之隆主持了《尚氏宗谱》的第二次修纂工作，并合作谱序。诰封奉直大夫。

尚之琨（1663—1689），字隋侯。曾氏所生，为尚可喜第二十一子。

尚之瑄（1664—？），张氏所生，为尚可喜第二十二子。

尚之瑁（1665—？），邹氏所生，为尚可喜第二十三子，出继尚氏

三房尚可和一支。初任汉军镶蓝旗佐领，改任参将衔京营守备，仍管佐领事。后升福建漳州府镇标中军游击，再迁泉州府提标中军参将。

尚之瑗（1665—?），张氏所生，为尚可喜第二十四子。

尚之璨（1665—1701），字重辉。马氏所生，为尚可喜第二十五子。官骁骑校，诰封武略郎。

尚之琦（1666—?），王氏所生，为尚可喜第二十六子。

尚之珣（1666—1760），号贡臣。林氏所生，为尚可喜第二十七子。乾隆二年（1737），因其子尚崇基的缘故受到褒奖，诰赠中宪大夫。

尚之瑸（1667—?），字采章。夫人郑氏所生，为尚可喜第二十八子。授佐领。

尚之瑾（1668—1722），夫人马氏所生，为尚可喜第二十九子。

尚之珆（1669—?），何氏所生，为尚可喜第三十子。

尚之珅（1671—1706），李氏所生，为尚可喜第三十一子。

尚之珆（1673—1742），字文安，隶汉军镶蓝旗。夫人何氏所生，为尚可喜第三十二子。嗜琴棋，研经史，兼通数术之学，官守墓闲散佐领。因侄子盛京尚书尚崇廙奏请，在雍正九年（1731）受到朝廷褒奖，诰封二品顶戴，为荣禄大夫。为人和易，无骄矜气，人多愿与之交往。

在以上的叙述中，我们可以看到，尚可喜的众多儿子，为官者比比皆是，其中以武官居多，仅少数为文官。武官从大将军、都督、都统、副都统、参将（正三品）到佐领（正四品）、骁骑校（正六品）；文官从领侍卫内大臣（正一品）、内大臣、散秩内大臣到同知（正五品）、候补同知。品级大小不等，从正一品到正六品，大有人在，如仅任副都统（正二品）的就有9人。还有的被清廷诰封为通议大夫、奉直大夫、中宪大夫、荣禄大夫。

三、子招额驸

在尚可喜的众多成年子嗣中，地位最高且最为稳定、受庚申事变波及最少的是尚之隆。尚之隆（1646—1722），字公栋，号苍崖。尚可喜的夫人杨氏所生，为尚可喜第七子。顺治十五年（1676）四月，尚之隆被授为三等精奇尼哈番，也就是三等子爵。尚可喜在世时，尚之隆是幸福的。可是，随着康熙十九年（1680）庚申事变的发生，尚之隆的平静生活被打破了，卷入了这场空前的政治风波中，好在经过他和家人的努力，终于平安地度过了这场危机。

尚之隆之所以能够平安度过这场家族政治危机，固然与其父尚可喜的忠心有关，然而最根本的是他那特殊的身份，就是他娶了世祖皇帝的养女，成了清朝的和硕额驸，与皇家沾上亲戚，因之地位也不一般起来，"尚和硕公主，曰和硕额驸，秩视超品公"①，是清朝的正一品大员。

尚之隆娶的这位和硕公主爱新觉罗氏（1648—1692），表面上看是世祖皇帝的养女，其实是世祖皇帝五哥承泽亲王硕塞的第二个女儿，为硕塞福晋纳喇氏所生。也就是说，尚之隆娶了世祖皇帝的亲侄女。由于这层关系，硕塞的女儿自幼就被养育在宫中，并被封为和硕公主。顺治十五年，世祖皇帝秉承他母亲皇太后旨意，将她指婚嫁给尚之隆。

皇帝指婚，又称皇帝赐婚。按照清朝的规矩，决定赐婚后，要选一个日子，举行一个正式的赐婚和谢恩仪式。尚之隆与和硕公主的赐婚仪式选在顺治十五年五月十五日。

这天一大早，尚之隆身穿蟒袍、补服，带着谢恩红折片，随家人，在朝廷所派结发大臣的陪同下，来到中和殿外，等候皇帝的圣旨。不久，圣旨传下：

> 奉天承运，皇帝诏曰：开国立家，必行重亲之道，正名定品，仍隆配公主之恩，此乃古今大义。朕居大位，效古制，已定和硕额驸品级尚之隆，念尔系平南王男，故将和硕公主配尔为和硕额驸。尔勿以配和硕公主为和硕额驸之势，越分悖理，有违正道。益加谨慎，务行善义，竭尽忠诚。勿负朕宠命。②

---

① 赵尔巽等撰：《清史稿》卷一一七《职官志四》，中华书局 1977 年版，第 3363 页。
② 尚久蕴、尚世海主编：《尚氏宗谱》（六修），1994 年内部印刷，第 393 页。

尚之隆面北而跪，接过圣旨，行三跪九叩之礼，叩谢皇恩。至此，这门亲事的第一个礼仪程序正式结束。

世祖皇帝的诏书主要表达了两层意思，一个是表达了招尚之隆为额驸之意，另一个是对尚之隆进行了诫勉。就这门亲事来说，对结亲的双方都是有利的。对清朝来说，通过这次结亲，进一步加强了与平南王尚可喜的关系，促使他感恩戴德，继续为大清朝征战，打天下；对尚家来说，从此成为皇亲国戚，社会地位又进一步提高了。

对如此荣耀，平南王尚可喜自然喜不自胜。顺治十七年（1660）五月，他给世祖皇帝上了一道《为恳恩准给月米以资养赡事》，在这道奏疏中，他以其子尚之隆"蒙恩尚主"，请求"遣包衣闲丁家口共计八百一十五名进京伏伺公主"①，从中不难看出尚可喜对这一桩婚事的重视程度。

自从尚之隆被封为和硕额驸后，尚家自然是喜事连连。尚之隆很快又得到了朝廷的赏赐，获"御赐黄带子、五爪龙服、元狐朝帽、豹裘、蟒纱、鞍马等物"。同时，尚家也加紧做好准备，以迎娶和硕公主。

公主出嫁，可不同于一般百姓家的婚嫁。它有严格的礼仪程序。指婚之后，便是订婚礼，即纳彩礼。订婚这天，尚家备办一驼、八马，来到午门前，恭进彩礼，内务府奉世祖皇帝之命照单收纳。随后，尚之隆来到保和殿，参加皇帝举办的宴会，宴会通计 60 桌，羊 63 只，摆乳酒、黄酒 70 瓶，参加者有王公、内大臣、侍卫、文武一品大员，尚之信及尚氏族人为官者，俱穿朝服入宴。与此同时，皇太后在其宫里也摆下了 30 桌宴席，席上有羊 18 只，乳酒、黄酒 20 瓶，用于接待尚之隆之母杨氏、妃嫔及尚氏族中诸命妇。宴毕，尚之信及尚氏族人到皇太后、皇后宫门前行礼，额驸尚之隆之母杨氏率诸妇到皇后宫门前行礼。

纳彩礼后，便是额驸下聘礼和成婚礼。其日子由内务府秉承皇帝的旨意，让钦天监选定一个吉日。尚之隆与和硕公主的成婚礼选在了顺治十七年的六月。

不过，在成婚礼的前一天，按照规定，婚嫁双方还要履行一个礼

---

① 《户科史书》，尚可喜《为恳恩准给月米以资养赡事》。

仪程序。这天，额驸尚之隆穿着一新，率其族人亲自到皇太后、皇帝、皇后宫门前，分别谢恩。宫里上下则忙于送妆奁。值得注意的是，负责承办此事的人还有严格的规定，那就是必须挑选出与公主的命相相合的内管领命妇，由她们率领执事妇女来到尚府，为公主铺设妆奁。《国朝宫史》里记载：

> 嫁前一日，额驸蟒袍、补服，率族人诣皇太后、皇帝、皇后宫门前，行三跪九叩礼，各如仪。内务府官率銮仪校以公主妆奁诣额驸邸第，内管领命妇二人偕女侍随往铺陈。①

这段文字，虽然是后来公主下嫁的仪制，但从中仍可见到其原来的规制。

尚之隆的下聘礼和成婚礼是在同一天举行的。这天一早，初夏的北京，已是晴空万里，鸟语花香，暖风拂面，尚府喜气洋洋，尚家人为迎娶和硕公主做着各种准备。待所下聘礼准备就绪后，额驸尚之隆家便带着聘礼前往午门恭进。这次的聘礼非常讲究，称作九九之礼。这九九之礼指的是备有鞍辔装饰之马18匹、甲胄18副、马21匹、驼6只、宴90席、羊81只、乳酒和黄酒90瓶。可见，其数量远远多于订婚礼。

午时，成婚礼在宫中正式举行。前来参加婚礼的人员众多，既有公主的家人，又有王公大臣、侍卫，还有尚家的亲朋故旧。婚宴同订婚礼一样，仍是男女分别举行。世祖皇帝在保和殿大宴额驸尚之隆家男宾及入宴的王公大臣，尚之隆的母亲杨氏及族中女眷和大臣、侍卫的命妇，则被安排在慈宁宫，由皇太后、皇后设宴招待。与宴的来宾，按礼节尊卑依次坐在相应的座位上，品尝着美味佳肴，不断地为新人祝福。宴毕，他们在向世祖皇帝、皇太后、皇后行礼后，便各自回到府中。

宴会之后，对皇家来说，便是送亲礼。这送亲之礼，对送亲的人也有严格的要求：一是送和硕公主到额驸家的宗室近支王公福晋、夫人必须是与和硕公主的命相相合无忌的；二是办理合卺礼酒筵的必须是夫妇偕老的内管领；三是要选择时辰。吉时一到，和硕公主便盛装

---

① 《国朝宫史》卷五《典礼一之公主下嫁仪》，第89—90页。

前往皇太后、皇后处行礼，然后乘红幨帏轿，在内务府大臣、内管领命妇的导引下，出皇宫，浩浩荡荡，向额驸尚之隆的府邸缓缓行进。送亲的王公福晋、夫人也乘轿随行。沿途之上，还有内务府选拔的内务府官、内管领、护军参领、护军校、护军等二三十人护送。

到达额驸尚之隆府邸时，早有命妇提前赶到，在那里恭候。她们将和硕公主接进府后，便举行合卺之礼，合卺宴席用羊9只，酒9瓶。

对和硕公主出嫁，清皇室不仅在礼节上给予高度的重视，而且陪嫁颇丰。首先陪嫁了大量土地。据记载，和硕公主下嫁尚之隆时，内务府陪送了5所庄园，分别坐落在通州、乐亭、涿州，占地7063亩。其次陪嫁的财物也格外丰厚。此外，还陪送专人服侍和硕公主。

成婚九天后，按规定要举行归宁礼。这天，额驸尚之隆与和硕公主在内务府官员、护军参领、护军校、护军等20余人的导引、护从下回到了皇宫，分别向皇太后、世祖皇帝、皇后行礼，只是地点不同：和硕公主在皇太后、世祖皇帝、皇后面前；尚之隆在皇太后、世祖皇帝、皇后宫门前。

顺治十七年八月初六日，世祖皇帝下旨，正式册封尚之隆的福晋爱新觉罗氏为和顺公主：

> 维顺治十七年岁次庚子八月甲申朔，越五日戊子，皇帝制曰："典崇厘降帝女，戒以钦哉，诗美肃庸，王姬咏其秾矣。既娴内治，宜被殊荣。咨尔和硕公主乃朕兄承泽亲王女，朕抚育宫中，敬慎居心，柔嘉维则，母仪克奉，教凤凛于左宫，妇德无违；誉尤彰于筑馆，出银潢之贵派，作配高闳；备《玉牒》之懿亲，共襄宗国。凤占允协，象服攸宜。今特封尔为和顺公主，赐之金册，谦以持盈，益笃兴门之佑；贵而能俭，永垂宜室之声。勿替令仪，尚绥后禄，钦哉。"①

顺治十八年，世祖皇帝去世，其子玄烨继位，是为圣祖皇帝。他

---

① 尚久蕴、尚世海主编：《尚氏宗谱》（六修），1994年内部印刷，第393页。

对尚之隆继续施以恩典。康熙元年（1662）三月，加其为太子少保，六年七月，又加太子太保。十五年二月十九日，以勤慎有才干，他被派往广东，帮助其父亲尚可喜"赞理机宜，保固岩疆"，不巧，到达江西时，因路不通，没有成行。六月，尚之隆因长兄尚之信"叛"，率子弟请罪，获免。三十年二月，晋内大臣。四十一年九月，授为领侍卫内大臣。为官期间，屡次以领侍卫内大臣的身份，代表圣祖皇帝往太庙行礼和祭大社、大稷行礼，并屡获赏赐。获赐之物，计有黄马褂、御系带一围、荷包、小刀、飘带、全日晷、御笔诗扇、古玩、银两、绸缎、貂皮、马匹、御笔匾额对联、御服全袭黑貂皮暖帽、灰色宁绸五爪云龙棉袍、石青缎四团五爪龙棉袍、青缎靴、倭缎沿口棉袜、一座万金当铺，等等。史书上说他"侍从内廷数十年，小心勤谨，深受圣祖仁皇帝之恩"①。

在圣祖皇帝的诸多赏赐中，尤为值得称道的是，康熙十年，尚之隆获准偕和顺公主到广州探亲。

从顺治六年（1649）出征广东，到康熙九年（1670），尚可喜离京已经二十余年了，始终没有机会回到京城。虽然有在京亲人来广东探亲，但毕竟离多聚少，军务繁忙也使他与亲人相聚机会寥寥无几。因此，对自己在京的亲人，尤其是对儿子额驸尚之隆及和顺公主的思念与日俱增，随着年龄的增长，这种心情愈加迫切。于是他向圣祖皇帝上疏，以自己"年向迟暮"为由，请求准许他"一见公主并女孙，以慰老怀"②，对尚可喜的这一请求，明智的圣祖焉能不准。

父亲思子心切，作为额驸的尚之隆，又何尝不想念自己年近70岁的父亲。毕竟他从康熙七年二月底③离开广州到京城后一直没有见过父亲，三年间，父子分离，天各一方，尽管父子之间有书信往来，但终

---

① 《世宗宪皇帝上谕内阁》卷一〇〇，文渊阁《四库全书》本。

② （明）释今释撰定：《元功垂范》卷下。

③ 尚之廉《重建憨山大师塔院碑记》记载："岁戊申，予奉家王命送七弟还朝，便道观所修祖庭殿宇落成。"戊申是康熙七年，七弟即尚之隆。可是对于具体时间这里没说，不过，在另一篇文章里他给出了答案，据尚之廉《募捐憨山大师塔院缘引》记载："康熙七年戊申仲春之杪，余送家七弟额驸还朝，便道入南华验视古寺功德落成。""仲春"为二月，"杪"一般指年、月或者四季的末尾，"仲春之杪"即二月底。

不如父子相聚在一起快乐。当他得悉圣祖皇帝恩准他带着和顺公主及女儿前往广东探亲后，自然喜出望外，既感激皇恩浩荡，又为父子即将相聚、一家人即将团圆而暗自高兴。

于是，尚之隆一边将自己与和顺公主带女儿南下探亲的日期飞报父亲，让在广州的父亲好做准备；另一方面积极为南下探亲准备了一番。

康熙十年，春节刚过，北京周围，银装素裹，寒气逼人，刺骨的北风，依旧吹个不停。不过，节日的气氛，抵消了来自自然界的寒意。路上人来人往，到处都是走亲访友的行人。伴随着走亲戚的人流，尚之隆一家带着随行仆人，在府中护军的扈从保护下，从北京出发，踏上了南下探亲的旅途。

这次南下探亲，选定的路线是从北京出发，经通州、德州、济南、兖州、南京、过安徽，转武昌、岳阳、长沙、衡阳、郴州、韶州，直抵广州。由于是奉旨探亲，再加上和顺公主的特殊身份，所以沿途各省、府、州、县的官员们，早已得到来自朝廷的指令，细心打理，从接待的礼仪到公主的膳食、住宿，都小心翼翼地做了安排，随时准备迎接和顺公主的驾临，生怕出现半点差错，引起公主的不快。

一路之上，由于有地方官员们的预先安排，再加上周到的服务，所以，尚之隆一家省去了不少麻烦事。在南下的路途中，他们日出而行，日落而息。长途旅行，固然劳累，可是也有收获。沿途的美景，青山绿水、亭台楼阁、古镇拱桥、水乡名园、城池雄关，还有热闹繁华的街市、香气四溢的小吃、鳞次栉比的店铺、来往穿梭的帆船，等等，时不时地映入他们的眼帘，让他们大饱眼福，感到既新鲜，又好奇，以至于忘记了旅途上的劳顿。

在尚之隆与和顺公主南下的途中，身在广州的尚可喜就已得到了儿子和公主前来探亲的消息。于是，立即安排手下预先布置公主下榻之所，同时置办各种必需物品，供和顺公主使用，静候儿子一家的到来。

时至二月，尚之隆与和顺公主的探亲队伍，经过长途跋涉，终于到达了日思夜想的广州城。

此时的广州已是绿树成荫，繁花盛开，远处山峦起伏，郁郁葱葱，江面上载客的、运货的船只来来往往，随水上下起伏，穿梭于港汊江

海之间，阳光透过树叶，在行进的道路上、城楼上撒下点点光亮。刚
到城外，早已有人迎候。在他们的引导下，尚之隆夫妇很快被迎进了
平南王府。

这平南王府是顺治初年尚可喜攻占广州之后，据明代广东巡抚衙
门而成，坐落在今天的广州市人民公园。尚氏家族在康熙二十年撤离
广州后，康熙二十二年平南王府又被改作广东巡抚署。清朝末年，它
因火被毁。不过，根据今人复制的当时广东巡抚署的模型，大体可见
当时尚王府的规制。它坐北朝南，大门外有两个石狮子，院内是一个
四进院落。入大门后分左、中、右三路，中路为正厅、正房，左右各
建有厢房数处。

朝思暮想的一家人终于见面了，欣喜之余，自然是互诉衷肠，叙
说彼此的思念之情和各自的生活情况。尚可喜依礼率王府中人拜见和
顺公主，公主则回礼见过翁姑。然后，平南王府大摆宴席给和顺公主
接风洗尘，整个平南王府上下顿时沉浸在幸福的欢乐之中。

平南王府自和顺公主来后，热闹非凡，人来人往，或者是地方文
武官员前来拜见额驸尚之隆，或者是官员的命妇给和顺公主请安。王
府中几乎天天都举行宴会，款待公主和来往宾客。

转眼间，来到广州已经有一段时间，除了亲人相聚、叙说家常外，
尚之隆与和顺公主也有意出府畅游，浏览一下广州的名胜。早在京城
时，和顺公主就从唐宋名人，如杜审言、李群玉、李昂英、苏轼的诗
中了解了一些广州的景致。

唐代杜审言的《南海乱山石》咏道：

> 涨海积稽天，群山高巢地。相传称乱石，图典失其事。
> 悬危悉可惊，大小都不类。乍将云岛极，还与星河次。
> 上耸或如飞，下临仍欲坠。朝暾艳丹紫，夜魄烟青翠。
> 穹崇雾雨蓄，幽隐灵仙闷。万寻挂鹤巢，千丈垂猿臂。
> 昔去景风涉，今来姑洗至。观此得咏歌，长时想精异。[1]

---

① 《文苑英华》卷一六一，文渊阁《四库全书》本。

乱山石即南粤名山白云山，诗中以婉转的笔法歌颂了白云山的美景。

唐代李群玉在《登蒲涧寺后二岩》三首中吟道：

> 五仙骑五羊，何代降兹乡。洞有尧年韭，山余禹日粮。
> 楼台笼海色，草树发天香。浩啸波光里，浮溟兴甚长。
>
> 不尽崎岖路，惊从汗漫游。青天豁眼快，碧海醒心秋。
> 便欲寻河汉，因之犯斗牛。九霄身自致，何必遇浮丘。
>
> 南溟吞越绝，极望碧鸿濛。龙渡潮声里，雷喧雨气中。
> 赵佗丘垄灭，马援鼓鼙空。遐想鱼鹏化，开襟九万风。①

宋代诗人李昂英的《景泰寺》诗则高度评价了广州的八景之一——景泰僧归：

> 树合疑山尽，攀缘有路通。远鸦追夕照，低雁压西风。
> 瀑势雷虚壑，松声浪半空。凭栏僧指似，涨雾是城中。②

唐宋八大家之一的苏轼在其《广州蒲涧寺》诗中也说：

> 不用山僧导我前，自寻云外出山泉。
> 千章古木临无地，百尺飞涛泻漏天。
> 昔日菖蒲方士宅，后来薝卜祖师禅。
> 而今只有花含笑，笑道秦皇欲学仙。③

他们都从自己的亲身感受，歌颂了广州的胜迹和美景。还有其他名胜，如越秀山和山上的望海楼。

---

① （唐）李群玉：《李群玉诗集》卷下，文渊阁《四库全书》本。
② （宋）李昂英：《文溪集》卷一四，文渊阁《四库全书》本。
③ （宋）苏轼：《东坡全集》卷二二，文渊阁《四库全书》本。

由于和顺公主驾临，平南王府可谓风光无限，"一门贵盛，团圞之乐，粤民诧为希有"。时间过得飞快，一晃两个多月过去了。天气也渐渐转热，于是，和顺公主决定与尚之隆及女儿回京。

五月十五日，额驸尚之隆与和顺公主告别了父王和亲人，从广州出发，踏上了回返京城的旅途。一路无话，她们在辗转数千里后，终于顺利地回到了京城。康熙二十五年，和顺公主又给尚之隆生下一子。

不幸的是五年后，即康熙三十年（1691）十一月三十日和顺公主离开了人世，享年45岁。惊闻噩耗，圣祖皇帝赐银500两、御祭一坛、茔地一处，十二月，谕祭和顺公主之灵曰：

> 国家谊重宗支，荣分淑媛；典礼恩均存殁，宠界纶音。尔和硕公主诞秀金枝，流芳瑶册，禀姿婉顺，令德由于性成；着范柔嘉，是躬娴夫内则。溘焉长逝，深切轸伤。隶颁祭酹之仪，以笃懿亲之眷。呜呼！

和顺公主的去世，使尚之隆悲痛万分，毕竟中年丧妻，情感上的打击实在太大，而且其子又年幼丧母，情何以堪！

不过，面对打击，尚之隆还是以少有的勇气，度过了艰难的岁月，不仅自己获得圣祖皇帝的好评，而且将儿子培养成人，入朝为官。

四、富甲天下

从顺治七年（1650）占领广州开始，一直到康熙二十年（1681）尚氏撤离广州为止，尚可喜与其子孙经营广东30余年。在这期间，尚可喜与其家族除了平定各地的反清武装外，还利用当地的地理位置优势，进行海外贸易，征收税款，因而积累下了巨大的财富。

自三国时孙吴政权设置广州以来，广州的海上贸易逐渐加强，东晋时又成为海上丝绸之路的起点，其后的封建政权还在广州设置专门机构，管理对外贸易，如唐玄宗开元二年（714）在广州设市舶司，宋代继续在广州设市舶司，而且管理制度日渐完备。虽然明初实行"有贡舶即有互市，非入贡即不许其互市"①，"不得擅出海与外国互市"的政策，但随着时间的推移，尤其是嘉靖年间宁波市舶司被撤销后，广州遂成为当时海外贸易的重要港口。

鉴于广州在对外通商中的特殊地位，尚可喜在占领广州后，便采取措施，开始了清朝在广东的统治。其中，将广州的对外贸易权收归藩下即是其一。这一方面是为了支撑镇压广东抗清武装的开销，另一方面也是为了自己积累财富的需要，所以，一旦出现影响藩下经济利益的情况时，尚可喜都会出面进行周旋。顺治七年，尚可喜率领清军攻克广州，可是在广州附近的佛山，杜永和的抗清武装仍在活动，这时，许多将领都主张举兵征讨，然而尚可喜却不同意，他说："上命吾克粤即镇其地，此地为四方商旅凑集之区，往来贸易，百货在是，一经杀戮，市井丘墟，商旅裹足，百货不通，亦非吾等之利，其熟思之。"② 顺治十二年八月，有两艘荷兰船入境，初五日，他接到消息后，立即与靖南王耿继茂及总督、巡抚到"公馆会议"，他认为"外海入贡，乃朝廷德威远被，仁泽覃敷，是以□山航海，愿觐光天化日，实兴朝之盛事也。先年荷兰国遣使通贡，未有表章方物，尚不足昭其诚敬，兹复不惮波涛艰险而来，且使臣言辞尊恳，具有表文方物，向慕之诚，似未可坚阻以塞远夷景仰上国之风。但遵成命，爵等不敢擅专"③，委婉地表达了自己对通贡的赞同态度。当清朝在顺治十三年六月颁布迁海令时，尚可喜也是没有严格执行，反而与总督李率泰等人从番禺开始，历经新会、新安、东莞以及惠州、潮州，抵分水岭，对这些地方进行了详细的勘查。回到广州后，他立即做出安排，决定在高州、雷州、廉州所属州县冲险之地，部署官兵，分汛防守，以卫民生，并将这一情况奏报朝廷。

至于迁民一事，尚可喜也提出了不同意见："粤东沿海二千余里，生灵数百万，室庐在是，产业在是，祖宗坟墓在是，一旦迁移，流离

---

① （明）胡宗宪：《筹海图编》卷一二，文渊阁《四库全书》本。
② （明）释今释撰定：《元功垂范》卷上。
③ 张伟仁主编：《明清档案》，B13225，《平南王揭为恭报夷船入境事》。

失业，深可悯痛。"① 他从广东沿海百姓的切身利益出发，指出迁海令对他们造成的伤害，给予同情。当然，他所考虑的远不是如此简单，因为执行禁海令，一方面势必影响到对外贸易，进而使藩下收入减少，另一方面又必然引发沿海百姓的骚动，甚至反抗，不利于广东沿海的稳定，而且安置沿海百姓也是一个很麻烦的问题。不执行禁海令，势必使广东沿海的抗清武装得到物资供应，继续与清廷为敌，不利于清廷武力征讨。鉴于这些因素，他建议清廷停止迁移百姓到内地。不过，他的建议并没有引起重视，也没有获得批准。

至于尚可喜在广东的 30 多年间积累了多少财产，史书并没有准确的记载，负责"藩府家政"的沈上达之子呈给圣祖皇帝的《平南藩赀原册》又无从见得，不过通过庚申事变后的一些零星记载，大致可以有一个总体的概况。

"凡凿山开矿、煮海鬻盐，无不穷极其利。于是，平南之富甲于天下。"②

"平南四十年积聚，所得外洋币帛以百万计，其入官仅什之一。上达等蚕食之余，尽归抚臣私橐。"③

"王（尚可喜）奋迹壁垒，沉机知变，佐命真人，托体肺腑，享有茅土，丰碑金印，充溢丘第；珍衣宝剑，上驷之赐，填塞府厩；土田、园池、第宅甲于戚里；执圭执帛之宠，逮及舆台。即古所称平阳、高密，算或攸逮，真人杰矣哉。"④

"国栋为藩下都统，全藩在掌握；乘之信被羁，凌虐尚氏，夺其权，收其重资。"⑤

尚之信"在广东令其部人，私充监商，据津口立总店"⑥，并"有

① （明）释今释撰定：《元功垂范》卷下。

② 于浩辑：《明清史料丛书八种》第一册，《吴耿尚孔四王合传》，北京图书馆出版社2005 年版，第 564 页。

③ 于浩辑：《明清史料丛书八种》第一册，《吴耿尚孔四王合传》，北京图书馆出版社2005 年版，第 566—567 页。

④ 《皇清册封平南敬亲王尚公墓志铭》。

⑤ 于浩辑：《明清史料丛书八种》第一册，《吴耿尚孔四王合传》，北京图书馆出版社2005 年版，第 566 页。

⑥ 《清圣祖实录》卷九四，康熙二十年二月，中华书局 1985 年版，第 1190 页。

私行收税之项"①。

圣祖皇帝在处理尚之信一案时，曾说："向闻广东有大市、小市之利，经藩下人霸占，可会同巡抚详察，仍归民间。其藩下所收私税，每岁不下数百万，当尽充国赋，以佐军需。又各省商贩，欲倚藩下，投入者甚多，应察出，各复其旧。"②

康熙二十三年（1684）三月，清廷在处理宜昌阿、金俊等人时，拟定的罪状之一，就是宜昌阿伙同金俊等人侵吞了应该没收入官的尚之信家"银八十九万余两，并财帛等物"③，至于侵吞的尚可喜其他子嗣财产估计也不在少数。

正是由于广东海外贸易和其他商业活动的巨大利益诱惑，所以，康熙十九年九月二十八日，尚之信还以军需用船，请求朝廷开海禁，许商民造船，使广州至琼州贸易自便，可是，这一请求一直没有获得清廷的批准。

尚可喜在镇守广东期间，积累下了很多财富，同样在北方也富甲一方，这主要表现在对土地和包衣人丁的占有。

前已说过，天聪八年（1634），尚可喜归附后金后，被安置于老家海州（今辽宁海城市）。自此以后，他所受赏赐的土地便不断增加，土地所在的地区也不仅仅局限于海城，而是遍及关内外。

对于尚可喜在海州占有的土地数量，从乾隆三年（1738）盛京户部咨送北京户部的一份地亩清册中便可以看出。这份清册详细地记载了尚氏在海州庄地的段落、亩数和耕种地亩的包衣人丁，具体如下：

镶蓝旗尚维邦佐领下领地清册

原册杨文成改名杨有荣，坐落孤树屯地二百七十九日三亩。

原册刘三聘改名刘廷相，坐落三里桥地一百八十三日。

原册罗邦臣改名罗云辉，坐落三里桥地二百二十四日。

原册苏万库改名苏国秀，坐落小孤树屯地二百四十五日

---

① 《清圣祖实录》卷九二，康熙十九年九月，中华书局1985年版，第1159页。

② 王钟翰校点：《清史列传》卷八〇《尚之信传》，中华书局1987年版，第6675页。

③ 《清圣祖实录》卷一一四，康熙二十三年三月，中华书局1985年版，第185页。

四亩。

原册罗有成改名王宜成，坐落项加屯地二百七十六日三亩。

原册范士鳌改名刘三魁，坐落八里河地二百十八日四亩。

原册王玉改名王化清，坐落五庙屯地四百零五日。

原册王玉改名王化清，坐落牌路屯地五十八日。

原册马琦改名张义升，坐落新屯、甜水屯地二十日三亩。

原册周进之改名史秉智，坐落教厂地二百九十七日二亩。

原册刘守智改名刘守廉，坐落八里河地二百九十七日一亩。

原册罗文秀改名李廷贤，坐落五庙屯地三百四十日五亩。

原册刘三德改名郭朝华，坐落宁家山地二百四十九日四亩。

原册王国泰改名刘三奇，坐落鱼鳞屯地二百一十三日五亩。

原册刘应科改名赵印，坐落孤山子地二百四十日三亩。

原册徐进忠改名张上仁，坐落八里河地二百七十二日五亩。

原册尚额驸改名刘世雄，坐落小孤树屯地二百六十六日五亩。

原册何亚招改名张尚礼，坐落小马头地一百三十五日。

原册尚嘉惠改名罗三伦，坐落落水泉山地四百零四日三亩。

原册王国安改名王国卿，坐落慈家峪地一百七十五日五亩。

原册刘进忠，坐落甜水井地五十六日三亩。

原册杨有才改名赵廷进，坐落丁家峪地三十四日。

原册姚成华，坐落粟子洼地一百三十五日一亩。

乾隆三年二月初十日①

---

① 《户部地亩档册》，尚王庄园人丁册。

镶蓝旗尚之珰佐领下人丁地册

王坟祭地八十四日，坐落尚王坟，原册坟丁王成显耕种。

王坟祭地一十八日，坐落于树园，原册坟丁王登富耕种。

王坟祭地八日，坐落尚王坟，原册坟丁刘自成耕种。

冯国凤地二百六十四日，坐落石青铺。

李云登地二百零一日，坐落小马头。

梁起凤地一百八十九日三亩，坐落下夹河。

年登科地八十日，坐落沙河沿。

王坟祭地六日三亩，坐落沙河沿，原册坟丁何永祥耕种。

苏三保地一百二十七日四亩，坐落波罗堡。

王坟祭地五十日，坐落粟子洼，原册坟丁曹桂耕种。

尚王坟地三十日，坐落尚王坟，原册坟丁刘尚文耕种。

尚崇保地五十三日三亩，坐落尚王坟，原册家人张兆生耕种。

尚崇保地三十日，坐落粟子洼，原册家人陶连芳耕种。
梁三地五十日，坐落波罗堡。

尚崇儒地二十六日一亩，坐落尚王坟，原册家人林来福耕种。

尚崇儒地十一日三亩，坐落下夹河，原册家人杜灶耕种。

尚崇政地五十六日，坐落耿家庄，原册家人梁方保耕种。

尚崇爵地三十日，坐落耿家庄，原册家人冯四耕种。

尚崇禄地四十日，坐落耿家庄，原册家人张连福耕种。

尚崇功地二十三日，坐落粟子洼，原册家人双顶耕种。

尚崇魁地六十四日三亩，坐落曹家河，原册家人王四耕种。

尚玉甫地八十日三亩，坐落水沟子，原册家人苏子莲耕种。

宣义将军尚之孝坟地二百四十七日三亩，坐落塔山铺，原册坟丁赖邦义耕种。

宣义将军尚之孝坟地八日三亩，坐落顾氏墓庐，原册坟丁赵兴耕种。

尚玉林地九十二日，坐落新屯，原册家人阎保耕种。

尚玉林地五十二日三亩，坐落粟子洼，原册家人孔国相耕种。

尚玉美地一百七十六日，坐落大台子，原册家人刘有富耕种。

尚玉英地九十四日三亩，坐落岳家屯，原册家人高升耕种。

尚玉符地五日，坐落二道沟，原册家人周明德耕种。

尚崇任地十八日，坐落刘家峪，原册家人林双喜耕种。

镶蓝旗尚崇坦佐领下人丁地册

尚崇墀地一百二十八日，坐落四台子，原册家人张成耕种。

汪国凤地一百一十二日，坐落沙河沿，原册家人张成耕种。

尚玉美地四十九日，坐落水寨子，原册家人胡有德耕种。

尚玉音地一百七十二日三亩，坐落大望台，原册家人朱孔英耕种。

尚崇坦属下徐大升地十五日四亩，坐落五庙屯。

镶蓝旗尚玉田佐领下人丁地册

尚玉田地九十日二亩，坐落新屯，原册家人陈国正耕种。

尚崇客地五十六日，坐落于树园，原册家人谭三耕种。

尚崇纹地三十日，坐落黄香屯，原册家人周人耕种。

尚玉持地八十三日，坐落黄香屯，原册家人王二耕种。

尚玉宙地二十日三亩，坐落黄香屯，原册家人欧二耕种。

尚玉玺地二十二日，坐落黄香屯，原册家人赵六耕种。

尚崇悌地三十二日一亩，坐落侯家屯，原册家人海册耕种。

尚崇基地三十二日一亩，坐落宁家山，原册家人吕安耕种。

尚崇博地七日三亩，坐落下夹河，原册家人福保耕种。

尚崇惇地七日三亩，坐落下夹河，原册家人太保耕种。

尚崇协地十一日三亩，坐落下夹河，原册家人天保耕种。

尚崇慿地十一日，坐落下夹河，原册家人福泰耕种。

尚玉白地二十七日，坐落下夹河，原册家人二达子耕种。

乾隆三年二月初十日①

据这几份档册的记载，可以看出平南王府在关外占有的庄地数量是相当大的，共计 8320 日，即 49920 亩。这些庄地大都分布在海州所属的数十个村屯之中。

康熙二十年，尚可喜的子侄从广东撤离北归。康熙二十三年，圣祖帝特谕，将其家下包衣人丁编立五个佐领：镶蓝旗汉军都统第一参领第六佐领、镶蓝旗汉军都统第二参领第五佐领、镶蓝旗汉军都统第三参领第五佐领、镶蓝旗汉军都统第四参领第六佐领、镶蓝旗汉军都统第五参领第五佐领。其中尚之隆有 3 个佐领，有壮丁 1783 名，共领有庄地 53490 亩，分布于京畿地区的 10 余个州县 100 多个村屯；尚之孝有 2 个佐领，有壮丁 700 名，共领有庄地 22230 亩。5 个尚氏佐领共领有庄地 75720 亩，均分布在河北 10 余个州县的 100 多个村屯中。

值得指出的是，顺治时和硕公主下嫁尚之隆，也带来了丰厚的嫁妆，其中就有陪嫁的 5 所庄园，计地 7063 亩。这些土地均分布在京畿地区的通州、乐亭、涿州一带。

由以上可知，尚可喜一族在北方占有大量的庄地，他们在海州的庄地，加上尚之隆、尚之孝 5 个佐领的壮丁地及和硕公主下嫁的陪嫁庄园，达到了 132703 亩。耕种这些庄地的壮丁每年都得向尚氏交纳租税和实物，诸如粗粮、麦子、苏子、京米、猪、鹅、鸭、鸡、大柴、秫秸、干草、炭、差银，等等，尚可喜一族正是以此为基础积累下了巨额财富，成为富甲一方的大庄园主。

---

① 《户部地亩档册》，尚王庄园人丁册。

第 十 六 章

修身持家

一、持家有道

　　自古以来，如何持家，就作为一个现实问题，备受人们重视。无论是普通百姓，还是帝王将相都在持家方面投入了很大的精力，一方面渴望家庭幸福美满、和睦安康，既立足、显名于当世，又流芳百世；另一方面希望家族兴旺发达、世代相传，避免家族的衰败。儒家的先哲们还把持家提高到了一个很高的层次，将其与修身、治国、平天下等相提并论，并阐述它们之间的因果关系："古之欲明明德于天下者，先治其国；欲治其国者，先齐其家；欲齐其家者，先修其身；欲修其身者，先正其心；欲正其心者，先诚其意；欲诚其意者，先致其知；致知在格物。物格而后知至，知至而后意诚，意诚而后心正，心正而后身修，身修而后家齐，家齐而后国治，国治而后天下平。"① 以此来教育世人，引导他们经营管理自己的家庭乃至整个家族。因此，持好家、管好家的观念渗透到了中国的各个阶层，成为历代多数家庭恪守的一个信条，并创造了一个个成功持家的典范。

---

① （宋）朱熹：《四书集注·大学章句》，岳麓书社1987年版，第6页。

自天聪八年（1634）归附后金以来，尚可喜及其家庭的社会地位、生活环境开始稳定下来。政治上，尚可喜的官爵不断升迁，由总兵官封智顺王，继封平南王，再晋平南亲王；经济上，俸禄不断增加，康熙时其年俸已达白银万两，而且在定居海城后后金（清）还赐给了大量土地，庄地的包衣人丁也日渐增多。政治地位的不断提高、社会财富的不断积累，使尚可喜及其家族在清初的40多年间有了长足的发展。

我们知道，尚可喜家族在归附后金之前经历了三次劫难，其中两次损失严重，百余人罹难，到他归附后金时，家族成员所剩无几。兄弟六人，除他之外，大哥尚可进在獐子岛被俘至后金，其他兄弟或战死，或被叛乱者刘兴治杀害；他的家属则有的投海自尽，有的被杀，有的被掠。天聪八年初，皇太极将掠来的尚可喜亲戚27人归还给了他。由此来看，在尚可喜归附后金时，其家族成员最多也就30人左右。可是，经过40多年的繁衍生息，尚可喜家族迅速壮大起来。据初步统计，到康熙十五年尚可喜去世前，其家族的人口已经达到数百人。其家族中仅妻子儿女两辈人就达200多人，见表16-1。

表16-1　尚可喜在世时尚家人口情况

人名 ＼ 类别	妻（夫人）	儿子	女儿	合计
尚可进	1			
尚可喜	24	33	32	
尚之忠	1	1	4	
尚之信	6	8	7	
尚之孝	7	5	6	
尚之廉	4	5	7	
尚之节	5	9	5	
尚之盛	2	5	1	
尚之典	4	3		
尚之隆	1	1	1	
尚之佐	3	3	3	

续表

类别 人名	妻（夫人）	儿子	女儿	合计
尚之瑜	1	1	1	
尚之璜	1	1	3	
尚之琡	2	1		
尚之瑛	3	1		
尚之琬	2	1		
尚之琰	1			
尚之玮	1	1		
尚之瓒	1			
尚之琳	1			
尚崇恩	5	5		
尚崇谧	3	2		
合计	79	86	70	235

对如此庞大的家庭进行管理，确非易事。俗话说，没有规矩不成方圆，随着家族成员的增加，为了家族的兴旺，尚可喜对家族成员的管理渐渐地采取利用家规的方式，拟定了十三条家规，即今天的《先王定训十三条》，后来又有《先王遗训》，这些都在他管理家族的过程中起了重要作用。《先王定训十三条》中列了十三条规定，具体就是：

一、王庙祭祀及生辰忌辰，悉遵家礼。所设祭品席面，如家礼未载，听主祭者自便，其行礼仪节悉照会典。

一、茔庙设立正家长二名，副家长二名，经管茔庙祭器祭田出入帐目。凡遇收放正副四人到齐，始命书记登写簿内，以便稽察销算，庶免侵渔。

一、命名所以辨代，恐世远居分，难以稽考。今定十六字派，以祖讳为始。字曰：继学可之，崇玉维政，宗昌其久，世德尔祖。将来用完，仍以继字起祖字止，绵绵轮转，虽百

世之后，便以察考，不致错乱也。

一、孝子顺孙，义夫节妇，事关风化。若行谊可称者，各为立传，昭示子孙，以为后世劝。

一、子孙分析各居者，图传例书始迁之地，后世会谱易得稽考，用笃亲亲之义。

一、坟墓散在各乡，世远祭疏易致迷失。须开写葬在某省某府某县某乡某山某名，亩数若干，四至界限明白，及某坐向某，俾后世有述焉。

一、嫁娶书地书名，或其祖父有世爵、缙绅显荣者，许与并书谱内。

一、无子立继，论亲不论爱，乞养异姓，勒令归宗，自是礼法。如有行第不正，而私相抱养者，皆乱宗之首，一体改正。

一、后世子孙繁衍，妻有被黜，或夫死适人者，本夫之下俱不书，以义绝也。但于其子名下书曰：嫁母某氏，出母某氏所出，以子不绝母也。

一、衣食务宜节俭为本，身居仕宦，各有定制。或闲居在家，古人以五簋为约，即再增一二便为丰厚。倘非大礼大宾，不得演剧作乐。家居内外，衣服务在温暖，亦不得滥用罗锦，暴殄天物。嫁娶寿日，进学登科，授官升职，置酒悉照前例。

一、世远人蕃，或有素行不端，玷辱祖宗遗训者，送庙家长戒责，使其自新。如再不法，削谱除名。

一、后世子孙众多，须宜立志读书，或工韬略，各守一业，为农为商，随分安生，不作游荡之徒。虽世有盛衰，而风声雅韵，正所以超出凡庸，而不改故家望族之称，职此义也。

一、居三年之丧，内有小祥大祥之分，礼不易服。万不得已而遇吉祥喜事，可避即避，不可避而易服成礼，亦须内着素衣，外着青服皂帽。此外不许擅易，故违作不孝论。

遵旧例凡无嗣者，俱于总图名下注一无嗣字样，其谱内
履历概不重修。

相对于《先王定训十三条》而言，《先王遗训》虽然也有齐家的
内容，但涉及家规的内容相对少些，全文如下：

嘱曰：予恭承祖训，忠厚传家，汗马疆场五十余年，忝
授亲王爵秩，位极人臣，一生修己。惟是建文庙、捐饥赈济，
乘舆筑道路，仰副朝廷雨露之恩，以答天地生成之德。奈年
老病多，今年七十四岁，兹当与尔等永别，尔辈兄弟三十余
人，姊妹二十余人及官眷人口，皆予生息教养以至今日。予
辞世之后，各宜仰体恪守家训。尔二位母妃在堂，各已年高，
尔等务宜竭力孝顺，早晚慰问，知尔等素有孝名，无庸多嘱。
尔等弟兄众多，贤愚不一，凡有过失，专委长男之信、次男
之孝为领袖，即将所犯传齐，尔辈弟兄带赴家庙祝告，共同
询问，如事少轻，谅情薄罚；如事少重，许用竹板。公同议
明，责其多寡，以戒将来。平常喜庆各事，弟兄长幼务宜和
气往来，刻刻以父母为念。其尚有弟妹未曾婚嫁者，尔等公
同选择人家，禀明二位母妃，与之完配。悉照旧例而行，不
可失礼，不可过奢，以成俭德惜福之美。至于男女内外，予
家法素严，非奉呼唤，勿得辄自行走。倘有败伦伤化、事关
伦常者，尔等照前执赴家庙，公同密审，务要对证确实，方
许公验勒死。但不许擅行杀戮，有干天和。予一生劳碌，创
作如此，惟愿尔等齐心竭力，成人立业，宽和谦谨，光大家
声。予在九泉，亦得瞑目。特书遗言，用为永勖。
时大清康熙十五年岁次丙辰十月二十九日

从这两则训示来看，尚可喜对齐家问题是非常重视的，他的这种
齐家指导思想，继承了中国传统的齐家理论，又富有针对性，基本上
涉及了中国古代管理家族的许多重要方面。对于孝道，尚可喜主张晚

辈要孝顺长辈，兄弟姊妹要友爱互助，保持家庭和睦。他告诫儿子们，说："尔二位母妃在堂，各已年高，尔等务宜竭力孝顺，早晚慰问，知尔等素有孝名，无庸多嘱。"① 又说："平常喜庆各事，弟兄长幼务宜和气往来，刻刻以父母为念。其尚有弟妹未曾婚嫁者，尔等公同选择人家，禀明二位母妃，与之完配。"② 这是对孟子"人人亲其亲，长其长，而天下平"和《家语》之"孝，德之始"的最好诠释，与《袁氏世范》《朱柏庐劝言》中的孝悌主张也是一致的。

节俭是中华民族的传统美德，自古以来，就被世人称颂而贯穿于人们的社会生活中，古人"成由俭来败由奢"的名言始终警示着世人，要勤俭持家，在这方面尚可喜也是提倡节俭的。他在《先王定训十三条》里说："衣食务宜节俭为本，身居仕宦，各有定制。或闲居在家，古人以五簋为约，即再增一二便为丰厚。倘非大礼大宾，不得演剧作乐。家居内外，衣服务在温暖，亦不得滥用罗锦，暴殄天物。嫁娶寿日，进学登科，授官升职，置酒悉照前例。"在《先王遗训》里也说为弟妹婚嫁时"悉照旧例而行，不可失礼，不可过奢，以成俭德惜福之美"。这些主张既是他持家所恪守的准则，也是尚氏家族长期遵循的行为规范，这与《朱柏庐劝言》中"勤与俭，治生之道也。不勤则寡入，不俭则妄费。寡入而妄费，则财匮。财匮则苟取，愚者为寡廉鲜耻之事，黠者入行险侥幸之遂。生平行止，于此而丧。祖宗家声，于此而坠，生理绝矣"的勤俭理念，可以说殊途同归。

赏功罚过，是历代主政者的行动准则，古人云："王者之职，在于量才任人，赏功罚罪而已。"③ 这不仅适用于治国，而且适用于持家。在这一思想的指导下，尚可喜主张褒奖有功德的子孙后代："孝子顺孙，义夫节妇，事关风化。若行谊可称者，各为立传，昭示子孙，以为后世劝。"④ 在承袭平南亲王爵位上，他甘冒废嫡立幼的风险，决定让尚之孝承袭，而不让长子尚之信承袭，在很大程度上是因为尚之信

---

① 《先王遗训》。
② 《先王遗训》。
③ （清）朱鹤龄：《尚书埤传》卷三，文渊阁《四库全书》本。
④ 《先王定训十三条》。

的德行修为比不上尚之孝。对于家族中的不肖子孙，他主张依家法处理，在他看来，随着尚氏家族的发展，家族内部不免会出现"素行不端，玷辱祖宗遗训者"，对这些人不能姑息，一定要严肃惩治，"送庙家长戒责，使其自新。如再不法，削谱除名"①。又说："倘有败伦伤化、事关伦常者，尔等照前执赴家庙，公同密审，务要对证确实，方许公验勒死。但不许擅行杀戮，有干天和。"② 以此保全家族的名誉。

古人云："古之君臣所为，各得其道，则未有不建功立业声流万世者也。"③《袁氏世范》中也说："人之有子，须使有业。贫贱而有业，则不至于饥寒；富贵而有业，则不至于为非。"历代帝王将相、文人墨客之所以名传后世，一个很重要的原因，就是他们或者立下了不朽的功勋，或者有其特殊的业绩，或者在某一个方面受到世人的爱戴。尚可喜深明此理，所以，他要求子孙立业。无论是在《先王遗训》，还是在《先王定训十三条》里，他都对立业进行了强调，在《先王遗训》里他要求子孙"齐心竭力，成人立业"，又说："后世子孙众多，须宜立志读书，或工韬略，各守一业，为农为商，随分安生，不作游荡之徒。虽世有盛衰，而风声雅韵，正所以超出凡庸，而不改故家望族之称，职此义也。"④ 在清初的舞台上，他的子孙，有的投身行伍，随其作战，有的做了地方官，共同为大清王朝的建立与巩固贡献了力量。

人不是孤立的存在，只要活在世上，就必然与周围的各种人和事打交道，这就要正确处理人与人之间的关系，不论是帝王将相，还是平民百姓，无不如此，这一点也是非常重要的。《张杨园训子语》中说："人不可孤立，孤立则危。天子之尊，至于一夫而亡，况其下乎？一家之亲而外，在宗族，当不失宗族之心，在亲戚，当不失亲戚之心。以至乡党朋友亦如之，朝廷邦国亦如之。欲得其心非他，忠信以存心，敬慎以行己，平恕以接物而已。人情不远，一人可处，则人人可处，独病在吾有所不尽耳。是以君子不求人求己，不责人责己。"《药言》

---

① 《先王定训十三条》。
② 《先王遗训》。
③ （宋）李焘撰：《续资治通鉴长编》卷一五〇，文渊阁《四库全书》本。
④ 《先王定训十三条》。

中也说："睦族之欢，即在睦邻。邻与我相比日久，最宜亲好。"史典在《愿体集》中更进一步指出："亲三党，睦九族，交朋友，和邻里，人生缺一不可。"他们从不同的角度，阐述了亲朋好友和邻里的重要性。对这些道理，尚可喜在其戎马生涯中深有体会，所以，在持家的问题上，他要求子孙处理好人与人之间的关系，以"满招损，谦受益"的古训指导自己的行为，对人"宽和谦谨"，同时睦邻亲族之间的关系，与他们"齐心竭力，成人立业"，以"光大家声"①。

对于家训，尚可喜说："我子若孙，其勿忘祖考之遗训，小心翼翼以保守家法，则能永膺天子之眷佑，而流庆于无穷矣。"② 从中可以看出，尚可喜非常重视祖训家法，认为子孙恪守家法，关系家族的兴旺发达。

不过，尚可喜长年在外征战，在齐家过程中，付出较多的还是王妃舒氏和夫人胡氏。我们知道，舒氏和胡氏先后在天聪年间嫁给尚可喜，并逐渐成为尚可喜家中的当政者。她们二人在管理尚氏家族事务中作出了不可磨灭的贡献，因此，受到了清朝皇帝的褒奖。对舒氏，顺治十八年（1661）正月十六日，世祖皇帝称赞说"性秉柔嘉，心怀淑慎，相夫报国，殚翼载之忠忱，砥德宜家，表温恭之懿范"；对胡氏，顺治十八年三月初四日，世祖皇帝评价说"王妻舒氏、胡氏并勤妇道，协赞猷为"。事实上也正是如此，如果不是舒氏和胡氏主持家族的内部事务，那么尚可喜去世后，王国栋等人也不必假借舒氏和胡氏的名义告发尚之信。

二、多方联姻

婚姻乃人生之大事，既关系每个人生活的幸福，又影响个人甚至家族的政治生命，尤其是在中国古代，这种政治婚姻一直占有重要地位。汉代的"昭君出塞"，三国时的"孙权嫁妹于刘备""孙策和周瑜分别娶大小二乔""诸葛亮娶黄承彦之女"，唐代的"文成公主入藏"，

---

① 《先王遗训》。
② （清）尚之隆、尚之瑶主修：《尚氏宗谱》（二修），"尚可喜序"，辽宁省图书馆藏本。

清代皇室与蒙古王公的联姻，等等，这一切无一不是政治家们为达到其政治目的而使用的智谋。清代尚可喜子女的婚姻从某种程度上来看，许多都带有政治婚姻色彩。

尚可喜有33个儿子、32个女儿。尚可喜在世时，除了成婚的孙女外，他最少有18个儿子、4个孙子、18个女儿，共40个后代成婚。

儿子中成婚的有：

尚之忠（1629—1652），过继给尚可进一支，娶广东南雄府知府孔承周之女孔氏（1629—1696），大约在顺治三年（1646）之前成婚。

尚之信（1636—1680），娶靖南王耿继茂长女耿氏（1637—1682），大约在顺治九年前成婚。

尚之孝（1639—1696），娶总兵官都督金事张伟之女张氏（1638—1665）；续娶副总兵张世臣孙女张氏（1652—1703），大约在康熙六年（1667）前成婚。

尚之廉（1641—1670），娶文学士沈作彬之女沈氏（1637—1668）；继娶续顺公沈永兴之姊沈氏（1647—？），大约成婚于康熙二年前。

尚之节（1644—1680），娶惠潮道李士莲之女李氏（1644—1680）；又娶欧氏，大约在顺治十六年前成婚。

尚之盛（1644—1677），娶阿达哈哈番李先德之女李氏（1642—1699），大约成婚于康熙元年之前。

尚之典（1646—1712），娶碣石总兵苏利之女苏氏（1648—1680），大约成婚于康熙五年之前。

尚之隆（1646—1722），娶多罗承泽郡王硕塞之女和硕公主（1648—1691），成婚于顺治十五年。

尚之佐（1647—1689），娶右翼总兵官、精奇尼哈番许尔显之女许氏（1650—1681），大约在康熙元年之前成婚。

尚之广（1652—？），娶盖州世荫刘廷芳之女刘氏（1653—？）。尚可喜在世时成婚。

尚之瑜（1652—？），娶头等护卫周朝仪之女周氏。尚可喜在世时成婚。

尚之璜（1652—1680），娶明庆国公陈邦辅之女陈氏（1649—

1680），大约在康熙十四年前成婚。

尚之琭（1655—1730），娶广东饶平总兵官、太子太保吴六奇之女吴氏（1655—1682），大约在康熙九年前成婚。

尚之瑛（1655—1680），王氏生。出继尚可位一支。娶广东水师总兵张国勋之女张氏（1655—1721），尚可喜在世时成婚；又娶赵氏（1657—1726），大约在康熙十四年前成婚。

尚之琬（1657—1684），娶延安营总兵官郭登第之女郭氏（1655—1683），大约在康熙九年前成婚。

尚之琰（1657—1702），娶琼州总兵官高进库之女高氏（1656—1680），尚可喜在世时成婚。

尚之玮（1658—?），娶副总兵盛登科之女盛氏（1657—?），尚可喜在世时成婚。

尚之琳（1661—1702），娶广东总兵官张伟侄女张氏（1658—?），尚可喜在世时当成婚。

女儿中成婚的有：

长女，嫁柯里香。

次女，嫁藩下游击时应运，后官总兵。

第三女，嫁藩下副将许弘仁，后官廉州总兵。

第四女，嫁藩下游击许弘义，授阿达哈哈番。

第五女，嫁两广总督李栖凤长子李之英。

第六女，嫁藩下游击汤允桂。

第七女，嫁藩下参将卢光明，后为惠州副将。

第八女，嫁鸿胪寺少卿金光之子、举人金以桐。

第九女，嫁藩下副将田云龙之子阿达哈哈番田生玉。

第十女，嫁续顺公沈永祚①。

第十一女，嫁一等护卫孙明义。

第十二女，嫁总兵吴进功之子吴秉衡。

第十三女，嫁四川巡抚张得第之子户部郎中傅统阿。

---

① 《尚氏宗谱》将沈永祚的爵位写作"续顺公"，误。查，续顺公承袭中脉络清晰，没有沈永祚这个续顺公。

第十四女，嫁藩下原总兵郭登第之子郭宝。

第十五女，嫁藩下一等护卫程官之子程国桢。

第十六女，嫁藩下游击刘自胜之子刘祥麟。

第十七女，嫁南雄府知府孔承周之子孔泽存。①

第十八女，嫁佐领刘廷秀之子广东巡抚刘秉权（？—1674）。

尚可喜孙子中成婚的有：

尚崇恩（1647—1708），娶统领李培春之女李氏（1649—1709），大约在康熙三年前成婚。

尚崇谧（1653—1687），娶何氏、苏氏，分别在康熙十一年、十二年之前成婚。

尚崇諟（1659—1702），娶广东布政司徐养仁之女徐氏，又续娶张氏（1668—？）。

尚崇询（1662—1695），娶佐领赵宗周女赵氏（1660—1712）。

从以上婚嫁的情况来看，尚可喜后代的联姻对象很有特点，主要表现在以下几个方面：

其一，与清皇室联姻。顺治十五年（1658）五月，尚可喜第七子尚之隆娶了清和硕公主，一跃而成为和硕额驸。这在尚氏家族联姻中是一件开天辟地的大事。和硕公主乃多罗承泽郡王硕塞之女。硕塞（1629—1654）是皇太极第五子，世祖皇帝的哥哥。顺治元年，封多罗承泽郡王。同年，随定国大将军豫亲王多铎镇压大顺军。二年，再从多铎南征，下南京，俘弘光帝，灭南明小朝廷。三年，又随扬威大将军多铎征讨苏尼特部腾机思等，大败其众，所在有功。五年，奉命率兵驻防大同。翌年，击败姜瓖叛军。八年，进和硕承泽亲王，管理兵部事。十年，任宗令。这就是说，从家族辈分上来论，硕塞之女其实就是世祖皇帝的侄女。所以，世祖皇帝将其地位抬高，以和硕公主的身份，下嫁尚之隆。这次联姻虽然是不以尚氏家族的意志为转移的，但对于尚氏一族却是极大的"恩典"，一方面使得尚氏家族从此有了皇

_____

① 《三韩尚氏宗谱》记载：尚可喜的17个女儿，即长女到第十七女，已经出嫁，只是年份不确定。据尚久蕴考证，《三韩尚氏宗谱》刻于康熙十二年，所以尚可喜的17个女儿出嫁时间当在康熙十二年之前。

室的血统，提高了尚氏家族的地位，进入了皇亲国戚的行列，另一方面清朝也可以以此笼络尚氏一族，使他与清朝的国运之间产生了某种休戚相关、荣辱与共的联系，借此让他们为清廷进行不遗余力的征战。

其二，与耿氏家族、续顺公之间的联姻。清初，耿氏家族和续顺公虽然都是从明朝投诚清朝的，但在入关后的军事斗争中，他们都是清朝依靠的政治、军事力量。耿氏家族在耿仲明死后，他的长子耿继茂（？—1671）带领其部众，随平南王尚可喜南征广东，克城败敌，立有战功。顺治八年（1651），袭靖南王爵位，成为耿氏一族的核心。此后，转战广东、广西等地，败孙可望、郝尚久、李定国等南明军。顺治十七年，奉命移镇福建。与总督李率泰招降台湾郑经部众，康熙二年（1663），同李率泰攻克厦门。康熙三年，再败郑经，攻克铜山，使郑经退居台湾，获清廷褒奖。耿继茂死后，其子一等子和硕额驸耿精忠（1644—1681）袭靖南王爵位，据福建。其弟耿昭忠（？—1686）、耿聚忠（？—1687）俱被清朝招为和硕额驸，加太子太保。耿氏一门是清初很有实力的家族。

续顺公家族虽然比不上耿氏家族，但也有一定的实力。这一家族在清朝的发达始于沈志祥。崇德三年（1638），沈志祥率部众4000余人降清。崇德四年，封续顺公。崇德六年，从围锦州。顺治元年随清军入关，追李自成农民军到庆都，顺治三年，从平南大将军孔有德征湖南，获嘉奖。沈志祥死后，其兄之子沈永忠（？—约1670）袭续顺公爵位，顺治十二年三月，以罪削爵，五月，他的弟弟一等阿达哈哈番沈永兴承袭了续顺公爵位。康熙九年四月，沈永兴哥哥的儿子沈瑞（1662—1681）奉命袭续顺公爵位。

无论是耿氏家族，还是续顺公家族，他们与尚可喜都有着共同的使命，就是为清朝的统一战争而征战。正因为如此，与他们的联姻成了尚可喜的一个选择，于是尚可喜的长子尚之信娶了靖南王耿继茂的长女耿氏，后册封平南亲王妃；第三子尚之廉娶续顺公沈永兴的姐姐；第十女嫁给了沈永祚。这种实力派的政治联姻实现了"强强联合"，强化并扩大了各自的势力范围，也使他们结成了军事上的稳定同盟，彼此有了可靠的支持，有利于清初的统一大业，对与之对立的政治集团产生了一定的威慑力。

其三，与高官显爵者联姻。主要是五家，即两广总督李栖凤的长子李之英①、明朝庆国公陈邦辅、四川巡抚张得第长子户部郎中傅统阿、广东巡抚刘秉权、广东布政司布政使徐养仁。这五家在当时也都是名门和实力派。

李栖凤家族在清初很有实力，其父亲李维新是明朝四川总兵官。李栖凤（？—1664）是李维新的长子，字瑞梧，原籍甘肃武威。由于李维新在广宁为官，所以他生在广宁，成了奉天人，隶汉军镶红旗。初以生员任秘书院副理事官。崇德元年（1636），考察各官时列二等。顺治元年（1644），授山东东昌道。顺治二年，调湖广上荆南道，六月，迁湖广布政使，十月，擢安徽巡抚。任内剿抚并用，肃清地方抗拒者，然因手下不法被牵连夺职。顺治五年，起为浙江杭嘉湖道。顺治六年，授广东巡抚。配合南下征广东的平南王、靖南王军，简卒徒，立军政，约束军队，并先后攻取韶州、雷州、廉州等地。顺治八年，败曹志建于韶州。顺治九年，擒李成栋子李元胤于钦州。顺治十年，调兵遣将，败李定国军于龙顶岗、罗定、东安、高州、化州等地，获世祖皇帝御书"知方略"三字和"两河巨室"御笔，并以功晋兵部右侍郎。顺治十一年，以甄别直省督抚加一级。顺治十五年，以考满加兵部尚书，六月，令仍以兵部尚书兼都察院右副都御史总督两广军务②。曾命总兵栗养志征桂王将军陈奇策等，平定太平、思恩。顺治十七年，加太子少保。翌年，改任广东总督，寻致仕。死后祀广东名宦祠。他的弟弟李栖凰官至漕运总督加太子太保，李栖鸿任兵部武选司员外郎，李栖鹍为江南总兵，李栖鸾任密云总兵，李栖鹏任都司，李

---

① 《三韩尚氏族谱》记载尚可喜第五女嫁给了李栖凤的长子。李栖凤有八个儿子，依次是李镇鼎、李振邦、李镇圻、李镇域、李镇国、李镇坤、李镇垓、李镇基，没有叫李之英的，也不见李镇鼎出任过高州知府。倒是有李之英其人，为辽东人，荫生，康熙十七年，任高州知府。《三韩尚氏族谱》是李栖凤作的序，如果其儿子的名字错了，他不可能不予以纠正，所以"之英"可能是李栖凤的长子、广东提督李镇鼎的字，在尚氏家族修谱时搞错了官职。此处存疑，待考。

② 《碑传集》中《李少保栖凤传》记载顺治十三年"以巡抚超拜兵部尚书行两广总督事"，《两广总督李公传》记载"十四年，秩满，晋兵部尚书"。查《清世祖实录》李栖凤晋兵部尚书兼两广总督在顺治十五年。

栖鸣任广东提督，李栖鹣为泉州副将；其子李镇鼎官广东提督加太子太保，李振邦、李镇圻、李镇域均为副将，李镇国任云南维摩州知州，李镇坤官梧州同知，李镇垓官山东青州同知，李镇基官河南禹州知州。可谓一门皆官，而且"子孙先后任偏裨者，又二十余人"。

陈邦辅（？—1652），又名陈邦傅，处州人。崇祯末年，为广西总兵。仕南明桂王政权，仍任总兵。绍武元年（1646），挂征蛮将军印。翌年，封思恩侯，守昭平，继奉命率兵由宾州取浔州、梧州，后因兵败退守浔州。永历二年（1648），封庆国公。永历四年，率兵入卫桂王于梧州，并奉桂王令率兵配合南明军攻广州。顺治八年（1651），杀宣国公焦琏于浔州并降清。翌年，于桂林被李定国攻陷时被俘杀。恤授拖沙喇哈番，以其子陈天赏承袭。后以次子陈鸣雷自南明逃归，再加授一拖沙喇哈番，为拜他喇布勒哈番，由其承袭。

张得第（？—1683），即张德地，汉军镶蓝旗人，康熙七年（1668）授四川巡抚。康熙八年，疏报采伐楠木80棵供朝廷修造宫殿，又奏进成都府茂州献的七岐瑞麦。康熙九年四月，奏请"四川州县无存留钱粮，若银钱兼征，则起解脚费累民。请停止鼓铸"，获准。五月，以招民功加工部尚书衔。子傅统阿，官户部郎中。

刘秉权（？—1675），汉军正红旗人，初官兵部主事，顺治九年（1652）四月，授刑部启心郎，继官户部员外郎、金都御史。康熙三年（1664）十二月，授内国史院学士。康熙六年九月，任《清世祖实录》副总裁官，十二月，授广东巡抚。康熙九年、十年，曾督垦复民田，安插人口，增加屯田数量。康熙十三年七月，以尚之孝辞袭平南王爵位，建议朝廷仍令尚可喜照旧管事，待事平后让其承袭；同月，又疏报发兵永安县，杀起事之李唐宗。同年十一月，与署总兵官王国栋等攻破潮州城南凤凰洲木城两座，斩都督金汉臣等5000余人。旋卒于军，赐谥端勤，圣祖皇帝评价他"居官稍优"。

徐养仁，辽东人，康熙四年，授广东布政司左参议，康熙十三年十月，以广东督粮道擢为广东布政使司左布政使。

其四，与藩下武将等行伍之家联姻。这在尚可喜子孙的联姻中占了相当大的比重。其中，总兵、副总兵者12家，即广东饶平总兵官吴六奇、右翼总兵官许尔显、总兵官都督金事张伟（女儿和侄女）、广东水师总兵张国勋、总兵吴进功、琼州总兵官高进库、碣石总兵苏利、副总兵盛登科；延安营总兵官郭登第（一娶一嫁）、副总兵张世臣。

　　吴六奇作为藩下总兵，不仅拥有军事实力，而且其家族中为官者大有人在。吴六奇（1607—1665），字葛如、鉴伯，广东丰顺人。初附南明桂王朱由榔，任总兵，以水师驻扎南澳。顺治七年（1650），平南王尚可喜与靖南王耿继茂下韶州时，他与碣石总兵苏利率军归附清朝。又以熟悉山川地形，引导清军顺利攻克广东的一些城镇。顺治十一年，他奋力抵御潮州镇总兵郝尚久的进攻，继随大军攻克潮州。授潮州总兵，驻饶平。任内，击败郑成功部及当地抗清武装，加左都督。顺治十三年，率部攻揭阳，败敌有功，收复澄海、普宁。顺治十五年，再败来犯之郑成功军，擒斩其将苏兴、黄亮等人。顺治十七年，加太子太保。康熙三年，考满，晋少傅，加太子太傅。卒赠少师兼太子太师，赐谥顺恪。其弟吴标，任连州游击，擢江宁府镇标中军参将。其长子吴启晋，顺治十四年，举人；次子吴启丰，在吴六奇去世后承袭接管其父所部，任贵州安笼总兵；三子吴启爵，初为正黄旗侍卫，后官山西太原总兵、琼州总兵，曾从征台湾和镇压黎族百姓反抗；四子吴启镇官黄岗副将。

　　许尔显（？—约1670），初从尚可喜归顺后金，屡从征战，为一等梅勒章京。顺治元年正月以军功加授一等甲喇章京，旋从入关。五年与线国安等合兵进攻贵溪王朱常彪等，下永宁，斩首三千余级。翌年，授都督同知，充尚藩左翼总兵官。顺治八年，率所部克肇庆府、罗定州。顺治十四年，以平定广东功，由一等阿思哈尼哈番兼一拖沙喇哈番晋为二等精奇尼哈番。顺治十七年，以捐造战船加左都督衔。康熙九年十一月，予祭葬如例。

　　张伟，又作张玮。汉军镶蓝旗人，为汉军镶蓝旗第一参领第一佐领（牛录额真），后官游击。顺治九年，与南韶道林嗣环击败曹志建军，多有俘获。顺治十年，与副将栗养志招抚仁化陈茂等700余人。后又率兵出征邓耀，败敌有功。顺治十七年二月，以广东韶州副将升为都督金事，管湖广衡州副将事，十二月，以军政卓异获赏袍服。康熙三年二月，升广东廉州总兵官。康熙十四年六月，与金光祖、陈洪

明、尚之瑜等分率马步水军败南明军于梧州，斩首 3000 余级，生擒南明都司以下 200 余名，水淹死者无算。

张国勋，初仕明朝，后降清。官副将。顺治三年（1646），奉命率兵出征太湖，擒获南明大学士马士英、长兴伯吴日生、主事倪曼青等，所在有功。顺治八年五月，授拖沙喇哈番世职，十一月，以督标副将升署都督金事。顺治十三年十月，再以浙江嘉兴副将升都督金事，充镇守广东广州府水师总兵官。顺治十七年十月，以捐造战船加署都督同知。康熙二年（1663），奉命统各营水陆官兵征讨黄梁都三灶等处海岛，擒斩抗清者赵劈石等 2300 余人。康熙三年闰六月，改授广东左路水师总兵官。八月至十一月，与广海参将范明道等从水陆夹击当地的抗清武装，败其于广东新宁县（今台山县）百峰山七村古井等处，斩获无算。康熙五年十月，因防守不力，降两级调用。康熙九年四月，授京口右路水师总兵官。康熙十四年闰五月，调任潮州水师总兵官。

吴进功，顺治九年九月，以阿思哈尼哈番授为都督同知，充平南王下右翼总兵官，同年，督兵收复香山县。顺治十年，奉命与总兵徐成功分兵回复罗定洲永安县。顺治十四年八月，以平定广东功进一等阿思哈尼哈番。顺治十七年十月，因捐造战船功加授右都督。康熙九年十一月，赐祭葬如例。

高进库，陕西宜川人（又一说江西人），初仕明朝，为贺人龙部将。后降清。官副将。顺治三年十月，率兵克赣州，擒斩南明阁部杨廷麟。顺治五年，坚守赣州，拒金声桓叛军招降，固守城池，十一月，以败敌全城有功，获赐蟒袍一袭。顺治七年二月，以军功加都督金事。顺治八年五月，授二等阿达哈哈番世职。顺治十一年三月，叙粤东军功，加二级，授都督同知。康熙二年九月，以琼州总兵官改调高雷总兵官。康熙四年十一月，以老病乞休，获准。

苏利（？—1664），顺治四年，率兵攻惠州，兵败。顺治七年，尚可喜与靖南王耿继茂下韶州时，他与吴六奇率军归附清朝，授副将。后以调集本部弁兵船只、忘身尽职、毫无迟误征讨南明军，授总兵官。再超擢为水军左都督，统本部官兵，驻扎碣石卫，防御海寇。顺治十二年，叛清归明事发，遭诫喻。康熙三年，以抗迁海，据碣石卫叛清。

同年八月，碣石卫失陷，兵败被杀。

盛登科，官游击。顺治十四年八月，叙平定广东功，授拜他喇布勒哈番世职。顺治十七年正月，其子拜他喇布勒哈番盛世白袭职。

除了总兵、副总兵外，联姻者还有尚藩中的副将、参将、游击等，如副将许弘仁、田云龙，参将卢光明，游击时应运、许弘义、汤允桂、刘自胜等。其中田云龙在顺治六年二月授三等阿达哈哈番世职，顺治十四年八月，叙平定广东功，加授一拖沙喇哈番世职。卢光明，辽东海州人，曾任参将，康熙十四年，带领官兵于广州府的龙门等处，擒斩抗清者800余人，招抚1000余人，救回被掳去的良民。康熙十七年，授惠州协副将，康熙二十一年，改任衢州城守副将。时应运曾官游击，康熙十五年二月，以平南藩下护军统领授中镇总兵官，康熙十七年五月，改授为右翼总兵官。当然官位不显者也有，如头等护卫周朝仪、一等护卫孙明义、藩下一等护卫程官之子程国桢以及统领李培春、佐领赵宗周等。

从整个联姻情况来看，这部分人在尚可喜的亲家中占了相当大的比重。其中有的是一门两次结亲，最典型的是与总兵许尔显家，两家是三次结亲，一娶两嫁；总兵张伟的一个女儿和一个侄女都嫁到了尚家等，或娶或嫁，情况各异。

其五，与地方官联姻。这部分联姻者中，有的是道员，有的是知府，有的是同知，有的是都司，大部分都是广东的地方官员。如广东南雄府知府孔承周就与尚家两次结亲，一娶一嫁，女儿嫁给了尚之忠，次子娶了尚可喜的第十七女。鸿胪寺少卿金光之子举人金以桐娶了尚可喜第八女。金光，前文已叙，康熙十三年十一月，以从征佛山镇江鹏翥等地有功，赐授鸿胪寺卿衔。金以桐，浙江义乌人，康熙十四年，在广东参加乡试，中举。惠潮道李士莲的女儿嫁给了尚可喜的第四子尚之节，庚申事变中她为夫殉节而死。

其六，与其他身份的家庭联姻。这部分联姻者中，或为旗人，或为侍卫，或无明确记载，均为地位不显者。如盖州世荫刘廷芳、阿达哈哈番李先德以及文学士沈作彬、柯里香等。

从以上可以看出，除了与皇室联姻外，尚可喜家族最主要的是与

各个地方实力派，如藩王、地方督抚及尚藩藩下的将官们之间的联姻，如靖南王、续顺公、总督李栖凤、南雄府知府孔承周等都与尚可喜有姻亲关系。不过，与尚可喜联姻最多的则是其藩下的各级将领、谋士等，有的还亲上加亲，多次联姻。这种姻亲关系在尚可喜家族姻亲关系中占的比重相当大，因之对尚氏家族产生的作用和影响也比较大。

我们知道，政治联姻，以其最温和的方式，为利益集团双方建立起和谐友好互助的新型血缘亲脉关系。中国的政治联姻历史悠久，出于结盟、笼络等目的，各个利益集团经常会以此强化彼此关系，以便从这样的政治联姻中获取更大的利益。尚可喜子女的联姻也不例外。尚可喜通过联姻，形成姻亲关系，将一大批文臣武将笼络在自己的周围。这些姻亲关系的确立，对尚氏家族产生了巨大的影响，为尚氏家族带来满门荣耀，壮大了尚氏家族的势力，稳固了其在朝中尤其是在广东的地位，使得尚氏家族获得了良好的发展机遇和空间。对于清朝皇室而言，与尚氏家族的联姻可以说是迎来了一次新的机遇，既以此笼络了尚可喜，又使他对朝廷感恩戴德，竭尽全力地为清朝鏖战疆场，镇守南疆。

在尚可喜子孙的联姻中，绝大多数是与朝廷大臣、地方文官武将的联姻。这种联姻，使他们结成了较为牢固的同盟关系，同心同德，一致对外，以维护各自的利益，这在清初的政治、军事斗争中有最充分的体现。

一是对尚可喜政治主张的支持，并为其出谋划策。顺治十五年（1658），李栖凤总督两广，除了配合尚可喜的军事行动外，还支持尚可喜的一些主张。前已说过，广东远离东南沿海，在清初又是台湾郑氏军队可能袭击的目标，所以，理所当然地成为实施海禁的要地。顺治十八年，兵部员外郎许朝聘前来广东，向尚可喜等通报兵部禁海的命令，要求尚可喜等针对抗清武装可能进犯的地方进行查勘，并对迁移居民、防守沿海作出规划。于是总督李栖凤等陪同尚可喜从番禺开始，历经新会、新安、东莞以及惠州、潮州，抵分水岭，对这些地方进行勘查。同年五月，回到广州后，经过商议，决定在高州、雷州、廉州所属州县冲险之地，部署官兵，分汛防守，以卫民生。事后，尚可喜将这一情况奏报给清廷："粤东沿海二千余里，生灵数百万，室庐在是，产业在是，祖宗坟墓在是，一旦迁移，流离失业，深可悯痛。"[①]建议清廷停止迁移百姓到内地。此事虽没有获得批准，但是总督李栖凤的支持是不可缺少的，这与后来对尚氏家族痛下杀手的督抚金俊和金光祖形成鲜明的对比。再如尚可喜的谋士金光，也与尚可喜是亲家。尚可喜的急流勇退与他的建议密不可分。他曾劝尚可喜说："王已位及人臣，恩宠无以复加。树大招风，朝廷对王很不放心，历来外姓封王没有能长久的。莫如交出兵权，回辽东养老。"这一建议立即被尚可喜接受，并在顺治十二年、康熙十年、康熙十二年三次提出急流勇退的请求。

二是通过联姻，延揽了大量的人才，为尚可喜取得军事上的成功提供了保证。俗话说打仗亲兄弟，上阵父子兵，在与尚可喜联姻的亲家中，藩下将领占了绝大多数，总兵、参将、副将、游击等所在皆有，他们都因为姻亲关系聚集在尚可喜的藩下，壮大了他的军队，为其在清朝统一中国的战争中储备了人才，成为他征讨南明、镇守广东的重要力量，每逢战事，他们都尽全力参战，如许尔显、吴六奇、郭登第、盛登科、高进库、张伟、吴进功等，均在尚可喜指挥参与的征讨中立有战功，为清朝的统一事业作出了贡献。

所以说，尚可喜子女的联姻，无论是对尚氏家族，还是对大清朝，抑或对与其联姻者，都是十分有益的。

三、崇佛好施

佛教是世界三大宗教之一，与基督教、伊斯兰教并称于世。它发源于古代印度，传说为公元前6世纪到公元前5世纪时，古印度迦毗罗卫国的王子乔达摩·悉达多，即释迦牟尼所创立。这一宗教一方面以无常和缘起思想反对婆罗门的梵天创世说，另一方面又以众生平等思想反对婆罗门的种姓制度，主张依经、律、论三藏，修持戒、定、

---

① （明）释今释撰定：《元功垂范》卷下。

慧三学，认为以此修行，便可达到消除烦恼、最终成佛的目的，所以深受民众欢迎，很快在古印度传播开来。公元1世纪，即东汉明帝永平年间佛教传入中国，经三国、两晋、南北朝，尤其是隋唐时期的发展，它在中华大地上广泛传播开来，并形成了众多的宗派，如天台宗、华严宗、唯识宗、禅宗、净土宗、密宗，等等。信奉佛教的人，从皇帝到民众，各阶层应有尽有，全国寺庙林立，香火不断，顶礼膜拜的和尚、尼姑、居士比比皆是。

尚可喜年轻时，对佛教持何种态度，由于史料的缺失，我们很难有准确的定位和了解。有关他的佛教活动是从归附后金以后开始的，大约有四次。最早记载他佛事活动的是《大金喇嘛法师宝记》：

> 法师斡禄打儿罕囊素，乌斯藏人也。诞生佛境，道演真传，既已融通于大法，复意普度乎群生，于是不惮跋涉，东历蒙古诸部，阐扬圣教，光敷佛惠，蠢动含灵之类，咸沾佛性。及到我国，蒙太祖皇帝敬礼尊师，倍常供给。至天命辛酉年八月廿一日，法师示寂归西。太祖有敕修建宝塔，敛藏舍利。缘累年征伐，未建寿域。今天聪四年，法弟白喇嘛奏请，钦奉皇上敕旨，八王府令旨，乃建宝塔。事竣，镌石以志其胜。谨识。时大金天聪四年岁次庚午孟夏吉旦同门法弟白喇嘛建。
>
> 钦差督理工程驸马总镇佟养性，委官备御蔡永年，游击大海、杨于渭撰
> 　总兵耿忠明
> 　都元帅孔有德
> 　总兵尚可喜①

此碑记收录在《奉天通志》中，记叙了斡禄打儿罕囊素法师的生平，及后金为其建宝塔、敛藏其舍利的始末。我们知道，天聪四年

---

① 王树楠、吴廷燮、金毓黻等纂：《奉天通志》卷二五九，沈阳古旧书店1983年发行，第5687页。

（1630），尚可喜还没有归顺后金，碑中落款却有"总兵尚可喜"，这是为什么呢？查尚可喜封总兵官在天聪八年四月十五日，所以，此事应当发生在天聪八年四月十五日以后。就是说，很可能是宝塔在天聪四年建完，碑一直没立，直到天聪八年四月十五日以后才立，即尚可喜仅是参与了立碑这一活动。

接着是崇德三年。这一年的八月十二日，沈阳的实胜寺建成。尚可喜随皇太极、内外众和硕亲王、多罗郡王、多罗贝勒、固山贝子、文武各官，还有恭顺王孔有德、怀顺王耿仲明，出盛京怀远门，前往实胜寺，拜谒佛尊。到了寺外，看见寺院前悬挂起了各种各样的彩缎，种在寺院里四角的石勒坦树上也披上了九色缎子，寺门通向大殿的道路东侧则铺上了白色的缎子。入寺后，尚可喜随太宗皇帝皇太极与众人一起在大佛像前脱帽，行了三跪九叩头礼，然后在实胜寺喇嘛的引导下，跟随皇太极绕着大佛逆时针前行。待出了大殿，走下台阶后，他们又前往西殿嘛哈噶喇佛前，供上祭品，再行三跪九叩头礼。礼毕，出实胜寺仪门，参加了在那里举办的宴会。宴毕，尚可喜向实胜寺捐银 30 两和两匹缎，以表"施助"之心意①。

到了崇德五年九月十五日，尚可喜又为海城的三圣庙立了一通碑，碑记中说：

> 尝闻设□□□以神教感心其职，断续之初，良开葆赤之纯，一□咸在诸□士暨谓佛号声闻，无有不为世废而□主□悲天也。洵及三圣母，懋德之□□□天之内，锡祥拯厄，未足尽状焉。秉心非一日，而凤构斯成，庙貌焕而威仪廪，褆撕在而玩贪消，庶可为尘滚中醒□青疢中清尝浣毓胤钟灵何，莫非圣母之慈之化也？种种恒福，可胜述哉？故识短碣云。
>
> 时大清崇德五年九月中浣五日吉　智顺王尚可喜敬立②

---

① 《清太宗实录》卷四三，崇德三年八月，中华书局 1985 年版，第 566—567 页；又见季永海、刘景宪译编《崇德三年满文档案译编》，辽沈书社 1988 年版，第 183—184 页。

② 李林主编：《满族碑石·八旗汉军蒙古卷》（上），辽宁民族出版社 2019 年版，第 287 页。

此后，尚可喜的崇佛活动有了进一步发展。崇德六年，他与众人共同捐资，在辽阳城内东南街修建了弥陀寺。可惜这座寺院今已不存，我们只能从碑记中了解一些情况：

粤自佛教流入东土，不知阅几帝几王，经几圣几贤，尊崇则有之，绝灭则未也。人有善念，对如来则翻然动所谓有种之良，一蠲即惺；有恶念，对如来则赧然愧所谓未泯之真，一剥即复。

盖含灵者，熟无佛性，况今上仁恩惠政，乃大慈大悲之主。而孔王又菩提其身，明镜其心哉！按孔王讳有德，恭顺王其封号也。昔王为知苦海无边，回头是岸，叨宠荣于北阙，作藩翰于东京，实我太祖定鼎之区，人臣何幸获守兹土？伊谁之恩，九重之赐也。伊谁之佑，三宝之力也。是以孔王同信官人等奋然发心，先捐己资，次募十方贵官、檀越、士庶、英贤、善信男女、百工，暨此共建弥陀禅寺。中起雄殿，设供如来圣像，竹苞松茂，鸟革翚飞，极一时之工焉。前有天王殿，后有华严堂，其中菩萨、地藏、罗汉、□□、伽蓝、祖师，各有殿宇。又设禅室僧舍，以集云堂听经偈之朗朗，闻钟鼓之锵锵，蒲团能生贝叶，木鱼可坠天花，喜太平之有象，乐圣德之无私，孔王之善根，亦凤具矣哉，出迷入悟在此举，昨非今是在此举。如菩提之树，昔摇动而今栽培；如明镜之台，昔尘埃而今拂拭；一归正果，万孽全消。总之，心□□□□□远也。叙王之时势，叙王之知遇，叙王建寺之由，碑记以示不朽。铭曰：

神祖创基，于辽之阳。千峰岩岩，岱水汤汤，岩岩之峰，勘对灵山之一掬，放之弥天。汤汤之水，可比法海，逝者如斯，慈航未改，佛法无疆，忻动孔王。莲台灿烂，金碧辉煌。□□□□，□建梵宫，自有灵助。我后大业，早就于万斯载，而藏而寿。庇我烝民，游□饮醇。太和在宇，皇度维新，佛

力君恩，并自难酬。天高地厚，怀抱悠悠。永享茅土，永守
藩职，奉扬王休，请观是石。

　　功德主信恭顺王孔有德、怀顺王耿忠明、智顺王尚可喜、
秘书院大学士乐郊范文程

　　　　　　　　　　　大清崇德六年岁在辛巳吉旦①

　　从碑记中可知，这座寺院规模宏大，主要由尚可喜和恭顺王孔有德、
怀顺王耿忠明、秘书院大学士范文程等主持修建，至于他们为何修建这
一寺院、孔有德的一些个人情况等，我们都可以在碑记中找到答案。

　　由上述可知，尚可喜的崇佛活动，在关外就已经开始了，而且其
信佛的程度在不断地加深。如果说关外崇佛是尚可喜信佛的肇端的话，
那么，他在广东的崇佛活动就是更上一层楼，变成了笃信，达到了前
所未有的地步。

　　尚可喜在广东二十余年，就其作为而言，他除了为清朝镇守南疆、
征讨反抗者、维护地方秩序等之外，崇佛已成为他的一项重要活动。
这期间，他的崇佛活动主要表现在修建寺庙及其设施、捐献钱物、结
交僧侣等几个方面。

　　寺庙是佛教徒的活动场所，据载，清初以来，广东的寺庙数量大
体呈上升趋势，广州、潮州、惠州、韶州、肇庆五府在明朝嘉靖年间
寺院数量仅有73座，到乾隆时大量增加，至道光时更增加到438座。
这些增加的寺庙，有的是经尚可喜重修的，有的是他新建的。

　　东得胜庙，在广州城小北门外，白云山前的两个小山上，两山
"双峰雄峙，高瞰仰诚"。顺治七年，这里是两藩前锋设卡的地方。庙
内主要是祭祀汉寿亭侯关羽。"迫克广州，越二年壬辰，平南王建于
左，又一年癸巳，靖南王建于右。俱名'得胜'，皆在白云山，祀汉寿
亭侯，今称为'东得胜''西得胜'。"②就是说得胜庙共有两座，居左
的称东得胜庙，是平南王尚可喜于顺治九年（1652）建的，居右的称

西得胜庙，是靖南王耿继茂建的。东得胜庙，"庙制朴古，殿内有丰碑，高可一丈，横逾三尺，两面皆正书，抵粤诸将咸列名"①。碑是平南王尚可喜和靖南王合立的，碑文曰：

今上七祀，庚寅畅月二日，始恢复粤省，武奋文揆，兆民憬化，暨三稔，乃建得胜庙于旧营白云山之麓，以崇关帝，志不忘宣佑也。缅予与靖藩，越在辽海。己丑七月，荷朝廷特简征粤，辄携各营眷属，万里南行。既而，予眷驻临阳，靖藩眷驻吉州，下逮营属佥安贞，秋毫皆帝赉也。比腊月二十七日，师度庾岭，先遣副将粟养志觇探情实，而予统前队匝围南雄城，观其兵马颇繁，战械甚备，而发踪区分，终鲜纪律，是可猝而取也。全师未至，而崇墉辄下，帝授予谋矣。时赝督罗成曜方据韶州，有南雄逃兵幸脱者先泄其耗，成曜即宵遁。韶之官民肉袒浆迎，不烦一镞，讵非帝牖其衷耶？斯时而乘胜赴省，势喻摧枯，乃以四营、八营、十三营、翻天营，诸寇犹披猖于乐昌、仁化间，分兵追剿，稍稽时日，杜、李逆党乘间饬备，拥众负隅。议者谓非急攻不可。予省其城，东南滨海，缭以重垣，可图者惟西、北二向也。彼有备，而我骤取之，未必可胜，先丧已成，良不忍以生命试也。彼之患我者弓矢，所自为恃者火炮。我无若掩其所患，而即用其所恃，会从化令李奕声习火攻之具，因为鸠工，更征办火药，凡既备矣。审劳，久之必懈；窥守，旷之必疏。密移炮具，并力西关。予同靖藩躬抵城下，不避矢石，我师登陴立帜，而逆众不知，动天潜地，疑鬼疑神，则又帝之大有造于我师也。因惟予与靖藩，自北而南，常默有契于帝令者。眷属无恙，犹云：私德而兴。兹列郡皈诚，民物阜安，以叼承平。爵土之荣，其敢忘冥佑哉？爰新庙宇，祇荐春秋，于是文武群工额手而颂曰："天宠荣哉！国福基哉！王公伊濯，

① 梁鼎芬等修：《番禺县续志》卷三六，民国二十年刻本，第3页。

士用命哉！神庥荐至。勒贞珉旌不朽哉！"

　　顺治九年皋月，平南王尚可喜、靖南王耿继茂拜飏。①

　　碑文比较详细地记叙了尚可喜与耿继茂南下取广东，尤其是攻克广州城的经过，意在表功。

　　值得指出的是，在东得胜庙，尚可喜还令人铸造了一口钟，钟上铸有铭文，铭文记载了他攻克广州的概况及建得胜庙一事。据道光年间刻本《南海县志》卷一二记载，铭文是这样的：

> 今上龙飞之七年二月初六，师抵五羊城北白云山，结营山阿。凡九阅月，将士奋腾，兵马无恙。其间铸炮制药，随手而应，阴有神助。是年十一月初二恢省。追溯不忘，乃捐赏建造得胜庙，内塑关帝神像，爰勒之钟鼎，以志神庥于不朽，仍镌以铭。铭曰：鸣锌肃旅，以事南征。缘岩列帐，依岫分营。百举汇应，乃克坚城。爰溯神力铸钟勒铭，用以永播其芳声。
>
> 　　　　　　　　　　　顺治壬辰三月吉旦　平南王建
> 　　　　　　　　　　广州府督捕通判周宪章监造

可惜此钟被掠到日本，现在收藏在日本京都。

　　白云庵，在东得胜庙的后面，也是顺治九年（1652）尚可喜所建，"在平藩得胜庙后，顺治壬辰年平南王建"②。此庵内曾存有一口大钟，就是现在广州博物馆收藏的那口大钟。

　　此钟是平南王尚可喜捐资铸造的，铸成于顺治九年三月，高124厘米，口径92厘米，约重1000斤。双蒲牢兽形钮，钮高31厘米。钟口微外撇，钟体纹饰简单，三匝铸痕清晰。钟身上有铭文，160多字，楷书阳刻，铸刻精良，字迹优美。铭文曰：

> 今上龙飞之七年，平南王奉命恢粤，二月初六，师抵五

———————

　　① 梁鼎芬等修：《番禺县续志》卷三六，民国二十年刻本，第2—3页。
　　② 仇巨川：《羊城古抄》，广东人民出版社1993年版，第276页。

羊城北白云山，结营山阿，凡九阅月。将士奋腾，兵马无恙。
其间铸炮制药，随手而应，阴有神助，是年十一月初二日恢
省，追溯不忘，乃捐赀建造太平庵，内塑佛像。爰勒之钟鼎，
以志佛力于不朽，仍镌以铭。铭曰："鸣镈肃旅，以事南征。
缘岩列帐，依岫分营。百举汇应，乃克坚城。爰溯佛力，铸
钟铭用以永播其芳声！"

顺治壬辰岁三月吉旦，平南王建。

广州府督捕通判周宪章监造。①

在这篇钟款中，尚可喜除了叙说攻打广州、铸钟之外，还透露他
曾捐资建造了太平庵，并内塑佛像的信息。不过，对太平庵，邢照华
做过考证，认为"大钟悬于白云庵内，一直到'文革'后期，白云庵
被拆毁为止。钟上原来的题字——太平庵，是原打算要建的第三座颂
功庙，实际上并未如愿建成，否则不可能所有的地方文献会同时缺
载"②。这可以作为一种观点供后人参考。

海云寺，又称雷峰海云寺，原名隆兴寺，位于广东番禺县员岗乡
博山。顺治九年，尚可喜曾捐资，在天然昰和尚的主持下，铸造了一
尊鎏金释迦如来铜佛，安放在海云寺大殿，"款识镌佛像，背字大五
分，无年月"③。《胜朝粤东遗民录》对尚可喜对海云寺的贡献做了较为
详细的记载："平南王尚可喜慕其高风，以函昰开法雷峰之海云寺，因捐
金铸铜佛高丈余，置寺中，复广置寺田，盛兴土木，俾成海邦上刹。"④

海幢寺，原名千秋寺，始建于南汉时期，位于今广州市海珠区同
福中路和南华中路之间，名取"海幢比丘潜心修习《般若波罗密多心

---

① 这段铭文与东得胜庙的钟款相比有些区别。一是《南海县志》记载中缺"平南王奉
命恢粤"，且"十一月初二日"缺"日"字；二是《南海县志》是"得胜庙"而不是"太平
庵"；是"关帝神像"而不是"佛像"；是"神庥"而不是"佛力"。从钟款的意思来看，大
体相视，但是关键词不同。这说明当年曾同时铸造了两口钟，一口放在得胜庙，一口准备放
在太平庵。钟款文字上的差异也许是尚可喜为了省事而替换了其中的关键词。

② 邢照华：《平南王铁钟及铭文考释》，载《尚可喜及其家族研究》，辽宁民族出版社
2015年版，第227页。

③ 梁鼎芬等修：《番禺县续志》卷三六，民国二十年刻本，第10页。

④ 九龙真逸辑：《胜朝粤东遗民录》卷四《函昰传》，明文书局印行，第41页。

经》成佛"之意。顺治十二年（1655）春，尚可喜将这座佛寺进行了大规模的修葺扩充，并礼请著名和尚空隐到这里说法①，从而使海幢寺声望益播，"藩府王公亲在灵山受记，会城文武遥从梵网传经，登高以乎，顺风而应"②。康熙元年（1662），继续"买四面余地，改创大殿、藏经阁"③。

大佛寺，位于广州城南，是在原明代龙藏寺故址的基础上建起来的。始建于康熙二年（1663）春，建成于康熙三年十一月。该寺规模宏大，"东西若干步，南北若干尺，中置梵释诸相，范金为身，东西两翼为方丈、香积，又若干间，庄严宏观，观者耸焉"④，寺中的三尊佛像和观音像，均由黄铜精铸而成，极为壮观，"佛像以黄铜精铸。三尊佛像皆盘膝坐，每尊高6米，重约10吨……佛像仪态慈祥，铸造精美。各像均分为头盖、面部至肩、上身至腰、下身至盘膝坐和莲花座5段铸造，然后焊接而成……是广东省现存最大的古代黄铜铸像"⑤。尚可喜还曾作《鼎建大佛寺记》《鼎建大佛寺题名碑》，以记其事。

《鼎建大佛寺记》曰：

> 大佛寺者，故龙藏寺遗址，南控城垣，北肩拱北楼，后改为巡按公署。顺治六年己丑春，余受命南征，奉扬天讨。先声所至，电激星驰，仰赖天子威灵，底定全粤。恢省之日，署毁于兵，时以军戎旁午，未暇寻讨。迩者岁不荐饥，民无怨谘。亦云：丰亨有象。已念欲祝厘佑国，考访旧迹，因从军旅之暇，庀材鸠工，董缮其事。是役也，始于癸卯之春，于甲辰仲冬告竣。东西若干步，南北若干尺，中置梵释诸相，范金为身，东西两翼为方丈、香积，又若干间，庄严宏观，观者耸焉。维时藩下文武将吏，称词以进，曰："王恢拓粤

---

① 黄佛颐：《广州城坊志》，第695页。

② 释今无：《光宣台集》，中山大学图书馆古籍部藏影印胶片。

③ （清）邹伯奇：《邹征君遗书·道乡集跋》，同治十三年刊本，中山大学图书馆古籍部藏。

④ 梁鼎芬等修：《番禺县续志》卷三六，民国二十年刻本，第10页。

⑤ 《广州市文物志》，岭南美术出版社1990年版，第270页。

疆，劳来镇定，及兹十有六载，惠铭尸祝，功载口碑。况比年缮修学校，捐造舟船，所以崇文饬武者，虑无不举。又如英情上游诸峡，路当孔道，蓁芜荒秽，行路戒心，以及飞来古寺，埋没蛮烟瘴雨中，蛇虺之与俱，财狼之所宅，王举捐发帑藏，一一更新之，盖己惠泽旁流，仁风翔洽矣，又何必范金仙以锡福，考钟鼓而宣慈也哉？"余曰："不然。夫策驽骞者，难与道骅骝之逸足；睹浅近者，难与论要渺之深情。以余镇兹遐方，日从事于金戈铁马间，虽天威咫尺，而神京万里，不得与鹓班鹄立诸臣，虎拜飏言。所藉以媚兹一人，称祝无疆者，惟是晨钟暮鼓，存骏奔对越之想。况瞻仰慈容，而令良有司念切如伤，贤子弟爱深孔迩，则作忠教孝，均在乎是，孰与夫铜柱标名，刑书贾谤，为余不谷邀福于大觉诸天也。"因各稽首唯唯，请书其事于石。

康熙三年岁次甲辰孟冬吉旦平南王尚可喜熏沐拜题

右刻在大佛寺大殿阶下①

《鼎建大佛寺题名碑》曰：

兹寺之所由建也，于以祝国厘莫苍生，寓敬天勤民之意，前文已备载之矣，无容赘也。盖闻国之大事，在祀与戎。戎马之功，效力于边陲者，师武臣力固己。其所以奉天子简书，威镇岭海，节制文武，抚绥百姓，同勤国事，措粮饷，执国宪，揆文奋武，疏附先后，奔走御侮，一时咸有赖焉。嘉绩既奏于兴朝，而芳名宜垂于福地，则勒石扬休，宁敢独后于诸君哉？不谷自底定东粤，当时栉风沐雨，恢复海疆，所以共勤军国大事者，不可胜纪。语云：开创难，守成正自不易。今日荡平之功，与开创相等，使有尺地反侧，一夫向隅，曷足以歌功诵德？乃年来威镇岭南者、总制文武者、抚绥万姓

---

① 梁鼎芬等修：《番禺县续志》卷三六，民国二十年刻本，第10—11页。

者，暨诸司道府佐县令，咸相拮据，为国为民，极一时之盛，甲辰秋，奉命东征，不战而屈，非诸君之播扬天子威命有素，曷克至此？戎事与有同力，应备列以光祀典。时十有一月，厥工告成。不谷因命勒石，垂不朽云。

康熙三年岁次甲辰仲冬吉旦
平南王尚可喜敬题（后文武官员姓名过多不录）
右刻在大佛寺大殿阶①

飞来古寺，即今飞来寺，为岭南三大古刹之一，位于今广东清远市北江小三峡处。它"倚山面水，临江雄踞"，始建于梁武帝普通元年（520）。关于飞来古寺，还有一个美丽的传说：相传，在飞来峡隐居着两位仙人——轩辕黄帝的两个庶子太禺和仲阳，在一个月明之夜，他们二人一边饮酒，一边欣赏眼前的美景，但见峰峦叠嶂，江水凝碧，佛山渔火闪闪，点缀着美丽的夜色，不过他们总感觉有点美中不足，思来想去，猛然醒悟，不就是缺少一个道场吗？于是，他们驾起祥云，来到了安徽舒州上元的延祚寺，劝住持贞俊禅师："峡居清远上游，千峰拱主，悉若佑命，所称福地是也。吾欲建一道场，立胜概，师居乎？"贞俊禅师不好拒绝，更不好作答，只是微微点了一下头。太禺与仲阳以为贞俊禅师同意了，于是马上作法，只见雷鸣电闪，风雨大作，把整座延祚寺凌空拔起，搬往广东。次日早晨，贞俊禅师一觉醒来，发现寺院已在清远峡山上，心中不悦，口中念念有词："寺能飞来，胡不飞去？"只听到空中传来话语："动不如静！"从此，这寺就留在了广东清远飞来峡。飞来古寺自建寺以来，几经风雨，到清初，已经比较破败，"岁月已久，兰若圮颓，椽瓦拆毁，像设剥落，断碑残碣，雾锁尘埋，猿啼鹤唳，满目荆棘"。康熙元年，尚可喜捐资并派专人总管其事，对它进行了大规模的修葺，使其焕然一新，"殿宇廊庑，与夫鼓阁钟楼之属，俱焕然一新。诸佛菩萨，色相庄严，清净妙好，莲花贝叶，金碧辉煌。可谓峡山之香林，荒服之祇园也"，历时一年多，至康熙二

---

① 梁鼎芬等修：《番禺县续志》卷三六，民国二十年刻本，第11—12页。

年十二月彻底完工。在修葺飞来寺功成的同时，尚可喜作了《重修飞来古寺碑记》，以记其事：

> 峡居清远之上游，茅君传所载第十九洞天。其寺则始于梁普通年间，舒州延祚寺贞俊禅师卓锡处也。从峡二山神之请，一夕随风雨飞来，由是师亦旋至，负荷大法，阐扬正教。自萧梁迄今，千有余年。虽至德禅居，广庆之赐额屡更，而当日之遗名尚在，异迹犹存。不谷先年提兵度岭，底定东粤，于军旅稍暇，修葺寺院之破坏，与道途之倾卸。况此寺乃古道场也，依山枕石，俯瞰江流。岁月已久，兰若圮颓，椽瓦拆毁，像设剥落，断碑残碣，雾锁尘埋，猿啼鹤唳，满目荆棘，有识者见之，能不恻然。不谷正欲克复前规，适妃舒氏患病垂危，焚香立愿，修寺祈福，果遂痊可。即捐赀峗官刘国泰、李子红董率营办，采买物料，鸠工创造，而殿宇廊庑，与夫鼓阁钟楼之属，俱焕然一新。诸佛菩萨，色相庄严，清净妙好，莲花贝叶，金碧辉煌。可谓峡山之香林，荒服之祇园也。经始于壬寅八月，落成于次年腊月，共用过金钱若干。原有岁额租谷若干石，奈何缁流星散，住持无人，谨遴拨南华寺僧轮流守护，庶不坠佛祖家风。早晚虔修，为国祝厘，永奠舆图。昔贞俊师说偈曰："此殿飞来，胡不飞去？"忽闻空中有"动不如静"之语，则此殿静而久宜住世，不应变动而复坏矣。然兴废圮成，循环相因，不谷勉襄是举，缔造维新，此亦峡江之大观也。俾后来者有扬帆而揽胜，有登眺而瞻仰其间，岂无继此而兴起焉者！名山古刹，当与归猿洞争奇竞美。于是勒石记之，以垂永久云。
>
> 平南王尚可喜谨识
> 康熙二年岁次癸卯冬十二月吉旦立①

---

① 《清远县志》卷一七《寺观》，民国年间刊本，第32—33页。

碑记中详细地记叙了飞来古寺的传说、沿革、修葺的原因、时间、经过等，使后人对飞来古寺能够有一个大致的了解，同时也记载了平南王府与飞来古寺间所发生的趣事。

　　南海神庙，又称波罗庙，是中国古代东南西北四大海神庙之一，坐落在广州黄埔区庙头村。作为古代百姓祭海的场所，它香火旺盛，吸引了众多信徒前来朝拜。康熙初年，在尚可喜的带领下，广东的文武官员等捐资对其进行了修葺，历时两年，康熙四年正式完工。其秋，尚可喜为南海神庙作了《重修南海神庙题名碑记》：

　　　　刘向曰："五岳，天地之日，四海，天地之口。盖言海之蓄泄，所以通天地之气。故伏羲画卦，坎居西而艮西北。"孔子《序》而传之曰："山泽通气，是以天地之气，其流通萃聚者，必有道以凭之。而精爽诚一之理，必有神而主之也。"粤稽南海，四海之一，古帝王将有事于四海，则饬黄驹而望祭者，其来久矣。逮隋始祭以祠，神之有祠自此始。嗣而唐天宝十载封四海为王，南海曰："广利。"昌黎伯韩愈记云："南海神次最贵，在北东西三神、河伯之上。"祠今之在黄木湾而是也。循宋而元，代加封号，至明则曰："岳镇海渎皆受命上帝，岂国家封号之所可加焉。"洪惟我大清定鼎以来，礼治之隆，度越百代，因革得宜，诚未有如昭代之盛者也。是以今天子当龙飞之始，特建太常告虔于庙。日荐芬馨。《诗》曰"怀柔河岳"，《史》曰"海不扬波"，始称至治焉。昔不谷受命南征，不期月而百粤底定。向之凭恃险阻者，一旦山高水清。虽曰庙堂制胜灵长，亦必有阴维而默相者。数年来，郊射休洽，治茂馨香。而南海神庙每一至止，仰观橑桷，俯观几筵，久以式廓为心会。疮痍甫起，暂而息事宁神。甲辰之秋，不谷以天子命问罪碣石，六师启行。登舟四望，隐见神祠而有感曰："天为民而立之君，神卫民而载之祀。故从来忠君者未有不爱民，爱民者未有不敬神。同条共贯，自昔而然。是以见无礼于君者诛之，始鹰鹯之逐鸟雀也。见有礼于君者事之，事子之养父母也。吾诛其无礼于君

者，则卫民者为有礼矣，事之之道，其可不亟讲乎?"凯旋风便，击楫兴歌。遵祥飚以送帆，遥倾椒而献礼。兴思南海神庙，自隋迄今，历千年□矣，其间一代诞兴，罔不墅茨丹艧，荐其明禋。则庙之待新，于今日也，所固然尔。不谷因出恩赉之余，以重新为己任；而一时在位，亦闻风捐助，庀材鸠工，凡历八阅月落成焉。噫! 海之为道，洞洞溟溟，积虑所生，淼不可测。虞帝之所以沉玉，斯固天地之不贰之积行。其奔腾之气，诚之所结。神式凭之。此帝王望祭所由及，而庙之所由基也。若谓祭祀之典，如法施于民，以死勤事，以劳定国，能御大蓄、捍大患者，确实有其人，而以语于南海之神，亵而不固矣。事疑晰经，言疑柬圣，羲孔不予欺也。予不谷□秉璧，唯礼是率，他日有过，而思敬人而趋锵，而忠君爱民之意油然而生者，是则不谷新庙之志也夫!

平南王尚可喜敬题

康熙四年乙巳秋吉旦立

平南王尚可喜下落款为："总督广东部院卢崇峻、巡抚广东部院卢兴祖、协镇粤东将军沈永忠、安达公尚之信、平藩都统尚之孝、广东提督杨遇明、水师提督常进功、左路总兵张国勋、右路总兵杜辉、平藩左翼总兵班际盛、平藩右翼总兵尚之廉"等一大批人。值得指出的是，这通碑的碑文与其他碑文相比，有一个显著的特点，就是尚可喜在碑文中阐发了他忠君爱民的思想，并将其提高到一个新的高度，认为它与尊礼和孝顺父母、敬神同等重要，说："天为民而立之君，神卫民而载之祀。故从来忠君者未有不爱民，爱民者未有不敬神。同条共贯，自昔而然。是以见无礼于君者诛之，始鹰鹯之逐鸟雀也。见有礼于君者事之，如子之养父母也。吾诛其无礼于君者，则卫民者为有礼矣，事之之道，其可不亟讲乎?"而这也正是尚可喜在其人生中践行忠君爱民行为的动力所在。

药师庵，又称王姑庵，位于番禺小北门直街，建于康熙四年（1665），毁于咸丰七年（1857）兵火。这座寺院，是尚可喜专为其第十三女所建的。尚可喜的第十三女，名茹素，曾嫁给四川巡抚张得第的儿子、户部郎中傅统阿，后出家南海为尼，法名自悟。药师庵建成后，自悟便迁入此庵。据说爱女心切的尚可喜还将他从北方带来的药师佛像让女儿带到了药师庵。这尊佛像是尚可喜从北方带到广州的四尊佛像中现存的唯一一尊。此外，尚可喜还为她选配了10名宫婢，作为侍者，照顾她的生活，无我就是其中之一，"无我，平南王尚可喜宫人。随王女自悟出家于南海，为禅度寺尼。能诗善画，人物尤工。庵有自悟像，披发衣紫，蛾眉双蹙，若重有忧者……题句云'六根净尽绝尘埃，嚼蜡能寻甘味回。莫笑绿天陈色相，谁人不是赤身来！'"[1] 女儿出家，固然应有其他原因，但是，这也从一个侧面反映了尚可喜崇佛在家庭中所产生的影响。自悟"博通梵典，戒律精严"。据载尚可喜还在康熙四年为女儿建了檀度庵，所以，自悟也曾在檀度庵中修行，檀度庵中曾有其原本画像一帧，上面的自悟"披发衣紫，蛾眉双蹙，若重有忧者"。

南华寺，又名宝林寺、中兴寺、法泉寺，宋开宝元年（968）宋太宗赐其名曰"南华禅寺"，自此其名便固定下来。它坐落在今广东省韶关市曲江区马坝东南七公里的曹溪岸边，是中国佛教名寺之一。这座寺院，始建于南北朝梁武帝天监元年（502）。翌年，寺庙建成。从康熙六年（1667），尚可喜便对南华寺进行整修，迁祖殿于御经阁的位置，又兴建大雄宝殿，至康熙七年竣工。竣工后，尚可喜作《重修南华寺记》，详述其修寺的缘由、经过及用工用料的取之不易等。记曰：

> 自佛教东来，应化震旦，寓以内，宝山巨刹古德振锡者，更仆不能数也。而选佛名区，辄以南华屈第一指，以其为世尊衣钵而五宗之派之所由衍耳。余生长三韩，饫闻已久，天南万里，引睇无从。顺治己丑，奉简书，同靖藩恢克粤东。过回龙之峡，指象岭之峰，为低回者久之。至于今垂二十年，以戎务方殷未遂瞻礼。康熙丁未春，幸藉国灵，境内安堵，

---

① （清）张应昌：《清诗铎》卷二六，中华书局1983年版。

燔燧不惊，军府多暇，遂得一展谒焉。自明成化修建以来，岁久不葺，堂殿周廊半就倾圮。眺览之际，深用怃然。因不揣绵力，僭为倡首。而自靖藩以及宦粤诸君子，皆踊跃奖奋捐助有差，亦足见瞿昙之默佑，而乐善之有同心矣。

但念祖殿居佛殿东，道纡地隘，厥制弗称，又祖之立教，以无念无住号不二法门。而佛殿、祖殿岐出两途，厥义亦弗称。窃欲移祖殿于佛殿后，移藏经楼于祖殿之址，以见正印真传，顿教直入之意。适青乌家相度形势，审曲绘图，不谋而符，遂决意更之，庀材鸠工，即卜吉矣。而卓锡泉枯涸多年，忽尔浚发，万众翕然，以为得未曾有，下至工役，无不生欢喜心，子来恐后焉。启工于丁未之秋，初落成于戊申之春，秒计费银若干两，食米若干石，木石陶瓦购之本山者外，基石街石则购自广韶二郡，铁力木则购自粤西，水逆滩高，山深路远，运致艰难，工力繁浩，冥冥中实阴翊之。今自二殿至诸楼，至前后门庑，规制宏敞，焕然改观矣。一时之盛事，亦千秋之善果也。故余不惭不斐，直述其概，勒之贞珉，以示于后人，且欲举曹溪一滴，沛之大千，为同善者劝焉。

　　　　　　　大清康熙七年岁次戊申仲春谷旦立

　　　　　　　平南王尚可喜熏沐拜记①

后来，尚可喜又决定在旧祖殿地建御经阁，遂选定吉日，在康熙十一年动工，至闰七月十九日正式落成。为了"具勒缘起，以诏来者"，十月二十七日，立碑为记。此碑以青石制成，高 1.5 米，宽 60 厘米，碑额两侧饰云龙纹，楷书阴刻着尚可喜所作的《重修御经阁碑记》，碑记曰：

　　予自丁未重建曹溪，取法门不二之义，迁祖殿于御经阁地，置大雄宝殿后。戊申，即峻事矣，将以旧祖殿地建阁，

　　① 莫昌龙、何露编著：《韶关历代寺院碑记研究》，暨南大学出版社 2014 年版，第 84 页。

命日者卜期，云："岁在壬子，协吉。"因休诸役以俟时。及今春以期至告，乃遣官召匠，选材必良，程工必固。以斫以构，载覆载涂，经始于七月十七日，落成于十月念七日，具勒缘起，以诏来者。

盖天下道场，多有藏经，赞扬讽诵，所以祝厘祈福，依教修行。然每由于僧徒上请，而曹溪一藏，为明英宗特赐，重以敕书，始构杰阁，名曰"御经"，所以尊休命而夸付嘱之盛事也。万历甲戌、辛卯再修，康熙丙午复修，稍撤朽蠹，饰以丹垩，予则尽易其旧而新，是图与前后殿庭共垂悠远，良以国王大臣，惟法是护，不忘誓愿，用极庄严，将使阁中一部一函与龙宫华藏同放光明，同闻敷奏。阴翊王度，洵非小补。若乃曹溪建置，特地更新，阁基之祖殿既成，祖基之经阁复举，虽踵事增华，而适还本有。规模严整，气象完密，与山川深秀之势妙合自然。则予镇抚南服二十余年，风雨顺时，民物安阜，藉地方之同心同力者，答天庥而垂下泽，于此道场，回向结缘，若合符节。是举也，总督大司马周公讳有德，北归礼祖，捐金倡助，在庚戌秋。而总督少司马金公讳光祖、巡抚中丞刘公讳秉权、提督左都督严公讳自明，及藩臬诸大夫、左布政使徐炟、按察司佟养巨、督粮道参议徐养仁、督学道佥事沈令式、驿盐道佥事王令、掌印都司金琪，各出净坛，嘉与有集。予嗣子少保公之信、次子都统之孝，咸体予怀，相率供事，皆为予乐相其成，非敢云灵山一会俨然未散，庶几于六祖门庭得大观而收全局，以祝我国家金瓯无缺，王烛长调，是予之愿也矣。

大清康熙十一年岁次壬子孟冬吉旦

平南王尚可喜熏沐敬题

督修官：万有才、马必腾、高天爵

管工官：沈得胜、田武、张起胜、闫应上、苏启召、吴有才

管工匠：陶国亮

管油漆：张国祥

主法沙门：真璞

劝缘戒僧：真修

督理都纲：司可相

耆旧：宗苇、清晃

住持：园科

塔主：德兴、能持

都管：吴祥、□□①

在修建佛寺的同时，尚可喜还大量捐款给佛寺。顺治十年（1643）他与靖南王耿继茂及属下官员捐巨资给光孝寺，"平南王尚施银五百两，靖南王耿施银五百两，靖藩太福金施银五百两，平藩孙女施银一百两"②，用于建光孝寺大殿，连他的孙女都参加了捐资。

康熙六年春，尚可喜从南华寺瞻礼归来，亲临观音岩，被那里的盛景所吸引，于是招揽僧众，不时供应，以使其香火不断，并勒石记录此事：

> 英德上游，距县二十里许，悬崖临江，高耸千尺，为观音岩。杳冥陟绝，亦一创辟奇观也。第游流急湍，舣舟匪易，来往者，或未得快意登眺焉。不穀庚寅之春，提师恢粤，军行自陆抵省，无由物色。嗣此一十余年，军旅匆匆，虔晤未遑。今丁未孟春，因瞻礼南华胜迹，顺流登览，展谒金仙大士，见江流清深，垂崖秀琢，天工人巧，诚仙灵之窟宅，幽隐之梯航也。特以地僻人稀，资给常苦不继。不穀因招延僧众，凡香灯之供，廪食之给，不穀源源支应。庶垂之永久，用绵观胜。
>
> 康熙六年仲春勒石③

---

① 莫昌龙、何露编著：《韶关历代寺院碑记研究》，暨南大学出版社 2014 年版，第 101—102 页。

② 《光孝寺志》第二册，媚秋堂抄本，中山大学图书馆古籍部藏。

③ 谭棣华、曹腾騑、冼剑民编：《广东碑刻集·平南尚王记》，广东高等教育出版社 2001 年版，第 120 页。

东得胜庙、白云庵、海云寺、海幢寺、大佛寺、飞来古寺、南海神庙、禅度庵、南华寺等佛寺的修建，对佛寺的捐资、捐物，突出地反映了尚可喜崇佛活动的频繁与至诚。

　　值得一提的是，在崇佛的同时，尚可喜还留心于道教。玄妙观，始建于唐代，初名天庆观，又名朝元观、元妙观，是传播道教的一方宝地，坐落在惠州府治的西北。康熙四年（1665），为了在佛教之外，与广东各界人士再建立起一个沟通的平台，收揽人心，保证广东的稳定，维护清朝在广东刚刚建立起来的统治，尚可喜重修玄妙观，使"三教并行"。由于他的重修和重视，玄妙观的地位获得了提升，成为当时道教的十方丛林。不过，尚可喜对道教的重视程度远不及其对佛教的青睐有加。

　　就尚可喜与佛界的关系而言，还有一层，那就是与佛寺中的高僧交往。在与其交往的众多高僧中，澹归和尚、栖壑和尚、空隐和尚、天然和尚是最著名的几位。

　　澹归和尚（1614—1680），原名金堡，字道隐，号卫公。浙江仁和（今杭州）人。崇祯十三年（1640）进士，授临清知州，后以忤刘泽清罢官。崇祯十六年，为郑三俊所推荐，未及起用，北京沦陷，于是南还家居。先后授职方郎中、兵科给事中等职，事南明鲁王政权、隆武政权和永历政权，辗转浙江、福建、广东、广西等地，从事抗清斗争，居官期间，"忼直有锋气，不畏强圉，遇事敢言"①，为南明小朝廷屡进忠言，因而得罪了不少达官显宦。永历时，被谗下狱，遭严刑拷掠，"虬血冲胁脊，几死者数四"②，终被流放金齿，追赃一千，幸得瞿式耜、焦琏、钱秉镫等人相救，才改为流放清浪，又得马宝等照顾，得不死。事后于桂林出家为僧，名今释，字澹归。后入广州海幢寺天然和尚函昰门下。顺治十八年（1661），接受明朝遗臣李充茂捐赠其兄李永茂在仁化县的产业丹霞山。康熙元年（1662），至丹霞山开辟道场，建佛堂精舍，名为别传寺，自充监院，亲撰《丹霞山新建山门记》《丹霞施田碑记》。继而再建曲江会龙庵、仁化准提阁、始兴新庵、南雄龙

① 钱海岳撰：《南明史》卷五九《金堡传》，中华书局2006年版，第2759页。
② 钱海岳撰：《南明史》卷五九《金堡传》，中华书局2006年版，第2762页。

护院，合为丹霞四下院。弘扬佛法，从学者日众。数年后，归庐山净成精舍，圆寂于当湖，其徒将其灵骨葬庐山天然和尚衣钵塔旁边，后广东僧众又将其塔移于丹霞之海螺峰。著有《徧行堂集》等。

澹归和尚居广东期间，尚可喜仰慕他的才学，又欲借助其在佛教界的影响，所以，与他交往不断。最有代表性的是，康熙十二年，应尚可喜之请，澹归和尚为尚可喜写作了《元功垂范》一书，"淡归上人至自丹霞，得王《宿昔家乘》所录者，一月而遂成编"①。此书对尚可喜的军事生涯进行了概括性记叙，成为今天研究尚可喜的一部重要史料。在与尚可喜的接触中，澹归和尚对尚可喜的崇佛活动多有评价，如大佛寺建成后，他评价说："佛法东来，劝人为善，亦有阴翊王政者。近取诸身，要以不嗜杀人即佛种子，故三聚净戒，首曰：不杀而杀因于嗔，嗔缘于贪，苟能明见自心，则知三界同此一性，妄想相续可以坐断也。王恭敬三宝，正从不嗜杀人一念，植众德本，此寺为王特请，亦犹行古之敕建之道也。"② 顺治十四年，尚可喜聘请僧侣，建水陆道场七昼夜，为阵亡随征将士祈福，对这一活动，澹归又评价说："王以不忍人一念，建道场，为阵亡诸将士资冥福，诸将士死于数而生于王之心矣。若夫恤死以厉生，则焚衣设食，即挟纩投胶之深意也。仁之至，义之尽，复何待于微言哉！"③ 等等。

作为岭南的得道高僧，澹归和尚备受尚可喜的尊重，即使在其去世后，仍有人作诗怀念他和天然禅师：

> 万枝修竹一龛灯，山外青山又几层。
> 有此林峦应着我，无多文物半依僧。
> 香前蠹辟翻经案，钵底龙眠挂壁藤。
> 紫桂岩前人不见，秋风犹记别南能。④

---

① 尚久蕴、尚世海主编：《尚氏宗谱》（六修），《元功垂范序》，1994年内部印刷，第34页。

② （明）释今释撰定：《元功垂范》卷下。

③ （明）释今释撰定：《元功垂范》卷下。

④ 《江西通志》卷一五五《艺文志》，诗九，文渊阁《四库全书》本。

栖壑和尚，广东顺德人。顺治十五年，鼎湖山庆云寺初具规模，即由其主持。他在庆云寺主持了23年，直至圆寂，前后皈依受戒的弟子达数千人。其间尚可喜与他多有来往，曾致书给他，书中说：

平南王尚致书于鼎湖山庆云寺堂头栖壑和尚莲座：

本藩薄德，匪躬仰荷佛光，谬膺天眷，底定粤东，分茅胙土。念兹宠渥，似属前因。爰慕大乘，留心内典。夙钦禅范，亲炙未能。缘向年提师入粤，屠戮稍多。虽云火焰昆岗，难分玉石，然而血流漂杵，恐干天和。内返诸心，夙夜自愧。兹蠲吉日，启建道场。报恩资有，植福消冤。缅罗老和尚，望高震旦，道贯幽明。恭迓俯临，证明功德。仰祈振锡，来降法筵。俾人天欢喜，功德圆隆。本藩藉兹问道，饶益有缘。幸甚，幸甚！专遣旗官某亲传来意，舣舟奉迓，夙候启程。职守藩封，未遑越境，到日郊迎，幸无见外。①

信中不乏尚可喜对攻克广东杀戮过多的忏悔，和希望通过建道场，植福消冤，减轻自己内心的伤痛。栖壑和尚在回信中说道：

山衲道丘稽首复平藩殿下：

窃为佛坐入湟法付王。臣以护持此道，必藉有力大人故也。今我王宿乘，愿力不负所嘱，屡建殊胜道场，山衲满口赞羡，每恨老病弱质，弗获躬趣，随喜为慊。兹蒙均召，敢不躬赴，独虑草野颓龄，进退不便，恐辱王命为畏，坐此违慢，万罪奚逃。伏乞原情，曲施慈宥，厚赐拜受，深感王恩，容将办供上献三尊，命僧随启经忏法筵，用视我王万福。肃此复上，不胜竦息。②

空隐和尚（1600—1661），又称道独和尚，本姓陆，广东南海人。

---

① 丁易总修：《鼎湖山志》卷七，文海出版社有限公司印行，第558—559页。
② 丁易总修：《鼎湖山志》卷七，文海出版社有限公司印行，第557—558页。

六岁丧父，随母居寺院附近，颇受佛教影响。后剃度为僧，曾在广东、江西、福建弘扬佛法，招收弟子。函昰、函可均为其得意弟子。函可因文字狱被流放沈阳，他恸哭万分，曰："吾道丧矣。"在广东期间，尚可喜曾邀请空隐和尚到广州著名的海幢寺讲经说法。

天然和尚（1608—1685），本名曾起莘，字宅师。广东番禺县吉径村（今广州市花都区吉星村）人，世为邑中望族。崇祯六年（1633）中举。第二年，入京会试，落榜而归。崇祯九年，往黄岩拜谒道独和尚。崇祯十二年，到庐山归宗寺，拜道独和尚为师，剃发为僧，法号函昰，字丽中，为曹洞宗第三十四代法嗣，也是清初东北第一个流人函可的师兄。崇祯十三年，随师道独上人回到广东罗浮山华首台，弘扬佛法。明亡后，避乱于南海西樵山，后回番禺县员岗乡建海云寺。入清后，他云游四海。顺治十五年（1658），又回到番禺雷峰海云寺。继主华首、海幢、芥庵、丹霞诸刹。康熙十年（1671）秋，应太守廖文英之请，住持归宗寺。他同情抗清志士，具有民族气节，所以许多明朝遗民投其门下，就连尚可喜也深受其影响，皈依佛教。他对尚可喜曾评价说："平王具佛性而无定力，萧墙之祸近在目前，遑计其他耶？"[1] 指出其面临的危机。他著述较多，计有《楞伽心印》四卷、《楞严经直指》十卷、《天然语录》十二卷、《瞎堂诗集》二十卷。

由上述可知，在关外，尚可喜只是信佛，较少参加佛事活动，即使有，也是随皇太极或清朝大臣一起参加，而且规模并不大。可是到广东后，尚可喜的思想发生了转变，由信佛转变为崇佛。其崇佛活动频繁进行，或者建造寺庙，或者捐施银两，或者结交佛寺名僧，或者请名僧布道，等等。他态度的这种转变，可以说不是偶然的，应该有很深刻的原因。这种原因既有主观的，也有客观的。

其一，寻找精神寄托是尚可喜崇佛的根本原因。天聪、崇德年间，在皇太极和清朝大臣的带动下，尚可喜开始接触藏传佛教，以便在信仰上与清廷保持一致。藏传佛教又称黄教、喇嘛教，是清朝初年的国教，政治特色比较浓郁。同时，作为汉人，他对中国传统的佛教也有

---

① 九龙真逸辑：《胜朝粤东遗民录》卷四《函昰传》，明文书局印行，第41页。

一定的了解，所以，无论是对藏传佛教，还是对传统佛教，尚可喜都是相信的，且态度比较虔诚。入关后至顺治初年，随着征战的频繁，尚可喜的佛事活动，由于资料的欠缺，我们无从得知。可是，顺治七年（1650）他攻克广东后，其佛事活动日渐频繁，其动力就是寻找精神的寄托。他认为"蠢动含灵之类，咸沾佛性"，何况是人，只要勤加修炼，就有佛性，"人有善念，对如来则翻然动，所谓有种之良，一蹰即惺"。认为战功的取得，与神助有很大关系，"师抵五羊城北白云山，结营山阿，凡九阅月。将士奋腾，兵马无恙。其间铸炮制药，随手而应，阴有神助"，"爵土之荣，其敢忘冥佑哉？"所以建太平庵、造佛像、铸钟铭。建寺是"祝国厘奠苍生，寓敬天勤民之意"，所以，尊佛于国、于民、于家都是有利的，正所谓"天为民而立之君，神卫民而载之祀。故从来忠君者未有不爱民，爱民者未有不敬神。同条共贯，自昔而然"，"早晚虔修，为国祝厘，永奠舆图"，"称祝无疆者，惟是晨钟暮鼓，存骏奔对越之想。况瞻仰慈容，而令良有司念切如伤，贤子弟爱深孔迩，则作忠教孝，均在乎是"，具有教化作用；于家，他"焚香立愿，修寺祈福"，使患病垂危的舒氏恢复健康。尤其是在精神上，尊佛一方面可以"回向结缘"；另一方面对佛来说也是有益的，即"庶不坠佛祖家风"。基于以上认识，所以，尚可喜"爱慕大乘，留心内典"，有时还为其未尽佛事而感到不安，"嗣此一十余年，军旅匆匆，虔晤未遑"，见寺庙败落，便"恻然"心动，予以修整。

其二，超度亡灵的负疚感。尚可喜戎马一生，从北国到南疆，行程万余里，大小阵仗，不计其数。战争的残酷、血腥，使他记忆犹新，如攻广州时，"城上炮火密若张罗，不容一隙"，"炮火矢石如雨，死伤颇多"，"炮子如骤雨，烟滔如黑风毒雾，诸将士面如泼靛，如黔涂，皆无人色"[1]，每每想起当时的情景，便心潮起伏，久久不能平静，从内心对战争中的死难者有一种愧疚感。这种感觉，在其攻陷广州后，表现得尤其强烈。顺治十四年，他以地方初定，"念随征将士肝脑涂地，实繁有徒，乃延净侣，建水陆道场七昼夜，资其冥福"[2]，为此，

---

① （明）释今释撰定：《元功垂范》卷上。
② （明）释今释撰定：《元功垂范》卷下。

澹归和尚评价说："祭国殇，礼也，以佛事度，则儒者疑之。然而圣王之仁，泽及枯骨，无祀之祭，礼以义起，恻隐之心，盖有无所不用其极者。王以不忍人一念，建道场，为阵亡诸将士资冥福，诸将士死于数而生于王之心矣。若夫恤死以厉生，则焚衣设食，即挟纩投胶之深意也。仁之至，义之尽，复何待于微言哉！"① 在致鼎湖山庆云寺堂头栖壑和尚的信中，他更表达了他的这种想法，"缘向年提师入粤，屠戮稍多。虽云火焰昆岗，难分玉石，然而血流漂杵，恐干天和。内返诸心，凤夜自愧。兹蠲吉日，启建道场。报恩资有，植福消冤"，希望通过建道场，为战争中的殉难者祈福消灾，来减轻自己心中的伤痛和负疚感。

其三，迎合岭南的社会现实，巩固统治秩序的需要。我们知道，清朝与南明的战争，至顺治十一年，经过十余年的较量，可以说已经分出胜负。在广东，由于郝尚久在潮州的叛乱被平息和李定国对广州的进攻也被击退，虽然尚有一些小规模的冲突，不过这已无关大局，广东的战事基本上结束，局势趋于稳定。在这种情况下，明朝的遗老遗少，眼见复明无望，又不愿出仕新朝，纷纷投身岭南佛门，使岭南佛门出现了巨大的遗民潮。如投身到曹洞宗第三十四代传人、著名的天然和尚座下的法众中，就有进士、举人、诸生、隐士和布衣等，仅其剃度的"今""古"字辈的法众就达一百余人②，而且"士之能诗者多至焉"，其中的广东番禺名士屈大均、王邦畿，均是在雷峰寺投身到天然和尚函昰门下的，法名分别为今种、今吼。再如憨山大师，不仅在岭南大振禅风，还力倡佛家戒律与儒学伦理的沟通："佛制五戒，即儒之五常：不杀，仁也；不盗，义也；不邪淫，礼也；不饮酒，智也；不妄语，信也。"③ 提倡儒佛合流，无疑助长了战乱时期明朝遗民遁入佛门之风，使岭南佛门成为明遗民逃禅的渊薮，形成了"胜朝遗老半为僧"的局面。这些遁入空门的前明遗老遗少，由于先前的特殊身份，在当地乃至整个岭南仍颇具号召力，如广东博罗人函可，俗名韩宗骍，

---

① （明）释今释撰定：《元功垂范》卷下。
② 九龙真逸辑：《胜朝粤东遗民录》卷四《函昰传》，明文书局印行，第43页。
③ 郭朋：《明清佛教》，福建人民出版社1982年版，第254页。

出家前，即"声名倾动一时，海内名人以不获交韩长公骒为耻"①。顺治元年（1644），他以请藏入南京，出南京城回广东时，洪承畴曾为其提供信牌，当其被押往北京、流放盛京时，许多人或直接或间接地对其照顾，以免其受罪，到盛京焚修慈恩寺后，其师兄函是就曾派弟子前来看望探视，广东的一些文人还与其书信往来，甚至他圆寂后的康熙二十一年（1682）冬天，其弟子今育还从广东博罗到广西，拜见当时已经是广西巡抚的郝浴，请郝浴为他画像，供奉于今博罗城东门建起的金湖庵中，以象征函可回归故里。再如屈大均，当其在顺治十三年游历吴地时，"谒孝陵，吴越间名士俱从之游，其至诸寺刹，则据上座，为徒众说法"②，浙江秀水名流朱彝尊、陕西富平名士李因笃都曾对他推崇备至。王邦畿则以诗才见长，连澥归和尚金堡也自叹不如："时金堡亦事函是为僧，名今释，诗文极富，皆推邦畿为第一手，堡亦谓愤悱抗激，每见邦畿诗，辄自失也。"③ 既然这些投身佛门的前明遗老遗少还有一定的社会影响，那么如何搭建与他们沟通的渠道就成为摆在尚可喜面前的问题了。在这个问题上，聪明的尚可喜一下子就抓住了切入点——提倡佛教。这既不违背清朝统治者的意志，又能博得前明遗老遗少的好感，顺理成章地架起清政府与佛门弟子之间联系的桥梁，借此笼络民心，并借助岭南强大的传统宗教力量，消除明王朝复辟势力的威胁，缓和十分尖锐的汉人反满民族情绪，进一步巩固清朝在广东的统治秩序。

四、立传修谱

中国传记文学的创作，古已有之。自西汉史学家司马迁创立纪传体后，传记文学便为人们接受，迅速传播开来，成为历代官修史书、私修家乘等的范例，一直遵循，长久不衰。

尹源进在《尚氏宗谱》的序言中提到《宿昔家乘》一书，结合序

---

① 函昰：《千山剩人可和尚塔铭》，见《〈千山诗集〉校注》，辽海出版社2007年版。

② 九龙真逸辑：《胜朝粤东遗民录》卷一《屈大均传》，明文书局印行，第26页。

③ 九龙真逸辑：《胜朝粤东遗民录》卷一《王邦畿传》，明文书局印行，第30页。

言前后文字，可以确定《宿昔家乘》是一部记载尚可喜及其家族历史的资料性文献，是后来撰写《元功垂范》的重要依据，可惜此书已经下落不明，无从考证了。不过，由此我们可以得出一个结论，就是尚可喜在戎马倥偬之余，对家族史的修撰还是很重视的。

顺治七年（1650），尚可喜率军攻克广州，此后的数年里，连续征战，到康熙初年广东基本上趋于稳定，而此时的尚可喜已经处于花甲之年了，于是，他渐渐将修撰家族史提到议事日程上，决定请吏部考功司郎中尹源进来完成这一件家族大事。

尹源进是广东东莞人，字振民，考中顺治十二年乙未科二甲第二十一名进士。历官吏部文选主事、陕西乡试主考官、吏部考功司郎中等职，做官期间深为孙廷铨所倚重。回乡后，筑东湖兰陔别墅娱亲。康熙十八年（1679）再度出仕，先后任职于验封、考功司，晋太常寺少卿。后卒于官。

接到尚可喜的邀请，尹源进既高兴，又担心。高兴的是尚可喜将这一任务交给自己，是对自己的信任，担心的是自己才学力所不及，所以，他婉言予以谢绝："王以卫武懋德之年，优游多暇，追念畴昔，将次第其事，汇为一书，垂示子孙，诚盛举也。以命源进，进何敢辞？顾自以生长南方，见闻寡眇，才力鄙劣，叙次益非所长，逊谢久之。"[1]但是，他还是为《元功垂范》写了一篇"序言"，他对尚可喜给予了很高的评价："自航海归命，北定燕都，西平三楚，南开百粤，廓清千里，所向无敌，足以播扬国家之威。镇粤二十余年，边境乂安，民乐其业，休息长养，日以蕃庶，足以宣布国家之德，秉征诛之权，而有抚绥之实，位上将之尊，而得大臣之体，宜其带砺山河，垂勋竹帛，与国同悠久也。"[2]

就在尹源进婉言谢绝尚可喜的时候，澹归上人金堡前来面见尚可喜，于是尚可喜就将修家乘一事交给了澹归上人。澹归上人根据尚可喜提供的《宿昔家乘》一书的内容，精心构思，"以俊逸之笔，行之叙事之外，时为论断，务以彰王宽大好生之心，表当时事机得失之会"，

---

① （明）释今释撰定：《元功垂范》，"尹源进序"。
② （明）释今释撰定：《元功垂范》，"尹源进序"。

历时一个月，终于完成了书稿的编撰，并将其定名为《元功垂范》。

《元功垂范》叙事起于天启四年（1624）尚可喜将兵于东江，终于康熙十二年（1673）五月归老辽东。分上、下两卷，记录了尚可喜及其家族近五十年的史事，其中的评论"或就事论事，或于事外别见一事，或原一事之所以然，或推诸事之当然，不拘大小、显微之迹。盖事有大小、显微，而理则大外无小，小外无大，微中有显，显中有微，触类引伸，皆足观感也"①，所以尹源进评价此书："不惟王之丰功伟烈，展卷昭然，即开天之规模，亦可以一二想见，国史将于是取征焉，岂独一家之宝哉！"②

尚可喜在其家族文化上的另一个贡献，就是主持修撰家谱。家谱古已有之，是中国古人记载家族传承、辈分、历史的一种方式，是"国史取材之资""史界瑰宝"，为各个家族、历来史家所重视，章学诚说："物之大者，莫过于人；人之重者，莫过于族"，族谱可与国史、方志并列。司马迁也说："维三代尚矣，年纪不可考，盖取之谱牒旧闻，本于兹，于是略推，作《三代世表》第一。"③ 即《三代世表》是依据谱牒旧闻完成的。在这一问题上，尚可喜颇有同感，所以，他决定主持修撰家谱。

从清朝初年到1994年，尚氏家族共进行了七次修谱，其中尚可喜主持的就有两次，一次是《三韩尚氏族谱》，一次是一修《尚氏宗谱》。

《三韩尚氏族谱》现藏于辽宁省图书馆，它修于顺治九年（1652），刻印于康熙十二年④，是尚可喜在世时第一次修撰的家谱，共三卷。谱前有李栖凤所作"序言"和"凡例"十三条。卷一为"恩伦录"，收有册封的诏书、诰命等；卷二为"宗支总图"；卷三为尚可喜兄弟六人的子嗣情况。

《三韩尚氏族谱》不同于以后六次修的《尚氏宗谱》，它的许多内

---

① （明）释今释撰定：《元功垂范》。
② （明）释今释撰定：《元功垂范》，"尹源进序"。
③ （汉）司马迁：《史记》卷一三〇《太史公自序第七十》，中华书局1959年版，第3303页。
④ 尚久蕴：《关东〈尚氏宗谱〉七修历程及其史学价值》，见李治亭、柳海松主编《尚可喜及其家族研究》，辽宁民族出版社2015年版，第336页。

容是后来六次修的宗谱中没有的，如尚可喜的长兄尚可进、六弟尚可福本人及其子孙的情况等，这对于研究明末清初的历史和尚可喜家族史都是很难得的资料性文献。

对这部族谱，尚可喜十分重视，分别请尹源进和总督两广地方军务兼理粮饷、兵部尚书兼都察院右都御史李栖凤对其进行校订，又特意请李栖凤为该族谱作序：

　　粤稽天子册府之藏，即天潢之玉牒，次而至于藩封家乘之载，亦即带砺之彝章。其在诗曰：本支百世，盖言此也。是以一家之衍派即一国之气运同悠久，岂非先世积德累仁。本之厚、源之远而能若是哉。

　　三韩尚府称望族，其最初世系实出晋中之洪洞，再迁真定之衡水，又迁乃为三韩。宅厥居，得山川间气，奕叶相传，推本乎祖。溯厥肇基忠且厚，阐厥善泽仁且寿。诚哉诒谋燕翼，垂裕无穷，固其宜也。历传而至我王，乃心帝室，自奠安齐鲁，以至三楚秦晋，绩奏旗常。然后平定南粤，归之版图，生全万姓，不妄戮一无辜，小丑荡除，俾兵民相安。至西粤反侧，震遍东封，乃大张挞伐，全省赖以保全。所谓奏不次之肤功，膺非常之宠眷。分茅胙土，列爵藩封。

　　趋庭有贤嗣，三公历绩。其他日国婿，鸳鸯殿里参皇后也；曰勋镇，龙凤堂前，拜至尊也。余子或在帝左右，或荣仕京贵者，俱赫赫奋兴。舞彩衣之子者数十人，环玉帐之孙者数十人，行将簪缨奕世，照耀家谱图画。譬诸水之有源也，其流达远者，其江汉广；木之有本也，其根厚者枝叶长。

　　然则作之于前者，体德昭于堂构；述之于后者，爵禄绍于簋衮。天之报锡我王，宁有艾哉。然则览兹谱者，子孙之绳绳，知为瓜迭之绵绵也。览兹谱者曰：某也爵某土，尔公尔侯；曰某也获通显，侍至尊，取肘后，黄金印斗大；曰某也仕京国，列名显秩，不亦各知所自勉，以期无愧于家乘也耶！敢敬述一言而为序。

　　时顺治壬辰蒲月吉旦。①

　　在序中，李栖凤既追溯了尚氏的源流，又称赞了尚可喜所建立的卓越功勋，还对尚氏子孙后代显达富贵给予称颂，并对其寄予了厚望。

　　由于《三韩尚氏族谱》编修较早，后来家族中许多人的事迹、生卒年等没有写进去，所以，尚可喜在其去世前，又决定再修家谱，这就是尚氏家族史上的一修谱。此谱修成后，定名为《尚氏宗谱》，并且尚可喜亲自为它写了一篇序：

　　　　洪惟我国家开天承运，肇造区夏，惟兹二数臣，实戮力同心，以奉扬天子之威命，于以统一海内，论功行赏，分茅胙土。故喜以不才之身，亦得蒙被恩宠，锡之山川，奉藩东粤。自惟薄劣，其何功之与有！惟是我祖宗积业累行，启佑后人，是以有成功。此吾谱之作，所以彰显前人之功烈，而使我子孙推求原本，上报朝廷，下延宗祀，绵绵长长，无替休命，则宗谱之作，其可以已乎？

　　　　我尚氏世为洪洞人，迁于衡水，后乃徙辽左，莫厥宁居。再传而后，遭逢圣主龙飞，备位行间，南征北伐，铭书竹帛，山河带砺，实始藐躬。居常深念，每饭不忘圣恩，即往者师行之际，亦皆禀承庙算，昭宣我圣天子宽仁大度，不敢诛降戮服，此区区所以自存者。至于蒙国荣宠，邀连帝姻，侍卫周庐，出入左右者，积有余年。如天厚恩，揆之不才之身，实逾涯过分，捐糜顶踵，宜若何图报。

　　　　惟我为子孙者，观吾此谱，知我所以邀蒙圣恩者，皆我太祖、太宗栉风沐雨之余，缔造洪基，暨我世祖章皇帝垂拱太平。故我得以遭时奋兴，安享此禄位，以谨守外藩。我子若孙，其无忘祖考之遗训，小心翼翼，以保守家法，则能永膺天子之眷佑，而流庆于无穷矣。《周书·君牙》之篇曰：

――――――――――

　　① 《三韩尚氏族谱》，"李栖凤序"，辽宁省图书馆藏本。

"世笃忠贞，服劳王家。"又曰："缵乃旧服，无忝祖考。"我子孙其敬之哉。

时康熙十四年乙卯岁四月吉旦。平南亲王尚可喜序①

在这里，他备述修谱的原因，家族的源流、发展，自己取得的功勋和付出的艰辛，尤其是对后世子孙提出了诸多忠告，告诫他们如何"永膺天子之眷佑"。令人遗憾的是，至今我们只见到了二修、三修、四修、五修、六修的《尚氏宗谱》，却始终没有见到一修的《尚氏宗谱》，一种可能是因为尚可喜去世后所发生的一系列事变，导致它没有付印，原本又在辗转过程中失传了。另一种可能是当时修了《尚氏宗谱》，只是没有付梓，当尚之隆从广州迎父亲归葬辽东时，将它带回了北京，并以此为据，修撰了二修的《尚氏宗谱》，又把尚可喜的序放了进去。再一种可能是当时尚氏家族从广州走海路回辽东时，一修的《尚氏宗谱》随船发生海难，沉没于山东半岛东部的黄海之中。还有一种可能是一修的《尚氏宗谱》中收入了金堡写的《元功垂范》，尚氏一族担心受到清代文字狱的连累，在修二修谱时，被迫将其销毁，这样二修谱中仅有《先王实迹》而没有《元功垂范》就顺理成章了。

---

① 尚之隆、尚之瑶主修：《尚氏宗谱》（二修），"平南王尚可喜序"，辽宁省图书馆藏本。

附 录 一

尚可喜大事简谱

万历三十二年　甲辰　1604 年　一岁

八月初一日巳时，生于辽东海州大新屯。父亲尚学礼，母亲刘氏。尚可喜，字元吉，号震阳，排行第四，上有长兄尚可进、二哥尚可爱、三哥尚可和。

万历三十三年　乙巳　1605 年　二岁

随父母居海州大新屯。

七月十五日，阿济格出生。

十一月，明熹宗朱由校出生。

十二月，明神宗下诏罢天下开矿。

万历三十四年　丙午　1606 年　三岁

随父母居海州大新屯。

二月初四日巳时，尚可喜妻李氏生。

六月十五日卯时，尚可喜续娶之妻刘氏生。

十二月，明朝从李成梁之议，弃宽佃、长奠、永奠、大奠、新安、孤山六座城堡，致使辽左藩篱尽撤。

是年，蒙古喀尔喀诸部全部归附努尔哈赤。

万历三十五年　丁未　1607 年　四岁

随父母居海州大新屯。

五月，明朝以于慎行、李廷机、叶向高并为礼部尚书兼东阁大学士，参与机务。

万历三十六年　戊申　1608年　五岁

正月初二日巳时，尚可喜续娶之妻邢氏生。

四月，明朝前屯卫军千余人发生哗变，"誓食高淮之肉"。

六月，明朝锦州、松山两军哗变。

十二月，蒙古朵颜部进犯蓟州，大肆掳掠。

万历三十七年　己酉　1609年　六岁

三月初十日，拱兔率众5000余人进入辽东大胜堡（今辽宁锦州市西北）。明军游击于守志出兵抗击，兵败。

五月十八日丑时，尚可喜续娶之妻李氏生。

万历三十八年　庚戌　1610年　七岁

十二月，明思宗朱由检出生。

万历三十九年　辛亥　1611年　八岁

四月，明朝从巡按辽东御史熊廷弼所请，设边镇常平仓。

六月，明廷诸大臣请罢榷税，以苏民困，不从。

万历四十年　壬子　1612年　九岁

三月十三日寅时，尚可喜续娶之妻舒氏生。

十月二十五日，努尔哈赤第十四子多尔衮生于赫图阿拉，其母亲为阿巴亥。

万历四十一年　癸丑　1613年　十岁

二月，孝庄皇后出生，名布木布泰，姓博尔济吉特氏。

四月，蒙古炒花与宰桑等率3万骑攻打辽东平虏堡。

九月，明朝吏部左侍郎方从哲、前吏部左侍郎吴道南并为礼部尚书兼东阁大学士。是月，辽东大水。

十月二十六日午时，尚可喜续娶之夫人杨氏生。

万历四十二年　甲寅　1614年　十一岁

二月二十四日，努尔哈赤第十五子多铎生。

三月，明朝福王朱常洵就藩洛阳。

万历四十三年 乙卯 1615 年 十二岁

努尔哈赤定八旗兵制。

万历四十四年（天命元年） 丙辰 1616 年 十三岁

正月，努尔哈赤在赫图阿拉称"覆育列国英明汗"，建立"大金"政权，史称后金，年号天命。

万历四十五年（天命二年） 丁巳 1617 年 十四岁

正月，蒙古宰桑攻打开原。

万历四十六年（天命三年） 戊午 1618 年 十五岁

四月，后金努尔哈赤以"七大恨"誓师伐明，揭开了明清战争的序幕。后金陷抚顺，明朝抚顺游击李永芳献城投降。

闰四月，明朝以杨镐为兵部左侍郎兼右佥都御史，经略辽东。

七月，后金攻陷清河等堡。

万历四十七年（天命四年） 己未 1619 年 十六岁

三月，后金努尔哈赤在萨尔浒、尚间崖、阿布达里冈与明军先后进行了决战，大败明朝三路兵马。

六月，努尔哈赤攻克开原，明总兵马林及守城将士皆战死。是月，明朝以大理寺丞熊廷弼为兵部右侍郎兼右佥都御史，经略辽东。

七月，努尔哈赤攻陷铁岭。

八月，努尔哈赤发兵攻叶赫，叶赫亡。

泰昌元年（天命五年） 庚申 1620 年 十七岁

八月，明朝太子朱常洛继位，是为泰昌皇帝，在位仅一个月即死。

九月，朱常洛之子朱由校继位，改元天启，以明年为天启元年。

天启元年（天命六年） 辛酉 1621 年 十八岁

三月，努尔哈赤进攻沈阳，与明军战于浑河南岸，大败明军，明总兵贺世贤、尤世功战死，沈阳陷落。同月，辽阳陷落，明朝经略袁应泰兵败自焚死。是月，因辽阳陷落，尚可喜与母亲及海州家人失散，哀毁骨立。

是年春，尚可喜随其父居辽河西，后随其父往松山拜见王化贞。

四月，明朝以参议王化贞为右佥都御史，巡抚广宁。

五月，尚可喜父亲尚学礼在松山奉王化贞之命，随毛文龙南下转

入辽东。尚可喜与父亲从此分离，彼此不通音信。此后一段时间，尚可喜独居松山。

六月，明朝以熊廷弼为兵部尚书兼右副都御史，经略辽东。

七月，毛文龙袭取镇江，开镇东江。一时间"数百里之内，望风归附"，"归顺之民，绳绳而来"。是月，尚学礼以功晋升为游击。

天启二年（天命七年）　壬戌　1622年　十九岁

正月，后金军全歼西平堡明军，又在沙岭败明朝援军。王化贞弃广宁西逃，使后金不战而取广宁城，辽西危急。

四月，后金首次攻旅顺，兵败而归。

六月，明朝擢毛文龙为平辽总兵官。

八月，明朝命大学士孙承宗督师，经略山海关、蓟辽、天津、登莱军务。

是年，尚可喜居松山，等待父亲尚学礼的消息。

天启三年（天命八年）　癸亥　1623年　二十岁

四月，尚可喜只身前往山海关，求入关，遭到守关明军拒绝。

是年，尚可喜沿海岸线南下，为自存，投旅顺明军水师，并四下打探父亲尚学礼的消息。

天启四年（天命九年）　甲子　1624年　二十一岁

年初，尚可喜赴皮岛，与已经为毛文龙部将的父亲尚学礼相聚，并留在皮岛，成为征虏前将军毛文龙的部下。

二月十五日，尚学礼在宣城楼子山一战中中后金军埋伏，与周世龙、周世虎等一起阵亡。

是年，尚可喜奉毛文龙之命，接管了其父亲尚学礼所部兵。

天启五年（天命十年）　乙丑　1625年　二十二岁

正月，后金贝勒莽古尔泰率军再攻旅顺，城陷，明军守将张盘、朱国昌等战死。后金弃城撤军。

六月十三日午时，尚可喜夫人胡氏出生。

十月，明朝以兵部尚书高第代孙承宗为经略。尽撤锦州、右屯、大小凌河、松山、杏山、塔山守具，尽驱入关，委弃米粟十余万，军民怨声载道。

天启六年（天命十一年）　丙寅　1626 年　二十三岁

正月，努尔哈赤率军攻宁远，被袁崇焕击败，被迫解围撤军。明朝罢高第，以蓟辽总督王之臣代为经略。

二月，明朝以袁崇焕为金都御史，专理军务，驻宁远。

三月，明朝命袁崇焕巡抚辽东、山海。

八月，努尔哈赤病逝。其子皇太极继位，改元天聪，以明年为天聪元年。

天启七年（天聪元年）　丁卯　1627 年　二十四岁

五月，皇太极率军先后攻锦州、宁远，均以失败告终，被迫撤军。明朝获宁锦大捷。

八月，明熹宗朱由校死。信王朱由检即皇帝位，以明年为崇祯元年。

是年，尚可喜的二哥千总尚可爱、三哥把总尚可和奉命赴凤凰城侦察，遇敌力战阵亡。

崇祯元年（天聪二年）　戊辰　1628 年　二十五岁

四月，明朝以袁崇焕为兵部尚书，督师蓟辽。

七月，崇祯帝召见袁崇焕于平台。是月，宁远发生兵变。

崇祯二年（天聪三年）　己巳　1629 年　二十六岁

四月初十日卯时，长子尚之忠生，其母为李氏。

六月，毛文龙被袁崇焕杀于双岛。袁崇焕将毛文龙的部下分为四协，又改为东西二协，尚可喜归刘兴治领导的西协，移屯旅顺。

十月，皇太极发兵，分三路攻明。

十一月，明朝京城戒严。后金军占遵化、三屯营、三河等地，进至通州。初十日，袁崇焕率军入援。二十三日，被召见于平台。

十二月，以皇太极巧施反间计，袁崇焕被逮捕入锦衣卫狱。

崇祯三年（天聪四年）　庚午　1630 年　二十七岁

孟夏，皇太极敕建大金喇嘛法师宝塔。

四月十五日，刘兴治杀副总兵陈继盛等 11 人，发动叛乱。尚可喜的五弟尚可位因不从其叛乱，在此次事变中被杀。

五月，明朝以锦州参将黄龙为征虏前将军都督金事镇守登州、莱

州，兼制东江，驻皮岛。

八月，明朝杀袁崇焕。

十二月十三日子时，尚可喜后娶之李氏生。

是年，尚可喜在双岛救了户部官员温三才的女儿及家眷①。

崇祯四年（天聪五年）　辛未　1631年　二十八岁

三月十六日，刘兴治再次发动叛乱，旋被沈世奎等平定。

春夏之际，黄龙出任皮岛总兵官②。

六月，黄龙指挥所部明军，与后金军激战十余日，大败进攻皮岛的后金军，取得"海外从来一大捷"，迫使后金撤军。后金第一次进攻皮岛以失败告终。

十月二十七日，皮岛兵变，黄龙被囚禁。尚可喜出兵于海上，听到消息后，立即赶回皮岛，与游击李维鸾等人平息了兵变，救下黄龙，但因此得罪了沈世奎。后被黄龙擢为游击，领后军，随黄龙移驻旅顺。③

闰十一月，奉命率军援救大凌河的孔有德等，因雨雪交加、粮草断绝，孔有德在吴桥发动兵变，随后在山东半岛攻城略地。

崇祯五年（天聪六年）　壬申　1632年　二十九岁

正月，孔有德在耿仲明的协助下陷登州，继陷黄县。

七月，孔有德又计取莱州城。

---

① 《先王实迹》记载："毛帅遇害，副将刘星智（刘兴治）领其军，移屯旅顺，命王海汛至双岛泊。有温三才妻女被风（双岛），军中三帅艳其色，欲乱之。王见，给三帅欲纳为室，三帅不敢犯。乃遣人护之归三才。"依此记载，此事发生在刘兴治生前，即崇祯二年六月之后四年三月中旬之前。《元功垂范》注释中记载发生在崇祯五年，误。今从《先王实迹》，系事于崇祯三年。

② 黄龙任皮岛总兵官，《明史》卷二七一《黄龙传》记载是在崇祯三年，即刘兴治第一次作乱后。《明史》卷二四八又载："（崇祯）三年皮岛副将刘兴治为乱，廷议复设登莱巡抚，遂擢元化右金都御史，任之，驻登州。明年，岛众杀兴治，元化奏副将黄龙代。"《崇祯实录》卷四记载："初东江刘兴治反，屠皮岛，皮岛旧副总兵张焘与兴治内戚沈某合谋图兴治，未发。会登莱巡抚孙元化荐参将黄龙为东江总兵，至岛，兴治遂叛。"《明通鉴》卷八二载崇祯四年"登莱巡抚孙元化请弭变，乞以都督金事黄龙为总兵官，往定兴治乱"。故今将黄龙任皮岛总兵官系于崇祯四年。

③ 《明史》卷二七一《黄龙传》记载此事发生在崇祯四年；《元功垂范》记载此事发生在崇祯五年；《先王实迹》没记载具体时间，仅说在刘兴治被杀后。今从《明史》说。

八月，孔有德叛军攻打高密，兵败后，移家长山岛，为明朝官兵所阻，于是撤精锐入登州北城，并解莱州围撤军。此后，尚可喜奉皮岛总兵黄龙之命，与金声桓等抚定诸岛。又与游击李维鸾奉黄龙之令，率军击走盘踞旅顺，投靠孔有德、耿仲明的高友成所部叛军，收复旅顺，迎黄龙入旅顺驻守。

夏秋之际，尚可喜奉黄龙之命从旅顺出发，镇守庙岛、古沙门岛、砣矶岛，扼登州往旅顺的通道，因遭遇飓风，船毁落水，漂到登州赵家滩，被山东明军误以为叛军，险遭不测，幸有认识他的，再加上黄龙飞檄来调，才免于被杀，遂从登州返回旅顺。

十月二十九日丑时，尚可喜妻李氏卒。

十一月，孔有德、耿仲明等携带家眷及手下万余名将士，从登州城北乘百余艘战船出海撤离，漂泊于海上。

崇祯六年（天聪七年）　　癸酉　1633 年　三十岁

二月二十六日，明军发现孔有德、耿仲明率领的战船。于是，尚可喜奉黄龙之命，从海上截击孔有德、耿仲明叛军，并追击叛军至广鹿岛、石城岛、獐子岛，大败其众。同时提醒黄龙：旅顺劲旅尽出，防守空虚，应防备敌军偷袭。可惜没引起黄龙的重视。

三月，尚可喜在殷家口败进攻旅顺归来的孔有德军。

是年春，尚可喜的大哥尚可进在与叛军激战中于獐子岛被叛军俘获。

五月，孔有德、耿仲明抵达镇江，舍舟登岸，与在那里的后金军将士会合。

六月初三日，孔有德、耿仲明等到达沈阳。尚可进位列孔有德进献名单中。十九日，后金军在孔、耿的率领下，乘旅顺兵力空虚，从沈阳发兵取旅顺。

七月初，尚可喜接到黄龙调文，准其回旅顺养伤。初七日，旅顺陷，黄龙战死。尚可喜夫人李氏、邢氏携手赴海尽节，家人一同罹难者 100 余口。十二日，尚可喜到达广鹿岛，得知旅顺陷落的消息。是月，尚可喜欲往宁远安插，因飓风被迫率军至登州，旋返回广鹿岛。

九月十三日，明朝令沈世奎为总兵，"固守皮岛"。

是年秋，尚可喜遭王廷瑞、袁安邦等陷害，被沈世奎飞檄调往皮

岛。当从广鹿岛赴皮岛路过长山岛时，突遇飓风，船不得前进，派人侦查，始知沈世奎欲加害自己，乃毅然决定归附后金。

十月二十四日，身为明朝广鹿岛副将的尚可喜派部校卢克用、金玉奎向后金汗皇太极表示要归附后金。

十一月初一日，后金皇太极遣金玉奎、卢克用还广鹿岛。十六日，卢克用、金玉奎自后金返回广鹿岛，并给尚可喜带回皇太极书信一封。

崇祯七年（天聪八年） 甲戌 1634 年 三十一岁

正月初二日，尚可喜觉察到广鹿岛都司知其有叛意，欲擒他，于是先发制人，将都司拘禁。十九日，尚可喜举兵略定长山岛。二十三日，将所获送至洪水堡对岸小岛中。二十四日，往广鹿岛迎其眷属。

二月初一日，皇太极令多尔衮、萨哈廉、巴布泰等往迎尚可喜。初二日，尚可喜往攻石城岛，与后金约定初十日启程前往沈阳。计举兵略定广鹿、大小长山、石城、海洋五岛，擒副将俞亮泰、仇震泰及明将马建功、孙殿邦、王廷瑞、袁安邦、孙有明等。十七日，尚可喜率领广鹿岛、长山岛等兵民自洪水堡出发，前往后金都城沈阳。

二月二十三日亥时，尚可喜后娶夫人曾氏生。二十六日，尚可喜到达海州①。

三月初二日，皇太极将旅顺口所获尚可喜的亲戚、妇女、幼丁及先来归附的男子共 27 人，送归尚可喜，让其与家人团聚。初六日，尚可喜遣卢可用向皇太极奏报：他"率三岛官员兵民于二月十七日自洪水堡起行，二十六日至海州"。十六日，所部男女一起到达海州。是月，皇太极令尚可喜所部旗帜为"于皂旗中用白圆心为饰"。

四月，皇太极诏尚可喜到沈阳。初十日，尚可喜到达沈阳，皇太极率大贝勒代善及众贝勒、满洲蒙古汉人各官出迎十里外。见礼后入

---

① 《清太宗实录》卷一八、鄂尔泰等修《八旗通志》之《尚可喜传》俱载尚可喜于天聪八年二月二十六日到达海州；《元功垂范》《先王实迹》《平南敬亲王尚可喜事实册》则载尚可喜所部男女到达海城的时间是三月十六日。据此可能是尚可喜先到海州，而其所部及家眷可能晚一些到海州。

朝，缴三岛副总兵关防。二十二日，封尚可喜为总兵官①，给麒麟钮银印，设大宴招待，并赐袍帽靴带全副、貂裘八袭、猞狸狲裘八袭、狐裘八袭、马百匹、腰刀、弓箭、盔甲、鞍马 4 匹、骆驼 4 只、团帐房两架、羊 500 只。二十四日，皇太极让尚可喜回归海州，临走前召其进宫赴宴。二十五日，尚可喜回海州，皇太极又命礼部承政巴都礼率参政等官相送 10 里许。

五月初五日，皇太极定元帅孔有德所部为天佑兵，总兵官尚可喜所部为天助兵。二十二日，随皇太极征明宣府、大同。

七月，尚可喜随皇太极从尚方堡入边，驻营宣府南，旋与其他三路清军会合于山西朔州。

八月，尚可喜于山西代州败明兵。

闰八月初八日，获赐银百、缎五、缎衣五袭、银杯盘二。另获赐银二百，用于奖赏其部下之有功者。

十月初二日，尚可喜向皇太极上"请造船攻岛奏"奏折。

崇祯八年（天聪九年）　乙亥　1635 年　三十二岁

正月，三次获皇太极赏赐：初三日，皇太极杀了一只羊，摆了六桌，宴请尚可喜；初四日，赏给尚可喜貂皮褂里、皮袄、靴、缎袜子、大暖帽；后来又赏给他三只狗。

二月二十二日，尚可喜上奏皇太极，请求定法律，晓谕兵民，惩戒违反者。

五月，尚可喜以从征代州有功，获赐银 500 两，并获赐给的园地、果木、牛种、耕具。

八月初二日，尚可喜与都元帅孔有德、总兵官耿仲明一起赴皇太极设于中央衙门的大宴。初六日，尚可喜获赏缎一匹、貂皮 60 张。

十月十三日，尚可喜给皇太极上书，对获赐骆驼一事表达感激之情。

是年，以和硕贝勒德格类去世，尚可喜给皇太极送去银 70 两，被退回 60 两。

---

　① 尚可喜封总兵官的时间，《尚氏宗谱》中的诏书落款均作四月十五日；《清太宗实录》卷一八记载为四月二十二日，鄂尔泰等修《八旗通志》之《尚可喜传》为"四月丁丑"，即四月二十二日。今以《清太宗实录》为准。

崇德元年（天聪十年　崇祯九年）丙子　1636年　三十三岁

三月二十六日，尚可喜与都元帅孔有德，总兵官耿仲明等各率所属官员以请皇太极上尊号来朝。

四月初五日，尚可喜与大贝勒代善、和硕贝勒济尔哈朗、都元帅孔有德、总兵官耿仲明等满洲、蒙古、汉人文武各官恭请皇太极上尊号。初八日，皇太极定国号为大清，改元崇德。二十七日，尚可喜被晋封为智顺王。

七月初二日戌时，尚可喜嫡长子尚之信生。

八月十三日，以出师，尚可喜与恭顺王孔有德、怀顺王耿仲明各率所部官员入清宁宫见皇太极，行三跪九叩礼。十四日，皇太极设宴于翔凤楼，款待尚可喜与恭顺王孔有德、怀顺王耿仲明。是月，以归镇，尚可喜又被皇太极召入清宁宫赐宴，并与恭顺王孔有德、怀顺王耿仲明各获皇太极赏赐蟒缎一匹、缎两匹。

十一月十一日，皇太极发布敕封尚可喜为智顺王的谕旨。同日，又发布敕封智顺王尚可喜之妻刘氏为智顺王夫人的谕旨。

十二月，尚可喜从征朝鲜。

崇德二年（崇祯十年）　丁丑　1637年　三十四岁

正月初四日，尚可喜与恭顺王孔有德、怀顺王耿仲明及汉军甲喇章京金玉和携火炮至军前。是役中，尚可喜率所部从济尔哈朗败朝鲜军于果木山。

二月初二日，尚可喜随清朝大军自朝鲜班师。又奉命随贝子硕托、恭顺王孔有德、怀顺王耿仲明率每牛录甲士4人及三王下全军异红衣炮16位，并朝鲜战船50艘，往取明皮岛。

四月八日，尚可喜与孔、耿所部及朝鲜兵按照阿济格的部署，分乘70余艘战船，在身弥岛口击鼓进兵，实施佯攻，掩护偷袭皮岛的清军。九日，清军攻克皮岛，俘斩明皮岛总兵沈世奎，尚可喜大仇得报。

六月二十七日，尚可喜以协助攻克皮岛功，获赐银600两、彩缎蟒衣布匹红毯等。二十八日，尚可喜家人李小子首告他夺取自己皮岛所得财物：金20两、银880两、绸缎64匹、缎衣160领、人130名、马骡 12 头。同日，皇太极发布敕谕，告诫尚可喜、孔有德、耿仲明等三顺王，令其约束部下。

七月十五日，在征皮岛凯旋后，尚可喜入朝觐见皇太极。十八日，尚可喜与阿禄部落台吉宜尔札木一起被皇太极召到崇政殿，入宴。

十月二十五日，以万寿圣节，尚可喜与内外和硕亲王、多罗郡王、多罗贝勒、固山贝子、孔耿二王及朝鲜质子、文武各官上表称贺，并进献礼品。

十二月二十四日，尚可喜给中宫殿下进献礼物，计有：大红蟒缎一疋、真青蟒缎一疋、紫色花缎一疋、蓝肆花缎一疋、蓝陆花缎一疋、蓝细花缎一疋、玄色素缎一疋、金七两。

崇德三年（崇祯十一年） 戊寅 1638 年 三十五岁

正月初一日，尚可喜与恭顺王孔有德、怀顺王耿仲明上表称贺：一表给皇太极，一表给皇后，并献金子 16 两、蟒缎 16 匹。二十日，以皇太极万寿圣诞，尚可喜进献上好貂皮 9 张、金 9 两；进给皇后上好貂皮 7 张、金 7 两。又与孔、耿二王合贡食用羊 19 只。同日，尚可喜获赐马两匹、银 200 两。

八月十二日，尚可喜以实胜寺建成，随皇太极出怀远门，往实胜寺拜佛，行三跪九叩礼，入仪门外所设宴会，并与满汉诸臣各献驼马、银两、缎匹、貂皮、纸张等物，以为施助。尚可喜给实胜寺捐银 30 两、缎两匹。

十月，尚可喜从征明锦州。二十四日，尚可喜受命与恭顺王孔有德、怀顺王耿仲明、昂邦章京石廷柱、马光远等以神威将军炮攻五台，克之。二十八日，尚可喜与恭顺王孔有德、怀顺王耿仲明以神威将军炮攻戚家堡、石家堡，克之，获人 317 口、骡马 14 匹、牛 62 头、驴 75 头。同日，取锦州城西台。

十一月初一日，尚可喜与孔、耿二王招降大福堡，克大福堡所属大台一座。初五日，尚可喜奉命与恭顺王、怀顺王、汉军以炮攻五里河台，毁坏此台之两角，降守备李计友、李惟观等。

十二月十五日，尚可喜"为会请开过荒地以便播种事"上奏。

崇德四年（崇祯十二年）　己卯　1639年　三十六岁

正月十三日子时，尚可喜次子尚之孝生。十七日，尚可喜与恭顺王孔有德、怀顺王耿仲明遣官向皇太极朝贺元旦，获赐马两匹、银200两。

二月初三日，尚可喜"为随征事"上奏。二十二日，尚可喜奉命与恭顺王孔有德、怀顺王耿仲明等以红衣大炮击松山城东隅山台。

三月初二日，尚可喜与孔、耿二王及固山额真石廷柱、马光远等于松山城南开挖地道，以利攻城。

六月初七日，尚可喜"为请命出边易买牛只以资炮需事"上奏。

七月初十日，尚可喜"为舍宇不宁请乞转奏给换旧城地亩事"咨秘书院。

崇德五年（崇祯十三年）　庚辰　1640年　三十七岁

九月初二日，皇太极在温泉休养一月，将还，尚可喜前来送行，获赐蟒衣一领、鞍马一匹。十五日，尚可喜为"新建三圣庙记"立碑。

十月二十五日，以万寿节，尚可喜与孔、耿二王等满汉大臣上表称贺。

十一月二十八日卯时，尚可喜第三子尚之廉生。

是年，奉命分屯义州。

崇德六年（崇祯十四年）　辛巳　1641年　三十八岁

四月初五日，尚可喜奉命与恭顺王孔有德各率本部将士赴锦州，助和硕郑亲王济尔哈朗军。

七月，尚可喜受命与孔、耿二王各派所属梅勒章京连德成、曹德选、吴进功等率本部兵马助围锦州。

八月，尚可喜随英亲王阿济格在松山与明朝总兵曹变蛟（崇德七年二月松山城陷时被俘杀）之兵激战，击败之。继又同郑亲王济尔哈朗、肃亲王豪格大败明朝洪承畴援军。

十月初五日，尚可喜受命与恭顺王孔有德、怀顺王耿仲明、续顺公沈志祥等率本部官兵往锦州驻防。

是年，尚可喜与恭顺王孔有德、怀顺王耿忠明、秘书院大学士范文程等修建辽阳弥陀寺，并立"新建弥陀寺碑记"以记之。

崇德七年（崇祯十五年）　壬午　1642年　三十九岁

四月，尚可喜随多尔衮攻杏山，率所部兵与明军交战，克城有功。

获赐蒙古 10 家、汉人 20 家。

八月二十五日，尚可喜与恭顺王孔有德、怀顺王耿仲明、续顺公沈志祥等以征明大捷奉表入贺。当天，参加皇太极举办的宴会，又获赐黑貂裘一、貂皮八十、人十户。二十七日，尚可喜与恭顺王孔有德、怀顺王耿仲明、续顺公沈志祥奏请以所部兵随汉军旗下行走，命隶汉军镶蓝旗。

是年，以清军攻克锦州，尚可喜获赐其所俘人员及降户。

崇德八年（崇祯十六年） 癸未 1643 年 四十岁

六月，阿巴泰入关征明凯旋，皇太极遣郑亲王济尔哈朗、睿亲王多尔衮、武英郡王阿济格往城郊迎接。

七月，定诸王、贝勒、贝子、公第宅制，又定外藩王、贝勒、贝子、公等与诸王、贝勒、贝子、公相见礼。

八月初八日，尚可喜与恭顺王孔有德、怀顺王耿仲明、续顺公沈志祥身穿朝服，分列于崇政殿中。初九日，皇太极去世。尚可喜获悉后，与恭顺王孔有德、怀顺王耿仲明给皇太极上香，献白金千两。皇太极去世后，清朝陷入皇位之争，一派以肃亲王豪格为首，一派以睿亲王多尔衮为首。后来双方经妥协，达成一致意见，决定立皇太极第九子福临为帝。二十六日，福临即位于笃恭殿，诏以明年为顺治元年。

九月十一日，尚可喜从济尔哈朗、阿济格征明。二十一日，皇太极入葬昭陵。二十四日，尚可喜随郑亲王济尔哈朗攻中后所，二十六日，将其攻克。二十九日，再随郑亲王济尔哈朗攻前屯卫。

十月初一日，攻克前屯卫。十七日，尚可喜随济尔哈朗、阿济格班师还沈阳。

顺治元年（崇祯十七年） 甲申 1644 年 四十一岁

正月初一日，李自成称王于西安，定国号大顺，年号永昌。十五日，多尔衮、济尔哈朗率领诸王、贝勒、贝子、公及文武官员誓告天地，一致表示要"矢忠报国"。

二月十二日巳时，尚可喜第四子尚之节生。十三日，崇祯帝下《罪己诏》。

三月十五日亥时，尚可喜第五子尚之盛生。同日，大顺军入居庸

关,明总兵唐通投降。十六日,大顺军进占昌平。十八日,攻克北京。十九日,崇祯帝自缢于煤山。李自成率牛金星、宋献策等从德胜门入城。二十三日,大顺军逮捕明朝勋戚、文武大臣等数百名,追赃助饷。二十七日,明平西伯吴三桂回兵山海关,袭击大顺军守关军,并派副将杨坤、游击郭云龙持其书信向清朝乞师。

四月初四日,大学士范文程上书摄政王多尔衮,建议他挥师入关,进取中原。初七日,清朝决定出师中原,并祭告清太祖、太宗。初九日,尚可喜在多尔衮的带领下,与豫郡王多铎、武英郡王阿济格、恭顺王孔有德、怀顺王耿仲明、多罗贝勒罗洛宏、固山贝子尼堪、辅国公满达海、续顺公沈志祥、朝鲜世子,以及八旗固山额真、梅勒章京等入堂子行礼,再陈列八纛向天行礼,然后率领本部兵马,随大军鸣炮后起行。十三日,李自成与刘宗敏等率兵20万东征吴三桂。多尔衮率军至辽河。十五日,多尔衮率清军到达翁后,遇吴三桂乞师使者,于是改变进军路线,向山海关进发。十九日,大顺军三面包围山海关城,并截断吴三桂军撤往关外的通道。二十一日,大顺军向山海关发起猛攻,吴三桂督兵顽强抵抗,渐趋下风。多尔衮率领清军经西拉塔拉、连山、沙河,于是日抵一片石,击败唐通所部后,扎营于欢喜岭。尚可喜所部次锡河。二十二日凌晨,吴三桂突围驰往清军大营,拜见多尔衮,剃发称臣,请求多尔衮发兵。商议妥当后,吴三桂回营,按预定计划倾巢出击大顺军。日午,待双方都精疲力竭时,多尔衮指挥清军突然参战,尚可喜也率所部参战。大败大顺军,刘宗敏负伤,损失惨重。随后清军又与吴三桂军一路向西,追杀大顺军40里才作罢回军。是日,吴三桂被清朝封为平西王。二十三日,尚可喜奉命率军随吴三桂继续追击大顺军。二十八日,尚可喜等抵达京畿地区,双方再战,大顺军败北。二十九日,李自成在武英殿匆匆举行了即位典礼,是日,尚可喜率所部,随吴三桂与阿济格率领的清军先头部队到达北京郊外。三十日凌晨,李自成率领大顺军撤出北京。

五月初一日,奉多尔衮令不得进京,尚可喜乃与阿济格、吴三桂等率军紧追大顺军。初三日,马士英、史可法奉福王朱由崧监国于南京。初八日,与大顺军战于庆都(今河北望都县),斩其果毅将军谷可成，伤左光先，取得庆都之战的胜利。十二日，尚可喜与阿济格、吴三桂等自固关撤军回京。十五日，福王朱由崧在南京即皇帝位，定年号为弘光。

六月，尚可喜分遣马步兵同固山叶臣从德州出征山东诸郡。尚可喜收金光于帐下为谋士。

七月，清军巴哈纳、石廷柱等奉命移师山西，与叶臣等部共同对付南明军，尚可喜的部下参与了此次行动。清军"所向皆下，惟太原为贼据，以大炮击破之，群贼尽殪，无遗者"。

八月，清朝决定迁都，世祖皇帝离开盛京赴北京。二十一日，尚可喜与平西王吴三桂、恭顺王孔有德、怀顺王耿仲明、续顺公沈志祥一起获多尔衮赏赐的衣靴、器物等。

九月初一日，尚可喜与平西王吴三桂、恭顺王孔有德、怀顺王耿仲明各获摄政和硕睿亲王赐的补缎衣三袭。十九日，世祖皇帝到北京，从正阳门入宫。二十二日，尚可喜再与吴三桂、孔有德、耿仲明及续顺公沈志祥、故明晋王朱审烜等获赐雕蟒朝衣各一袭。二十五日，多尔衮率诸王、贝勒等满汉文武官员上表恭请世祖"登大宝"。

十月初一日，世祖行定鼎登基礼，亲至南郊，"告天即位"，仍大清国号和顺治纪元。十三日，世祖皇帝御皇极门，封赏群臣，尚可喜获赐鞍马。十九日，以英亲王阿济格为靖远大将军，率清军3万余骑征陕西，尚可喜与平西王吴三桂率所部随征。二十五日，清以豫亲王多铎为定国大将军，率恭顺王孔有德、怀顺王耿仲明等两万余骑征南明。是月，尚可喜入宫中，参加世祖皇帝在皇极门专设的盛宴。

十一月十六日，张献忠称帝于成都，定国号大西，改元大顺。以养子孙可望为平东将军、李定国为安西将军。十八日，清定诸王贡献例，规定：凡庆贺万寿、元旦、冬至，贡鞍马、金、珠、貂皮、彩缎诸物，许各随所有以献。按例，尚可喜应贡两件物品。

十二月，阿济格率清军抵达山西偏头关。二十二日，尚可喜随阿济格在降将唐通的接应下，从保德州渡过黄河，大顺军李过、高一功集兵于绥德地区，准备据此抵抗清军。

顺治二年 乙酉 1645 年 四十二岁

正月十三日,多铎所率清军入潼关,李自成弃西安,出东门经蓝田入陕南。十八日,多铎率领清军占领西安。是月,尚可喜与谭泰率军攻克延安①。

二月初二日,尚可喜随阿济格军到达西安。初五日,李自成率大顺军从陕西出武关,到达南阳、邓州。初八日,多尔衮以世祖皇帝的名义颁谕旨切责阿济格行军迟缓及枉道越境,过土默特、鄂尔多斯地方妄行索取。是月底,李自成乘左良玉军东下、武昌空虚之机,率大顺军进入武昌。

是年初,尚可喜率军随阿济格、吴三桂经蓝田、武关,占领邓州。然后随右路清军趋郧县,降王光恩、苗时化等明军。继又降荆州守将郑四维,占领了荆州。旋北上,与阿济格率领的左路清军会师承天(今湖北钟祥)。再下武昌,与大顺军战于樊湖、阳新富池口等地,大获全胜。

四月中旬,在九江,尚可喜所部等清军在阿济格的率领下,攻入了大顺军的老营,俘获了大顺军的首要将领,如汝侯刘宗敏、军师宋献策、大将左光先等。

五月初二日,左梦庚执南明总督袁继咸等,率总兵官 12 员、马步兵 10 万、舟数万向阿济格、尚可喜等清军投降。十五日,多铎率清军入南京,二十二日,弘光帝朱由崧被俘。是月,李自成在九宫山遇袭被害。

六月初十日,降清的南明总兵金声桓引清军入南昌。

闰六月初十日,清朝派侍卫坤巴图鲁携书往谕阿济格"今寇氛既靖,宜即班师"。二十七日,南明唐王朱聿键在福州称帝,以是年为隆武元年。二十八日,南明鲁王朱以海在绍兴称监国。

---

① 关于尚可喜克延安的时间,史书记载不一。《元功垂范》记载为顺治元年十二月,《清史列传》《清史稿》等记载为顺治二年二月。此两说都不确。据载顺治元年十二月十四日,阿济格一路清军即到达陕西米脂,《元功垂范》《先王实迹》《平南敬亲王尚可喜事实册》等都记载说尚可喜分兵围攻延安和肤施二十余日,或"凡二十日未下",而阿济格一路清军在二月初二日又到达了西安。所以,以时间推算,尚可喜攻下延安当在顺治二年正月。

八月初四日，尚可喜等随阿济格回到北京，因阿济格有罪，没有受到迎接，在午门会齐后各自回家。初十日，尚可喜随靖远大将军和硕英亲王阿济格与出征诸王、贝勒、贝子、大臣等，及投诚故明宁南侯左梦庚等觐见世祖皇帝，礼毕，获赐宴于午门内，又获赏绣朝衣一袭、马两匹。

九月初二日，可喜获赐金银有差。是月，大顺军与南明决定联合起来抗清。

顺治三年　丙戌　1646 年　四十三岁

正月初四日子时，尚可喜第六子尚之典生。二十一日，清朝命肃亲王豪格为靖远大将军，统兵征四川张献忠大西军。

四月，世祖皇帝敕谕兵部，让其令尚可喜与恭顺王孔有德、怀顺王耿仲明、续顺公沈志祥等各统所部马兵，在五月初一日先赴京师。其所部步兵则让他们派人率领，同日启程，随后到达京城。

五月十五日，清朝改金声桓为提督总兵官。

六月二十五日丑时，尚可喜第七子尚之隆生。

七月二十六日，尚可喜与平西王吴三桂、恭顺王孔有德、续顺公沈志祥一起在武英殿参加世祖皇帝为他们举办的宴会，获赐蟒衣一袭、帽一顶、靴袜一双、鞍马一匹。是月，尚可喜"为遵例举荐，以广任使事"上揭帖，举荐秀才。

八月十五日，清朝以恭顺王孔有德为平南大将军，与耿仲明、沈志祥、右翼固山额真金砺、左翼梅勒章京屯泰等率满汉官兵征湖广。二十日，尚可喜奉命统所部官兵赴恭顺王孔有德军，协征湖广等地，获赐蟒袍、靴帽、鞍马。

十一月十八日，南明监国朱由榔在肇庆称帝，建立南明永历政权。二十日，李成栋率领清军下广东潮州，遂入惠州。二十七日，张献忠阵亡于西充阵前。

十二月十五日，佟养甲、李成栋率领清军取广州。二十五日，定诸王入朝降舆及朝列座次仪注，尚可喜的座位次于诸郡王。

顺治四年　丁亥　1647 年　四十四岁

正月十六日，李成栋率领清军攻克肇庆。二十一日，永历帝逃到

桂林。

二月初，尚可喜等在孔有德的率领下，到达了湖南岳州。十五日，尚可喜、耿仲明随孔有德率领的南征军主力从陆路，屯泰所部由水陆，全力攻取了南明军据守的新墙、潼溪。十八日，尚可喜等随孔有德军推进到湘阴扎营。二十五日，清军轻而易举地占领了长沙。二十六日，陷湘阴，何腾蛟退往衡州。马进忠、王进才等部退到湘乡、新化，黄朝宣部退到衡州。是月，尚可喜率兵与梅勒章京卓罗等自陆路进击，往取攸县燕子窝，攻打据守在那里的黄朝宣所部南明军。

三月二十二日，南明何腾蛟部在辰州击败清军。

四月十四日，清军攻陷衡州，何腾蛟、章旷等逃脱。是月，俘斩黄朝宣。

五月二十五日，恭顺王孔有德率军征桂林，被南明瞿式耜、焦琏率领的南明军击败。

七月初五日，孔有德再败于桂林。初六日午时，尚可喜第九子尚之佐生。

八月二十四日，孔有德率清军进逼武冈，南明安国公刘承胤献城投降。是月清军攻陷永州，兵指全州。

十月初一日，南明永历帝逃到柳州，何腾蛟率兵入卫。十六日，耿仲明攻克全州。

十一月初一日，孔有德在全州被南明何腾蛟、瞿式耜调集的明军击败。二十八日，孔有德以平定湖南捷闻。

十二月二十日，孔有德等以平定湖南奏报战绩。

是年，又率兵转战于长宁、桂阳、罗田、龙水、武冈、沅州等地，败郝永忠部，擒南明前锋总兵张学礼，降南明大将刘承胤，败南明张先璧军。

顺治五年　戊子　1648年　四十五岁

正月初十日，以湖南六府底定，苗民就抚，清廷颁赏，尚可喜获赐黄金200两。平南大将军孔有德、怀顺王耿仲明、续顺公沈志祥等也各获赏金银有差。

二月十九日，孔有德陷全州。是月，尚可喜兵次全州，将进征广西。

三月，江西各地响应金声桓反清，警报接踵而来。

四月十七日，孔有德奏报贵州铜仁和广西全州、兴安、关阳等地战绩。

五月二十日，谭泰率清军直趋江西，分兵攻九江、南康，逼近南昌，月底到达南昌城外。

七月，金声桓、王得仁等仍固守南昌。

八月，尚可喜随平南大将军孔有德班师回京。

九月二十八日，尚可喜率军随平南大将军孔有德南征人马到达京城。

是月，以从湖南凯旋，尚可喜获赏黑狐、紫貂、冠服、彩帛、鞍马，黄金 200 两、白金 2000 两。

十月初八日，世祖皇帝在太和殿设宴，宴请平南大将军恭顺王孔有德等，尚可喜也被邀请参加了这次宴会。十三日，尚可喜与恭顺王孔有德、怀顺王耿仲明各获赐貂蟒袍一袭、鞍马一匹、空马一匹。二十二日，尚可喜与恭顺王孔有德、怀顺王耿仲明各获赐金 200 两、银 5000 两。二十三日，尚可喜与恭顺王孔有德、怀顺王耿仲明各获赐黑狐帽一顶、玲珑鞍马一匹、彩缎 50 疋。

十二月，世祖皇帝派使者到海城，令尚可喜率领所部官兵入关。

是年，尚可喜获悉江西总兵金声桓叛，便还镇武昌。夏，当清廷派遣大兵征金声桓时，尚可喜亦遣人运大炮往助。

顺治六年　己丑　1649 年　四十六岁

正月十九日，南昌城破，金声桓投湖死，王得仁被擒杀。二十一日，南明太师、上柱国兼兵部尚书何腾蛟在湘潭被捕杀。

二月二十六日，李成栋兵败于江西信丰，溺水死。中军杜永和代统其部众向南撤退，被清军追到南雄。

三月十二日，承泽郡王硕塞被封为亲王。

四月，南明永历帝封孙可望为景国公，李定国、刘文秀为列侯。

四月初三日，尚可喜率兵从海城出发向关内进发。途中他本人由丰润赶往京城，觐见世祖皇帝。是月，尚可喜所部军入关后暂时驻扎于天津。

五月，尚可喜到达北京。十九日，清廷改封智顺王尚可喜为平南王，授金册、金印，加禄 6000 两。同时受封的还有恭顺王孔有德、怀顺王耿仲明，分别改封为定南王、靖南王，也被授予金册、金印。同日，敕令尚可喜与耿仲明一同率旧兵 2300、新增兵 7700，合万人南征广东。又令可喜"同靖南王统领大兵，同心商酌，相机征剿，投诚者抚之，抗拒者诛之"。二十日，设平南王下左、右翼总兵官各一员，每总兵下中军旗鼓各一员。同时设定南王下随征总兵官一员，左、右翼总兵官各一员；靖南王下左、右翼总兵官各一员，每总兵下中军旗鼓各一员。尚可喜所部以许尔显为左翼总兵官，班志富为右翼总兵官。

是月，定平西、定南、靖南、平南诸王帽顶、服色、仪从。帽顶下座嵌东珠四颗，上座嵌东珠三颗。上下节，各嵌东珠一颗，金佛上嵌东珠五颗，后金花上嵌东珠四颗。金镶玉带，每板嵌猫睛石一颗、东珠三颗。坐褥冬用猞猁狲，镶以貂皮；夏用蟒缎，俱红毡下衬一白毡。仪仗，用红罗曲柄绣伞一，红罗销金绣伞二，红罗绣圆伞一，红罗绣圆扇二，青罗绣孔雀圆扇二，立瓜二对，卧瓜一对，骨朵一对，吾杖二对，大纛一杆，条纛二面，小旗八面，大刀二把，马六匹。各设三品长史一员，头等护卫六员，四品典仪一员，二等护卫五员，五品典仪二员，三等护卫六员，六品典仪二员。

六月初十日，设平南王下牛录章京 12 员。同时设定南王下牛录章京 15 员，靖南王下牛录章京 11 员。

七月十八日，尚可喜自天津出发，水陆并进。

九月十三日，因耿仲明属下隐匿逃人，清廷遣官敕谕尚可喜与孔有德、耿仲明："原遣王等南征，以为归顺有功，腹心可寄。""乃反掠满洲家人，实出意外。"令他们自身严查，然后交给差来的官员。是月，尚可喜到达金陵。

十一月初二日，尚可喜驻临江（今江西樟树市），靖南王耿仲明驻吉安。二十六日，耿仲明尚上疏请罪。未闻命，便在江西吉安府畏罪自杀。

十二月初三日，按计划出师，十五日，尚可喜至赣州。二十八日，尚可喜抵达南安。旋发兵。三十日，尚可喜攻打南雄。此战中，斩南明总兵杨杰、董洪信、郑国林等 5 人和副将萧起等 24 人及骑兵 200 余人、步兵 6000 余人。南雄被攻克后，尚可喜立即入城安民，并留副将栗养志、都司阎飞虎等率兵驻守，自己则率领大军直奔广东韶州。

顺治七年　庚寅　1650 年　四十七岁

正月初三日，尚可喜令右翼总兵班志富攻韶州。南明守将罗成耀闻南雄失守便弃城先逃，同知许元庸率官民出降。初六日，尚可喜入韶州城，安抚韶州所属诸县。二十五日，因隐匿旗下逃人，尚可喜被刑部鞫实，廷议削尚可喜、耿仲明爵，并各罚银 5000 两；所属阿思哈尼哈番、阿达哈哈番、牛录章京陈效忠、刘养正、张起凤、魏国贤等，俱应革职赎罪。因出征在外，受到宽大处理："尚可喜、耿仲明等，有航海投诚之功，免削爵，各罚银四千两。陈效忠等免革职，分别折赎。"二十六日，尚可喜由陆路进兵。二十九日，驻军于英德。是月，尚可喜定计分两路进兵：一路从韶州陆路取道从化，径达广州城；一路由总兵许尔显、副将江定国等率领，乘船取清远，下三水，至广州，与大军相会。同月，尚可喜军克清远，南明桂王总兵吴六奇等迎降。

二月初一日，南明永历帝驻梧州。初四日，尚可喜降从化。初六日，尚可喜兵临广州城下。二十六日，尚可喜所部攻广州，南明两广总督杜永和举兵抵抗，使清军攻城受挫。是月，尚可喜分兵攻惠州，南明惠州总兵黄英杰执赵王朱由棪等投降清朝。

三月，攻龙眼峒，屠之。是月，尚可喜以广州三面阻水，非炮不克，悬重赏，购铸工，遣牛录刘成德督同从化知县季奕声监造。

是年春夏之际，尚可喜的六弟尚可福战死于石门。

五月，尚可喜斩违令失机守备阎飞虎。是月，以广州被围，永历帝遣高一功入粤救援，被陈邦傅破坏，高一功弃之不顾，率兵西去。南明马宝袭击靖远，试图围魏救赵，没有成功。李元胤驻兵三水，持观望态度。

十月，总兵许尔显等督造战船成，此次督造并修大小船 229 艘，合梁标相等船 225 艘，共计 454 艘。尚可喜遣兵分配乘坐，赴东山寺下，与杜永和水兵激战，破走之。是月，尚可喜令铸的大炮、炮车完工。二十九日，尚可喜制定方略，开始攻广州城，先破西关①。

十一月初二日，尚可喜攻克广州。初三日，尚可喜与靖南王耿继茂入广州城，止屠杀，封府库，收版籍，急遣人至郡学，守视祭器，毋令散失。广州破后，诸将请剿石门及佛山，尚可喜不许。是月，尚可喜疏报："克广省城，斩贼六千余级，溺水死者无算。阵擒贼将范承恩等，俘获甚众。肇庆府贼将宋裕昆等，率所部降。"下兵部察叙。同月，尚可喜遣总兵许尔显、徐成功等率兵，水、陆并进，西取肇庆等府。十六日，肇庆城守参将宋裕昆以战舰50艘及马步兵300余人迎降。同日，尚可喜与靖南王之子耿继茂联名"为恭报恢克广省事"具揭上奏。

十二月初九日，摄政王多尔衮病逝于喀喇城。

顺治八年 辛卯 1651年 四十八岁

正月，许尔显、徐成功等略定肇庆府及罗定诸州县。尚可喜遣许尔显守卫肇庆。

二月，徐成功等下高州。二十四日，清廷命定南王孔有德移官属、兵丁眷属驻广西桂林府。

闰二月十二日，尚可喜与靖南王之子阿思哈尼哈番耿继茂、广东

① 关于攻打广州，有三个问题：一个是外城的攻与弃问题，一说为十月二十八日，广州西门外城守将范承恩潜通清军，放弃外城；一说是十月二十九日尚可喜发动攻击夺取外城，《元功垂范》卷上记载："以西关迄北一隅可以架炮进取，分发两藩各镇总兵班志富、连德成、郭虎、高进库等率兵አ马，徒步涉淖泥而前，奋勇砍开西关外濠木栅，自长桥南趋新筑小城，从垛口腾上，遂克西关"，《明清档案》的《平南王臣尚可喜靖南王子阿思哈尼哈番臣耿继茂谨题为恭报恢克广省事》中也记载说："始于拾月贰拾玖日指授方略，分发两藩各镇总兵官连得成、班志富、郭虎、高进库等各官兵弃马徒步，涉泥而前，奋勇冒险，砍开木城，攀援内城垛口而上，遂克西关"，当是。一个是关于范承恩投降与否的问题，一说是潜通清军；一说是被清军斩杀，《清史列传·尚可喜传》记载"可喜令军士舍骑徒行涉淖，冒矢石奋战，毁其城，据城西楼堞，以炮击城西北隅，城圮，军士毕登，斩守将范承恩及兵民万余"。一说是被擒。《平南王尚可喜与靖南王子阿思哈尼哈番耿继茂在谨题为恭报恢克广省事中曾报告》说："臣见事势危急，同靖南王子耿继茂亲冒矢石，不避炮火，先抵城根，各镇将领始相奋勇，冲爬而上，杀死逆贼官兵陆千有余，追至南门海边，淹死无算，活擒总兵范承恩，暂养用示招抚。"当以后者为是。再一个是攻破广州城的时间，一说是十一月初三日；一说是十一月初二日，《元功垂范》卷上记载"十一月朔二日，克广州"，又《得胜庙碑》《通鉴辑览》等皆为顺治七年十一月二日克广州，平南王尚可喜在与靖南王耿继茂联名给清廷的《谨题为恭报恢克广省事》中也报告说是十一月初二日攻克广州，并"于初三日率领文武大小官员进城安插遗黎"，现从后者，即十一月初二日攻克广州。

巡抚李栖凤"谨题为题报安插肇属防守官兵粮饷事"。同日，尚可喜又与靖南王子阿思哈尼番耿继茂、广东巡抚李栖凤"谨题为题报投诚兵将数目粮饷事"。是日，尚可喜等还奏报："总兵官许尔显率官兵克复肇庆府及罗定州，徐成功率官兵克复高州府。"世祖皇帝令下兵部知之。

三月初一日，尚可喜与巡抚李栖凤视察学校，以太牢祭祀孔子，以小牢祭祀四配十哲及两庑诸祠。是月，世祖皇帝遣使到广州颁布敕谕，赐给尚可喜朝帽、貂裘、貂褂、黄带、靴袜、荷包、小刀、盔甲、弓矢、鞍马、绸缎诸物有差。

四月，下廉州。二十四日，清廷命靖南王耿仲明子耿继茂袭爵。

六月二十八日，平南王尚可喜汇报收复雷、廉、潮、惠等府，世祖皇帝令下所司知之。

八月二十一日，清廷追封尚可喜的曾祖父尚生为平南王，曾祖母王氏为平南王夫人；追封尚可喜的祖父尚继官为平南王，祖母焦氏为平南王夫人；尚可喜的父亲尚学礼为平南王，母亲刘氏为平南王夫人，继母王氏平南王夫人。

九月，徐成功等下雷州，执李成栋子李元胤，以其不屈，杀之。三十日，从户部请，定每年给平西、定南、平南四王军前操赏银4000两，续顺公3000两。

十月初五日，命和硕承泽亲王硕塞为议政王。十六日，英亲王阿济格被赐自尽。

十一月十二日，尚可喜"为恢复雷郡事"具揭上奏，奏报攻克雷州府。是月尚可喜又"为恭谢天恩事"具揭上奏。

十二月，耿继茂统兵赴琼州，讨南明杜永和。

是年，尚可喜辞扯地分耕之命。

顺治九年　壬辰　1652年　四十九岁

正月初四日酉时，尚可喜第十子尚之广生，母戈氏。初九日丑时，尚可喜十一子尚之瑜生，母李氏。

二月十二日亥时，尚可喜第十二子尚之璜生，母马氏。是月，清军至琼州，南明杜永和、张月等迎降。不久，尚可喜奏言："靖南王耿

继茂前率兵进取琼州，今琼州伪部院杜永和、伪伯张月等亲诣投诚，地方底定。迩来粤西告警，省会单薄，靖南王孤军远出，不无隐忧。"

五月，尚可喜建得胜庙于白云山之麓，与耿继茂立东得胜庙碑。

七月初四日，以李定国攻桂林，定南王孔有德出战，败绩，桂林陷。孔有德焚其家属，自刎死。是月，尚可喜藩下右翼总兵官、都督同知班志富卒。桂林陷落后，有人建议"闭关谢使，扼要自全；开门揖盗，非计之得也"。尚可喜坚决不同意，表示：粤西文武官兵皆我朝豢养旧人，一旦流离，岂忍坐视。粤西与广东地连唇齿，缨冠之救，义不容辞。若不发兵运饷，加意怀来，彼无所归附，势必投逆，顺流而东，为患方大，是更遗朝廷东顾之忧，谁任此时失抚之咎？救而有误，本藩一身当之，不以相累也。

八月十八日，世祖皇帝谕平南王尚可喜、靖南王耿继茂："览王奏，具悉定南王孔有德为国尽忠身殁，朕甚悼切。故遣和硕敬谨亲王尼堪为定远大将军，率精锐兵将，星速启行。不久即至广西，王等其勿前进。倘贼入广东，王等务计万全，以待大兵，毋得轻动。"

九月十四日，清廷命护军统领阿尔津为定南将军，同固山额真马喇希往征广东未定州县。是月，以阿思哈尼哈番吴进功为都督同知，充平南王下右翼总兵官。是月，尚可喜遣左翼总兵马雄还镇梧州，命线国安、全节各率所部西行。是月，靖南王下琼州，杜永和、张月等再降。

十月初四日，尚可喜与耿继茂"为钦奉圣谕恭陈谢悃事"具揭上奏。同日，尚可喜又以"谨题为亟请议给粤西俸饷事"上奏。九日，香山县抗清武装梁子直攻县城，据其城。尚可喜遣右翼总兵官吴进功等前往讨伐。十五日，平之。是月，尚可喜同靖南王耿继茂奏报恢复情形："臣于正月中整兵南下，沿途余孽敛迹。伪总兵蔡奎归顺。抵廉州，遣吕应学等攻克钦灵。阵擒伪总兵袁胜、伪南阳侯李元荫、伪镇平伯周朝等，斩伪总兵上官星拱、伪益阳王等。惟贼渠李明忠遁走雷州。伪军门杜永和、伪博兴侯张月等，同伪西平王朱聿𨮁缚明忠来降。臣即斩明忠以徇。计高、雷、廉、琼四府，前后投诚官共二百八十一员，获银印关防等物甚多。"世祖皇帝令下所司议叙。

十一月，定平西王、定南王、靖南王、平南王福金帽顶、仪仗、车、轿，俱照世子福金例。是月，尼堪率清军攻衡州，在追击李定国军时中李定国埋伏，阵亡。

十二月，尚可喜发粤西三镇官兵家属还梧州。

是年，世祖皇帝对负责监视进攻香山县清军的官员刘尹觉说："汝为两藩公遣，城要下，不许官兵妄杀一民，亦不许掳民间一子一女，有不遵者，即据实指名启报，以违令罪罪之。"

顺治十年　癸巳　1653 年　五十岁

正月十三日，清廷命随征贝勒吞齐代阵亡尼堪为定远大将军。

二月十六日，尚可喜"为飞报恢复□□生擒伪道府县镇将等官事"上奏。十八日，命续顺公沈永忠剿抚湖南将军，镇守西南地方。二十八日，吞齐败李定国于永州。

三月十七日，吞齐败孙可望于宝庆。以李定国复攻梧州，进围肇庆，尚可喜亲自将兵趋肇庆。

四月，尚可喜部击败李定国军。定国气夺，解围去。尚可喜还省城。是月，以潮州守将叛清归南明，尚可喜与耿继茂等率领清军攻围之。广东巡抚李栖凤奏报：有荷兰人请求进行贸易，尚可喜与耿继茂已经告知他们应按照定例，两年或三年一贡，且来船不得超过三艘。

六月二十六日，广东左布政使胡章上奏说尚可喜与耿继茂的属下官兵掳掠乡绅妇女，占住藩司公署，请世祖皇帝下令让尚、耿二王"还官署以肃体统，释房俘以慰子遗"。

闰六月，李定国出师广东，再攻肇庆。

七月，李定国下化州、吴川、信宜、石城、贺县、乐平。二十一日，李定国率兵两万转攻桂林，尚可喜所部清军乘机收复化州。

八月，靖南王讨郝尚久于潮州，平之。十三日，抵潮州，进兵急攻，遂克其城，郝尚久与其子郝尧搏战不胜，皆自刎投井中。十九日，尚可喜与靖南王耿继茂"为亟需经制镇臣事"题本上奏。是月，尚可喜等人奏报："官兵恢复化州及吴川县。"

九月二十四日，朝廷接到捷报，说耿继茂、喀喀木率军收复潮州，潮州叛将郝尚久死。

十月初六日，尚可喜引疾疏请回京调理。世祖皇帝以潮州抗清武装初平，正资其料理，不批准。初七日，尚可喜与靖南王臣耿继茂"为粤饷不敷亟请酌处以苏极匮事"上奏。

十一月初四日，改海州为海城县。

顺治十一年　甲午　1654 年　五十一岁

正月二十七日，尚可喜与靖南王耿继茂上《谨题为劳臣尽节叩恩例恤事》。是月，尚可喜请恤连州死事副将茅生蕙等。又，耿继茂针对胡章的奏疏回奏世祖皇帝，进行辩解。

二月二十日，世祖皇帝派使者内翰林秘书院学士郎廷佐、一等虾姑苏、三等虾德墨起、兵部额者库、哈番玉喇作为使者，带着其诏书，前往广东犒赏尚可喜、耿继茂及其藩下官兵，"兹特遣内翰林秘书院学士郎廷佐、一等下姑苏、三等下德墨起、兵部额者库、哈番玉喇前往宣谕朕意，特赐两王蟒缎、貂裘各一件，貂皮短褂各一件，元狐帽各一顶，镀金嵌松石鞓带各一束，镀金玲珑腰刀、手巾、荷包、小刀、牙杖盒俱全，革靴各一双，绒袜全镀金甲胄各一副，镀金玲珑撒带各一副，弓箭全镀金玲珑鞍辔各一匹。两王标下官员听王酌赏，发去蟒缎貂裘各三件、蟒缎狐腋裘各四件、蟒缎羔裘各十件、镶领缎各二十件、革靴各四双、绒袜全鹿腰靴各四双、绒袜全染貂帽各八顶、镀金玲珑鞓带各八束、镀金腰刀手巾小刀俱全、镀金玲珑洒带各四副、弓箭全镀金玲珑撒带各四副、弓箭全镀金甲胄各四副、革坐鞍辔各八匹，及阵前效力拔什库、千把总并兵丁听两王酌赏，发去银各三千两"。同日，世祖皇帝诏令尚可喜专镇广东，靖南王耿继茂带领本标官兵及随征绿旗官兵前赴广西桂林驻扎。

三月初四，高州守将张月叛应李定国，杀清军游击陈武。十八日，玄烨生。二十五日，尚可喜与靖南王、总督两广李率泰、广东巡抚李栖凤"为请设潮州协防官兵事"具揭上奏。同日，尚可喜与靖南王、总督两广李率泰、广东巡抚李栖凤"为请设水师官兵事"具揭上奏。是月，尚可喜请以长子尚之信入侍阙廷。

四月二十日，尚可喜以《谨题为请给关防事》上奏，同日，还以《为销算马料草束事》上奏。二十八日，清廷定给亲王、世子、贝勒、贝子、公、侯、伯及内外大臣造坟立碑建亭银两例，亲王为8000 两。是月，李定国兵至雷州、廉州，遣将攻克罗定、新兴、石城、电白、阳江、阳春等县。是月，尚可喜再"为销算月米事"上奏朝廷。

五月，尚可喜念粤东多故，地方辽阔，若靖南移镇，兵势孤危，具疏请世祖皇帝收回成命。于是与靖南王仍同镇广东，止移驻桂林之命。二十六日，尚可喜与靖南王"为塘报事"上奏清廷。

六月初六日，尚可喜"为请给原拨房屋以藉安插事""为恭报官丁家口数目事""为恭报随从员名事""为承袭官员事"上奏清廷。是月，以固山额真朱玛喇为靖南将军，同护军统领敦拜，统官属兵丁援剿广东。又，广东左布政使胡章以劾奏失实革职，下刑部究问。同月，李定国再攻梧州。

七月，尚可喜遣钦州游击张国柱与藩下守备张文召、张志胜等率兵运饷并炮火器械以救琼州。是月，永历帝派内臣到厦门，封郑成功为延平王。

九月十一日，尚可喜与靖南王耿继茂率领两旗清兵前往江门，水陆并进，大败李定国军。又趁机派阿达哈哈番刘秉功、守备贾振鲁率兵运粮和火器入新会城，助田云龙等守御。

十月二十六日，尚可喜与耿继茂奏报：李定国陷高明，围新会，清军兵力不足，要求朝廷"速发劲旅，以靖疆围"。

十一月初一日，尚可喜遣子尚之信入侍。初十日，为救新会，尚可喜与靖南王耿继茂率兵进驻三水，与靖南将军朱马喇的援军会合后，一路南下。十八日，耿继茂遣子耿精忠、耿昭忠入侍。

十二月初五日，和硕承泽亲王硕塞去世。十四日，尚可喜等到达新会。旋于新会大破李定国象阵，获战象 13 只，红衣大炮 20 位，盔甲、大刀、鸟枪、小炮、腰刀、长枪等不计其数。十五日，满洲梅勒章京毕力兔、阿儿哈、蘪章京来塔，梅勒章京范达礼、海喇图等统领官兵及尚可喜部下副将盛登科、甲喇章京刘国保、噶叭什章京徐大申等，暨靖南王属下各章京，带兵追至新兴县。十六日，尚可喜与耿继茂奏报："逆贼李定国围犯新会。城中粮尽，杀人马为食。臣等率兵往援。至三水县，分布沿江隘口，出奇制其后，以待大军。比靖南将军朱玛喇等至，遂统兵进剿。败之于珊州，斩其副将一员，生擒十余名，获首一百五十余级。既抵新会，定国领马步贼分据山口山头。我兵奋勇冲击，夺其山，杀获甚众，定国遁去，新会以全。"十七日戌时，尚可喜第十三子尚之琡生，母戈氏。

是年夏，尚可喜首发银一万两籴米赈肇庆受旱灾百姓，在其带动下，耿继茂及督抚以下捐各有差，全活无算。

顺治十二年　乙未　1655 年　五十二岁

正月初十日子时，尚可喜第十四子尚之瑛生，母王氏，后官都统。二十五日，自高州进发，于二十七日至广西扶来地方。

二月初七日，世祖皇帝敕谕尚可喜，赐银 500 两，缎 50 匹。是月，尚可喜派兵追李定国至横州，见焚桥而遁，乃还。二十八日，尚可喜同耿继茂奏报战绩："逆贼李定国自新会败逃，臣等遣梅勒章京毕力克图等，追贼兵至横州，击败其步骑兵，剿杀甚众，获象二只。定国渡祥牁江，远遁南宁府。粤东高、雷、廉三府三州十八县，及粤西横州等十二州四县悉平。"

三月初三日，尚可喜"为飞报大捷事"具揭上奏。二十二日，续顺公沈永忠因在湖南丧师失地被削爵为民，由其从弟沈永兴袭爵，是月，以尚可喜去年捐赈肇庆，世祖皇帝特颁敕奖谕，赐给白金 500 两、彩缎 50 端。又，济尔哈朗等议以胡章诬奏二王，应处绞刑。世祖皇帝下令从宽免死，革职永不叙用。

四月初八日，尚可喜"为恳留马圈以资买备事"具揭上奏。二十八日，尚可喜与耿继茂"为残喘幸出寇围功罪莫逃明鉴仰祈奏请以别泾渭事"具揭上奏。同日，尚可喜与靖南王"为泣陈势穷情节用明心迹恳恩垂鉴死有余荣事"具揭上奏。

五月初八日，和硕郑亲王济尔哈朗病逝。是月，尚可喜献象于京师。

六月初二日，赐肃亲王豪格之女和硕格格，嫁耿继茂长子耿精忠，赐固山贝子苏布图女固山格格，嫁耿继茂次子耿昭忠。

八月，世祖皇帝特赐尚可喜之子尚之信爵，为少保兼太子太保，食公品级俸。

九月十二日，尚可喜"为恭报夷船入境事"具揭上奏。二十九日，命尚可喜长子尚之信品级与异姓公同。

十月，尚可喜以自己积劳多病、子女众多，请求将明朝鲁王山东土地拨给他耕种，或者回辽东旧地安插。

十二月十一日，尚可喜与广东巡抚李栖凤"为海氛日炽亟需战船恳敕备造以策善后事"具揭上奏。是月，尚可喜请造战船。

顺治十三年　丙申　1656 年　五十三岁

二月十六日，尚可喜与靖南王臣耿继茂谨题为销算剩下银两事。同日，尚可喜上"平南王揭为恭叩皇恩鉴准追赠事"，请求朝廷对其曾祖父母、祖父母、父母等三代人施以恩典。

三月，尚可喜与耿继茂派部下总兵徐成功、许尔显等反攻揭阳，克之。郑成功军退往海上，清军遂复澄海、普宁，仍分汛防守，以徐成功统之。[①]

四月，尚可喜疏报："克复揭阳、普宁、澄海三县。"二十九日，尚可喜"为承袭官员事"具揭上奏。

闰五月十二日，以击败南明安西王李定国功，尚可喜与靖南王耿继茂各加岁俸 1000 两，获敕奖谕，并受赐貂裘鞍马等物。

七月初二日，针对荷兰使者请"贡道"一事，礼部奏准：八年一贡，从广东入，不得在海上贸易，应在馆内贸易，并严禁携带违禁诸物。

十月，叙平广东功，敕加俸禄。尚可喜原来岁禄 6000 两，至是以平肇复潮，粤境全收，加岁禄 1000 两。关于增加俸禄一事，此前在世祖皇帝六月二十四日发布的敕命中已经作了规定。

十一月初八日，兵部议覆靖南王耿继茂、平南王尚可喜疏言："平南藩下额设十二牛录，靖南藩下额设十一牛录，俱照八旗例。每牛录各设护军校一员，前锋一名，亲军二名，护军十一名。每前锋十名设前锋校一员，亲军十名设亲军校一员。"兵部议定：听该藩酌量补授。

---

① 关于克揭阳、晋宁、澄海三县的时间，《清史稿》卷二三四《尚可喜传》作顺治十三年四月，与《明清史料》丁编第二册"广东巡抚李栖凤揭帖"记载的三月不符，有误。今以揭帖为准，故系在顺治十三年三月。

获世祖皇帝批准。

十二月十六日戌时，尚可喜第十五子尚之琬生，母丘氏。

是年冬，尚可喜带头捐金修文庙，并遣郡丞黎民贵主持其事。

是年，尚可喜"为销算钱粮事"具疏上奏。又，靖南王耿继茂、两广总督李率泰、广东巡抚李栖凤"为请设水师官兵事"也具疏上奏。

顺治十四年　丁酉　1657年　五十四岁

二月初十日，尚可喜"为冒干恩例事"上奏。

是年春，重修文庙成。大成殿、明伦堂、棂星门、泮池、廊庑焕然一新，弦歌之声洋洋矣。

四月，尚可喜奉上谕遣子之孝、之廉、之隆、之辅、之佐入朝。

六月十一日，世祖皇帝敕封平南王大福晋舒氏为大福晋，即平南王妃，锡之金册。

九月初三日午时，尚可喜第十六子尚之琰生，母李氏，后官副都统。

十月，孙可望率家口等至宝庆降清。

十一月二十四日，以郑成功的军队侵犯潮州，尚可喜亲自率师赴前线，进行防御。

十二月初六日，世祖皇帝封孙可望为义王。十四日，尚可喜抵潮州。十五日，遣靖藩下左翼总兵徐成功率兵防剿潮阳、揭阳之东，澄海之西沿海地方，遣潮镇刘伯禄、饶镇吴六奇各率兵防守澄海之东拓林、黄岗沿海地方。尚可喜则驻郡城，居中调度接应。十八日，尚可喜所部兵由揭阳炮台渡河。

是年，尚可喜请留巡抚李栖凤于广东。

顺治十五年　戊戌　1658年　五十五岁

正月初十日，尚可喜"为请注平南靖南王册事"上奏。是月，以诸将分汛防海，尚可喜从潮州归。后又亲巡沿海各县，相度地势，以汉港多歧，认为非分汛防守，难定功罪。

三月十三日，世祖皇帝下令给可喜加俸银1000两，所有功绩，添注册内。

四月初八日，以平南王尚可喜既加岁俸，因添注其军功于册。是月，尚可喜奉旨入朝，行至清远，因道路被大雨冲毁，被迫返回广州。

五月二十六日未时，尚可喜第十七子尚之玮生，母龙氏。二十九日，广东巡抚李栖凤疏报南韶、肇庆、德庆、广州、潮州等府属州县发生水灾。

六月十五日，升广东巡抚李栖凤为兵部尚书兼都察院右副都御史，总督两广军务。

七月十七日，尚可喜"为潮疆正在用兵仰恳睿慈暂止藩臣之行以竟底绩以奠严疆事"具揭上奏。是月，尚可喜遣水陆官兵剿文村南明将领王兴。

是年春，尚可喜捐资重修番禺学宫，凡棂星门、围垣、仪门、两庑、甬道、阶墀、先师殿、明伦堂、启圣宫均予以修建。

顺治十六年　己亥　1659年　五十六岁

三月二十三日，准议政王贝勒大臣议，以吴三桂镇云南，尚可喜镇广东，耿继茂镇四川。

四月十六日，尚可喜藩下护军参领马登云赴四川买马路经江西，因其部下兵丁屡有不法之举，被革职提讯。

八月，经过一年多的围困，尚可喜遣信使往谕王兴，惜其才，欲让其归顺。王兴知不可为，遣使赍缴敕印，并遣其子五人谒尚可喜。尚可喜慰赐甚厚，复遣使偕其使还报，具述自己恩礼。王兴终不愿出见，并宴其吏士，谕以归顺，勿贻害生灵，随后自焚死。文村降。

十二月二十六日，清廷令以靖南王耿继茂移镇广西。

顺治十七年　庚子　1660年　五十七岁

三月初八日，定平南、靖南二藩属下镇标绿旗官兵营制。平南王藩下左翼镇标统兵4000名，分为中、左、右、前、后五营。每营设游击、守备、千总各一员，把总各两员，各统兵800名。右翼镇标统兵3500名，亦分为中、左、右、前、后五营。每营设游击、守备、千把总，各如左翼之数，各统兵700名。靖南王藩下两翼镇标各设中、左、右、前、后五营，每营游击、守备、千把总，各如平藩下员数，各统兵700名。

六月十二日，世祖皇帝封和硕承泽亲王硕塞女为和硕公主，下嫁

平南王尚可喜第七子尚之隆，尚之隆尚主礼成①。

八月十五日，以沈永忠为挂印将军，镇守广东议定地方，让其立功自赎。

九月十五日，清廷得尚可喜奏报：进剿粤东文村隔水、南厅等处，生擒李定国部将周金汤，南明总兵李荣投诚。尚可喜还疏报："伪将军邓耀入踞海康，官兵水陆来击，斩获甚多。耀遁走交趾，伪党梁信等就抚，巢穴平毁。"

十一月，以捐资造战舰，赐平南王尚可喜、靖南王耿继茂貂衣、帽、靴、佩刀、鞓带各一。二十日，义王孙可望卒。

是年，尚可喜分遣官兵征讨海陵、水南、龙门各处抗清武装，悉平之。又以蜑户周玉习水战，募其从征，并署为游击。

顺治十八年　辛丑　1661 年　五十八岁

正月初六日，靖南王耿继茂自广州启行，移镇福建。初七日，世祖皇帝卒于养心殿。初九日，皇太子玄烨即位，以明年为康熙元年。十六日，尚可喜以"急公念切，倡率捐资，输者闻风而集，戒备不日而成"获朝廷嘉奖，获赐裘帽靴带等物品。

二月十五日，尚可喜为靖藩官兵启行日期事具揭上奏。

三月初四日、初五日，两次敕封尚可喜妻胡氏为平南王夫人。十一日寅时，尚可喜第十八子尚之瓒生，母郑氏。

五月，尚可喜奉旨同总督李栖凤勘海还广州，为迁民请命，不允。

七月十五日，尚可喜"为具报琼廉二府饷缺兵逃仰请严纠事"具疏上奏。

八九月间，尚可喜平定武定屯等 13 处，擒杀抗清者 1500 余人，获军器船马无算。

九月十四日未时，尚可喜第十九子尚之琳生，母马氏。二十四日，破永丰寨，旋因尚可喜部下郭登第挥兵急攻西面小炮台，萧国隆投

---

① 《先王实迹》记载：顺治十五年，"尚可喜第七子之隆尚主，礼成，报至，王率眷属望阙叩谢，复具疏恭谢"。疑有出入。《清世祖实录》中记载此事为顺治十七年六月："先是，上以和硕承泽亲王硕塞女抚育宫中。至是封为和硕公主，下嫁平南王尚可喜子之隆。"可能是赐婚在顺治十五年，结婚在顺治十七年六月。

水死。

十一月，尚可喜奉旨同副都统科尔坤、侍郎介山等会勘迁民。

十二月初一日，李栖凤以老疾乞休，获准。是月，照内八旗设都统等官，尚可喜请以第二子尚之孝为都统、第三子尚之廉为副都统。又，吴三桂在缅甸擒获南明永历帝。

康熙元年　壬寅　1662 年　五十九岁

正月，尚可喜疏报："逆贼萧国隆劫掠广、肇、二府。臣分遣官兵，水陆进剿，自顺治十八年八月至九月，平贼寨武定屯等一十三处。萧国隆穷迫焚巢，投水身死，擒杀贼党一千五百余人，获军器船马无算。广、肇地方悉平。"圣祖皇帝令下部议叙。

三月三十日巳时，尚可喜第二十子尚之瑶生，母彭氏。

五月初八日，郑成功病逝于台湾。

六月二十七日，李定国病逝。

十一月，故明镇海将军忠勇侯陈豹来降。

十二月，尚可喜夫人舒氏改封平南王妃。

是年，左翼总兵官许尔显请老，尚可喜请以副都统班际盛代之。

康熙二年　癸卯　1663 年　六十岁

二月，尚可喜世子尚之信自京师回到广州。是月，尚可喜遣都统尚之孝征讨廉州邓耀余部杨二、杨三，杨二、杨三等逃亡。

十月，李荣、周玉叛清，周玉称恢粤将军。尚可喜遣总兵官张国勋、班际盛率兵乘战船征讨之。十七日丑时，尚可喜第二十一子尚之琨生，其母为曾氏。

十二月十五日寅时，尚可喜第二十二子尚之瑄生，其母为张氏。十六日，尚可喜疏报：进剿广东蜑民，擒南明恢粤将军周玉等 200 余人，斩 2600 余人，焚毁船 131 艘。是月，尚可喜将其所作《重修飞来古寺碑记》立碑。

是年，右翼总兵官吴进功请老，尚可喜请以其第三子副都统尚之廉代之。

康熙三年　甲辰　1664 年　六十一岁

正月二十六日，耿继茂以"疾病相仍"为由，疏请其子耿精忠回

福建，获准。是月，李栖凤卒。

二月，尚可喜疏言："铜山诸逆郑锦（即郑经）、周全斌等各思归诚。请以招抚事宜，专责饶平总兵吴六奇相机料理。"圣祖皇帝下诏从其所请。

四月，追击李荣于大鹏南，大败之，李荣仅以身免。

五月十九日，尚可喜斩周玉于市。

七月二十四日，以苏利叛，尚可喜率大兵从广州出发进行征讨。

八月初七日，尚可喜率军次海丰之赤石。十二日，与苏利军战于海丰，阵斩苏利，"俘获余党万余，贼寨荡平"。

九月十八日，广东总督卢崇峻疏报：平南王、将军、提督等统领官兵，于八月十二日进剿碣石卫贼巢，擒斩贼首苏利，俘获余党万余，贼寨荡平。圣祖颁旨嘉奖，令下部察叙。是日，可喜作《鼎建大佛寺记》。

十月，圣祖从尚可喜所请，谕令其祭马太夫人。

十二月十九日，以平南王下副都统尚之廉为广东右翼总兵官。

康熙四年　乙巳　1665年　六十二岁

三月初九日，谕平南王尚可喜："设兵驻防，原以卫民，非欲其扰害地方也。近闻广东人民为王下兵丁扰害甚苦，失其生理。此皆所属将领不体王意，或倚为王亲戚，以小民易欺、惟图利己、恣行不法之故。王特受重寄，镇抚地方，为国屏翰，岂有明知纵行之理，或申饬未到所致。故降兹密旨诫谕。以后将所属官兵，严加约束，以仰副倚任、遣往安辑地方民生之意。勿仍纵容属员，以为事发，伊自受过，与己无涉，草草从事。如此久之，倘有大事，岂能委于属员。王宜敬体朕谆谆申谕至意，更改往辙。钦哉。故行密谕。"

四月初六日申时，尚可喜第二十三子尚之璠生，其母为邹氏。二十二日，从兵部议复卢崇峻疏请，在广东省边界的香山县、广海卫、大鹏所、海门所、平海所设出海口，以便官军运送粮食。是月，发守墓人户于奉天之海城、真定之衡水，请葬典。

八月十四日，尚可喜疏报官军进剿东涌海岛及马流门一带反清蜑民，说："蜑逆伙党，窜据东涌海岛。游击佟养谟等调兵奋剿，生擒贼魁谭林高，杀贼一百五十三人，招抚男妇八十五名"。

九月二十三日亥时，尚可喜第二十四子尚之瑗生，母张氏。

十一月初六日亥时，尚可喜第二十五子尚之灿生，母马氏。

是年，尚可喜重修南海神祠。秋，又立《重修南海神庙题名碑记》。

康熙五年　丙午　1666 年　六十三岁

正月二十六日，福建总督李率泰卒。

二月，清廷叙尚可喜平定反叛清朝的广东碣石总兵苏利功，增加俸银 1000 两，加金册。

三月，都统尚之孝解任听勘，至江南奉旨还广东。当时有人投张大经逆书给尚之孝，尚之孝为澄清此事，上缴官印，由尚可喜具奏，自己赴京听勘。圣祖皇帝察其诬，谕尚可喜和尚之孝都要安心办事。尚之孝行次江南时，事情得白于天下，于是返回广东。

四月十六日，以平定苏利反叛，尚可喜获圣祖皇帝褒奖，除其功劳被载于史册外，其俸禄又从 7000 两增加到 8000 两。

五月二十六日，清廷以孔有德女婿孙延龄为广西将军，从衡州迁驻桂林府，接管孔有德所部官兵。

夏六月，尚可喜疏辞讨苏利之奖赏，不允。

七月初三日，兵部议覆广东巡抚王来任条奏：粤东盗贼窃伏，兵临其地，辄称尽行剿洗。容有捕获或称负伤难行，或报已经斩首，从未有解审者。且善恶杂处，未必尽皆附盗。请严敕官兵，俘获贼犯，务必解审，以便根究余孽。亦须分别善恶，毋得妄害良民，应如所奏。嗣后如有官兵借名剿贼，妄杀良民。该督提查取该管各官职名题参，不得徇庇。初五日，圣祖皇帝准广东巡抚王来任奏，严禁广东官兵在各州县来往时滥派民夫折征银两，严禁棍徒假冒营旗私出牌票勒索百姓。初六日，兵部议覆广东巡抚王来任条奏：粤东武职各官借名军需，发银州县，采买谷米、稻草、牛皮、牛角、弓弰、箭竹、木炭等项。所发之价，十仅四五。州县不敢动其分文，照数缴还。谷米等项，俱派里排备完，仍用民夫民船，装运交纳。所差员役，勒索供应，稍迟鞭责，小民日见朘削。请通饬永禁，应如所请。圣祖皇帝下令"该抚

指名参奏"。

九月初三日，以广东有尚可喜镇守，圣祖皇帝下令撤将军王国光及所属官兵回京师。

十一月初七日子时，尚可喜第二十六子尚之琦生，母王氏。十七日寅时，尚可喜第二十七子尚之珣生，母林氏。

十二月初二日，圣祖皇帝以尚可喜有功，敕令再加禄银1000两，并将其功增注入册。

康熙六年 丁未 1667年 六十四岁

是年春，尚可喜于英德上游观音岩勒石。

五月中旬，左都御史王熙条奏："闽广、江西、湖广等省各官，近或自置货物售于属下，或巨舸连樯，装载他方市易，行同商贾，不顾官箴，甚者指称藩下，挟势横行，假借营兵，放债取利。请敕部详议，嗣后闽广等省王、公、将军、督抚、提镇，如有恃势贸易、与人争利者，作何议处治罪。并严指称假借之禁，庶小民得以安生，官方因之整肃。"圣祖皇帝令下部议行。

六月初二日巳时，尚可喜第二十八子尚之瑛生，母郑氏。

七月初二日，圣祖皇帝下令：嗣后王公以下、文武大小各官家人强占关津要地、不容商民贸易者，在原犯之地枷号3个月。系民，责40板。旗人，鞭100。其纵容家人之藩王罚银10000两，公罚银1000两，俱将管理家务官革职。是月，裁本旗兵饷。

十月初三日，清军征讨广东潮阳海面上的反清武装魏韬部。

十二月初五日，圣祖皇帝从靖南王耿继茂疏请，改海防水师官一月一调为一年一调。

康熙七年 戊申 1668年 六十五岁

正月初九日，加尚可喜第七子尚之隆为太子少师。

六月，尚可喜向圣祖皇帝疏请遣子尚之信入侍，获准。

七月初一日未时，尚可喜第二十九子尚之瑾生，其母马氏。是月，遣第九子尚之佐、第十子尚之广，以荫生入监读书。

八月，尚可喜同都统特晋勘惠潮海边，见内迁人民流离状恻然。会同总督金光祖、提督杨遇明再疏请复界，奉旨谕允。是月，尚可喜以自己年已迟暮，欲一见公主并孙女，具疏题请。圣祖皇帝优诏特许之。

十一月十三日，此前原广东巡抚王来任以"未迁之民，日苦于派答，流离之民，各无栖止，死丧颇闻"，请求"将原迁之界，急弛其禁，招徕迁民，复业耕种与煎晒盐斤，将外港内河撤去桩栅，听民采捕"。随后两广总督周有德也上疏言迁民之苦："自立界以来，尽失旧业，乞食无路"，"但恳早开一日，早救一日之命"。是日，圣祖皇帝从周有德所请，命都统特晋等同尚藩、总督、巡抚、提镇一起办理，他们一面设兵进行防守，一面安插迁民，以免耽误农时。

十二月，广东陈玉友、李虎子、郑阿仁等依山结寨，进攻揭阳。

康熙八年　己酉　1669 年　六十六岁

五月初六日戌时，尚可喜第三十子尚之珝生，其母何氏。十六日，圣祖皇帝计擒鳌拜。

六月十一日，从都察院疏请，禁止藩王与大臣家下商人在各省贸易。

康熙九年　庚戌　1670 年　六十七岁

五月，尚可喜捐款修广州城。

六月十四日，广东巡抚刘秉权疏报：康熙八年，垦复民田 10715 顷 74 亩，安插男妇 96798 名，内随粮派丁 36342 名；又垦复屯田 31 顷 92 亩，安插男妇 5361 名。其应征粮米俟 3 年后起课。

七月，尚可喜条覆边海事宜。

九月十三日，右翼镇总兵尚之廉卒。尚可喜请以精奇尼哈番许弘德代之。

十二月十九日戌时，尚可喜第三十一子尚之珅生，其母李氏。二十七日，尚可喜以二等精奇尼哈番许弘德为平南王藩下右翼总兵官。

康熙十年　辛亥　1671 年　六十八岁

正月十六日，靖南王耿继茂因"旧疾日剧"，疏请以其长子耿精忠管理军务，获准。

二月二十四日，以广东巡抚刘秉权疏言屯地课粮高出民地数倍，造成广东屯地抛荒 3500 余顷，下令今后屯地按民地例起课。是月，尚

可喜第七子尚之隆与和硕公主到达广州省亲。

五月初四日，靖南王耿继茂病卒，谥忠敏。十五日，尚之隆与和硕公主从广州出发回北京。

六月二十八日，诏以和硕额驸耿精忠袭爵，仍镇守福建。

八月，尚可喜以"航海归命以来，效力封疆三十九年，南方边地一有缓急，恐难卧理"为由，请求交出兵权。

九月，尚可喜请以世子尚之信暂理军务①。

十一月十五日，圣祖皇帝批准平南王尚可喜疏请，遣其子尚之信回粤，暂管军务。

康熙十一年 壬子 1672 年 六十九岁

正月初一日，尚可喜世子尚之信还广州。

三月十一日，王遣纛章京尚奇成率官下人等恭捧平南王印，令尚之信遵旨暂管军机事务。

八月初五日，义王孙可望之子孙征淳死，经议政王大臣会议，决定停其王爵之封，降为承袭公爵。

十月，以孙征淳之弟孙征灏降袭慕义公。是月，尚可喜熏沐敬题南华寺《重修御经阁碑记》。

是年，广东平远周海元聚众起事，从长宁、安远进攻会昌、羊角，兵败被杀。

康熙十二年 癸丑 1673 年 七十岁

二月初四日，圣祖皇帝遣一等侍卫古德、二等侍卫米哈纳赍御用貂帽、团龙天马裘、蓝蟒狐腋袍各一袭，束带一围，往广东赐平南王尚可喜。

三月十二日，以平南王尚可喜疏言②："臣年七十，精力已衰，愿归老辽东。有旧赐地亩房舍，乞仍赐给。臣量带两佐领甲兵，并藩下闲丁、孤寡老弱，共四千三百九十四家，计男妇二万四千三百七十五

---

① 《元功垂范》中记载尚之信在是年八月提出到广州省亲请求，而尚可喜在九月"请以世子之信暂理军务"。

② 《元功垂范》中记载了此事，说尚可喜在康熙十年二月内"具疏告老，恳带两佐领官兵以为护随，并请原辽东地土房舍"，是三月十二日奉旨的。

名口。其归途夫役口粮，请敕部拨给。"圣祖皇帝颁旨："王自航海归诚，克殚忠荩。戮力行间，平定地方。效力累朝，功绩茂着。绥辑粤东，镇守岩疆。宣劳岁久。览奏，年已七十，欲归辽东耕种。情辞恳切，具见恭谨，能知大体。朕心深为嘉悦。今广东已经底定。王下官兵，作何搬移安插，著户部、兵部确议具奏。"十七日，一等侍卫古德、二等侍卫米哈纳到达广州，传达圣祖皇帝谕旨：王久驻海疆，劳苦功高，心甚悬念，特遣存问，并赐本色貂皮暖帽一顶、石青镶领暗云五爪龙缎狐肷皮袍一件、天青五彩四团五爪龙缎天马皮褂一件、镀金镶珊瑚转环黄腰带全副。二十一日，吏部议覆平南王尚可喜以"年老且病"疏言让其世子尚之信承袭王爵一事，吏部以"藩王见存，子无移袭之例"为由加以拒绝，说"应无庸议"，圣祖允准。二十七日，准议政王大臣等议："平南王尚可喜奏请复归辽东，应如所请。但该王之子尚之信，仍带领官兵，住居粤东，则是父子分离。而藩下官兵，父子兄弟宗族，亦至分离。今粤省已经底定，既议迁移，似应将该藩家属兵丁，均行议迁。惟广东左右两营绿旗官兵，仍留该省。"

四月初五日，圣祖皇帝准兵部题，将平南王藩下绿旗官兵交广东提督管辖。

五月初三日，圣祖皇帝批准尚可喜引老归耕的请求，并让尚藩官兵俱行迁移北归。

七月初三日，平西王吴三桂疏请撤藩。初九日，靖南王耿精忠疏请撤藩。二十八日，圣祖皇帝从议政王大臣议，将靖南王属下十五佐领官兵家口全撤。

八月初六日，圣祖皇帝下令撤吴藩。初九日，谕兵部做撤藩准备："平西王吴三桂、平南王尚可喜、靖南王耿精忠各具疏请撤安插，已允所请，令其搬移前来。地方应行事务及兵马机宜，必筹画周详，乃为善后之策，应各遣大臣一员，前往会同该藩及总督、巡抚、提督商确。作何布置官兵，防守地方，并照管该藩等起行。应差官员职名，开列具奏。"十五日，分遣大臣往云南、广东、福建经理各藩撤兵起行事宜：礼部左侍郎管右侍郎事折尔肯、翰林院学士兼礼部侍郎傅达礼往云南，户部尚书梁清标往广东，吏部右侍郎陈一炳往福建。十八日，

圣祖皇帝谕户部预先筹办三藩各官兵家口安插地方所需房屋、田地等项。二十九日子时，尚可喜第三十二子尚之珀生，母何氏。

十一月二十一日，吴三桂杀巡抚朱国治，举兵反叛，自称天下都招讨兵马大元帅，国号周，以明年为周王昭武元年。并致书平南、靖南两藩，约其一起叛清。

十二月初一日，吴三桂率兵东行，驻营贵州归化寺。二十一日，兵部郎中党务礼、户部员外郎萨穆哈从贵州驰驿回北京报告吴三桂反叛。二十二日，停撤平南、靖南二藩，召梁清标、陈一炳还。同日，授孙延龄抚蛮将军，线国安为都统，令其固守广西。二十四日，以多罗顺承郡王勒尔锦为宁南靖寇大将军，率兵讨伐吴三桂。又拘禁在京居住的吴三桂之子吴应熊及其在京随从官员。二十七日，削吴三桂爵。二十九日，吴三桂陷湖南沅州。

康熙十三年　甲寅　1674 年　七十一岁

正月初十日，圣祖皇帝在太和殿举行出师仪式，派宁南靖寇大将军多罗顺承郡王勒尔锦率师赴荆州，遣安西将军赫业率师赴四川。是月，尚可喜奉旨停止搬移回辽东。

二月二十七日，清廷得两广总督金光祖疏报：广西将军孙延龄反叛。

三月十一日，勒尔锦率师到达荆州。十五日，耿精忠囚禁总督范承谟，据福建反，自称总统兵马大元帅。二十八日，以内大臣希尔根为定南将军，礼部尚书哈尔哈齐为副，率军前往江西。是月，尚可喜疏言："孙延龄伪檄有'三藩并变'之语，闽省又倏告变。臣与耿精忠本系姻娅，不能不跼蹐于中。窃臣叨王爵，年已七十有余，虽至愚极陋，岂肯向逆贼求功名富贵乎？惟知捐躯矢志，竭力保固岭南，以表臣始终之诚。"圣祖皇帝温旨嘉奖，并命其与总督金光祖同心合力筹划战守。

四月初十日，圣祖皇帝谕兵部：令尚可喜与总督金光祖参与两广所有军机调遣及固守地方事宜。十一日，以平南王尚可喜疏言："臣众子中，惟次子都统尚之孝律己端慎，驭下宽厚，可继臣职。至于军机事宜，臣虽衰老，尚能指挥调度，断不致有误封疆。"下旨，准都统

"尚之孝袭平南王。"十三日，圣祖皇帝诏削夺孙延龄官爵。同日，尚可喜疏言：吴三桂遣人致书，今擒其使并书奏闻，有旨嘉奖。十六日，清廷将耿精忠之弟耿昭忠、耿聚忠及在京城居住的其他弟弟拘禁于一室，其属下官员俱解任。二十日，潮州总兵刘进忠叛附耿精忠，据潮州。耿精忠授其为宁粤将军。二十二日，尚可喜题举报海澄道赵总兵不遵正朔。二十三日，刘进忠引耿精忠军入城。二十四日，命尚可喜及广东、江西、浙江等处将军、督抚遣人确探消息，漳州、泉州能守则守，若力单不能守，可撤到广东、江西。又，尚可喜奏称：吴三桂遣兵二万屯黄沙河，若与孙延龄合兵一处，则势益猖獗，请就近拨大兵，与他一同进剿孙延龄。二十七日，清朝历数耿精忠罪状，削其王爵。二十九日，以尚可喜疏请朝廷发兵平叛，圣祖皇帝命兵部将诸路调度情形移文通知尚可喜。其移文中说平寇将军根特等率军赴广东，会同尚可喜进兵。是月，海澄总兵赵得胜、漳浦总兵刘炎叛清，耿精忠授赵得胜为威远将军，授刘炎定远将军。

五月，尚可喜疏报：孙延龄叛，自称安远大将军，移牒平乐、梧州诸府，请求朝廷指授方略，协力荡剿。又疏报：潮州总兵官刘进忠暗通耿精忠，于四月二十日拥兵叛乱，与续顺公沈瑞兵巷战。二十三日，遂引闽寇入城。是月，圣祖皇帝敕奖尚可喜忠贞，并谕其与金光祖等筹划讨伐孙延龄。

六月初一日，圣祖皇帝谕兵部招降耿精忠。二十日，广西提督马雄因坚守柳州寡不敌众请援，圣祖谕令尚可喜和金光祖发广东兵接应。

七月，广东巡抚刘秉权疏言："平南王次子都统尚之孝辞袭王爵。今当诸逆鸱张、大兵进剿之时，平南王尚可喜筹画周详，精神强健。应令尚可喜照旧管事。俟事平，令尚之孝承袭。"初六日，议政王大臣等议覆后，圣祖令尚可喜仍照旧管事。是月，尚可喜派兵围刘进忠于潮州，刘进忠求救于台湾郑经，郑经遂派水师应援，于是，刘进忠归附郑经，做了右都督，封定虏伯。

八月十一日，根特卒于军中，命副将军哈尔哈齐为平寇将军。十四日，金光祖疏报收复梧州。是月，尚可喜疏报："潮州叛镇刘进忠之党刘斌据普宁，臣遣子都统尚之孝等遣发官兵进剿，被陷知县段藻潜

遣人通款，诱贼出城迎战，因闭门拒之，我兵剿杀甚众，恢复普宁县城"。又，清军恢复大浦等城。

九月初八日，裕亲王福全等密报广西变动，广东万分孤危，吁请朝廷发兵以保边疆。初十日，尚可喜疏报在潮州攻刘进忠部事宜，说：七月间连战皆捷，"逆贼刘进忠，抗不受抚。当官兵在途，则据险抗阻。迨官兵甫抵潮城，则窥札营甫定，辄鼓众出犯。幸官兵严整以待。在新亨地方，剿杀伪副将陈琏等，及贼兵六百六十余人，生擒二十七人。又在城外接战，斩贼二百二十五人。又七月十五日，贼众五千乘风雨冲突，官兵奋击，斩贼八百二十人，生擒八十八人。前后所获盔甲器械，不可胜数"。十八日，以和硕简亲王喇布为扬威大将军，驻江宁，统率阿密达部及江南八旗兵，保固江南全省。是日，尚可喜子尚之信捐弓 1000 张、箭 10000 支，圣祖令加少傅兼太子太保。二十四日，圣祖皇帝命安亲王岳乐为定远平寇大将军，速赴广东。同日，平南王尚可喜疏言：续顺公沈瑞，身陷贼中，不甘从逆，屡遣人通言，请兵拯救。臣因遣官兵赴闽接应，今已迎回粤东。圣祖谕令复其原爵，率所部驻广东。又，是日，尚可喜"为粤东孤危至极现在兵力难支吁恳睿裁以资战守事"具疏上奏。二十七日，尚可喜又"为捐备弓箭吁恳移解以效微诚事"具疏上奏。是月，尚可喜疏报："臣遣子副都统尚之节等统率官兵，自程乡县间道至闽剿贼。不烦兵戈，逆贼望风逃遁。伪官弁缴札投诚，恢复大埔县，直抵三河灞。"

十月十三日，尚可喜等题请改设要地镇臣。十七日，尚可喜奏孙女嫁为耿精忠子妇请恩赦免。同日，尚可喜题请增甲兵马匹。二十九日，圣祖特谕议政王大臣等："自吴三桂叛逆以来，平南王尚可喜为国抒忠，厥功茂著。当兹粤东军兴之际，督抚提镇以下，俱听王节制。嗣后补授文武官员，听王选补奏闻。其一切调遣兵马及招抚事宜，亦听王酌行。"同日，尚可喜疏言："逆贼刘进忠盘踞潮州，敢于负固者，恃海贼为应援也。今海贼直薄东城，而刘逆屡出城中贼兵来犯我师。总兵官王国栋等，统官兵三战三捷，斩获甚多。"圣祖令下部议叙。是月，尚可喜讨平广州土寇李三、官七。

十一月初五日，尚可喜疏报："吴逆告变以来，广东、广西奸徒闻风四起。广州民陈士奇密首奸民江鹏翥等在佛山镇地方，结党煽乱。随征官金光偕陈士奇设计擒之，审实正法。"疏入，命给金光鸿胪寺卿衔，陈士奇以知县即用。初十日，尚可喜"为会报招徕官兵船只仰祈题叙以励后效事"具疏上奏。十二日，尚可喜题制造军器。二十一日，可喜疏言：续顺公沈瑞、副都统邓广明及官兵家口，共2000余人，为叛镇刘进忠驱入福建，拘留漳浦，恐大兵进剿，玉石难分。圣祖获悉此事后下旨：续顺公沈瑞家口，被贼拘留，殊为可悯。此系有功之人，理应保全。令大将军、王等进剿恢复之日，留意察访，保护得所。

十二月初四日，陕西提督王辅臣反。是月，尚可喜疏言：臣年老衰病，请速发满洲大兵，弹压全粤。十九日，圣祖命将军尼雅翰率所部兵同副都统绰客托速赴平南王军前，协守粤东。二十三日，圣祖皇帝令尚可喜在恢复潮州后，即发兵应援海澄公黄芳度所部据守的漳州及附近地区。是月，尚可喜疏请保全续顺公沈瑞、副都统邓广明及官兵家口。又，尚可喜遣兴仪官董良鹏等赴京恭请圣安，使圣祖很感动，说："王远途如此念及朕躬，足见王忠心赤胆，与众不同。"于是赐顺刀一口，并降旨："此朕亲佩好刀，素所珍惜，念王功劳重大，特赐佩带。"①

康熙十四年 乙卯 1675年 七十二岁

正月初九日，圣祖谕吏、礼、兵三部，以尚可喜"累朝勋旧，功著封疆"，吴耿叛乱后，"益励忠纯，克抒伟略"，晋封其为平南亲王。由尚之孝袭封。尚可喜以亲王品级顶戴支俸，广东文武事务照旧料理，亲王之印暂由朝廷保管。尚之孝统兵在外，给予平南大将军印，食禄一万两。十七日，平南王藩下左翼总兵官班际盛坐玩误军机，革去总兵官，留所袭世职，戴罪图功。二十三日，以平南王藩下二等阿达哈哈番孙楷宗为左翼总兵官。是月，尚可喜疏报：归善县淡水场土贼蔡宗明等窃发，知县连国柱、都司陆观象击败之。是月，尚可喜又疏报："贼首黎化中、陈九鼎等，纠合楚逆李汉英聚众万余，直犯连州。经我兵击败逃遁，仍复啸聚大田头、蔗塘、清水等处，以为巢穴。臣遣游

---

① 《续元功垂范》记载此事发生在康熙十三年十二月，《先王实迹》记载发生在康熙十四年十二月。今从康熙十三年十二月。

击李有才等，率领官兵进剿，焚捣巢穴，擒斩甚多。贼已遁入楚界。"

二月二十二日，颁晋封尚可喜为平南亲王诏书，锡以金册、金宝，加禄万两，赐金册 13 页。是月，以平南王藩下护军统领尚奇成为藩下中镇总兵官。

五月二十六日，题为请旨购买马匹事。同日，尚可喜为救援黄芳度，遣尚之孝、王国栋率军进兵潮州，不料中潮州守将郑经部刘进忠、刘国轩所设埋伏，大败，溃退至普宁。

闰五月初三日，黄芳度（此前以漳州降郑经）率兵剃发，发兵抗击郑经，尚可喜疏报："近因饶平失守，逆贼朱缵率党来屯湖寮，廖昙率党来屯白墫，劫掳村寨。臣遣子平南大将军尚之孝同提督严自明遣发官兵，于大埔县地方击败逆贼，阵斩伪参将，生擒伪游击等。又连阳游击吴标、连州知州李贲于连州大镀、古楼山、小水坪、石马坪等处，两次击贼李化龙、沈九珠等。又广州属之龙门、增城、从化，与惠州属之博罗、河源、长宁等县内，公庄、路溪、铁岗、马鞍、陈禾岗诸处，向为土贼渊薮，恣行剽劫。今突犯龙门，臣遣发副将卢光明等带领官兵，于龙门等处擒斩贼众八百余，招抚千余。救回被贼掳去良民。"是月，尚可喜遣将分别破近省诸敌。

六月十二日，尚可喜题请发满洲兵。二十日，鉴于郑经发兵包围漳州，黄芳度求救于尚可喜，尚可喜又以敌占潮州、兵少奏报朝廷，圣祖皇帝令前锋统领舒恕率领岳乐所分之兵赴广东。二十六日，尚可喜等题漳城围急请发满洲兵。是月，高州总兵祖泽清叛清。

七月初四日，圣祖皇帝谕令释放耿昭忠、耿聚忠等，仍复其官职。是日，黄芳度在漳州飞报急请派兵济饷。二十六日，两广总督金光祖疏报高州总兵祖泽清反叛。

八月二十四日，清廷派和硕额驸耿聚忠携敕前去招抚耿精忠。

九月，尚可喜令尚之信偕黄芳世、尼雅翰等率部兼程救援漳州。

十月初六日，漳州城陷，黄芳度投井死，郑经入城。初八日，尚之信、黄芳世、黄芳泰率兵攻克永定，闻漳州城陷，回师。是月，升平南王藩下三等阿达哈哈番李廷秀为广东中镇总兵官。

十一月十八日，两广总督金光祖以敌军 10 万集结高州而请援，圣祖令调江西兵每佐领两名赴广东，归将军舒恕统辖。

十二月二十日，平南亲王尚可喜疏言：叛将刘进忠勾引郑经入潮州，祖泽清勾引马雄至高州。粤东十郡，竟失其四。今将军舒恕、总督金光祖复退回肇庆，事势危急。闻和硕安亲王由袁州进攻长沙，恐时当春水泛溢，且吴逆全力集于常、澧，其守御必坚。请以公倭赫之兵仍驻袁州。令和硕安亲王赴广东扑剿贼寇。圣祖以"今安亲王进取湖南，则粤东之势自缓"，已命"大将军简亲王，发每佐领甲兵二名，驰赴应援"广东回复，并"再拨每佐领护军一名，并前所发兵"，由副都统额赫纳，或署副都统宗室巴尔堪其中一人为将军统之，速赴广东，"毋得仍前迟滞，以误军机"。三十日，叛将刘进忠率叛军攻克尚之孝普宁大营，直追至惠州博罗。尚之孝被迫往惠州撤军。

康熙十五年　丙辰　1676 年　七十三岁

正月，升平南亲王下副都统尚之瑛为都统。是月，刘进忠、刘国轩统水陆诸军，攻取粤东诸州县，一直攻到惠州府，吴三桂遣马雄等攻打广西，总督金光祖逃离梧州，吴三桂军兵逼肇庆，两广危急。是月，尚可喜有意将王爵"更授次子之孝"。

二月初一日，平南王尚可喜疏言："臣病日剧，寇在门庭。臣子尚之孝又统兵在潮，臣躯恐有不测，则粤省渐至危急，请遣威望大臣，星驰抵粤，以资弹压。"同日，圣祖皇帝谕令尚可喜："王实心为国，计虑周翔。朕与王情同父子，谊若手足。览奏未竟，朕心恻然。但王驻镇日久，措置咸宜，军民依赖，若必遣大臣，恐事未周知，王可于诸子中择才略素著者，遣赴潮州理军务，大将军尚之孝回省城，侍王左右，扞卫封守。王其加意调护，以慰朕心。"初六日，尚可喜疏报广州危急，圣祖皇帝命副都统额赫讷率部援广东，倍道速进。十八日，尚可喜疏报叛军攻惠州、肇庆，广州危急，帝令将军哈尔哈齐率军迅速赴援，并谕令尚可喜："王其宽怀，大兵到日，王总摄兵马，剿御贼寇，固守地方，一切事宜，其相机行之。王当善自颐养，以慰朕轸念至意。"十九日，以尚可喜第七子、太子太保、和硕额驸尚之隆赴广赞理军务，至江西，因道路受阻，不得前行而回京。二十一日，鉴于刘进忠、刘国轩自潮州围攻惠州、博罗；郑经船队抵达虎门，新安、龙

门诸县降敌；吴三桂之马雄部逼近肇庆、新会；耿精忠又遣邵连登发兵攻打江西建昌、抚州、赣州，与吴三桂军联合，阻断朝廷援兵进军之路，尚之信"降"吴三桂，发兵围尚可喜第，接受吴三桂"招讨大将军"伪号，易服改帜。尚可喜卧疾不能制，愤甚，自经，被左右救醒。是月，以平南藩下护军统领时应运为中镇总兵官。尚之信与郑经议和，让出惠州，刘国轩部奉郑经命进驻惠州，刘进忠部仍回潮州。

三月，吴三桂封尚之信为辅德公，并劝其与郑经联合。

四月初九日，江西总督董卫国疏报尚之信"叛"讯。又言尚之信"叛"后，镇南将军舒恕等引兵归，副都统莽依图自肇庆突围。

五月，耿精忠以郑经背盟约而攻打汀州，遂与郑经交恶。

六月初七日，王辅臣再次降清。十七日，尚之信与孙延龄、马雄等分犯袁州等地。十九日，和硕额驸尚之隆率子弟诣部请罪，被圣祖宽免，其属下人员，亦被免罪。

九月十一日，杰书以军帖劝耿精忠归降。十九日，耿精忠剃发待罪，遣其子耿显祚献印请降，并迎清军入福州。

十月初四日，杰书率军抵达福州，耿精忠率文武官员出城降。二十九日申时，尚可喜病逝。临终前，昏迷之际，勉强张开双目说："吾受三朝隆恩。时势至此，不能杀贼，死有余辜。"随后，命令诸子拿出清太宗所赐冠服穿戴上，扶掖北向叩头，并环顾诸子说："吾死后，必返殡海城。魂魄有知，仍事先帝。"言毕而薨，终年73岁。

十二月初四日，以耿昭忠为镇平将军，驻福州，统靖南王藩下官兵、家口。初九日，以尚之信派人带密疏到将军喇布军前请降，喇布奏闻，圣祖谕尚之信："将尔已往之罪，并尔属下官兵，概行赦免。倘能相机剿贼，立功自效，仍加恩优叙。尔当益竭悃诚，勉图后效，以副朕始终曲全至意。"

康熙十六年　丁巳　1677 年

五月初一日，尚之信率广州城文武官兵民等剃发归顺，并先派其弟都统尚之瑛赴韶州迎接莽依图率领的清军。

六月初三日，圣祖令尚之信袭其父平南亲王爵位。十一日，以尚之信疏言其父尚可喜"于去年二月兵变之后，投缳自尽，被左右救苏。

后忧郁疾笃，于康熙十五年十月二十九日薨逝"，圣祖批示"平南亲王尚可喜久镇岩疆，劳绩素著。自闻兵变，忧郁成疾，始终未改臣节，遂至殒逝可悯。应得恩恤，著察例议奏"。十四日，圣祖皇帝以吴三桂军在湘潭一带布防，谕令尚之信：如果广西能反正，尚之信就应率兵分三路进攻吴军。是月，予故平南王尚可喜祭葬立碑，谥曰敬。是月，升平南王下赍奏二等护卫张永祥为总兵官，仍令归平南王下候补。

七月十四日，尚之信借口广东土寇尚多，驻兵不离省城。二十二日，令尚之信速遣所属官兵同傅弘烈赴广西。同月，圣祖特遣国子监祭酒宜昌阿、礼部郎中范承勋、主事黄毛、笔帖式马尔赛赴粤，赐御祭二坛，是月，尚可喜之恤典到达广州。

八月十九日，傅弘烈疏报收复广西梧州。

十月十五日，准尚之信疏请，以郑经仍在厦门，广东按原界重申海禁。二十二日，命尚之信派兵到梧州接应傅弘烈，共同平定广西。

十二月十二日，圣祖令尚之信不必出兵梧州，改由韶州会合清军进取宜章、郴州、永州。

康熙十七年　戊午　1678 年

正月十二日，尚之信派人至京城向圣祖请安，并献橙子。

二月初三日，圣祖令尚之信等尽快进兵梧州。尚之信以沿海有警、兵力有限难分回奏。圣祖以潮州、惠州已经有赖塔等驻守，仍促尚之信速进兵广西。三十日，圣祖令尚之信等速发精兵万人赴广西应援。

三月初一日，吴三桂在衡州称帝，国号周，年号昭武。初八日，尚之信为报明遣差招抚请旨事具揭上奏。十二日，尚之信以高、雷、廉三府初定，人心未定为由，请留省会，圣祖令其选万人赴广西，不必亲往，仍驻守广州。

四月十九日，尚之信部收复广东高州，招降雷州。

六月初一日，尚之信率部赴潮州驻守，调驻潮州八旗兵及耿精忠部援海澄。

七月二十二日，以尚之信疏称其弟尚之孝曾任平南大将军，今共居一城，体统难施，请调尚之孝赴京，圣祖命尚之孝至京后给一品顶戴。后因事授宣义将军，暂住南昌。

八月十七日，吴三桂病卒于衡州。十八日，尚之信疏言兵力不足，请将派往宜章、郴州的王国栋部调回广州，未获准。二十五日，命尚之信增兵守卫广东高州。

九月二十八日，尚之信以军需用船，请开海禁，许商民造船，广州至琼州贸易自便，不准。二十九日，授尚之信为奋武大将军，统兵赴永兴、郴州等地，会合喇布、穆占等，共同进取湖南。

十一月二十一日，尚之信部收复广东徐闻、海安，二十三日，收复锦囊城，使通往琼州的道路畅通。

十二月初十日，尚之信为飞报大捷事具揭上奏。

康熙十八年　己未　1679 年

正月十五日，圣祖命尚之信、舒恕立即奉前旨倍道速赴梧州救援。

二月初九日，谕尚之信、莽依图、舒恕、傅弘烈等速定广西。

六月初九日，尚之信疏言广东之变起自新会、江门。江门水师之叛，责在赵天元，请将赵天元处斩，从之。十八日，尚之信以患痢加剧，从横州、封川前线回广州。

七月十一日，圣祖令尚之信所部官兵归莽依图调遣。

康熙十九年　庚申　1680 年

正月初十日，令平南王藩下都统王国栋等讨伐从虎门登陆的郑经部谢昌、李积凤军。

二月初七日，令尚之信部驻贵县。

三月初六日，圣祖谕令刑部侍郎宜昌阿等以巡视海疆为名赴广东查察尚之信，谕曰："尔等携带张永祥、张士选以往，密询都统王国栋、副都统尚之璋，若事有实迹，王国栋等自任能执尚之信，即一面奏闻，一面赴潮州。顷尚之信具疏，自请撤还省会。尔等抵广东日，详察情形，如应撤还，即具疏言，省会不可无尚之信。彼时当独调之还。尔等临事之时，无多株连。倘有意外，听酌便行事。"是日，宜昌阿等启行。

四月十九日，耿精忠疏请来京陛见，获准。

五月十三日，在武宣，总督金光祖、副都统金榜选、总兵班际盛驻城外，尚之信居城内。金光祖等得王国栋檄，以兵围城，宣示诏书，逮尚之信，赴广州。是日，尚之信手下兵 8000 人因听到谣言说要把他们派往云南，逃回广州。

六月二十日，安亲王岳乐疏言：故平南亲王尚可喜妃舒氏、胡氏首告其子尚之信罪逆当诛。是日，圣祖下旨，令户部侍郎宜昌阿等将尚之信并原告、干证等押解到京城质审。

八月十三日，因平南王藩下官兵人心不稳，广州地方重要，下令从喇布、莽依图所部每牛录中挑选轻骑五人，驰赴广州赖塔军前，协守广东。二十八日，圣祖念尚可喜功劳，免舒氏、胡氏死罪，免其籍没。其子尚之孝、尚之璋、尚之隆免于株连。尚之信从宽赐死，尚之节、尚之璜、李天植等正法。

闰八月十二日，撤平南王藩下官兵，将其标下十五佐领升入上三旗。其所属三总兵，裁去一总兵及其所属，其余留驻广东，由新设之将军、都统管辖。十七日，圣祖上谕到达广州。尚之信等被处死。是月，命平南王子、额驸尚之隆赴广迎椟归葬，并移母妃眷属回辽东。

九月十一日，以户部议覆：和硕额驸尚之隆疏言："臣父尚可喜在日，曾题请盖州地方安插，并带佐领二员，及佐领下兵丁，防守彼处地方。今蒙皇恩，搬取臣父骸骨，并臣母及家口前来。臣不敢照前复请兵丁，惟恳皇上恩赐闲散佐领二员，以便统辖家口。查盖州系满洲官兵驻防之所，不便给与。海州向有平南王尚可喜庄地，应酌量拨给，并赐闲散佐领二员管辖家口。"圣祖准尚之隆所请，以海州平南王庄园为尚可喜葬地，设闲散佐领两员，统辖其家口。

康熙二十年　辛酉　1681 年

正月二十八日，郑经死于台湾。

二月初一日，郑克塽袭明延平王于台湾。初十日，以尚之信在广东令其属下私充盐商，据津口立总店，令革除。

二月，户部题：故平南王尚可喜子尚之隆请给其父在日所赐海州房地。圣祖下旨：平南王忠诚劳勚，坚守臣节。其房地，遣司官一员，速往拨给。

五月十二日，内大臣尚之孝奏请迎其父尚可喜丧。圣祖皇帝对朝中大臣说："尚可喜当阖城皆叛，矢志不移，临殁，犹被服太宗文皇帝

所赐朝衣，言死后必葬于海城，魂魄有知，仍事先帝。其忠诚之心，始终无二。今尚之孝往迎骸骨，俟至都门，即以奏闻。"

是年夏，尚可喜灵柩次开河，圣祖命一等侍卫额尔吉图、二等侍卫索住传旨奠酒。至德州，圣祖又遣一等侍卫额尔吉图等往奠酒，再遣内大臣伯心裕，侍卫布代、觉罗噶尔图等往，传旨奠酒。

八月二十九日，圣祖自南苑巡视京畿。是月，尚可喜灵柩至天津，圣祖皇帝又命礼部尚书吴正治、侍郎傅弘基往赐祭二坛。

九月初四日，尚可喜灵柩到达丁字沽。尚可喜次子尚之孝、第七子尚之隆赶赴杨村行在，恭请圣安。圣祖遣管侍卫内大臣觉罗塔达、内院学士库勒纳、御前侍卫敦柱至丁字沽亲奠，谕曰："王素笃忠贞，人尽如王，天下安有事？朕又念王至老怀诚，克殚忠荩，殊伤悼之！"二十八日，将耿昭忠、耿聚忠等属下编为五佐领，隶正黄旗汉军旗下。

十月二十八日，吴世璠自杀。二十九日，清军入城，吴三桂之乱正式结束。

十二月，葬尚可喜于海城县东南的凤翔山，圣祖赐御葬银8000两，赐御碑一通。

是年冬，圣祖皇帝御赐碑文，又赐守墓闲散佐领两员。

康熙二十一年　壬戌　1682年

正月二十日，圣祖下令将耿精忠削去王爵，凌迟处死。

二月十五日，圣祖东巡祭祖陵，并"巡视边疆，远览形胜"。

三月初四日，圣祖驻盛京。二十七日，泛舟松花江。

四月十九日，圣祖离盛京回京。

四月二十二日，圣祖念王忠勤不已，在东巡回京经过海城县时，遣内大臣公坡尔盆往平南亲王尚可喜墓奠酒。是日，驻跸牛庄城内。

康熙二十二年　癸亥　1683年

是年，圣祖敕建"敬亲王专祠"于海城。

康熙二十四年　乙丑　1685年

是年，尚可喜灵柩由凤翔山迁葬海城文安山。

附 录 二

尚之信史事

尚之信降吴史事辨正

尚之信是清初平南亲王尚可喜的长子，封俺答公。康熙十年
（1671）因其父亲尚可喜奏请，获准从京城回到广州，帮助其父亲尚可
喜料理军务，直到康熙十九年。从清初的诸多史料记载来看，尚之信
在康熙十五年曾"投降"了已经叛乱的吴三桂。然而，有的记载说尚
之信"投降"吴三桂是与圣祖皇帝有密约，而且后来发生的一系列事
件又动摇了尚之信降吴的事实。那么从康熙十五年二月二十一日尚之
信派兵守卫他父亲的住处，到同年十二月初九日他反正归清这整整二
百八十五天的时间里，尚之信的活动情况怎样？是真降吴还是假降吴？
对此，必须有一个结论。尤其是后者，还是一个关于"三藩之乱"的
定位问题，虽然国内外的一些学者进行过研究，如李治亭先生曾做过
论辩，认为"三藩之乱"应称为"吴三桂之乱"，刘晓萌先生对尚之
信降吴一事也提出过疑问，但迄今为止，他们的观点一直没有得到学
术界的认可。所以，本文拟就此问题进行一番探讨，以期弄清史事的
真相。不当之处，敬请方家教正。

一、降吴之史实

康熙十二年，平南王尚可喜上疏圣祖皇帝请求归老辽东，同年七月初三日，平西亲王吴三桂为了试探朝廷对他的态度，也具疏"请撤安插"①，紧接着，耿精忠在七月初也提出"臣部下官兵南征二十余年，仰恳皇仁，撤回安插"②。让吴三桂和耿精忠没有想到的是，圣祖皇帝连客气话也没有，在康熙十二年八月初九日，竟然批准了他们的撤藩请求。十五日，即令礼部左侍郎管右侍郎事折尔肯、翰林院学士兼礼部侍郎傅达礼往云南；户部尚书梁清标往广东，吏部右侍郎陈一炳往福建，"经理各藩撤兵起行事宜"③。

圣祖皇帝的决定，让吴三桂猝不及防，他本来是假意试探，结果却弄假成真。气急败坏的吴三桂，岂肯就此罢休、甘愿撤藩。思前想后，在康熙十二年十一月底，他以召开会议为由杀云南巡抚朱国治，拘禁按察使李兴元，传檄四方，自称"天下都招讨兵马大元帅"，并致书平南王尚可喜、靖南王耿精忠以及贵州、四川、湖北等地的汉官、降将们，鼓动他们与他一同反叛清朝。到了康熙十三年二月，定南王孔有德的女婿广西将军孙延龄在桂林杀都统王永年、副都统孟一茂等人，监禁巡抚马雄镇，背叛清朝，与吴三桂遥相呼应。紧接着，康熙十三年三月十五日，靖南王耿精忠在福州囚禁了福建总督范承谟，自称"总统兵马大将军"，也起兵叛清。数月之间，江南地区烽烟四起，战火连绵，刚刚出现的太平局面刹那间烟消云散了。

在吴三桂等人叛乱的影响下，广东的形势也渐渐严峻起来，可以说已经岌岌可危，"高州总兵祖泽清附三桂据城叛，引广西叛贼马雄、郭义及三桂所遣伪将军董重民、李廷栋、王洪勋等，遂陷广东郡邑。海贼郑锦（即郑经）遣贼万余助进忠（刘进忠任潮州总兵）入寇，之孝战失利，退驻惠州"④。及至康熙十五年初，吴三桂诱平南王藩属从

① 《清圣祖实录》卷四二，康熙十二年七月，中华书局1985年版，第564页。
② 《清圣祖实录》卷四二，康熙十二年七月，中华书局1985年版，第566页。
③ 《清圣祖实录》卷四三，康熙十二年八月，中华书局1985年版，第571页。
④ 蔡冠洛编著：《清代七百名人传·尚之信传》，中国书店1984年版，第1261页。

逆，致使"两广东西交讧，王藩下总兵班际盛、孙楷宗，水师副将赵天元、赵有仪等俱叛。省兵汹汹，罔有固志"①。叛军从东、西两面对广州形成夹击之势，使广州危在旦夕，"省会一区，亡在目前，人情汹汹，皆无固志"②，连尚可喜也在住处堆满了柴草，准备自焚。在这种情况下，发生了尚之信"降"吴三桂事件，于是史书中也就有了关于尚之信"降吴"的记载。

关于尚之信"降"吴三桂的记载，最早见于康熙十五年四月初九日，江西总督董卫国给圣祖皇帝的奏报，他在奏报中说："尚之信阴与贼通，受吴三桂'招讨大将军'伪号，于二月二十一日守其父尚可喜第，倡兵作乱。"③从此，尚之信"降"吴三桂便成了事实，不断地被演化，还加进了新的内容。

《清史列传·尚之信传》中则记载说"之信遂降三桂"，尚之信"遂授伪职'招讨大将军、辅德公'"，又说吴三桂"以辅德亲王伪印与之信""三桂屡胁之信出庾岭抗大军，之信赂以库金十万两"。

康熙二十一年始修的《平定三逆方略》，在卷二十三董卫国首报尚之信"作乱"的奏疏中，更加进了尚之信"易服改旗帜""以炮击我（清）营"的内容。

民国年间修的《清史稿·尚之信传》里的记载与《清史列传》大体相同，说"之信遂降三桂"，又说"三桂授之信招讨大将军、辅德公，旋进号辅德亲王"④。

《清代七百名人传》也记载说："三桂诱其藩属从逆，水师副将赵天元、总兵孙楷宗相继叛，之信遂降。""之信遂授伪职招讨大将军、辅德公，与海贼议和"，"三桂以辅德亲王伪印与之信"⑤。

至于其他史书的记载，也大致如此。综合以上记载，可以得出的结论是：第一，尚之信投降了吴三桂，"倡兵作乱"；第二，尚之信被

① 张允格编定：《续元功垂范》。
② 尚久蕴、尚世海主编：《尚氏宗谱》（六修），1994 年 12 月内部印刷，第 196 页。
③ 《清圣祖实录》卷六〇，康熙十五年四月，中华书局 1985 年版，第 784 页。
④ 赵尔巽等：《清史稿》卷四七四，中华书局 1977 年版，第 12857 页。
⑤ 蔡冠洛编著：《清代七百名人传·尚之信传》，中国书店 1984 年版，第 1261—1262 页。

吴三桂授予"招讨大将军、辅德公"伪职;第三,尚之信被吴三桂授予"辅德亲王伪印";第四,易服改旗帜;第五,以炮击清营;第六,给吴三桂提供十万饷银。

然而,对于尚之信"降"吴三桂一事也有不同的记载。翻开《尚氏宗谱》,我们可以看到有这么一段不同的记载,"公念三朝重恩,五代荣宠,值此攻守维艰,救援莫待,以死报国,分所宜然。但死则广东省尽失,南方一带皆为贼有,其势愈炽。若乘风破浪,长驱四进,何以御之?况粤地千有余里,将来恢复非数万之众,数年之久,不克奏功。斯死非能报国,适足遗病于国也。吾心可对天日,安事虚名为哉?丙辰春,遂身摄王事,以丸疏入告(圣祖),阳为顺逆,实保地方,大兵一到,即便归正。潜遣将军舒恕率满洲官兵入京,一无所损"①。这里是说,尚之信有感于当时的情势和朝廷的恩遇,已经和圣祖皇帝达成了一种默契,就是假装从叛,实际是保护地方,等待清兵一到,就立即反正。如此一来,那么,尚之信"倡兵作乱"一事的可信度就应大打折扣了。当然,家谱有为亲者讳的嫌疑,但是这段始见于乾隆十七年三修《尚氏宗谱》中的文字,如果不是事实、不经过朝廷允许,作为编纂者的骁骑参领兼勋旧佐领尚玉德等人是不敢在家谱里如此记载的。正是有了《尚氏宗谱》的这段描述,我们才不得不对史书的记载产生进一步的怀疑,有了探求事情真相的想法。

所幸的是,在综合许多文献记载并进行分析的基础上,我们又有了一些重要发现,这就是尚之信在"降吴"一事上的疑点颇多。那么这些疑点又在哪里呢?

二、降吴之疑点

在历史研究中,对任何事情要下结论,都必须建立在全面地占有资料、系统地分析与研究的基础上,只有这样,才能拨开迷雾,得出公正、准确的结论,才能让人信服。在尚之信"降吴"这件事上,同样应该如此。对这一事件,经过比较、分析,我们认为其中存在着以

---

① 尚久蕴、尚世海主编:《尚氏宗谱》(六修),1994年12月内部印刷,第196—197页。

下几方面的疑点。

最大的疑点是，圣祖皇帝和高宗皇帝对尚之信及其后代的态度。自古以来，反叛朝廷，都是十恶不赦之罪，不仅本人要被处死，而且往往株连子女甚至亲族，将其赶尽杀绝。历史上，这样的事例比比皆是，成王败寇，不断地重演。圣祖在处理吴三桂一族和耿精忠一门时，丝毫没有手软。康熙二十一年，圣祖皇帝下令将吴世璠首级"悬示"。同年，当议政王大臣会议将对耿精忠的处理意见报上来时，圣祖断然下令将耿精忠"革去王爵，著即凌迟处死。其子耿显祚，革去散秩大臣，著即处斩。"① 死后，又被"悬首示众"，其家也被籍没。② 相比较而言，对尚之信一族就比较宽大，先是让宜昌阿将尚之信押往北京审理，后来又赐死于广州。对尚之信的家人，圣祖还谕令宜昌阿说："之信虽有罪，其妻子不可凌辱，当护还京师。"只是罪轻重不同，没有视为叛逆。

到京师后，当内务府奏请将尚之信诸子侄并妻子和儿女编入管领时，圣祖又谕令不编入管领。康熙二十一年五月二十一日，御前二等侍卫海青传达上谕："尚之信、耿精忠曾系朕怜爱之人，此正法之人，女孩何罪之有？著将女孩给予体面处，伊等所穿衣服酌情给予度日具奏"。内务府依谕旨议奏：尚之信女孩六，耿精忠女孩三，共九女孩，赏给抄家之棉绸衣服各二等，夹衣各一等，单衣各一等，麻衣各一等，绸被褥各三等，获准。更值得注意的是，康熙四十一年，圣祖皇帝又下令让尚之信的"妻子归宗完聚，仍赐田房奴仆服役养瞻"。其未婚女五人，还"特恩择配，复赐奴仆桩奁③"。而耿精忠的后代就没有这种待遇，原因就是他们的罪轻重不同，耿精忠是叛臣。

历史上的统治者在对待叛臣问题上，很少会有这样的气度。圣祖如此对待尚之信家人，固然有尚可喜的因素，但也意味着尚之信在吴三桂之乱中并无大罪，不是真正降吴。这从康熙二十一年圣祖与大学

---

① 《清圣祖实录》卷一〇〇，康熙二十一年正月，中华书局1985年版，第6页。

② 王钟翰校点：《清史列传》卷八〇《耿精忠传》，中华书局1987年版，第6665—6666页。

③ 尚久蕴、尚世海主编：《尚氏宗谱》（六修），1994年12月内部印刷，第197页。

士勒德洪、明珠的一番对话中可以看出端倪。这年正月，大学士勒德洪、明珠说："逆贼耿精忠等十人，应凌迟处死。其逆党黄国瑞等十九人，应立斩。"圣祖说："耿精忠身造罪孽，应当极刑。其子等俱行凌迟，亦有可悯，可改为斩否？"明珠回答说："耿精忠之罪，较尚之信尤为重大。尚之信不过纵酒行凶，口出妄言。耿精忠负恩谋反，且与安亲王书内，多有狂悖之语，甚为可恶。"①

从以上对话中，我们可以得到两方面的信息：其一，尚之信的罪责没有耿精忠的重，耿精忠是叛乱之罪，所以清朝对他的处罚相当严厉，不仅革去王爵，凌迟处死，而且其子耿显祚也被处斩；其二，尚之信的罪名是"纵酒行凶，口出妄言"，而不是叛乱。如果尚之信是真从乱，那么明珠在圣祖面前绝对不敢信口开河，为尚之信减轻罪责，唯一的可能就是尚之信在投靠吴三桂这一问题上与圣祖达成了某种协议，而这个约定明珠是知道的，他与圣祖是心照不宣，彼此都明白对方的意思。这从康熙十六年皇帝册封尚之信为平南亲王的诏书中也可以看出一些端倪，册封诏书中曾说"之信感戴国恩，克成父志，屡次密奏，约会大兵进粤"，这里的"克成父志，屡次密奏"，正说明了尚之信在吴三桂之乱中的立场。

及至乾隆五十七年，乾隆皇帝的一段话也道出了实情。这年三月，他看了国史馆写的傅弘烈传后，说道："及（傅弘烈）巡抚粤西，正值吴三桂倡乱之时。圣祖仁皇帝授为抚蛮灭寇大将军。傅宏烈亲统官兵恢复梧、浔等处，屡奏捷功，劳绩懋著。嗣又密疏尚之信种种逆谋，请削其藩封，分其兵柄，陈词恺切，备极忠诚。"② 这说明圣祖皇帝赐死尚之信是因为清朝要削藩，而傅弘烈的密疏在这一事件中则起了推波助澜的作用。

到了乾隆五十年（1785），在尚之信后代身上又发生了一件事。这一年，乾隆皇帝举行千叟宴，尚之信的两个重孙，即佐领尚维纶（1718—1786）、骁骑校尚维枚（1725—？）奉命参加了千叟宴，宴会上二人依韵作诗唱和，还收到了乾隆皇帝的丰厚赏赐，而耿精忠的弟弟耿昭忠、

---

① 《清圣祖实录》卷一〇〇，康熙二十一年正月，中华书局1985年版，第6页。
② 《清高宗实录》卷一三九九，乾隆五十七年三月丁酉，中华书局1985年版，第791页。

耿聚忠一族就没有这个待遇。更奇怪的是尚之信的后代，后来还被授予了官职或爵位，有的被授参领、佐领、游击、副都统，有的赠资政大夫、武毅大夫、武略郎，等等。甚至还与清皇室联姻，成了清宗室的快婿。据《尚氏宗谱》记载，尚之信的重孙尚维纶（1718—1786）娶了满洲正蓝旗宗室口代之女爱新觉罗氏。

纵观中国历史，作为"逆臣"的后代能有如此待遇实为罕见。这种反常现象的出现，说明一个问题，就是尚之信"降吴"一事一定不是史书说得那么简单，可以肯定不是叛清，不是真降吴。

另一个疑点是，尚之信"降吴"以后的行动。无论是耿精忠，还是孙延龄，他们响应吴三桂叛乱后，都曾出兵与清军作战。唯独尚之信，我们翻遍史料，可见的都是说他阴与贼通或接受伪号等笼统记载，或者是对他的声讨，却找不到他与清军作战的任何记载，唯一可见的是他炮击清营和给吴三桂提供饷银十万两。

关于炮击清营，表面看是与清军交上火了，其实不然。这一记载出自《平定三逆方略》，但对于炮击清营的时间、地点并没有说明。而且对于炮击清营的时间，其他史书都没有确切记载。《江西通志》卷三三记载说，康熙十五年三月，镇南将军舒恕与莽依图从广东"回驻南安，顿兵城外"。据此可知，舒恕从广东撤军当在康熙十五年三月份。那么舒恕是从哪里撤往江西的呢？据《清史列传》卷七《舒恕传》和《八旗通志·舒恕传》记载，康熙十四年，舒恕在与马雄、王弘勋接战失利后，撤到了肇庆。那么是不是就是从肇庆直接撤回的呢？据《平定三逆方略》卷五二记载，康熙十九年，曾谕议政王，表达了对舒恕装病的强烈不满，内中涉及舒恕撤军的路线，即从高州到肇庆，继到广州，又从广州经韶州、南雄，撤到赣州，就是说舒恕是从广州撤离的。当时尚之信正在广州，这说明"炮击清营"一事也发生在广州。

《平定三逆方略》卷二三说舒恕在尚之信"炮击清营"后"引兵归"。那么，舒恕所部满洲兵是全身而退，还是损兵折将的呢？无论是《清圣祖实录》，还是《清史列传》《八旗通志》等都没有说明，不过综合各方面的资料分析，我们不难发现其中的隐情。首先《尚氏宗谱》（三修）中说尚之信"潜引将军舒书（恕）率满洲官兵入京，一无所损"，就是说舒恕的军队从广州撤离时毫发无损，全身而退，也就是说尚之信"炮击清营"时，清军的营垒是一座空营，是在清军撤出后炮击的。其次，舒恕从高州败退到肇庆，又从广州撤离防地，并没有得到皇帝的指令，按律，不进行抵抗，私自撤离防地，其罪非轻。但是圣祖并没有责怪舒恕，更没有给他任何处分，反而令他与简亲王喇布等率兵"御闽粤诸寇"。即使是康熙十九年旧事重提，也是略施薄惩，不过罪名却不是因为他在广州私自撤兵，而是因为其他的罪名受惩罚。

由此，我们对"炮击清营"事件可以有一个大致的轮廓。就是在广州城岌岌可危的情况下，尚之信为保证广州不受叛军攻击，与镇南将军舒恕达成了一种默契：一方面，让舒恕所部满洲军撤出广州，安全北返；另一方面，朝清军的空营放几声空炮，掩人耳目，做个样子给吴三桂及其叛军看，并且这一计划得到了圣祖的首肯。否则，圣祖当时不可能没有一句谴责的话，任由舒恕擅自从广州撤军。

关于给吴三桂提供饷银十万两，也应当进行分析。康熙十五年，清军与吴三桂、孙延龄、耿精忠等的叛军在湖北、湖南、江西等地展开争夺战，你来我往，战争处于胶着状态。面对生死攸关的战局，吴三桂多次胁迫尚之信从庾岭出兵，抵抗清军。对此，尚之信当然知道轻重利害，如果按照吴三桂的指令出兵，势必和耿精忠一样，彻底与清朝对敌；如果不按照吴三桂的指令出兵，又势必引起吴三桂的不满，使广东遭受兵火之灾，于是，权衡利弊，送给了吴三桂饷银十万两，终将出兵庾岭一事躲了过去。

与拒绝吴三桂出兵相反，尚之信却紧密联系了傅弘烈。康熙十五年九月初七日，傅弘烈到达了三水县，在这里，他与尚之信进行了会晤，随后在尚之信的引导下去见尚可喜。一见面，尚可喜就拉着傅弘烈的手，对他说："我脾气已坏，不能生矣。清朝恩深难报，兵变至此光景。尔与我大儿子同心协力，杀却马雄，取了肇庆，以通广东、广西咽喉，然后披剃，将两粤复还朝廷，我死亦瞑目感激汝矣。"事后，他们二人商定：合兵进取肇庆，擒斩马雄，然后剃发上疏，接着再平定惠州、潮州。随后，尚之信派原潮州总兵王国栋率兵同傅弘烈约定时间，共同起兵。不料事泄，计划破灭。对此，傅弘烈"愤几自尽"，尚之信苦口婆心地劝说傅弘烈"留身后用"，并资助他饷银五千两，粮米四千石，还嘱咐他到江西。所以，后来傅弘烈总结说："臣得保全以归朝廷，尽力封疆，以展夙志，实荷平南亲王臣尚可喜遗嘱指示、安达公臣尚之信助饷助米"①。

尚之信的这些举动，再次说明他并不是真正地"降"吴，"降"吴只是为保全广东的权宜之计。

再一个疑点是，圣祖皇帝听到尚之信"倡兵作乱"的奏报时，与听到吴三桂、耿精忠等叛乱时的态度迥异。康熙十二年十二月二十二日，得到四川湖广总督蔡毓荣关于吴三桂反叛的消息，其反应相当强烈，在二十四日，他就令多罗顺承郡王勒尔锦为宁南靖寇大将军，总统诸将进剿。二十七日，又发布上谕，对吴三桂大加斥责："逆贼吴三桂穷蹙来归，我世祖章皇帝念其输款投诚，授之军旅，锡封王爵，盟勒山河。其所属将弁，崇阶世职，恩赉有加，开阃滇南，倾心倚任。迨及朕躬，特隆异数，晋爵亲王，重寄干城，实托心膂，殊恩优礼，振古所无。讵意吴三桂，性类穷奇，中怀狙诈，宠极生骄，阴图不轨，于本年七月内，自请搬移。朕以吴三桂出于诚心，且念其年龄衰迈，师徒远戍已久，遂允奏请，令其休息。仍敕所司安插周至，务使得所。又特遣大臣前往，宣谕朕怀。朕之待吴三桂，可谓礼隆情至，蔑以加矣。近览川湖总督蔡毓荣等疏称吴三桂径行反叛，背累朝豢养之恩，逞一旦鸱张之势，横行凶逆，涂炭生灵，理法难容，神人共愤。"② 并削吴三桂爵位。

康熙十三年三月十六日，得到杭州将军图喇疏报，说耿精忠据福建反。四月，圣祖一边将耿精忠在京城的弟弟等给抓了起来，一边痛斥耿精忠："逆贼耿精忠，庸懦无能，痴愚寡识。祇缘伊祖耿仲明航海来归，太宗文皇帝念其投诚之功，特封王爵，宠眷优隆。世祖章皇帝定鼎燕京，复加委任，令其统兵镇粤，中道殒身。其子耿继茂叨恩承袭，两镇岩疆，恪共职守，朕惓怀勋裔，恩礼有加，及其病亡，尤深轸恤，特遣部臣，颁赐敕谕，俾耿精忠袭封王爵。自伊祖以及伊身，

① 《傅忠毅公全集》卷之一，陈合谋灭贼情形疏。
② 《清圣祖实录》卷四四，康熙十二年十二月，中华书局1985年版，第588页。

受恩三世，四十余年。在耿精忠赖祖父之余勋，冒朝廷之崇秩，自宜感恩图报，殚竭忠忱。不意其包藏祸心，潜谋不轨，乘吴逆之变，辄行反叛，煽乱地方，罪恶昭彰，国法难宥。今削其王爵，遣发大兵进剿，指日荡平。"①

当然，圣祖也斥责了反叛的孙延龄，说：朝廷对孙延龄"委任有加，恩宠罔替。不意孙延龄包藏祸心，背恩忘义，结连逆贼吴三桂，辄行反叛，煽乱地方，国法难容，宜加显戮。今削其将军职衔，大兵指日进剿，立正典刑"②。可是，当康熙十五年四月初九日，从江西总督董卫国的奏报中得到尚之信"倡兵作乱"的消息后，反应很淡定，既没有发布上谕斥责尚之信，也没有派大兵赴广东进剿，只是令清军在广东邻省加强防务，以备不测。当接到简亲王喇布奏报尚之信密疏归正的消息后，又敕谕尚之信说："今览尔密奏，称父子世受国恩，断不敢怀异念，愿立功赎罪，来迎大师。知尔父子不忘报国，念笃忠贞。因事出仓卒，致成变异，朕心深为恻悯。今特降旨，将尔已往之罪，并尔属下官兵概行赦免。倘能相机剿贼，立功自效，仍加恩优叙。尔当益竭悃诚，勉图后效，以副朕始终曲全至意。"③ 同样是"从乱"，圣祖的态度迥异，由此可以肯定他们事先有过沟通，即尚之信与圣祖之间一定有密约。

第四个疑点是，假冒舒妃和胡氏名义上疏诬告尚之信。康熙十九年六月二十日，圣祖接到和硕安亲王岳乐的奏报，说平南王尚可喜的王妃舒氏、夫人胡氏，首告其子尚之信"罪逆当诛"。对于舒氏、胡氏首告尚之信奏疏的内容，没有见到全文，不过《清史列传》中有一大段记载："逆子尚之信怙恶不悛，酗酒肆暴，杀害善良，凌虐官吏；甚至奉命出师，顿兵不进，私回东省，迟误军机。不臣之心久萌，谋逆之变可虑。恐祸延宗祀，不禁饮泣寒心！密令都统王国栋等选员擒之，请旨正法，并收禁其妻耿氏、子崇溢（谥）。乞圣慈垂念先臣忠荩，改

---

① 《清圣祖实录》卷四七，康熙十三年四月，中华书局 1985 年版，第 618 页。
② 《清圣祖实录》卷四七，康熙十三年四月，中华书局 1985 年版，第 614 页。
③ 《清圣祖实录》卷六四，康熙十五年十二月，中华书局 1985 年版，第 826—827 页。

令一子袭爵。"①

舒氏、胡氏的首告在朝野引起了更大规模的震动，使许多人相信了尚之信"谋叛"之说。如郝浴就曾在奏疏中说："今尚之信有其母舒氏、胡氏，有其弟尚之璋及其都统王国栋等与该省督抚，俱有参拿之疏，此皆天假其便，使自发露于光天化日之下，以待朝廷之取问。……今舒妃、胡妃之贤，既能深知大体，鸣鼓内攻，自应速褒其母之贤，速致其子之来。"② 这段话有三层意思，一层是他相信舒氏、胡氏的揭发是真的，另一层是主张对舒氏、胡氏进行褒奖，再一层是将尚之信逮到京城进行审问。

这份奏疏确实是以舒氏、胡氏的口气写的，不过奏疏的内容却与舒氏、胡氏的身份不相符，作为内眷，她们不可能对外界的事情有如此深刻的了解。果然，尚之信被逮后，舒氏、胡氏就上疏辩白此事，说先前以她们名义告发尚之信的奏疏不是她们所写，而是王国栋等冒名代奏的。

康熙十九年夏，尚之信已经被逮，羁押于广州。如果尚之信真正反叛清朝，那么仅此一条就可葬送其身家性命，甚至株连尚氏一族。王国栋以舒氏、胡氏的名义上疏揭发尚之信，只能说明当时尚之信之罪不大，还不足以置其于死地，所以要以舒氏、胡氏的名义进行诬陷，以达到他们的目的。如此看来，尚之信"降"吴的真实性便不成立了。

第五个疑点是，事后圣祖皇帝处理了尚之信一案中的有功人员。在针对尚之信的削藩过程中，宜昌阿、金光祖、金俊、傅弘烈、王国栋、张永祥、田世雄、尚之璋等都是有功人员，可是，他们当中，除了傅弘烈被吴世璠处死于贵阳、王国栋被李天植和尚之节等诱杀于广州尚王府外，其他人员都被借理由加罪处罚。康熙二十三年，侍郎宜昌阿、巡抚金俊因"侵蚀兵饷及入官财物"、谋害商人沈上达灭口等罪，被处死；金光祖在康熙二十年十二月，遭到副都御史余国柱劾奏，而被革职归旗，没过几年，便抑郁而终；张永祥在康熙二十二年十二

---

① 王钟翰校点：《清史列传》卷八〇《尚之信传》，中华书局1987年版，第6674页。
② 《中山郝中丞集·奏议》卷二，康熙官刻本。

月，因"用非刑考讯"，被革职；田世雄因知情不先举报，被杖责后流放了；尚之璋在康熙十九年，被调往京城。二十三年五月，又定其罪，秋后被杀。

固然这些人是因为贪赃或有罪而被处理，但是，不能排除其中所隐含的其他因素，这就是圣祖皇帝以此达到了两个目的。其一，使自己与他们之间关于除掉尚之信的一些谋划成为永远的秘密；其二，这些人是尚家最痛恨的人，将他们治罪，可以消除尚家人的心中怨气，给他们一个交代，将自己打扮成为尚家报仇的恩人，继续让尚家感恩戴德。由此，我们可以判断，假若尚之信是真的"降"吴，那么圣祖又何必如此大费周折呢？

第六个疑点是，派心腹"守其父尚可喜第"。康熙十五年二月二十一日，安达公尚之信"遣心腹环守可喜藩府，戒毋得关白诸事"①。很快，这件事情被董卫国以"守其父尚可喜第，倡兵作乱"报告给了皇帝，成为尚之信叛清的证据。傅弘烈在其《傅忠毅公文集》中，有一篇《密陈藩王尚之信不忠疏》的密报，也说尚之信"夺印反叛"，即夺平南亲王印"反叛"。

我们知道，从康熙十五年起，尚之信就代父理事，处理军务。因为这时，尚可喜已经生病，而且病得不轻，这年正月，他在给圣祖的奏疏中就曾提到自己"病日剧"，后来，当听说尚之信"降"吴时，正卧床养病的他因"弗能制，愤甚，自缢，左右解之，苏，遂不起"。所以，"夺印"一说不可能成立。至于派兵守尚可喜的府第，当与袭封平南亲王爵位有关，而与"降"吴无关。

对于平南王爵位，由于尚之信品行不端，尚可喜曾有意让次子尚之孝继承，并在康熙十三年上疏："臣众子中，惟次子都统尚之孝律己端慎，驭下宽厚，可继臣职。至于军机事宜，臣虽衰老，尚能指挥调度，断不致有误封疆。"②四月十一日，圣祖览奏后，就批准了他的奏请，下令让尚之孝袭封平南王爵位。尚之孝获悉后，很是惶恐，担心

① 王钟翰校点：《清史列传》卷八〇《尚之信传》，中华书局 1987 年版，第 6669—6670 页。

② 《清圣祖实录》卷四七，康熙十三年四月，中华书局 1985 年版，第 613 页。

因此事获罪于兄长尚之信，酿成王府里的祸端，或引起王府上下的猜忌。所以，他找到了当时任广东巡抚的妹夫刘秉权，向他说明了自己无意承袭王位的想法，请他代为转奏，请圣祖收回成命。同年七月，广东巡抚刘秉权当即给圣祖上了一道奏疏，议政王大臣等议覆后建议说："平南王次子都统尚之孝辞袭王爵，今当诸逆鸱张、大兵进剿之时，平南王尚可喜筹划周祥，精神强健，应令尚可喜照旧管事。俟事平，令尚之孝承袭。"① 初六日，获准。

这一次袭爵风波，使尚之信甚为不满，对其父亲"怨望益深"。同时也使他感到了危机。康熙十四年，清朝在授他讨寇将军衔时，也授尚之孝为平南大将军，尚可喜还派尚之孝率兵征讨叛军。这更加剧了他的危机感。为了使自己能够承袭爵位，他必须想方设法隔绝尚之孝与尚可喜间的联系，以巩固自己的地位，后来形势的发展也证明了这一点。尚可喜去世前，尚之信就夺了尚之孝的兵权，让他闲居广州，侍奉尚可喜。后来甚至又"以之孝尝典兵，不欲其居广州，疏请遣还京师"②。

这里还有一个值得注意的问题，就是董卫国的奏报里用的是"守"字，而不是"围"字，一字之差，意思就完全不一样。用"守"字，就说明尚之信一方面是出于保护其父的目的，不让人向尚可喜关白诸事，以免其父徒增烦恼，而加剧病情；另一方面，切断尚之孝与其父亲的直接联系，形成要见尚可喜，必须通过尚之信的局面。再者，当时广州的形势很严峻，派心腹守其父亲府第，也不排除有保护其父的意愿。所以，不能把尚之信派心腹"守其父尚可喜第"作为其"降"吴的证据。

第七个疑点是，尚之信的一封奏疏。康熙十六年六月十一日，尚之信给圣祖上疏说"臣父平南王尚可喜于去年二月兵变之后，投缳自尽，被左右救苏。后忧郁疾笃，于康熙十五年十月二十九日薨逝"③。这里的"兵变"当指其"降"吴一事。在这篇奏疏里，尚之信承认由

① 《清圣祖实录》卷四八，康熙十三年七月，中华书局1985年版，第632页。
② 赵尔巽等：《清史稿》卷四七四《尚之信传》，中华书局1977年版，第12858页。
③ 《清圣祖实录》卷六七，康熙十六年六月，中华书局1985年版，第862页。

于他的兵变导致其父亲"投缳自尽",如此不孝,这在当时是不为人所齿的,尚之信能把它写进给皇帝的奏疏里,说明他有底气。这底气就是"忠君",只有在"忠君"的条件下,不孝才会被原谅。由此可见,他的兵变"降吴"肯定是与圣祖已经达成了某种默契,换句话说就是得到了皇帝的首肯。

三、降吴之真相

既然尚之信"降吴"有这么多的疑点,那么事情的真相又是如何呢?结合官方史料和私人著述,在分析、研究的基础上,我们又可以得出这样的结论。

康熙十二年,吴三桂叛乱后,孙延龄、耿精忠先后在康熙十三年起兵响应,一时之间,云南、贵州、四川、湖南、广东、广西、福建、江南、江西、浙江、陕西、湖北等省燃起战火,或者被叛军控制,或者成为清军与叛军的争夺之地。年老力衰的尚可喜全力主持广东军务。在广州调兵遣将,积极地进行平叛。康熙十三年,潮州总兵官刘进忠叛应耿精忠后,尚可喜立即以都统尚之孝为帅,率领尚之节、严自明、王国栋等前往潮州平叛,并亲授方略。七月,提督严自明率兵在程乡击败刘进忠部将陈奠,先后收复程乡县城及镇平、平远两县。八月,尚之孝进军至普宁,在普宁知县段藻的帮助下顺利地占领了普宁。接着他派兵乘胜追击,收复了大埔,直抵三河坝,又亲自率兵进击潮州,与刘进忠所部交战,三战三捷,斩刘进忠副将陈琏等千余人。十二月,副都统尚之节率兵攻克了东津、笔架山、洗马桥等地叛军营地;巡抚刘秉权与王国栋则领兵攻克凤凰州木城两座,斩叛军提督金汉臣,歼敌五千余人;副将何九衢也收复了海澄县城。在这期间,尚可喜还遣金光出征佛山镇,在广州百姓陈士奇的配合下,设计平定了江鹏鳌的叛乱。康熙十四年,尚可喜派兵击败侵犯连州的叛军黎化中、李汉英部,随后又令游击李有才率兵在大田头、蔗塘、清水擒斩无数。直到同年闰五月,尚可喜还命尚之孝等率清军征讨叛军。另一方面,尚可喜不断地给朝廷上疏汇报广东的情况。当吴三桂派兵马两万屯驻黄沙河后,尚可喜立即上报,指出事态的严重性,"孙吴二逆合兵一处,则势益猖獗"，请求朝廷向广东调派援兵，与他一同征剿孙延龄。十三年五月，圣祖皇帝还接到了尚可喜关于潮州总兵官刘进忠暗通耿精忠，并在四月二十日拥兵叛乱的奏报。十四年，当叛镇祖泽清据高州，引导广西叛军接连攻克雷州、德庆、开建、电白等城时，尚可喜又连章告急，请求援兵。

然而，康熙十四年六月以后，清军仍节节失利：西线高州总兵祖泽清叛乱，引马雄等逼近新会；东线尚之孝退守普宁，正所谓"东西交讧"。由此，广东的形势日趋严峻，这时，年老多病的尚可喜已经越发感到力不从心了，根本无法再组织清军抵抗叛军的进攻。

在等不到援军，又等不到朝廷派来驻镇广东的大臣后，尚可喜只好将广东的事务交给长子尚之信，同时在住所外堆满柴草，待广州城破时自焚殉国。

尚之信临危受命，为保广东安全，于是"丸疏入告"圣祖皇帝，在得到同意后，便在康熙十五年二月二十一日发动"兵变"，"投降"吴三桂，事实也的确如此。康熙十六年八月二十二日，尚之信在给圣祖的一份奏疏中就谈到了密疏一事："臣之信受恩两朝，捐埃莫报，高天厚地，局蹐难安，去岁陡遭变乱，势逼曲从，一腔报国之诚，久经密疏具题，业蒙皇上洞见。"① 这说明两个问题：一是尚之信之"降吴"确实征求过圣祖的意见，二是证明了《尚氏宗谱》中记载的"丸疏入告"一事确实存在。换一个角度来看，如果尚之信没有向圣祖皇帝上奏"密疏"，那么他在康熙十六年八月二十二日给皇帝奏疏中绝对不敢说"去岁陡遭变乱，势逼曲从，一腔报国之诚，久经密疏具题"一语。

那么，尚之信"降"吴又是出于什么考虑呢？主要是出于两方面考虑，第一，力保广东。当时广东的形势是内有叛将，外有强敌，如果不降吴三桂，势必使广东兵连祸结，很难保全，最后的结果必然是被叛军占领，清朝失去广东。如果"降"吴，那么广东就可能免于兵灾。第二，为家族考虑。尚氏一族在广东经营近三十年，积累了巨额财富，而且家口众多，家族的命运和清朝的命运连在一起，如果广州

---

① 中国第一历史档案馆藏：《内阁制诏诰敕等》，第 1773 号，暂管平南亲王军机事务少傅兼太子太保公尚之信谨题为天恩隆重臣罪难赎恳乞收回成命准辞王爵免滋罪戾事。

失守，势必玉石俱焚，尚氏一族在广东的利益也必然烟消云散。只有采取"降"吴的权宜之计才能化解这场危机。

留得青山在，不怕没柴烧，暂时"降"吴，待时机成熟，主动归正，献出广东，使朝廷不战而取广东，未免不是一个好的选择。于是，尚之信按照他说的"阳为顺逆，实保地方，大兵一到，即便归正"而"降"吴三桂了。

为了进一步掩人耳目，他炮击了舒恕已经撤兵的清军大营，还"阳沉于酒以安贼志"。尽管有人说他"易服改旗帜"，接受"招讨大将军、辅德公"伪号，吴三桂"以辅德亲王伪印与之信"，但这些说法有的是不真实的。即便真的如此，也没有关系，因为它只是尚之信为达到自己既定目的所施的手段，是在保护清朝在广东的根本利益的大前提下所做出的权宜之计。

所以说，三修《尚氏宗谱》中的记载是准确的，也完全符合尚之信当时的心态。在尚之信假意降吴的二百八十五天内，历史的进程也正按照他设想的那样发展下去，不仅广东得以保全，尚氏家族也平安地度过了危机，尚之信个人也及时归正，并参与到清朝的平叛战争中。

总而言之，尚之信"降吴"并不是一个简单的事件，其中包含着诸多的隐情，有很多疑点，如果不进行全面系统的分析比较，很难弄清事情的原委。在此，我们可以这样认为：尚之信在广东岌岌可危之时，从朝廷大局和家族的切身利益出发，在得到皇帝默许的情况下选择了"降吴"，"降吴"是假的，是权宜之计，为清朝守住广东并保护尚氏家族的利益才是他的真正用意。

尚之信死因考

康熙十九年（1680），皇帝下令将尚之信押回广州，说尚之信"不忠不孝，罪大恶极，本当如议处斩，念其曾授亲王，姑从宽赐死"[①]。

---

① 王钟翰校点：《清史列传》卷八〇《尚之信传》，中华书局1987年版，第6675页。

闰八月十七日，尚之信结束了他的一生。尚之信难道真的如圣祖所言，是因"不忠不孝，罪大恶极"而被赐死的吗？通过阅读清初的史料，我们发现事实远不是那么简单，其背后隐藏着许多鲜为人知的因素。在此，本文将做一番探讨，以飨读者。不当之处，敬请方家教正。

一、削藩政策下的必然结果

顺治十八年（1661）正月，世祖皇帝病死。初九日，年仅八岁的皇太子玄烨即位，以明年为康熙元年。世祖皇帝去世前，遗命由索尼、苏克萨哈、遏必隆、鳌拜四大臣辅政。由于索尼年老，鳌拜日益专权，根本不把少年天子放在眼里，主弱臣强的局面在康熙初年成为清政权的一大特色，这在圣祖皇帝的心中留下了很深的阴影。尽管他心里愤懑，一直渴望收回属于他的权力，但始终没有找到合适的机会。皇天不负有心人，好在康熙八年五月，他韬光养晦，终于抓住机会，智擒鳌拜，并铲除鳌拜的党羽，将权力牢牢地控制在自己的手中。

然而，铲除鳌拜，将朝中权力收回，只是加强皇权的良好开端，地方上还有更大的难题等着他去解决。这就是清初所封的异姓王问题，他们是清朝加强中央集权过程中最大的阻力，也是最危险的因素。

清初以来，清朝统治者为了使汉官降将们帮助他们与明朝作战、问鼎中原，实现对全国的统治，曾分封了五个异姓王：崇德元年（1636），封孔有德为恭顺王，耿仲明为怀顺王，尚可喜为智顺王；顺治元年（1644），封吴三桂为平西王；顺治十四年，封孙可望为义王。顺治六年，改封孔有德为定南王，改封耿仲明为靖南王，改封尚可喜为平南王。康熙元年（1662）五月，将吴三桂晋爵亲王；康熙十四年，又将尚可喜晋封平南亲王；顺治九年，孔有德在桂林兵败身亡，子死爵除；顺治六年十一月，耿仲明因部下隐匿满洲逃人被责，畏罪自杀，其子耿继茂继承了靖南王爵位，康熙十年五月，耿继茂病卒，由其子和硕额驸耿精忠承袭靖南王爵位；顺治十七年十一月，义王孙可望死，顺治十八年四月，其子孙征淇承袭爵位，数月后也死，同年十二月，孙征淇弟孙征淳再承袭爵位，康熙十一年，孙征淳死，同年八月，议政大臣等议停袭，奉诏降为公爵，义王爵除。所以，到康熙十二年吴三桂叛乱前，五位藩王只剩下三位，即镇守云南的平西亲王吴三桂、镇守广东的平南王尚可喜、镇守福建的靖南王耿精忠。

圣祖皇帝从历史的经验中也认识到藩王的存在对皇权的危害，所以他亲政后一直将此事记在心上，康熙三十一年二月初一日，他在对大学士等的训谕中曾回忆说："朕听政以来，以三藩及河务、漕运为三大事，夙夜廑念，曾书而悬之宫中柱上，至今尚存。"① 他试图想办法解决"三藩"问题，只是一直没有找到合适的机会和理由。

康熙十年和康熙十二年发生的一件事情，为"三藩"问题的解决带来了契机，这件事情就是平南王尚可喜所上的归老辽东的奏疏。尚可喜之所以提出撤藩，与他的谋士金光有很大的关系。金光曾对尚可喜说："王已位及人臣，恩宠无以复加。树大招风，朝廷对王很不放心，历来外姓封王没有能长久的。莫如交出兵权，回辽东养老。"尚可喜接受了金光的建议，继顺治十二年十月提出归老引退的请求后，在康熙十年，又借自己年老有疾，上疏圣祖皇帝，以"航海归命以来，效力封疆三十九年，南方边地一有缓急，恐难卧理"② 为由，请求交出兵权，由世子尚之信回粤暂管军务。康熙十二年，尚可喜再次上疏："臣自奉命镇粤以来，家口日蕃。顺治十二年，曾具疏请解兵柄，部臣以地方未宁，俟后议。方今四海升平，臣年已七十，精力就衰，正退耕垄亩之日。伏念太宗皇帝时曾赐臣以辽东海州及清阳堡等处地。今乞准臣仍归辽东安插故土。"③ "愿归老辽东，有旧赐地亩房舍，乞仍赐给。臣量带两佐领甲兵并藩下闲丁、孤寡老弱，共四千三百九十四家，计男妇二万四千三百七十五名口。其归途夫役口粮，请敕部拨给。"④ 尚可喜的请求，对圣祖皇帝来说无疑是雪中送炭，为他撤藩提供了千载难逢的好机会，因此，圣祖皇帝发自内心地表示赞赏："王自航海归诚，效力累朝，镇守粤东，宣劳岁久，览奏年已七十，欲归辽东，情词恳切，具见恭谨，能知大体，朕心深为嘉悦。今广东已经底

---

① 《清圣祖实录》卷一五四，康熙三十一年二月辛巳，中华书局1985年版，第701页。
② （明）释今释撰定：《元功垂范》卷下。
③ 《平定三逆方略》卷一，文渊阁《四库全书》本。
④ 《清圣祖实录》卷四一，康熙十二年三月，中华书局1985年版，第552页。

定，王下官兵家口，作何迁移安插，议政王大臣等会同户、兵二部确议具奏。"① 同意了他的请求。

恰在这时，吴三桂见尚可喜提出归老辽东申请，也想借此机会试探一下朝廷对他的态度，于是在康熙十二年七月初三日也具疏"请撤安插"②，紧接着耿精忠在七月初也提出了"臣部下官兵南征二十余年，仰恳皇仁，撤回安插"③。

面对三个藩王的"撤藩"请求，圣祖均令议政王大臣等会同户、兵二部确议具奏。于是议政王大臣等就此事展开讨论，结果是同意撤尚、耿二藩，但在撤吴藩的问题上形成了两种意见：有的大臣主张撤吴藩；有的大臣对吴藩有顾虑，因而反对撤吴藩。其中反对撤吴藩的占多数。针对这种结果，圣祖不甘心坐失良机，在康熙十二年八月初九日，他乾纲独断，毅然做出了撤藩的决定，批准了尚可喜、吴三桂、耿精忠的撤藩请求。十五日，令礼部左侍郎管右侍郎事折尔肯、翰林院学士兼礼部侍郎傅达礼往云南；户部尚书梁清标往广东，吏部右侍郎陈一炳往福建，"经理各藩撤兵起行事宜"④。

圣祖的决定，大出吴三桂、耿精忠两藩的意料，他们没有想到自己偷鸡不成反蚀把米，惹火烧身。于是在康熙十二年十一月底，平西王吴三桂以召开会议为由杀云南巡抚朱国治，拘禁按察使李兴元，传檄四方，自称"天下都招讨兵马大元帅"，并致书平南王尚可喜、靖南王耿精忠以及贵州、四川、湖北等地的汉官降将，鼓动他们与其一同反叛清朝，首先挑起了叛乱的战火。

在吴三桂的利诱与煽动下，南方的许多汉官降将纷纷倒戈叛清。康熙十三年二月，定南王孔有德的女婿广西将军孙延龄在桂林杀都统王永年、副都统孟一茂等人，监禁巡抚马雄镇，背叛清朝，与吴三桂遥相呼应。康熙十三年三月十五日，靖南王耿精忠在福州囚禁了福建总督范承谟，自称总统兵马大将军，也起兵叛清。

① 《清圣祖实录》卷四一，康熙十二年三月，中华书局1985年版，第552页。
② 《清圣祖实录》卷四二，康熙十二年七月，中华书局1985年版，第564页。
③ 《清圣祖实录》卷四二，康熙十二年七月，中华书局1985年版，第566页。
④ 《清圣祖实录》卷四三，康熙十二年八月，中华书局1985年版，第571页。

一时之间，中国南方战火四起。面对如此局势，圣祖除了出兵平叛外，又对叛军进行分化瓦解。康熙十二年十二月二十二日，他下令停撤耿、尚两藩，当月二十七日又诏削吴三桂爵位。在清军的军事打击和圣祖的分化瓦解下，康熙十五年十月初四日，耿精忠"率伪文武官员出城迎降"①。康熙十五年十月二十九日，尚可喜病逝于广州，同年十二月初九日，尚之信归正，十六年六月初三日，圣祖令尚之信袭平南亲王爵位。康熙十七年，孙延龄被吴三桂之孙吴世琮等诱杀于桂林。康熙十九年四月十九日，圣祖令耿精忠去京城。于是，到康熙十九年，五个异姓王里只剩下了平南亲王尚之信和靖南王耿精忠，而实际上对清朝中央集权构成威胁的只有一个拥兵在外的平南亲王尚之信了。因为耿精忠到北京后即被清廷控制起来，并在康熙二十一年正月二十日被革去王爵，凌迟处死了。

这样一来，如何解决尚之信的问题就摆在了圣祖的面前。其实，圣祖一直通过各种渠道注视着尚之信的一举一动。康熙十六年十二月二十九日，他任命"居官本无善状"的都察院左副都御史金俊为广东巡抚，召见金俊时，曾告诫他到广东后"悉心料理，以副朕委任之意"②。从后来的事件发展和圣祖的话语来看，这种委任已经包含了对尚之信的监视，而且金俊也是这么做的。至于傅弘烈，走得比金俊更远，他不仅将关于尚之信的信息不断地传给圣祖，而且还为圣祖削藩出主意。康熙十八年，他提出："藩镇兵权不宜太重，趁此大兵在外，军威大振之日，急应善为布置，密为解散，亿万年太平之基也"③。本来圣祖对投诚官员就缺乏信任，康熙十九年十月，他曾对大将军图海说："投诚官员，岂可深信"，要对他们"留置左右，时加防范"④，还说："受伪职者，名节弃灭，大玷人臣之谊，若辈不合仍令居官"⑤。傅弘烈的建议无疑对尚藩不利。尤其是到康熙十九年，平定吴三桂之

① 《清圣祖实录》卷六三，康熙十五年十月，中华书局1985年版，第816—817页。
② 《清圣祖实录》卷七一，康熙十七年正月丙申，中华书局1985年版，第910页。
③ 《傅忠毅公全集》卷首《傅弘烈传》，咸丰元年刻本，第6页。
④ 《清圣祖实录》卷九二，康熙十九年十月，中华书局1985年版，第1169页。
⑤ 《清圣祖实录》卷九九，康熙二十年十二月戊子，中华书局1985年版，第1245页。

乱已经胜利在望，尚之信的利用价值已经大打折扣，到了该算总账的时候了。

诚然，尚之信的结局是多方面原因造成的，不过，圣祖的坚决削藩是其被赐死的根本原因，康熙二十二年四月初三日，皇帝谕大学士等说："边疆提镇，久据兵权，殊非美事。兵权久握，心意骄纵，故每致生乱。常来朝见，则心知敬畏。如吴三桂、耿精忠、尚之信辈，亦以不令来朝，心生骄妄，以致反叛。"① 从中我们或可看出端倪，这就是在吴三桂、耿精忠两藩覆灭后，圣祖不可能独留尚藩，他要彻底消除威胁皇权的王权。

至于如何处理尚之信、削去尚藩，圣祖皇帝要找正当的理由，还要等待时机。果不其然，有关尚之信不法的消息，通过广东当地的文臣武将源源不断地传到了京城。

二、文臣武将的推波助澜

飞鸟尽良弓藏，狡兔死走狗烹，这样的故事中国历史上一直上演着，只是不断地变更着主角与配角。既然尚藩已经完成了他的历史使命，圣祖又有意削藩，那么大清的臣子中就不乏善于揣摩皇帝的心思者，他们会不遗余力地为皇帝去搜罗消息，促成削藩目的的实现。在这一过程中，傅弘烈、金俊、王国栋、金光祖、尚之璋、张永祥、张士选等人便纷纷登场，开始了自己针对尚藩的活动。

其中，向圣祖皇帝汇报最多的是广西巡抚、抚蛮灭寇将军傅弘烈。康熙十七年二月，他向朝廷发出了第一份关于尚之信的密报。在这份密报中，他说："平南王尚之信酒后无德，近见皇上颁旨及部议不甚如意，又一时更换抚院藩司，心甚疑畏，见今大兵屯梧州，粮料船只军需火药皆要藉其接应，若尚之信不肯急公，则臣等内外掣肘，无计可施矣，伏乞皇上恩加安慰，一切题请事宜，暂允其请，俟广西平定，然后更易，未为迟也。"② 同篇密报中还说："臣血心为国，凡事筹画，直陈缮疏，事不合式，盖恐泄露，激成嫌隙，有误封疆。伏乞皇

---

① 《清圣祖实录》卷一〇九，康熙二十二年四月，中华书局1985年版，第106页。
② 《傅忠毅公全集》卷二《密陈军情疏》，咸丰元年刻本。

上留中密览，鉴宥施行。尚之信官兵，臣同事心腹，其反复莫测，臣知之最深，宜用其弟尚之孝带领官兵来守梧州，与臣同事，以备消弭之用。"① 这份密报的用意很明显，其一是向圣祖皇帝告发尚之信，其二是表白自己，其三是让圣祖力用尚氏兄弟的矛盾，从中获利。

康熙十八年五月，傅弘烈又给圣祖皇帝上了一道《密陈藩王尚之信不忠疏》，疏中把尚之信说得一无是处。疏中说：尚之信"夺印反叛，无父无君……蒙皇上册封亲王，犹不思奋力报恩，以赎前愆，乃怙恶不悛，按兵不动，一味以狡诈欺君为事，臣终不解其意欲何为也。臣前此与其交好，隐忍调停，听其指示，不敢陈奏者，盖欲导其为朝廷出力耳。若始终不言，则臣亦欺君误国，宁死不为也。在广东卖官虐民，抄家充饷，遍地起税，恣行无忌，一切恶迹，臣不具论。惟即以广西所行大概，略为我皇上陈之。按查尚之信时而疏请恢剿湖南，时而疏请平定广西，及至旨下，则一兵不发，闭门不出，目中竟不知有君命。康熙十六年七月内，逆贼两路犯东，臣同将军臣蟒（莽）依图分任堵剿，求其发兵相助，仅以总兵王国栋带兵随蟒（莽）依图而去。驻扎白土，离韶州三十余里，寸步不前，仅以总兵尚崇志、谭升等带兵不满二千，虚报六千同臣而去，寸步不离哨船。既破梧州，寸步不离三合嘴，一闻贼信，即登舟而避。臣因逆贼分犯梧州，求其借用大炮，不发，求其援兵，不发。又因孙延龄请兵紧急，求其兵马数百相助，不发；借其空马三百相助，不发，以致孙延龄全家受害，广西开复迟误，至今臣不解其是何心也。康熙十七年二月内，臣等自平乐撤师，贼势猖獗，祖泽清反叛，东省摇动。臣奋不顾身请兵从郁林进剿，断贼连合之路，以助之信取高之举。原议三路接应，而之信闻贼并力向臣，忽自高州撤回，臣不解其是何心也。今年（康熙十八年）正月内，之信奉命特加奋武大将军进剿广西，值湖南大捷，乘机可为，自应奋力前驱，乃安驻封川，坚执不可进兵，强逼臣等会稿，捏成贼势重大，欺蔽皇上，日事狂饮，臣不解其是何心也。（当将军莽依图等发兵取藤县时）之信当众怒骂云：我奏闻朝廷说贼势难取，如何各将

---

① 《傅忠毅公全集》卷二《密陈军情疏》，咸丰元年刻本。

军私自发兵取了藤县？又水师参将蔡遇春报到招抚伪水师总兵周廷翰、陆师总兵王定邦等贼船贼兵，之信又当众立将藩下水哨在梧船兵尽行撤退，臣不解其是何心也。今年（康熙十八年）二月二十七日，臣得桂林贺县归正确报，请兵接应甚急，臣连夜料理，各路发兵，初四日，臣亲带伪布政司全秉忠等到封川请兵，至初七日，始得一见人，皆以仰赖皇上洪福太平为喜，而之信身膺藩臣，反以为怒，臣不解其是何心也。臣委屈周旋，求其发兵接应各投诚官兵，以固朝廷封疆。自三月二十七日离梧州至四月初一日始得回梧，之信既不发兵，又不许臣进发，当各将军、臣及内院臣公众之面，说臣前进，定行上本参臣，又当安南将军舒恕面向臣云：'我自小在满洲长大，满朝文武俱是我的朋友，你若以地方情形上本与我做对头，你不认得一人，如何挡得我住'等语。臣苦求进兵，只为皇上保全地方之计，并非私事，而之信百计阻挠，臣不解其是何心也。广西桂林官兵归正，当逆贼四面屯聚之时，城中绝食，诸兵请援，甚危急，而之信明知危急，故意延捱，幸得征南将军臣穆占自永川发兵接应，得以保全桂林。今之信行文伪将军刘彦明等，责其不应将伪敕印札缴交征南将军，意欲端夺广西文武事权，臣不解其是何心也。今年（康熙十八年）正月内，臣同将军舒恕商酌发书招抚伪怀宁公马雄之子，以广西提督朝廷尚未补人，因念马雄向日忠心，故留待耳。尚之信即与总督金光祖密商疏请速补广西提督，以破臣等抚局，臣不解其是何心也。种种情迹，难以悉数"①。

在他的笔下，尚之信简直就是一个十恶不赦之徒，"怙恶不悛，按兵不动""狂野成性，反复莫测""卖官虐民，抄家充饷，遍地起税，恣行无忌""一闻贼信，即登舟而避""安驻封川，坚执不可进兵""欺蔽皇上，日事狂饮""疏请平定广西，及至旨下，则一兵不发，闭门不出，目中竟不知有君命"，等等。为此他建议皇帝："今吴三桂残逆荡平在即，尚之信无能为也。但善后之策，以臣愚见，宜于肇庆安设满洲将军，带领甲兵，或换满洲总督，驻守弹压，削之信之藩封，以还其第，散藩旗之多兵，设水师之提督，以分其权势，则两广可以

---

① 《傅忠毅公全集》卷四《密陈藩王尚之信不忠疏》，咸丰元年刻本。

久安长治矣"①。可以说，为圣祖皇帝处理尚藩做出了全盘考虑。

就尚之信的情况向圣祖皇帝告密的还有广东巡抚金俊。他在密奏中，也列举了尚之信的种种罪过，说"吴三桂固为乱首，而尚之信实为乱源。……之信凶残暴虐，赋性豺狼……三桂即藉撤藩倡乱，耿精忠效之，群逆蜂起，皆之信启其端也。……倚贼纠变，枭斩鸿胪寺卿金光，投顺三桂，冀为伪王，以逞骄志。……不赴韶州征剿，不救永兴危急，抗违诏令，养贼邻封。……怒责盐驿道金事李毓栋云'尔甫来此，事事与我违拗。我一刀砍尔，上亦无奈我何！'昨岁七月，燕罢，私语臣曰：'非我归正，尔安得归至广东？凡事当顺从我，不独吴三桂能杀巡抚朱国治也。'……不忠不孝，人皆詈之。……臣谓入侍不容缓，之信曰：'天下未定，岂宜令孩童远行？'是则异志犹存，叛心未已，如见肺肝矣。至于兵无实额，饷多虚冒，致海贼肆扰，又其贻误封疆也"②。这些罪状，固然有真实的一面，但是亦多有不实之词。不过，它确实进一步加深了圣祖皇帝对尚之信的反感程度。除了上密奏，金俊还试图说服将军舒恕相信广东南韶道萧尽美诬陷尚之信欲叛一事，导致将军舒恕被圣祖责备一番："以巡抚金俊之言，尽泄于平南王。"

相对于傅弘烈、金俊，尚之信一手提拔起来的王国栋也对尚之信发难。他先是与宜昌阿、金俊、尚之璋、宁天祚等人密谋，接着又冒充尚之信之母舒氏、胡氏给圣祖皇帝上疏："逆子尚之信怙恶不悛，酗酒肆暴，杀害善良，凌虐官吏，甚至奉命出师，顿兵不进，私回东省，迟误军机。不臣之心久萌，谋逆之变可虑"③，后又与金光祖商讨捉拿尚之信。尤其是在尚之信被逮捕后，他落井下石，趁机"夺其兵柄""凌虐尚氏""遂藉封府库，咨取资财，肆行无忌"。这些行为表明他完全背叛了尚藩，甚至是丧失了做人的道德底线。

总督金光祖在当时也没有起好作用。他虽然没有直接向圣祖皇帝汇报，但他把尚之信说的话"上欲我出兵，乃不与我一黄顶戴"④ 透

① 《傅忠毅公全集》卷四《密陈藩王尚之信不忠疏》，咸丰元年刻本。
② 王钟翰校点：《清史列传》卷八〇《尚之信传》，中华书局 1987 年版，第 6673 页。
③ 王钟翰校点：《清史列传》卷八〇《尚之信传》，中华书局 1987 年版，第 6674 页。
④ 王钟翰校点：《清史列传》卷八〇《尚之信传》，中华书局 1987 年版，第 6673 页。

露给金俊，金俊便以此上报皇帝。

在尚之信被杀事件中还有两个最关键的人物，就是藩下护卫张永祥和张士选。康熙十九年，他们二人进京，首告尚之信，列举尚之信"跋扈怨望，弗愿剿贼，糜兵饷，擅杀人"①等罪状。

更不可思议的是，尚之信的堂弟、尚可喜六弟尚可福之子尚之璋也和两广官员一起，参与了针对尚之信的诸多行动。甚至在康熙十九年四月与奉圣祖皇帝之命到达广州的钦差大臣宜昌阿也和两广官员站到了一起，合伙对尚之信采取行动。

就这样，在圣祖皇帝的授意下和两广文臣武将的联合密报与诬陷下，康熙十九年（1680）四五月份（五月十三日前）尚之信在武宣被逮，羁押于广州。六月二十日，圣祖皇帝下令"尚之信并原告干证，著侍郎宜昌阿等押解来京质审"②。于是，七月③，尚之信被押往北京听勘。

两广官员为什么如此对待尚之信，原因很多。归纳起来起来，不外乎以下几点：其一，秉承圣祖的旨意，显示自己对大清朝廷的忠心。像傅弘烈、金俊、金光祖、宜昌阿等人就有出于这一目的的考虑。其二，为自己捞取政治资本。傅弘烈就属于这一类，他在吴三桂叛乱后也曾从叛，后来反正，出于改变叛臣形象和在圣祖皇帝面前邀功考虑，他选择将尚之信作为垫脚石。其三，为私仇进行报复，藩下护卫张永祥和张士选就是这种情况。张永祥被尚之信当众鞭笞，张士选被尚之信射残了脚，因此，在尚藩危机四伏的情况下，他们便选择了趁机报复。其四，觊觎尚家的巨额财产。攻克广东后，尚藩经营二十多年，开矿、经商、收税等，积累了大量财富，是既得利益者，富甲天下，这必然使后来者眼红，渴望利益的再分配，圣祖皇帝坚决削藩，使觊觎尚藩财富者，如金俊、宜昌阿、王国栋、宋俄托、卓尔图等人看到

---

① 王钟翰校点：《清史列传》卷八〇《尚之信传》，中华书局 1987 年版，第 6672 页。

② 《清圣祖实录》卷九十，康熙十九年六月，中华书局 1985 年版，第 1141 页。

③ 王钟翰校点：《清史列传》卷八〇《尚之信传》，中华书局 1987 年版，第 6674 页。滕绍箴先生认为是八月中旬。

了机遇，于是他们借机中饱私囊，"侵银八十九万余两，并财帛等物"①。藩下都统王国栋"遂藉府库，恣取资财，肆行无忌"②，其中，广东巡抚金俊尤其贪得无厌，"侵蚀兵饷及入官财物，又干没尚之信商人沈上达财贿。恐后告发，将沈上达谋害灭口"③。

三、直接的导火索

康熙十九年尚之信被逮后，尚藩的家人便陷入了危机之中。面对这场危机，尚藩的家人们不甘心就此任人宰割，一直在思考着摆脱危机的办法。

尚可喜去世后，平南王妃舒氏和平南王夫人胡氏成为家中的核心人物。舒氏作为尚之信的母亲，儿子被逮，自然心急如焚。起初，她不知道藩下都统王国栋假借她和胡氏的名义上奏诬告尚之信一事，当她得知此事后，立刻意识到事态的严重性，于是，她马上和胡氏联名上奏，进行辩白，说尚之信"无谋叛迹，前告变疏皆国栋等伪为也"④。作为当事人的尚之信也在被逮回广州后，上书自辩，说张永祥、张士选是"以责惩私怨，捏款诬陷"。可是，朝廷并没有接受他们的意见，只是为了慎重起见，令将尚之信押往京城听审。

在这期间，尚藩家人还把摆脱危机的希望寄托在藩下兵将的身上。尚之信被捉后，藩下兵曾发生了哗变。由于当时传言要将尚之信所部兵派往云南，另行安置到各营，这使藩下兵八千人惶恐不安，于是在康熙十九年五月十三日晚上，他们"鼓噪拔营遁归"。幸好由将军赖塔等设法安抚，将其发回广西，才将此事平息。从这次事变中，尚藩自然就有了借助藩下兵将力量的想法，尤其是想到了曾得到尚藩恩惠的都统王国栋。

王国栋本为逃人，尚之信很喜欢他，将他视为心腹。他的旧主人出使广东，见到王国栋后，便向尚之信索要重金，并威胁说如不给就

---

① 《清圣祖实录》卷一一四，康熙二十三年三月，中华书局1985年版，第185页。
② 尚久蕴、尚世海主编：《尚氏宗谱》（六修），1994年内部印刷，第197页。
③ 《清圣祖实录》卷一一四，康熙二十三年三月，中华书局1985年版，第184页。
④ 《平定三逆方略》卷五三，文渊阁《四库全书》本。

"归告督部"，于是尚之信付十万白银才平息此事，还提拔他做了都统。然而在尚之信出事后，王国栋的言行令尚藩家人大失所望，他不但不出面救助尚之信，反而对尚之信落井下石，凌虐尚氏，还侵吞尚藩财产。对此，平南王府长史李天植义愤填膺，说："国栋与我辈同起厮养，沐恩日久，位至固山。先王所以待之者，不为不厚矣。安达公通款伪周，曾无一言谏阻，亦受辅翼将军之秩。今公已反正袭封，宵小谗构，致见羁执，不能剖肝沥胆，力白其诬，反欲卖主以求富贵。先王抔土未干，而使全家骨肉危如累卵，国栋之肉，其足食乎？"李天植的这番话，可以说反映了当时尚藩家人的共同心理，就是对王国栋已经忍无可忍了。鉴于这种情况，李天植提出"不若诱而杀之，庶足慰在天之灵，而舒合门之愤"①。这一提议获得了尚藩中几位主要人物如尚之节、尚之瑛、尚之璜等人的赞同。

康熙十九年夏②，李天植与尚之信的弟弟副都统尚之节、尚之瑛、尚之璜等人，在回廊两旁埋伏下武士，又以王妃舒氏的名义召王国栋进平南王府议事，将其骗进王府。待王国栋进入王府，便伏兵齐发，将其拿下，迅即将他杀害。

王国栋被杀后，其家人马上将此事告到广东巡抚金俊那里，于是清军包围了平南王府，将参与杀害王国栋的李天植、尚之节、尚之瑛、尚之璜等一干人全部逮捕。李天植等人发难的目的本来是想解救尚之信，想不到弄巧成拙，反而害了尚之信，将他推到了绝境，使其有口莫辩。尽管后来李天植承认此事是他一手策划的，供述尚之信并不知情，事实也正是如此，然而清廷根本不信，反以尚之信随身护卫田世雄一人的孤证，断定尚之信知道并参与了这次事件。因此，尚之信便在劫难逃了。果不其然，康熙十九年闰八月十七日，在广东的清朝官员按照圣祖的指示，将尚之信在广东府学的名宦祠中赐死。

----

① 《明清史料丛书八种》第一册《吴耿尚孔四王合传》，北京图书馆出版社 2005 年版，第 566 页。

② 据《平定三逆方略》卷五九记载，清廷在康熙十九年八月初一日给都统王国栋恤典，而在同年五月王国栋还曾奉命和将军赖塔安抚哗变的尚之信部属，所以其被杀当在这一年的六七月份。

按照大清律条，擅杀朝廷命官，属于重罪。李天植、尚之节、尚之瑛、尚之璜等人也因此受到了惩罚。在尚之信被赐死的当天，李天植、尚之节、尚之瑛、尚之璜等人也被处死。然而事情远没有结束，伴随着尚之节、尚之瑛、尚之璜的被处死，尚家又陷入更大的灾难中。闰八月十九日，尚之节的夫人李氏投缳自尽，其仆人王氏也随主人而去；尚之璜的夫人陈氏与三个女儿也先后投缳自缢于堂上，等等，在这次事变中，先后共有一百余人罹难。

四、尚之信致祸之由

尚之信之死，固然有以上三方面的客观原因，但是也是有主观原因的。这个主观原因，就是尚之信自身的问题，而这又是多方面的，其中就包括了他的品行不端。

第一，是他"投降"吴三桂。康熙十五年四月初九日，江西总督董卫国向圣祖奏报："尚之信阴与贼通，受吴三桂'招讨大将军'伪号，于二月二十一日守其父尚可喜第，倡兵作乱。"《清史列传·尚之信传》中，也记载吴三桂授尚之信"招讨大将军""辅德公""辅德亲王"等伪号。《清史稿·尚之信传》还说"三桂授之信招讨大将军、辅德公，旋进号辅德亲王"。康熙二十一年始修的《平定三逆方略》更说尚之信"易服改旗帜""以炮击我（清）营"，等等。这些记载无疑在说明一个问题，就是尚之信"投降"了吴三桂。尽管从多方面的文献、分析来看，这些记载不完全符合事实，其中大有隐情，即尚之信与皇帝已有密约。但尚之信从康熙十五年的二月二十一日发动兵变，派兵守他父亲的住处，到同年十二月初九日他反正归清，整整二百八十五天，确实曾资助过吴三桂十万两白银。也正因为如此，才给清廷留下了一个不好的印象，也成为其一生当中的一大污点。

第二，是反正后对圣祖皇帝的命令执行不力。从康熙十五年归正，到康熙十九年夏被逮，三年多的时间里，圣祖皇帝曾屡次下诏令尚之信尽快出兵，先是让他由韶州进取宜章、郴州、永州，后又令其"亲往广西策应"①。不过，对于圣祖的命令，尚之信并没有积极响应，而是以种种借口进行拖延，还以各种理由拒绝离开广州，因此他多次受到圣祖的批评，如康熙十六年圣祖说"王又以土寇为辞，不离省城。倘逆贼各路来犯，不惟广西难复，楚贼难灭，即广东亦难保矣。其速统兵赴韶州剿贼"②。同年，圣祖皇帝还斥责他说："前调将军莽依图等速赴梧州，王不亟发船，致误军行，不可谓非王失机也。梧州乃两广接壤要地，其即遣精兵戍守。"③等等。这无疑在圣祖的心目中留下了抗命的印象，给他自己的结局埋下了祸根，尽管他后来也曾出兵平叛，但在圣祖心目中留下的坏印象已经成为一种定式。

第三，是嗜酒行凶。据《尚氏宗谱》记载，尚之信"生而神勇，嗜酒不拘细行，临阵遇危，嗔目一呼，千人俱废，故终身无劲敌"。尽管对其进行了一些美化，但也透露了他的一个弱点，这就是嗜酒。嗜酒就难以约束自己的行为，很容易做出过格的举动，所以史书中记载说"之信残暴猜忌，醉辄怒，执佩刀击刺，又屡以鸣镝射人"④，"纵酒行凶，口出妄言"⑤，还说他初留京师时"性横暴，酗酒嗜杀，所为多不道，每深宫静夜，无以解醒，即以佩刀刺杀其侍姬，虽甚宠爱，所勿惜也"。又"尝怒一监，命左右割肉啖犬，肉尽乃止"，等等。对此，其父尚可喜都表示厌恶，"公尚之信嗜酒未除，王恶之"，并有了将爵位传给尚之孝承袭的想法。

第四，是凌辱下属。尚之信性格暴躁，经常虐待下属，甚至闹出了人命，如叛将孙楷宗反正后，其罪已经获得朝廷赦免，尚之信却将其杖毙。其护卫张永祥送信到京城，圣祖皇帝将其授为总兵，尚之信便寻找种种理由，多次对其当众鞭答。护卫张士选因为说话冒犯他，结果被他射残了脚。平南王的宫监传达命令给他，他见其腹大，便说："此中必有奇宝。"当即用剔刀刺其腹，导致此人毙命。据记载，当时

---

① 王钟翰校点：《清史列传》卷八〇，尚之信传，中华书局1987年版，第6671页。
② 王钟翰校点：《清史列传》卷八〇，尚之信传，中华书局1987年版，第6671页。
③ 王钟翰校点：《清史列传》卷八〇，尚之信传，中华书局1987年版，第6671页。
④ 赵尔巽等：《清史稿》卷四七四《尚之信传》，中华书局1977年版，第12858页。
⑤ 《清圣祖实录》卷一〇〇，康熙二十一年正月，中华书局1985年版，第6页。

尚可喜手下有一个叫王化的官员，已经六十多岁了，由于正值盛夏，天气异常炎热，他就光着膀子坐在大厅里乘凉。尚之信看不上他年老，就走上前去，笑着对王化说："你的须眉太白了，我给你变黑。"说完，就让人把王化绑了起来，抬到烈日下暴晒，从上午九十点钟开始，一直持续到傍晚，长达近十个小时。王化百般求饶，才得以脱身。尚可喜知道此事后，愤怒地将他杖打三十，等等。这些不法行为无疑引起了藩下人的恐慌，人人处于自危当中。

第五，是擅杀藩下官员。浙江人鸿胪寺卿金光，是平南王尚可喜的重要谋士，跟随尚可喜平定楚、粤，"多与密议"，出了许多好的计策，深得尚可喜信任。他认为安达公尚之信"刚而多虐，勇而寡仁"，如果让他继承平南亲王的爵位，"必不利于社稷"，于是建议尚可喜废尚之信而立尚之孝。金光因此被尚之信记恨。康熙十五年，尚可喜因病卧床，尚之信便趁势接管了平南王府。随后，他既没有顾忌金光鸿胪寺卿的身份，也不考虑金光与尚可喜的姻亲关系，断然将金光抓起来杀了。

第六，是养犬扰民。尚之信有一个爱好，就是养犬，至于养犬的目的可能是出于打猎的需要。为此，他给爱犬"筑居设监"。不过，当他带着爱犬外出时，便给沿途的百姓带来了不便，"出必塞途，居民避匿"①。如此行事，岂能不惹祸上身。

第七，是无视朝廷禁令而多方取利。康熙六年五月，鉴于闽、广、江西、湖广等省王、公、将军、督抚、提镇等"近或自置货物售于属下，或巨舸连樯装载他方市易，行同商贾，不顾官箴，甚者指称藩下，挟势横行，假借营兵放债取利"，左都御史王熙建议"嗣后闽广等省王、公、将军、督抚、提镇如有恃势贸易，与人争利者，作何议处治罪，并严指称假借之禁，庶小民得以安生，官方因之整肃"②。圣祖皇帝令下部议行。可是尚之信并没有遵守这一规定，他"在广东令其部

---

① 蔡冠洛编著：《清代七百名人传·尚之信传》，中国书店1984年版，第1265页。
② 《清圣祖实录》卷二二，康熙六年五月，中华书局1985年版，第305页。

人，私充监商，据津口立总店"①，并"有私行收税之项"②，又"凿山开矿，煮海鬻盐，无不穷极其利"③。这些行为必然会引起圣祖皇帝的反感，并使广东地方官们眼红。这从圣祖皇帝处理尚藩的诏书和广东地方官们贪取尚藩财富中即可看出。

不过，值得指出的是，尚之信被赐死的直接原因是因为他的品行不端。康熙二十一年，大学士明珠曾对圣祖和大学士勒德洪说："耿精忠之罪，较尚之信尤为重大。尚之信不过纵酒行凶，口出妄言。耿精忠负恩谋反，且与安亲王书内，多有狂悖之语，甚为可恶。"④ 这就是说耿精忠在定罪时定的是谋反罪，而尚之信则是一般的刑事罪，与他"降"吴三桂无关。

总而言之，尚之信被赐死是多方面的原因造成的。皇权与王权的矛盾是导致这一结果的根本原因。无论是清朝将官、大臣的密报，还是藩下人的首告、诬陷，不管出于何种目的，都是围绕这一矛盾展开的，而李天植等人擅杀王国栋更加剧了这一矛盾，使尚藩的危机达到了不可收拾的地步，并成为尚之信被赐死的导火索，而尚之信自身的品行不端则使他无论在何种情况下都很难得到善终。

---

① 《清圣祖实录》卷九四，康熙二十年二月，中华书局 1985 年版，第 1190 页。
② 《清圣祖实录》卷九二，康熙十九年九月，中华书局 1985 年版，第 1159 页。
③ 《明清史料丛书八种·吴耿尚孔四王合传》第一册，北京图书馆出版社 2005 年版，第 564 页。
④ 《清圣祖实录》卷一百，康熙二十一年正月，中华书局 1985 年版，第 6 页。

参考文献

司马迁．史记 ［M］．北京：中华书局，1959.

杜佑．通典 ［M］．文渊阁四库全书本．

朱熹．四书集注 ［M］．长沙：岳麓书社，1987.

张廷玉．明史 ［M］．北京：中华书局，1974.

陈子龙等．明经世文编 ［M］．北京：中华书局，1962.

谷应泰．明史纪事本末 ［M］．北京：中华书局，1977.

谈迁，张宗祥．国榷 ［M］．北京：中华书局，1958.

计六奇．明季北略 ［M］．北京：中华书局，1984.

何尔健．按辽御珰疏稿 ［M］．国家图书馆藏本．

钱海岳．南明史 ［M］．北京：中华书局，2006.

清太宗实录 ［M］．北京：中华书局，1985.

清世祖实录 ［M］．北京：中华书局，1985.

清圣祖实录 ［M］．北京：中华书局，1985.

清世宗实录 ［M］．北京：中华书局，1985.

清高宗实录 ［M］．北京：中华书局，1985.

吴晗．朝鲜李朝实录中的中国史料 ［M］．北京：中华书局，1980.

蒋良骐．东华录 ［M］．北京：中华书局，1980.

明清史料（甲编）［M］．上海：商务印书馆，民国二十年．

明清史料（乙编）［M］．上海：商务印书馆，民国二十五年．

明清史料（丙编）［M］．上海：商务印书馆，民国二十年．

明清史料（丁编）［M］．上海：商务印书馆，民国二十五年．

钦定续文献通考［M］．文渊阁四库全书本．

皇朝文献通考［M］．文渊阁四库全书本．

圣祖仁皇帝圣训［M］．文渊阁四库全书本．

于浩辑．明清史料丛书八种［M］．北京：北京图书馆出版社，2005.

鄂尔泰等修．八旗通志［M］．长春：东北师范大学出版社，1985.

王钟翰．清史列传［M］．北京：中华书局，1987.

钱仪吉．碑传集［M］．北京：中华书局，1993.

赵尔巽等撰．清史稿［M］．北京：中华书局，1977.

蔡冠洛．清代七百名人传［M］．北京：中国书店，1984.

先王实迹［M］．《尚氏宗谱》（二修）本．

（明）释今释．元功垂范［M］．

罗振玉辑：平南敬亲王尚可喜事实册［M］．

九龙真逸．胜朝粤东遗民录［M］．明文书局印行．

（清）勒德洪．平定三逆方略［M］．文渊阁四库全书本．

顾祖禹．读史方舆纪要［M］．上海：商务印书馆，民国二十六年。

昭梿．啸亭杂录［M］．北京：中华书局，1980.

王之诰．全辽志叙［M］．沈阳：辽沈书社，1985. 辽海丛书本．

全辽志［M］．沈阳：辽沈书社，1985. 辽海丛书本．

天聪朝臣工奏议［M］．沈阳：辽宁大学历史系，1980.

汉译《满文旧档》［M］．沈阳：辽宁大学历史系，1979.

季永海，刘景宪．崇德三年满文档案译编［M］．沈阳：辽沈书社 1988.

沈阳状启［M］．沈阳：辽宁大学历史系，1983.

李焘．续资治通鉴长编［M］．文渊阁四库全书本．

王一元．辽左见闻录［M］．

吴伟业．绥寇纪略［M］．文渊阁四库全书本．

彭大翼．山堂肆考［M］．文渊阁四库全书本．

山西通志［M］．文渊阁四库全书本．

江西通志［M］.文渊阁四库全书本.

王树楠，吴廷燮，金玉黻等.奉天通志［M］.沈阳：东北文史丛书编辑委员会，1983.

（明）金钟.《皇明末造录》［M］.杭州：浙江古籍出版社1986.

（清）屈大均.《安龙逸史》［M］.杭州：浙江古籍出版社1986.

佚名.《明末滇南纪略》［M］.杭州：浙江古籍出版社1986.

刘健.《庭闻录》［M］.上海：上海书店出版社，1985.

丁易.鼎湖山志［M］.台北：文海出版社有限公司印行.

李天玑等.庆都县志［M］.台北：成文出版社有限公司，1969.

洪蕙.延安府志［M］.嘉庆七年刻本.

梁鼎芬等.番禺县续志［M］.民国二十年刻本.

清远县志［M］.民国年间刊本.

保定府志［M］.康熙十九年本.

定县志［M］.民国二十三年本.

水县志［M］.乾隆十九年本.

白水县志［M］.顺治四年本.

洛川县志［M］.康熙六年本.

邓州志［M］.顺治十六年本.

光孝寺志［M］.媚秋堂抄本，中山图书馆古籍部藏.

徐萧.《小腆纪传》［M］.

（乾隆）《同安县志》［M］.

郝玉麟.《广东通志》［M］.

刘嗣衍.《广州府志》［M］.

钮琇.《觚剩》［M］.

刘坊.《天潮阁记》［M］.

刘献廷.《广阳杂记》［M］.

《平滇始末》［M］.

孙旭.《平关录》［M］.

王钺.《世德堂文集》［M］.

崔弼初等.白云越秀二山合志［M］.广州博物馆藏本.

邹伯奇．邹征君遗书［M］．同治十三年刊本，中山大学图书馆藏本．

释今无．光宣台集［M］．中山图书馆古籍部藏影印胶片．

郝浴．中山郝中丞集［M］．沈阳：辽海出版社，2008.

张玉书．张文贞集［M］．文渊阁四库全书本．

朱鹤龄．尚书埤传［M］．文渊阁四库全书本．

三韩尚氏族谱［M］．辽宁省图书馆藏本．

尚之隆，尚之瑶．尚氏宗谱（二修）［M］．辽宁省图书馆藏本．

尚久蕴，尚世海．尚氏宗谱（六修）［M］．1994.

莫昌龙，何露．韶关历代寺院碑记研究［M］．广州：暨南大学出版社，2014.

谭棣华，曹腾騑，冼剑民．广东碑刻集［M］．广州：广东高等教育出版社，2001.

中国第一历史档案馆，中国社会科学院历史研究所．满文老档［M］．北京：中华书局，1990.

张伟仁，明清档案［M］.

中国第一历史档案馆：《明档》．

中国第一历史档案馆藏：《三藩史料》．

魏源，韩锡铎，孙文良．圣武记［M］．北京：中华书局，1984.

广州市文物志［M］．岭南美术出版社，1990.

张应昌．清诗铎［M］．北京：中华书局，1983.

周振甫．诗经译注［M］．北京：中华书局，2020.

函可，杨辉．千山诗集校注［M］．沈阳：辽海出版社，2007.

李治亭，柳海松．尚可喜及其家族研究［M］．沈阳：辽宁民族出版，2015.

尚久蕴、尚世坦著．《平南亲王尚可喜》［M］．沈阳：辽海出版社，1997.

郭朋．明清佛教［M］．福州：福建人民出版社，1982.

仇巨川．羊城古抄［M］．广州：广东人民出版社，1993.

徐扬杰：宋明家族制度史论［M］．北京：中华书局，1995.

梁清标．皇清册封平南敬亲王妃舒氏墓志铭．

梁清标．皇清册封平南敬亲王妃舒氏墓志铭．

先王遗训．

先王定训十三条

尚氏源流老档［M］.

祭祀旨要［M］.

后　记

清代历史上，只有五个汉族人先后被封王，他们是孔有德、耿仲明、尚可喜、吴三桂、孙可望。这五个异姓王中，吴三桂和尚可喜又因功劳大被晋封为亲王，地位非其他三人可比。作为亲王，吴三桂已经有李治亭先生的《吴三桂大传》问世，可是作为清代唯一善终的汉族异姓亲王的尚可喜，却没有相应的历史传记。这不能不说是一种遗憾，也与尚可喜的身份、地位不相称，由此，我们便有了为另外四王作传，特别是为尚可喜作传的动机。

有了这一想法，从 2008 年起，我们便将其付诸行动。一方面，着手搜集相关的文献资料，凡官修史书、私家著述、清人笔记、地方志书、谱书家乘等，尽在搜集之列，同时也利用各种机会查阅清代的历史档案；另一方面，不断地推动尚可喜研究的深入，我们从 20 世纪八九十年代就开始了对尚可喜的研究，并且一直在推动这一研究的不断深入，甚至组织召开了学术研讨会，主编出版了图书和内部交流资料。三十多年来先后在海城、鞍山、衡水召开了三次大型的尚可喜研讨会，还主编出版了《尚可喜及其家族研究》和《尚氏文化纵横》等图书和资料。本传记的完成正是得益于这些前期工作的铺垫。当然，本书的完成，既了却了我们的心愿，也是对尚可喜的研究进行的一个历史性总结，因为本书是目前研究尚可喜最全面的一部传记。

本传记是四位作者合作完成的。其中，李治亭先生承担了改封平南王、威震南国、镇粤实迹、思归故乡、初心不改、危难之际六章以

及荣宠归葬一节中部分内容的写作任务，柳海松、柳逢霖承担了乱世奋起、海上军旅、弃明归后金、晋封智顺王、征战辽西、从龙入关、渡江南征、叶落归根、名门望族、修身持家、附录、参考文献等章节的写作与整理任务。

在《尚可喜传》的写作过程中，我们得到了多方面的支持，特别是书中插图的拍摄，承蒙尚氏家族尚世阳、马宽、马彩萍、尚德刚、尚德斌、尚德芳、尚德宏、尚尔辉、尚尔烈、尚世新、尚平、尚尔军、尚兴勇等人的帮助。他们或者为拍摄照片提供便利，或者不辞辛苦，亲临当地拍摄，或者与我们一起进行实地考察，等等。他们的热心，为本书增了光，添了彩，难能可贵。在此一并表示感谢！

不可否认，本书在写作过程中，难免会出现这样、那样的错误，诚望专家、学者以及广大读者不吝赐教、批评指正。从中，我们将会受益良多！

作　者

2023 年 3 月 28 日

责任编辑:邵永忠

封面设计:仇一乔

图书在版编目(CIP)数据

尚可喜传/李治亭等 著. —北京:人民出版社,2024.4

ISBN 978-7-01-026475-2

Ⅰ.①尚… Ⅱ.①李… Ⅲ.①尚可喜(1604-1676)-传记 Ⅳ.①K827＝48

中国版本图书馆 CIP 数据核字(2024)第 067853 号

尚可喜传

SHANGKEXI ZHUAN

李治亭 柳海松 柳逢霖 吴 枫 著

人民出版社 出版发行

(100706 北京市东城区隆福寺街 99 号)

北京中科印刷有限公司印刷 新华书店经销

2024 年 4 月第 1 版 2024 年 4 月北京第 1 次印刷

开本:710 毫米×1000 毫米 1/16 印张:40 字数:620 千字

ISBN 978-7-01-026475-2 定价:130.00 元

邮购地址 100706 北京市东城区隆福寺街 99 号

人民东方图书销售中心 电话 (010)65250042 65289539